W0203147

CLV

Mit der Bitte um Wahrheit und Frieden
und im Widerstand gegen
Fehlinformation und Propaganda,
die den Geist versklaven und das Böse schüren,
ist dieses Buch dem Frieden von Jerusalem gewidmet
und den Opfern von Terrorismus und Gewalt,
durch wen immer ausgelöst.

Dave Hunt

Jerusalem – Spielball der Völker

CLV
Christliche
Literatur-Verbreitung e.V.
Postfach 110135 · 33661 Bielefeld

Bibelzitate folgen im allgemeinen der Elberfelder Bibel [revidierte Fassung, zum Teil auch nichtrevidierte Fassung].

Aus dem Koran wurde nach der beim Verlag Philipp Reclam erschienenen Übertragung ins Deutsche von Max Henning zitiert.

1. Auflage 1996

Originaltitel: A Cup of Trembling
© 1995 by Dave Hunt
Herausgegeben von Harvest House Publishers
Eugene, Oregon 97402
© der deutschen Ausgabe 1996 by
CLV · Christliche Literatur-Verbreitung
Postfach 11 01 35 · 33661 Bielefeld
Übersetzung: Hans-Werner Deppe
Umschlaggestaltung: Dieter Otten, Bergneustadt
Satz: Enns Schrift & Bild, Bielefeld
Druck und Bindung: Ebner Ulm

ISBN 3-89397-250-1

Inhalt

Jerusalem

Aber Jerusalem habe ich [Gott] erwählt, daß mein Name dort sei … Und jetzt habe ich dieses Haus [den Tempel] erwählt und geheiligt, damit mein Name dort sei für ewig: Und meine Augen und mein Herz sollen dort sein alle Tage … In diesem Haus und in Jerusalem, das ich aus allen Stämmen Israels erwählt habe, will ich meinen Namen für ewig niederlegen.

2. Chronik 6,6; 7,16; 33,7

Groß ist der HERR und sehr zu loben in der Stadt unseres Gottes. Sein heiliger Berg ragt schön empor, eine Freude der ganzen Erde; der Berg Zion … die Stadt des großen Königs … Gott wird sie fest gründen bis in Ewigkeit.

Psalm 48,1.2.9

Der HERR wird dich bedrohen, Satan! Ja, der Herr, der Jerusalem erwählt hat, bedroht dich! Ist dieser nicht ein Holzscheit, das aus dem Feuer herausgerissen ist?

Sacharja 3,2

Denn der HERR hat Zion erwählt, hat ihn begehrt zu seiner Wohnstätte.

Psalm 132,13

Wenn ich dich vergesse, Jerusalem, so werde vergessen meine Rechte!

Psalm 137,5,3

Spielball der Völker

1

Jerusalem, die Stadt unseres Gottes

In der heutigen Welt gibt es Städte, die für ihre strategische Lage, ihre Größe, ihre klimatischen und natürlichen Ressourcen oder ihre industriellen und wirtschaftlichen Leistungen berühmt sind. Jerusalem weist keinen dieser Vorzüge auf. Und doch gibt es auf der ganzen Welt keine andere Stadt, die besser bekannt ist oder von derart vielen Menschen aus allen Ländern und Religionen so innig geliebt wird. Und sicherlich gibt es keine Stadt, die für den Weltfrieden eine größere Bedeutung hätte.

Man braucht wohl kaum in Frage zu stellen, daß der Frieden der Welt vom Frieden Jerusalems abhängt. Diese erschreckende Tatsache wird heute von der UNO anerkannt, denn ihre Mitglieder nehmen jede Bemühung auf sich, einen gangbaren Weg zu einem dauerhaften Frieden zwischen den Arabern und Juden in Palästina zu finden – und anscheinend haben sie dabei bereits bedeutende Fortschritte erzielt. Was die Gegenwart betrifft, steht die Frage um *Jerusalem* jedoch noch auf der Kippe und wird der entscheidende Faktor für den Weltfrieden sein. Jerusalem nimmt unter den Städten der Welt tatsächlich eine einzigartige Stellung ein, sowohl von ihrer Geschichte her als auch bezüglich ihres gegenwärtigen und zukünftigen Einflusses auf den Rest der Welt.

Einzigartig? Ja, diese durch die Zeiten von vielen Völkern und Mächten geschundene Stadt hat zweifelsfrei einen Platz für sich selbst – in einer eigenen Kategorie. Im Gegensatz zu jedem anderem Ort der Welt ist allein Jerusalem „auserwählt", und ihre bemerkenswerte Rolle für das Schicksal der Welt [die heute äußerst auffällig wird], kommt in der ganzen Bibel deutlich zum Vorschein, und das in den geschichtlichen Berichten dieses Buches ebenso wie in seinen prophetischen Aussagen. Die Bibelzitate am Anfang dieses Kapitels sind nur einige wenige von 811 Stellen, an denen Jerusalem in der Heiligen Schrift genannt wird.

Eine unsinnige Erklärung?

Die biblischen Hinweise bieten eine anscheinend unsinnige Erklärung für Jerusalems erstaunliche Position im heutigen Weltgeschehen – eine Position, die niemals für irgendeine andere Stadt gelten könnte und die ihr noch nicht einmal die Mehrheit ihrer heutigen Bewohner zugesteht.

Wie könnte eine doch recht gewöhnliche [wenn nicht sogar hinterweltliche] Stadt des Nahen Ostens eine solche Position erlangen? Wenn Worte irgendeine Bedeutung haben, dann verkünden die biblischen Propheten eindeutig und wie aus einem Munde Jahrhundert für Jahrhundert, daß Jerusalem die „Stadt unseres Gottes" ist, von ihm auserwählt für eine besondere Rolle im Schicksal der Menschheit. Wir fordern den Leser heraus, auch nur eine andere berechtigte Erklärung für Jerusalems Einzigartigkeit herauszufinden!

Eine derartige Feststellung stößt heute gewöhnlich auf allgemeine Ablehnung, und das aus verschiedenen Gründen. Da gibt es die Menschen, die jeglichen Glauben an Gott abstreiten und die Bibel zu einer Ansammlung von Mythen degradieren. Welche Ironie, daß sich ein hoher Prozentsatz der Einwohner dieser Stadt, die die Bibel als die „Stadt unseres Gottes" bezeichnet, als Atheisten ausgibt! Als solche können sie jedoch weder Jerusalems außerordentliche Rolle in der Weltpolitik leugnen noch eine alternative Theorie zur Erklärumg dieses Phänomens anbieten.

Andere geben zwar ein gewisses religiöses Interesse und Toleranz vor, wollen aber die Bibel „nicht zu wörtlich" nehmen. Und selbst diejenigen, die sie wörtlich nehmen, sind sich des öfteren untereinander uneinig darüber, was die prophetischen Aussagen der Schrift nun letztendlich bedeuten. Um die Verwirrung vollständig zu machen, nimmt eine steigende Zahl evangelikaler Christen die altbekannte Sicht des Katholizismus an, die Kirche sei an die Stelle der Juden als auserwähltes Volk Gottes getreten. Deshalb sehen viele den Staat Israel als den unrechtmäßigen Abkömmling eines fehlgeleiteten und unangenehm eifernden Zionismus an, der lediglich in einem gelegenen Augenblick der Geschichte seinen glücklichen Lauf nehmen konnte.

Für die meisten heutigen Juden ist Israels Existenz das Ergebnis eines Zufalls, kombiniert mit Blut, Schweiß und Tränen, als die Erfüllung von Prophetie [an die kaum noch jemand glaubt]. Dadurch könnte man die merkwürdige Statistik erklären, daß mehr Juden von Jerusalem weggehen als dort hinziehen – 1993 ergab das ein Defizit von 6.249 Personen.[1] Für die Araber ist es eine empörende Vorstellung, daß Gott den Juden Palästina verheißen hat und sich diese Verheißung heute erfüllt. Für fundamentalistische Muslime bedeutet das Gotteslästerung. Die Begriffe *Palästina* oder *Kanaan* kommen zwar nicht im Koran vor, doch der Islam lehrt, dieses Land gehöre nicht den Juden, sondern den Arabern. Deshalb stellt die ganze Existenz Israels und vor allem dessen Kontrolle über Jerusalem für den Islam eine unannehmbare Beleidigung dar. Nur durch die Vertreibung der Juden aus Palästina könnte die arabische Ehre wiederhergestellt werden.

Doch trotz des herkulischen arabischen Militäraufgebots, das eine überwältigende zahlenmäßige Überlegenheit an Menschen- und Waffengewalt sowie die Unterstützung durch die Sowjetunion umfaßte, hat das winzige Israel nicht nur überlebt, sondern ist sogar noch stetig mächtiger geworden. Die Überlegenheit der israelischen Kampfgeräte ist eine schockierende wie auch wohlerwiesene Tatsache, durch die es für die Araber unumgänglich wurde, sich schließlich an den Verhandlungstisch zu begeben. Und ganz gleich, was die Skeptiker dem auch entgegenhalten, es kann nicht geleugnet werden, daß [genau wie die Bibel es voraussagt] der Friede der gesamten Welt von Jerusalems Zukunft abhängt. Und genausowenig gibt es weder eine vernünftige Erklärung noch eine logische Widerlegung dieser wahrhaft unbegreiflichen Sachlage.

Eine religiöse Rationale?

Einige Skeptiker schlagen eine rein rationale Erklärung dafür vor: die unwiderstehliche spirituelle Anziehungskraft dieser „Heiligen Stadt“ auf die Hälfte der Weltbevölkerung. Diese Stadt wird von etwa 1 Milliarde Muslime, 1 Milliarde Katholiken, 400 Millionen Orthodoxen und weiteren 400 Millionen Protestanten in Ehren gehalten. Doch diese Tatsache wirft in sich selbst nur weitere Fragen auf und vertieft noch das Geheimnis von Jerusalems wundersamen Charakter.

Beispielsweise wird Jerusalem im Koran kein einziges Mal erwähnt. Das ist ein äußerst bemerkenswertes Versäumnis, wenn sie für den Islam tatsächlich so heilig ist, wie die heutigen Muslime glauben. In den frühen Tagen des Islam gab es [aus kommerziellen Gründen] sogar einen fehlgeschlagenen Versuch, diese Stadt zum Zentrum der muslimischen Anbetung zu machen, doch dieses Unterfangen wurde von der muslimischen Welt schnell abgelehnt. Der Historiker Will Durant schreibt:

> Im Jahre 684, als der Aufrührer Abdallah ibn Zobeir Mekka besetzt hielt und die Einkünfte aus dem Pilgerverkehr in die eigene Tasche steckte, verfügte Abd-al-Malik, der einiges von dieser geheiligten Einnahmequelle für sich haben wollte, daß dieser Felsen [wo Abraham den Isaak opfern wollte und der Jerusalemer Tempel gestanden hatte]

> künftig die Stelle der Kaaba [jener zum Würfel gehauene Riesenmeteorit in Mekka] als Ziel der frommen Wallfahrt einnehmen sollte. Über diesem historischen Stein errichteten seine Handwerker (691) in syrisch-byzantischem Stile den berühmten „Felsendom", der bald als das dritte der „vier Wunder der Mohammedanerschaft" galt …
>
> Abd-al-Maliks Plan, auf diese Gedenkstätte die Kaaba zu bringen, mißlang; hätte er sich durchgesetzt, dann wäre Jerusalem zum Mittelpunkt aller drei Religionen geworden, die um die Seele des mittelalterlichen Menschen rangen. Jerusalem war aber [unter den Arabern] nicht einmal die Hauptstadt der Provinz Palästina; diese Ehre kam al-Ramlah zu …[2]

Während der Jahrhunderte, als Jerusalem vollständig der Kontrolle der Araber unterlag, machte kein einziger arabischer Herrscher oder islamischer Lehrer die Stadt zu einem Wallfahrtsort – wiederum eine seltsame Gleichgültigkeit gegenüber einer Stadt, die jetzt nach Mekka und Medina als die drittheiligste religiöse Stätte des Islam gilt. Wir stehen vor der offensichtlichen Frage: Wie und weshalb hat sich der Status Jerusalems in der heutigen Zeit so dramatisch gewandelt? Der Umstand, daß der große, flache Stein im Innern des Domes der Ort sowohl der Opferung Isaaks als auch der einstige Standplatz des Tempels war, reicht nicht aus, um die muslimische Seele zu entflammen. Dieser Ort mußte Schauplatz eines mit Mohammed in Verbindung stehenden Mythos werden, damit ein solche Gefühlswallung aufkommen konnte.

Ein muslimischer Widerspruch

Die von den heutigen Muslimen allgemein vertretenc hohe Wertschätzung Jerusalems rührt von dem Glauben her, im Felsendom befinde sich der heilige Ort, von dem aus Mohammed angeblich in den Himmel aufgefahren ist. Diese Überlieferung ist jedoch, obwohl jetzt fest im muslimischen Denken verwurzelt, erst relativ neuen Ursprungs. Sie ist tatsächlich eine Erfindung, die Jassir Arafats Onkel Haj Amin el-Husseini, ein vormaliger Großmufti von Jerusalem, eingeführt hat. In den 20er und 30er Jahren unseres Jahrhunderts brachte er diesen Mythos in Umlauf, um die arabische Stimmung gegen die wachsende jüdische Bevölkerung in Jerusalem anzufachen und den Standort des Felsendoms auf dem Gelände des einstigen jüdischen Tempels zu rechtfertigen.

Diese Vorstellung war jedoch nicht der ursprüngliche Anlaß zur

Errichtung dieses islamischen Gebäudes durch Abd-al-Malik im Jahr 691. Das ist daraus ersichtlich, daß der eine Vers aus dem Koran (Sure 17,1), der jetzigen Behauptungen zufolge auf dieses angebliche Ereignis anspielt, nicht unter den vielen Versen aus dem Koran zu finden ist, die sich als Inschriften im Innern des Domes befinden. Das Fehlen dieses Schlüsselverses aus dem Koran spricht Bände. Offensichtlich war die heutige Deutung dieses Verses zu früheren Zeiten unbekannt – und das aus gutem Grund. Tatsache ist, daß jedes normale Lesen dieses Verses mit der normalen Bedeutung der Wörter alles andere besagt als die Tradition, Mohammed habe diesen Ort aufgesucht und sei dann von dort gen Himmel aufgefahren. Der Koran sagt das überhaupt nicht, aber seine dürftige Aussage hat man zu einer nun übernommenen islamischen Tradition ausgeweitet. Der Vers lautet:

> Preis dem, der seinen Diener des Nachts von der heiligen Moschee zur fernsten Moschee [al-Aqsa] geführt, deren Umgebung wir gesegnet haben, um ihm unsre Zeichen zu zeigen. Siehe, er ist der Hörende, der Schauende.

Der begleitende Kommentar sagt, die „heilige Moschee" sei Mekka und die „fernste Moschee" sei Jerusalem. Ersteres stimmt natürlich, denn Mekka hatte von Anfang an diese Bedeutung. Letzteres entbehrt jedoch jeglicher Begründbarkeit, denn Jerusalem war weder bis zur damaligen Zeit jemals ein Ort islamischer Anbetung gewesen, noch wurde es innerhalb der folgenden Jahrhunderte zu einem solchen. Wie wir bereits bemerkt haben, wird Jerusalem im Koran noch nicht einmal erwähnt, weder in diesem Vers noch in irgendeinem anderen. [Wenn auch einige Übertragungen in andere Sprachen unberechtigterweise den Namen Jerusalem in diesen Vers einsetzen; Anm. d. Übers.] Wie könnte es für die Muslime auch ein Ort der Anbetung sein, wo sie doch niemals dorthin gewiesen wurden?

Der gewaltige Felsendom wurde höchst offensichtlich nicht nur deshalb gerade auf diesem besonderen Fleck errichtet, weil Abd-al-Malik sich hohe Erträge aus dem Pilgerverkehr versprach, sondern ebenso um die Juden davon abzuhalten, ihren Tempel jemals wieder aufzubauen. Die Muslime dachten zweifellos, die Juden hätten ohne ihr heiliges Gebäude keinen Anlaß, sich wieder in Jerusalem zu versammeln. Dadurch wurde vor über einem Jahrtausend einem zukünftigen Konflikt der Weg bereitet, der uns heute alle mit einem Dritten Weltkrieg bedroht – einem Krieg um Jerusalem, von dem sich die Welt womöglich nie mehr erholen wird. Zu diesem Thema werden wir in späteren Kapiteln noch vieles zu sagen haben.

Die Internationalisierung Jerusalems

Daß Jerusalem einzigartig ist, wird weiterhin dadurch bestätigt, daß die meisten Staaten der Welt diese Stadt unter internationaler Kontrolle sehen wollen. Der Vatikan forderte sogar während der UNO-Konferenz zur Landaufteilung in Palästina im Jahr 1947 die Internationalisierung Jerusalems. Für keine andere Stadt wird ein derartiger Wunsch ausgedrückt – das wäre auch nirgendwo anders sinnvoll –, aber wozu sollte Jerusalem so etwas auferlegt werden? Das ist unvernünftig, und derartiges hat es noch niemals zuvor gegeben. Dessenungeachtet sind die Staaten der Welt zu diesem Zweck übereingekommen, daß Jerusalem nicht die Hauptstadt Israels sein kann, wenngleich Israel es zu seiner Hauptstadt erklärte und dort 1980 die Knesset eröffnete. Hat die Welt jemals zuvor einem Staat vorgeschrieben, wo und wo nicht er seine Hauptstadt einzurichten hat? Weshalb dann gerade bei Israel? Die weltlichen Regierungen glauben sicherlich nicht an die Prophezeiungen der Bibel über Jerusalem; warum ist dann diese kleine, isolierte Stadt des Nahen Ostens so wichtig für sie?

Als Vergleich könnte man vielleicht den Fall Ostdeutschlands heranziehen. Als ein Teil dieses besiegten Landes dem Potsdamer Abkommen zum Trotz den Ost-Teil von Berlin zu seiner Hauptstadt erklärte, willigten die Staaten der Welt sofort ohne jeden Protest ein. Nicht so bei Jerusalem. Vielmehr wird sie behandelt, als gehöre sie nicht Israel, sondern dem Rest der Welt.

Die größten Weltmächte haben tatsächlich bestimmt, was bei ihnen scheinbar ein ungeschriebenes Abkommen ist, daß Jerusalem eines Tages ein Weltzentrum des „Friedens" unter internationaler Kontrolle sein soll. Es ist kein Zufall, daß der Vatikan in diesem Programm eine bedeutende Rolle gespielt hat und sich kürzlich auf seine Weise die Gunst Israels erwarb, um diese sonderbare Absicht weiterzuverfolgen. Daß die Jerusalemfrage der Schlüssel für den Weltfrieden ist, daran besteht kein Zweifel. Doch daß gerade diese Stadt vor allen anderen Städten der Welt diese Rolle einnehmen soll, ist gänzlich unverständlich, solange man die Aussagen der Bibel außer Acht läßt.

Wie die übrigen Länder, so haben auch die USA, obgleich sie ein Förderer Israels sind, ihre Botschaft dennoch nicht in Jerusalem, sondern in Tel Aviv aufgeschlagen – entgegen den Wünschen Israels. Sogar die Weltmedien machen bei dieser öffentlichen Leugnung von Israels Recht auf Autonomie mit. Beispielsweise bezeichnen BBC und andere europäische Radio- und Fernsehsender in anmaßender Manier und entgegen jeder Logik gewohnheitsmäßig Tel Aviv als Hauptstadt Israels – ein unbegreifliches Verdrehen der Tatsachen, das sich wie eine große Verschwörung um die ganze Welt spannt. In einer deutschen Quizsendung wurde kürzlich auf die Frage nach der Hauptstadt Israels Tel Aviv als richtige Antwort gewertet. Wie frustrierend muß es für Israel sein, daß die von ihm erwählte Hauptstadt vom Rest der Welt nicht als solche anerkannt wird!

Man kann nur wiederum fragen: „Weshalb diese beispiellose Behandlung Jerusalems"? Was macht diese Stadt so besonders? Weshalb hat sie für alle Länder eine derartige Bedeutung? Nur die Bibel bietet eine hinlängliche Erklärung. Wenn man die biblische Antwort auf diese Frage ablehnt, dann kann man keine andere rationale Begründung finden. Jerusalems religiöse Bedeutung allein kann, wie wir gesehen haben, ihre Einzigartigkeit nicht erklären – eine Einzigartigkeit, die für die Weltmächte insgesamt unerklärlich ist. Wozu sollte eine Welt, die nicht an die biblischen Verheißungen bezüglich Jerusalems glaubt, diese Stadt dennoch so behandeln, wie die Bibel es sagt?

Verrat hinter den Kulissen?

Überraschenderweise waren die Führer Israels in beträchtliche Intrigen hinter den Kulissen verwickelt, um die internationale Kontrolle heraufzubeschwören – Handlungsweisen, die einem Verrat an ihrem eigenen Land gleichkommen. Dem Nachrichtenmagazin *Inside Israel* zufolge ließ Außenminister Schimon Peres im Oktober 1993 PLO-Chef Jassir Arafat einen Brief zukommen, mit dem er „Israel zur Berücksichtigung aller Einrichtungen der PLO in Jerusalem verpflichtete". Nachdem Peres die Existenz dieses Briefes zuerst abgestritten hatte, gab er schließlich doch zu, daß ein solcher Brief geschickt worden war. Auf dieses widerwillige Bekenntnis folgte eine noch viel beunruhigendere Enthüllung: Mark Halter, ein enger Freund von Peres, „berichtete dem israelischen Wochenblatt *Shishi*, er habe im Mai [1994] einen Brief von Peres an den Papst überreicht, aus dem die Pläne des Außenministers mit Jerusalem deutlich wurden: Laut Halter ‚bot Peres an, dem Vatikan die Souveränität über Jerusalems Altstadt zu übergeben'."

Dem geheimen [und für die meisten Israelis undenkbaren] Plan zufolge, sollte die Stadt einen israelischen und einen palästinensischen Bürgermeister haben, die beide der Autorität des Vatikans unterstünden. Der Vatikan hatte verdeutlicht, er betrachte die religiösen Stätten Jerusalems als zu wertvoll, als daß sie der Kontrolle durch lokale Verwaltung unterliegen könnten. Er wolle diese Verantwortung auf sich selbst nehmen, und Peres war offenbar damit einverstanden. In scheinbarer Übereinstimmung mit dem Vatikan händigten die „Oberhäupter der christlichen Gemeinschaft" in Jerusalem der israelischen Regierung Ende des Jahres 1994 ein unveröffentlichtes Dokument aus, das ebenfalls zur Internationalisierung Jerusalems aufrief.[3] In einem offensichtlichen Versuch, alle beteiligten Seiten seiner gänzlichen Unparteilichkeit zu versichern, erklärte Papst Johannes Paul II. Anfang 1994 in einem exklusiven Interview gegenüber dem Magazin *Parade*:

> Wir haben die Zuversicht, daß mit dem Näherrücken des Jahres 2000 Jerusalem für die ganze Welt die Stadt des Friedens wird, und daß sich hier alle Menschen begegnen können, insbesondere die Gläubigen der Religionen, die ihr Geburtsrecht im Glauben Abrahams finden [wozu offensichtlich auch die Muslime gehören].[4]

Weitere vertrauliche Enthüllungen offenbaren, daß Jerusalem der zweite „Vatikan der Welt" werden soll, und alle drei großen dort angesiedelten Religionen sollen, wie der Papst andeutete, der Autorität Roms unterstehen. In einem Bündnis mit Jordanien wird ein palästinensischer Staat entstehen, wobei Jerusalem seine religiöse Hauptstadt, politische Hauptstadt jedoch eine andere Stadt sein soll, möglicherweise Nablus. Israels Außenministerium rechtfertigt diesen offensichtlichen Verrat durch Versprechen, die neuen Freundschaftsbande mit der katholischen Welt würden zu gesteigertem Handel, Tourismus und Wohlstand führen, und eine katholische Regierung über Jerusalem würde eine starke Hand für ein schnelles Schlichten von zukünftigen Streitigkeiten zwischen Juden und Arabern bieten. Eine Verlautbarung aus Jordanien von Ende 1994 scheint dies zu bestätigen:

> Jordanien verzichtete vergangene Woche auf seine religiösen Verbindungen zu Judäa, Samarien und Gaza, hielt jedoch an seinem religiösen Anspruch auf Jerusalem fest … Nach dem Unterzeichnen einer jordanisch-israelischen Erklärung am 25. Juli, in der Israel Jordanien eine spezielle Rolle für Jerusalems muslimische Stätten zubilligt,

> wurden die Beziehungen zwischen Jordanien und der Palästinensischen Autonomiebehörde [PA] zunehmend angespannter …
>
> In Jericho hieß der Minister für islamische Angelegenheiten der PA Jordaniens Entscheidung willkommen, seine religiösen Bande mit den Gebieten zu straffen.[5]

Beim folgenden Gipfeltreffen in Washington erklärte Jordaniens König Hussein in der Hoffnung, seine Ansprüche auf jordanische Kontrolle über die heiligen Stätten Jerusalems weiterhin geltend machen zu können: „Nur Gott hat das Recht zu entscheiden, wem der Tempelberg und Jerusalem gehören wird." Wie jedoch ein jüdischer Berichterstatter bemerkte, „hat er selbstverständlich Recht. Die Frage ist nur: wessen Gott? Denn … Husseins Allah erwähnt Jerusalem nicht ein einziges Mal in seinem Koran, wohingegen die hebräische Bibel und das Neue Testament zusammen die Stadt über 800mal nennen. Der Gott Israels hat sein Entscheidungsrecht bereits ausgeübt. Und er hat den Juden Jerusalem als ihr ewiges Erbe gegeben … [diese Tatsache] entkräftet die hinterhältige ‚Religionsdialog'-Theologie, die Gott mit dem Allah des Islam gleichsetzt."[6]

Der gleiche Schreiber beschuldigt in der Rezension eines jüngst erschienen Buches von Elijahu Tal mit dem Titel *Whose Jerusalem?* [„Wessen Jerusalem?"] die „Möchtegern-Aufteiler" von Jerusalem als „darauf erpicht, der jüdischen Seele das innerste Herz zu entreißen". Seine Rezension stellt einen Abriß eines aussagekräftigen Buches vor:

> Tal nimmt kein Blatt vor den Mund. Und für all jene, die für die Islam-inspirierten, öltriefenden Ansprüche iranischer Schiiten, palästinensischer Araber, Haschemiten, Marokkaner und Saudiaraber immer noch eine historische Berechtigung suchen, verschaffen die in „*Whose Jerusalem?*" zusammengetragenen Daten einen festen Standpunkt, von welchem aus die vielfachen Aufrufe zur Wiederteilung Jerusalems, oder andernfalls den Verzicht auf ihren Status als ausschließliche Hauptstadt des jüdischen Staates, abgewehrt werden können …
>
> Nur die Juden haben jahrhundertelang in der Hoffnung gelebt und sind in dieser Hoffnung gestorben, einst leibhaftig in diese Stadt zurückgeführt zu werden. Nur als hier ein jüdischer König regierte, leuchtete die Schechinah [die Herrlichkeit Gottes] sichtbar in Jerusalem, und über diese ganzen Jahre war diese Stadt nur für die Juden an sich heilig.[7]

Arafats volle Offenheit

Jerusalem scheint auch in Gottes Zeitplan für die Ereignisse der Endzeit eine einzigartige Rolle zu spielen. Jesus sagte, „Jerusalem wird zertreten werden von den Nationen [den nichtjüdischen Ländern], bis die Zeiten der Nationen erfüllt sein werden" (Lukas 21,24). Könnte es vielleicht sein, daß die Einnahme Jerusalems durch die Juden im Jahr 1967 das Ende der „Zeiten der Nationen" markierte und Jerusalem wieder in den Mittelpunkt von Gottes Handeln stellte? Wenn das zutrifft, dann muß Jerusalem bis Harmagedon in jüdischer Hand bleiben. Das heißt jedoch nicht, daß die Schlacht um die Kontrolle über Jerusalem zu Ende ist. Sie wird zweifellos vielmehr mit dem Näherrücken des Offenbarwerdens des Antichristen immer heftiger werden.

Diese Schlacht heizt sich gegenwärtig sicherlich bereits auf. Anfang 1994 rief Jassir Arafat in einer Ansprache in der Moschee von Johannesburg zur Fortsetzung des *Dschihad* [Heiliger Krieg] seitens der Araber auf, damit Jerusalem wiedereingenommen werden könne. Als der Inhalt seiner Rede, die offenbar ausschließlich für arabische Ohren bestimmt war, an die Öffentlichkeit geriet, versetzte dies israelische Kreise verständlicherweise in Aufruhr. Arafat versuchte seine Aussagen wegzuerklären, indem er sagte, *Dschihad* bedeute auch „friedliches Ringen".

Im Koran gibt es diese Vorstellung jedoch nicht; und „friedliches Ringen" wurde von Mohammed sicherlich weder gelehrt noch praktiziert. In der Tat läßt eine andere Bemerkung in der Rede Arafats keinen Zweifel daran, was er zum Ausdruck bringen wollte: „Dieses Abkommen [zwischen der PLO und Israel] sehe ich als nichts mehr an, als das Abkommen, das zwischen unserem Propheten Mohammed und den Quraischiten getroffen wurde." Dieser Vertrag war verhängnisvoll.

Die Quraischiten, Mohammeds eigener Stamm, kontrollierten Mekka, waren aber nicht stark genug, als daß sie gegen Mohammeds wachsende Kampfkraft hätten standhalten können. Deshalb unterzeichneten sie ein Friedensabkommen mit Mohammed. Zwei Jahre später brach er dieses unter einem Vorwand, tötete die quraischitischen Führer und nahm Mekka ein. Dementsprechend sagte auch Arafat, das Abkommen der PLO mit Israel sei lediglich ein Schritt in Richtung auf die offenkundige Eroberung Israels und könne ebenso leicht und guten Gewissens gebrochen werden, sowie Mohammed selbst das Beispiel für einen solchen „rechtmäßigen Betrug" setzte. Der israelische Analytiker Mosche Zak schrieb:

> Nicht Lügen oder Dummheit waren es, die Arafats Bemerkungen auf seiner Johannesburger Rede kennzeichneten, sondern eine erstaunliche Offenheit. Seine offenen, unzweideutigen Aussagen erinnerten an *Mein Kampf*, ein Buch, in dem der Autor [Hitler] unverblümt über seine Pläne sprach, und das in einem solchen Ausmaß, daß seine Gegner ihn nicht mehr ernst nahmen. Wir alle wissen, daß, als Hitlers satanisches Programm Wirklichkeit wurde, es zu spät war, ihn aufzuhalten.
>
> Arafat ist in Johannesburg *nicht* seine Zunge entglitten: Er machte vielmehr einen Aufruf zum *Dschihad* und führte Mohammeds Abkommen mit den Quraischiten an, um seine These zu prüfen, ob auch die Israelis das schlucken würden.
>
> Der PLO-Chef war sich sicher, daß Israels Proteste seine Position bei seinem eigenen Volk stärken würden – denn auf keinen Fall durfte es so aussehen, als kooperiere er mit Israel gegen Hamas und den Islamischen Dschihad [zwei führende Terrorgruppen]. Seine Rhetorik über einen Heiligen Krieg zur Befreiung Jerusalems sollte jeden Verdacht auf eine solche Kooperation auslöschen …
>
> Wie wir die Aussagen Arafats auch deuten, eines ist klar: Die palästinensischen Massen verstehen seine Botschaft über einen Heiligen Krieg zur Befreiung Jerusalems sehr wohl.[8]

Täuschen wir uns nicht: Ob die Welt Frieden oder Krieg haben wird, hängt davon ab, was in der „Stadt unseres Gottes" geschieht. Doch wir wissen ja bereits, was geschehen wird, denn die Bibel sagt es in allen Einzelheiten voraus. In den folgenden Kapiteln werden wir auf diese Prophezeiungen näher eingehen.

Ob Sie wollen oder nicht

Ist es bloßer Zufall, daß Jerusalem, der gegenwärtige Schlüssel zum Weltfrieden, ursprünglich *Salem* hieß, was „Frieden" bedeutet? In jenen frühen Tagen wurde sie von einer der rätselhaftesten Figuren der Geschichte regiert: Melchisedek, König von Salem. Er taucht auf den vordersten Seiten der Bibel plötzlich und wie aus dem Nichts auf, dann verschwindet er wieder. Das war heidnisches Gebiet, doch Melchisedek „war Priester Gottes, des Höchsten" (1. Mose 14,18; vergl. Hebräer 7,1). Abraham, der „Freund Gottes" genannt wird, schaute zu Melchisedek auf als zu einem, der größer ist als er, ehrte ihm mit dem

Zehnten und nahm seinen Segen entgegen (1. Mose 14,19-20; Hebräer 7,1-2).

Salomo nennt, als er zu Gott spricht, Jerusalem „die Stadt, die du erwählt hast ...“ (1. Könige 8,44). Mit ihrer prophetischen Bestimmung, die bald zur vollen Blüte gelangen wird, bringt Jerusalem der Welt eine klare Botschaft: Die Menschheit ist nicht Produkt aus Zufall und blinden Evolutionsprozessen. Nichts im Universum, nicht einmal die Energie selbst oder die unzähligen Formen, in denen sie wirkt, kann mit dem Zufall erklärt werden. Ebenso klar haben die Gesetze der Physik und Chemie ihr geordnetes Wirken auf die Materie nicht selbst hervorgebracht, sondern wurden von einem Gesetzgeber eingerichtet; und auch das Atom und erst recht die lebende Zelle konnten mit ihrer schier unbegreiflichen Organisation und Funktion nur von einem Schöpfer konstruiert und erschaffen werden. Im Gleichklang mit dem ganzen sie umgebenden Kosmos, verkündet Jerusalem der Welt, daß die Menschheit einen besonderen Platz in Gottes Schöpfung einnimmt und daß all jene ein herrliches Schicksal erwartet, die den Gott Israels, der Jerusalem zu seiner Stadt erwählte, anerkennen und ihm gehorchen.

Ob Ihnen diese Schlußfolgerungen nun gefallen oder nicht, das ändert nichts daran, daß die rational unerklärliche Rolle Jerusalems schon vor Tausenden von Jahren in der Bibel vorausgesagt wurde. Und ob Ihnen die weiteren Schlüsse gefallen oder nicht, das ändert auch daran nichts, daß diese biblischen Prophezeiungen die einzige vernünftige Erklärung für Jerusalems einzigartigen Platz im heutigen Weltgeschehen bieten. Die Tatsachen sprechen für sich selbst und können nicht geleugnet werden, wenngleich viele Israelis und Zionisten den davon ausgehenden „geheimnisvollen Duft“ ablehnen. In den folgenden Kapiteln werden wir diese Prophezeiungen und ihre bemerkenswerten Erfüllungen näher beleuchten.

Ohne die Bibel kann man in der Geschichte der Menschheit keinen Sinn finden. Wir haben die Wahl zwischen nur zwei Möglichkeiten: Entweder ist die Menschheit nichts als ein Unfall auf einem von Billionen Planeten [und wenn hier, dann vielleicht auch auf anderen im Weltraum verstreuten Himmelskörpern], oder wir sind von Gott mit seiner Absicht erschaffen worden. Es ist der Gott der Bibel, der allein seiner Schöpfung Sinn und Ziel verleiht, und er hat beschlossen, daß Israel in seinem Plan die Schlüsselrolle spielen soll.

Jerusalem! Sie ist wie keine andere Stadt der Welt. Sie steht im Mittelpunkt der Geschichte und im tiefsten Zentrum von Gottes Absichten mit diesem Planeten und allen seinen Bewohnern. Sie ist die „Stadt unseres Gottes“, wo Gott sich entschlossen hat, seinen Namen aufzustellen, und für die er das letzte Wort haben wird. Ob Sie wollen oder nicht, die ganze Welt befindet sich unter der Macht dieses Entschlusses.

Und der HERR sprach zu Abram: Geh aus deinem Land … in das Land, das ich dir zeigen werde! Und ich will dich zu einer großen Nation machen, und ich will dich segnen … Und ich will segnen, die dich segnen, und wer dir flucht, den werde ich verfluchen …

1. Mose 12,1-3

An jenem Tag schloß der HERR einen Bund mit Abram und sprach: Deinen Nachkommen habe ich dieses Land gegeben, vom Strom Ägyptens an bis zum großen Strom, dem Euphratstrom …

… dir will ich es geben und deinen Nachkommen für ewig …

Und der HERR erschien ihm [Isaak] und sprach: … dir und deinen Nachkommen werde ich alle diese Länder geben, und ich werde den Schwur aufrechterhalten, den ich deinem Vater Abraham geschworen habe …

Und siehe, der HERR stand vor ihm [Jakob] und sprach: Ich bin der HERR, der Gott deines Vaters Abraham und der Gott Isaaks; das Land, auf dem du liegst, dir will ich es geben und deiner Nachkommenschaft.

1. Mose 15,18; 13,15; 26,2-3; 28,13

Dann werde ich euch in das Land bringen, um dessentwillen ich meine Hand zum Schwur erhoben habe, daß ich es Abraham, Isaak und Jakob geben will, und ich werde es euch zum Besitz geben, ich, der HERR.

2. Mose 6,8

Ihr sollt ihr Land besitzen, und ich werde es euch zum Besitz geben, ein Land, das von Milch und Honig überfließt.

3. Mose 20,24

… dann will ich euch an diesem Ort, in dem Land, das ich euren Vätern gegeben habe, wohnen lassen von Ewigkeit zu Ewigkeit.

Jeremia 7,7

Spielball der Völker

2

Das Land der Verheißung

Aus den vorangestellten Versen wird sehr deutlich, daß Gott Israel ein *Land* zum Besitz *von Ewigkeit zu Ewigkeit* gab. Das war nicht die Verheißung, daß die Juden immer *irgendein* Land *irgendwo* auf der Erde bewohnen würden, sondern daß sie ein bestimmtes Land als Erbe besitzen, welches Gott ihnen zugesprochen hat. Niemals ist eine solche Verheißung einem anderen Volk oder einer anderen Nation gegeben worden. Dieser Umstand allein macht schon sowohl das jüdische Volk als auch das Land Israel absolut einzigartig. Und solange diese Tatsache nicht sowohl von Israel als auch von den übrigen Ländern der Welt anerkannt ist, wird die Welt keinen wirklichen Frieden kennen.

Wie wir später sehen werden, und wie schon die Propheten gewarnt haben, wurden die Israeliten aus ihrem Land geworfen, weil sie Gott, der ihnen dieses Land gegeben hatte, ungehorsam waren. Als die Jahrhunderte dahinstrichen, verloren die nun um die ganze Welt zerstreuten Juden allmählich die Überzeugung, daß ihnen das Land Israel gehört. Gleichzeitig wurden sie durch die Verfolgung und Ermordung, die sie in ihren Gemeinschaften durch die Hände der sie umgebenden Heiden erfuhren, veranlaßt, sich nach einem eigenen Land zu sehnen. Sie waren ein heimatloses Volk, und das Verlangen nach einem nationalen jüdischen Heimatland schlug mit dem zunehmenden Antisemitismus Wurzeln, insbesondere in Rußland und dem übrigen Europa gegen Ende des vergangenen Jahrhunderts. Dieser Wunsch brachte die Zionistische Bewegung hervor.

Zionismus und das „Gelobte Land“

Der erste Zionistenkongreß fand 1867 in Basel in der Schweiz statt, inspiriert durch die Veröffentlichung des Buches *Der Judenstaat* von Theodor Herzl. Wir müssen verstehen, daß Herzls Motivation nicht in erster Linie vom Glauben an den Gott Israels und seinen Verheißungen an Abraham, Isaak und Jakob geprägt war. Er hatte es nicht notwendigerweise auf eine Rückkehr in das Land abgesehen, das Gott seinem auserwählten Volk verheißen hatte. Es ist fraglich, wieviele der ersten Zionisten überhaupt an die Existenz Gottes glaubten, geschweige denn an seine Verheißungen. Herzls Motivation war rein politischer und wirtschaftlicher Natur und entsprang der Welle von Antisemitismus, von der Europa im Zuge der Verwirrung um die Dreyfusaffäre heimgesucht wurde [die falsche Anschuldigung wegen Landesverrats und widerrechtlicher Überzeugung gegen den jungen jüdischen Hauptmann der französischen Armee Alfred Dreyfus]. Es war offensichtlicher denn je, daß die Juden irgendwo auf der Welt ein sicheres Refugium benötigten, das nur ein jüdischer Staat bieten konnte.

Viele, wenn nicht die meisten, der ersten Zionisten scherten sich nicht darum, welches Land man ihnen gab, solange es nur ihnen allein gehörte. Es mußte nicht unbedingt das alte Land Israel sein. Einige waren sogar bereit, ein Gebiet in Afrika zu besiedeln. Theodor Herzl selbst verhandelte über einen Landstrich in britischem Mandatsgebiet, das nicht das Heilige Land war, sondern an dieses angrenzte. Als ihm anstatt dessen ein über 15.000 qkm großes Gebiet in Ostafrika angeboten wurde, spaltete sich die Zionistenbewegung zwischen denen, die dieses Angebot annehmen wollten, und denen, die auf einem jüdischen Staat in Palästina bestanden. Dieser erbitterte Streit war auch bei Herzls Tod am 3. Juli 1904 noch nicht beigelegt. Dennoch wurden seine sterblichen Überreste in Anerkennung seiner unersetzlichen Rolle im Jahr 1949 zur Beisetzung ins Land Israel überführt.

So spaltete sich die Zionistische Bewegung selbst in zwei opponierende Lager, entsprechend den beiden Auffassungen, die man bezüglich Israel und Jerusalem einnehmen kann. Wie wir im ersten Kapitel bemerkt haben, ist entweder die Bibel wahr, und dann hat Gott den Juden ein bestimmtes Land zu ihrem ewigen Besitz gegeben, oder andernfalls gibt es keinen Gott, und die Vorstellung von dem „Gelobten Land“ ist ein Mythos. Wenn das erstere wahr ist, dann sollte Israel nicht wagen, auch nur ein Stück seines Landes „um des Friedens willen“ zur Verhandlung preiszugeben.

Ein radikaler [aber biblischer] Vorschlag

Wenn es Gott gibt und die Bibel wahr ist, dann sollten darüber hinaus die arabischen Nachbarn der Juden, anstatt zu versuchen, ihnen Land wegzunehmen, das ganze von Gott zugesprochene Land zurück unter jüdische Kontrolle geben, und die Vereinten Nationen sollten sich dementsprechend mit der gleichen Überzeugung verhalten. Diese Forderung stellt ein radikales Verlassen des Standpunktes sowohl Israels, der

Araber und des Restes der Welt dar. Doch dieses Vorgehen würde logisch aus den wiederholten und deutlichst ausgedrückten Aussagen der Bibel folgen.

Die Rückgabe des gesamten verheißenen Landes unter israelische Kontrolle würde selbstverständlich nicht eine Ausweisung der derzeitigen Bewohner einschließen. Vielmehr würde dadurch die *Rechtsgewalt* über dieses Gebiet an die Regierung Israels gehen. Daß sich ein solcher Wechsel der wirtschaftlichen Verwaltung für den gesamten Nahen Osten als vorteilhaft erweisen würde, daran besteht kaum ein Zweifel. Um die Wahrheit dieser Aussage festzustellen, braucht man nur einmal den Wohlstand des Landes Israel mit dem ehemaligen Elend dieser Gegend vor der jüdischen Kontrolle sowie mit der gegenwärtigen Armut der benachbarten Araber vergleichen, wie es den vielen Besuchern des Landes aus aller Welt schon wohlbekannt ist. Schauen wir uns als nur ein Beispiel den folgenden Vergleich einiger weniger Statistiken an:

> Die Bevölkerung Israels beträgt ca. 5,4 Millionen, sein Bruttosozialprodukt beläuft sich auf 61,5 Milliarden Dollar, das sind 11.600 Dollar pro Kopf und Jahr. Jordanien, Israels direkter Nachbar, weist eine vergleichbare Einwohnerzahl von 4,5 Millionen auf. Sein Bruttosozialprodukt beträgt pro Kopf jedoch weniger als ein Zehntel von dem Israels, nämlich etwa 1.100 Dollar jährlich. Israels 5,4 Millionen Einwohner exportieren jedes Jahr Güter für ca. 15 Milliarden Dollar, Jordanien exportiert dagegen mit seinen 4,5 Millionen Menschen nur Waren im Wert von 1,25 Milliarden Dollar.
>
> Es ist in der Tat die Wirtschaft Israels, die die Wirtschaft der Palästinenser im Gaza-Streifen und im Westjordanland aufrechterhält.[1]

Wenn andererseits das letztere wahr ist [daß es keinen Gott und kein verheißenes Land für Israel gibt], dann ist es nichts als bloßer Zufall, daß der Staat Israel 1948 im Nahen Osten gegründet werden konnte und bis heute überlebt hat, und dann hat dies keine weitere Bedeutung. In diesem Fall, ohne Gott als den Schöpfer der Menschheit, ist die ganze Existenz des Menschen bedeutungslos. Der Kampf der Menschen und Nationen ums Überleben, um Besitz und Sicherheit sind dann lediglich die wilden Instinkte von Kreaturen, denen eine Evolution die Fähigkeit zur Entwicklung immer ausgefeilterer und grausamerer Methoden der eigennützigen Aggression mitgeliefert hat. Die Geschichte der Menschheit wäre somit eine bedeutungslose Fortführung des Überlebenskampfes, den ihre animalischen Vorfahren mit Zähnen und Klauen ausgefochten haben und heute noch ausfechten, nur auf einem „höheren Niveau". Ohne einen intelligenten und zielorientierten Schöpfer bleibt der Friede Phantasie, ist Fortschritt Irrsinn und verläuft die Geschichte ins Nichts – das ganze Universum wäre ein makabrer Scherz.

Die ökumenische Zerstörung der Wahrheit

Sicherlich gibt es verschiedene Meinungen unter Christen, Muslimen und Juden, und das sogar unter denen, die den Glauben an Gott und die Bibel für sich in Anspruch nehmen, im Fall Israel jedoch anders denken. Aber über das, was die Bibel über das Land Israel lehrt, kann nicht der leiseste Zweifel bestehen: Palästina und noch weit mehr – sogar das Gebiet bis zum Euphrat – ist das den Juden von Gott für immer gegebene „Gelobte Land". Kein aufrichtiger Mensch kann die Existenz dieses Gottes oder die Gültigkeit seiner Verheißungen für Israel in Abrede stellen. Denn, wie wir sehen werden, schrieben die hebräischen Propheten, die sich als vom Schöpfer des Universums inspiriert bezeichneten, Hunderte von Prophezeiungen bezüglich Israels nieder, die sich Hunderte und sogar Tausende von Jahren später erfüllten. Diese Erfüllungen sind so zahlreich und präzise, daß eine Erklärung durch Zufall mathematisch unmöglich ist. Jeder aufrichtige Beobachter steht vor der einen Wahl: an Gottes Existenz und seine Ratschlüsse zu glauben und einzusehen, daß allein durch ihn ein gerechter, sinnvoller und dauerhafter Friede für alle Nationen möglich ist.

Eine solche Sicht wird in unserer Zeit jedoch in den Bereich religiösen Aberglaubens verbannt, und, abgesehen von einigen wenigen islamischen Regimes, ist die „Trennung von Kirche und Staat" die Regel. Folglich ist es Gott, auch wenn es ihn gibt, nicht erlaubt, in das „wirkliche Leben" einzugreifen. Ein hauptsächlicher Grund für diese vorherrschende Meinung ist sicherlich der Umstand, daß es so viele verschiedene Vorstellungen von Gott und so viele Religionen gibt. Nur wenn sich diese alle einig sind, können Kirche und Staat zusammenkommen, und möglicherweise gibt es nur dann Frieden. Das ist die Hoffnung der Ökumene.

Leider will die ökumenische Bewegung Glaubensdifferenzen durch deren Preisgabe auflösen, um schließlich den kleinsten gemeinsamen Nenner zu erreichen, der von allen annehmbar ist. Eine solche Entwicklung ist jedoch kein Fortschritt, sondern Dummheit, denn sie ist von ihrem Wesen her schon eine Verleugnung der Wahrheit und ein Ablehnen der Bedeutung jeden Glaubens, über den es Meinungsverschiedenheiten gibt. So wird ökumenische Einheit auf Kosten von Überzeugung und Vernunft erlangt und stellt deshalb einen Rückschritt von einem sinnvollen Übereinkommen dar – und keinen Fortschritt auf ein solches hin.

Heute verleugnet man die Wahrheit noch auf eine andere Weise, nämlich nach der Regel der Sympathie. Alles, was nicht angenehm oder positiv ist, wird auf dieser Basis einfach abgelehnt. Wahrheit ist oftmals unbequem und von daher unpopulär. Was die Bibel lehrt, ist bestimmt nicht immer angenehm, weder was Israel noch was die moralische Verantwortung vor Gott betrifft. Was wir aus der Bibel hinsichtlich des „Gelobten Landes" gesehen haben, erscheint der großen Mehrheit der Menschen als unsinnige Vorstellung. Niemand kann jedoch abstreiten, daß die Bibel es immer und immer wieder mit eindeutigen Worten sagt. Diese Tatsache können wir nicht einfach ignorieren. Wenn Gottes Verheißungen über den Besitz dieses *Landes* an Abraham, Isaak und Jakob nicht wahr sind, dann ist die Bibel auch in keiner ihrer anderen Aussagen wahr. Entweder man nimmt sie als Ganzes ernst oder verwirft sie vollständig.

Zwei Alternativen mit ernsten Konsequenzen

Ebenso kann man nicht den logischen und praktischen Konsequenzen für Israel entkommen, die vom jeweiligen eingenommen Standpunkt abhängen. Ich erinnere mich an meine Teilnahme an einer Gruppenführung durch einen galiläischen Kibbuz mit einem Leiter dieser Agrarsiedlung. Für ihn war es ein Grund zum Prahlen, daß sein Kibbuz atheistisch ausgerichtet war, wie auch die meisten der weiteren 300 Kibbuzim in Israel. Die meisten wurden tatsächlich auf marxistischen Prinzipien gegründet. Ich stellte ihm eine simple Frage: „Wenn es keinen Gott gibt, dann wurde dieses Land, entgegen den Aussagen der Bibel, den Juden nicht von Gott gegeben. Wenn das der Fall ist, inwiefern hat Ihr Volk dann einen besseren Anspruch auf dieses Land als die Araber?"

Auf diese Frage hatte er keine Antwort. Wenn dieses Land nicht das den Juden von Gott gegebene „Gelobte Land" ist, dann haben sie logischerweise nur auf den kleinen Teil des Landes Anspruch, der ihnen durch die Vereinten Nationen im Jahr 1947 zugewiesen wurde. Alles andere seit dieser Zeit eingenommene Land müßten sie eigentlich zurückgeben, und dazu gehört auch Jerusalem. Israel kann sich nicht auf ein „Gelobtes Land" berufen, wenn sein Volk nicht an den Gott glaubt, der diese Verheißung gelobte. Ein 23jähriger Sportler, der kürzlich aus Antwerpen nach Israel emigrierte, beschwerte sich: „Wenn mich irgend etwas an Israel stört, dann ist das die [fehlende] Beziehung zum jüdischen Erbe."[2]

Wenn die Bibel lediglich ein menschlicher Bericht von den alten Hebräern ist, nichts als eine Darstellung ihrer Überlieferung, dann sind die hebräischen Schriften nicht besser als die Überlieferungen irgendeiner anderen Volksgruppe auf Erden. Es gibt sicherlich keine Grundlage dafür, den Juden einen Anspruch auf ein Land zuzusprechen, nur weil ihre Vorfahren es vor 3500 Jahren einmal besetzten. Man könnte genausogut versuchen, die gegenwärtigen Landbesitzverhältnisse in Europa umzukrempeln, indem man feststellt, wer die „ursprünglichen" Bewohner eines jeden Landstrichs waren, dann deren Nachkommen ausfindig macht und ihnen jeden einzelnen Fleck zurückgibt, ohne dabei die Ansprüche der dort seit langem lebenden anderen Völker zu berücksichtigen.

Wenn es andererseits Gott gibt und er den Juden tatsächlich das Land Israel mit den in der Bibel festgesetzten Grenzen gegeben hat, dann haben wir seine Bestimmung anzuerkennen. Überlieferung stammt von der Vergangenheit ohne jede Berechtigung oder Verpflichtung, sie in der Gegenwart anzuerkennen. Die Überlieferungen sind von Volk zu Volk verschieden, wer könnte deshalb sagen, welche davon die beste ist, oder wer könnte erklären, weshalb eine bestimmte Überlieferung eingehalten werden sollte. Wieviel weniger kann man dann von anderen Völkern erwarten, daß sie eine fremde Überlieferung akzeptieren, die mit ihren eigenen im Widerstreit steht! Das Anerkennen von alten Überlieferungen ist nicht der Weg zum Frieden.

Wenn Gott also existiert, dann ist er, der Israel sein auserwähltes Volk nannte, auch heute noch derselbe Gott. Deshalb bleiben seine Verheißungen und Gelöbnisse in Kraft, und er kann sie heute erfüllen. Wer seine Existenz leugnet und seine Verheißungen verwirft, wird erkennen, daß er zu seinem eigenen Schaden gegen Gott kämpft.

Keine Bevorzugung durch Gott

Die Tatsache, daß die Bibel die Juden als Gottes „auserwähltes Volk" bezeichnet und ihnen das „Gelobte Land" gab, ruft unverzüglich Unwillen und Empörung hervor. „Weshalb sollte Gott gerade die Juden bevorzugen?“ lautet die allgemeine Klage. Es gibt jedoch keinen Grund zur Empörung, weder gegen Gott noch gegen die Juden, denn die Bibel macht deutlich, daß er dem Volk Israel das Land Kanaan nicht aufgrund ziellos-willkürlicher Bevorzugung gab.

Als Gott Abraham und seinen Nachkommen das Land verhieß, erklärte er, daß es nicht eher ihr Eigentum sein könne, bis die Gottlosigkeit der gegenwärtigen Bewohner den Punkt erreicht habe, an dem Gott sie berechtigterweise aus dem Land vertreiben und sogar vernichten würde: „Und in der vierten Generation werden sie hierher zurückkehren; denn das Maß der Schuld der Amoriter ist bis jetzt noch nicht voll“ (1. Mose 15,16). Durch Mose machte Gott diesen Punkt dem Volk Israel ein weiteres Mal deutlich:

> Wenn der HERR, dein Gott, sie [die Kanaaniter] vor dir hinausstößt, sprich nicht in deinem Herzen: Wegen meiner Gerechtigkeit hat der HERR mich hierhergebracht, um dieses Land in Besitz zu nehmen. Denn wegen der Gottlosigkeit dieser Nation wird der HERR sie vor dir vertreiben. Nicht wegen deiner Gerechtigkeit und der Aufrichtigkeit deines Herzens kommst du hinein, um ihr Land in Besitz zu nehmen, sondern wegen der Gottlosigkeit dieser Nationen vertreibt der HERR, dein Gott, sie vor dir und damit er das Wort aufrechterhält, das der HERR deinen Vätern, Abraham, Isaak und Jakob, geschworen hat (5. Mose 9,4-5).

Die Bibel sagt immer wieder und sehr deutlich, daß Gott das Besitzrecht auf dieses Land der Nachkommenschaft Abrahams, Isaaks und Jakobs verliehen hat, damit sie die Völker ersetzen, die wegen ihrer Gottlosigkeit aus dem Land vertrieben worden sind – und daß er es auf ewig an Israel verliehen hat. Welchen Glauben oder was für Vorurteile man auch haben mag, die Aussagen der Bibel sind unbestreitbar. Die Verheißung des Landes ist nicht nur ein- oder zweimal gegeben worden, sondern Dutzende von Malen und wird in fast jedem alttestamentlichen Buch wiederholt. Die Araber können deshalb zwar behaupten, die Nachkommen Ismaels zu sein [was sie nicht beweisen können], doch das reicht nicht aus. Sie sind definitiv nicht die Nachkommenschaft Isaaks und Jakobs, an die das Land gegeben wurde. Die Araber stellen das mit ihrem bis auf den heutigen Tag fortdauernden Haß und ihrer Verfolgung gegen das jüdische Volk unter Beweis.

Es war *Gott*, der das Land diesem Volk verheißen hat. Deshalb rebelliert jeder, der Israel von der vollständigen Besitznahme des Landes abhalten will, gegen Gott selbst und fällt somit unter den Fluch Gottes: „Ich will segnen, die dich segnen, und wer dir flucht, den werde ich verfluchen ..." (1. Mose 12,3). Wenn wir der Bibel glauben wollen, dann müssen wir zugeben, daß das „Gelobte Land" denen gehört, denen Gott es gelobt hat. Da das der Fall ist, müssen wir alles in unserer Macht stehende tun, damit sie dieses Land besitzen können. Es ist keine Frage *menschlicher* Übereinkunft oder Uneinigkeit, sondern von Übereinkunft mit Gott selbst.

Es ist Gottes Land

In bezug auf Gottes Verheißung des Landes an Israel müssen wir drei Dinge bedenken: 1. Die Verheißung erging nicht an die Juden von heute [die durch ihr Verhalten vielleicht unwürdig scheinen], sondern an Abraham, Isaak und Jakob, und von daher ist sie bedingungslos, was den Anspruch ihrer Nachkommen auf das Land anbelangt – ein Land, das ausschließlich ihnen gehört; 2. dauerhafter Besitz des Landes unterliegt der Bedingung des Gehorsams gegen Gott, und die Ungehorsamen werden, wenngleich aus der Nachkommenschaft Jakobs, aus dem Land vertrieben, wenn sie nicht Reue zeigen und zu Gott umkehren; und 3. galt die Verheißung nicht für eine begrenzte Zeit, die schon lange überschritten ist, sondern sie gilt für immer und ist somit auch heute noch gültig. Diese drei Punkte finden sich in der ganzen Bibel in deutlichster Sprache immer wieder. Die folgenden Schriftworte sind nur einige wenige der vielen möglichen Beispiele:

> Mose jedoch flehte den HERRN, seinen Gott, an und sagte: ... Denke an deine Knechte Abraham, Isaak und Israel [der neue Name Jakobs], denen du bei dir selbst geschworen und denen du gesagt hast: ... dieses ganze Land, von dem ich gesagt habe: „ich werde es euren Nachkommen geben", das werden sie für ewig in Besitz nehmen (2. Mose 32,11.13).

> Und das Land soll nicht endgültig verkauft werden, denn mir gehört das Land ... (3. Mose 25,23).

> Und der HERR hat all seine Knechte, die Propheten, zu euch gesandt ... Kehrt doch um, jeder von seinem bösen Weg und von der

> Bosheit eurer Taten, dann sollt ihr in dem Land, das der HERR euch und euren Vätern gegeben hat, wohnen von Ewigkeit zu Ewigkeit! (Jeremia 25,4-5).
>
> Und sie werden in dem Land wohnen, das ich meinem Knecht Jakob gegeben habe, in dem eure Väter gewohnt haben; und sie werden darin wohnen, sie und ihre Kinder und ihre Kindeskinder, bis in Ewigkeit (Hesekiel 37,25).

Die Worte der Propheten könnten nicht eindeutiger sein; immer wieder erneuern sie Gottes Verheißung – eine Verheißung, die das Land für ewig an Israel gab. Die eigene persönliche Meinung zu dieser wichtigen und umstrittenen Sache ist nicht eine Frage, ob man „pro-israelisch" oder „pro-arabisch" oder „anti" bezüglich eines dieser Völker eingestellt ist, sondern hängt davon ab, ob man Gottes Willen anerkennt. Die schlichte Tatsache ist, daß die arabischen Völker mit ihrem Versuch, Land von Israel zurückzubekommen, gegen Gott kämpfen und seine klaren biblischen Verheißungen verwerfen. Somit berauben sie sich selbst des Segens, den Gott denen zugesprochen hat, die Israel segnen. Gleiches gilt für die Palästinenser, die eine autonome Verwaltung von Teilen des Israel verheißenen Landes fordern und inzwischen erhalten haben.

Wie können die Muslime dann ihren gewalttätigen Widerstand gegen Israel rechtfertigen? Bei alledem behaupten sie ja, an den Gott der Bibel zu glauben. Diese Frage werden wir später noch ausführlicher behandeln; hier sei lediglich gesagt, daß Mohammed einen anderen Gott verehrte, der nicht der Gott der Bibel ist. Allah ist eindeutig nicht der Gott Abrahams, Isaaks und Jakobs. Durch ihre Verfluchung derer, die Gott gesegnet hat, beweisen die Araber, daß sie einem anderen Gott angehören. Außerdem widerspricht der Koran sich selbst, denn zunächst stimmt er zwar auf den ersten Seiten mit der Bibel überein, später widerspricht er ihr jedoch in vielfacher Hinsicht. Auch der Islam an sich widerspricht der Bibel, zum Beispiel in seiner Behauptung, das „Gelobte Land" sei den Arabern und nicht den Juden gegeben worden.

Annäherung auf römisch-katholische Art

Die Araber stehen mit ihrer Leugnung des jüdischen Besitzanspruchs auf das „Gelobte Land" nicht alleine da. Im Lauf der Jahrhunderte entwickelte sich im römischen Katholizismus die Vorstellung, die Juden müßten verfolgt und sogar umgebracht werden, weil sie Christus gekreuzigt haben. Sie hätten sicherlich keinerlei Anspruch mehr auf das „Gelobte Land", das nun der [römisch-katholischen] Kirche gehöre. Die Kreuzritter wollten das Land zurückerobern, um die „heiligen Stätten der Christenheit" zu retten. Die römisch-katholische Kirche betrachtet sich sogar selbst als das neue Israel Gottes.

Folglich war der Vatikan dem Staat Israel bisher nicht wohlwollend gesinnt. Die katholische Kirche benötigte fast 47 Jahre, bis sie die Rechtmäßigkeit des Staates Israel anerkannte – und dann tat sie das aus rein eigennützigen Motiven, wie wir noch sehen werden. Noch *nachdem* Saddam Hussein Kuwait eingenommen hatte, lobte Jerusalems katholischer Patriarch, Michel Sabbah, Saddam dafür, daß er „die Sache der Palästinenser wahrhaft in seinem Herzen trägt". Er weigerte sich einzugestehen, daß Saddam „gefährlicher" ist als der damalige US-Präsident George Bush.

Das Oberhaupt der Katholiken im Irak, Patriarch Raphael Bidawid, verteidigte Saddams Einnahme und Annexion Kuwaits sowie sogar seine Raketenangriffe auf die israelische Zivilbevölkerung. „Dieser ganze Krieg ist von Israel geplant worden", sagte Bidawid von Rom aus, wo er sich mit dem Papst und anderen katholischen Führungspersönlichkeiten im Vatikan über den „Frieden" in Nahost beriet. Seine Bemerkungen, die sich verdächtig wie die Hitlers anhörten, sind vom Vatikan niemals bedauert oder richtiggestellt worden. Deshalb kann man nur schließen, daß er die offizielle katholische Sicht repräsentierte. Die römisch-katholische Kirche ist weiterhin gegen eine jüdische Kontrolle Jerusalems.

Ein Akzeptieren der biblischen Aussagen über das zu Israel gehörende „Gelobte Land" wird auch durch die im Alten Testament beschriebene Ausdehnung des Landes erschwert. Der derzeitige weltweite Konsens ist, daß Israel bereits zuviel Land besitzt, obwohl es nur einen kleinen Teil des ihm von der Bibel zugesprochenen Gebiets einnimmt. So steht es rein menschlichem Denken nach außer Frage, die Bibel zur Lösung der Nahostkrise überhaupt zu Rate zu ziehen.

Die überraschende Größe des „Gelobten Landes"

Die Grenzen des „Gelobten Landes" werden uns in 1. Mose 15,18-21 gezeigt. Sie umfassen den ganzen Libanon und einen großen Teil Jordaniens, einschließlich seiner Hauptstadt Amman. Die zweieinhalb israelitischen Stämme Ruben, Gad und der halbe Stamm Manasse hatten ihr Gebiet auf der Ostseite des Jordans. Der Stamm Dan besaß die jetzigen Golan-Höhen und weitere Gebiete, die jetzt zu Syrien gehören. Der größte Teil Syriens einschließlich seiner Hauptstadt Damaskus und der Gebiete bis zum Euphrat lag innerhalb der Grenzen des Landes, das Gott den Nachkommen Abrahams, Isaaks und Jakobs gegeben hatte:

> Und an jenem Tag schloß der HERR einen Bund mit Abram [den Gott später in Abraham umbenannte] und sprach: Deinen Nachkommen habe ich dieses Land gegeben, von Strom Ägyptens an bis zum großen Strom, dem Euphratstrom: [es folgen die Namen der Völker, die zu der Zeit dieses Land bewohnten] die Keniter und die Kenasiter und die Kadmoniter und die Hetiter und die Perisiter und die Refaiter und die Amoriter und die Kanaaniter und die Girgaschiter und die Jebusiter (1. Mose 15,18-21).

Israel hat zu keiner Zeit das gesamte ihm gehörende Land besessen. Weite Teile des heutigen Libanons, Syriens und Jordaniens standen jedoch unter Davids Regierung sowie auch unter der Herrschaft seines Sohnes Salomon. Wir lesen zum Beispiel: „David schlug auch Hadad-Eser … den König von Zoba, als er hinzog, um seine Macht am Strom [Euphrat] wiederherzustellen" (2. Samuel 8,3). Da der Euphrat eine Grenze des „Gelobten Landes" war, hatte David offenbar zuvor weite Teile des heutigen Syriens eingenommen, bis zum Euphrat, und König Hadad-Eser war gekommen, um sie zurückzuerobern. Der Bericht fährt fort:

> Da kamen die Syrer von Damaskus, um Hadad-Eser, dem König von Zoba, zu helfen. David aber schlug unter den Syrern 22.000 Mann. Und David setzte in Syrien-Damaskus Vögte ein, und die Syrer wurden David zu Knechten, die Tribut entrichten mußten …
>
> Und David nahm die goldenen Schilde, die den Knechten Hadad-Esers gehörten, und brachte sie nach Jerusalem … Auch diese heiligte der König David dem HERRN, samt dem Silber und Gold, das er von all den Nationen heiligte, die er unterworfen hatte: von Syrien, von Moab und von den Söhnen Ammon, von den Philistern und von Amalek … Und er setzte in Edom Vögte ein … Und alle Edomiter wurden David zu Knechten. So half der HERR dem David überall, wohin er zog. Und David war König über ganz Israel … (2. Samuel 8,5-15).

Skeptiker haben verzweifelt versucht, die Bibel in Mißkredit zu bringen, doch die Archäologen leisteten in den letzten 150 Jahren gute Arbeit, und alles, was sie entdeckten, bestätigte nur die Genauigkeit der Heiligen Schrift. Jüdische Studenten beschäftigen sich heute mit ihrer faszinierenden, im Alten Testament überlieferten Geschichte, während Archäologen die Berichte der Bibel zum Auffinden von antiken Ruinenstätten heranziehen und Geologen zur Lokalisierung von Wasser und Öl und alten Minen und Mineralvorkommen biblischen Beschreibungen folgen. Wir haben allen Grund, den biblischen Berichten Glauben zu schenken. Welche Veränderung könnte in Nahost geschehen, würden die Völker der Welt ihre Angelegenheiten auf dieser Basis regeln!

Das Erwachen des jüdischen Bewußtseins

Es ist faszinierend zu sehen, daß sogar nach dem Holocaust so viele Juden, anstatt ins „Gelobte Land“ zu ziehen, zu den Stätten der Ermordung ihrer Vorfahren in Europa zurückkehren. Das Magazin *Time* berichtete kürzlich: „In Budapest, Prag, Warschau, Moskau, Preßburg, Berlin, in Hunderten von Städten und Dörfern vom Baltikum bis zum Schwarzen Meer tauchen wieder jüdische Gemeinschaften auf und kommen in einer Art kontinentaler Minjans – die zum Halten von religiösen Gottesdiensten benötigte beschlußfähige Zahl – zusammen. Es entstehen wieder Synagogen und Schulen, einige auf Basis jüdischer Einrichtungen aus dem Mittelalter. Juden bezeichnen sich stolz wieder selbst als Juden und rufen somit lange in der Asche der hitlerschen Öfen begrabene Traditionen und Kulturen wieder ins Leben. ‚Daß es nun wieder möglich ist, Jude zu sein, hat etwas Geheimnisvolles‘, sagt der 18jährige Igor Tschernikow, einer der Gründer eines jüdischen Jugendclubs in Wroklaw im polnischen Schlesien. ‚Das ist eine historische Änderung, in der Geschichte unseres Volkes wie auch in der Geschichte der einzelnen Juden.‘“[3]

Nach dem Krieg blieben in ganz Europa nur noch 2 Millionen Juden übrig. Die meisten von ihnen wollten nicht nach Israel immigrieren. Die Mehrheit hatte auch kein Bewußtsein für ihr Jüdischsein, das ihnen „aus wenig mehr bestehend erschien, als aus bestimmten Familiennamen und fernen Erinnerungen. Doch als sich der Eiserne Vorhang lüftete und der Kommunismus aus dem Ostblock verbannt wurde, fand man die verlorenen Generationen wieder. Ein erneuertes Interesse am

Judentum ist Bestandteil einer verbreiteten Suche nach Spiritualität, die dem durch den Abschied von einer zweifelhaften Ideologie entstandenen Vakuum entsprungen ist. ‚Die Leute kommen hinterm Ofen hervor und stehen dazu, daß sie Juden sind', sagt David Lerner, ein britischer Erzieher, der bei der Gründung einer Sabbatschule in Minsk half. ‚Vor sechs Jahren wurden die Juden in Minsk noch verprügelt. Jetzt gibt es drei religiöse Gemeinden, die Sabbatschule, eine Jugendbewegung und eine freiwillige Wohlfahrtsorganisation.'

Es sind vor allem die jungen Leute, die ihre jüdische Identität entdecken. ‚Genau an der Stelle, wo die Nazis Auschwitz erschufen, besinnen sich junge Juden auf ihr Erbe', sagte Rabbi Michael Schudrich vergangene Woche bei der Eröffnung des neuesten Jugendzentrums im polnischen Krakau. ‚Viele wußten vor fünf Jahren noch nicht einmal, daß sie jüdisch sind.' In Budapest bildet das 118 Jahre alte rabbinische Seminar, das einzige seiner Art in Osteuropa, eine neue Generation von Religionsführern für Ungarn aus …

Mittlerweile ziehen einige jüngere Juden die älteren mit sich zurück zu ihrem Glauben … Jan Rott, 73, ein Architekt und Autor aus Prag, staunt über dieses Aufleben. ‚50 Jahre lang gab es hier nur einige wenige Beschneidungen', sagte er. ‚Es war schwierig, die mindestens 10 zum Sabbatgebet nötigen Männer zusammenzukriegen.' Jetzt finden in der Altneu Schul, der Prager Hauptsynagoge, täglich Gottesdienste statt, und es gibt wöchentlich drei Kurse, in denen jüdische Religion und Kultur unterrichtet wird … Der Bedarf, Kinder wieder in ihre Kultur einzuführen, ist besonders groß in Rußland, wo 70 Jahre Unterdrückung und Angleichung das jüdische Bewußtsein ausradierten …“[4]

„Viele russische Juden kommen auf der Suche nach besseren Bedingungen nach Berlin und Hannover, wo einst jüdische Gemeinschaften waren … Anfang 1992 umfaßte die offizielle Größe der jüdischen Gemeinschaft in Deutschland noch ca. 34.000 Personen. Seitdem sind weitere 20.000 aus dem Osten angekommen, und für die absehbare Zukunft werden etwa 10.000 jährlich erwartet … und das ist bestürzend für jene, die der Überzeugung sind, daß aus Rußland auswandernde Juden nach Israel oder eventuell noch in die USA gehen sollten, aber auf keinen Fall nach Deutschland. ‚Sie gehen von einer Hölle in die andere', sagt Dov Schilanski, Mitglied des israelischen Parlaments und des rechten Likud-Flügels. ‚Sie leben Tür an Tür mit Leuten, die ihre Brüder umgebracht haben.'“

Andere jedoch stimmen dieser Auffassung nicht zu. „‚Wenn wir alle aus Deutschland geflüchtet wären', sagt Schlomit Tulgan, ein Student aus Berlin, 'dann hätte Hitler sein Ziel eines judenfreien Deutschlands erreicht gehabt. Das können wir nicht zulassen.' Serge Klarsfeld, der französische Nazijäger, glaubt, daß die Juden trotz des Holocausts nach Osteuropa gehören. ‚In Krakau, Prag oder Budapest zu leben, heißt nicht, mit Meuchelmördern zusammenzuleben. Es heißt leben mit der Erinnerung an das jüdische Leben, das hier einst blühte.'"[5]

Überlieferung oder Bibel?

Der Hinweis auf die biblische Tatsache, daß den Juden das ihnen von Gott gegebene „Gelobte Land" gehört, glänzt bei der zunehmenden und oftmals heißen Diskussion um den Lebensraum für die Juden jedoch durch seine Abwesenheit. Es ist verblüffend, daß bei aller Begeisterung über ein erwachendes Bewußtsein für das Judentum so gut wie gar nicht daran gedacht wird, was es der Bibel nach heißt, ein Jude zu sein.

Für die Millionen heute weltweit lebenden Juden findet ihr Judentum seine Bedeutung in Überlieferung und Tradition und nicht in der Bibel. Oder wenn der Bibel doch eine gewisse Bedeutung eingebilligt wird, dann mißt man diesem heiligen Buch auf keinen Fall eine größere Autorität zu als der Tradition. Jesus wird von den meisten heutigen Juden als ein Aufrührer aus dem Judaismus betrachtet. Doch niemand kann etwas gegen die Wahrheit seiner an die Rabbiner der damaligen Zeit gerichteten Anklage vorbringen – eine Anklage, die in gleicher Weise auch heute noch zutreffend ist:

> Ihr habt so das Wort Gottes ungültig gemacht um eurer Überlieferung willen. Heuchler! Treffend hat Jesaja über euch geweissagt, indem er spricht: „Dieses Volk ehrt mich mit den Lippen, aber ihr Herz ist weit entfernt von mir. Vergeblich aber verehren sie mich, indem sie als Lehren Menschengebote lehren" (Matthäus 15,6-9).

Rabbi Schlomo Riskin, der regelmäßig in der internationalen Ausgabe der *Jerusalem Post* schreibt, benutzt diese Zeitung, um Juden zu ihrer Überlieferung, ihrer Tradition und ihren Wurzeln zurückzurufen. Er schreibt: „Unsere Fähigkeit, auf israelischem Boden zu bleiben – und nicht ins Exil zu gehen –, hängt von unserer Treue gegenüber den traditionellen jüdischen Lehren ab, dem Fortbestehen unseres ethischen, moralischen und rituellen Verhaltens, das uns mit unserer glorreichen Vergangenheit verbindet." Er führt seine Argumentation weiter:

> Nur die Juden, die aus dem Grund nach Israel zurückkehren, weil dieses das Land ihrer Vorfahren ist, nach welchem sich ihre Großeltern sehnten, können dem Land Israel wieder seine ursprüngliche Heiligkeit verleihen. Und nur jene Juden, die ihre Geschichte wertschätzen, und deren ethische, moralische und traditionelle Werte unauflöslich mit der großen Kette jüdischen Seins verbunden sind, werden dieses Land sowie ihr Recht, darin zu leben, aufrechterhalten können.[6]

Man fragt sich, „wer" oder „was" die Macht ist, die über die jüdischen „moralischen und traditionellen Werte" entscheidet und diejenigen aus dem „Gelobten Land" entfernt, die diese Bedingungen nicht erfüllen. Ist es vielleicht „die große Kette jüdischen Seins", die irgendwie über eine geheimnisvolle Macht verfügt und somit bestimmen kann, was Judentum bedeutet, und all jene aus Israel verbannen kann, die diesem mystischen Maßstab nicht gerecht werden? Der Rabbi spricht zwar auch von Gott und einem „göttlichen Willen", doch man wird nicht gewahr, was er damit meint. Auf jeden Fall ist es sicherlich nicht der persönliche Gott Abrahams oder Davids, der über Israels Schicksal bestimmt, sondern die jüdische „Tradition" selbst.

Topol, eine Figur aus dem Musical *Anatevka*, scheint damit übereinzustimmen, daß die „Tradition" das Ein und Alles geworden ist. Aber die Tradition ist wirklich nichts, wenn sie nicht mit Gottes unabänderlichen Gesetzen und Absichten übereinstimmt. Wie Jesus sagte, widerspricht eine solche Tradition Gottes Willen für Israel und die ganze Menschheit und erklärt diesen Willen sogar für null und nichtig. Wie erstaunlich, daß trotz des Holocausts und trotz Gottes Gericht – und sogar im Anblick von Gottes unbestreitbarer und barmherziger Erfüllung seiner Verheißung an Abraham, Isaak und Jakob durch das Zurückbringen ihrer Nachkommen in ihr Land – die große Mehrheit der Juden heute nicht an diese Verheißungen glaubt.

Vielleicht ist es ja für sie zuviel verlangt, an die Aussagen der Bibel zu glauben. Denn, wie wir gesehen haben, erstreckt sich das von Gott gegebene „Gelobte Land" weit über die Grenzen des heute als Israel bekannten kleinen Gebiets hinaus. Könnte dieser Unglaube erklären, weshalb Israels führende Männer Teile dieses ohnehin zu kleinen Territoriums gegen verführerische Versprechen von „Frieden" mit ihren Nachbarn eintauschen?

Anfang Februar 1995 gab Israel mit einer kurzen Militärzeremonie 340 Quadratkilometer Land an Jordanien zurück. Radio Jordanien meldete triumphierend: „Jordanien hat die volle Souveränität über die Gebiete erlangt, die Israel besetzt hielt.“[7] Durch solche Aktionen verwirft Israel die wahren Verheißungen Gottes, die doch ihr einziger Rechtsanspruch auf dieses Land sind. Statt dessen sollte es das bißchen, was es hat, verzweifelt festhalten und darauf hoffen, daß Gott ihm auch das Übrige noch geben wird.

Mit immer mehr aus aller Welt heimkehrenden Juden, insbesondere aus der früheren Sowjetunion, reicht sogar der Platz für Begräbnisse nicht aus. „Fachleute schätzen, daß es innerhalb von zwei, höchstens drei Jahren auf den Friedhöfen von Haifa bis Jerusalem keinen Platz mehr geben wird. Die einzige Lösung ist, die Menschen in großer Tiefe schichtweise zu bestatten. Dieser Vorschlag wird nun näher auf seine Durchführbarkeit untersucht.“[8] Wo sollen dann erst all die Juden leben, die noch in ihr Land zurückkehren werden?

Islam oder Bibel?

Wären es nur die Araber, die als rein rational denkende Wesen Israel zu schaffen machten, dann könnte die Vernunft vielleicht noch das durchsetzen, was das Beste für diese Region der Welt ist. Da ist selbstverständlich der natürliche menschliche Stolz, der nicht nur die Araber, sondern alle Menschen [auch die Juden] plagt und ihnen im Weg steht. Das größte Hindernis ist jedoch der Islam. Diese Religion ist die treibende Kraft hinter viel Terrorismus nicht allein in dieser Gegend, sondern rund um die heutige Welt. Und sehr viel Terrorismus, egal wo er auftaucht, wurzelt in dem islamischen Beschluß, Israel zu vernichten. Ein Nahost-Beobachter erklärt:

> Nicht weit entfernt von Mekka, dem tiefsten Herzen des Islam, entstand im Jahre 1948 plötzlich ein jüdischer Staat mit seinem eigenen Präsidenten und eigenem Parlament, mit eigener Regierung, eigenen Ministerpräsidenten und eigener Armee; alles war da, was zu einer echten nationalen Gemeinschaft gehört. Eine neue Nation war geboren, und das war eine klare Demonstration der Erfüllung dessen, was die Propheten geschrieben hatten:
>
> *Und ich werde die Gefangenschaft meines Volkes wenden; und sie werden die verwüsteten Städte aufbauen und bewohnen … Und ich werde sie in ihrem Land einpflanzen; und sie sollen nicht mehr her-*

ausgerissen werden aus ihrem Land, das ich ihnen gegeben habe, spricht der HERR, dein Gott (Amos 9,14-15).

Die Wiedergeburt des jüdischen Staates mitten zwischen den arabischen Ländern stellt einen direkten Widerspruch zur islamischen Lehre dar. Hat Allah nicht mit dem jüdischen Volk abgeschlossen? Und wenn Allah alle Dinge vorherbestimmt hat, wie ist es dann möglich, daß es wieder einen jüdischen Staat gibt?

Die größte Demütigung für die Muslime ist, daß Jerusalem die Hauptstadt dieses jüdischen Staates ist. Am 30. Juli 1980 verabschiedete die Knesset [das israelische Parlament] ein Gesetz, das die Stadt Jerusalem als „ewig und unteilbar" erklärte.

Jerusalem ist … nach Mekka und Medina die drittheiligste Stätte des Islam … Und dasselbe Jerusalem ist jetzt Hauptstadt eines jüdischen Staates, der, in den Augen der Muslime, niemals hätte existieren dürfen![9]

Wenn wir uns auch allmählich wiederholen, kann es nicht oft genug betont werden, daß sowohl das Land als auch das Volk Israel einzigartig sind. Es ist Gottes Land, der Platz, den er ausersehen hat, dort seinen Namen niederzulegen, das Erbe, das er seinem Volk gegeben hat. Das Schicksal dieses Landes liegt in seiner Hand.

Jerusalem

Aber die Jebusiter, die Bewohner von Jerusalem, – die Söhne Juda konnten sie nicht vertreiben …

Josua 15,63

Da sagte Josua zu den Söhnen Israel: Wie lange noch seid ihr zu nachlässig, um hinzugehen, um das Land in Besitz zu nehmen, das der HERR, der Gott eurer Väter, euch gegeben hat?

Josua 18,3

Aber die Söhne Benjamin vertrieben nicht die Jebusiter, die Bewohner von Jerusalem …

Richter 1,21

Aber David nahm die [jebusitische] Bergfeste Zion ein, das ist die Stadt Davids.

2. Samuel 5,7

… dann werde ich [Gott] deinen Nachkommen, der aus deinem Leib kommt, nach dir aufstehen lassen und werde sein Königtum festigen … Und ich werde den Thron seines Königtums festigen für ewig … dein Thron soll feststehen für ewig.

2. Samuel 7,12-16

Einmal habe ich geschworen bei meiner Heiligkeit – wie könnte ich David täuschen! – Sein Same soll ewig sein und sein Thron wie die Sonne vor mir.

Psalm 89,36-37

Und David legte sich zu seinen Vätern und wurde in der Stadt Davids begraben.

1. Könige 2,10

… damit mein Knecht David alle Tage eine Leuchte vor mir hat in Jerusalem, der Stadt, die ich mir erwählt habe, um meinen Namen dort niederzulegen.

1. Könige 11,36

3

Die Stadt Davids

Als sie von ihrer Sklaverei in Ägypten befreit waren, wurden die Israeliten schnell aufrührerisch, undankbar und ungehorsam, und das sogar bereits auf ihrem Weg zum „Gelobten Land“. Gottes Strafe war, sie 40 Jahre lang in der Wüste Sinai umherziehen zu lassen, bis schließlich diese ganze rebellische Generation gestorben war. Die folgende Generation wurde ins Land gebracht, aber sie erwiesen sich als keinen Deut besser als ihre Eltern. Als sie erst einmal im Land waren, mit der Erfüllung von Gottes Verheißungen vor Augen, und von ihnen nur noch Bereitwilligkeit und Eifer erwartet wurde, scheiterten sie daran, die von Gott so reichlich zugeteilten Gebiete zu erobern und in Besitz zu nehmen.

Eines dieser Gebiete war Jerusalem, das unter der Kontrolle der Jebusiter verblieb. Diese erfinderischen Götzendiener hatten sich in einer unbezwingbaren Festung auf dem felsigen Gipfel des Berges Zion sicher verschanzt und konnten von dort nicht vertrieben werden. Die Israeliten stellten schließlich ihre Angriffsversuche ein. Hier befand sich der Ort, den Gott sich für seinen Tempel ausersehen hatte, aber er verblieb mitten im Herzen des „Gelobten Landes“ in heidnischer Hand.

David und der Messias

Als jedoch etwa 400 Jahre später David König wurde, richtete er mit seinen Männern einen Angriff gegen die Jebusiter und besiegte sie. Nun stand zu guter Letzt ganz Jerusalem unter jüdischer Kontrolle. David machte sie zur Hauptstadt Israels und nannte sie „die Stadt Davids“ – ein Titel, der in der Bibel über 40mal für Jerusalem verwendet wird. Jerusalem wird tatsächlich für immer als „die Stadt Gottes“ wie auch als „die Stadt Davids“ bekannt sein. Dort errichtete David seinen Thron und herrschte über Israel.

Davids Name wird beständig mit Jerusalem verbunden sein, und zwar nicht allein weil er ihr Eroberer war, sondern weil Gott verheißen hat, dort den Thron Davids für ewig aufzurichten: „Jerusalem habe ich erwählt, daß mein Name dort sei, und David habe ich erwählt, daß er über mein Volk Israel König sei … Dein Haus aber und dein Königtum sollen vor dir Bestand haben für ewig, dein Thron soll feststehen für ewig“ (2. Chronik 6,6; 2. Samuel 7,16).

Solche Verheißungen bedeuten offenbar, daß der Messias, dessen Herrschaft ewig sein sollte, ein Nachkomme Davids sein und Israel und die Welt von Davids Thron in Jerusalem aus regieren wird:

> Einen Bund habe ich mit meinem Auserwählten geschlossen, habe David, meinem Knecht, geschworen: Bis in Ewigkeit will ich deinem Samen [dem Messias] Bestand geben und für alle Geschlechter bauen deinen Thron …
>
> Ich habe David gefunden, meinen Knecht. Mit meinem heiligen Öl habe ich ihn gesalbt. Meine Hand soll beständig mit ihm sein, und mein Arm soll ihn stärken …
>
> Und ich will seinen Samen einsetzen für immer und seinen Thron wie die Tage der Himmel. Wenn seine Söhne mein Gesetz verlassen und nicht wandeln in meinen Rechtsbestimmungen, wenn sie meine Ordnungen entweihen und meine Gebote nicht halten, so werde ich ihr Vergehen mit der Rute und ihre Ungerechtigkeiten mit Schlägen heimsuchen.
>
> Aber meine Gnade werde ich nicht von ihm weichen lassen und nicht verleugnen meine Treue. Ich werde meinen Bund nicht entweihen und nicht ändern, was hervorgegangen ist aus meinen Lippen. Einmal habe ich geschworen bei meiner Heiligkeit – wie könnte ich David täuschen! – Sein Same soll ewig sein und sein Thron wie die Sonne vor mir (Psalm 89,4-5.21-22.30-37).

Buße und Gnade

David selbst stellt ein bemerkenswertes Bild von Gottes eingreifender Gnade dar. Weit davon entfernt, vollkommen zu sein, versündigte er sich in einem Ehebruch mit Batseba aufs schwerste und schickte zudem noch ihren Ehemann Uria, den Hetiter [einer seiner besten Krieger und treuesten Diener], in den Krieg, damit er dort fallen und es so aussehen sollte, als sei er nur ein weiteres Kriegsopfer. Im Gegensatz zu Saul jedoch, der vor ihm König gewesen war und der für seine Sünden stets Ausreden fand, war David ein gebrochener Mann, als der Prophet Nathan ihn von seiner großen Sünde überführte, und David sie zutiefst bereute.

Daß Gott sein Leben damals verschonte, war reine Gnade. Dennoch erfuhr David schwere Zuchtmaßnahmen von Gott in Form des folgenden Zerfalls seiner eigenen Familie. Psalm 51, den David zu jener Zeit in tiefer Gewissensnot niederschrieb, hat schon vielen anderen ins Herz getroffen, die in ähnlicher Weise in eine Versuchung geraten waren, der sie nicht widerstehen konnten und so in Sünde gefallen sind:

> Sei mir gnädig, o Gott, nach deiner Gnade; tilge meine Vergehen nach der Größe deiner Barmherzigkeit!
>
> Wasche mich völlig von meiner Schuld, und reinige mich von meiner Sünde! Denn ich erkenne meine Vergehen, und meine Sünde ist stets vor mir.
>
> Gegen dich, gegen dich allein habe ich gesündigt und getan, was böse ist in deinen Augen … Entsündige mich mit Ysop, und ich werde rein sein; wasche mich, und ich werde weißer sein als Schnee …
>
> Erschaffe mir Gott, ein reines Herz, und erneuere in mir einen festen Geist! Verwirf mich nicht von deinem Angesicht, und den Geist deiner Heiligkeit nimm nicht von mir: Laß mir wiederkehren die Freude deines Heils …
>
> Die Opfer Gottes sind ein zerbrochener Geist; ein zerbrochenes und geschlagenes Herz wirst du, Gott, nicht verachten.

Abgesehen von diesem abscheulichen Fehltritt führte David ein vorbildliches Leben – so sehr, daß Gott von ihm sagte: „Ich habe David gefunden, den Sohn Isais, einen Mann nach meinem Herzen, der meinen ganzen Willen tun wird" (Apostelgeschichte 13,22). Diese Beziehung zu Gott entstand nicht in einem einzigen Augenblick, sondern war vielmehr das Ergebnis einer langen Entwicklung in vielen Jahren des Trachtens nach Gott und seinem Willen. Wie tragisch, daß es den heutigen Führern Israels so sehr an dieser Hingabe mangelt!

Wiederholung der Geschichte Israels

Allein durch sein Vertrauen auf Gott war David imstande, nicht nur Jerusalem, sondern auch das übrige Land zu erobern, das Gott seinem auserwählten Volk gegeben hatte – sogar bis zum Euphrat. Im Gegensatz dazu gibt das heutige Israel, obgleich es erst einen kleinen Teil des ganzen von Gott zugesprochenen Gebiets besitzt, seinen Feinden im Tausch gegen das Versprechen eines falschen „Friedens" Land zurück. Als israelischer Außenminister rechtfertigte Schimon Peres diese Weniger-als-David-Politik mit der Aussage, daß Davids militärische Siegeszüge „weder für das Judentum noch für mich annehmbar sind“[1].

Am 14. Dezember 1994 wurde Peres in der Knesset heftig dafür angegriffen, daß er und Ministerpräsident Rabin zusammen mit dem langzeitigen Terroristen und Mörder von Israelis Jassir Arafat Arm in Arm den Friedensnobelpreis entgegengenommen hatte. Was für ein „Frieden“ ist das? Peres verteidigte seine derzeitige „Friedenspolitik“ mit der Behauptung, das Judentum hätte niemals militärische Eroberungen oder eine Herrschaft über Nichtjuden gutgeheißen – damit legt er eine höchst erstaunliche und neue Sicht der hebräischen Schriften der Bibel an den Tag.

Anscheinend haben in Peres' revidiertem Alten Testament die Israeliten von damals niemals Schlachten gekämpft. Anstatt dessen lieferten die im Land Kanaan lebenden Völker ihr Gebiet wohl freiwillig und dankbar als Willkommensgeschenk an Josua aus und zogen anschließend in selbstauferlegtem Exil von dannen! Die Schriften des Alten Testaments zeigen doch gerade das, was David immer wieder herausstellte: daß jeder errungene Sieg nur der Hand Gottes zu verdanken war, die ihn bei jeder militärischen Eroberung von Land und Leuten leitete und beschützte.

Heute ist die Politik Israels leider von guten Umgangsformen und Schicklichkeit bestimmt. Wie tragisch, daß die heutigen Führungspersönlichkeiten nicht den gleichen Glauben an Gott und diese persönliche Beziehung zu ihm haben, deren David sich erfreute und die das Geheimnis seines Erfolges war!

Demütigung und Erhöhung

Eine von Davids herausragendsten Eigenschaften war seine tiefe und aufrichtige Demut in Anerkennung seiner völligen Abhängigkeit von Gott. Trotz seiner großen Begabungen und außergewöhnlichen Fähigkeiten war er bereit, die niedrigsten Aufgaben zu erfüllen. Diese tiefe Demut war es, die seinen Vater und seine Brüder dazu veranlaßte, seine unglaublichen Veranlagungen zu übersehen und ihn geringzuschätzen.

Gott offenbarte dem Propheten Samuel, daß der für die Nachfolge des irrenden Königs Saul auserwählte Mann einer von Isais Söhnen ist. Samuel sollte diesen mit einem besonderen Öl [das den Propheten, Priestern und Königen vorbehalten war] zum König von Israel salben.

Daraufhin kam der Prophet nach Bethlehem und lud Isai und seine Söhne zu einem Fest ein. Isai stellte dem Propheten jeden seiner Söhne der Reihe nach vor. Sie waren allesamt stattlich und kräftig und offenbar hätte ein jeder von ihnen einen guten König abgegeben. Deshalb war Samuel verwirrt, als Gott ihm sagte, keiner dieser Männer sei der eine Auserwählte, der Israel regieren sollte.

Es gab nur eine Möglichkeit: Isai mußte noch einen weiteren Sohn haben, der gerade nicht anwesend war, obwohl Samuel ausdrücklich gesagt hatte, er solle alle Söhne herbeibringen. Als Samuel fragte, ob das vielleicht der Fall sein könnte, wurde Isai offensichtlich verlegen, da er seinen jüngsten Sohn wohl vergessen hatte oder ihn für unwürdig hielt, bei einer solch wichtigen Angelegenheit dabeizusein:

> Und Samuel fragte Isai: Sind das die jungen Leute alle? Er antwortete: Der Jüngste ist noch übrig, siehe, er weidet die Schafe. Und Samuel sagte zu Isai: Sende hin und laß ihn holen! Denn wir werden uns nicht zu Tisch setzen, bis er hierhergekommen ist.
>
> Da sandte er hin und ließ ihn holen ... Und der HERR sprach: Auf, salbe ihn! Denn der ist es! Da nahm Samuel das Ölhorn und salbte ihn mitten unter seinen Brüdern. Und der Geist des HERRN geriet über David von diesem Tag an und darüber hinaus (1. Samuel 16,11-13).

Weshalb der Messias verachtet sein würde

David gab ein bemerkenswertes Bild des Messias ab – ein Bild, das eine Einsicht in eine Schriftstelle eröffnet, die für Israel schwierig zu begreifen gewesen sein muß: „... als wir ihn sahen, da hatte er kein Aussehen, daß wir Gefallen an ihm [dem Messias] gefunden hätten. Er war verachtet und von den Menschen verlassen, ein Mann der Schmerzen und mit Leiden vertraut, wie einer, vor dem man das Gesicht verbirgt. Er war verachtet, und wir haben ihn nicht geachtet" (Jesaja 53,2-3). Wie könnte eine solche Beschreibung auf den Messias zutreffen? Sollte der *Messias* etwa körperlich abstoßend sein? Mit Sicherheit nicht! Vielmehr sollte er der Abglanz an Männlichkeit sein, der perfekte Mensch, so, wie Gott den Menschen gewollt hatte! Weshalb sollte Israel dann keine Schönheit an ihm finden und ihn sogar verachten?

Die aufschlußreiche Antwort auf dieses Rätsel finden wir in David. Er war so demütig, daß niemand seine großartigen Eigenschaften und

Fähigkeiten erkannte. Seine tiefe Demut, die in so krassem Gegensatz zur menschlichen Natur stand, verurteilte sogar unbewußt den Stolz der anderen und verblendete sie mit ihrer eigenen Entrüstung ihm gegenüber. David war der beste Harfenspieler und Liederdichter in Israel, doch niemand wußte das. Er begnügte sich damit, allein für Gott zu singen, umgeben von niemandem als nur einer Herde Schafe als Zeugen. Als Entgegnung auf seine Aufrichtigkeit und die Demut seines Herzens, begabte Gott David mit Talenten, die ihn zum größten Psalmendichter aller Zeiten machten. Und aufgrund seiner Bereitschaft zum treuen Hüten der kleinen Herde Schafe trotz der Begabungen, die ihn für größere Aufgaben befähigten, beförderte Gott ihn zum Hirtenkönig über Israel.

Würde der Messias verachtet und verworfen werden, weil er unpassend und unattraktiv erschien? Offensichtlich nicht. David wurde verachtet und verworfen, doch er war der stattlichste und weiseste und fähigste Kämpfer und Staatsmann in Israel. Nachdem man ihn in den Königspalast gebracht hatte, erfreute seine musikalische Begabung den dort noch amtierenden König in höchstem Maß. Als jedoch der Krieg gegen die Philister ausbrach, wurde David zu seinen Schafen zurückgeschickt (1. Samuel 17,1.15), denn niemand dachte, daß er im Krieg irgendwie nützlich sein könnte. Stellen Sie sich das einmal vor: Israels bester Krieger wird zum Schafehüten geschickt, wenn er gerade am dringendsten benötigt wird! Eine solche Blindheit spricht Bände!

Doch es gab einen Berater des Königs, dessen Augen Gott für David öffnete, und dieser Berater sah in David den Mann, den bisher niemand erkannt hatte. Dieser ungenannte Diener ist ein Bild für all jene, deren Herzen geöffnet wurden, um den Messias so zu sehen, wie er wirklich ist – „alles an ihm ist begehrenswert“ (Hohelied 5,16) – obgleich der Rest der Menschheit nichts an ihm findet. Hier lesen wir, wie dieser Mann David beschrieb:

> Und einer von den jungen Männern antwortete: Siehe, ich habe einen Sohn des Bethlehemiters Isai gesehen, der [die Harfe] zu spielen weiß, ein tapferer Mann, tüchtig zum Kampf und des Wortes mächtig, von guter Gestalt, und der HERR ist mit ihm (1. Samuel 16,18).

Kein größeres Lob könnte ausgesprochen werden! Aber David wurde wegen seiner sich selbst in den Schatten stellenden Demut sogar von seiner eigenen Familie verachtet. In David, seinem größten König, hatte Israel ein prophetisch vorausweisendes Sinnbild dafür erhalten, weshalb der Messias auf die Menschen so unattraktiv wirken sollte, abgesehen von den wenigen, die ihn aus Gottes Perspektive und nicht von einem menschlichen Standpunkt aus sehen würden. Der Messias sollte wirklich der vollkommene Mensch sein, wie Gott eigentlich alle Menschen haben wollte, ohne die verheerende Wirkung der Sünde auf Geist, Seele und Leib. Seine Vollkommenheiten, die Gott erfreuten, sollten jedoch von den egozentrischen und sündigen Menschen, die in Rebellion gegen Gott leben und selbst kleine Götter sein wollen, verachtet werden.

Der unerkannte Befreier

Sein Vater Isai schickte David mit einigen hausgemachten Kuchen zu seinen älteren Brüdern an die Kampffront der israelitischen Armee gegen die Philister. Als er auf dieser demütigenden Mission sein Ziel erreichte, verwunderte David sich darüber, daß Israels beste Krieger vor Angst zitterten, als der Riese Goliat auftauchte und sie verhöhnte. Als dieser Gigant jeden einzelnen aus Israels Streitkräften zum Kampf gegen ihn herausforderte, konnte David nicht verstehen, weshalb niemand ihm sogleich entgegentrat.

Da er selbst nicht zur Armee gehörte, war David mit der Situation nicht vertraut. So erkundigte er sich bei den Soldaten über Goliat, um verstehen zu können, was hier vor sich ging. Als Davids Brüder von seinen Fragen hörten, schimpften sie gnadenlos auf ihn ein. Solch eine Behandlung hatte er sein ganzes Leben ertragen müssen. Die Blindheit seiner Brüder für seine Fähigkeiten war verblüffend, und die Ungerechtigkeit der falschen Motive, die sie ihm zuschrieben, muß schlimm gewesen sein, doch David blieb ganz gelassen:

> Und Eliab, sein ältester Bruder, hörte zu ... Und der Zorn Eliabs entbrannte über David, und er sagte: Warum bist du überhaupt hergekommen? Und wem hast du jene paar Schafe in der Wüste überlassen? Ich erkenne deine Vermessenheit wohl und die Bosheit deines Herzens; denn du bist ja nur hergekommen, um den Kampf anzusehen.
>
> Und David antwortete: Was habe ich denn getan? Ist es nicht der Mühe wert? Und er wandte sich von ihm ab ... (1. Samuel 17,28-30).

Demut, die fälschlicherweise als Stolz bezichtigt wird, Ehrlichkeit und Aufrichtigkeit, die als eigennützige Motive hingestellt werden. Wie erstaunlich! Welch eine Verdeutlichung der Blindheit des menschlichen Herzens, und welcher Beweis für Davids Reinheit vor Gott, dem allein er diente, ohne sich etwas daraus zu machen, was andere von ihm denken könnten. Und welch überzeugendes Beispiel von vollem Vertrauen auf Gott zeigte David den zitternden Streitkräften Israels:

> Und David sagte zu Saul: Niemand lasse seinetwegen [wegen Goliat] den Mut sinken! Dein Knecht will hingehen und mit diesem Philister kämpfen (1. Samuel 17,32).

David hatte überhaupt keine Angst, denn er vertraute auf Gott. Dieses Vertrauen angesichts einer aussichtslosen Situation [was zu Davids täglichen Erfahrungen gehörte], war Saul und seinen Männern unbekannt. Davids Mut erschien ihnen als törichter Enthusiasmus eines Jugendlichen. Als David sich dann anbot, Goliat entgegenzutreten und mit ihm zu kämpfen, war der König überzeugt, David sei für den Riesen eine leichte Beute. Und wiederum sehen wir, wie die den Messias charakterisierende Demut Davids die Macho-Krieger unfähig machte, ihn als ihren Meister zu erkennen:

> Aber Saul sagte zu David: Du kannst nicht zu diesem Philister gehen, um mit ihm zu kämpfen. Denn du bist ein junger Mann, er aber ist ein Kriegsmann von seiner Jugend auf.
>
> Da sagte David zu Saul: Dein Knecht weidete die Schafe für seinen Vater. Wenn dann ein Löwe oder ein Bär kam und ein Schaf von der Herde wegtrug, so lief ich ihm nach und schlug auf ihn ein und entriß es seinem Rachen. Erhob er sich gegen mich, so ergriff ich ihn bei seinem Bart, schlug ihn und tötete ihn. So hat dein Knecht den Löwen und den Bären erschlagen …
>
> Der HERR, der mich aus den Klauen des Löwen und des Bären errettet hat, der wird mich auch aus der Hand des Philisters erretten (1. Samuel 17,33-37).

Ein überwältigender Sieg durch Glauben

Saul konnte David nicht davon abbringen, es mit dem Riesen aufzunehmen, und bot ihm schließlich seine Waffenrüstung an. Das war ein gutgemeinter, aber völlig falscher Hilfeversuch. Wir müssen bedenken, daß von Saul gesagt war, „er war einen Kopf größer als alles Volk" (1. Samuel 9,2). Das war noch, bevor David geboren wurde. Offensichtlich war David nicht der schmächtige Teenager, wie er oftmals in Sonntagsschulbüchern dargestellt wird. Er muß so groß und gut gebaut gewesen sein wie Saul, sonst wäre der König wohl gar nicht erst auf die Idee gekommen, ihm seine Rüstung anzulegen. David lehnte dies ab, nicht weil die Rüstung nicht gepaßt hätte, sondern weil er auf andere Weise mit dem Riesen kämpfen wollte.

David besaß eine einfache Waffe, die Schleuder, mit der er einen Stein mit tödlicher Geschwindigkeit werfen und selbst das kleinste Ziel treffen konnte. Zweifellos hatte er das in den einsamen Jahren beim Hüten der Schafe tagtäglich geübt. Sein Vertrauen setzte er jedoch nicht auf seine eingeübte Treffsicherheit, sondern allein auf Gott – ein Vertrauen, an dem es der heutigen israelischen Armee leider mangelt:

> Und er [David] nahm seinen Stab in seine Hand und wählte fünf glatte Steine aus dem Bach … und nahm seine Schleuder in seine Hand und ging dem Philister entgegen …
>
> Und der Philister sprach zu David: Bin ich denn ein Hund, daß du mit Stöcken zu mir kommst? Und der Philister fluchte David bei seinen Göttern …
>
> Und David antwortete dem Philister: Du kommst zu mir mit Schwert, Lanze und Krummschwert. Ich aber komme zu dir mit dem Namen des HERRN der Heerscharen, des Gottes der Schlachtreihen Israels, den du verhöhnt hast.
>
> Heute wird der HERR dich in meine Hand ausliefern, und ich werde dich erschlagen und dir den Kopf abhauen … Und die ganze Erde soll erkennen, daß Israel einen Gott hat. Und diese ganze Versammlung soll erkennen, daß der HERR nicht durch Schwert oder Speer errettet. Denn des HERRN ist der Kampf, und er wird euch in unsere Hand geben!
>
> … da lief David eilends von der Schlachtreihe aus dem Philister entgegen. Und David griff mit seiner Hand in die Tasche und nahm einen Stein heraus, und er schleuderte und traf den Philister an seine Stirn. Und der Stein drang ihm in die Stirn ein, und er fiel auf sein Gesicht zur Erde … David aber hatte kein Schwert in der Hand.
>
> Und David lief und trat zu dem Philister und nahm dessen Schwert … und hieb ihm damit den Kopf ab. Als aber die Philister sahen, daß ihr Held tot war, flohen sie (1. Samuel 17,40-51).

Ein einziges gutgezieltes Geschoß aus seiner Schleuder und ein Hieb mit des Riesen eigenem Schwert in Davids Händen führte Israels Armee zu einem großen Sieg, der David zu unerwarteter Ehre verhalf. Saul machte ihn klugerweise zum Befehlshaber über sein Heer, aber aus Neid auf David sollte er schon bald versuchen, ihn umzubringen. Wie die bemerkenswerte Geschichte des Hirten, der Israels König wurde, weiterging, ist wohlbekannt und braucht an dieser Stelle nicht wiederholt zu werden.

An David denkt man in Israel natürlich auch heute noch gern zurück, und er wird von diesem Volk sehr verehrt. Doch Davids Gott – der Gott Abrahams, Isaaks und Israels – wird von seinem eigenen Volk verunehrt und sogar verhöhnt. Anstatt auf ihn zu vertrauen, verlassen sich die heutigen Heerführer Israels auf sich selbst. Dieser gleiche Fehler wurde Israel nach dem Tod Davids und seines Sohnes Salomo zum Verhängnis. Stolz und Unabhängigkeit von Gott war von jeher der Fallstrick Israels. Jerusalems Rebellion brachte Gottes gerechtes und lange hinausgezögertes Gericht über sein auserwähltes Volk.

Eine zur Zerstörung freigegebene Stadt

Jerusalem, die Stadt Gottes und die Stadt Davids, und der Tempel, wo Gott sich selbst in der Herrlichkeit der Schechinah gezeigt hatte [die „das Haus des HERRN erfüllte"; 1. Könige 8,11], fielen der Zerstörung durch einmarschierende Truppen anheim. Anstatt Jerusalem zu beschützen, strafte Gott diese Stadt wegen ihrer Sünden und erlaubte ihren Feinden, das Schlimmste anzurichten. Die Geschichte Jerusalems wurde zu einer Geschichte von Terror, Belagerung und Hungersnot, von wiederholten Blutbädern und Verwüstungen. Diese Geschichte ist ein ausdrucksvolles Zeugnis der Genauigkeit der Botschaften aus dem Mund der Propheten, die das Volk Israel im Namen des Gottes Abrahams, Isaaks und Israels warnten, zur Umkehr von seinen Sünden aufriefen und ihm das Gericht voraussagten, das ihm andernfalls bevorstand.

Im Jahr 587 v.Chr. zerstörte Nebukadnezar, den Gott als Werkzeug seiner Vergeltung benutzte, die Stadt Jerusalem. Von dieser Zeit an hat die Stadt des Friedens, wo Gott seinen Namen niederlegte, nie wieder dauerhaften Frieden gesehen. Ihre Geschichte ist eine endlose Litanei von Krieg, Aufruhr gegen ihre Eroberer, Entweihung des Tempels und der Ermordung, Versklavung und Wegführung ihrer Bewohner.

Die Mauern Jerusalems hatten über 140 Jahre lang in Trümmern gelegen, als sie um die Jahre 445-440 v.Chr. unter der Leitung Nehemias wiederaufgebaut wurden. Die Stadt sollte niemals wieder ihren früheren Glanz zurückerlangen, sondern beständiges Ziel einfallender Truppen sein, für immer eine in schmerzlichem Wiederaufbau befindliche Ruine. Im Jahr 320 v.Chr., als Ptolemaios I. Soter Jerusalem angriff, verweigerten die Juden den Kampf am Sabbat. Die Stadt wurde eingenommen und ein Großteil ihrer Bewohner gefangen weggeführt, einige bis nach Afrika, wo sie als Sklaven verkauft wurden.

Im Jahr 167 v.Chr. wurde der Tempel ein weiteres Mal durch Antiochus IV. Epiphanes entweiht, der Jerusalems Juden zu Tausenden niedermetzelte. Er setzte die Heilige Stadt in Brand und riß ihre Mauern nieder. Wiederum wurden die Überlebenden in die Sklaverei verkauft. Fremde wurden in die Stadt gebracht, um sie wieder zu besiedeln. Eine neue Festung wurde auf dem Berg Zion errichtet und eine Garnison Truppen eingesetzt, die die Stadt im Namen von Antiochus Epiphanes beherrschen sollte. Zeitweilig hatte Antiochus offenbar vor, die Anbetung seiner selbst als Gott einzuführen und zu fordern – so wie es der Antichrist, von dem Antiochus ein anschauliches Bild ist, am Ende der Zeit schließlich durchsetzen wird (2. Thessalonicher 2,4; Offenbarung 13,8.15).

Zwei Jahre später führte Judas Makkabäus seine Armee zu einem großartigen Sieg über Antiochus. Für die folgenden 100 Jahre konnten keine Feinde die Stadt einnehmen. Doch während dieser „Friedenszeit" forderten interne Auseinandersetzungen unter politischen und religiösen Parteiungen mindestens weitere 50.000 Tote und noch wesentlich mehr Verstümmelte und Verkrüppelte. Im Jahr 63 v.Chr. wurde die Stadt im Zuge einer mit großer Zerstörung einhergehenden Belagerung wieder einmal eingenommen, diesmal durch Pompeius. Sechs Jahre später widerfuhr der Stadt schon wieder eine Eroberung; bei diesem tragischen Vorfall war es eine von Herodes dem Großen angeführte römische Armee.

Ungefähr im Jahr 4 v.Chr. revoltierten die Juden gegen den Nachfolger Herodes' des Großen, Archelaos, dessen Truppen etwa 3000 Aufrührer niederschlugen. Am darauffolgenden Pfingstfest gab es einen weiteren hartnäckigen Aufstand, und „die Aufständischen mußten abermals ein großes Schlachten über sich ergehen lassen. Die Kreuzgänge rings um den Tempel wurden völlig eingeäschert, die Schätze des Heiligtums fielen den plündernden Legionen zum Opfer, und viele Juden legten in der Verzweiflung Hand an sich selbst ... Varus, der Statthalter von Syrien, drang mit 20.000 Mann in Palästina ein, machte Hunderte von Dörfern und Städten dem Erdboden gleich, kreuzigte 2000 Aufständische und verkaufte 30.000 Juden als Sklaven."[2]

Die endgültige Zerstreuung

So ging es mit der Stadt Jerusalem die traurigen Jahrhunderte hindurch weiter. Kein Wunder, daß Gott uns auffordert: „Erbittet Frieden für Jerusalem" (Psalm 122,6). Will Durant, der die gesamte Kulturgeschichte der Menschheit erforschte und niederschrieb, erklärte:

> Kein Volk der geschichtlichen Zeit hat so hartnäckig um seine Freiheit gekämpft wie die Juden, und keinem Volk wurde es so schwer gemacht. Von Judas Makkabäus bis Simon Bar Kochba, ja bis in unsere eigene Zeit hat dieser Kampf um die Freiheit oft große Lücken in die Reihen der Juden gerissen, nie aber hat er ihren Geist oder ihre Hoffnung gebrochen.[3]

Jerusalems letzte größere Zerstörung geschah im Jahr 70 n.Chr. durch Titus und seine römischen Legionen, die die Stadt plünderten und den Tempel zerstörten. Der Geschichtsschreiber Flavius Josephus begleitete Titus zur Belagerung Jerusalems und wurde Zeuge ihrer schrecklichen Verwüstung. Von den römischen Reihen aus riet er seinen jüdischen Landsleuten zur Aufgabe, doch sie kämpften weiter bis zum bitteren Ende. Hunderttausende kamen bei der Belagerung ums Leben. Von den lebend Weggeführten wurden Tausende gekreuzigt – so viele, daß Josephus berichtete: „Da es ihrer gar so viele waren, gebrach es bald an Raum für die Kreuze und an Kreuzen für die Leiber." Durant schreibt: „Gegen Ende der fünfmonatigen Belagerung waren die Straßen von Leichen verstopft; 116.000 Leichname sollen über die Stadtmauern geworfen worden sein … Nach der Einnahme der halben Stadt bot Titus den Aufständischen Bedingungen an, die nach seiner Ansicht milde waren; die Belagerten wiesen sie zurück. Die Brandfackeln der Römer steckten den Tempel in Brand, und das mächtige Gebäude, das zur Hauptsache aus Holz erbaut war, lag bald in Schutt und Asche … Die Sieger kannten kein Erbarmen, sondern erschlugen alle Juden, die ihnen in die Hände fielen. 97.000 Flüchtlinge gerieten in ihre Gefangenschaft und wurden als Sklaven verkauft; viele fanden ihr Ende als widerstrebende Gladiatoren in Spielen … bei den Triumphfeiern … Josephus bezifferte die Zahl der Juden, die bei dieser Belagerung und hernach das Leben verloren, auf 1.197.000 ... Judäa war fast völlig von Juden entblößt, und die Verbliebenen waren am Rande des Verhungerns ..."[4]

„Die Flucht und Versklavung von einer Million Juden beschleunigte deren Ausbreitung über den Mittelmeerraum dermaßen, daß ihre Gelehrten die *Diaspora* seit der Zerstörung von Herodes Tempel datierten. Wir haben gesehen, daß die Zerstreuung bereits sechs Jahrhunderte vorher mit der babylonischen Gefangenschaft begonnen und mit der Ansiedlung in Alexandrien ihre Fortsetzung gefunden hatte. Da den Juden ihre Frömmigkeit und ihr Gesetz den Kinderreichtum zur Pflicht machten, und die Kindstötung verboten, hatte die Ausbreitung der Juden neben den wirtschaftlichen auch biologische Gründe; die Hebräer spielten im Handel der Welt erst eine geringfügige Rolle."[5]

Erfüllte Prophetie

Israel erntete das, was es jahrhundertelang gesät hatte. Niemand könnte in Frage stellen, daß sich die vielen ernsten Prophezeiungen des Gerichtes Gottes – von denen die folgenden nur eine kurze Auswahl sind – erfüllt haben:

> Es wird aber geschehen, wenn du der Stimme des HERRN, deines Gottes, nicht gehorchst, so daß du nicht darauf achtest, all seine Gebote und Ordnungen zu tun, die ich dir heute gebiete ... Der HERR wird den Fluch, die Bestürzung und die Verwünschung gegen dich senden ... bis du vernichtet bist und bis du schnell umkommst wegen der Bosheit deiner Taten, mit denen du mich verlassen hast ...
>
> Der HERR wird dich geschlagen vor deinen Feinden dahingeben ... und du wirst zum Schreckbild für alle Königreiche der Erde werden (5. Mose 28,25-20.25).

> Und der HERR sprach zu Mose: Siehe, du wirst dich zu deinen Vätern legen. Und dieses Volk wird sich aufmachen und den fremden Göttern des Landes, in das es kommt, in seiner Mitte nachhuren. Und es wird mich verlassen und meinen Bund brechen, den ich mit ihnen geschlossen habe.
>
> Da wird mein Zorn an jenem Tag gegen es entbrennen, und ich werde sie verlassen und mein Angesicht vor ihnen verbergen. Und

> es wird zum Fraß werden, und viele Übel und Nöte werden es treffen. Und es wird an jenem Tag sagen: Haben diese Übel mich nicht deshalb getroffen, weil mein Gott nicht mehr in meiner Mitte ist? (5. Mose 31,16-17).

Am eindringlichsten ist die wiederholte Warnung, die wir bereits erwähnt haben, daß die Juden in alle Nationen und in jeden Winkel der Erde weggeführt würden. Will Durant gibt diesen denkwürdigen Kommentar:

> Fünfzig Jahre vor dem Fall Jerusalems meldete Strabon mit antisemitischer Übertreibung: „Die Juden sind schon fast in jeder Stadt des Erdkreises verbreitet, und man kann nicht leicht einen Ort der Welt finden, der dieses Volk nicht beherbergte und nicht in seiner Gewalt wäre." Nach Philons Beschreibung [zwanzig Jahre vor der Zerstreuung] waren „die Kontinente voller jüdischer Siedlungen … ebenso die … Inseln und fast ganz Babylonien".
>
> Gegen 70 n.Chr. lebten Tausende von Juden in Seleukeia am Tigris und in anderen parthischen Städten; es gab ihrer viele in Arabien, und von dort zogen sie nach Äthiopien weiter; in Syrien und Phoinikien waren sie in großer Zahl anzutreffen; sie hatten große Kolonien in Tarsos, Antiochien, Miletos, Ephesos, Sardeis, Smyrna; nur wenig geringer an Zahl waren sie in Delos, Korinth, Athen, Philippi, Patrai, Thessalonike.
>
> Im Westen gab es jüdische Gemeinden in Karthago, Syrakus, Puteoli, Capua, Pompeii, Rom, selbst in Horaz' Vaterstadt Venusia. Alles in allem dürfen wir die Zahl der Juden im Römischen Reich auf sieben Millionen veranschlagen – etwa sieben Prozent der Bevölkerung, dem Anteil nach doppelt so viel als in den Vereinigten Staaten von Amerika heute.[6]

Doch die in Jerusalem und der Umgegend verbliebenen Juden versuchten weiterhin, blind für den Grund ihrer Trübsal, wie sie waren, ihre Unterdrücker mit allem Einsatz abzuschütteln. Anstelle von Buße und Umkehr zu Gott ging die Rebellion weiter.

> Unter der Führung von Simon Barkochba, der vorgab, der Messias zu sein, unternahmen die Juden ihre letzte Anstrengung im Altertum, ihre Heimat und ihre Freiheit wieder zu erringen (132 n.Chr.). Rabbi Akiba, der sein ganzes Leben lang Friedfertigkeit gepredigt

> hatte, gab der Revolution seinen Segen, indem er Barkochba als den verheißenen Erlöser anerkannte. Drei Jahre lang kämpften die Aufständischen vergeblich gegen die Legionen; schließlich brachte ihnen der Mangel an Nahrungsmitteln und Verstärkungen die Niederlage.
>
> Die Römer zerstörten 985 Ortschaften Palästinas und machten 580.000 Menschen nieder; noch mehr sollen verhungert, an Krankheit gestorben oder in den Flammen umgekommen sein; fast ganz Judäa lag in Trümmern. Barkochba selbst fiel bei der Verteidigung von Bethar. So viele Juden standen zum Verkauf als Sklaven, daß für sie nicht mehr als für ein Pferd bezahlt wurde. Tausende verbargen sich in unterirdischen Wasserläufen; sie wurden von den Römern umzingelt und erlagen einer nach dem anderen dem Hunger, während die Überlebenden die Körper der Toten verzehrten.[7]

So endete der letzte organisierte Versuch der sich immer weiter ausbreitenden Juden, ihre Heimat zurückzugewinnen, bis im Jahr 1897, über 17 Jahrhunderte später, in Basel der erste Zionistenkongreß abgehalten wurde. Doch wenn Israel wieder eine Nation in seinem eigenen Land werden sollte, dann wäre das kein Verdienst der Zionisten, sondern ein souveränes Handeln Gottes.

Nach 2500 Jahren im Exil, der unaufhörlichen Verfolgung von Juden und der wiederholten Zerstörung Jerusalems, der Stadt Davids, hat offenbar eine neue Epoche ihrer Geschichte begonnen. Wie wir sehen werden, haben uns die Propheten über die zukünftigen Ereignisse nicht in Unwissenheit gelassen.

Jerusalem

Und der HERR wird Juda als sein Erbteil besitzen im heiligen Land und wird Jerusalem aufs neue erwählen.

Sacharja 2,16

... und die Verlorenen im Land Assur und die Vertriebenen im Land Ägypten werden kommen und den HERRN anbeten auf dem heiligen Berg in Jerusalem.

Jesaja 27,13

Wer aber bei mir seine Zuflucht sucht, wird das Land erben und meinen heiligen Berg in Besitz nehmen.

Jesaja 57,13

Denn auf meinem heiligen Berg, auf dem hohen Berg Israels, spricht der Herr, HERR, dort wird mir das ganze Haus Israel insgesamt dienen im Land. Dort werde ich sie wohlgefällig annehmen.

Hesekiel 20,40

Spielball der Völker

4
Das Heilige Land

Als Gott Abraham und später seinen Nachkommen das Land Kanaan verhieß, war das keine ziellos-willkürliche Entscheidung, sondern ein von seiner Gerechtigkeit bestimmter Entschluß. Die Ureinwohner des Landes waren so tief in Finsternis versunken [Götzendienst, Kinderopfer, Homosexualität, Spiritismus und Totenbeschwörung], daß der Tag kommen sollte, an dem Gottes Geduld und Barmherzigkeit ein Ende finden und er genötigt sein würde, diese Menschen vom Erdboden auszutilgen. Zu dieser Zeit würde er Israel als Werkzeug seiner Gerechtigkeit benutzen. Nur dann würde das Land den Nachkommen Abrahams, Isaaks und Jakobs gegeben werden.

Als Gott Abraham das Land verhieß, sprach er zu ihm: „Das Maß der Schuld des Amoriters ist bis jetzt noch nicht voll" (1. Mose 15,16). Bis zum Tag der Vernichtung dieser bösen und götzendienerischen Völker sollten Abrahams Nachkommen 400 Jahre lang in einem fremden Land als Sklaven dienen. Danach würde Gott sie befreien und ins „Gelobte Land" bringen.

Israels Sklaverei in Ägypten und seine letztendliche Befreiung erfüllten diese an Abraham gerichtete Prophezeiung und Verheißung. Nur zu dieser vorherbestimmten Zeit erhielten die Nachkommen der Patriarchen schließlich ihr Land. Und Israel sollte sich daran erinnern; niemals sollte es den überheblichen Gedanken hegen, Gott habe es bevorzugt, weil es besser wäre als andere Völker:

> Nicht weil ihr mehr wäret als alle Völker, hat der HERR sich euch zugeneigt und euch erwählt – ihr seid ja das geringste unter allen Völkern –, sondern wegen der Liebe des HERRN zu euch, und weil er den Eid hielt, den er euren Vätern geschworen … (5. Mose 7,7-8).

> Wenn der HERR, dein Gott, sie vor dir hinausstößt, sprich nicht in deinem Herzen: Wegen meiner Gerechtigkeit hat der HERR mich hierhergebracht, um dieses Land in Besitz zu nehmen …
>
> Nicht wegen deiner Gerechtigkeit und der Aufrichtigkeit deines Herzens kommst du hinein, um ihr Land in Besitz zu nehmen. Sondern wegen der Gottlosigkeit dieser Nationen vertreibt der HERR, dein Gott, sie vor dir und damit er das Wort aufrechterhält,

das der HERR deinen Vätern, Abraham, Isaak und Jakob geschworen hat.

So erkenne denn, daß nicht wegen deiner Gerechtigkeit der HERR, dein Gott, dir dieses gute Land gibt, es in Besitz zu nehmen! Denn ein halsstarriges Volk bist du! ... Von dem Tag an, als du aus dem Land Ägypten herausgezogen bist, bis ihr an diesen Ort kamt, seid ihr widerspenstig gegen den HERRN gewesen (5. Mose 9,4-7).

Aufruf zur Heiligkeit

Was Mose von Gott an das Volk Israel weitergab, war wohl kaum eine schmeichelnde Rede, die das Selbstwertgefühl des Volkes steigern sollte. Vielmehr stellte Gott den Israeliten in seiner Weisheit und Gnade die Wahrheit über sie selbst vor Augen. Noch bevor er sie ins Land brachte, warnte er sie, daß, wenn sie mit ihrer Rebellion fortfahren, er sie aus dem Land vertreiben werde, wie er es bereits mit den früheren Bewohnern getan hatte. Doch sollten sie nicht durch wiederum ein anderes Volk ersetzt werden. Das Land sollte unbewohnt zurückbleiben und zu einer Wüste verkommen, bevor er sie in der Endzeit wieder ins Land zurückbringt, kurz vor der Wiederkunft des Messias zur Herrschaft über die Welt von Jerusalem aus.

Im Gegensatz zu den von ihm vertriebenen Völkern sollte Israel der Welt ein Beispiel für die Gerechtigkeit geben, die Gott bei allen Völkern und Menschen gerne sehen möchte. Das einst so gottlose Land sollte durch die Heiligkeit der Israeliten, die es nun besaßen, und durch die Heiligkeit Gottes, der es ihnen gegeben hatte, zum Heiligen Land werden. „Seid heilig, denn ich bin heilig!“, war seine oft wiederholte Ermahnung an Israel (3. Mose 11,44.45; 19,2; 20,7 u.v.a.).

Und ich habe zu euch gesagt: Ihr sollt ihr Land besitzen, und ich werde es euch zum Besitz geben, ein Land, das von Milch und Honig überfließt. Ich bin der HERR, euer Gott, der ich euch von den Völkern ausgesondert habe ...

Und ihr sollt mir heilig sein, denn ich bin heilig, ich, der Herr. Und ich habe euch von den Völkern ausgesondert, um mein zu sein.

Denn du bist dem HERRN, deinem Gott, ein heiliges Volk. Dich hat der HERR, dein Gott, erwählt, daß du ihm als Eigentumsvolk gehörst aus allen Völkern, die auf dem Erdboden sind (5. Mose 7,6; vgl. 14,2).

Welches Privileg – ja, und welche Verantwortung – hatte Gott den Kindern Israel gegeben! Wir haben nur einige wenige der vielen Verse aus dem Alten Testament angeführt, die besagen, daß Gott Israel deshalb auserwählt hat, damit es sein besonderes Volk sei und daß es als solches die Pflicht hat, ein heiliges, ihm gehorsames Leben zu führen. Ob sie nun dieser hohen Berufung entsprechend leben oder nicht, daran sollte sich entscheiden, ob sie in dem Land Segen erfahren oder daraus vertrieben werden, wie es schon das Schicksal der vor ihnen dort lebenden Völker gewesen war.

Wer ist ein wirklicher Jude?

Die Bibel macht sehr deutlich, daß, wer von Geburt her ein Jude ist, damit noch nicht automatisch ein Wohnrecht im „Gelobten Land" oder einen Anspruch auf Gottes verheißenen Segen hat. Das Land ist nur für die bestimmt, die an Gott glauben und in der gleichen Beziehung zu ihm stehen wie einst Abraham. Sicherlich war das Land den Nachkommen Abrahams verheißen. Doch eine rein natürliche Abstammung von Abraham reichte nicht aus.

Ein wirklicher Jude mußte sowohl in geistlicher als auch in natürlicher Hinsicht ein Nachkomme Abrahams sein – ein Mensch, dessen Leben denselben Glauben und denselben Gehorsam gegenüber Gott widerspiegelt, die den Urahn seines Geschlechts ausgezeichnet hatten. Wenn die Israeliten in ihrem Land bleiben wollten, mußten sie sich selbst als geistliche Nachkommen Abrahams erweisen, indem sie Gott wahrhaft liebten, ihm gehorchten und sich ihm zur Führung und Bewahrung anvertrauten. Die folgenden Verse sind nur wenige von den vielen Ermahnungen dieser Art:

> Es wird aber geschehen, wenn du der Stimme des HERRN, deine Gottes, nicht gehorchst, so daß du nicht darauf achtest, all seine Gebote und seine Ordnungen zu tun, die ich dir heute gebiete, dann werden all diese Flüche über dich kommen und dich erreichen … Und ihr werdet aus dem Land herausgerissen werden, wohin du kommst, um es in Besitz zu nehmen (5. Mose 28,15.63).

> Nur achtet genau darauf, das Gebot und das Gesetz zu tun, das Mose, der Knecht des HERRN, euch befohlen hat: den HERRN, euren Gott, zu lieben und auf allen seinen Wegen zu wandeln und

> seine Gebote zu halten und ihm anzuhängen und ihm zu dienen mit eurem ganzen Herzen und mit eurer ganzen Seele! (Josua 22,5).

Das Land sollte heilig sein, weil Gott die neuen Bewohner, die Juden, denen er es gegeben hatte, dazu aufrief, vor der Welt das Beispiel eines heiligen Volkes aufzustellen, mit einem heiligen Leben in der Unterwerfung unter Gott. Nicht nur die Priester sollten heilig, sondern jeder Einwohner sollte Priester vor Gott sein: „Und ihr sollt mir ein Königreich von Priestern und eine heilige Nation sein" (2. Mose 19,6).

Das Scheitern und seine traurigen Folgen

Tragischerweise scheiterte Israel im Gehorsam gegenüber Gott und im Leben entsprechend seines vorgeschriebenen Maßstabs. Anstatt ein Exempel für Heiligkeit zu statuieren, wurde Israel sogar noch gottloser als die Völker, die Gott ihretwegen aus dem Land vertrieben hatte. Es hört sich unglaublich an, doch leider ist es wahr, daß Israel trotz der Warnungen der gottgesandten Propheten vor dem kommenden Gericht immer gottloser wurde, bis es schließlich sogar die benachbarten heidnischen Völker an Schande *übertraf*! Die folgenden Anklagereden der Propheten, die Gott zur Warnung Israels gesandt hatte, sind nur eine kleine Auswahl von vielen weiteren, die wir hier anführen könnten:

> Aber Manasse verführte Juda und die Bewohner von Jerusalem, mehr Böses zu tun als die Nationen, die der HERR vor den Söhnen Israel ausgetilgt hatte (2. Chronik 33,9).

> Und der HERR hat all seine Knechte, die Propheten, zu euch gesandt … Aber ihr habt nicht gehört … wenn er sprach: Kehrt doch um, jeder von seinem bösen Weg und von der Bosheit seiner Taten, dann sollt ihr in dem Land, das der HERR euch und euren Vätern gegeben hat, wohnen von Ewigkeit zu Ewigkeit! Und lauft nicht anderen Göttern nach, um ihnen zu dienen …
>
> Aber ihr habt nicht auf mich gehört, spricht der HERR, um mich durch das Tun eurer Hände zu reizen, euch zum Unheil (Jeremia 25,4-7).

> Darum, so spricht der HERR: Siehe, ich gebe diese Stadt in die Hand der Chaldäer … Denn Anlaß zu meinem Zorn und zu meinem

> Grimm ist mir diese Stadt gewesen von dem Tag an, als man sie gebaut hat, bis auf diesen Tag ... wegen all der Bosheit der Söhne Israel und der Söhne Juda ... Und obwohl ich sie lehrte ... so hörten sie doch nicht und nahmen keine Zucht an. Und in das Haus, über dem mein Name ausgerufen ist, haben sie ihre Scheusale gesetzt, um es unrein zu machen. Und sie haben die Höhen des Baal gebaut ... (Jeremia 32,28-35).
>
> So spricht der Herr, HERR: Das ist Jerusalem! Mitten unter die Nationen habe ich es gesetzt, und Länder rings um es her. Und es war widerspenstig gegen meine Rechtsbestimmungen, gottloser als die Nationen, und gegen meine Ordnungen, mehr als die Länder, die rings um es her sind. Denn meine Rechtsbestimmungen haben sie verworfen, und in meinen Ordnungen haben sie nicht gelebt (Hesekiel 5,5-6).
>
> So spricht der Herr, HERR, zu Jerusalem: ... So wahr ich lebe, spricht der Herr, HERR, wenn deine Schwester Sodom, sie und ihre Töchter, jemals getan haben, wie du getan hast, du und deine Töchter! ... Und Samaria hat nicht halb so viel Sünden begangen wie du; und du hast deine Greuel zahlreicher werden lassen als sie ... Ich aber, ich will an meinen Bund denken, den ich mit dir in den Tagen deiner Jugend geschlossen habe ... und du wirst erkennen, daß ich der HERR bin (aus Hesekiel 16).

Man kann sich kaum vorstellen, daß die Nachkommen Abrahams, Isaaks und Jakobs das „Gelobte Land" durch ihre Rebellion wissend verwirkten. Sie hatten das Wunder der Teilung des Roten Meeres erlebt, das Manna, das jeden Morgen als sättigende Nahrung kam, und das aus dem Felsen quellende Wasser; sie hatten vom Berg Sinai die Stimme Gottes zu ihnen reden gehört und die Wolkensäule gesehen, die sie bei Tag leitete, und die Feuersäule des Nachts und waren in das Land gebracht worden, das Gott ihnen verheißen hatte. Wie unglaublich ist es da, daß sie sich so gegen Gott erheben konnten, daß sie sogar aus diesem heiligen Land vertrieben werden mußten! Doch das ist genau das, was sich zugetragen hat.

Gott war mit seinem auserwähltem Volk äußerst geduldig. Er warnte sie viele Male, doch sie achteten nicht auf seine Propheten. Schließlich gestattete Gott einfallenden Armeen die Zerstörung Jerusalems und des Tempels und die Wegführung der Bewohner in Gefangenschaft:

Und der HERR sprach zu mir: Rufe alle diese Worte aus in den Städten Judas und auf den Straßen von Jerusalem und sprich: … ich habe euren Vätern eindringlich bezeugt schon an dem Tag, als ich sie aus dem Land Ägypten heraufführte, bis zu diesem Tag, früh mich aufmachend und bezeugend, indem ich sprach: Hört auf meine Stimme!

Aber sie haben nicht gehört und ihr Ohr nicht geneigt, sondern sie lebten alle in der Verstocktheit ihres bösen Herzens. Und ich brachte über sie alle Worte dieses Bundes.

… Sie sind zurückgekehrt zu den Sünden der Väter vor ihnen, die sich auch schon geweigert hatten, auf meine Worte zu hören. So sind auch sie anderen Göttern nachgelaufen, um ihnen zu dienen … Darum, so spricht der Herr: Siehe, ich bringe Unheil über sie, dem sie nicht entgehen können … (Jeremia 11,6-8.10-11).

Die heutige Wiederholung des Bösen

Es ist wirklich eine Ironie, daß die meisten der heutigen weltweit lebenden Israelis und Juden nicht das geringste Interesse an der Heiligkeit zeigen, die Gott ausdrücklich zu ihrer Pflicht als Verwalter des Heiligen Landes erklärt hat. Tatsächlich glauben in Israel wie auch anderswo nur sehr wenige Juden wirklich, daß Israel Gottes Land ist – der Platz, an dem er für immer seinen Namen niederlegte und an den er sein auserwähltes Volk führte. Tragischerweise glauben nur sehr wenige an den Gott, der durch ihre eigene Geschichte den besten Beweis seiner Existenz geliefert hat!

Anstatt ein Vorbild an Heiligkeit zu sein, fällt Israel denselben moralischen Problemen zum Opfer, die auch den Rest der Welt plagen. Die unter den Arabern so verbreitete – weil im Islam gutgeheißene – Mißhandlung von Ehefrauen, kommt auch in israelischen Ehen immer häufiger vor, und immer mehr Frauen kommen dabei sogar ums Leben. Doch die israelischen Gerichte gewähren den Mördern eine unverantwortliche Milde. Die Psychologen verschreiben ihnen eine „Behandlung“ oder „erzieherische Maßnahmen“ und erwecken so den Anschein, das Umbringen der Ehefrau sei gar kein wirkliches Vergehen, sondern eine „Schwäche“, die mit einer schweren Kindheit entschuldigt werden könne.[1]

Sünden nehmen Überhand, die in den Tagen Jesajas und Jeremias noch gar nicht bekannt waren. Drogenmißbrauch grassiert mehr und mehr. Heute sind 200.000 Israelis drogenabhängig. Innenminister Mosche Schahal sagte: „Alle sieben Sekunden wird ein Auto aufgebrochen … [meistens] wird das Radio gestohlen, um durch den Weiterverkauf an Geld für Drogen zu kommen."[2] Ist das etwa das „Heilige Land"?

Vom Fernsehen kann man ebenso abhängig werden wie von Drogen. Es stellt den verbreitetsten und überzeugendsten Einfluß auf die moderne Gesellschaft dar und verdirbt die Jugend in Israel genauso wie überall. Selbst weltlich Denkende stöhnen darüber. Dr. Raphael Schneller von der Bar-Ilan-Universität kam nach einer kürzlich durchgeführten Untersuchung zu dem Ergebnis:

> Die zunehmende Abhängigkeit vom Fernsehen hat schwerwiegende Folgen für die Gesundheit, Bildung, Sozialentwicklung und Kultur der Jugend. Sie leben getrennt von der Realität und kennen die wirkliche Welt nicht. Alles existiert nur in der Vorstellung … Verbindliche Richtlinien gibt es für sie nicht. Sie haben keine Beziehung zu Persönlichkeiten aus dem wirklichen Leben und sind unfähig, ein normales Gespräch zu führen …[3]

Am schlimmsten ist die im Fernsehen gezeigte Verachtung Gottes und seines Gesetzes. Den Zuschauern wird eine Gehirnwäsche verpaßt, damit sie sich den pervertierten Lebensstil aneignen, der heute als „normal" gilt. Die biblischen Werte hingegen werden im Fernsehen keineswegs als richtig dargestellt, sondern vielmehr verachtet, und der größte Teil der Gesellschaft hat sie schon lange aufgegeben. Ein betroffener israelischer Lehrer schreibt:

> Ein Zusammenleben vor der Ehe oder anstatt einer Ehe ist zur Regel geworden. Die Scheidungsrate steigt … Homosexualität wird immer offener praktiziert.
>
> Der britische Oberrabbiner Jonathan Sacks hat die soziale Umformung ausdrucksvoll aufgezeigt: Was man früher Sünde nannte, bezeichnete man erst als Unmoral, Unmoral dann als abweichendes Verhalten, abweichendes Verhalten schließlich als Wahlmöglichkeit, und alles, was möglich ist, ist erlaubt.[4]

Die Politiker lehnen Gott ab

Traurigerweise hat nicht nur in den USA die Regierung diesen Weg in die Legitimation und Förderung der Verderbnis gebahnt, sondern auch in Israel. Beispielsweise verabschiedete der oberste Gerichtshof Israels im Dezember 1994 einen Beschluß, homosexuellen oder lesbischen Paaren einen legalen Status zuzubilligen.[5] Was für eine Vorstellung: Das höchste Gericht des Heiligen Landes legalisiert genau die Sünde, wegen der Gott Sodom und Gomorra vernichtete!

Ariel Rosen-Zvi, Dekan der Fakultät für Rechtswissenschaft an der Universität von Tel Aviv, ist darüber besorgt, daß „dieser Beschluß zum Schauplatz des Streites um das Jüdischsein Israels geworden ist“ und zu „einer immer stärker werdenden Polarität zwischen religiösen und weltlichen Juden“[6] führt. Selbst aus einer rein logischen und weltlichen Sicht ist die Entscheidung des Gerichts unverantwortlich und sinnlos, wie ein Redner in einem Studienseminar für Frauen in Jerusalem deutlich herausstellte:

> Die grundlegende Triebkraft einer gesunden Gesellschaft ist die eigene Vermehrung. Im Fall des jüdischen Volkes war dies angesichts ununterbrochener Verfolgung eine jahrtausendelange Pflicht. Der Staat Israel ist ein Ausdruck des kollektiven Willens des jüdischen Volkes, auch nach dem Holocaust fortzubestehen … als wir einen Lebensstil wählten, der die Geburt und Erziehung jüdischer Kinder ausschloß, haben wir damit als Bürger des jüdischen Volkes versagt …
>
> Durch die Anerkennung homosexueller Partnerschaften hat das Gericht eine Botschaft an alle Juden gerichtet, die sie von der Verantwortung enthebt, die Zukunft unseres Volkes zu bedenken … Der Starzeuge … die Kernfamilie, geriet, vom Niedergang ermüdet, ins Kreuzfeuer der Kritik. Sie wurde mißachtet und verworfen und schließlich mit Spott ins Lächerliche gezogen.[7]

Das ist nur eine von vielen Weisen, in welcher das heutige Israel den Weg seiner Vorfahren ins Verderben fortführt, indem es das gottgegebene Gesetz verletzt. Entweder wird Gott Gericht üben, oder er muß sich bei denen entschuldigen, die er in der Vergangenheit für dieselben Sünden gerichtet hat. Wir können sicher sein, daß das heutige Israel Gottes Zorn genauso schmecken wird wie das einstige Israel – sogar noch schlimmer – denn die hebräischen Propheten haben dies selber angekündigt. Jeremia sprach von dem künftigen Gericht als „Zeit der Bedrängnis für Jakob" (Jeremia 30,7).

Die israelische Regierung und ihr Militär besitzen offenkundig weder ein Verständnis von ihrer gottgegebenen Rolle im Heiligen Land noch kümmern sie sich um Gottes Gebot, heilig zu sein, wie er heilig ist. Das wird in vielerlei Hinsicht deutlich. Als nur ein Beispiel werfen wir einen Blick auf den Anfang 1995 vom israelischen Militär herausgegebenen neuen Sittenkodex. Es überrascht nicht, daß das „IDF Geist – Werte und Grundregeln" genannte Dokument die Zehn Gebote ignoriert, die Gott Israel durch Mose gab, und eigentlich wenig mit Moral zu tun hat. Seine „11 zentralen Werte" sind: „Zielstrebigkeit, Verantwortung, Zuverlässigkeit, persönliches Vorbild, menschliches Leben, rechtmäßiger Waffeneinsatz, Professionalität, Disziplin, Loyalität, Repräsentation und Kameradschaft."[8]

König Davids Beispiel

Welch krasser Gegensatz zur Haltung König Davids, dem größten Kriegsherrn und Heerführer der Geschichte Israels! Man sollte meinen, die heutigen Militärführer würden David große Bewunderung entgegenbringen und seine Aussagen über das Geheimnis seines phänomenalen Erfolgs aufmerksam verfolgen. Doch im Gegenteil scheinen sie darauf aus zu sein, dem Gott, den David als Schild und Schwert im Kampf bezeichnete, Trotz zu bieten.

Davids Psalmen sind klassische Zeugnisse seines Vertrauens in Gott – ein Vertrauen, das die heutige weltliche Regierung Israels offenbar für veraltet oder zumindest unnötig hält. Einer der bestbekanntesten und kostbarsten Glanzstücke der Weltliteratur ist der 23. Psalm. In diesem Klassiker stellt sich David als Schaf und Gott als seinen Hirten vor, zu dem er jeden Augenblick eines jeden Tages für seine täglichen Bedürfnisse und seinen Schutz aufblickt. Der Psalm endet mit Davids zuversichtlicher Bezeugung von Gottes Bewahrung in seinem Leben und von ewiger Wonne in Gottes Gegenwart, wenn seine Zeit auf Erden einmal zu Ende ist: „Gutes und Barmherzigkeit werden mir folgen mein Leben lang, und ich werde bleiben im Hause des Herrn immerdar" [Lutherübersetzung].

Den Gott Israels, der sein Volk ins Heilige Land gebracht hatte und den David so gut kannte und von ganzem Herzen liebte, zu verehren und ihm zu gehorchen, war Davids ganze Leidenschaft. Das wird deutlich, wenn man seinen Schritten folgt und mit der unbestreitbaren Wirklichkeit von Gottes Führung und Bewahrung die ganze bemerkenswerte Karriere Davids hindurch konfrontiert wird. Und was dieser außergewöhnliche ehemalige Hirtenjunge und spätere König schreibt, ist offensichtlich keine Phantasie, sind nicht seine eigenen sehnsüchtigen Träume, sondern in brillanten Heldentaten und einem triumphalen Leben erwiesene Wahrheit und Wirklichkeit. Seine Hingabe entspringt eindeutig aus einem Herzen, das in fortdauernder und inniger Gemeinschaft mit dem Gott des Universums stand und schließlich zu einem tiefen Verständnis des Sinnes seines Lebens gelangt ist:

> HERR, unser Herr, wie herrlich ist dein Name auf der ganzen Erde, der du deine Majestät gestellt hast über die Himmel! …
>
> Wenn ich anschaue deinen Himmel, deiner Finger Werk, den Mond und die Sterne, die du bereitet hast: Was ist der Mensch, daß du sein gedenkst …? (Psalm 8,2.4-5).

> Der HERR ist mein Licht und mein Heil, vor wem sollte ich mich fürchten? Der HERR ist meines Lebens Schutzburg, vor wem sollte ich erschrecken? … Harre auf den HERRN! Sei stark und dein Herz fasse Mut … (Psalm 27,1.14).

> Glücklich der Mann, der den HERRN zu seiner Zuversicht macht … Vielfach hast du, HERR, mein Gott, deine Wundertaten und deine Pläne an uns vollbracht … Dein Wohlgefallen zu tun, mein Gott, liebe ich; und dein Gesetz ist tief in meinem Innern … Es mögen fröhlich sein und sich freuen an dir alle, die dich suchen; es mögen stets sagen: „Groß ist der HERR!“, die dein Heil lieben (Psalm 40,5.6.9.17).

> Ich will dich preisen, HERR, mit meinem ganzen Herzen, will erzählen all deine Wundertaten. In dir will ich mich freuen und frohlocken, will deinen Namen besingen, du Höchster (Psalm 9,2-3).

> Gott, mein Gott bist du; nach dir suche ich. Es dürstet nach dir meine Seele, nach dir schmachtet mein Fleisch in einem dürren und erschöpften Land ohne Wasser. So schaue ich im Heiligtum nach dir, um deine Macht und deine Herrlichkeit zu sehen. Denn deine Gnade ist besser als Leben; meine Lippen werden dich rühmen. So werde ich dich preisen während meines Lebens …

> Deiner gedenke ich auf meinem Lager, über dich denke ich nach in den Nachtwachen. Denn du bist mir zur Hilfe geworden, und im Schatten deiner Flügel kann ich jubeln. Meine Seele hängt hinter dir her, deine Rechte hält mich aufrecht (Psalm 63,2-5.7-9).

Welch ein Gegensatz zwischen König David und Israels weltlicher Führung von heute! Und wie gänzlich erweist David doch die Torheit der allgemeinen Forderung nach „Trennung von Kirche und Staat"! Anstatt Gott aus den öffentlichen Angelegenheiten herauszuhalten, ersuchte Israel unter Davids Führung in jeder Situation Gott um seinen weisen Rat und seinen Schutz. Das Geheimnis von Davids außergewöhnlichem Erfolg liegt in seinem Vertrauen auf Gott – ein Vertrauen, das aus seiner Liebe zu seinem Schöpfer und seiner ständigen Gemeinschaft mit ihm erwuchs. Davids Psalmen haben schon Millionen von Menschen in die Seele getroffen und ihnen den Wunsch ins Herz gelegt, diesen Gott zu kennen, ihm zu vertrauen und zu gehorchen.

> Eines habe ich vom HERRN erbeten, danach will ich trachten: zu wohnen im Haus des HERRN alle Tage meines Lebens, um anzuschauen die Freundlichkeit des HERRN und nachzudenken in seinem Tempel (Psalm 27,4).

> Gebt dem HERRN, ihr Göttersöhne, gebt dem HERRN Herrlichkeit und Kraft! Gebt dem HERRN die Herrlichkeit seines Namens; betet an den HERRN in heiliger Pracht (Psalm 29,1-2).

> Jubelt, ihr Gerechten, über den HERRN; den Aufrichtigen ziemt Lobgesang. Preist den HERRN mit der Zither; spielt ihm auf der zehnsaitigen Harfe! Singt ihm ein neues Lied; spielt schön auf den Saiten mit Jubelschall! Denn richtig ist das Wort des HERRN, und all sein Werk geschieht in Wahrheit (Psalm 33,1-4).

König Davids Tadel

Niemand sah sich größeren Schwierigkeiten ausgesetzt, wurde mit derart widrigen Umständen fertig oder stieg von einer niedrigeren Stellung zu solch einem glorreichen Thron auf wie David. Auch hat kein König Israels, weder vor noch nach David, größere militärische und politische Siege errungen als er. Und doch nimmt David kein bißchen Ehre für sich selbst, sondern gibt sie allein Gott. Davids Psalmen fließen über vor Lob und Dank für den Einen, der seine Schritte leitete, ihn in Gefahr bewahrte, vor seinen Feinden rettete und zum größten Kämpfer und Kriegsherrn der Geschichte Israels – und vielleicht sogar der Welt – machte. Lesen wir dazu einmal die folgenden Verse aus dem 18. Psalm und achten wir dabei darauf, wie David Gott alle Ehre zuteil werden läßt:

> Ich liebe dich, HERR, meine Stärke! Der HERR ist mein Fels und meine Burg und mein Erretter, mein Gott ist mein Hort, bei dem ich mich berge, mein Schild und das Horn meines Heils, meine hohe Feste. „Gepriesen!" rufe ich zum HERRN, so werde ich vor meinen Feinden gerettet ...
>
> Gott umgürtet mich mit Kraft und untadelig macht er meinen Weg. Er macht meine Füße den Hirschen gleich ... Er lehrt meine Hände das Kämpfen und meine Arme spannen den ehernen Bogen ...
>
> Und du umgürtetest mich mit Kraft zum Kampf, beugtest unter mich, die gegen mich aufstanden. Du hast bewirkt, daß meine Feinde mir den Rücken zeigen müssen ... Du hast mich errettet aus den Streitigkeiten des Volkes; und du hast mich zum Haupt der Nationen gesetzt ...
>
> Der Gott, der mir Rache gab und mir die Völker unterwarf, der mich rettete vor meinen zornigen Feinden ... Darum will ich dich preisen unter den Völkern, HERR, und will spielen deinem Namen, der seinem König große Rettung schenkt und Gnade erweist seinem Gesalbten, David und seinen Nachkommen ewig.

Wie passend wären Davids Worte doch heute als Tadel für die Ungläubigen, die dieses Heilige Land gegenwärtig besetzten, und für jene, die meinen, Israels Scharfsinn, seine Industrie, Technologie und Militärmacht allein reichten aus! Außer seinem Aufruf an das Volk, den Herrn zu loben, hatte David barsche Worte für die Atheisten, und das heutige Israel tut Not, auf diese Worte zu hören:

> Der Tor spricht in seinem Herzen: „Es ist kein Gott!" Sie haben Verderben angerichtet, sie tun abscheuliche Taten; da ist keiner, der Gutes tut.
>
> Der HERR hat vom Himmel herniedergeschaut auf die Menschenkinder, um zu sehen, ob ein Verständiger da ist, einer, der Gott sucht!

Alle sind abgewichen, sie sind alle verdorben; da ist keiner, der Gutes tut, auch nicht einer (Psalm 14,1-3).

Glückselig die Nation, deren Gott der HERR ist, das Volk, das er sich erwählt hat zum Erbteil …

Der König siegt nicht durch die Größe des Heeres; ein Held befreit sich nicht durch die Größe der Kraft …

Siehe, das Auge des HERRN ruht auf denen, die ihn fürchten, die auf seine Gnade harren …

Unsere Seele wartet auf den HERRN; unsere Hilfe und unser Schild ist er … (Psalm 33,12-20).

Konkurrenten für das Heilige Land

Israels Volk und Führer erkennen zwar selbst nicht Gottes Absichten mit Israel an, doch für Millionen andere ist dieses Land heilig, vor allem für Katholiken und Muslime. Und wenn man die Ruchlosigkeit bedenkt, mit welcher diese beiden religiösen Gruppen versuchten, das Volk aus diesem Land zu vertreiben, dem es doch von Gott zum ewigen Besitz gegeben war, stellt man unweigerlich die Ironie daran fest, daß Israel gerade von Katholiken und Muslimen das „Heilige Land" genannt wird.

Der ausdrückliche Vorsatz der PLO – die ganze Nation Israel auszulöschen – ist niemals zurückgenommen worden. Dieser Plan kann auch nicht aufgehoben werden, solange der Islam weiterhin lehrt, Gott habe das „Heilige Land" nicht den Juden, sondern den Arabern gegeben. Jassir Arafats Versäumnis, sich vom Terrorismus loszusagen, der seit dem Abkommen Israels mit der PLO[9] eskaliert ist, wurde von einem Assistenten mit dem Hinweis auf seine mangelhafte Fähigkeit, sich in Englisch auszudrücken, entschuldigt. In Arabisch, das er fließend spricht, hat er sicherlich nicht das geringste Bedauern über den Terrorismus ausgesprochen! „Er [Arafat] ist kein besonders guter Redner vor der Öffentlichkeit", sagte der Sprecher der PLO, „aber in seinem Herzen und Denken ist er absolut dazu bereit [den Terrorismus zu verurteilen?]."[10]

Was den römischen Katholizismus anbetrifft, beansprucht dieser, das neue Israel zu sein, und er lehrt, die Juden seien nicht länger Gottes auserwähltes Volk. Das Zweite Vatikanische Konzil hat versucht, diesen Umstand durch eine doppeldeutige Ausdrucksweise zu verbergen, doch die Bedeutung seiner Aussagen ist sehr klar:

> So hat er [Gott] sich das Volk Israel zum Eigenvolk erwählt und hat mit ihm einen Bund geschlossen und es Stufe für Stufe unterwiesen. Dies tat er, indem er … sich dieses Volk heiligte …
>
> Diesen neuen Bund hat Christus gestiftet … nämlich in seinem Blute. So hat er sich aus Juden und Heiden ein Volk berufen, das … das neue Gottesvolk bilden sollte.[11]
>
> Wie aber schon das Israel dem Fleische nach auf seiner Wüstenwanderung Kirche Gottes genannt wird, so wird auch das neue Israel [die römisch-katholische Kirche], das auf der Suche nach der kommenden und bleibenden Stadt in der gegenwärtigen Weltzeit einherzieht, Kirche Christi genannt.[12]
>
> Dies ist die einzige Kirche Christi, die wir im Glaubensbekenntnis als die eine, heilige, katholische und apostolische bekennen. Sie zu weiden, hat unser Erlöser nach seiner Auferstehung dem Petrus übertragen … [13]

Die Kirche tritt an die Stelle Israels

Während die römisch-katholische Kirche also anerkennt, daß die Juden einst Gottes Volk waren, behauptet diese Kirche zugleich, diesem Volk stehe diese Rolle nicht mehr zu, sondern es müsse sich nun in „das *neue* Volk Gottes“ integrieren, in die römisch-katholische Kirche. Die „Kirche“, die einst Israel war, gebe es nicht mehr, und an ihrer Stelle stehe nun die „eine, heilige, katholische und apostolische“ Kirche mit ihrem Sitz in Rom – eine Kirche, in die alle Menschen, Juden wie Heiden, eintreten und deren Herrschaft sie sich unterwerfen müssen, wenn sie vor Gottes Zorn gerettet werden wollen. Somit hat Israel als Volk Gottes ausgedient. Die Juden haben auf das Land Palästina keinen besseren Anspruch als die Araber, und der Vatikan bevorzugt offensichtlich die letzteren.

Wir erinnern uns daran, daß die katholischen Kreuzfahrer das von ihnen so bezeichnete „Heilige Land“ ja nicht nur von den Türken, sondern auch von den Juden zurückerobern wollten, denen Gott dieses Land doch gegeben hatte. Als die Ritter des ersten Kreuzzugs Jerusalem erreicht hatten, trieben sie die Juden in einer Synagoge zusammen und steckten diese in Brand. Offenbar leiteten die Katholiken die von ihnen dem Land zugeschriebene „Heiligkeit“ von ihrer Behauptung ab, es sei nun Eigentum der Kirche.

Evangelikale schreiben zwar unbelebten Dingen an sich, wie zum

Beispiel einem Land, keine Heiligkeit zu, doch Israel ist ihnen heilig, weil Gott es heilig erklärt hat. Und dieses Land ist für Evangelikale von großem Interesse, weil Christus dort gelebt hat, er in Jerusalem für die Sünden der Welt gestorben ist und er dorthin auch in Macht und Herrlichkeit zurückkehren wird. Weder Evangelikale noch sonstige wirkliche Christen haben jemals um dieses Land gekämpft. Die gegen die Juden um dieses Land Krieg führten und „Christen" genannt werden, waren in Wirklichkeit römische Katholiken. [Für eine geschichtliche Dokumentation dieser Aussage sei auf das Buch *Die Frau und das Tier* vom selben Autor verwiesen.]

In den letzten 1500 Jahren verbannte die römisch-katholische Kirche [sofern sie die Macht dazu hatte] beständig alle Juden aus Jerusalem bzw. wollte sie von dort verbannen, und zwar als Teil der Strafe, die sie wegen „des Mords an Jesus Christus verdienten". Im Jahr 1904 sagte Papst Pius X. zu Theodor Herzl, dem Begründer der Zionistischen Bewegung: „Die Hebräer haben niemals unseren Herrn anerkannt. Deshalb können wir das hebräische Volk nicht anerkennen."[14] Mit der vorliegenden Geschichte der jahrhundertelangen Judenverfolgung ist es unbegreiflich, daß Israel jetzt den Vatikan als Partner in seinen Angelegenheiten willkommen heißt und in Erwägung zieht, Jerusalem seiner Kontrolle zu unterstellen!

Katholizismus und Islam

Für die Muslime ist das Land Palästina „heilig", weil sie glauben, es sei durch Abraham an die Araber gegeben worden. Deshalb muß jeder Araber, der die Lehren des Islam vertritt, es als seine Pflicht erachten, die Juden aus diesem „Heiligen Land" zu vertreiben, wie einst die katholischen Kreuzfahrer. Das ist das Bestreben des größten Teils der heutigen arabischen Welt, wenn auch nur relativ wenige es mehr als nur mit Worten praktizieren. Als wären sie blind für die Wirklichkeit, sprechen selbst die israelischen Medien von dieser Minderheit als islamische „Radikale" oder „Extremisten", und das ist die durch den Begriff „islamische Fundamentalisten" hervorgerufene Vorstellung. Doch diese Terroristen sind in Wirklichkeit überhaupt keine religiösen Fanatiker, sondern, wie wir noch sehen werden, praktizieren sie einfach die Lehre des Korans.

Entsprechend ihrer Vergangenheit machte die römisch-katholische Kirche von Anfang an mit den Palästinensern gemeinsame Sache gegen die Juden. Papst Johannes Paul II. baute bereits eine enge Beziehung zu Jassir Arafat auf, als dieser in den meisten Teilen der säkularen Welt noch als der Terrorist galt, als der er sich zur Genüge erwiesen hatte. Das Zweite Vatikanische Konzil trifft sogar diese überraschende Aussage:

> Der Heilswille umfaßt aber auch die, welche den Schöpfer anerkennen, unter ihnen besonders die Muslime, die sich zum Glauben Abrahams bekennen und mit uns den einen Gott anbeten, den barmherzigen, der die Menschen am Jüngsten Tag richten wird.[15]

Hier sehen wir eine Widerspiegelung des Antisemitismus, der seit dem Mittelalter für Rom so charakteristisch ist. Wie kann die katholische Kirche behaupten, die Muslime würden „sich zum Glauben Abrahams bekennen“? Daß sie das nicht tun, ist an ihrem Haß gegen die Juden ersichtlich, die durch Isaak und Jakob die eigentlichen Kinder Abrahams sind. Es stimmt auch nicht, daß die Muslime „mit uns den einen Gott anbeten, den barmherzigen“, an den die Christen glauben. Der Gott Israels, Jahwe, ist mit Sicherheit nicht das gleiche Wesen wie Allah, andernfalls würden die Muslime die lieben, denen Gott das „Gelobte Land“ gegeben hat, anstatt alles Mögliche zu ihrer Vertreibung zu tun.

Die römisch-katholische Kirche glaubt an einen „dreifaltigen Gott“ in drei Personen [Vater, Sohn und Heiliger Geist] als den einen Gott. Im Gegensatz dazu ist Allah dem Koran zufolge eher „einfältig“; er ist kein Vater und hat keinen Sohn, und er liebt nur die Gerechten und nicht die Sünder. Allein die Tatsache, daß der Islam die Dreieinigkeit von Vater, Sohn und Heiligem Geist abstreitet, reicht als Beweis aus, daß Allah nicht der Gott der Bibel ist, wie ihn der römische Katholizismus bekennt. Doch das Zweite Vatikanische Konzil fährt fort und sagt:

> Da es jedoch im Lauf der Jahrhunderte zu manchen Zwistigkeiten und Feindschaften zwischen Christen und Muslimen kam, ermahnt die Heilige Synode alle, das Vergangene beiseite zu lassen, sich aufrichtig um gegenseitiges Verstehen zu bemühen und gemeinsam einzutreten für Schutz und Förderung der sozialen Gerechtigkeit, der sittlichen Güter und nicht zuletzt des Friedens und der Freiheit für alle Menschen.[16]

Wie steht es um die Wahrheit?

Es kann kein „gegenseitiges Verstehen“ geben, solange die streitenden Parteien nicht einmal die gleiche Sprache sprechen. Es ist betrügerisch, ein Begegnen der Gesinnungen vorzugeben, wenn jede Partei des „Abkommens“ den darin verwendeten Worten jeweils eine andere Bedeutung zumißt. Wieviel unmöglicher ist es dann, ein „gegenseitiges Verstehen“ bezüglich der Anbetung Gottes und seines Heilsplans mit der Menschheit zu erzielen, wenn beide Seiten an einen anderen Gott glauben! Der Vatikan hat seine eigene Meinung und seine eigenen Pläne, von denen er niemals abgewichen ist. Auch der Islam hat ein ähnliches Motto: die Welt für Allah einzunehmen und das, wenn nötig, mit dem Schwert. Kann Israel durch nette Worte so getäuscht werden, daß es einem eingeschworenem Feind den Weg zu Terror und Eroberung innerhalb der eigenen Grenzen bahnt? Interessiert die Wahrheit überhaupt nicht mehr?

Welche Torheit Israels, mit dem Vatikan ein Abkommen einzugehen und seinen heutigen Worten zu vertrauen, die doch seiner 1500jährigen Geschichte widersprechen – eine Geschichte, die durchgängig gezeigt hat, daß die Worte von heute genau das Gegenteil meinen! Wenn wir in dieses Phänomen Einblick gewinnen wollen, brauchen wir auch gar nicht weit in der Geschichte zurückzugehen. Die Rabbiner Meir Zlotowitz und Nosson Scherman erinnern uns in dem Buch *Shoah*:

> Auch wenn die [römisch-katholische] Kirche [während des Holocaust] vereinzelte Rettungsaktionen unternommen hat, scheint das Motiv dabei gewesen zu sein, die geretteten Juden dem Schoß der Christenheit [des Katholizismus] zuzuführen. Tausende jüdischer Kinder wurden in Klöster gesteckt, und nach dem Krieg wurden sie auch auf die Bitte der Verwandten hin nicht zu ihrem Volk und ihrem Glauben zurückgebracht.[17]

Aktuelle Ereignisse bestätigen ebenfalls die Vergangenheit. Am 6. Juli 1994 verlieh der Vatikan bei einer Zeremonie in Wien dem österreichischen Bundespräsidenten Kurt Waldheim die päpstliche Ritterwürde, weil er während seiner Zeit als Generalsekretär von 1972-1981 die „Menschenrechte sichergestellt“ hat. Doch Waldheim, der im Zweiten Weltkrieg deutscher Geheimagent war, war auch in Kriegsverbrechen gegen Juden verwickelt. Die *Washington Post* berichtete:

> Der päpstlich Geehrte ist derselbe Mann, der einem österreichischen, von unabhängigen Historikern erstellten Regierungsbericht zufolge von den an den Juden verübten Greueltaten gewußt und nichts dagegen unternommen hat. Er ist derselbe Mann, den Generalbundesanwalt Edwin Meese daran hinderte, in die Vereinigten Staaten zu kommen, weil Hinweise darauf vorlagen, daß er als Geheimagent daran beteiligt war, Menschen zu töten, zu foltern und in Arbeitslager zu deportieren.[18]

Der Vatikan unterbreitete vor kurzem solch proterroristischen Regimes wie Iran und Libyen Friedensofferten, um sich ihre Unterstützung gegen Abtreibung bei der Kairoer Konferenz zur Bevölkerungskontrolle zu sichern, und er bat die UNO, das Embargo gegen Irak zu mildern. Die vatikanischen Friedenbemühungen gegenüber Israel sind gleicherweise eigennützig: Man will beim „Friedensprozeß" in Nahost ein Wörtchen mitreden.

Aber Tatsachen interessieren nicht, solange die Atmosphäre durch freundliches Lächeln aufgehellt wird. Wenn die Versprechen erfreulich sind, dann störe doch bitte nicht die Partnerschaft durch Vermutungen über mangelnde Aufrichtigkeit! Der israelische Rabbiner Neveh Tzuf schreibt aus tiefer Betroffenheit:

> Kürzlich flimmerte über den Bildschirm, wie Achinoam Nini an einem Sabbat auf dem Petersplatz in Rom ihr „Ave Maria" sang. Unter den Zuhörern waren auch der Papst und Mutter Teresa. Das war ein typisches Bild für die Richtung, die die israelische Gesellschaft eingeschlagen hat …
>
> Daß die Juden jahrhundertelang vorgezogen haben, auf dem Scheiterhaufen zu sterben, als eines der Bildnisse des Katholizismus anzuerkennen, ist für Nini offenbar nichts weiter als eine Geschichte aus der fernen Vergangenheit.
>
> Nini steht mit ihrer Gleichgültigkeit nicht allein da. Außenminister Schimon Peres' unbekümmerte Mißachtung der Geschichte ist beinahe atemberaubend. Vor wenigen Tagen richtete er sich mit der Bitte an den deutschen Bundeskanzler Helmut Kohl … deutsche Soldaten als Friedenstruppen in die Golan-Höhen zu schicken. Kohl, der sich über die möglichen Folgen einer solchen deutsch-israelischen militärischen Begegnung im klaren war und Peres' Zuversicht, die Welt habe die letzte derartige Konfrontation bereits vergessen, nicht teilte, lehnte entschieden ab …

Nini zog es vor, den Märtyrertod Tausender von Juden zu ignorieren, die gerade von der Kirche verfolgt wurden, die jetzt ihren Auftritt finanzierte. Peres, der nicht weniger versessen auf eine vergrößerte Perspektive ist, vergißt beim Friedensprozeß gerne den Mord an Hunderten von jüdischen Zivilisten durch die Hände seiner Partner [der Vatikan und die PLO]. Schließlich könnte die Erinnerung ja die Möglichkeiten einschränken. Und Freiheit ist doch das Allerwichtigste ...

Das Judentum und seine Verpflichtungen, die jüdische Geschichte und Religion, sieht man nur noch als verfolgendes Schreckgespenst an, als etwas, das man abschütteln muß, damit sich die Israelis in politischer und kultureller Hinsicht das volle Maß an Freiheit erlauben können.

Aber das natürliche Resultat davon wäre das Verschwinden des jüdischen Staates durch eine Gleichschaltung mit dem westlichen Materialismus.[19]

Die moderne Dummheit

Leider ist der „jüdische Staat“, der im Heiligen Land eigentlich ein Vorbild an Heiligkeit sein sollte, schon in „westlichem Materialismus“ und Schlimmerem verfangen. Dieser Staat verhält sich ganz entsprechend seiner Vergangenheit. Schon in den ersten 490 Jahren seines Bestehens hatte der jüdische Staat, der doch zu einer „heiligen Nation“ auserwählt war, Gott dermaßen verunehrt, daß er im Jahr 587 v.Chr. den babylonischen König Nebukadnezar zur Verwüstung des Landes heranzog. Seitdem war Israel trotz der mehrfachen Versuche des Wiederaufbaus nie wieder näher an dem von Gott ursprünglich vorgesehenen Ideal. Und heute macht der jüdische Staat, wie wir bereits gesehen haben, keinerlei Anstalten, überhaupt ein Vorbild an Heiligkeit für die Welt zu sein.

Anstatt auf Gott zu schauen, sucht Israel „Frieden“ in der allernaivsten Partnerschaft mit seinen beiden unerbittlichsten Feinden, dem Vatikan und dem Islam. Doch Israel ist weiterhin blind für die Wahrheit. Israelische Rabbiner sehen sogar dort Rosen, wo Rabbi Tzuf Dornen sieht. Rabbi Jacobovits, der frühere Oberrabbiner von Großbritannien und des britischen Staatenbundes, schwärmt:

Die Aussicht auf alsbaldigen Frieden sollte zu neuen Visionen von der Erfüllung des jüdischen Schicksals und der Wiederherstellung

> des jüdischen Nationalziels führen. Solange Israel seine Kräfte dem Kampf ums nackte Überleben widmen mußte, konnte die spirituelle Prüfung des Trachtens, ein Licht für die Völker zu sein, nicht beginnen.
>
> Hoffentlich ist nun die Zeit gekommen, da das Schmachten nach der Verwirklichung dieses prophetischen Ziels endlich gestillt wird. Unsere religiöse Führerschaft sollte ein erneuertes Interesse an einem Aufbruch in spirituelles und moralisches Neuland erwecken und somit die Verheißung an Abraham erfüllen – „durch dich sollen gesegnet werden alle Familien auf Erden".[20]

Ein Aufbruch in spirituelles und moralisches *Neuland*? Was ist das für eine moderne Dummheit? Moralische Normen sind entweder absolut und unabänderlich, weil von Gott aufgestellt, oder sie sind nichtig. Gottes Normen der Heiligkeit haben sich nicht geändert. Entweder hat Gott Israel das *heilige* Land gegeben, oder er hat es nicht. Wenn er dies getan hat, dann kann Israel nur durch eine Umkehr zu der von ihm eingeforderten Heiligkeit beständigen Frieden finden. Auf ein *Neuland* von neuen ethischen und moralischen Werten zu verweisen, ist gleichbedeutend mit dem Leugnen jeglicher verbindlicher Normen. Und was den Segen für alle Völker durch Israel betrifft, so war das eine Verheißung, die nur durch den Messias erfüllt werden konnte. Nur dieser größte Jude von allen kann der ganzen Welt wirklichen Segen bringen.

Wer bereit ist, diesen Tatsachen ins Auge zu blicken, für den ist es offensichtlich, daß Israel infolge der eskalierenden Kritik und unter der Drohung von Boykott und Isolation gezwungen sein wird, immer mehr Zugeständnisse machen zu müssen – Zugeständnisse, die nicht nötig wären, würde es in diesem heiligen Land in Heiligkeit leben und zu seinem Schutz auf Gott vertrauen.

Was wird mit Israel geschehen, und wann wird das sein? Wir brauchen über die Zukunft nicht zu spekulieren. Die von Gott vor über 2000 Jahren gesandten Propheten haben alles vorausgesagt.

Und Sarai, Abrams Frau, gebar ihm keine Kinder. Sie hatte aber eine ägyptische Magd, deren Name war Hagar. Und Sarai sagte zu Abram: Siehe doch, der HERR hat mich verschlossen, daß ich nicht gebäre. Geh doch zu meiner Magd ein! Vielleicht werde ich aus ihr erbaut werden. Und Abram hörte auf Sarais Stimme.

1. Mose 16,1-2

Siehe, du [Hagar] bist schwanger und wirst einen Sohn gebären; dem sollst du den Namen Ismael geben ... Und er, er wird ein Mensch wie ein Wildesel sein; seine Hand gegen alle und die Hand aller gegen ihn ...

Und Hagar gebar dem Abram einen Sohn; und Abram gab seinem Sohn, den Hagar geboren hatte, den Namen Ismael.

1. Mose 16,11-12.15

Und Gott sprach: Nein, Sara, deine Frau, wird dir einen Sohn gebären. Und du sollst ihm den Namen Isaak geben. Und ich werde meinen Bund mit ihm aufrichten zu einem ewigen Bund für seine Nachkommen nach ihm.

1. Mose 17,19

Und Sara sah den Sohn der Ägypterin Hagar, den diese dem Abraham geboren hatte, [dem Isaak] spotten. Da sagte sie zu Abraham: Vertreibe diese Magd und ihren Sohn, denn der Sohn dieser Magd soll nicht mit meinem Sohn Erbe werden, mit Isaak!

1. Mose 21,9-10

SPIELBALL DER VÖLKER

5

Konflikt und Verbitterung

Der gegenwärtige bittere Konflikt zwischen Arabern und Juden hat seinen Ursprung in der fernen Vergangenheit. Über tausend Jahre lang war der Nahe Osten ein einzigartiges Schlachtfeld für die sich gegenseitig bekämpfenden Juden, Christen und Muslime. Diese anscheinend nicht beizulegende Rivalität um das Land Israel hält bis zu diesem Tag an und bedroht den Frieden der ganzen Welt. Wenn wir diesen Konflikt verstehen wollen und es wagen, auf eine Lösung zu hoffen, dann müssen wir nach seinen tiefen Wurzeln forschen. Zu einem großen Teil handelt es sich bei der zwischen Arabern und Juden bestehenden Zwietracht, die uns mit einem Dritten Weltkrieg bedroht, natürlich um einen Erbstreit. Beide Gruppen beanspruchen, Nachkommen und Erben Abrahams und somit die rechtmäßigen Besitzer des Landes Israel zu sein, das Gott Abraham und seinen Nachkommen zum „ewigen Besitz“ (1. Mose 17,8; 48,4 u.a.) verheißen hat.

In diesem Konflikt geht es aber offensichtlich um mehr als nur um Land. Im Vergleich zur Größe seiner Nachbarn ist Israel winzig; es nimmt nur etwa ein Sechstel Prozent des Landes der Araber ein. Ein Nahostexperte bemerkte:

> Diesem Landstrich kann ferner auch kein wirtschaftliches Potential zugeschrieben werden … Es ist unglaublich, daß die Israel umgebenden Nationen mit ihren riesigen Territorien auch noch diesen Landstreifen einnehmen wollen, der im Vergleich zu den arabischen Ländern nur briefmarkengroß ist.
>
> Israel hat keine großen Flüsse. Im Vergleich mit Nil, Tigris und Euphrat ist der Jordan nur ein Bach. Der Streit dreht sich nicht um Wasser. Außerdem hat Israel weder Öl noch Gas, weder Diamanten noch Gold. Für den Nahost-Konflikt kann eindeutig keine wirtschaftliche Ursache vorliegen. Es muß einen tieferen Grund geben …
>
> Der Konflikt ist von *religiöser* Art. Die Schlacht wird nicht zwischen den Mächten des Islam und den Juden ausgetragen, auch nicht zwischen Islam und Zionismus. Israel befindet sich mitten im Zentrum einer gewaltigen Konfrontation zwischen den geistlichen Kräften des Islam und des Wortes Gottes (Daniel 10,13; Epheser 6,12).

> Der Islam ist völlig von sich überzeugt. Er lehrt, er habe die endgültige Offenbarung des Wortes Gottes und stelle die Erfüllung der Werke Gottes unter den Nationen der Welt dar ... Mohammed verkündete, der Islam sei an die Stelle sowohl des Judentums als auch des Christentums getreten.[1]

In den ersten Jahrhunderten des Islam nahmen seine Streitkräfte nahezu ganz Europa mit dem Schwert ein. Wir müssen verstehen, daß diese Kriegsführung kein verfehlter Eifer oder ein nur auf die Vergangenheit anwendbarer heiliger Entschluß war, sondern sie ist vielmehr das innerste Zentrum des Islam, wie Mohammed ihn gelehrt und praktiziert hat und wie er bis heute fortbesteht. Der Islam fordert die Eroberung der Welt als sein unabänderliches Ziel.

Die islamischen Fundamentalisten spielen ihre besondere Rolle in dieser Eroberung durch Terrorismus aus. Gleichzeitig breiten sich die islamischen Moscheen in der westlichen Welt immer mehr aus, wohingegen der Islam in den von ihm kontrollierten Gebieten anderen Religionen die gleiche Freiheit vorenthält. Diese Unnachgiebigkeit führt die Welt zur Erfüllung der ultimativen Endziele des Islam. Schätzungen zufolge wird diese schnellstwachsende Religion gegen Ende dieses Jahrhunderts ein volles Drittel der Weltbevölkerung umfassen. Der Islam ist auf dem Vormarsch!

Der Wettstreit um ein Erbe: Ismael oder Isaak?

Als angebliche Nachkommen Abrahams durch Ismael, seinen durch Hagar unehelich geborenen Sohn, wollen die Araber ihren Anspruch auf Palästina geltend machen. Nach logischem Ermessen ist es unbegreiflich, wie ein uneheliches Kind den Vorzug vor einem ehelichem Sohn erhalten soll. Außerdem sagt die Bibel ausdrücklich, daß der uneheliche Sohn Ismael nicht der Erbe des verheißenen Landes Kanaan war, das Abraham von Gott empfangen hatte. Diese spezielle Segnung richtete sich an Isaak, der sowohl in der Thora als auch im Neuen Testament – und ebenso im Koran – als rechtmäßiger Erbe bezeichnet wird.

Die Juden sind ohne Frage die Nachkommen Abrahams durch seinen Sohn Isaak von seiner Frau Sara. Das wird sowohl vom Alten als auch vom Neuen Testament bestätigt, wie auch durch die Geschichte. Der Anspruch der Araber kann jedoch durch keine dieser drei Instanzen aufrechterhalten bleiben. Von besonderem Interesse ist, daß der Koran in seinen ersten Teilen die Thora [die fünf Bücher Mose] als wahr hinstellt (Sure 3,2.44.58.87; 5,47.70.72; 61,6 u.a.). Der Koran selbst bezeugt, daß die Juden, die Nachkommen Israels, und nicht die Araber die rechtmäßigen Erben des verheißenen Landes sind. Mohammed schreibt zum Beispiel in „Der Tisch“:

> Und [gedenke], als Moses zu seinem Volk sprach: „O Leute, gedenket der Gnade Allahs gegen euch, da er unter euch Propheten erweckte und euch Könige einsetzte und euch gab, was er keinem von aller Welt gegeben.
>
> O Volk, betritt das heilige Land, das Allah euch bestimmte ...“ (Sure 5,23-24).

Wie können die Araber dann weiterhin an ihrer Forderung festhalten? Nachdem der Koran die jüdischen Schriften beglaubigt hat, geht er dazu über, ihnen zu widersprechen – und widerspricht dabei natürlich sich selbst. Das war wahrscheinlich nicht Mohammeds Absicht, entspricht jedoch seiner Ignoranz gegenüber der Bibel. Die heutigen Gelehrten des Islam versuchen hingegen, diese offensichtliche Unhaltbarkeit ihres Standpunktes wegzuerklären, indem sie sagen, die Bibel sei verfälscht worden, nachdem der Koran sie anfänglich gutgeheißen hatte. Aus diesem Grund würde der Koran dann später die Fehler korrigieren, die sich in die Überlieferung der Bibel eingeschlichen hätten. Diese Behauptung ist, wie wir sehen werden, schlichtweg falsch. Ebenso können Abschnitte des Korans, die, wie oben beispielhaft zitiert, mit der Bibel übereinstimmen, nicht hinweg diskutiert werden.

Aus vielen Abschnitten der Bibel wird deutlich, daß Ismael nicht Abrahams rechtmäßiger Erbe war. Darüber hinaus würde es den Arabern auch nicht weiterhelfen, wenn Ismael dennoch der verheißene Sohn ist. Und weshalb? Weil weder sie noch sonst irgend jemand eine Abstammungslinie bis auf Ismael zurückführen kann. Die Araber stammen in Wirklichkeit von zahllosen nomadischen Stämmen ungewissen Ursprungs ab. Ein Ahnenforscher folgert logischerweise:

> Wenn alle Araber im Nahen Osten die Nachkommen Abrahams sind, was ist dann aus den Akkadiern, Sumerern, Assyrern, Babyloniern, Persern, Ägyptern, Hethitern und anderen Völkern geworden, die vor, während und nach Abraham lebten? Was ist mit all diesen Millionen Menschen geschehen, die nicht Abrahams Nachkommen waren? Wo sind sie geblieben?[2]

Es gibt keinen Hinweis darauf, daß die Nachkommen Ismaels versucht hätten, sich nicht mit den benachbarten Völkern durch gegenseitiges Heiraten zu vermischen. Das wissen wir nur vom israelitischen Volk, das in Gehorsam auf Gottes ausdrückliches Gebot keine Mischehen einging. Doch für die anderen Nachkommen Abrahams gibt es kein solches Gebot.

Eine unmögliche Abstammungslinie

Niemand stellt in Frage, daß Ismael ein Sohn Abrahams war, aber das gilt auch für viele andere Völkerschaften, deren Nachkommen sich zu vielen verschiedenen Nationen entwickelten. Ismael und Isaak waren nämlich nicht die einzigen Söhne Abrahams, denn nach dem Tod Saras heiratete er Ketura, die ihm sechs weitere Söhne gebar (1. Mose 25,1-4). Auch Isaak hatte zwei Söhne, Esau und Jakob. Der erste verschmähte sein Erbrecht und verkaufte es an Jakob, der später von Gott den neuen Namen Israel erhielt (1. Mose 32,28). Dessen Nachkommen waren es, die Gott in das Land brachte, das so als das Land Israel bekannt wurde.

Man könnte mit gleicher Berechtigung sagen, das Land Israel gehöre Abrahams zahlreichen Nachkommen durch Ketura [die heute nicht mehr bestimmbar sind], ebenso wie denn auch, es gehöre den Nachkommen Esaus oder Ismaels, die ebenfalls nicht mehr zu identifizieren sind. Die Frage nach dem Erbe wird in der Bibel auch nicht durch eine etwaige Bezeichnung Isaaks als alleiniger Erbe geklärt. Das müssen wir klarstellen.

Die Bibel sagt wiederholte Male und in der deutlichsten Sprache, daß Gott das Land Israel den Nachkommen Abrahams, Isaaks *und Jakobs* verheißen hat.[3] Der Gott der Juden und Christen wird tatsächlich sowohl im Alten als auch im Neuen Testament häufig „der Gott Abrahams, Isaaks und Jakobs" genannt.[4] Er wird *kein einziges Mal* als „der Gott Ismaels" oder „Esaus" oder einer der anderen Söhne Abrahams bezeichnet. Leider eigneten sich die Nachkommen Ismaels und alle anderen Nachkommen Abrahams verschiedene heidnische Gottheiten an, denen sie dienten, und fielen so in den tiefsten Götzendienst, obwohl Gott dieses verurteilt hatte.

Für die Araber besteht aber noch ein unüberwindbares Hindernis, das sie jeglichen Anspruchs auf das „Gelobte Land" enthebt: Sie können ihre Ahnenreihe nicht auf Ismael zurückführen. Glücklicherweise war nicht Ismael der wahre Erbe, denn wäre das der Fall, dann könnte man heute unmöglich bestimmen, wem das „Gelobte Land" nun gehört. Folglich könnte Gottes Verheißung, daß Abrahams Nachkommen das Land „für ewig" besitzen, nicht in Erfüllung gehen und Gott stünde als Lügner da.

Die Nachkommen Ismaels sind zweifellos mit den benachbarten Völkern Mischehen eingegangen und können somit heute nicht mehr identifiziert werden. Allein dieser Umstand ist Beweis genug, daß Ismael nicht der wahre Erbe ist. Gott macht keine Verheißungen, ohne dabei auch ihre Erfüllung vorauszusehen.

Ismaels Nachfahren werden bereits in der nächsten Generation aufgrund von Mischehen mit ihren Nachbarn als 12 Völker beschrieben (1. Mose 25,12-18). Es steht ferner fest, daß es Mischehen auch zwischen den Nachkommen Ismaels und Esaus gab (1. Mose 28,9), woraus viele weitere Völker hervorgingen. Zweifelsfrei heirateten die Nachfahren Esaus und Ismaels ebenfalls untereinander mit den Kindern der anderen Söhne Abrahams von Ketura. Es hätte für sie keinen Grund gegeben, das nicht zu tun.

Ein Ergebnis von Abrahams Ehe mit Ketura war das Volk der Midianiter. Diese entfernten Verwandten wurden später zu unerbittlichen Feinden Israels. Interessanterweise haben sie sich durch Heirat untereinander offenbar derart mit den Nachkommen Ismaels vermischt, daß sie auch Ismaeliten genannt wurden (Richter 8,1.24). Das war die übliche Praxis der Mischehe unter verwandten Stämmen, die auch in den folgenden Jahrhunderten beibehalten werden sollte. Folglich gibt es heute kein bestimmtes Volk, das sich die besondere Identität als Abrahams Nachkommen erhalten hat, ausgenommen die Juden. Allein sie können über Isaak, den Sohn der Verheißung, und seinen Sohn Jakob, der Israel genannt wurde, ihre Abstammung auf Abraham zurückführen.

Die Bewahrung der jüdischen Identität

Daß die Nachkommen Isaaks, des Sohnes der Verheißung, durch seinen Sohn Jakob [Israel] über die Jahrhunderte trotz ihrer weltweiten Zerstreuung ihre Identität bewahrt haben, ist ein weiterer Beweis dafür, daß Isaak der wahre Erbe des Landes war, so wie es die Bibel immer wieder erklärt. Die Erfüllung der vielen anderen Prophezeiungen über dieses Volk, die Juden, bestätigt weiterhin und tatsächlich unwiderlegbar, daß sie die Erben sind, denen das „Gelobte Land" heute gehört. Diese Erhaltung der Identität war so bemerkenswert, weil sie für die Erfüllung von Gottes Verheißung unabdingbar war. Und diesen identifizierbaren Erben ist *alles* gegeben worden:

> Und Abraham gab dem Isaak [und nicht Ismael] alles, was er hatte. Und den Söhnen der Nebenfrauen [zum Beispiel Hagar und Ketura], die Abraham hatte, gab Abraham Geschenke; und er schickte sie, während er noch lebte, von seinem Sohn Isaak weg ... (1. Mose 25,5-6).

Die Juden sind unbestreitbar die Nachkommen Israels. Außerdem können die Juden, anders als die übrigen Nachfahren Abrahams durch Ismael, Esau oder die Söhne der Ketura, in ihren Schriften [dem Alten Testament] ihre Geschichte von Ägypten, ihrer Befreiung von dort und der anschließenden langen und beschwerlichen Wüstenwanderung ins Abraham verheißene Land Kanaan zurückverfolgen. Diese Geschichte bestätigt ihren Anspruch auf das „Gelobte Land" Palästina. Die Tatsachen sind unumstößlich. Der Koran selbst ermahnt die Muslime, der Thora zu gehorchen und die Juden zu segnen:

> Alsdann gaben wir Moses die Schrift, vollkommen für den, der das Gute tut, und eine Klarlegung aller Dinge, und eine Leitung und Barmherzigkeit ...
>
> Und dieses Buch, das wir hinabsandten, ist gesegnet. So folget ihm und seid gottesfürchtig, damit ihr Barmherzigkeit findet (Sure 6,155-156).

Auch der Koran bietet den Arabern in dieser Sache keine Hilfe. Im Gegenteil, die eigene Schrift des Islam bezeichnet die Kinder Israels, die Mose ursprünglich in das „Gelobte Land" führte und die deshalb heute vor allen anderen Anspruch auf dieses Land haben (Sure 2,60ff; 5,15-18; 44,30ff u.a.) als „Volk der Schrift". Interessant sind zum Beispiel Verse wie die folgenden:

> Sprich: „O Volk der Schrift, ihr fußet auf nichts, ehe ihr nicht erfüllet die Thora und das Evangelium und was hinabgesandt ward zu euch von eurem Herrn ..." Wahrlich, wir schlossen mit den Kindern Israel einen Bund ... (Sure 5,72.74).

> Und wir führten die Kinder Israel [nicht Ismael!] durchs [Rote] Meer; und es folgte ihnen Pharao mit seinen Heerscharen, bis daß, als sie am Ertrinken waren, er sprach: „Ich glaube, daß es keinen

Gott gibt als den, an welchen die Kinder Israel glauben …"

Und wir bereiteten den Kindern Israel eine zuverlässige Wohnung und versorgten sie mit dem Guten … (Sure 10,90.93).

Wütendes Toben, Zorn und Terrorismus können die Tatsachen nicht ändern, sondern nur diejenigen, die mit solchen Taktiken einzuschüchtern versuchen, weiter weltweit in Verruf bringen. Wer sich dem Anrecht der Juden auf das „Gelobte Land" widersetzt, kämpft in Wirklichkeit nicht nur gegen Israel, sondern gegen den Gott Israels, der sich von seinem Plan mit diesem Volk nicht abbringen lassen wird. Das sagt selbst der Koran.

Das „Gelobte Land" in Arabien?

Wie wir bereits festgestellt haben und später noch genauer sehen werden, entspricht der Koran in seinen ersten Teilen der Bibel zwar zunächst, im weiteren Verlauf widerspricht er dann aber ihr und somit sich selbst. Die Thora sagt ausdrücklich, daß Abraham [als er noch Abram hieß] von Gott gerufen wurde „aus Ur, der Stadt der Chaldäer, um in das Land Kanaan zu gehen" (1. Mose 11,31) und nicht nach Arabien. Ebenso klar ist das weitere Geschehen: „… und sie kamen in das Land Kanaan … Damals waren die Kanaaniter im Land. Und der HERR erschien dem Abram und sprach: Deinen Nachkommen will ich dieses Land geben. Und er baute dort dem HERRN, der ihm erschienen war, einen Altar" (1. Mose 12,5-7). Das „Land Kanaan" liegt nicht in Saudi-Arabien, sondern über 1000 km nördlich von Mekka; es umfaßte ganz Palästina westlich des Jordans.

Darüber hinaus erfahren wir aus dem biblischen Bericht, daß Abraham, abgesehen von einem kurzem Aufenthalt in Ägypten während eines Glaubenstiefs (1. Mose 12,10-20), bis zu seinem Tod im Land Kanaan oder Palästina blieb. Er kehrte aus Ägypten direkt in das Gebiet der Stadt Sodom am Toten Meer zurück, und blieb daraufhin im „Gelobten Land" (1. Mose 13ff). In dieser Zeit erneuerte Gott seine Verheißung dieses besonderen Landes an Abraham. Gott machte deutlich, daß dasselbe Land, in dem Abraham weiterhin seine Herden weidete, das Land der Verheißung war: „Und ich werde dir und deinen Nachkommen nach dir das Land deiner Fremdlingsschaft geben, das ganze Land Kanaan, zum ewigen Besitz, und ich werde ihnen Gott sein" (1. Mose 17,8).

Die Bibel erklärt sowohl im Alten als auch im Neuen Testament deutlich und immer wieder, daß Abraham als Fremder im „Gelobten Land“ lebte, welches das Land Kanaan oder Palästina war und *nicht* Arabien. Doch laut Koran lebten Abraham und seine Nachkommen über 1000 km südlich von Palästina – in Mekka! Aber darauf gibt es weder biblische, historische noch archäologische Hinweise. Allein diese Behauptung hüllt den gesamten Koran in eine Wolke des Zweifels, denn wenn er in dieser Aussage nicht zuverlässig ist, dann kann er auch viele weitere Fehler enthalten. Und das ist, wie wir noch sehen werden, tatsächlich der Fall.

Wenn Arabien, und nicht Israel, das „Gelobte Land“ sein soll, weshalb führte Mose die Israeliten dann nach Palästina? Und was soll der ganze heutige Streit um Israel, wenn das „Gelobte Land“ sich gar nicht dort befindet, sondern in dem Gebiet um Mekka? Und wenn Palästina das „Gelobte Land“ ist, weshalb sollte Abraham dann über 1000 km weit weg in Mekka gelebt haben? Schon die Vorstellung, Abraham habe in Mekka gelebt, ist eine Verleugnung sowohl der Geschichtsschreibung als auch der Bibel und richtet sich gegen jegliche Vernunft. Und wenn er nicht dort lebte, worauf alles hindeutet, dann erweist sich der Koran ein weiteres Mal als falsch.

Aus der Bibel lernen wir, wie wir bereits gesehen haben, daß es schon zur Zeit Gideons keine reine Sippe der Nachkommenschaft Ismaels mehr gab, denn die Ismaeliter hatten sich durch Mischehen zumindest mit den Midianitern vermischt und zweifellos auch mit anderen Völkern. So kann es heute also keine reinen Nachkommen Ismaels mehr geben, wie es die Araber von sich behaupten. Wie schon aufgezeigt, entstammen die Araber vielen verschiedenen nomadischen Völkern. Eine Enzyklopädie der Religionen schreibt:

> Die Vorstellung, die südlichen Araber seien die Nachkommen Ismaels, entbehrt jeglicher Begründbarkeit und scheint ihren Ursprung in der von der arabischen Selbstgefälligkeit herrührenden Tradition zu haben, daß sie wie die Juden die Nachkommenschaft Abrahams sind – eine Selbstgefälligkeit, die zum einen die ganze Geschichte von dem Patriarchen und seinem Sohn Ismael entstellt und verfälscht und zum anderen den Ort des Geschehens von Palästina nach Mekka verlagert.[5]

Der letzte Punkt liegt auf der Hand und übt eine Schlüsselfunktion aus; er ist genau das, was die falsche, im Koran gelehrte Geschichte getan hat: Abraham wird über 1000 km weit vom „Gelobten Land" weg versetzt; weit weg von dem Land, in dem er der Bibel zufolge seine Jahre verbrachte, nachdem er von Ur in Chaldäa fortgezogen war. Weil Mohammeds Stamm der Quraischiten offensichtlich ein aus Arabien stammendes Volk war, versucht der Koran Abraham dorthin zu versetzen, um so eine zuvor nicht existierende Verbindung herzustellen.

Beweis aus einer Höhle

Die Höhle der Patriarchen in Hebron, bekannt als die Höhle Machpela, ist sowohl für Juden als auch für Muslime eine der heiligsten Stätten. Beide Religionen glauben, hier sei der in der Bibel genannte Ort: „Seine Söhne Isaak und Ismael begruben ihn [Abraham] in der Höhle Machpela" (1. Mose 25,9). Da die Araber ja für sich beanspruchen, die Nachkommen Ismaels zu sein, ist es verständlich, daß sie das Grab Abrahams, des Vaters Ismaels, verehren.

Ismael wurde jedoch weder an dieser noch an einer anderen Stelle im Land Israel begraben. Sein Grab befindet sich irgendwo in einer Gegend, die die Bibel so bescheibt: „... von Hawila an bis nach Schur, das vor Ägypten liegt, nach Assur hin" (1. Mose 25,18). Auch diese Tatsache bezeugt uns, daß Ismael nicht als eigentliches Mitglied von Abrahams Familie angesehen wurde, sonst wäre er ja mit ihnen begraben worden.

Sogar die Araber und Muslime geben zu, daß Abraham, seine Frau Sara und seine Nachkommen Isaak und Jakob in Israel in der Höhle Machpela begraben wurden, die jetzt als eine der heiligsten Stätten des Islam gilt. Als Jakob gestorben war, brachten seine Söhne seinen Leichnam tatsächlich den ganzen weiten Weg von Ägypten bis nach Kanaan, um ihn dort in der Höhle Machpela zu bestatten (1. Mose 50,13-14). Weshalb? Weil Abraham diese Grabstätte im „Gelobten Land" erworben hatte.

Wenn Abraham in Saudi-Arabien gelebt hätte, wie der Koran es sagt, dann muß dort das „Gelobte Land" gewesen sein. Aber weshalb hat Abraham dann ein Grab gekauft, das sich über 1000 km weit entfernt in Kanaan befindet? Und wozu sollte er diese unerträglich lange Reise von Mekka nach Israel unternehmen, nur um Sara zu begraben und dann wieder nach Mekka zurückzukehren? Wozu der ganze Umstand, seine Frau im entlegenen Palästina zu bestatten, wenn doch Arabien das „Gelobte Land" war und Abraham in dessen Zentrum, in

Mekka, lebte? Und weshalb sollte Isaak diese unglaubliche, fast 3000 km lange Rundreise durch die Wüste auf sich nehmen, um Abraham in Israel in der Höhle Machpela zu begraben … und weshalb sollte Isaak selbst dort begraben werden, und so weiter hin und her zwischen Mekka und Israel? Das macht weder Sinn noch stimmt es mit den Tatsachen überein.

Auch Isaaks Frau Rebekka wurde in der Höhle Machpela beigesetzt, wie auch Jakobs Frau Lea (1. Mose 49,31) und Jakob selbst. Da die Juden nicht nur von Abraham, sondern auch von Isaak und Jakob abstammen, haben sie sicherlich einen viel höheren Anspruch auf diese alte Begräbnisstätte als die Araber oder Muslime. Doch die letzteren, die nicht einmal eine Abstammung von Ismael nachweisen können, geschweige denn von Abraham, wollen diese Stätte nicht mit den Juden teilen, die wirklich die Nachkommen der hier begrabenen Ahnen sind. Die Muslime haben hier eine Moschee über der Stätte errichtet [wie auch auf dem Tempelberg], um somit Christen wie Juden vom Beten an diesem Ort abzuhalten.

Eine vernünftige Unterscheidung

Diese Moschee war der traurige Schauplatz eines Massenmords an 29 betenden Muslimen durch einen durchgedrehten israelischen Siedler, Baruch Goldstein, Anfang 1994. Nach dem Mord machten die Araber ihrer Wut durch einen Aufstand in der Moschee Luft. Das Verlangen nach Vergeltung war bei den Arabern derart unkontrollierbar, daß die Moschee für achteinhalb Monate geschlossen und dann nur unter schwer bewaffneter Bewachung wiedereröffnet wurde. Das Massaker in der Moschee war ein abscheuliches Verbrechen, und ganz Israel verurteilte es als ein solches. Es war jedoch keine Berechtigung weder für die nachfolgenden durch die Araber ausgelösten Aufstände und Gewalttaten noch für die anschließende weltweite Verurteilung Israels. Aber was sollen die Araber davon halten, wenn ein Jahr später „die israelische Regierung nichts dagegen unternimmt, daß Siedlungsbefürworter zur Ehre Goldsteins ein Denkmal errichten und ihn öffentlich ehren“[6]?

Wir müssen bedenken, daß das Massaker von Machpela kein sorgfältig geplanter Akt einer israelischen Terrorgruppe war. Es war das Werk einer wahnsinnigen Einzelperson, und deshalb muß man es von dem Jahr für Jahr von muslimischen Organisationen kaltblütig geplanten und ausgeübten dauernden Terrorismus unterscheiden, den der größte Teil der arabischen Bevölkerung gutheißt. Weshalb haben Araber oder Palästinenser *niemals* gegen die sorgfältig geplanten und wiederholten Morde an israelischen Zivilisten durch muslimische Terroristen protestiert? Weshalb besteht da so ein gravierender Unterschied? Wie erstaunlich ist es doch, daß bewaffnete Anschläge gegen israelische Zivilisten, bei denen viele ums Leben gekommen oder verstümmelt worden sind, vom arabischen Volk nicht verurteilt werden – und noch nicht einmal von der UNO!

Allein aufgrund der Präsenz der Israelis in Palästina werden derartige Anschläge im allgemeinen vielmehr als berechtigt hingestellt. Läuft jedoch ein geistesgestörter Israeli Amok, dann beschuldigt die ganze Welt Israel, als ob es dieses Verbrechen geplant hätte. Die Häufigkeit terroristischer Aktionen gegen Palästinenser wie auch gegen Juden hat seit der Übernahme der politischen Verwaltung des Westjordanlandes durch die PLO beträchtlich zugenommen, aber die Welt hat die PLO aufgrund dessen nicht verurteilt. Hier wird offensichtlich mit zweierlei Maß gemessen!

Als am 7. November 1994 die Höhle der Patriarchen wiedereröffnet wurde, gab es einen erbitterten Streit zwischen Arabern und Juden, die sich gegenseitig Beleidigungen und Drohungen an die Köpfe warfen. Minwar Ahmed Jabir drückte die Gefühle der Muslime mit den Worten aus:

> Solange den Juden erlaubt ist, hier zu beten, wird es keinen Frieden geben. Mit ihnen zusammen in die Moschee zu gehen, das ist wie mit einem Hund hereinzukommen – es entweiht die Moschee. Unsere Religion verbietet uns, zu beten, während sie drinnen sind. Eine Besichtigung können wir den Juden und Christen erlauben, aber nicht, hier zu beten.[7]

Was für ein „friedliches Zusammenleben" ist das? Wir haben gesehen, daß der israelische Anspruch auf die Höhle Machpela viel berechtigter ist als der Anspruch der Araber. Viele der wichtigsten Ahnen der Juden sind hier begraben, aber wohl keiner der arabischen Vorfahren. Doch den Juden soll nicht erlaubt sein, hier zu beten? Man kann nur schließen, daß die islamische Absicht bei der Errichtung der dortigen Moschee dieselbe Absicht wie beim Bau des Felsendoms auf dem Tempelberg verrät.

Ein dreister Fehler

Um seinen Fehlern noch weitere hinzuzufügen und der Geschichtsschreibung wie der Bibel weiterhin zu widersprechen, erklärt der Koran, Abraham und Ismael hätten die Kaaba wiederaufgebaut[8], die ehedem ein Tempel zur Behausung zahlreicher, dort angebeteter Götzen war. Welche Beleidigung Abrahams, aus dessen Leben ersichtlich ist, daß er sich niemals dem Bau eines Götzentempels oder der Anbetung an einem solchen Ort schuldig gemacht hätte!

Die Bibel macht unmißverständlich klar, daß für den einen wahren Gott, den Abraham anbetete, Götzendienst ein Greuel ist. In diesem Zusammenhang ist der Kommentar von Will Durant in seinem monumentalen Werk *Kulturgeschichte der Menschheit* interessant:

> Der Wüstenaraber … fürchtete und verehrte unberechenbare Gottheiten in den Sternen, im Mond und in den Tiefen der Erde … meistens war er aber so verwirrt durch die Unmenge an Geistern [*dschinn*] um ihn, daß er die Hoffnung aufgab, sie besänftigen zu können … Dann und wann brachte er Menschenopfer dar, und hier und da verehrte er heilige Steine. Der Mittelpunkt dieser Steinverehrung war Mekka … Ihre Lage aber … machte die Stadt zu einem willkommenen Halteplatz für die kilometerlangen Karawanen die … den Handelsverkehr zwischen Südarabien [und damit Indien und Zentralafrika] und Ägypten, Palästina und Syrien bewältigten. Die Kaufleute, die diesen Handel in ihren Händen hatten … führten die einträglichen rituellen Handlungen aus, welche sich um die Kaaba und ihren heiligen Schwarzen Stein drehten.
>
> … Nach dem Glauben der orthodoxen Muselmanen ist die Kaaba zehnmal auf- oder umgebaut worden. Die erste Kaaba wurde im Morgengrauen der Geschichte von Engeln des Himmels erbaut, die zweite von Adam, die dritte von seinem Sohne Seth, die vierte von Abraham und seinem Sohne Ismael … die neunte und zehnte von muselmanischen Führern in den Jahren 681 und 696; die zehnte ist im wesentlichen die Kaaba, die heute noch steht …
>
> In der Südostecke, anderthalb Meter über dem Boden, gerade in der richtigen Höhe, um ein bequemes Küssen zu gestatten, ist der Schwarze Stein eingebettet … Viele Gläubige sind der Überzeugung, daß dieser Stein vom Himmel gesandt wurde … die meisten glauben, daß er seit Abrahams Zeit zu der Kaaba gehörte. Nach der Interpretation muselmanischer Gelehrter ist er das Symbol für jenen

> Teil von Abrahams Nachkommenschaft [Ismael und seine Abkommen], der, von Israel verworfen, nach ihrer Ansicht die Stammväter des Quraisch-Stammes stellte …
>
> In der Kaaba standen in vorislamischer Zeit mehrere Götzenbilder. Eines davon hieß Allah und war wahrscheinlich die Stammgottheit der Quraisch … Die Quraisch ernannten als angebliche Nachkommen Abrahams und Ismaels die Priester und Wärter dieses Heiligtums und verwalteten dessen Einkünfte.[9]

Mohammeds Verwirrung spiegelt sich darin wider, daß der Koran Abraham darstellt, als habe er den Götzendienst verübt, den die Bibel so verurteilt! Sicherlich war das die Religion von Mohammeds eigenem Volk, den Quraischiten. Noch Generationen bevor Mohammed geboren wurde, beteten seine Vorfahren sowohl Allah, den Hauptgötzen der Kaaba, als auch diesen Schwarzen Stein als den Gott der Steine an. Angeblich soll er als ein Geschenk des Engels Gabriel an Abraham vom Himmel heruntergekommen sein. Der Stein wurde durch Küssen verehrt, weil man glaubte, bei dieser Art der Anbetung habe der Stein die Macht, Sünden in sich aufzunehmen.

Daß Abraham einen Stein oder ein Bildnis anbeten würde, damit dieser Gegenstand seine Sünden „absorbiert“, steht im krassen Gegensatz zur Bibel, zum Gott der Bibel und im absoluten Widerspruch zur Art und Weise der Sündenvergebung, wie sie in der Bibel von Adam bis Christus gelehrt wird. Abraham wußte sehr gut, daß zur Vergebung von Sünden Blut vergossen werden mußte und praktizierte dies auch durch die Opferung von Tieren in Gehorsam gegenüber Gottes ausdrücklicher Anweisung. Er wußte auch, daß das Blut von Tieren nur ein vorläufiger Behelf war und erwartete so das Lamm Gottes, dessen Tod allein die Sündenschuld bezahlen könnte. Dessenungeachtet sind diese gotteslästerlichen und antibiblischen Elemente, die Bezeichnung Allahs als den wahren Gott und das Küssen des Schwarzen Steins bis auf den heutigen Tag in der von Mohammed begründeten Religion verblieben.

Mohammed, die Juden und die fortschreitende Offenbarung

Als Mohammed zum ersten Mal mit der Ausübung der Religion anfing, die später zum Islam wurde, behandelte er die Juden gut, weil sie zu jener Zeit seiner Meinung nach das auserwählte Volk Gottes waren.

Und als Antwort darauf waren ihm die Juden in Medina, zu denen der Prophet von Mekka aus geflüchtet war, freundlich gesinnt. Er gestattete ihnen, weiterhin ihre eigene Religion zu praktizieren, in Frieden zu leben und die gleichen Rechte wie seine Anhänger zu genießen. Zu dieser frühen Zeit blickte Mohammed mit Gunst auf die jüdischen Schriften und hielt seine Anhänger sogar zum Gebet in Richtung Jerusalem an, obwohl diese Stadt nicht im Koran vorkommt.

Es dauerte jedoch nicht lange, bis daß den Juden Mohammeds kriegerische Neigungen unbequem wurden. Sie konnten auch nicht seinen Anspruch ernstnehmen, er sei der in ihren Schriften verheißene Messias, weil er keine der dazu notwendigen Bedingungen erfüllte. Am augenfälligsten war dabei, daß er nicht von David abstammte. Da er unter der Ablehnung seitens der Juden litt, wandte sich der Prophet jetzt auf verwerfliche Weise gegen sie. Der Islam befand sich noch gänzlich in seiner Entwicklung. Ein Teil dieser Entwicklung bestand in der Bestimmung des offiziellen Verfahrens mit den „Ungläubigen", die die neue Religion nicht annehmen wollten.

Was nötig war, kam nicht eher zum Ausdruck, als bis es durch eine neue Offenbarung empfangen wurde. Der Koran entstand zu weiten Teilen als fortschreitende Offenbarung Allahs, mit dem Zweck, den jeweiligen Problemen zu begegnen, die bei der Aufrichtung der Macht und Autorität des Propheten auftraten. Wie zu erwarten, dienten diese praxisorientierten Offenbarungen nur dazu, den Propheten in den Augen solcher Skeptiker wie zum Beispiel der Juden in Mißkredit zu bringen.

Beispielsweise verliebte Mohammed sich schrecklich in die hinreißende junge Frau seines Adoptivsohnes Seid. Deshalb bat er Seid, sich von ihr zu scheiden und sie ihm zur Frau zu geben. Als Seid und seine Braut das ablehnten, empfing Mohammed flugs eine passende neue „Offenbarung", die er dem immer länger werdenden Koran anfügte. In ihr befiehlt Allah wie zufällig, daß Seid seine Frau an den Propheten abtreten muß (Sure 33,37).

Eine gleichfalls gelegene Offenbarung kam, als sich seine Anhänger zu der Zeit, als sich der Prophet in Medina aufhielt, davor scheuten, die Karawanen ihrer Verwandten aus Mekka anzugreifen und auszurauben. Mohammed empfing dieses rechtzeitige Wort von Allah, das ein weiterer Teil des sich fortentwickelnden Korans wurde:

> Vorgeschrieben ist euch der Kampf [*Dschihad*], doch ist er euch ein Abscheu. Aber vielleicht verabscheut ihr ein Ding, das gut für euch

ist, und vielleicht liebt ihr ein Ding, das schlecht für euch ist; und Allah weiß, ihr aber wisset nicht (Sure 2,212-213).

Von daher überraschte es überhaupt nicht, daß Mohammed die nächste passende Offenbarung gerade dann von Allah empfing, als die Juden Allah als heidnischen, der Kaaba entliehenen Gott ablehnten. In dieser Botschaft werden die Juden bezichtigt, die Schriften verändert und entstellt, die Propheten umgebracht und ihren Messias verworfen zu haben. Zu dieser Zeit änderte Mohammed plötzlich die *qibla* [die Gebetsrichtung der Muslime] von Jerusalem nach Mekka mit der Kaaba – was bereits jahrhundertelanger Brauch in dem heidnischen Gottesdienst seiner Vorfahren gewesen war.

Die Religion des erbarmunglosen Eroberns

Die Juden beschuldigten Mohammed daraufhin, er kehre zum Götzendienst zurück. So nahm die Feindschaft zwischen Muslimen und Juden ihren Anfang und dauert bis heute fort. Beispielsweise unterstützten die Banu-Quraiza-Juden die Feinde Mohammeds, Abu Sufyan und die Quraischiten, durch materielle Gaben. Als Rache zwang Mohammed sie zur Kapitulation vor seiner übermächtigen, 3000 Mann starken Armee und stellte sie vor „die Wahl zwischen dem Islam und dem Tod. Sie wählten den Tod. Ihre 600 kampfkräftigen Männer wurden auf dem Marktplatz von Medina hingerichtet und begraben; ihre Frauen und Kinder wurden in die Sklaverei verkauft.“[10] [Der Katholizismus sollte später gleicherweise das „Christentum“ mittels der Schwerter Karls des Großen und anderer ausbreiten, aber es war nicht das Christentum Jesu Christi.]

Als Mohammeds Streitkräfte stark genug waren, marschierte er mit 10.000 kampftüchtigen Männern gegen Mekka. Dieser überwältigenden Macht hilflos ausgeliefert, gewährten ihm die Obersten der Stadt einen friedlichen Einzug. Er zerstörte die Götzenbilder in und um die Kaaba, beließ aber, vielleicht um die Menschen nicht ohne jede Verbindung zu ihrer alten Religion zurückzulassen, den Schwarzen Stein an seinem Platz und bestätigte seine Verehrung, die von frommen Muslimen bis auf den heutigen Tag geübt wird.

Zur selben Zeit erklärte Mohammed Mekka zur Heiligen Stadt des Islam und ordnete an, daß kein Ungläubiger jemals ihren geheiligten Boden betreten dürfe. Erst Jahrhunderte später sollte der Tempelberg in

Jerusalem ebenfalls zu einer heiligen islamischen Stätte erklärt werden. Doch das war eine Entscheidung, die Mohammed niemals in Erwägung gezogen hatte. Sie ist mit seiner Abneigung gegen die Juden und gegen Jerusalem eindeutig unvereinbar.

Leider hat diese neue Offenbarung nach der Zeit Mohammeds die Welt mit dem unlösbaren Problem Jerusalem zurückgelassen. Hier ist eine Heilige Stadt, um die in den nachfolgenden Jahrhunderten drei Religionen, einschließlich des römischen Katholizismus, ständig gekämpft haben. Es ist kaum zu glauben, doch in der heutigen, von Wissenschaft und Aufklärung geprägten Zeit, wo man meinen könnte, Religion könnte den modernen Menschen wohl kaum noch zu einer derart abergläubischen und fanatischen Haltung veranlassen, kann der Streit um Jerusalem jetzt die ganze Welt in den Krieg stürzen.

Ein hauptsächlicher Teil des Problems besteht darin, daß der Islam von Anfang an eine erobernde Religion war. Mohammed selbst führte 27 Angriffe auf benachbarte Städte an, und noch während seiner Lebenszeit unternahmen seine Anhänger etwa 50 weitere Eroberungszüge. Die Besiegten stellte man vor die Wahl zwischen Übertritt zum Islam oder Tod. Bisweilen wurde auch eine dritte Alternative gewährt: die Zahlung eines ausgiebigen Tributs. Durch diese Taktiken und von einem solch kleinen Anfang in Medina aus „konvertierte" der Islam die ausgedehnten Gebiete, in denen er heute vorherrscht und in denen er [oftmals unter Todesstrafe] das Übertreten eines Muslims zu einer anderen Religion untersagt. Und der Islam beansprucht Israel als seinen alleinigen Besitz.

Die „Endlösung" des Islam

Verzweifelt sucht die UNO nach einer friedlichen Lösung für das Rätsel von Jerusalem. Die römisch-katholische Kirche ist eingeschritten, und Israels Führungsleute sind offenbar bereit, Jerusalem der Verwaltung und Kontrolle durch den Vatikan zu unterstellen und dem Islam sogar noch mehr Macht über die dortigen religiösen Stätten zu gewähren. Jerusalem steht auch auf der Tagesordnung für weitere Verhandlungen zu einem umfassenden Nahostfrieden mit der PLO. Doch wenn für diese Stadt auch Frieden erlangt würde, wäre das nicht genug.

Da gibt es noch eine andere Fliege in der Suppe: Israel selbst, das Jerusalem als seine Hauptstadt beansprucht. Dieses winzige Land ist im Vergleich zu den benachbarten Goliats wie ein Moskito auf dem

Rücken eines Elefanten. Wie kann es dann aber so viel Ärger bereiten? Auch nach den Angriffen durch die vereinten Streitkräfte der umliegenden arabischen Länder zusammen mit der unbegrenzten Unterstützung durch die frühere Sowjetunion bleibt Israel Sieger und stärker denn je.

Für die arabischen Goliats ist der militärische Sieg von außen über diesen kleinen David eindeutig eine vergebliche Hoffnung – sie haben es schließlich schon oft genug versucht. Dieses Land muß von innen her überwältigt werden. Deshalb ist bereits ein ideologischer Feldzug auf dem Vormarsch, und im Mittelpunkt steht dabei eine „Friedensoffensive". Die arabische Strategie ist klar: Mache Friedensangebote, unterzeichne Friedensabkommen, und welcher Vorwand auch immer funktioniert, fasse Fuß innerhalb der Grenzen Israels, damit von dort aus der letzte Angriff starten kann, der zu Israels völliger Vernichtung führen wird.

Weshalb muß Israel vernichtet werden? Weshalb kann man es nicht einfach dort lassen, wo es ist, und sogar noch die verstreuten Juden dazu anhalten, sich aus dem Rest der Welt dort zusammenzufinden? Weshalb wird dieses Land nicht einfach isoliert und durch wirtschaftlichen Boykott in Armut gestürzt? Das wäre nicht genug, weil dadurch die Juden in Besitz eines Teiles des Landes wären, für das die Araber für sich selbst Besitzrecht beanspruchen. Allein die Existenz Israels stellt einen Widerspruch zu den Aussagen des Propheten Mohammeds, dem Koran und der islamischen Tradition dar, die besagt, daß das Land Palästina allein den Arabern gehört.

Der jüdische Staat Israel muß vernichtet werden! Andernfalls wäre der Islam als falsche Religion entlarvt. Darum geht es. Der Nahostkonflikt kann eindeutig und trotz des bändelangen Geredes und trotz bergeweiser Friedensabkommen auf keine andere Weise gelöst werden als nur durch die Vernichtung Israels. Jede andere Vorstellung, oder die Meinung, die Araber hätten doch eine andere Absicht, wäre eine hoffnungslose Täuschung.

Werdet ihr treulos handeln, dann werde ich euch unter die Völker zerstreuen! ... wenn auch eure Vertriebenen am Ende des Himmels sein sollten, selbst von dort werde ich sie sammeln und sie an den Ort bringen, den ich erwählt habe, um meinen Namen dort wohnen zu lassen!

Nehemia 1,8-9

Ich will diese Stadt verwerfen, die ich erwählt habe, Jerusalem, und das Haus, von dem ich gesagt habe: Mein Name soll dort sein!

2. Könige 23,27

Denn siehe, ich will befehlen und will das Haus Israel unter allen Nationen schütteln, wie man mit einem Sieb schüttelt ...

Amos 9,9

Und der HERR wird euch unter die Völker zerstreuen ...

Und der HERR wird dich unter alle Völker zerstreuen von einem Ende der Erde bis zum anderen Ende der Erde ...

5. Mose 4,27; 28;64

Fürchte dich nicht, denn ich bin mit dir! Vom Sonnenaufgang her werde ich deine Nachkommen bringen, und vom Sonnenuntergang werde ich dich sammeln. Ich werde zum Norden sagen: Gib her! und zum Süden: Halte nicht zurück! Bring meine Söhne von fernher und meine Töchter vom Ende der Erde ...

Jesaja 43,5-6

Denn ich werde ein Ende machen mit allen Nationen, unter die ich dich zerstreut habe. Nur mit dir werde ich kein Ende machen, sondern dich mit rechtem Maß züchtigen und dich keineswegs ungestraft lassen.

Jeremia 30,11

Siehe, ich bringe sie herbei aus dem Land des Nordens und sammle sie von dem äußersten Ende der Erde ...

Hört auf das Wort des HERRN, ihr Nationen ... Der Israel zerstreut hat, wird es wieder sammeln und wird es hüten wie ein Hirte seine Herde ...

Jeremia 31,8.10

6

Prophetie wird Geschichte

Das Rätsel um Jerusalems überraschende Bedeutung für die heutige Welt, wo es doch auf den ersten Blick ganz unbedeutend erscheint, kann man nicht begreifen, als nur durch ein sorgfältiges Studium sowohl seiner Geschichte als auch der spezifischen biblischen Prophezeiungen, die durch diese Geschichte erfüllt worden sind. Und wiederum tritt ihre Einzigartigkeit zu Tage. Über Städte wie Paris, Washington, Moskau, London, Berlin oder New York – Städte, die so groß und für Politik und öffentliches Interesse jetzt und in der Geschichte so bedeutend sind – gibt es in der Bibel keine Prophezeiungen. Aber im Gegensatz dazu bestehen Hunderte von Prophezeiungen über Jerusalem und das Land und Volk Israel.

Diese Prophezeiungen sind vor Jahrtausenden von Männern ausgesprochen worden, die den Anspruch erhoben, Gott selbst rede durch sie. Ihre Jahrhunderte später eintretende Erfüllung in allen Einzelheiten stellt einen unwiderlegbaren Beweis dafür dar, daß Gott existiert, die Juden sein auserwähltes Volk sind und daß er uns tatsächlich die wichtigsten Ereignisse bezüglich Israel Jahrhunderte – und in einigen Fällen sogar Jahrtausende – vor ihrem Eintreten vorausgesagt hat. Dafür gibt es keine andere Erklärung.

Es ist von größter Bedeutung, daß der Gott der Bibel [im Unterschied zu Allah] sich selbst als der Eine ausweist, der die Zukunft im Detail voraussagt und zudem sicherstellt, daß es sich genau so zuträgt, wie er es gesagt hat. Im Gegensatz zur Bibel, die zu etwa 30% aus Prophetie besteht [die zu weiten Teilen bereits erfüllt ist], gibt es im Koran, in den hinduistischen Veden oder den heiligen Schriften irgendeiner anderen Religion keine nachprüfbaren Prophezeiungen. Der Gott der Bibel verweist jedoch auf die Prophetie als eine unwiderlegbare Bestätigung seiner Existenz und der Zuverlässigkeit seines Wortes.

Gott beweist seine Existenz durch Prophetie

Die Prophetie der Bibel dreht sich hauptsächlich um zwei Themen: Israel und der Messias, der zu Israel und durch Israel zur Welt kommt. Jeder andere Gegenstand der Prophetie, sei es der Antichrist, die Wiederkunft Christi, Harmagedon oder was auch immer, nimmt seine Rolle im Zusammenhang mit diesen beiden Hauptthemen ein. Es gibt derart viele bereits im kleinsten Detail erfüllte Prophezeiungen, daß wir absolut sicher sein können, daß die noch der Zukunft angehörenden Prophezeiungen sich in gleicher Weise ebenfalls bewahrheiten.

„Ihr seid meine Zeugen", sagt Gott zu Israel, „damit ihr erkennt und mir glaubt und einseht, daß ich es bin" (Jesaja 43,10). Ihr seid der unwiderlegbare Beweis für euch selbst und für die ganze Welt, daß ich Gott bin und sonst keiner. Israel [das Land und das Volk] ist das Zeichen, das Gott der ganzen Welt für alle Generationen gegeben hat.

Gott spricht von „Israel, meine Herrlichkeit" [nicht Araber, Deutsche, Franzosen, Amerikaner oder andere] (Jesaja 46,13) und bezeichnet nur dieses Land und Volk als das eine „an dem ich mich verherrlichen werde" (Jesaja 49,3). Über die Rettung Israels in der Schlacht von Harmagedon, die Gegenstand vieler alttestamentlicher Prophezeiungen ist, sagt Gott: „Und ich werde mich groß und heilig erweisen und werde mich kundtun vor den Augen vieler Nationen. Und sie werden erkennen, daß ich der HERR bin" (Hesekiel 38,23).

Gott sagt, daß er im Gegensatz zu den falschen Göttern der vielen Religionen der Welt der Gott der Prophetie ist. Er verkündet, was geschehen wird, ehe es geschieht, und wacht über die Geschichte, um sicherzustellen, daß es auch so geschieht. Seine Prophezeiungen über Israel und deren Erfüllung stellen die unumstößlichen Indizien für seine Existenz und für sein gezieltes Handeln mit der Menschheit dar (Jesaja 46,9-10). Die Geschichte ist nicht einfach eine Aneinanderreihung von Zufällen; sie hat ein Ziel und strebt diesem entgegen. Es gibt einen Plan, und das ist der Plan Gottes. Und die Prophetie enthüllt diesen Plan im voraus. In den Mittelpunkt dieses Plans stellt die Bibel Israel hin als Gottes großartiges Zeichen für die Welt und läßt uns so die Einzelheiten ihrer zukünftigen Geschichte im voraus wissen.

Israels besonderes Zeugnis

Vieles von dem, was die Propheten über Israel vorausgesagt haben, ist zwar noch Zukunft, aber *zehn* wichtige Prophezeiungen, die auch spezielle historisch belegbare Einzelheiten umfassen, haben sich exakt so erfüllt, wie es Jahrhunderte zuvor gesagt worden war.

1. Wie wir bereits gesehen haben, verhieß Gott Abraham (1. Mose 12,1-3; 13,15; 15,7 u.a.) ein Land mit eindeutig festgelegten Grenzen

(1. Mose 15,18-21). Diese Verheißung erneuerte er mit Abrahams Sohn Isaak (1. Mose 26,3-5), mit dessen Sohn Jakob (1. Mose 28,13) und ihren weiteren Nachkommen auf ewig (3. Mose 25,46; Josua 14,9 u.a.).

2. Es ist eine historische Tatsache, daß Gott dieses „auserwählte Volk" (2. Mose 7,7-8; 5. Mose 7,6; 14,2 u.a.) in das „Gelobte Land" brachte, was an sich schon eine erstaunliche Geschichte voller Wunder ist.

3. Als das jüdische Volk in das „Gelobte Land" einzog, warnte Gott die Juden davor, den Götzenkult und die Sittenlosigkeit dieses Volkes anzunehmen, weswegen er die Bewohner vertrieben und getötet hatte (5. Mose 9,4). Sonst würde er auch sie aus dem Land vertreiben (5. Mose 28,63; 1. Könige 9,7; 2. Chronik 7,20 u.a.). Daß all dies genauso eintraf wie vorausgesagt, ist wiederum eine unbestreitbare historische Tatsache.

Allein bis an diese Stelle ist die Geschichte höchst außergewöhnlich. Aber auch andere Völker glaubten, ein bestimmter Landstrich sei ihr „Gelobtes Land", nahmen dieses ein und wurden später wieder von Feinden daraus vertrieben. Die folgenden sieben Prophezeiungen und deren Erfüllungen an dem jüdischen Volk sind jedoch absolut ohnegleichen. Das Eintreffen dieser Ereignisse haargenau so, wie sie prophezeit worden waren, kann unmöglich als Zufall erklärt werden. Somit haben wir eine Bestätigung für Gottes Existenz, dafür, daß die Bibel sein Wort ist und daß die Juden Gottes besonderes Volk sind.

4. Gott kündigte an, daß sein Volk „unter alle Völker zerstreut" werden wird, „vom einen Ende der Erde bis zum anderen Ende der Erde" (5. Mose 28,64; vergl. 1. Könige 9,7; Nehemia 1,8; Amos 9,9; Sacharja 7,14 u.a.). So ist es geschehen. Den „heimatlosen Juden" kann man überall finden.

Allein die Genauigkeit der Prophezeiungen über das jüdische Volk wird mit jeder weiteren Erfüllung mehr und mehr erstaunlicher, so daß Gottes Existenz schon aufgrund seines Handelns mit seinem auserwählten Volk nicht mehr in Frage gestellt werden kann.

5. Gott kündigte an, daß die Juden, wohin immer man sie auch vertreiben würde, „ein Ärgernis, ein Sprichwort, eine Spottrede … ein Fluch und eine Schande" sein werden (5. Mose 28,37; 2. Chronik 7,20; Jeremia 29,18; 44,8 u.a.). Erstaunlicherweise ist das die gesamte Geschichte hindurch zutreffend, wie es auch unsere Generation nur zu gut weiß. Die Bosheit, die Schmach und der Spott, der nackte Haß des Antisemitismus, der nicht nur bei Muslimen zu finden ist, sondern auch bei solchen, die sich selbst „Christen" nennen, ist beispiellos und eine beständige geschichtliche Tatsache, die das jüdische Volk vor allen

anderen Völkern auszeichnet. Ungeachtet der furchtbaren Erinnerung an Hitlers Holocaust, der die Welt schockierte und beschämte, und wider alle Logik und Vernunft lebt der Antisemitismus in unserer Zeit immer noch und nimmt sogar weltweit wieder zu.

Darüber hinaus kündeten die Propheten nicht nur die Verleumdung, Verunglimpfung und Diskriminierung dieses zerstreuten Volkes an, sondern auch,

6. daß es verfolgt und getötet werden wird, wie es kein anderes Volk der Erde je erfahren hat oder erfahren wird. Die Geschichte gibt ein deutliches Zeugnis davon ab, daß genau dieses den Juden Jahrhundert für Jahrhundert widerfahren ist, wo immer sie auch waren. Keine Geschichtsschreibung einer anderen ethnischen oder nationalen Gruppierung enthält irgend etwas, das auch nur annähernd dem Alptraum von Terror, Erniedrigung und Zerstörung gleichkommt, den die Juden allezeit von den Menschen erlitten haben, unter denen sie in ihrer prophezeiten Heimatlosigkeit gerade wohnten.

Die römisch-katholischen Päpste waren die ersten, die den Antisemitismus zu einer „Wissenschaft“ erhoben. Hitler, der bis zuletzt ein Katholik blieb, sollte behaupten, er folge nur dem Beispiel sowohl von Katholiken als auch von Lutheranern, indem er das vollendete, was die Kirche begonnen hatte.[1] Der Antisemitismus war Bestandteil des Katholizismus Martin Luthers, von dem dieser sich nie ganz befreien konnte. Er trat für das Niederbrennen der Häuser der Juden ein wie auch dafür, daß man sie vor die Alternative stellte, entweder zum Christentum überzutreten oder sich ihre Zungen herausreißen zu lassen.[2] Als die italienische Armee im Jahr 1870 die Juden in Rom aus ihrem Ghetto befreite, endeten damit etwa 1500 Jahre unvorstellbarer Erniedrigung und Demütigung durch die Hände derer, die sich als die „Christen“ ausgaben, angeführt vom „Stellvertreter Christi“.

Die wunderbare Bewahrung der Juden

Dennoch kündigte Gott an, daß er trotz solcher Verfolgungen und immer wiederkehrender Massenvernichtung der Juden

7. eine Vernichtung seines auserwählten Volkes nicht zulassen wird. Er würde sie als eine eigene ethnische und nationale Volksgruppe bewahren (Jeremia 30,11; 31,35-37 u.a.). Die Juden hätten allen Grund gehabt, sich durch Heirat zu vermischen, ihre Namen zu ändern und ihre verachtete Identität auf jede erdenkliche Weise zu verbergen, nur

um der Verfolgung zu entkommen. Wozu sollten sie ihre Blutslinie erhalten, wo sie doch kein eigenes Land besaßen, wo die wenigsten von ihnen die Bibel wörtlich nahmen und wo eine Identifikation als Jude doch nur die schrecklichsten Nachteile mit sich brachte?

Auf das Heiraten anderer Volkszugehöriger zu verzichten, wäre überhaupt völlig sinnlos gewesen. Unausweichlich hätte das Volk, unter dem die Juden jeweils lebten, diese absorbieren müssen, so daß sie bis heute wohl kaum als ein unterscheidbares Volk mit einer klaren Abstammungslinie hätten übrigbleiben können, genau wie auch die Nachkommen Ismaels heute nicht mehr identifizierbar sind. Bei alledem waren diese verachteten Verbannten seit der Zerstörung Jerusalems durch Nebukadnezar im Jahr 586 v.Chr. bis heute 2500 Jahre lang bis in die hintersten Ecken der Erde zerstreut. Konnte die „Tradition“ ohne echten Glauben so stark sein? Oder ist das etwas, das Gott gemäß seinen eigenen Zielen unabhängig von dem mangelnden Glauben der Juden vorgesehen hat?

Allen widrigen Umständen zum Trotz sind die Juden über die Jahrhunderte ein eigenständiges Volk geblieben. Diese Tatsache ist ein absolut erstaunliches Phänomen ohne jede Parallele in der Geschichte und zeichnet das „auserwählte“ Volk in einzigartiger Weise aus. Für die meisten der in Europa lebenden Juden war es per Kirchenrecht unmöglich, einen Nichtjuden zu heiraten, ohne zum römischen Katholizismus überzutreten. Die römisch-katholische Kirche spielte hier wieder einmal eine berüchtigte Rolle. Unter den Päpsten war es jahrhundertelang ein großes Vergehen für einen Juden, einen Christen zu heiraten, und das verhinderte die Vermischung durch Heirat auch bei denen, die eine solche Heirat wünschten.

Die Bibel sagt, Gott habe bestimmt, daß sein auserwähltes Volk für ihn abgesondert bleiben soll (2. Mose 33,16; 3. Mose 20,26 u.a.), denn

8. in den letzten Tagen, bevor der Messias wiederkommt, würde er sie in ihr Land zurückbringen (Jeremia 30,10; 31,8-12; Hesekiel 36,24.35-38 u.a.). Diese Prophezeiung und Verheißung erfüllte sich, nachdem man so lange darauf gewartet hatte, mit der Neugeburt Israels im „Gelobten Land“. Diese vollzog sich schließlich 1948, fast 1900 Jahre nach der endgültigen Zerstreuung bei der Zerstörung Jerusalems im Jahre 70 n.Chr. durch die römische Armee unter Titus. Diese Wiederherstellung einer Nation nach 25 Jahrhunderten ist absolut erstaunlich – ein Ereignis, für das es in der Geschichte keinen Vergleich gibt und das auf natürliche Weise nicht erklärbar ist, und schon gar nicht durch Zufall.

Fast noch bemerkenswerter ist,

9. daß Gott für die letzte Zeit vor der Wiederkunft des Messias ankündigte, Jerusalem werde „zu einer Taumelschale … zu einem Stemmstein für alle Völker" (Sacharja 12,2-3), und

10. die Juden würden sein wie ein „Feuerbecken unter Holzstücken … und sie werden … alle Völker ringsum verzehren" (Sacharja 12,6). Mit diesen beiden letzten Prophezeiungen werden wir uns in späteren Kapiteln ausführlicher beschäftigen.

Das unglaublich rebellische Volk

Fast genauso bemerkenswert wie die Prophezeiungen selbst und ihre Erfüllung in allen Einzelheiten war Israels über die ganze Geschichte fortdauernde Widerspenstigkeit gegen Gottes Zureden und Warnungen. Zahllose Prophezeiungen sagten die vielfachen Zerstörungen Jerusalems und die Zerstreuung der Juden in alle Himmelsrichtungen wegen ihres beständigen Ungehorsam gegenüber Gottes Geboten voraus. Zu einer Generation nach der anderen sandte Gott Propheten, um Israel vor dem drohenden Gericht zu warnen und sie eindringlich zur Umkehr aufzufordern, aber sie haben nicht gehört. Niemals ist Gott mit einem anderen Volk oder mit einer anderen Stadt so umgegangen.

Leider haben Israel und die stolze Einwohnerschaft Jerusalems nur ihre Herzen verhärtet. Einige der allerernstesten Warnungen und traurigsten Abschnitte der Bibel sprechen von dem Gericht, vor dem Gott Jerusalem und das Volk Israel warnte. Für uns heute sind das sicherlich wertvolle Lektionen. Hier nur einige Beispiele:

> Wenn ihr euch aber abwendet und meine Ordnungen und meine Gebote … verlaßt … dann werde ich sie [die Juden] ausreißen aus meinem Land, das ich ihnen gegeben habe. Und dieses Haus [der Tempel], das ich meinem Namen geheiligt habe, werde ich von meinem Angesicht wegstoßen und werde es zum Sprichwort und zur Spottrede unter allen Völkern machen (2. Chronik 7,19-20).

> Weil sie mein Gesetz verlassen haben, das ich ihnen vorgelegt habe, und auf meine Stimme nicht gehört und nicht darin gelebt haben, sondern der Verstocktheit ihres Herzens und den Baalim [widerlichen Götzen] nachgelaufen sind … Siehe, ich will sie unter die Völker zerstreuen … (Jeremia 9,12-15).

So spricht der HERR der Heerscharen, der Gott Israels: Ihr habt all das Unheil gesehen, das ich über Jerusalem und über alle Städte Judas gebracht habe – und siehe, sie sind am heutigen Tag eine Trümmerstädte … um ihrer Bosheit willen, die sie verübt haben, um mich zu reizen, indem sie hineingingen, Rauchopfer darzubringen und anderen Göttern zu dienen …

Und ich habe alle meine Knechte, die Propheten, zu euch gesandt, früh mich aufmachend und sendend, indem ich sprach: Tut doch nicht diesen Greuel, den ich hasse! …

Und alle Männer, die wußten, daß ihre Frauen anderen Göttern Rauchopfer darbrachten, und alle Frauen, die in großer Menge dastanden … antworteten dem Jeremia: Was das Wort betrifft, das du im Namen des HERRN zu uns geredet hast, so werden wir nicht auf dich hören, sondern wir wollen bestimmt all das tun, was aus unserem eigenen Mund hervorgegangen ist, der Königin des Himmels Rauchopfer darbringen und ihr Trankopfer spenden, so wie wir es getan haben, wir und unsere Väter, unsere Könige und unsere Obersten, in den Städten Judas und auf den Straßen von Jerusalem. Da hatten wir Brot in Fülle, und es ging uns gut, und wir sahen kein Unglück … (Jeremia 44,2-17).

Wozu die 70 Jahre Gefangenschaft in Babylon?

Welche Beleidigung Gottes durch sein auserwähltes Volk, den Götzen die Segnungen zuzuschreiben, mit denen er sie überschüttet hatte! Und dabei war der zügellose Götzendienst noch nicht einmal die einzige Sünde Israels. Habgier und Selbstsucht spielten dabei auch eine Rolle, daß Israel vorsätzlich den bestimmten Geboten nicht gehorchte, die Gott ihnen gegeben hatte, als er sie ins „Gelobte Land“ brachte. Zu diesen Geboten gehörte u.a. der Umgang mit dem Land und untereinander:

Wenn ihr in das Land kommt, das ich euch geben werde, dann soll das Land dem HERRN einen Sabbat feiern.

Sechs Jahre sollst du dein Feld besäen und sechs Jahre deinen Weinberg beschneiden und den Ertrag des Landes einsammeln. Aber im siebten Jahr soll ein ganz feierlicher Sabbat für das Land sein; ein Sabbat dem HERRN. Dein Feld sollst du nicht besäen und deinen Weinberg nicht beschneiden … (3. Mose 25,2-4).

> Am Ende von sieben Jahren sollst du einen Schulderlaß halten. Das aber ist die Sache mit dem Schulderlaß: Jeder Gläubiger soll das Darlehen seiner Hand, das er seinem Nächsten geliehen hat, erlassen. Er soll seinen Nächsten und seinen Bruder nicht drängen; denn man hat für den HERRN einen Schulderlaß ausgerufen …
>
> Wenn dein Bruder, ein Hebräer oder eine Hebräerin, sich dir verkauft, dann soll er dir sechs Jahre dienen, und im siebten Jahr sollst du ihn von dir als Freien entlassen (5. Mose 15,1-2.12).

Es ist verwunderlich, daß Israel die obigen Gebote nicht ein einziges Mal befolgte! Obwohl es von Gott so reichlich gesegnet worden war, weigerte sich dieses „auserwählte Volk" 490 Jahre lang auf selbstsüchtige Weise, Gott durch die Beobachtung des Sabbats im siebten Jahr, den er angeordnet hatte, zu gehorchen. Aus diesem Grund schickte Gott Israel 70 Jahre lang in die Gefangenschaft nach Babylon und ließ den Boden so für exakt so viele Jahre brach liegen, wie er eigentlich in all den Jahren insgesamt hätte ruhen müssen. Als Gericht für die Weigerung der Juden, ihren Volksgenossen die Schulden zu erlassen, nahm Gott ihnen ihren gesamten Besitz weg. Und weil sie sich 490 Jahre geweigert hatten, ihre hebräischen Knechte im siebten Jahr freizulassen, erlaubte Gott den Babyloniern, sie 70 Jahre lang in Knechtschaft zu unterjochen.

Nahezu fünf Jahrhunderte lang hatte Gott durch seine Propheten sein Volk geduldig ermahnt und es zur Umkehr gerufen, aber sie hatten für seine Warnungen nur taube Ohren: „Und der HERR hat all seine Knechte, die Propheten, zu euch gesandt, früh sich aufmachend und sendend. Aber ihr habt nicht gehört und habt eure Ohren nicht geneigt, um zu hören … Darum … weil ihr auf meine Worte nicht gehört habt: … dieses ganze Land wird zur Trümmerstätte, zur Wüste werden; und diese Nationen [die zwölf Stämme Israel] werden dem König von Babel dienen siebzig Jahre lang" (Jeremia 25,4.8.11). Gott ist zwar geduldig und vergibt gern, doch willentlicher Ungehorsam und Verweigerung von Reue und Umkehr führt schließlich zu einem schrecklichen Gericht.

Die prophezeite Rückkehr in den „letzten Tagen"

Das Gericht war jedoch nicht alles, was die Propheten diesem ungehorsamen Volk vorauszusagen hatten. Trotz ihrer Auflehnung gegen ihn verkündete Gott, er werde sie in den „letzten Tagen", kurz vor der Wiederkunft des Messias, aus der ganzen Welt in ihr eigenes Land zurückbringen, wo immer sie auch hin zerstreut sein mögen. Und das würde er tun, nicht etwa weil sie umgekehrt wären oder wegen ihrer Frömmigkeit oder wegen irgendeines anderen Verdienstes, denn sie würden bis zuletzt an ihrer Auflehnung und ihrem Unglauben festhalten. Gott würde sie allein deshalb in ihr Land zurückbringen, um seine Verheißungen an Abraham, Isaak und Jakob zu erfüllen:

> So wahr ich lebe, spricht der Herr, HERR … ich werde euch aus den Völkern herausführen und euch aus den Ländern, in die ihr zerstreut worden seid, mit starker Hand und mit ausgestrecktem Arm und mit ausgegossenem Grimm sammeln …
>
> Und ich werde euch unter dem Hirtenstab hindurchziehen lassen … ich werde von euch ausscheiden, die sich empörten und mit mir brachen; ich werde sie aus dem Land ihrer Fremdlingschaft herausführen, aber in das Land Israel sollen sie nicht kommen. Und ihr werdet erkennen, das ich der HERR bin (Hesekiel 20,33-38).

> Und an jenem Tag wird es geschehen, da wird der HERR noch einmal seine Hand erheben, um den Überrest seines Volkes, der übrigbleibt, loszukaufen … Und er wird … die Vertriebenen Israels zusammenbringen, und die Verstreuten Judas wird er sammeln von den vier Enden der Erde (Jesaja 11,11-12).

> Ihr aber, Berge Israels, ihr werdet für mein Volk Israel eure Zweige treiben und eure Frucht tragen, denn sie sind nahe daran, zu kommen. Denn siehe … ich werde die Menschen auf euch vermehren, das ganze Haus Israel insgesamt … und die Städte werden wieder bewohnt sein …
>
> Darum sage zum Haus Israel: So spricht der Herr, HERR: Nicht um euretwillen handle ich, Haus Israel, sondern um meines heiligen Namens willen, den ihr entweiht habt unter den Nationen, zu denen ihr gekommen seid … Und ich werde euch aus den Nationen holen und euch aus allen Ländern sammeln und euch in euer Land bringen (Hesekiel 36,8-10.22.24).

Diese Prophezeiungen können natürlich nur dann erfüllt werden, wenn es einen jüdischen Überrest gibt, der ethnisch und national identifizierbar ist und so in den letzten Tagen in sein Land zurückgebracht werden kann. Daß die Juden nach 2500 Jahren Zerstreuung in jeden Winkel der Welt [seit der ersten Zerstörung Jerusalems und ihrer babylonischen

Gefangenschaft] immer noch ein identifizierbares Volk sind, ist ein Tatbestand, für den es in der Geschichte keines anderen Volkes eine Parallele gibt. Und um in dieser Identifikation sicher zu gehen, verfügt Israel heute über bestimmte Reglementierungen, wie festzustellen ist, ob seine Bürger wirklich jüdisch sind oder nicht.

Eine der bemerkenswertesten Erfüllungen von Prophetie ist die Rückkehr von Juden aus der früheren Sowjetunion nach Israel. Das brutale Regime dieses Staates hatte die Einwanderungsquote nach Israel jahrelang auf ein bloßes Tröpfeln reduziert. Doch seitdem die Grenzen der UdSSR in einzelne unabhängige Republiken zerfallen sind, kommen die Immigranten zu Zehntausenden aus der früheren Sowjetunion nach Israel. Wer könnte abstreiten, daß diese erstaunliche Wendung der Dinge eine direkte Erfüllung biblischer Prophetie ist? Lesen wir zum Beispiel diese Verheißungen:

> Ich werde zum Norden sagen: Gib her! und zum Süden: Halte nicht zurück! Bring meine Söhne von fernher und meine Töchter vom Ende der Erde (Jesaja 43,6).

> Siehe, ich bringe sie herbei aus dem Land des Nordens und sammle sie von dem äußersten Ende der Erde (Jeremia 31,8).

Unsere Generation hatte das Vorrecht, Zeuge dieser sich entfaltenden Saga zu sein, wie die biblischen Prophezeiungen über Israels Neugeburt als Nation fortdauern und in unseren Tagen in Erfüllung gehen. Eine kürzlich erschienene Reportage berichtete: „Die jüdische Bevölkerung der früheren Sowjetunion stirbt aus. Von den vormals 1,3 Millionen sind nun lediglich 115.000 Kinder verblieben … Experten sagen voraus, im Jahr 2000 würden nur noch 500.000 Juden in den GUS-Staaten leben … Seitdem die Staaten der ehemaligen Sowjetunion ihre Türen geöffnet haben, sind etwa 800.000 Juden ausgewandert, 538.400 davon nach Israel.“ Schätzungen zufolge werden in den nächsten fünf Jahren weitere 500.000 Juden aus den GUS-Staaten auswandern, etwa 300.000 nach Israel und 200.000 in andere westliche Länder.[3]

Ausbruch aus Rußland

Der Bericht fährt fort: „Über 100.000 russische Juden sind im Besitz von Ausreisevisa und würden nach Israel auswandern, wenn sie über die dazu nötigen Mittel verfügten, wie *Auf Adlers Flügeln*, ein Hilfswerk der *Internationalen Gemeinschaft von Christen und Juden* angibt … Das Hilfswerk konzentriert sich besonders auf die Republik Usbekistan, wo der muslimische Fundamentalismus die Situation für die 12.000 auf die Ausreise wartenden Juden schier unerträglich macht."[4]

Jenen seltenen, als „Refuseniks" [vom englischen *refuse*, d.h. verweigern] bekannten Geschöpfen, die zum Protest gegen die Inhaftierung von Juden in der Sowjetunion ihre Freiheit und ihr Leben aufs Spiel setzten, müssen wir für die letztendliche Öffnung der Sowjetgrenzen hohe Anerkennung zollen. Einer der bekanntesten von ihnen ist Natan Scharanski. Es ist interessant, daß er wiederum sein Überleben und seine schließliche Befreiung einem amerikanischen Senator verdankt, der mittlerweile verstorben ist, Henry „Scoop" Jackson. Am Höhepunkt des Kalten Krieges war er Mitverfasser des Jackson-Vanik-Verfassungszusatzes, der der UdSSR den Status eines bevorzugten Staates gewährte, unter der Bedingung, daß sie ihren Bürgern das Recht zur Emigration erteilte.

Anfang Januar 1995 hielten ehemalige „Refuseniks" in Jerusalem eine internationale Konferenz zum 20. Jahrestag des Jackson-Vanik-Antrags ab, zur Ehre und zum Gedenken des Senators. Bei einem Interview bei dieser Gelegenheit sagte Scharanski:

> Ich hörte zum ersten Mal vom Jackson-Antrag, als ich 1973 in der Dissidenten-Bewegung aktiv wurde. Erst später hörte ich, daß sich hinter dem Namen Jackson eine Person verbarg.
>
> In meinem Leben gibt es drei Schlüsselereignisse vor dem Verlassen der Sowjetunion: der Jom-Kippur-Krieg, die Entebbe-Operation und meine Inhaftierung. Aber bei alledem gab es ja den Jackson-Verfassungszusatz …
>
> Auf einmal merkten wir Refuseniks, daß wir einen Verbündeten hatten. Als Zionisten hatten wir eine spirituelle Waffe: unser jüdisches Erbe. Doch jetzt verfügten wir zudem noch über eine historische und praktische Waffe: den Jackson-Antrag.
>
> Die hochrangigen Sowjets fingen sofort an, uns zu erpressen. Der KGB hielt uns weiterhin in Haft und sagte uns dabei, es würde für uns noch schlimmer kommen … Ich schickte Hunderte von Briefen von Refuseniks und Dissidenten, darunter auch [Andrej] Sacharow, [durch Touristen] an Jackson und ermutigte ihn, weiterzukämpfen … Er war das Symbol unserer Hoffnung …
>
> Er [der Jackson-Antrag] war nicht nur der Wendepunkt für den

Exodus der Juden, sondern auch für den letztendlichen Sieg des Westens über den Sowjetkommunismus im Kalten Krieg.[5]

Wie wenige glaubten!

Das Verlangen, nach Israel zurückzukehren, war bei den Juden in der ganzen Welt nicht immer so heftig, wie bei Scharankski und seinen Anhängern in der Sowjetunion. Während der vielen Jahrhunderte ihrer Zerstreuung von Israel weg war im jüdischen Bewußtsein, wie die Propheten vorausgesagt hatten, nur eine schwache Erinnerung an das „Gelobte Land" verblieben. Nur für eine kleine Minderheit von frommen Juden blieb das Gelöbnis des Psalmisten, „wenn ich dich vergesse Jerusalem, so werde vergessen meine Rechte!" (Psalm 137,5) fester Bestandteil der täglichen Gebete.

Ja, einzelne Juden, die es sich leisten konnten, besuchten hin und wieder Jerusalem. Doch bei den meisten Juden in der Diaspora fand sich nur wenig echter Glaube daran, daß Gott sein auserwähltes Volk in sein Land zurückbringen würde. Der Wunsch danach war ja auch nur bei sehr wenigen überhaupt vorhanden. Wozu sollten sie auch einen solchen Wunsch hegen, solange es ihnen anderswo gut ging und sie sich wohlfühlten?

Vor langen Zeiten gab es gelegentlich Einwanderungswellen von Juden nach Palästina, weil sie vor Verfolgungen flüchteten. Einmal vollzog sich das zum Beispiel im Jahr 1492, als die Juden in Spanien entweder zum römischen Katholizismus konvertieren oder das Land verlassen mußten. Weitere Zuwanderungen durch die Flüchtlinge vor den Verfolgungen unter dem russischen Zaren oder in Polen sorgten für eine allmählich zunehmende Präsenz der Juden in Safed, Jerusalem, Hebron und Tiberias. Doch trotz der jüdischen Versuche, die Sympathie von Staatsmännern wie Kaiser Wilhelm II. und Sultan Abdul-Hamid II. zu gewinnen, gab es von keiner politischen Macht irgendeine Anerkennung des besonderen Anspruchs der Juden auf ihr jahrhundertelanges Besitztum, auf das von Gott seinem auserwähltem Volk gegebene „Gelobte Land".

Traurigerweise sind heute die meisten Juden sowohl in Israel als auch in der restlichen Welt genauso blind und taub für Gottes Wort, wie zur Zeit Jeremias und der anderen alten Propheten, die vor dem bevorstehenden Gericht warnten. Wie wir bereits bemerkt haben, bezeichnen sich 30% der heutigen Israelis als Atheisten, und von den verbleibenden 70% glauben nur sehr wenige wirklich, daß Gott sie nach 2500

Jahren weltweiter Zerstreuung in ihr Land zurückgebracht hat. Gott verkündete einst, er werde das Verständnis seines rebellischen Volkes verblenden und sie im Unglauben in ihr Land zurückbringen. Wie sehr machen sie doch das Maß dieser Blindheit voll, mit welcher geschlagen, sie nicht erkennen, daß sie keinen besseren Anspruch auf das Land Israel haben als die Araber, wenn es nicht Gott ist, der es ihnen gegeben hat!

Sogar noch vor verhältnismäßig kurzer Zeit, zu Anfang dieses Jahrhunderts, schien es keine Hoffnung auf eine Wiederentstehung der Nation Israel zu geben. Die Zionistische Bewegung machte nur kleine Fortschritte und wurde sogar von vielen Juden als unrealisierbarer Traum verspottet. Selten fand sich ein Jude, der wirklich an die Verheißungen der Thora oder gar an Gottes wörtliche Erfüllung derselben glaubte. Das war die hoffnungslose Stimmung, als die Ereignisse ihren Lauf nahmen und es schließlich doch zur Erfüllung der Prophezeiungen kam.

Eine plötzliche Wendung der Ereignisse

Am 22. Januar 1917 legte US-Präsident Woodrow Wilson die Friedensbedingungen fest, die die USA unterstützen wollten. Eine Forderung war die Einrichtung einer internationalen Organisation der führenden Nationen der Welt, welche Sicherheit für alle unabhängigen Staaten und die zukünftige Verhinderung jeglicher Kriege garantieren sollte. Die Zionisten schöpften daraufhin sogleich neue Hoffnung auf eine mögliche Gründung eines nationalen Heimatlandes für Juden, das unter diesen Schutzbedingungen stünde.

Dann erfolgte, anscheinend wie aus blauem Himmel, eine unerwartete und umstrittene Erklärung von Arthur James Balfour, dem britischen Außenminister. Am 2. November 1917 drückte er die britische Billigung der auf geheimgehaltenen Wegen erwirkten Gründung einer jüdischen Heimstätte in Palästina aus. Diese Erklärung, die eher ein voreiliger politischer Schachzug war als eine bewußte Überlegung, erfolgte in einer entscheidenden Phase des Ersten Weltkriegs, noch bevor General Edmund Allenby Jerusalem einnahm. England erhoffte sich dadurch Unterstützung für seine Kriegsbemühungen von seiten der Juden und eine Besänftigung der Zionisten. Diese sogenannte Balfour-Erklärung lautete:

> Die Regierung Seiner Majestät betrachtet mit Wohlwollen die Errichtung einer nationalen Heimstätte für das jüdische Volk in Pa-

lästina und wird ihr Bestes tun, die Erreichung dieses Zieles zu erleichtern, wobei, wohlverstanden, nichts geschehen soll, was die bürgerlichen oder religiösen Rechte der bestehenden nichtjüdischen Gemeinschaften in Palästina oder die Rechte und den politischen Status der Juden in anderen Ländern in Frage stellen könnte.[6]

Am 25. April 1920 übertrug der Oberste Rat der Alliierten und der verbündeten Mächte das Mandat über Palästina an England, damit es die Verfügungen der Balfour-Erklärung verwirklichen sollte. Sir Herbert Samuel, ein britischer Jude, wurde zum Hochkommissar für Palästina ernannt und die jüdische Einwanderung aktiv unterstützt. 1922 lebten dort etwa 650.000 Araber und 85.000 Juden. 1935 war die Zahl der Juden bereits auf etwa 250.000 angewachsen.

Die jüdischen Einwanderer waren vielfach gut gebildet und hochbegabt. Dies verschaffte dem jüdischen Anteil der Bevölkerung Palästinas, zusammen mit den finanziellen Unterstützungen durch Juden aus aller Welt, einen beträchtlichen technischen, finanziellen und wirtschaftlichen Vorteil gegenüber den Arabern. Die arabische Bevölkerung konnte nicht weiter Schritt halten und büßte somit wirtschaftliche Grundlagen ein. Der Verdruß über die Einwanderer entlud sich schließlich in einer Serie von arabischen Anschlägen gegen Juden in den Jahren 1936 bis 1939. England gab dem arabischen Druck zuletzt nach und beschränkte durch die Herausgabe des sogenannten „Weißbuchs" die jüdische Einwanderungsrate für die nächsten fünf Jahre auf 75.000; wäre diese Zahl erreicht, dürften keine Juden mehr nach Palästina kommen.

Die Zionisten hatten die Balfour-Erklärung als Garantie für die Errichtung eines unabhängigen jüdischen Staates aufgefaßt, doch das „Weißbuch" zeigte, daß das zu keiner Zeit Englands Absicht gewesen war. Anstatt dessen sicherte England die Entwicklung eines unabhängigen Staates Palästina zu, der sowohl von Juden als auch von Arabern regiert werden sollte, eng verbunden mit England und abgeriegelt für weitere jüdische Immigration. Weder Juden noch Araber waren mit dieser Regelung glücklich. Die Juden fühlten sich betrogen: England hatte von seinen früheren Versprechen Abstand genommen. Die Araber forderten natürlich die Kontrolle über Palästina allein durch ihre Hand.

Die Rolle des Holocaust

Dann kam der Zweite Weltkrieg und mit ihm Hitlers Vernichtung von 6 Millionen Juden. Erstaunlicherweise wurde durch die Enthüllung der Grausamkeiten des Holocaust vor aller Welt kein hinreichendes Bewußtsein der Welt dafür geweckt, diesen Verbrechen ein Ende zu machen. Der Holocaust fuhr mit der Ermordung vieler Juden fort, die nach dem Krieg versuchten, in ihre Heimat aus der Zeit vor dem Krieg zurückzukehren. Im polnischen Kelsa wurden beispielsweise 200 Überlebende der ursprünglich 25.000 Personen zählenden jüdischen Gemeinschaft angegriffen – 76 wurden umgebracht – von Stadtleuten, die die Rückgabe der Häuser verweigerten, die den Juden vor ihrer kriminellen Deportation in Todeslager gehört hatten.

Welch unglaubliche Bosheit wohnt doch im Herzen des Menschen! Jüdische Überlebende von Hitlers Todesmaschinerie waren auf der verzweifelten Suche nach einer Zuflucht, die ihnen Sicherheit vor dem satanischen Haß bot, mit dem ihr Volk verfolgt wurde. Wohin immer sie sich wandten, stießen sie auf nur wenig wirkliches Verständnis oder Mitgefühl.

Im April 1946 gewährte ein britisch-amerikanischer Untersuchungsausschuß weiteren 100.000 Juden die Flucht von Europa nach Palästina. Obwohl das, verglichen mit dem dringenden Bedarf, nur ein Tropfen auf dem heißen Stein war, verweigerte England die Annahme dieser Empfehlung und genehmigte den Juden weiterhin nur eine grausam unangemessene Einwanderungsrate von 1.500 pro Monat. Aufgebracht vom herzlosen Fehlen wirklichen Mitgefühls für ihre hoffnungslose Lage, starteten die Juden organisierte Versuche, Flüchtlinge in Palästina einzuschmuggeln.

England reagierte darauf mit einer Blockade der Küste Israels und setzte alle, die ins Land einzudringen versuchten, auf der Insel Zypern in Konzentrationslagern gefangen. Schon bald zählten die dort festgehaltenen Flüchtlinge über 55.000 Männer, Frauen und Kinder. Dennoch wuchs die jüdische Bevölkerung bis 1947 durch das Eindringen von Holocaust-Überlebenden auf zwar nicht legalen, aber humanitären Wegen in Palästina auf über 600.000 an.

Zu guter Letzt sah England ein, daß es die Kontroverse weder zu schlichten noch zu kontrollieren imstande war. Die Verwaltung dieses heiß umworbenen Landes war zu einer Last geworden, die die britische Regierung nicht länger allein tragen wollte. Aus diesem Grund rief sie im Februar 1947 die UNO um Hilfe und Rat an. Auf diese Anfrage folgte die unerwartete Ankündigung Englands, sein Mandat am 15. Mai 1948 aufzugeben und seine Truppen aus Palästina abzuziehen. Dadurch wurde schließlich der Weg freigemacht für die Erfüllung einer der bemerkenswertesten Prophezeiungen der Bibel.

Als Erklärungsversuche, wie ein liebender Gott den Holocaust habe zulassen können, sind schon Bände geschrieben worden. Wir werden dem nicht einen weiteren Versuch hinzufügen. Eines ist jedoch klar: Ohne diesen versuchten Völkermord würde es den Staat Israel heute nicht geben. Er war der Katalysator, der selbstzufriedene Juden zur Verzweiflung brachte und das Gewissen der Welt für kurze Zeit aufrüttelte. Der Holocaust und das Drama seiner heimatlosen Überlebenden erweckte bei den Weltmächten gerade genug öffentliche Beschämung und Mitgefühl, so daß die notwendige und lange überfällige Aktion zur Schaffung eines nationalen jüdischen Heimatlandes ausgeführt wurde. Diese Aktion hätte zu keiner anderen Zeit der Geschichte, weder zuvor noch später, stattfinden können.

England, das mit etwas Sinn für Verantwortung sein Mandat lieber abtreten wollte, unterbreitete im April 1947 vor der UNO den Antrag, eine Sondersitzung zum weiteren Verfahren in der Palästinafrage einzuberufen. Bewegt vom Schicksal Tausender Überlebender des jüdischen Holocausts, die sich nirgendwo niederlassen konnten, führte die UNO ausgedehnte Verhandlungen über dieses Problem. Sechs Monate später, am 29. November 1947, verabschiedete die UNO-Vollversammlung mit einer Abstimmung von 33 Ja- zu 13 Nein-Stimmen bei 10 Enthaltungen einen Plan zur Teilung des westlich des Jordans gelegenen Teils Palästinas. Etwa 18% sollten einer jüdischen Heimstätte vorbehalten sein, die übrigen 82% den palästinensischen Arabern, wobei Jerusalem internationaler Verwaltung unterstehen sollte. Die Zionisten waren begeistert.

Hintergrund eines Wunders

Die Palästinenser waren jedoch nicht bereit, den Juden auch nur einen Teil des „Gelobten Landes" zuzugestehen. Den Grund dafür haben wir bereits dargelegt. Auch Ägyptens König Faruk erklärte: „Ich kann nicht und werde nicht einen Zionistischen Staat im Nahen Osten tolerieren!"

Gewalttätige Anschläge, Demonstrationen und Aufstände gegen Juden in den arabischen Ländern und innerhalb der Arabischen Liga drohten jeglichen Schritt auf die Landteilung zu vereiteln. Was die Araber jedoch nicht bedachten, und was auch nur wenige Juden überhaupt glaubten, war, daß nun endlich die Zeit zur Erfüllung besonderer Prophezeiungen über die Wiedergeburt Israels gekommen war. Nichts konnte dieses glorreiche Ereignis mehr von seinem Eintreten abhalten.

Man hoffte, England würde einen reibungslosen Übergang in die Teilung überwachen, aber die UNO-Kommission für Palästina ließ Zweifel an der Erfüllung der an England gerichteten Erwartungen laut werden und warnte davor, daß somit einem Krieg der Weg bereitet würde. Der ehemalige Mufti von Jerusalem und Kollaborateur des Holocausts Hadj Amin el-Hussani sowie das Arabische Hochkomitee und die Arabische Liga riefen zum Vernichtungskrieg gegen die Juden auf und warnten, die UNO-Truppen würden Palästina auf eigene Gefahr betreten.

In einem plötzlichen und nicht herausgeforderten Angriff marschierten die regulären Armeen von Syrien, Libanon, Ägypten, Irak und Transjordanien [später in Jordanien umbenannt] zuzüglich freiwilliger Streitkräfte aus Saudi-Arabien in Palästina ein. So begann die hartnäckige und bösartige Attacke gegen jüdische Siedlungen und Transportwege mit wenig oder gar keinem Eingreifen seitens des britischen Militärs. Am 9. März 1948 rief die Haganah, die jüdische Untergrundmiliz, zur Mobilisierung von allen gesunden Juden zwischen 17 und 45 Jahren auf. Die 100.000 Mann starken britischen Truppen, Polizei und Zivilpersonal in Palästina wurden evakuiert. Am 13. Mai wurde die britische Blockade offiziell aufgehoben, woraufhin Waffen und die in den zyprischen Lagern gefangenen Juden ins Land kommen konnten.

Am 14. Mai 1948 proklamierte David Ben Gurion in Tel Aviv die Geburt des souveränen Staates Israel als dessen erster Ministerpräsident. Jedem einsichtigen Beobachter war klar, daß die Araber mit den sowohl an Zahl als auch an Ausrüstung unterlegenen Juden kurzen Prozeß machen würden. Wenn Israel überleben wollte, dann mußte zu seiner Rettung ein Wunder geschehen.

Daß Israel mehr als nur überlebt hat, ist eine historische Tatsache. Daß Israels Probleme jedoch mit jedem gewonnenen Krieg und mit jedem Meter eroberten Landes nur größer wurden, ist ebenso historische Tatsache und heute bittere Realität. Zwar sind so viele Prophezeiungen in Erfüllung gegangen, aber dennoch sind die Schwierigkeiten groß! Könnte das vielleicht daran liegen, daß in der Erklärung der Wiedergeburt Israels der Gott, der diesem Volk das Land gegeben hat und dessen Propheten dieses großartige Ereignis vorausgesagt haben, mit keinem Wort erwähnt wurde?

Denn so spricht der Herr, HERR: Siehe, ich bin es, und ich will nach meinen Schafen fragen und mich ihrer annehmen …

Und ich werde sie herausführen aus den Völkern und sie aus den Ländern sammeln und sie in ihr Land kommen lassen; und ich werde sie weiden auf den Bergen Israels …

Und sie werden den Nationen nicht mehr zum Raub werden … sondern sie werden in Sicherheit wohnen, und niemand wird sie aufschrecken …

Und sie werden erkennen, daß ich, der HERR, ihr Gott, mit ihnen bin und daß sie, das Haus Israel, mein Volk sind, spricht der Herr, HERR.

Hesekiel 34,11.13.28.30

Und ich werde die Menschen auf euch vermehren, das ganze Haus Israel insgesamt; und die Städte werden wieder bewohnt sein, und die Trümmerstätten aufgebaut werden … und werde euch Gutes tun mehr als in euren Anfängen. Und ihr werdet erkennen, daß ich der HERR bin.

Hesekiel 36,10-11

Da wende ich die Gefangenschaft meines Volkes Israel. Sie werden die verödeten Städte aufbauen und bewohnen … Ich pflanze sie in ihr Land ein. Und sie sollen nicht mehr herausgerissen werden aus ihrem Land, das ich ihnen gegeben habe, spricht der HERR, dein Gott.

Amos 9,1-15

Spielball der Völker

7

Kampf ums Überleben

Es steht unangreifbar da, schwarz auf weiß. Wir haben die präzise Erfüllung von zahlreichen spezifischen Prophezeiungen über das Volk und Land Israel dokumentiert. Diese Prophezeiungen konnten nicht durch Zufall in Erfüllung gehen. Niemand kann die Existenz des Gottes Abrahams, Isaaks und Jakobs abstreiten oder leugnen, daß die Juden sein auserwähltes Volk sind. Es stimmt, die Welt erkennt diese Fakten noch nicht, und leider auch die überwiegende Mehrheit der Juden nicht, weder innerhalb noch außerhalb Israels. Der fehlende Glaube an Gott und sein Wort ist der eigentliche Kern des Problems.

Die Bibel verdeutlicht, daß die Wiedergeburt Israels gemäß Gottes Zeitplan und zugunsten seiner letztendlichen Ziele geschah. Seine Verheißungen an Abraham, Isaak und Jakob werden langsam aber sicher erfüllt. Aber weshalb geht dieser Prozeß dann mit soviel Leid und dem Verlust sovieler Menschenleben einher? Einfach deshalb, weil Israel immer noch nicht bereut und sich nicht von ganzem Herzen zu Gott bekehrt hat. Es hat ihn sogar aus den eigenen Plänen verbannt. Gott wird Israel zur Bestrafung der Nationen benutzen, die dieses Volk mißhandelt haben, aber er wird ebenso die Nationen zur Züchtigung Israels benutzen, bis es schließlich zu ihm aufschreit:

> Ich bin mit dir, spricht der HERR, um dich zu retten. Denn ich werde ein Ende machen mit allen Nationen, unter die ich dich zerstreut habe. Nur mit dir werde ich kein Ende machen, sondern dich mit rechtem Maß züchtigen und dich keineswegs ungestraft lassen (Jeremia 30,11).

Israels Rückkehr in sein Land war von Gott gewirkt, aber aufgrund des Unglaubens des Volkes sollte es ein schmerzhafter Prozeß sein. Als Antwort auf die Gründung des jüdischen Staates Israel erneuerten das Arabische Hochkomitee und die Arabische Liga ihren lauten Ruf nach einem Vernichtungskrieg gegen die Juden. Die Militäroffensiven wurden beschleunigt, die Nahrungsversorgung der 90.000 in Jerusalem lebenden Juden abgeschnitten und Jerusalem vollständig von den übrigen jüdischen Stützpunkten isoliert. Die Haganah, Israels Untergrundmiliz, kämpfte tapfer gegen Überhand nehmende Schwierigkeit an, damit der Kontakt zu den Jerusalemer Juden aufrechterhalten blieb und ihre Versorgung gewährleistet wurde.

Eine erschreckende Gesinnung

Oft wird versucht, die unglaubliche und widerstrebende Tatsache zu umgehen, daß die arabische Gesinnung im Schatten des Holocausts eine Widerspiegelung des Nazidenkens war und aus der gleichen bösartigen Quelle inspiriert wurde. Doch das war tatsächlich der Fall, und größtenteils ist das auch heute noch so. Zu Beginn des Zweiten Weltkriegs war Jassir Arafats Onkel Hadj Amin el-Hussani Großmufti von Jerusalem. Als großer Bewunderer Hitlers erklärte Hadj Amin offen und ohne Scham, daß die Araber im Krieg die Achsenmächte unterstützen, weil diese eine „Endlösung für das Judenproblem" versprachen. SS-Reichsführer Heinrich Himmler formulierte diese „Lösung": „Das jüdische Volk wird ausgerottet … das steht in unserem Programm … Dies ist ein … Ruhmesblatt unserer Geschichte."

Himmler übermittelte seinem Freund Hadj Amin die willkommene Botschaft: „Die NSDAP hat die ‚Auslöschung des weltweiten Judentums' auf ihre Fahnen geschrieben. Unsere Partei sympathisiert mit dem Kampf der Araber … gegen die fremden Juden." Hadj Amin machte sich auf den Weg nach Deutschland. Am 1. März 1944 gab er über Radio Berlin folgenden Aufruf von sich:

> Ihr Araber, steht auf wie ein Mann und kämpft für eure heiligen Rechte. Bringt die Juden um, wo immer ihr sie findet. Das ist Allah und der Religion wohlgefällig und rettet eure Ehre. Allah ist mit euch.

Nur im Zusammenhang solcher Aufrufe durch islamische Führungspersönlichkeiten, die sich auf den Koran und auf Mohammeds Vorbild beriefen, kann man den religiösen Eifer ein wenig verstehen, mit dem die Araber die Juden von 1947bis 1948 angriffen. Verwirrend ist es, wenn man darüber nachdenkt, daß die Muslime für den heiligen Anlaß der Vertreibung der Juden aus dem Land, das Gott auch dem Koran zufolge den Juden gegeben hat, zu sterben bereit waren!

Mit den noch frischen Erinnerungen an den Holocaust stand die Welt dabei und sah zu, wie die arabischen Medien weiterhin hitlermäßigen Haß ausspuckten und arabische Streitkräfte jüdische Siedler unaufhörlich angriffen. In jener Zeit vor der gegenwärtigen unehrlichen Friedensoffensive machten die Araber gar keine Anstalten, ihr unabänderliches Ziel der Vernichtung aller Juden in Palästina zu verbergen. Das war wieder ganz der alte Holocaust, und die Welt steht dabei und verschließt ihre Augen. Heute ist es im Westen die gängige Auffassung, die Juden seien selbst schuld daran.

Die Rolle der Sowjetunion zeichnete sich durch mehr als bloße Heuchelei aus, es war etwas heimtückisch Boshaftes. Für einen Augenblick hatte sie ihre antisemitische Linie verlassen und vor der UNO ihre entscheidende Stimme abgegeben zur humanitären Teilung Palästinas zwecks Schaffung einer Heimat für die Überlebenden des Holocaust. Und doch, beinahe mit dem nächsten Atemzug, unterstützte die UdSSR die Araber mit Waffenlieferungen beim Vernichten der Bewohner des Landes, das die UNO ihnen zugeteilt hatte. In dieser Haltung verblieb sie bis zu ihrer Auflösung unter Gorbatschow, und ihre unabhängigen Nachfolgestaaten liegen heute noch immer auf dieser verderbenbringenden politischen Linie.

Flüchtlinge und Verantwortung

Abgesehen von den schweren Verlusten auf beiden Seiten bestand eine der größten Tragödien des 1948er Unabhängigkeitskrieges in der Vertreibung und Flucht von etwa 800.000 palästinensischen Arabern, von denen die meisten nie wieder in ihre Heimat zurückkehrten. Einige von ihnen lebten dann in dem Teil Palästinas, der durch die Teilung an Israel gefallen war, andere hingegen flohen aus den zusätzlichen Gebieten, die Israel bei seiner Verteidigung gegen die drohende Vernichtung eingenommen hatte. Für die Umsiedlung dieser bedauernswerten Flüchtlinge hat man beide Seiten des Konflikts beschuldigt. Ein Autor schreibt:

> Israel hat über die Jahre hin behauptet, der Exodus [der Palästinenser] sei darauf zurückzuführen, daß die arabischen Führungsleute die Massen sowohl innerhalb als auch außerhalb Palästinas zum Weggang aufforderten, damit der Weg für die einmarschierenden Truppen frei sei. Die Araber behaupten, die Flucht resultierte aus einer sorgfältig abgestimmten jüdischen Militärkampagne zur Vertreibung, wodurch 250 Dörfer und mehrere größere Städte entvölkert wurden. Ein detaillierter, 1948 von den israelischen Verteidigungsmächten verfaßter und bis 1986 unveröffentlichter Bericht

> unterstützt zumindest teilweise die arabische Position. Ihm zufolge flüchteten mindestens 70% der Palästinenser aufgrund der jüdischen Militäraktion oder wegen der damit verbundenen psychologischen Faktoren …
>
> Die Wahrheit liegt wahrscheinlich irgendwo in der Mitte zwischen den Darstellungen der beiden Seiten, und der Exodus war Ergebnis sowohl von jüdischem Militäreinsatz als auch von arabischer Hinterlist.[1]

Der gesunde Menschenverstand würde nahelegen, daß die Juden am Rand der Vernichtung und im verzweifelten Kampf ums eigene Überleben wenig Zeit gehabt haben, um über den Schutz der Rechte der palästinensischen Araber nachdenken zu können. Darüber hinaus wäre es ein äußerst schwieriger und gefährlicher Versuch, diejenigen als Freunde anzuerkennen, die Arabisch sprechen und genauso gekleidet sind und so aussehen wie gerade die Feinde, die ihre Vernichtung geschworen haben. Man kann wohl kaum sagen, daß alle jüdischen Verteidiger mit größter Fairness und höchstem Mitgefühl für palästinensische Zivilisten handelten, doch unsere Sympathie sollte sich eher den Angegriffenen als ihren Angreifern zuneigen.

Im Jahr 1988 stellte das Magazin *Time* in einem Rückblick das Offensichtliche heraus: „Hätten Ägypten, Syrien und die anderen arabischen Staaten 1947 Israels Existenzrecht akzeptiert, dann könnten die Palästinenser seit nunmehr 40 Jahren in ihrem eigenen Staat leben."[2] Bei alledem sind die Juden mit der Einteilung des Landes durch dic UNO zufrieden. Und nicht sie waren es, die die Araber als erstes angriffen, sondern die Araber haben vielmehr sie angegriffen.

Außerdem haben viele Juden versucht, ihre flüchtenden arabischen Nachbarn zum Bleiben zu überreden. Das war zumindest die Meinung des britischen Polizeikommandanten A.J. Bridmead, die er sich vor Ort gebildet hatte. Im April 1948 berichtete er: „Die Juden unternehmen jede Anstrengung zur Überzeugung der arabischen Bevölkerung, daß sie hierbleiben soll." Ein fremder Besucher machte eine ähnliche Beobachtung: „In Tiberias sah ich ein Plakat an einer versiegelten arabischen Moschee mit der Aufschrift:

> Wir haben sie [die Araber] nicht enteignet … der Tag wird kommen, an dem die Araber zu ihren Häusern und Besitztümern in dieser Stadt zurückkehren. In der Zwischenzeit soll kein Bürger ihren Besitz anrühren. Gezeichnet: *Jüdischer Stadtrat von Tiberias*."

In Übereinstimmung mit den obigen Augenzeugenberichten meldete die angesehene und unparteiische Zeitung *London Economist*: „Die israelischen Autoritäten nötigten alle Araber zu bleiben … [doch] die Arabische Hochexekutive nötigte alle Araber durch eine Radiobotschaft, zu gehen … [denn] nach dem endgültigen Abzug der britischen Truppen würden die vereinten Armeen der arabischen Staaten in Palästina einfallen und die Juden ins Meer treiben."[3]

Als weitere offensichtliche Bestätigung, und diesmal aus arabischer Quelle, beklagte sich die jordanische Tageszeitung *Al Difaa*: „Die arabische Regierung sagte uns, ‚kommt raus, damit wir reinkommen können'. So gingen wir raus, aber sie gingen nicht rein."[4]

Israels erweiterte Grenzen

Durch Gottes Gnade gingen die Israelis trotz Unterzahl und Unterbewaffnung als Sieger aus der Schlacht hervor. Zwischen Februar und Juli 1949 wurden spezielle Waffenstillstandsabkommen mit allen besiegten arabischen Staaten getroffen. Wie immer, so war Israel auch seinerzeit bereit, einen Teil des Landes zurückzugeben, das es in Notwehr gezwungen gewesen war einzunehmen, wenn dafür nur sein Existenzrecht anerkannt würde. In den aus den Waffenstillstandsabkommen hervorgehenden Friedensverträgen mußten endgültige Grenzen festgelegt werden. Diese versprochenen Verträge sind jedoch niemals verwirklicht worden, da die arabischen Länder die Anerkennung des Existenzrechts Israels verweigerten – sogar die Anerkennung der Tatsache, *daß* Israel existiert – und die Möglichkeit zur Schaffung solcher Abkommen mit Füßen traten. Die Araber hat es 45 Jahre gekostet, bis sie endlich zugaben, daß ein solches Abkommen ihre einzige Hoffnung gewesen wäre.

Im Zuge der Verteidigung seiner nackten Existenz gegen die von seinen muslimischen Nachbarn beabsichtigte Vernichtung dehnte das kleine Israel seine Grenzen auf leichter zu verteidigende Positionen aus. Es besetzte nun den größten Teil Palästinas und überließ den Arabern nur noch das Land östlich von Jerusalem bis zum Jordan, bekannt als Westbank oder Westjordanland, und den Gaza-Streifen im Süden entlang des Mittelmeeres. Das Westjordanland fiel unter jordanische Kontrolle, der Gaza-Streifen unter ägyptische. In dieser Zeit dachte niemand, auch nicht die Palästinenser selbst, jemals an einen autonomen Palästinenserstaat.

Die Landteilung von 1947 hatte Israel einen derart schmalen Landstrich entlang der Küste zugemessen, daß eine Verteidigung allein dieses Gebiets unmöglich war. Deshalb kann niemand die Juden dafür anklagen, daß sie zumindest einige der Schlüsselpositionen beibehielten, die sie mit dem für unmöglich gehaltenen Sieg über ihre Möchtegern-Vernichter errungen hatten. Wollte das winzige Israel die unumgänglichen zukünftigen Angriffe eines Feindes überleben, der täglich seinen Haß schwor und unverblümt über Rundfunk seine Vernichtungsabsichten verbreitete, mußten seine Grenzen ausgedehnt werden. Und heute, 47 Jahre später, sind die arabischen islamtreuen Nachbarn Israels immer noch von dem Verlangen besessen, Israel zu vernichten, auch wenn sie nun als neue Kampfstrategie über „Frieden" reden.

Wie das *Time*-Magazin herausstellte, hätte Israel, wäre es in Frieden gelassen worden, niemals seine Grenzen erweitert. Die Ausdehnung der Grenzen Israels war *ausschließlich* ein Ergebnis der Kriege, die es gezwungenermaßen gegen diejenigen führen mußte, die seine Auslöschung wollten. Welches andere Land würde nicht das gleiche tun, wenn es von Feinden in fünfzigfacher Übermacht umzingelt wäre, die zum *Dschihad* [islamischer Heiliger Krieg] gegen es aufrufen?

Die Palästinenserfrage

Israels Probleme wuchsen jedoch mit jedem errungenen Sieg und jedem Stück annektierten Landes. Die arabischen Bewohner dieser Gebiete stellten für Israel ein unlösbares Problem dar. Infolge ihrer mißlichen Lage bekamen die Araber in den Augen der Welt allmählich das Image unterdrückter Besiegter. Wegen seiner Behandlung dieser nicht zu bändigenden Einwohner geriet Israel zunehmend unter internationale Kritik.

Die in diesen Gebieten lebenden Araber beschweren sich darüber, daß ihnen die israelische Staatsangehörigkeit und somit grundlegende Rechte vorenthalten werden. Israel entgegnet, es würde sie gerne als Staatsbürger sehen, aber nur dann, wenn sie Loyalität gegenüber dem Staat Israel schwören. Würden die USA oder irgendein anderes Land wohl Menschen die Staatsbürgerschaft gewähren, die ihre Verpflichtung zur Loyalität verweigern und bei jeder sich bietenden Gelegenheit den Staat vernichten würden?

Als Rechtfertigung für ihren Haß sehen die Palästinenser die Israelis als ihre Eroberer und Unterdrücker an; weshalb sollten sie dann nicht entschlossen sein, das israelische Joch abzuwerfen? Es ist eine festgefahrene Situation, und keine Seite ist zu einem Kompromiß bereit. So steigerte jeder „Sieg“ paradoxerweise nur die Wahrscheinlichkeit von Israels schließlicher Niederlage durch die rachsüchtigen Hände der Besiegten. Jehoschafat Harkabi, der frühere Chef des israelischen Militärgeheimdienstes, brachte dieses Dilemma gut zum Ausdruck:

> Unsere Wahl besteht nicht zwischen Gut und Böse. Das wäre einfach. Unsere Wahl ist zwischen Schlecht und Schlimmer. Israel kann sich nicht selbst verteidigen, wenn seine Feinde die Hälfte seiner Bevölkerung ausmachen. Die Araber verstehen, daß es die Hölle sein wird, wenn es nicht zur Schlichtung kommt – für sie und für uns …
>
> Wir müssen lernen, international zu denken, zwischen großen Plänen und Politik zu unterscheiden. Der große Plan der Araber ist wohl immer noch die Vernichtung Israels, doch ihre Politik ist eine andere. Wir müssen nicht mit den böswilligen Träumen der Araber fertig werden, sondern mit ihrer Politik … Wir brauchen einen qualitativen Zionismus und keinen großflächigen.[5]

Auf ihre wiederholten Niederlagen hin verweigerten Israels arabische Nachbarländer unerschütterlich die Anerkennung der bloßen Existenz Israels. In den letzten 47 Jahren erntete man in einem arabischen Land auf die bloße Erwähnung Israels eiskalte Blicke, strenge Vorwürfe oder Schlimmeres. Niemand kann mit einem israelischen Stempel in seinem Reisepaß ein arabisches Land betreten. Aus diesem Grund erteilt Israel seine Visa auf einem separatem Papier, so daß kein israelischer Stempel in den Reisepaß aufgenommen werden muß. Der Zeitung *The Jerusalem Report* zufolge war beim Wirtschaftsgipfel in Casablanca auf den von einer ägyptischen Vertretung verteilten Landkarten Israel immer noch nicht eingezeichnet.[6]

Welche Tragödie für beide Seiten! Was kann zum Erlangen einer friedlichen Schlichtung getan werden? Und mit wem hätte Israel Verhandlungen führen sollen? Jordanien und Ägypten hatten nicht mehr Anspruch auf Verwaltung dieser Gebiete als Israel, und die Palästinenser waren weder jemals in einem eigenen Staat vereinigt, noch haben sie von einer solchen Möglichkeit auch nur zu träumen gewagt, und so haben sie nie über gewählte Repräsentanten verfügt. Damit blieb die Palästinensische Befreiungsorganisation [PLO] als einzige gangbare Möglichkeit übrig – eine Möglichkeit, deren Annahme Israel lange Jahre von sich wies.

Die PLO entstand tatsächlich nicht mittels einer Wahl durch die Palästinenser, die sie vertreten soll, sondern wurde von dem ägyptischen Präsidenten Nasser ins Leben gerufen, der ihren ersten Führer ernannte. Aus diesem Grund wollten die Israelis mit dieser Organisation nicht verhandeln, und natürlich auch deshalb nicht, weil es eine terroristische Organisation war, deren Satzung zur Vernichtung Israels aufrief. Doch heute schütteln sich diese Parteien gegenseitig die Hände, lächeln, posieren zusammen für Pressefotos, unterzeichnen gegenseitige Abkommen – und haben sogar gemeinsam den Friedensnobelpreis empfangen!

Der derzeitige PLO-Chef Jassir Arafat war vor einiger Zeit „gewählter" Präsident des zukünftigen Palästinenserstaates, damit dieser jederzeit in Kraft treten konnte. In diese Position war er jedoch nicht von den Palästinensern gewählt worden, über die er präsidieren sollte, sondern durch ein Zentralkomitee der PLO. Wie konnte Israel also sicher sein, daß die Palästinenser selbst überhaupt wirklich die PLO als ihren Repräsentanten wollten? Dennoch sah Israel schließlich ein, daß die Palästinenser eine Stimme für ihre eigenen Anliegen brauchen, wenn eine Lösung erlangt werden soll, und die PLO schien die einzig mögliche Stimme zu sein.

Wer ist schuld?

Bei all den Anschuldigungen gegen Israel wegen der im Verteidigungskrieg eroberten Gebiete wird die große Landnahme Jordaniens nie erwähnt. Jordanien annektierte nämlich den größten Teil des Gebiets, das die UNO eigentlich den palästinensischen Arabern zugeteilt hatte und das nicht von Israel eingenommen worden war, einschließlich des heute als Westjordanland bekannten Territoriums. Außerdem haben Jordanien und die übrigen arabischen Länder die vertriebenen Palästinenser, anstatt sie in ihre Gesellschaft zu integrieren, bis auf diesen Tag in schmutzigen Flüchtlingslagern festgehalten. Dabei sorgten sie auf heuchlerische Weise dafür, daß der Blick der Welt auf das Problem der „palästinensischen Flüchtlinge" gerichtet blieb, und beklagten sich dabei noch selbst darüber.

Die Weltmedien erweisen ihre Sympathie zugunsten jeglicher Darstellung seitens der Palästinenser gegen die von ihnen so bezeichneten „Besatzer ihres Landes". Einige dieser Protestaktionen, wie zum Beispiel die *Intifada* [d.h. Abschütteln], waren extrem gewalttätig und forderten viele Menschenleben. Ganz gleich, mit welcher Zurückhaltung Israel reagiert, es wird stets wegen Unterdrückung und Mord angeklagt. Niemals wird Sympathie für die bei diesen Vorfällen getöteten Israelis ausgedrückt. Die Sympathie ist ausschließlich den Arabern vorbehalten, selbst dann, wenn sie bei einem versuchten Anschlag auf Israelis ums Leben gekommen oder gefangen genommen worden sind. In Wirklichkeit sind von palästinensischen Terroristen mehr Palästinenser [die wohl nicht entschieden genug Israel bekämpft haben] als Israelis umgebracht worden.

Wir meinen keineswegs, Israel hätte keine eigennützigen Interessen oder handle stets umsichtig und fair. Sogar die Juden in Amerika erhoben oftmals ihre Stimmen gegen Israels Behandlung der Araber, die in den besetzten Gebieten, bisweilen mit Gewalt, für ihre entzogenen zivilen und religiösen Grundrechte protestierten. Der Amerikanisch-Jüdische Kongreß bezeichnete das Niederschlagen von arabischen Demonstranten als „erschreckend und abstoßend". Das folgende Fernschreiben wurde von Rabbi Alexander Schindler, dem Vorsitzenden der Vereinigung Amerikanisch-Hebräischer Gemeinden, an den israelischen Präsidenten Chaim Herzog übermittelt:

> Das rücksichtslose Niederschlagen von Arabern, das als Israels neue Politik zum Bezwingen der Aufstände in Judäa, Samaria und Gaza verkündet und ausgeführt wurde, stellt einen Angriff auf den jüdischen Geist dar. Es verletzt jedes Prinzip menschlichen Anstands. Und es ist ein Verrat am Zionistischen Traum.[7]

Dennoch war Israels Benehmen bezüglich der Behandlung protestierender Palästinenser insgesamt gesehen weit besser als das seiner arabischen Nachbarn. Allein bei einem Aufstand gegen Jordanien im Jahr 1970 wurden weit mehr Palästinenser von der jordanischen Armee und Polizei umgebracht, als von Israel in der ganzen Geschichte seines Selbstschutzes gegen terroristische Anschläge. Die Medien präsentieren jedoch ständig ein einseitiges und antiisraelisches Bild. Letztendlich ist Israel dennoch seit über 40 Jahren aus der ganzen Serie von heftigsten, von den arabischen Nachbarn initiierten Kriegen stets als Sieger hervorgegangen.

Der Sechstagekrieg

1967 war Israel ein weiteres Mal gezwungen, gegen überhandnehmende Bedrohungen um sein nacktes Überleben zu kämpfen. In diesem Krieg nahm es aus taktischen Gründen die Westbank, den Sinai, die Golan-Höhen und den Gaza-Streifen ein. Fairerweise müssen wir erwähnen, daß Israel wie immer die Rückgabe des Landes angeboten hat – wenn die Araber im Gegenzug nur sein Existenzrecht anerkennen. David Ben Gurion forderte Israel damals auf, „alle eingenommenen Gebiete unverzüglich" zurückzugeben und warnte, ihr Behalten könne „den jüdischen Staat beeinträchtigen und womöglich letzten Endes sogar vernichten".[8]

Israel bot Ägypten und Syrien Friedensverträge an, die auf internationalen Grenzen basierten [die USA und andere Westmächte hatten diese Grenzen bereits garantiert], sowie den Beginn eines Dialogs mit Jordanien um die Möglichkeit eines Tauschhandels von Land gegen Frieden. Die in Khartum zusammengetroffene Arabische Liga antwortete „mit einem vierfachen unerbittlichen Nein: kein Frieden, kein Vertrag, keine Anerkennung [Israels] und keine Verhandlungen". Israels damaliger Außenminister Abba Eban reagierte mit seiner berüchtigten spitzen Feder: „Unsere arabischen Nachbarn verpassen keine Chance, sich eine Gelegenheit entgehen zu lassen."[9] Wären sie auf das Angebot eingegangen, meinte Eban, dann wären die Araber von israelischer Großzügigkeit überrascht worden.

Erst viele Jahre später, 1979, sollten Ägyptens Präsident Anwar al-Sadat und der israelische Ministerpräsident Menachem Begin durch die tatkräftige Unterstützung des damaligen US-Präsidenten Jimmy Carter in Camp David einen verbindlichen Friedensvertrag unterzeichnen. Im Gegenzug zu Ägyptens Anerkennung von Israels Existenzrecht [das erste Mal durch einen arabischen Staat], gab Israel den ganzen Sinai an Ägypten zurück, den es seit 1967 besetzt gehalten hatte. Für sein durch diese Anerkennung Israels praktiziertes Handeln entgegen der Lehre des Islam mußte Sadat mit seinem Leben bezahlen – er wurde 1981 bei einem Attentat von islamischen Fundamentalisten umgebracht, als er einer Militärparade zuschaute.

Neuschreibung der Geschichte

Als eines der dreistesten Beispiele von umgeschriebener Geschichte sei ein an US-amerikanischen Hochschulen weitverbreitetes Lehrbuch,

Politics in the Middle East [„Politik in Nahost"], angeführt. Hier wird die unerhörte Behauptung aufgestellt, in den Adern der heutigen palästinensischen Araber flösse „weit mehr von dem ‚Blut' der alten Hebräer als bei den heutigen Juden". Das Lehrbuch beschuldigt die israelischen Staatsmänner sogar, sie hätten zahlreiche Friedensofferten seitens arabischer Länder ausgeschlagen, und bezichtigt die jüdischen Siedler, 1948 ohne Veranlassung einen überraschenden Eroberungskrieg gegen ihre arabischen Nachbarn heraufbeschworen zu haben. Die Wahrheit ist jeweils das exakte Gegenteil.

Lediglich kurz am Rande erwähnt das Buch, daß die Vorfahren der jetzt in Israel lebenden Juden bereits vor langer Zeit dasselbe Land besaßen. [In Wirklichkeit besaßen sie ein weit größeres Gebiet als Israel heute umfaßt.] Um seinen Betrug vollkommen zu machen, schreibt das Lehrbuch auch die übrigen Kriege Israels um:

> Ägyptisch-syrische Rivalität und Versuche von beiden Seiten, den Radikalismus des anderen zu überbieten, obwohl keiner von beiden einen Krieg beabsichtigte, bahnten den Weg für die israelische Attacke vom Juni 1967.

Unmittelbar vor dem Sechstagekrieg von 1967 besuchte ich Ägypten, Libanon und Syrien. Die Behauptung, diese arabischen Länder hätten nicht die Absicht verfolgt, Krieg gegen Israel zu führen, ist die ungeheuerste Lüge. Die arabischen Staatsmänner machten nur zu deutlich, daß sie letztendlich ihren Plan, die Vernichtung Israels, vollstrecken wollten. Die offen wiederholte Androhung dieses Schrittes rief weder auf Seiten der Araber Verlegenheit noch bei der restlichen Welt Ablehnung hervor. Anscheinend hatten in ihrer aller Augen die Israelis es nicht anders verdient, weil sie sich ja in den vorigen Kriegen so gut verteidigt hatten.

Berichtigung des Berichts

Im Mai 1967, als Präsident Nasser gerade aus Moskau zurückkehrte, wo ihm mit viel Aufwand und vorzüglicher bolschewistischer Rhetorik über die sowjetische Förderung des Friedens in Nahost der Sowjetische Friedenspreis verliehen worden war, bereisten wir gerade Ägypten. Sobald Nasser in Kairo aus seinem Flugzeug ausgestiegen war, wurde er von Reportern bestürmt, die ihn darüber ausfragten, was nun mit

Israel geschehen würde. Seine kurz angebundene Antwort war, man solle sie ins Mittelmeer treiben.

In Gesprächen sowohl mit Zivilisten als auch mit Angehörigen des Militärs, die wir zu dieser Zeit auf unserer Reise durch Ägypten führten, hörten wir immer wieder einen Ausdruck, der uns zunächst verwunderte: „Der 19jährige Krieg". Was könnte das heißen? Welcher Krieg hatte denn 19 Jahre gedauert? Erst nach langem Grübeln verstanden wir schließlich, daß der 1948 von den arabischen Ländern mit dem Angriff auf den neuen Staat Israel begonnene Krieg im Denken der Araber niemals beendet worden war. Was Israel für Zeiten des Friedens zwischen einzelnen Kriegen hielt, war für die Araber eine einzige durchgängige Vorbereitung der Vollendung dessen, was sie 1948 versucht, aber nicht geschafft hatten. Und nachdem sie mit dieser Vorbereitung nunmehr 19 Jahre, die Zeit von 1948 bis 1967, zugebracht hatten, hatten sie nun die Zuversicht, daß Ägypten, Jordanien und Syrien mit der militärischen Unterstützung und dem Know-how der Sowjets [die sie mit dem Geld der reichen arabischen Ölländer bezahlt hatten] letztlich vollends dafür zugerüstet waren, den israelischen Militärapparat zu zerschmettern. Doch das erwies sich ein weiteres Mal als vergeblicher Wunsch.

Auf dem Weg von Alexandria in Ägypten zur libanesischen Hauptstadt Beirut saß ich mit aufgeregten Arabern zusammen im Aufenthaltsraum eines ägyptischen Frachters und schaute Fernsehen. Wieder und wieder wurden wir mit Bildern von Nasser konfrontiert, die zeigten, wie er seine Truppen und Panzer und die Luftwaffe besichtigte und lauthals von der bevorstehenden Vernichtung der israelischen Streitkräfte prahlte. Dabei wurde sehr deutlich, daß die Araber schon bald zum Angriff übergehen würden. Die Möglichkeit der Gefahr, daß Israel vorweg selber den ersten Schlag ausführen könnte, wie es dann tatsächlich geschah, zog man überhaupt nicht in Erwägung. Hier wurde der Eindruck vermittelt, die Israelis würden sich vor Angst verkriechen, da sie wüßten, daß sie bald von einer überlegenen Macht übermannt würden. Einen Tag vor Ausbruch des Krieges stellte das Magazin *Newsweek* das Wissen der Israelis so dar:

> Nasser hat sich zu weit in diese Sache hineingewagt, als daß er nun einen Rückzieher machen könnte, ohne dabei eine schwere Einbuße seines Ansehens bei seinen arabischen Freunden zu erleiden.[10]

Der darauffolgende Artikel der *Newsweek*, der den überraschenden israelischen Sieg in dem als „Sechstagekrieg" bekanntgewordenem Kampf analysierte, trug den Titel: „Schrecklich schnelles Schwert“. Die Israelis hatten die arabischen Streitkräfte dermaßen überwältigt, daß sie auch noch Damaskus, Beirut und Kairo hätten einnehmen können, hätten die USA sie nicht aus Angst vor dem drohenden Eingreifen der Sowjets davon abgehalten.

Die heutigen Studenten an den Universitäten waren noch nicht einmal geboren, als sich dies ereignete, und so konnten sie die Nachrichten nicht in der Weise verfolgen, wie sie sich zugetragen haben. Selbst wenn sie zu jener Zeit gelebt hätten, aber nicht unmittelbar in Nahost vor Ort gewesen wären, hätten sie aus den Medien wahrscheinlich ein verzerrtes Bild erhalten. Das ist heute sicherlich noch mehr der Fall. Und so können sie leicht durch die falsche Darstellung in ihren Lehrbüchern, durch begleitende voreingenomme Vorlesungen und durch die entstellten Berichte in den täglichen Nachrichten getäuscht werden.

Das bereits erwähnte Lehrbuch hatte ferner die Frechheit zu erklären, der Krieg vom Oktober 1973 sei „von Ägypten und Syrien mit der beschränkten Absicht initiiert worden, die Umstände für die auf die Wiedererlangung des Sinais und der Golan-Höhen und möglicherweise auch der Westbank und des Gaza-Streifens abgezielte Diplomatie zu verlagern“. Hier haben wir ein weiteres Beispiel unverschämter Propaganda. Tatsache ist, daß Tausende von über den Golan und durch den Sinai in Israel eindringende Panzer das israelische Militär mit einem Blitzangriff im Schlaf erwischten, der das ganze Land überrollen sollte, bevor überhaupt Widerstand organisiert werden konnte – und beinahe wäre das auch geschehen. Es war wiederum die Gnade Gottes, die Israel, trotz seines beständigen Leugnens seiner Abhängigkeit von dieser Gnade, am Leben bewahrte.

Was ist mit den heutigen Friedensaussichten?

Als Anfang 1991 der Golfkrieg beendet wurde, schrieb der Autor folgendes in unseren monatlichen Rundbrief: „Der Krieg am Golf endete eigentlich wie erwartet. Dankenswerterweise kam das Ende schnell, so daß die Opfer an Menschenleben auf beiden Seiten begrenzt blieben. Die Golfregion und die gesamte arabische Welt werden nie wieder sein wie vorher. Der schmerzvolle, vor uns liegende Prozeß wird neue Stabilität und die Hoffnung auf Frieden mit sich bringen – riesige Schritte hin auf die Neue Weltordnung. Der Druck auf Israel wird zunehmen, um den Palästinensern Unabhängigkeit zu gewähren und so einen neuen Nahost-‚Frieden' zu erzwingen, der letztendlich durch den von Israel als Messias angenommenen Antichristen gewährleistet werden wird."

Der „Frieden", der derzeitig in Nahost ausgehandelt wird, ist in der Bibel sowohl im Neuen als auch im Alten Testament auf prophetische Weise erläutert. Beide Testamente stimmen darin überein, daß dieser Frieden schließlich durch den Antichristen verwaltet werden wird. Der Prophet Daniel verkündete, der Antichrist werde „durch Frieden viele vernichten" [Daniel 8,25; nach der engl. King-James-Bibel; vergl. Anm. der rev. Elberfelder Bibel]. Paulus warnte, wenn die Welt sagen würde „Friede und Sicherheit!, dann kommt ein plötzliches Verderben über sie ... und sie werden nicht entfliehen" (1. Thessalonicher 5,3).

Dann wird offensichtlich die Zeit gekommen sein, da die Welt einsieht, daß sie zwar „Frieden und Sicherheit" erlangt hat, doch dieser Zustand nicht lange andauern wird. Es wird sich vielmehr als ein riesiger Schritt hin auf die Schlacht von Harmagedon und hin auf schreckliche Vernichtung sowohl in Israel als auch in der übrigen Welt erweisen. Das sagt die Bibel, und angesichts der bisherigen exakten Erfüllung der biblischen Voraussagen, wie wir es bereits dargelegt haben, würde die Welt gut daran tun, auf diese Warnung achtzugeben.

Aufgrund der von uns bisher erbrachten Beweise benötigt man nun nur noch sehr wenig Verstandesaufwand, um die Wahrheit des oben dargelegten Sachverhalts zu erkennen. Das ist schon daraus ersichtlich, daß der Islam nach wie vor die Vernichtung Israels fordert. Die derzeitigen Friedensgesuche von seiten der arabischen Nachbarländer müssen wir ebenfalls im Kontext des Beispiels verstehen, das der Prophet Mohammed selbst seinen Anhängern gab: um „Frieden" bitten, nur um dann umzudrehen und die zu vernichten, die nun durch diese Zusage beruhigt ihre Waffen niedergelegt haben. Alles ist moralisch richtig, solange es nur dem weltweiten Triumphzug des Islam förderlich ist.

Daß ein solcher Betrug zur bestimmten Zeit Israel bevorsteht, haben die Araber selbst deutlich gemacht. Der „Phasenplan" des Palästinensischen Nationalrates umfaßt beispielsweise vier Stufen: 1. Die Ablehnung von Israels Existenzrecht; 2. die Errichtung eines aggressiven Palästinenserstaates auf jedem erhältlichen Gebiet [innerhalb Israels]; 3. die Verwendung dieses Gebiets zur Weiterführung des Krieges gegen Israel zwecks „Befreiung" weiterer Teile Palästinas; 4. die Verwicklung einbezogener Staaten zur Beihilfe bei der endgültigen Vernichtung Israels.

Arafat hat in der Vergangenheit wiederholte Male erklärt: „Das Ziel unseres Kampfes ist das Ende Israels, und dafür kann es keinen Kompromiß geben." Während seine neue Strategie das Verhandeln um

„Frieden“ mit Israel ist, hat er solche vormaligen Verlautbarungen über die Vernichtung dieses Staates niemals widerrufen. Israel jedoch ist jahrelang für seine mangelnde Bereitschaft, mit der PLO um die Gründung eines Palästinenserstaates zu verhandeln, verurteilt worden. Das zu tun, ist irrsinnig; doch Israel hat keine andere Wahl.

Aus den Radios und Lautsprechern auf den Straßen der arabischen Länder tönt immer noch der Ruf nach Auslöschung Israels. Immer noch wird dieser Plan in Moscheen rund um die Welt gelehrt. Immer noch ruft der satanische Geist, der Hitler zu seinem Holocaust inspirierte, nach „Frieden“ – und fordert denselben Preis. Lassen wir uns nicht täuschen: Auch nach dem Unterzeichnen des Friedenabkommens sieht Jassir Arafat die Vernichtung der Juden weiterhin als heilige islamische Pflicht der PLO an.

Die „besetzten Gebiete“

Der Kampf um Israels Überleben hat sich vom totalen Krieg zu einer Schlacht um Worte gewandelt, zu juristischen Verwicklungen und international überwachten Verhandlungen um Landstriche, wo Menschen leben und sterben. Der Wettstreit um Land ist mit dem Friedensprozeß nur noch hitziger geworden. Einst wehrte Israel sich gegen den Ausdruck „besetzte Gebiete“. Gottes Verheißungen an Abraham, Isaak und Jakob zufolge sind es die Araber, die jüdisches Land besetzen und nicht andersrum. Mittlerweile ist die Bezeichnung von Teilen Israels als „besetzte Gebiete“ jedoch allgemein anerkannt und soll bedeuten, daß die Juden Land besetzt halten, das eigentlich den Palästinensern gehört und zur Zeit wieder zurück unter ihre Kontrolle gestellt wird.

Dieser Gesinnungswandel betrifft sogar die jüdischen Siedlungen, die früher zweifellos als rechtmäßig galten. Ein Beispiel ist der Etzion-Block, zu dem auch Efrat gehört, was einmal als Teil Groß-Jerusalems betrachtet wurde. Ein enttäuschter Bewohner von Efrat brachte die Frustration zum Ausdruck, die er mit vielen seiner Nachbarn teilt:

> Seit unserem Entschluß, ein Haus in Efrat zu kaufen, und in den weniger als vier Monaten, seitdem wir hier leben, bin ich nur selten auf die negative Reaktion gestoßen, die die Bewohner von vielen jüdischen Gemeinden in Judäa und Samaria erfahren. „Ihr seid nicht wirklich Siedler“, hat man mir mehr als einmal versichert. „Schließlich kennt doch jeder die Geschichte des Etzion-Blocks.“ …

> Letzte Woche … berichteten mir fette Schlagzeilen, daß viele meiner Annahmen in Wirklichkeit Illusionen waren. [Die Erfahrung] hat seitdem mein wachsendes Gefühl gesteigert, von einer Regierung betrogen worden zu sein, für die Versprechen und sogar Gerichtsbeschlüsse bedeutungslos sind. Ich fühle mich übervorteilt von denen, die auf Kosten von Menschen Politik betreiben wollen.
>
> Während der Kampf um das Land Israel nicht nur ein Kampf um Häuser und Gärten und „Lebensqualität" sein sollte, fürchten wir, daß bestenfalls das Wachstum Efrats aufhören wird und daß unser Haus am äußersten Nordrand der Stadt verbleibt. Schlimmstenfalls, so hörte ich einen Bewohner sagen, „geht es mit Camelot bald zu Ende". Ich hoffe, er hat übertrieben.
>
> Selbst wenn der vorgeschlagene Kompromiß miteinbezogen wird, so hat die Kabinettsentscheidung doch das wahre Gesicht einer Regierung enthüllt, die jeden Sinn für das rechte Maß verloren hat. Sie hat die Fähigkeit verloren, notwendige Grenzen zu ziehen oder einzuhalten, und ist bereit, sogar die rechtmäßigsten und unanfechtbarsten Ansprüche preiszugeben, die wir als Juden in diesem Land Israel haben.
>
> Wenn wir nicht einmal das Recht auf einen dürren Abhang im Etzion-Block haben, dann haben wir auch keinen Anspruch auf irgendeinen anderen Fleck zwischen Jordan und Mittelmeer.[11]

Der Streit darum, wer nun wirklich ein Anrecht auf bestimmte Teile des Landes Israel hat, legt weiterhin den Mechanismus des Friedensprozesses lahm. Die israelischen Pläne zur Vergrößerung der Siedlungen im Westjordanland sind durch die Demonstrationen von Bewohnern der nahegelegenen palästinensischen Stadt Al Kadar zum Stillstand gebracht worden, da sie die Bauarbeiten blockierten. Israelische Siedler drohten ihrerseits mit Demonstrationen, sollten die Bauarbeiten nicht weitergeführt werden können.

„Um die Siedler zu besänftigen, sagte Israel, das Bauen würde auf einem anderen Hügel gestattet, der näher an der Siedlung und weiter entfernt von der arabischen Stadt liegt. Aber dieser Versuch eines Kompromisses stellte fast niemanden zufrieden … Die Siedler beschuldigten Rabin, auf palästinensische Drohungen einzugehen … [während] die Palästinenserführer sagen, ein Hügel sei wie der andere. Auf jeder Seite, so sagen sie, sei der Bau von Siedlungen inakzeptabel und stelle eine Bedrohung der Friedensgespräche dar."[12]

Der Einfluß des Islam

Der „Friedensprozeß“ wird ferner erschwert durch die unbestreitbare neidische Haltung der arabischen Welt gegenüber Israel aufgrund der offensichtlichen Überlegenheit des jüdischen Staats nicht allein in militärischer, sondern auch in landwirtschaftlicher und industrieller Hinsicht. Die Israelis haben ein dürres Land aus Felsen, trockener Erde und Sumpf übernommen, das jahrhundertelang nur sehr wenig für seine arabischen Bewohner abgeworfen hat, und sie verwandelten es zurück in das Land, das Gott ursprünglich den Nachkommen Abrahams, Isaaks und Jakobs gegeben hatte: „ein Land, das von Milch und Honig überfließt“ (3. Mose 20,24). Und mit der Fruchtbarkeit des Landes entstanden auch moderne Städte. Die Araber haben sich über den Erfolg Israels geärgert und versucht, die Früchte der jüdischen Arbeit und somit das ganze Land zu zerstören, das sie doch zurückgewinnen wollen.

Die Israelis haben Millionen von Bäume gepflanzt, und die neuen Wälder verbesserten das Klima Israels, weil sie mehr Regen anzogen. Die arabischen Bewohner des Landes profitieren davon genausogut wie die Juden. Doch die Araber versuchen von Zeit zu Zeit immer wieder, diese nützlichen und wunderschönen Gehölze niederzubrennen. Ein Brief, den ich gerade heute von einem jüdischen Freund aus Jerusalem erhalten habe, berichtet Trauriges:

> Letzte Woche sind wir rausgefahren und haben in Efrat Tausende Bäume gepflanzt – nur um am nächsten Tag zu hören, daß die Araber sie alle wieder ausgerissen haben.

Und wieder sehen wir den Einfluß des Islam. Wir werden an den alten Schlachtruf des Propheten Mohammeds erinnert: „Tod heißt Paradies, Sieg heißt Plünderung – und Niederlage heißt nur die Chance, es nochmals zu versuchen.“ Hinter der Nützlichkeit des Aushandelns „friedlicher Siedlungspolitik“ verbleibt der religiöse Eifer, der den algerischen Ministerpräsidenten Hourari Boumedienne unmittelbar nach Israels lautem Sieg von 1967 zu der herausfordernden Erklärung veranlaßte:

> Die Araber haben die erste Schlacht verloren. Aber den Krieg haben wir nicht verloren. Die Besetzung von [arabischem] Land durch die Zionisten werden wir niemals akzeptieren!

Aufgrund der unnachgiebigen und gegensätzlichen Interessen beider Seiten ist der Kampf ums Überleben in eine Sackgasse geraten. Er wird anscheinend beigelegt werden, doch nicht so, wie die Bibel es sagt und auch nicht in Übereinstimmung mit dem Koran. Gott wird jedoch schließlich seinen eigenen Weg haben und die Prophezeiungen über Israel erfüllen. Aber das kann nicht geschehen, ohne daß sein Wille ausgeführt wird – nicht nur in bezug auf das Land, sondern vor allem auch in den Herzen der Menschen, sowohl Juden als auch Araber, die das Land besetzten. Leider wird das nicht ohne weitere Zerstörung und Leiden auf beiden Seiten stattfinden.

Jitzchak Rabin, der zur Zeit des israelischen Sieges im Sechstagekrieg von 1967 Generalmajor und israelischer Generalstabschef war, erklärte stolz: „Alles dies wurde allein durch die israelischen Verteidigungsmächte vollbracht, mit dem, was wir haben, ohne irgend etwas oder irgend jemand anderen.“[13] Wie anders war doch König Davids Haltung, der noch größere Siege errungen hat und Gott dafür alle Ehre gab! Und wieviel Leid steht Israel noch bevor, bis es endlich lernt, sein Vertrauen auf den gleichen Einen zu setzen, und erkennt, wie nötigt es den Gott Davids braucht!

Jerusalem

Darum sage zu den Söhnen Israel: Ich bin der HERR … ich will euch mir zum Volk annehmen … und ihr sollt erkennen, daß ich der HERR, euer Gott, bin …

2. Mose 6,6-7

Denn ein heiliges Volk bist du dem HERRN, deinem Gott. Und dich hat der HERR erwählt, ihm ein Eigentumsvolk zu sein aus allen Völkern, die auf dem Erdboden sind.

5. Mose 14,2

Und ihr sollt mir heilig sein, denn ich bin heilig, ich, der HERR: Und ich habe euch von den Völkern ausgesondert, um mein zu sein.

3. Mose 20,26

Ihr Nachkommen Abrahams … ihr Söhne Jakobs, seine Auserwählten … Er ist der HERR, unser Gott!

Psalm 105,6-7

Denn der HERR hat sich Jakob erwählt, Israel zu seinem Eigentum.

Psalm 135,4

Du aber, Israel, mein Knecht, Jakob, den ich erwählt habe, Nachkomme Abrahams, meines Freundes …

Jesaja 41,8

Aber nun höre, Jakob, mein Knecht, und Israel, den ich erwählt habe … Ich bin der HERR, der dich bei deinem Namen ruft, der Gott Israels. Um meines Knechtes Jakob willen und Israels, meines Auserwählten … Ich bin der HERR … Außer mir gibt es keinen Gott.

Jesaja 44,1; 45,3-5

Spielball der Völker

8

Ein auserwähltes Volk?

Was die Bibel so deutlich über das jüdische Volk und das Land Israel sagt, kann für Araber und insbesondere für Palästinenser sehr beunruhigend sein. Die oben angeführten Verse [die nur eine Auswahl von unzähligen ähnlichen darstellen] lassen keine Frage mehr offen. Der Name *Israel*, der entweder das Volk oder das Land bezeichnet, kommt in der Bibel mehr als 2500mal vor, und der Ausdruck *Juden* oder ähnliche Bezeichnungen finden sich über 1000mal in der Schrift. Hier haben wir es also mit einem Hauptthema der Bibel zu tun.

Die alttestamentlichen Propheten verkündeten wie mit einer Stimme, daß die Juden ein auserwähltes Volk sind und daß Gott für sie und ihr Land eine besondere Bestimmung vorgesehen hat. Das Neue Testament stellt diese göttliche Entscheidung ebenfalls heraus. Wenige Tage nach Pfingsten bezeichnete Petrus die Juden in seiner zweiten Predigt als „die Söhne der Propheten und des Bundes, den Gott euren Vätern verordnet hat, als er zu Abraham sprach …“ (Apostelgeschichte 3,25). Paulus sprach von den „Israeliten“ als „meine Verwandten nach dem Fleisch“, „deren die Sohnschaft ist und die Herrlichkeit und die Bündnisse und die Gesetzgebung und der Gottesdienst und die Verheißungen“ (Römer 9,3-4).

Dieses anzuerkennen, hängt von der eigenen Haltung gegenüber der Bibel ab. Daß die Schrift das unfehlbare Wort Gottes ist, kann ohne den geringsten Zweifel bewiesen werden. Ob man nun glaubt, daß die Bibel wahr ist, oder nicht, bestimmt die eigene Lebensweise, das Verhältnis zu den Mitmenschen und die persönliche Hoffnung auf das Jenseits. Und vor allem – ob man nun Jude ist oder Nichtjude, Israeli oder Palästinenser – die Ansicht über die Bibel bestimmt die Ansicht über das Land Israel und die Juden, sowohl in ihrer Heimat als auch in ihren Exilen rund um die Welt.

Menschliche Tragödie

Die Notwendigkeit eines objektiven Standpunkts, wie die Bibel ihn verschafft, wird an den tiefen und zerbrochenen Gefühlen bezüglich Jerusalems deutlich, die die Juden einerseits und die Araber und Palästinenser andererseits motivieren. Wir sehen uns einer Nahostkrise gegenüber, die droht, im verheerendsten Krieg der Menschheitsgeschichte die gesamte Welt zu verschlingen. Überall grassiert Fehlinformation, und zu weiten Teilen bestimmt sie die tief verwurzelten Vorurteile, die auf beiden Seiten die Menschen mit Wut und Haß erfüllen.

Es gibt Tausende von Palästinensern und Arabern, die aufgrund der erstaunlichen Lüge [die ihnen von kleinauf beigebracht worden ist] überzeugt sind, daß es die nackte Aggression der Juden war und nicht der Angriff durch fünf arabische Staaten, die den Unabhängigkeitskrieg von 1948 auslöste. Für die meisten heutigen Palästinenser und Araber sind Terroristen [die sowohl Israelis als auch ihre eigenen Leute umbringen, wenn sie mit Israelis kooperieren] überhaupt keine Terroristen, sondern heldenhafte, in Notwehr handelnde Patrioten. Sogar viele aus der jüngeren Generation der Israelis haben aufgrund ihrer Begeisterung für die „Friedensbewegung" bereits dieselbe Revision der Geschichtsschreibung angenommen.

Als Beispiel sei das Buch eines jüdischen Autors angeführt: *Voices from a ‚Promised Land'* [„Stimmen aus einem ‚Gelobten Land'"] von Penny Rosenwasser. Auf dessen Seiten liest man mit tiefem Mitgefühl die herzzerreißenden Zeugnisse von Palästinensern: von der Hoffnungslosigkeit und Verzweiflung von Tausenden enteigneter Menschen, die ohne Arbeit in den besetzten Gebieten gefangengehalten werden; von der schmutzigen, peinigenden Armut und von überfüllten Verhältnissen in den Lagern wie zum Beispiel Jabalia im Gaza-Streifen, von plötzlichen mitternächtlichen Hausdurchsuchungen durch brutale israelische Soldaten ohne Durchsuchungsbefehl, von Schlägereien, Verhaftungen, Tötungen, Abschiebungen und niedergebrannten Häusern.

Hat man dieses Buch zur Hälfte gelesen, überkommt den Leser jedoch der unbehagliche Eindruck, hier nur die eine Seite einer tragischen Geschichte zu erfahren – und das möglicherweise nicht einmal in zutreffender Weise. Was völlig fehlt, ist jeder Hinweis auf eine möglicherweise bestehende Berechtigung der Israelis zu ihrem Handeln. Selbst die theoretische Möglichkeit, daß die PLO und viele weitere Terrororganisationen jemals etwas falsch gemacht haben könnten, wird an keiner Stelle auch nur in Erwägung gezogen.

Gibt es eine andere Seite?

Wir erinnern uns, daß es die PLO, Hamas, Islamischer Heiliger Krieg und andere ähnliche Organisationen nur aus dem einen Grund gibt,

Israel zu vernichten. Sie haben einen unbarmherzigen Krieg des Terrors gegen Israels Zivilbevölkerung geführt, Frauen und Kinder rücksichtslos umgebracht, doch das würde man aus dem Buch von Rosenwasser niemals erfahren. Da ist überhaupt kein Zugeständnis von irgendeiner Art des Terrors gegen Israel oder von den vielen daraus resultierenden israelischen Todesopfern. Alya Schawa beispielsweise, Hotelbesitzerin im Gaza-Streifen und eine der führenden Persönlichkeiten in der Frauen-„Friedensbewegung" im Gebiet von Gaza, bezeugt mit scheinheiliger Aufrichtigkeit:

> Ich möchte, daß die Welt da draußen einsieht, daß wir keine Terroristen sind, und daß sie merkt, wer die wirklichen Terroristen sind [die israelischen Soldaten], die nun schon drei Jahre lang unsere Jungs umbringen und Kinder und Frauen schlagen. Sie sind die Terroristen und nicht wir.[1]

Solche einseitigen Anschuldigungen werden in *Voices from a ‚Promised Land'* immer und immer wiederholt. Typisch ist die folgende Aussage einer palästinensischen Frau, die bei einer Frauen-„Friedenskonferenz" in Jerusalem auf Arabisch davon berichtete, „wie kurz vor der Geburt ihres Kindes ihr Gatte ausgewiesen wurde, und jetzt verweigern die israelischen Machthaber ihr das Ausreisevisum, so daß sie ihn nicht besuchen kann … eine verbreitete Zermürbungstaktik der israelischen Regierung, um palästinensische Familien aufzuspalten".[2] Was fehlt, ist jegliche Dokumentation oder Erklärung, *weshalb* die Israelis es für nötig befunden haben, ihren Ehemann auszuweisen oder aber einen Nachweis der Unrechtmäßigkeit dieser Behandlung. Es wird einfach vorausgesetzt, daß alles, was die israelische Regierung und ihre Soldaten tun, falsch ist, weil sie böse Zionisten sind und den Palästinensern ihr Land gestohlen haben. Die unterdrückten Palästinenser sind absolut unschuldige Opfer und haben nie etwas getan, was eine Reaktion seitens der Israelis verdient hätte.

Lesen wir einmal das Zeugnis von Rehab Essawi, die als Mitglied der palästinensischen Delegation zu einer „Konferenz jenseits des Krieges" nach Kalifornien kam. Sie ist Professorin für Pädagogik an der Universität von Hebron im Westjordanland. Ihre Geschichte von Unterdrückung und Ungerechtigkeit erweckt großes Mitgefühl für die, die so sehr haben leiden müssen. Doch wiederum ist die Darstellung derart einseitig, daß man an ihrer Glaubwürdigkeit Zweifel hegen muß:

> Mein Vater war sehr aktiv in der Revolution von 1936. Gegen Ende war er politischer Flüchtling im Irak und wurde von den Engländern dreimal [in Abwesenheit] zum Tode verurteilt. 1970 wurde mein Bruder verhaftet, und er verbrachte dann zwölf Jahre hinter Gittern. Ich hatte noch einen Bruder, der 1982 im Libanonkrieg ermordet wurde, und während der Intifada wurden noch weitere Brüder sowie Neffen verhaftet. Und ich selbst bin dreimal verhaftet worden.[3]

Hierbei wird stillschweigend so getan, als ob weder sie noch ihre Familie oder irgendein anderer Palästinenser jemals etwas getan hat, was eine Verhaftung oder sonstige Strafe verdient hätte. Die Engländer haben ihren Vater selbstverständlich völlig unberechtigt zum Tode verurteilt. Dreimal machten sie das – jedesmal ohne jede Veranlassung! Und, das müssen wir bedenken, das waren nicht die Israelis, sondern die Engländer, die doch selbst auf Seiten der Araber standen. Kann es wirklich jedesmal eine solch eindeutige Ungerechtigkeit gewesen sein, als sie oder einer ihrer Familienangehörigen [oder irgendein anderer Palästinenser] verhaftet wurden? Aber das wird offenbar vorausgesetzt! Der Bruder, der zwölf Jahre hinter Gittern zubrachte, war anscheinend ohne jede Veranlassung inhaftiert worden. Und das muß auch bei allen anderen Brüdern und Neffen der Fall gewesen sein, die während der *Intifada* verhaftet worden sind. Nach Dutzenden von Geschichten wie dieser, wundert man sich allmählich.

Ist der Leser bei der letzten Seite von *Voices from a ‚Promised Land‘* [das zunächst berechtigten Zorn gegen Israel wegen seiner Behandlung der Palästinenser sowie tiefes Mitgefühl für diese unterdrückten Menschen hervorgerufen hat] angelangt, kehrt sich das Buch in seiner Wirkung um. Da fehlt doch mit Sicherheit irgend etwas in den ganzen Geschichten, die wir hier lesen. Die Sympathie neigt sich allmählich eher den Israelis zu. Keine Situation kann auf der einen Seite völlig weiß und auf der anderen völlig schwarz sein. Der aufmerksame Leser zieht unweigerlich die Schlußfolgerung, daß ihm nicht die ganze Wahrheit gesagt wird. Und so kommt ein Mißtrauen gegenüber diesen Zeugnissen auf und letzten Endes sogar Sympathie für diejenigen, die dadurch eigentlich beschuldigt und angeklagt werden sollten.

Eine verzerrte Sichtweise

Sogar Saddam Hussein ist in *Voices from a ‚Promised Land'* über jeden Vorwurf erhaben. Welche verdienstbringende Qualität kann man an diesem Massenmörder finden, außer daß er die Vernichtung Israels geschworen hat? Doch das reicht anscheinend dafür aus, seine vielfachen unmenschlichen Verbrechen aufzuwiegen. Trotz seiner Einnahme Kuwaits und seiner Hinrichtung von Tausenden Kuwaitis sowie seiner eigenen Leute ist Saddam ein strahlender Held, weil er Israel die Vernichtung androht und verspricht, das gesamte Land an die Palästinenser zurückzugeben.

Die in *Voices from a ‚Promised Land'* interviewten Menschen bringen eine große Entrüstung gegenüber den USA zum Ausdruck, weil sie in den Golfkrieg eingeschritten ist, sogar obwohl dieses Einschreiten den Tod vieler weiterer Tausende von Arabern verhinderte. Anscheinend meint man, mit dem Golfkrieg sei Frieden gekommen. Saddam brachte der Golfregion also „Frieden"? Wie die Einnahme Kuwaits [die sich ohne US-amerikanisches Eingreifen auch auf Saudi-Arabien und andere Golfstaaten ausgestreckt hätte] als „Frieden" interpretiert werden kann, wird nicht näher erläutert.

Zakaria Khoury, palästinensische Leiterin einer 1990er „Friedensreise" von US-amerikanischen Frauen, drückt ihre Schockierung darüber aus, daß beim Golfkrieg Palästinenser von Kuwait und Saudi-Arabien deportiert wurden, obwohl ihr Anführer Jassir Arafat Saddam Hussein seine massive Unterstützung zugesagt hatte. Khoury hält es für unbegreiflich, daß eine solche Aktion „gegen unser Volk verhängt wird als Strafe für die von der PLO bezüglich der Golfkrise eingenommene Position ..."[4]

Anscheinend ist nichts Falsches an Saddams brutaler Aggression gegen die Nachbarn des Irak oder daran, Scud-Raketen auf Israel abzufeuern, oder an seinen vielfach wiederholten Drohungen, Israel zu vernichten. Diese offensichtlichen Greueltaten sind erstaunlicherweise gerade die Faktoren, die Saddam die Bewunderung seitens der Palästinenser einbringen sowie die Gründe für das begeisterte Lob der PLO auf diesen „arabischen Hitler". Die Palästinenser unterstützten Saddam bei seinem verwerflichen Feldzug gegen Kuwait und Saudi-Arabien. Doch als diese Länder die palästinensischen Arbeiter als Sicherheitsrisiko bezeichneten und sie ins Westjordanland oder in den Gaza-Streifen zurückschickten, beschwerten sie sich.

Und was ist mit Israel? Jahrzehntelang lebten Tausende von Arabern in seinen Grenzen, die seine Auslöschung geschworen hatten und zum Erreichen dieses Ziels einen terroristischen Feldzug von Mord und Totschlag führten. Ein größeres Sicherheitsrisiko kann man sich gar nicht vorstellen. Doch als Israel aus Sicherheitsgründen die Ausweisung eines geringen Prozentsatzes der Palästinenser [die aktiv auf die Vernichtung des Staates hinarbeiten] für nötig befand, anstatt, wie Kuwait und Saudi-Arabien, alle Palästinenser, ertönte rund um die Welt lauter Protest, sogar in Kuwait und Saudi-Arabien.

Angesichts solch tief verwurzelter Vorurteile und verzerrter Sichtweisen verzweifelt man daran, jemals eine gerechte Lösung zwischen Arabern und Israelis zu finden. Was nötig ist, ist eine höhere Autorität, die von beiden Seiten anerkannt und bereitwillig gehört und befolgt wird. Man könnte nun entgegnen, daß die Protestanten in Nordirland und die Katholiken auf dem Rest dieser Insel beide behaupten, an denselben Gott und an Jesus Christus zu glauben, und doch sind sie bisher nicht zu einem friedlichen Zusammenleben imstande gewesen. Gleiches könnte man über die serbischen Orthodoxen und die kroatischen Katholiken sagen, die sich im ehemaligen Jugoslawien gegenseitig umbringen. Doch da besteht ein unbedingt zu beachtender Unterschied: Die Bibel sagt nichts über Bosnien oder Irland, aber sie sagt sehr viel über das Land Israel.

Gott hat gesprochen

Allein der Gehorsam gegenüber Gottes Wort kann uns befähigen, alle Vorurteile beiseite zu stellen, ganz gleich, ob zwischen Franzosen und Deutschen, zwischen „Ossis“ und „Wessis“, zwischen US-Amerikanern und Mexikanern, zwischen Eltern und Kindern oder zwischen Arabern und Juden. Wir können nicht zulassen, daß wir uns von der scheinbar berechtigten Feindseligkeit beeinflussen lassen. Auf beiden Seiten hat es erlittenes Unrecht gegeben. Die einzige Hoffnung auf Verständigung, Vergebung und Frieden besteht für die gesamte Menschheit in der Unterwerfung unter Gott. Und Gott hat nicht nur über Himmel und Hölle, sondern auch über das Land Israel etwas sehr Deutliches zu sagen.

Wir haben bereits einige Prophezeiungen über Israel angeführt, deren Jahrhunderte oder sogar Jahrtausende spätere Erfüllung ohne den kleinsten Rest eines Zweifels beweisen, daß der Gott der Bibel, der Schöpfer des Universums, existiert. Das hat er vorgeführt, indem er Jahrhunderte vorher voraussagte, was diesem einzigartigen Volk, den

Juden, widerfahren wird. Das exakte Eintreten dessen, was Gott seinen Propheten im voraus über Israel zu verkündigen eingab, kann nicht als bloße Aufeinanderfolge von Zufällen erklärt werden. Das wäre mathematisch nicht nur unwahrscheinlich, sondern unmöglich. Das kann kein ehrlicher Mensch in Frage stellen, und auch die Schlußfolgerung, die wir daraus eindeutig ziehen müssen, kann niemand von sich weisen.

Die eigene Meinung über Israel, die Araber und das „Gelobte Land" sollte man auf keinen Fall durch Gefühle, Vorlieben, Hoffnungen oder Träume bestimmen lassen. Es ist nicht die Frage, ob man nun proarabisch oder proisraelisch eingestellt ist, sondern eine Frage der Unterwerfung unter Gottes Wort und Willen. Die Aussagen der Bibel könnten gar nicht deutlicher sein: Die Juden sind Gottes „auserwähltes Volk", und Gott hat ihnen das Land Israel vor mehr als 4000 Jahren für *ewig* zum Eigentum gegeben. Die bereits dargelegte Einmaligkeit dieses Volkes hat auch heute noch Gültigkeit und kann auf keiner anderen Grundlage schlüssig erklärt werden, als nur durch die biblischen Aussagen.

Die große Bedeutung Jerusalems und die Tatsache, daß diese Stadt der Schlüssel zum Weltfrieden ist, verdeutlichen wiederum, daß Gott seine Hand sowohl über die Juden als auch über ihr Land hält. Wegen groben Ungehorsams und Götzendienstes zerstreute Gott dieses Volk über die ganze Welt. Und jetzt, 2500 Jahre nach ihrer babylonischen Gefangenschaft, hat er es in sein Land zurückversammelt, wie er es zuvor durch seine Propheten für die „letzten Tage" verkünden ließ. Dieses Wunder hat Gott vor der ganzen Welt zu dieser besonderen Zeit in der Geschichte vollbracht, damit sein Wort in Erfüllung geht und damit offenbar wird, daß er Gott und Israel sein Volk ist. Leider bleibt die große Mehrheit der Juden trotz dieser überwältigenden Bestätigungen im Unglauben gegenüber seinen Verheißungen und Warnungen.

Man könnte versuchen, die Wahrheit der Bibel abzustreiten, weil man nicht dazu bereit ist, an Gott und seine Wunder zu glauben, und die vergebliche Hoffnung hegt, der Verantwortlichkeit vor ihm zu entgehen. Doch die Tatsache, daß die Bibel die Juden als Gottes auserwähltes Volk bezeichnet und daß seine Prophezeiungen über sie eingetroffen sind, kann man nicht abstreiten.

Ein Wunder trotz des Unglaubens

Das Wunder des modernen Israel wird sogar noch erstaunlicher, wenn man in Betracht zieht, daß die Mehrheit des jüdischen Volkes rund um die Welt nicht an eine wörtliche Auslegung der Bibel glaubt. Ihr Sinn für Tradition mag ausgeprägt sein, doch der Glaube an Gott oder sein Wort fehlt dabei völlig. Das ist zwar unerklärlich aber wahr, obwohl Gott alles getan hat, um sich ihnen gegenüber erkenntlich zu zeigen.

Dieses moderne Land Israel ist *trotz* der Juden geschaffen worden, und nicht in erster Linie wegen ihnen. Der Holocaust vertrieb sie aus Europa und erweckte eine inbrünstige Sehnsucht nach einem eigenen Land. Heute beweist ihre Bereitschaft, Teile Israels, des von Gott verheißenen Landes, im Austausch gegen einen zerbrechlichen Frieden mit seinen eingeschworenen Feinden aufzugeben, zu Genüge, daß sie dieses Land nicht als ihr göttliches Erbe ansehen, wie es in der Bibel beschrieben ist.

Beachtet man den Trend unter den weltweiten Juden zu Mischehen mit Nichtjuden und somit zur Preisgabe ihrer gottgegebenen Identität, wird deutlich, daß der Staat Israel gerade rechtzeitig gegründet wurde. Die Absorbtionsrate in nichtjüdische Identitäten steigt in gleichem Maße, wie der Holocaust in weite Vergangenheit rückt und der zionistische Traum immer irrealer wird. Werfen wir zum Beispiel einen Blick darauf, was in der früheren Sowjetunion geschehen ist. 1988 „waren 73,2% der jüdischen Männer außerhalb ihres Glaubens verheiratet, und 62,8% der jüdischen Frauen waren Mischehen eingegangen ... und die Rate der Mischehen steigt stark, während die Geburtsrate sinkt". Innerhalb der nächsten fünf Jahre erwartet man für die frühere Sowjetunion, daß es dort aufgrund von „Assimilation und Geburtenrückgang etwa 500.000 Juden weniger gegeben wird".[5]

Darüber hinaus werden heute in der israelischen Gesellschaft Stimmen laut, die gegen jede weitere Einwanderung von Juden aus der ganzen Welt nach Israel argumentieren. Die Vision von einem besonderen Land und einer besonderen Bestimmung ist eindeutig verlorengegangen. Die praktischen Argumente für diese Auffassung und das Ablehnen jeglicher „religiöser" Mitbedeutungen von Diaspora und Rückkehr nach Israel wurden in einem kürzlich erschienenen Leitartikel der *Jerusalem Post* mit dem Titel „Das postzionistische Zeitalter ist angebrochen" überzeugend dargestellt:

> Die Vision des Zurückversammelns der Vertriebenen hat die Nation jahrzehntelang aufrechterhalten, und die Alija war der Stützapparat, der das moderne Israel überlebensfähig machte.
>
> Aber es gibt Gründe, die in Frage stellen, ob es wirklich weiterhin Israels Auftrag ist, die Vertriebenen einzusammeln und die Bestimmung der Diaspora, eingesammelt zu werden.

Weit entfernt von seiner Bedeutung als globaler Zufluchtsort für gepeinigte Juden, hat Israel die Alija gefördert, um sich selbst gegenüber den Arabern zu stärken. Man sorgte dafür, daß eher Einwanderer aus der früheren Sowjetunion nach Israel kommen als aus den USA, und die dabei erlangten Ausmaße spiegeln den gesunden Überlebenstrieb einer kampfbereiten Nation wider. Aber wenn nationale Interessen das Kriterium sind, dann muß die Alija in diesem Licht untersucht werden und nicht als ein quasireligiöses Gebot.

Als 1948 die Immigranten von den Schiffen direkt aufs Schlachtfeld von Latrun befördert wurden, fanden viele von ihnen den Tod. Aber Israel braucht die Alija nicht mehr länger zur Aufstockung seiner Armee, die bereits Schwierigkeiten hat, die Jahr für Jahr größere Anzahl von Rekruten aufzunehmen.

Die Einwanderung stärkt die Wirtschaft, aber ihre Auswirkung auf die Bevölkerungsdichte muß noch angesprochen werden. Im Gebiet nördlich von Beerscheba, wo 93% der Bevölkerung leben, ist die Dichte bereits größer als in jedem anderen entwickelten Staat, einschließlich Japans.

Das Land verstädtert derart rapide, daß einige Planer Israel sich innerhalb von 25 Jahren auf Verhältnisse wie im Stadtstaat Singapur hinentwickeln sehen. Ist es im nationalen Interesse, weltweit alle Hebel für weitere Immigranten in Gang zu setzen und somit diesen Prozeß zu beschleunigen? …

Das Einwanderungsrecht eines jeden Juden nach Israel muß unangetastet bleiben, wie auch Israels Rolle als Zufluchtsort für gepeinigte Juden. Aber für die Einwanderung noch Werbung zu machen, ist eine andere Sache …

Sollten wir nach dem jahrhundertelangen Kampf nicht vielleicht offiziell einen zionistischen Sieg proklamieren und uns allmählich Gedanken über ein postzionistisches Zeitalter machen? Das sind Fragen, die eine öffentliche Diskussion verdienen. Und das gilt auch für das Einwanderungsgesetz, das jedem automatisch das Recht zur Immigration gewährt, der mindestens einen jüdischen Großelternteil hat …

Die Israelis sprechen von der Diaspora als von einem spirituellen Nostalgieschatz … wo die Vertriebenen an den Wassern von Babylon sitzen und ihre Sehnsucht nach Zion beweinen … Die von der Diaspora im Laufe von mehr als 2500 Jahren gepflegten Traditionen sind tatsächlich ein gewaltiger Schatz, und kein anderes Volk kann

> sich etwas Vergleichbarem rühmen ... [Das Aufrechterhalten] der Diaspora ist eindeutig ein nationales Interesse Israels ...
>
> Die Verbindung zwischen Israel und der Diaspora ist das wichtigste jüdische Thema unserer Zeit. Aber die gängige Volksmeinung, Israel sei dort, wohin alle Juden kommen möchten, hat seine Nützlichkeit überlebt.[6]

Ein weiteres zwingendes Argument

Die Juden finden noch weitere Gründe dafür, den Glauben an Gott abzulehnen und ihren Status als „auserwähltes Volk" oder jede andere religiöse Bedeutung ihrer Rückkehr in ihr Land von sich zu weisen. Der „überzeugendste" ist der Holocaust. Literatur-Nobelpreisträger Elie Wiesel erzählt, wie er zu seiner Ablehnung des Gottes Israels gelangte. Beim Rosch-ha-Schana-Fest [jüdisches Neujahrsfest] waren 10.000 jüdische Häftlinge beim feierlichen Gottesdienst im Vernichtungslager Buna anwesend. „Tausende von Stimmen wiederholten die Benediktion, Tausende von Männern warfen sich wie Bäume bei einem Unwetter zu Boden. ‚Gesegnet sei der Name des Ewigen!' Warum, aber warum sollte ich ihn segnen?" Wiesel:

> Weil er Tausende von Kindern in dieser Hölle verbrennen ließ? Weil er sechs Krematorien Tag und Nacht arbeiten ließ, sonntags wie feiertags? Weil er in seiner großen Macht Auschwitz, Birkenau, Buna und so viele andere Todesfabriken geschaffen hat? Wie könnte ich zu ihm sagen: „Gesegnet seist du, Ewiger, König der Welt. Du hast uns auserwählt aus allen Völkern, damit wir gefoltert werden Tag und Nacht, damit wir zusehen, wie unsere Väter, unsere Mütter, unsere Brüder im Krematorium enden? Gepriesen sie dein heiliger Name, du, der du uns hast erwählt, daß wir auf deinem Altar geschlachtet werden?" ... In jeder Faser meines Körpers rebellierte ich.[7]

Aber selbst der Horror und die Tragik des Holocaust, die schlimmer sind als alles andere jemals einem Volk auf Erden widerfahrene Übel, können weder die seit Tausenden von Jahren schwarz auf weiß in der Bibel geschriebenen Prophezeiungen abändern, noch die Tatsache, daß sich diese Voraussagen entgegen alle mathematische Wahrscheinlichkeit wortwörtlich erfüllt haben. Der Holocaust mag die Juden zur Frage veranlassen, ob Gott ein Gott der Liebe und Barmherzigkeit ist, aber er kann keine berechtigten Zweifel an Gottes Existenz und Identität aufwerfen. Mit den Prophezeiungen über das „Volk des Buches“ ist diese Frage endgültig begraben worden.

Sogar den Holocaust haben die Propheten vorausgesagt – zwar nicht im Detail, aber sicherlich im Prinzip. Außerdem bietet uns der Holocaust an sich und seine widerwärtige Zerstörung alles Anständigen und Menschlichen einen weiteren Beweis für all das, was wir über die Einzigartigkeit der Juden und ihres „Gelobten Landes“ dargelegt haben.

In dir sollen gesegnet werden alle Geschlechter der Erde.
Verheißung an Abraham in 1. Mose 12,3

In dir und in deiner Nachkommenschaft sollen gesegnet werden alle Geschlechter der Erde.
Verheißung an Jakob in 1. Mose 28,14

Ich will sie zur Mißhandlung hingeben allen Königreichen der Erde, zum Fluch und zum Entsetzen und zum Gezisch und zur Schmach unter allen Nationen, wohin ich sie vertrieben habe …

… dadurch, daß ihr mich mit den Werken eurer Hände reizt, dadurch, daß ihr anderen Göttern Rauchopfer darbringt … so daß ihr euch ausrottet und zum Fluch und zur Schmach werdet unter allen Nationen der Erde?
Jeremia 29,18; 44,8

Denn vom Gipfel der Felsen sehe ich es, und von den Höhen herab schaue ich es; siehe, ein Volk, das abgesondert wohnt und sich nicht zu den Nationen rechnet.
4. Mose 23,9

Da sagte Haman zum König Ahasveros: Da gibt es ein Volk, verstreut und abgesondert unter den Völkern in allen Provinzen deines Königreiches! Und ihre Gesetze sind von denen jedes [anderen] Volkes verschieden, und die Gesetze des Königs befolgen sie nicht.
Esther 3,8

Zahl, Kleidung, Ernährungsweise, Beschneidung, Armut, Ehrgeiz, Wohlstand, Absonderung, Intelligenz, Bilderfeindlichkeit, Beobachtung einer unbequemen Sabbatruhe: Das alles schürte einen Antisemitismus, der sich in Witzen auf der Bühne und tadelnden Bemerkungen bei Iuvenal und Tacitus, aber auch in Morden auf der Straße und Massenpogromen äußerte.
Will Durant, Kulturgeschichte der Menschheit[1]

SPIELBALL DER VÖLKER

9

Das Geheimnis des Antisemitismus

Es steht außer Frage, daß der allgemeine als „Antisemitismus" bekannte Haß und die damit verbundene Verfolgung alle an anderen Volksgruppen verübte Brutalität und Mißhandlung [an Intensität, Dauer und Allgemeinbedeutung] weit übersteigt. Und wiederum liefert uns das eine Bestätigung, daß die Juden absolut einzigartig sind. Wiederum stellt sich uns aber auch die Frage, weshalb das so ist.

Weshalb sollten gerade die Juden, im Gegensatz zu allen anderen Völkern, mit einem derart unnachgiebigem Haß verfolgt werden, wohin immer sie sich auf der Suche nach einer sicheren Heimat wandten? An diesem abscheulichen Phänomen gibt es irgend etwas wahrhaft Geheimnisvolles! Und doch muß es dafür eine Erklärung geben.

Sind die Juden schließlich doch das anstößigste, boshafteste und hassenswerteste Volk auf Erden? Haben die Juden in jeder Generation und an jedem Ort den Antisemitismus etwa selbst über sich heraufbeschworen? Verdienen sie womöglich wirklich bis zum letzten Glied ihres Geschlechts eine solche Behandlung? Manche Judenhasser könnten das vielleicht sagen, doch der weltweite Konsens vernünftig denkender Menschen ist das sicherlich nicht.

Aber was ist dann die Erklärung für dieses derart verbreitete Übel des Antisemitismus? Weshalb sollten die Juden als einziges aller Völker der Erde und über alle Zeiten hin die Zielscheibe von Spott und Schande und unverblümtem Haß sein, der sogar bis zur versuchten Auslöschung als ethnische Gruppe reicht? Und wie muß es für einen Menschen sein, mit einem solchen Schicksal geboren zu werden?

Die himmelschreiende Ungerechtigkeit

Es gibt viele ethnische und auch religiöse Gruppierungen, die weit größer sind als die weltweit 14 Millionen Juden. Einige von ihnen sind äußerst aggressiv und bekennen sich offen zu ihrem Ziel der Weltherrschaft. Die Gesamtzahl von Juden auf diesem Planeten ist so gering, daß der Vorwurf einer „internationalen zionistischen Verschwörung" zur Eroberung der Welt lächerlich ist. Doch genau das hat man den Juden jahrhundertelang vorgeworfen. Und weshalb? Die Frage müssen sich die Mitglieder dieser gehaßten, verfolgten und ermordeten Minderheit wohl Millionen Male gestellt haben. Weshalb sind die Juden beständiges Ziel so offensichtlich falscher Anschuldigungen?

Die jüdischen Schriften, von denen die meisten Juden nur eine flüchtige Kenntnis besitzen, verkünden, daß eines Tages der jüdische Messias von Jerusalem aus die Welt regieren wird. Aber in diesen Prophezeiungen besteht keine Bedrohung für die Welt. Ganz im Gegenteil stellen sie die einzige Hoffnung auf einen dauerhaften Frieden dar. Die hebräischen Propheten sprechen nicht von einem Feldzug jüdischer Armeen, die die Erde verwüsten und die Nationen durch Waffengewalt niederzwingen würden. Der Messias kommt vielmehr zur Herrschaft über das kleine Land Israel, und alle Nationen kommen, um ihn in Jerusalem anzubeten, weil er vollkommen heilig und gerecht ist und weil der Gott des Universums ihm diese Position und Macht verliehen hat.

Auf der anderen Seite sprechen die Muslime, die sich selbst zum Hauptfeind von Gottes Volk gemacht haben, offen von der Auslöschung der Juden im Land Israel und von der Unterwerfung der ganzen Welt unter Allah – und das, wenn nötig, mit Gewalt. Doch die Muslime, und das ist höchst merkwürdig, werden niemals der versuchten Übernahme der Weltherrschaft angeklagt. Selbst ihre Drohungen, Israel auszulöschen, werden irgendwie gerechtfertigt oder wegerklärt. Die Araber sind der kleinen internationalen jüdischen Gemeinschaft zahlenmäßig in einem Verhältnis von fast 100:1 überlegen, doch die Welt sieht die Juden als Bedrohung des Weltfriedens an. Die Juden haben niemanden bedroht; sie möchten nur gerne in Ruhe gelassen werden und in Frieden leben, wohingegen die Araber und insbesondere die Muslime die Juden ständig bedrohen und angreifen. Weshalb wird diese himmelschreiende Ungerechtigkeit von der ganzen Welt akzeptiert und gefördert?

Welcher Jude von heute kann diese Frage für sich selbst oder für seine Kinder, die später das gleiche Schicksal teilen werden, zufriedenstellend beantworten? Es ist ein Schicksal, das die Eltern ihren Kindern gerne ersparen würden, doch dazu müßten sie ihr Judentum verleugnen. Unter dem zunehmenden Druck ist diese Verleugnung jedoch genau das, was eine steigende Zahl von Juden heute tut.

Zwingende Identität

Während viele Tausende von Juden ohne ein Anliegen für das jüdische Erbe ihrer Kinder Nichtjuden heiraten, veranlaßt irgend etwas Unerklärliches Millionen andere, sich mit ungestümem Stolz an dieses allgemein verachtete Erbe zu klammern. Ist das vielleicht die Achtung vor der Tradition? Kann ein Sinn für Tradition derart ausgeprägt sein, daß er die Angst vor Verfolgung bis hin zum Märtyrertod überwindet? Da ja nur sehr wenige Juden diesen Glauben bekennen, ist der Grund sicherlich nicht der Glaube an den Gott Abrahams.

Weshalb hat sich der größte Teil der Juden in der Vergangenheit an sein Judentum geklammert, obwohl das für sie Verfolgung und nicht selten den Tod bedeutete? Hier sehen wir ein weiteres Geheimnis. Die scheinbar einzige Antwort ist die Zusage des Gottes Abrahams, Isaaks und Jakobs, er werde dieses besondere Volk als identifizierbare ethnische Gruppe bewahren, so daß er sie in den letzten Tagen zurück in ihr Land bringen kann.

Der durch Verfolgung und falsche Anschuldigung ausgelöste Druck kann sich in beide Richtungen auswirken. Während er einige Juden zum versuchten Abschütteln ihrer Identität bewegt, bringt er viele andere dahin, ihre Identität mit einem gewissen Sinn der Resignation anzuerkennen. Wenn die Juden hinreichend lange und viel von dieser Behandlung erfahren haben, unter der sie zu allen Zeiten litten, kann sogar eine Abneigung gegen sich selbst die Folge sein. Wie könnten soviele Menschen außerhalb des Judentums auf der ganzen Welt falsch liegen? Rozsa Berend, Leiterin der Anne-Frank-Hochschule in Budapest, erklärt: „Wenn sie dich lange genug bespucken, dann meinst du schließlich, du bist wirklich irgendwie schuldig. Die meisten Juden meiner Generation haben diese psychische Not durchgemacht."

Wer seine Identität als Jude zu leugnen versuchte, ist wegen seines Verrats oftmals von Schuldgefühlen bedrückt worden. Ein Mitglied der heutigen Ungarischen Nationalversammlung, Matyas Eorsi, erinnert sich, wie sein Vater seinen offenkundig jüdischen Namen *Schleiffer* gegen den neutralen Namen *Eorsi* eintauschte, um seine Kinder somit vor zukünftigen Problemen zu bewahren. Jahre später, als sein Vater im Endstadium der Alzheimer-Krankheit war, fand sein Sohn ihn eines Tages weinend und hörte zufällig den ersten zusammenhängenden Satz seit Monaten: „Ich bin jüdisch!" Wie verwunderlich, daß dieses das einzige war, was sein angegriffener Geist noch mit Überzeugung festhielt![12]

Ein kurzer Blick auf die ferne Geschichte

Der Antisemitismus ist natürlich nichts Neues. Er kann bis ins früheste Altertum zurückverfolgt werden. Die Juden waren, spätestens seitdem die Zerstörung Jerusalems durch Nebukadnezar sie vor 2500 Jahren in alle Welt zerstreut hatte, die Zielscheibe von Verfolgung und versuchter Vernichtung. Was unter Antiochus Epiphanes geschah, ist nur ein Beispiel für das, was die Juden wiederholte Male erlitten haben. Josephus berichtet uns:

> Nun war Antiochus weder mit seiner unerwarteten Einnahme der Stadt [Jerusalem, ca. 167 v.Chr.] noch mit seiner Plünderung noch mit dem großen Blutbad, das er dort anrichtete, zufrieden. Vielmehr überkam ihn seine grausame Leidenschaft, und dazu erinnerte er sich an seine Peinigung während der Belagerung, und so zwang er die Juden, die Gesetze ihres Landes aufzuheben, ihre Kinder unbeschnitten zu lassen und auf dem Altar Schweinefleisch zu opfern, wogegen sie sich alle zur Wehr setzten, und die Bewährtesten unter ihnen wurden hingerichtet.[3]

Je mehr man mit der Geschichte vertraut wird, desto mehr sieht man sich mit dieser unbegreiflichen Tatsache konfrontiert: Für das entsetzliche Schicksal, das die Juden über Tausende von Jahren erlitten haben, gibt es keine gewöhnliche Erklärung. Und daß dieses Schicksal den Juden rund um die Welt durchgängig und so oft in der Geschichte durch die Hände einer breiten Masse von Unterdrückern widerfuhr, macht sowohl die Tragödie als auch das Geheimnis nur noch größer. Will Durant verschafft uns einen Einblick in die Zeit von Antiochus, und dieser Einblick zeigt einen Haß auf das Judentum, der jedem Hitler Ehre machen würde, nur vollzog er sich 2100 Jahre vorher:

> Antiochus … marschierte auf Jerusalem, brachte Tausende von Juden beiderlei Geschlechts um, entweihte und plünderte den Tempel, eignete sich den goldenen Altar, die Tempelgefäße und die Schätze für den königlichen Säckel an … und befahl die Zwangshellenisierung aller Juden (167 v.Chr.). Er ordnete an, den Tempel wieder als Weihestätte für Zeus einzurichten, einen griechischen Altar über dem alten zu bauen und die üblichen Opfer durch Schweineopfer zu ersetzen. Er untersagte die Einhaltung der Sabbatfeier und der jüdischen Feiertage und erklärte die Beschneidung

als Kapitalverbrechen. In ganz Judäa wurde die alte Religion samt ihren Riten verboten und das griechische Ritual unter Todesstrafe für allgemeinverbindlich erklärt. Jeder Jude, der sich weigerte, Schweinefleisch zu essen oder im Besitze des Gesetzbuches befunden wurde, sollte ins Gefängnis geworfen oder hingerichtet werden, und das Buch mußte verbrannt werden, wo man es auch fand ...

Die Agenten des Antiochus zogen wie leckendes Feuer in die Städtchen und Dörfer weiter, nachdem sie jedes sichtbare Zeichen des Judentums aus Jerusalem entfernt hatten. Überall ließen sie dem Volke die Wahl zwischen dem Tod und der Teilnahme am hellenischen Kult, der das Essen von Opferschweinen einschloß. Alle Synagogen und jüdischen Schulen wurden geschlossen. Wer sich weigerte, am Sabbat zu arbeiten, wurde als Aufrührer außer Gesetz gestellt. Am Bakchanalientage wurden die Juden gezwungen, sich wie die Griechen mit Efeuzweigen zu schmücken, an den Prozessionen teilzunehmen und zu Ehren des Dionysos orgiastische Lieder zu singen. Viele Juden fügten sich diesen Forderungen und wollten das Abflauen dieses Sturms abwarten. Viele andere zogen sich in Höhlen oder in die Gebirge zurück, lebten vom heimlichen Ährenlesen auf den Feldern und befolgten streng die Vorschriften des jüdischen Lebens ... Frauen, die ihre neugeborenen Söhne beschnitten hatten, wurden mitsamt den Säuglingen über die Stadtmauern hinabgeworfen.

Die Griechen waren überrascht über die Stärke des alten Glaubens; seit Jahrhunderten hatten sie keine solche Treue gegenüber einer Idee mehr erlebt. Die Geschichten von diesem Märtyrertum gingen von Mund zu Mund, füllten Bücher wie das erste und das zweite Buch der Makkabäer ... Das Judentum, das nahe an der Assimilation gewesen war, wurde in seinem religiösen und nationalen Bewußtsein wieder bestärkt und zog sich in eine schützende Absonderung zurück.[4]

Triumph der Tapferkeit

Man wundert sich, daß das Judentum überhaupt überleben konnte. Doch es überlebte allen widrigen Umständen zum Trotz. Ungeachtet der diabolischen Verfolgung – oder vielleicht gerade deswegen – klammerten sich die Juden, eigentlich mit nur wenig wirklichem Glauben an die Gültigkeit ihrer Schriften, zumindest an die äußeren Formen ihrer

Religion. Und das taten sie auch dann noch, als diese Religion ihnen offensichtlich nicht die Rettung vor ihren Feinden einbrachte, für die ihre Vorfahren doch so lange gebetet hatten.

Trotz der Verfolgung und dem Mangel an Glauben auf Seiten der Mehrheit gab es in der Geschichte des Judentums Zeiten großer Erweckungen. Eine der erstaunlichsten Erweckungen ereignete sich unter der aufsehenerregenden Führung von Judas Makkabäus, einem Priester und Krieger, „dessen Mut und Frömmigkeit sich die Waage hielten; vor jeder Schlacht betete er wie ein Heiliger, aber in der Stunde des Kampfes war er ‚mutig wie ein Löwe'".[5] Will Durant:

> Das kleine Heer lebte in den Bergen nach Art der wilden Tiere, sich von Kräutern nährend. Immer wieder stieß es auf eins der Dörfer herab, tötete Rückfällige, zerstörte heidnische Altäre, und die Krieger ließen „mit Gewalt alle noch unbeschnittenen Knäblein, die sie im Gebiete Israel anfanden, beschneiden".
>
> Als diese Vorkommnisse Antiochus gemeldet wurden, sandte er ein Heer syrischer Griechen zur Vernichtung der makkabäischen Streitmacht. Judas stellte sich ihnen am Paß von Emmaus entgegen, und obgleich die Griechen voll ausgerüstete und bewaffnete Söldner und die Leute des Judas schlecht bewaffnet und bekleidet waren, errangen die Juden einen vollständigen Sieg (166 v.Chr.).
>
> Antiochus sandte eine größere Streitmacht, deren Anführer so zuversichtlich war, daß er Sklavenhändler mitnahm, denen er die gefangenen Juden verkaufen wollte, und in den Städten die Preise anschlug, die er verlangen würde. Judas schlug diese Truppen bei Mizpa, und zwar so entscheidend, daß Jerusalem ihm widerstandslos zufiel. Er entfernte alle heidnischen Altäre und Verzierungen vom Tempel, reinigte und weihte ihn erneut und richtete den alten Gottesdienst unter den begeisterten Zurufen der zurückkehrenden orthodoxen Juden wieder ein (164 v.Chr.) [Die Feier dieser neuen Weihe wird heute noch als Chanukka-Fest begangen] …
>
> Von ihrer Macht berauscht, begannen die Makkabäer nun ihrerseits Rache zu nehmen, verfolgten voller Haß die hellenisierende Partei nicht nur in Jerusalem, sondern in den Städten an der Grenze.[6]

Mit einer zahlenmäßig weit überlegenen Streitmacht fiel Judas schließlich (ca. 161 v.Chr.) selbst in einer Schlacht. Sein Bruder Jonathan wurde sein Nachfolger, aber auch er starb 18 Jahre später im Krieg. Der einzige überlebende Bruder, Simon, führte die Regierung weiter und gewann mit Unterstützung durch ein Bündnis mit Rom die Unabhängigkeit für Judäa. „Ein Volksentscheid bestimmte Simon gleichzeitig zum Hohenpriester und obersten Befehlshaber, und da diese Ämter in seiner Familie erblich wurden, war er der Begründer der Dynastie der Hasmonäer. Das erste Jahr seiner Regierung wurde als Beginn einer neuen Zeitrechnung gezählt, und die Ausgabe neuer Münzen verkündete die heroische Wiedergeburt des jüdischen Staates."[7]

Die Endgültige Diaspora

Nach der Zerstörung Jerusalems und des Tempels durch die Armeen von Titus im Jahr 70 n.Chr. mußten „selbst die allerärmsten Juden … an einen heidnischen Tempel in Rom den halben Schekel abgeben, den fromme Hebräer früher alljährlich zum Unterhalt des Tempels in Jerusalem gestiftet hatten. Das Amt des Hohenpriesters wurde aufgehoben, das Synhedrium aufgelöst. Das Judentum nahm die Gestalt an, die ihm bis zum heutigen Tage verblieben ist: eine Religion ohne ein zentrales Heiligtum, ohne eine bedeutende Priesterschaft, ohne einen Opferdienst. Die Sadduzäer verschwanden, während die Pharisäer und die Rabbis die Führerschaft eines heimatlosen Volkes übernahmen, dem nur noch seine Synagogen und seine Hoffnungen verblieben waren."[8]

Als weiteres Zeugnis für die Beständigkeit des Antisemitismus und das Wunder des überlebenden Judentums wollen wir nun die Geschichte einige Jahre weiterverfolgen. Im Jahr 130 n.Chr. gab der römische Kaiser Hadrian seine Absicht bekannt, an der Stelle, wo der Tempel gestanden hatte, einen Jupitertempel zu errichten.

> 131 erließ er ein Dekret, das den Juden die Beschneidung und die öffentliche Unterweisung im Gesetz verbot … Hadrian war entschlossen, die sich erneuernde Lebenskraft des Judentums zu vernichten, und verbot … auch die Befolgung der Sabbatruhe, die Feier jedes jüdischen Feiertags und die öffentliche Ausübung jeglicher rituellen Handlung. Eine neue und härtere Kopfsteuer wurde allen Juden auferlegt. In Jerusalem durften sie sich nur an einem einzigen vorgeschriebenen Tage des Jahres aufhalten, um vor den Ruinen des Tempels zu klagen. An der Stätte von Jerusalem entstand die heidnische Stadt Aelia Capitolina mit Jupiter- und Venustempeln, mit Palaestren [Sportschulen], Theatern und Thermen. Der Rat von Jamnia wurde aufgelöst und verboten; ein unbedeutender

und machtloser Rat durfte in Lydda amtieren, aber jegliche öffentliche Unterweisung des Gesetzes war bei Todesstrafe verboten. Mehrere Rabbis wurden hingerichtet, weil sie gegen dieses Verbot verstießen ...

Kein anderes Volk mußte je so lange im Exil leben, keines mußte ein so hartes Schicksal erleiden. Die Juden waren von ihrer heiligen Stadt ausgeschlossen und mußten sie zuerst an die Heiden, dann an die Christen abtreten. In alle Provinzen – und über diese hinaus – waren sie nun zerstreut, verarmt und erniedrigt, ohne den stützenden Trost von Philosophen und Heiligen; sie zogen sich aus der Öffentlichkeit zu privatem Studium und Kult zurück, bewahrten leidenschaftlich die Worte ihrer Gelehrten und schickten sich an, sie schließlich im Babylonischen und Palästinischen Talmud schriftlich niederzulegen. Die jüdische Religion verbarg sich in Furcht und Dunkel, derweil ihr Abkömmling, die christliche Religion, auszog, die Welt zu erobern.[9]

Ein tragisches Mißverständnis

Von frühester Kindheit an werden die Juden über die Rolle der Christen bei ihrer Verfolgung und den gegen sie gerichteten Pogromen belehrt. Doch die weite Mehrheit der Juden weiß gar nicht, was es eigentlich bedeutet, Christ zu sein. Diese Verwirrung hat die Juden dazu gebracht, Christus und die Christenheit des Antisemitismus zu beschuldigen, wo doch in Wirklichkeit kein wahrer Christ jemals solche Gefühle gegen Gottes auserwähltes Volk hegen würde. Hier liegt ein tragisches Mißverständnis vor, das bis auf diesen Tag fortbesteht.

Aus Unwissenheit setzten die Juden das Christentum mit dem römischen Katholizismus gleich, ohne dabei zu bedenken, daß die römisch-katholische Kirche zwar die Bezeichnung „christlich" für sich beansprucht, jedoch weit mehr Christen als Juden umgebracht hat. Die Armee von Papst Innozenz III. (1198-1216) ermordete beispielsweise in einem Kreuzzug, den er als die „krönende Errungenschaft seines Pontifikats" bezeichnete, 60.000 albigensische Christen, als er die gesamte französische Stadt Beziers ausradierte. Innerhalb des nächsten Jahrhunderts wurden die Albigenser, die einst weite Teile der Bevölkerung Südfrankreichs umfaßten, von dieser verfolgenden Kirche nahezu ausgerottet. Das gleiche Schicksal teilten die waldensischen Christen und auch andere Jünger Christi, wie zum Beispiel die Hugenotten, von denen mehrere Hunderttausende getötet wurden, allein 70.000 in der berüchtigten Bartholomäusnacht im Jahr 1572.

Die wahre christliche Kirche hat sich nie dem Papst unterworfen und war nie einverleibter Teil der römisch-katholischen Kirche. Weil sie diese Untertänigkeit verweigerten, sind die wahren Christen, die es stets in großer Zahl unabhängig von Rom gegeben hat, zu Hunderttausenden von der römisch-katholischen Kirche umgebracht worden.[10] Der folgende Auszug aus dem „Edikt der Kaiser Gratian, Valentinian II. und Theodosius I." vom 27. Februar 380 bezieht sich auf die Erklärung des römischen Katholizismus zur Staatsreligion und der Ächtung jeglicher anderer Form von Religionsausübung:

> Wir befehlen jenen, die dieser Lehre [Roms] anhängen, den Titel katholische Christen anzunehmen, andere jedoch beurteilen wir als verrückt und schwärmerisch und wert, sich die Schande der Häresie zuzuziehen, und ihre Versammlungen dürfen nicht den Namen von Kirchen tragen. Sie müssen nicht allein von göttlicher Vergeltung bestraft werden, sondern auch nach unserer eigenen Maßregel, die wir gemäß der göttlichen Inspiration bestimmt haben.[11]

Aus der Geschichte könnten viele weitere Beispiele dafür angeführt werden, wie sich diese Verfolgung und Hinrichtung wahrer Christen durch die Hand der römisch-katholischen Kirche vollzog, doch wir müssen uns hier auf nur sehr wenige beschränken. Betrachten wir den Brief von Papst Martin V. (1417-1431), der dem König von Polen befahl, die Hussiten [die den gleichen schlichten Glauben hatten wie Jan Hus] auszurotten. Er gibt uns Einblick in die Gründe, weshalb die Päpste den wahren Christen noch mehr Haß entgegenbrachten als den Juden:

> Wisset, daß die Absichten des Heiligen Stuhls [im päpstlichen Rom] und die eurer Krone es zur Pflicht erheben, die Hussiten auszutilgen. Bedenket, daß diese unfrommen Menschen es wagen, die Prinzipien der Gleichheit zu verkündigen; sie treten dafür ein, daß alle Christen Brüder seien … sie meinen, Christus sei auf die Erde gekommen, um die Sklaverei aufzuheben; sie rufen das Volk zur Freiheit auf und verleugnen damit Könige und Priester.
>
> Richtet deshalb eure Streitkräfte gegen Böhmen, solange noch Zeit dazu ist; verbrennet, schlachtet, machet alles zur Einöde, denn nichts könnte Gott wohlgefälliger oder den Belangen der Könige nützlicher sein als die Auslöschung der Hussiten.[12]

In den Augen eines Juden waren Hitler und Mussolini „Christen“. In Wirklichkeit waren sie von Geburt an römische Katholiken, und trotz ihrer fürchterlichen Verbrechen gegen die Menschlichkeit sind sie niemals aus ihrer Kirche ausgeschlossen worden. Gleiches gilt für Himmler und viele andere führende Nazis. Die römisch-katholische Kirche hat tatsächlich eine lange Geschichte der Verfolgung, Vertreibung und Vernichtung von Juden, auf die Hitler zur Rechtfertigung des Holocausts verwies. Sogar der anerkannte Historiker Will Durant wurde Opfer dieses Mißverständnisses und versäumte eine Unterscheidung zwischen römischen Katholiken und den wahren Christen, die sich niemals Rom unterworfen haben. Er schreibt:

> [Im Mittelalter], wenn in der Karwoche die bittere Leidensgeschichte Christi von tausend Kanzeln vorgetragen wurde [flammte] der Haß … in Christenherzen [römischer Katholiken] auf, und an diesen Tagen schlossen sich die Juden in ihren Vierteln und in ihren Wohnungen ein, da sie befürchten mußten, daß die Leidenschaft einfältige Seelen zu einem Pogrom hinriß …
>
> Die Römer hatten die Christen beschuldigt, sie ermordeten Heidenkinder, um in einem Geheimopfer ihr Blut dem Christengott darzubringen; Christen [römische Katholiken] des zwölften Jahrhunderts beschuldigten Juden, Christenkinder entführt zu haben, um sie Jahwe zu opfern oder ihr Blut als Medizin oder zur Herstellung von ungesäuertem Brot für das Passahfest zu benützen. Den Juden wurde vorgeworfen, sie vergifteten Brunnen … und stählen geweihte Oblaten, um sie zu durchbohren und ihnen das Blut Christi zu entziehen … [und] den Reichtum der Christen in jüdische Hände fließen zu lassen …
>
> In diesem Wahnsinn zeigten sich einige Augenblicke der Vernunft … [und Päpste und andere Würdenträger, die zeitweilig versuchten, die Juden zu schützen].
>
> Als 1095 Papst Urban II. zum Ersten Kreuzzug aufrief, schien es einigen Christen [Katholiken] angebracht, zuerst die Juden Europas umzubringen, bevor man weiterzog, um gegen die Türken in Jerusalem kämpfen. Gottfried von Bouillon gab, als er die Führung des Kreuzzuges übernommen hatte, bekannt, er werde das Blut Christi an den Juden rächen und nicht einen am Leben lassen, und seine Genossen verhehlten ihre Absicht nicht, alle Juden umzubringen, die nicht das Christentum [den Katholizismus] annehmen wollten.[13]

Als die katholischen Kreuzritter ins „Heilige Land" zogen, um es sowohl von Juden als auch von Türken für die römisch-katholische Kirche zurückzuerobern, die man als das neue, an die Stelle der Juden getretene auserwählte Volk Gottes ansah, wurden in ganz Europa Juden zu Tausenden abgeschlachtet. Durant erinnert uns: „Der Zweite Kreuzzug (1147) drohte das Vorbild des ersten noch zu übertreffen." Trotz einzelner katholischer Bischöfe, die an vielen Orten Juden retteten, kann man nur der Kirche die Schuld an diesen Greueltaten zuschreiben. Die Konzile und einige Päpste hatten die Juden in Ghettos zusammengepfercht, hatten sie gezwungen, eine kennzeichnende Farbe oder eine Stoffmarke zu tragen [Hitler sollte später sagen, er habe diese Taktik von der Kirche gelernt] und hatten sie auf vielerlei andere Weise isoliert. Auf seiten der einfachen Katholiken, die es für nötig hielten, durch die Tötung seiner vermeintlichen Mörder „das Blut Christi zu rächen", wurde Entrüstung gegen sie heraufbeschworen.

Ein gemeinsamer Faktor

Der die Katholiken zum Mord aufhetzende Fanatismus stand oftmals in Verbindung mit der Eucharistie und der Oblate [Hostie], die der Kirche zufolge in der Messe durch das angebliche Wunder der „Transsubstantiation" buchstäblich zum Leib und Blut Christi wird. Wahre, von Rom unabhängige Christen haben diese Lehre nie vertreten. Die Bibel lehrt eindeutig, daß Christus einmal für die Sünden der Welt gestorben, leibhaftig auferstanden und jetzt mit einem verherrlichten Leib zur Rechten des Vaters ist und nie wieder sterben wird. Somit kann keine Hostie sich in den buchstäblichen Leib Christi verwandeln, um auf katholischen Altären immer wieder als angebliche Wiederholung seines Kreuzesopfers dargebracht zu werden.

Weil sie die Lehre von der Transsubstantiation leugneten, wurden Christen von der römisch-katholischen Kirche zu Hunderttausenden auf dem Scheiterhaufen verbrannt. Der Kirchenhistoriker R. Tudor Jones schreibt: „Die Mehrzahl der Märtyrer war gewöhnliches Volk, darunter auch viele Frauen … Die langwierigen Verhöre von Unmengen dieser Leute sind uns erhalten geblieben und drehen sich zumeist um solche Themen wie ihren Glauben über die Bibel [deren Auslegung Rom für sich allein beansprucht] und ihre Autorität [die Rom zufolge eher der Kirche gebührt als der Schrift], über Transsubstantiation" und andere für Christen unannehmbare katholische Lehren.[14]

John Foxe war Augenzeuge und ernstzunehmender Historiker der grausamen Verfolgung in England seiner Zeit. Sein *Book of Martyrs* [„Buch der Märtyrer"] liefert detaillierte Berichte über zahlreiche öffentliche Verhöre und Hinrichtungen derer, die die römisch-katholische Kirche als todesschuldige Ketzer verurteilte. Seine Beschreibungen von auf dem Scheiterhaufen verbrannten Christen berichten von der erstaunlichen Tapferkeit auch angesichts eines derart schrecklichen Todes und der Entschlossenheit des römischen Katholizismus, die andersdenkenden Christen allenthalben auszulöschen.

Ähnliche Aufzeichnungen liegen von den Massakern an Juden durch die Hände der römischen Kirche vor. Ihre Hinrichtungen resultierten oftmals, wie bei den christlichen Märtyrern, aus dem römisch-katholischen Glauben, die Hostie [die kleine Oblate] würde sich in den buchstäblichen Leib Christi verwandeln. Im Jahr „1243 wurde die ganze Judenschaft von Belitz bei Berlin aufgrund einer Beschuldigung, einige von ihnen hätten eine geweihte Hostie geschändet, lebendigen Leibes verbrannt … 1298 wurde in Röttingen jeder Jude verbrannt, den man beschuldigte, eine Abendmahlsoblate entweiht zu haben".[15] Im bayrischen Deggendorf wurde die gesamte jüdische Gemeinde niedergemetzelt, weil sie angeblich eine konsekrierte Hostie gestohlen und geschändet hatte. Wer könnte die Inschrift in der katholischen Kirche dieses stillen Städtchens vergessen, die unterhalb eines Bildes zur Erinnerung an den Massenmord an den Juden den „christlichen Triumph" verkündete: „Gott gebe, daß von diesem Höllengeschmais unser Vaterland jederzeit befreyet bleibe."[16] Und wer könnte abstreiten, daß Jahrhunderte von solchem Fanatismus Deutschland für Hitlers „Endlösung" vorbereitet haben!

Baron Rindfleisch, ein frommer Katholik, „stellte eine bewaffnete Christenschar [aus römischen Katholiken] auf, die sich verschwor, alle Juden umzubringen; sie rotteten die jüdische Gemeinde von Würzburg vollständig aus und erschlugen in Nürnberg 698 Juden. Die Verfolgung breitete sich aus, und im Laufe eines halben Jahres wurden 140 jüdische Gemeinden völlig ausgerottet … 1236 drangen christliche Kreuzfahrer in die Judensiedlungen von Anjou und Poitou ein … und verlangten von allen Juden die Taufe; als die Juden sich weigerten, trampelten die Kreuzfahrer sie mit ihren Pferden nieder, bis 3000 Juden tot liegenblieben."[17] Vor diesem Hintergrund ist Hitlers Behandlung der Juden weniger ein einzelner Vorfall als vielmehr eine Fortführung dessen, was über Jahrhunderte im Gange war.

Eine neue Welle

Der Antisemitismus setzte sich, auch nachdem der Holocaust die Welt schockiert hatte, bis in unsere Zeit unvermindert fort. An früherer Stelle haben wir bereits Arafats Onkel, den Großmufti von Jerusalem, zitiert, der am 1. März 1944 über Radio Berlin die Araber aufrief: „Bringt die Juden um, wo immer ihr sie findet. Das ist Allah und der Religion wohlgefällig und rettet eure Ehre. Allah ist mit euch!" Ähnliche Schlachtrufe, die zur Vernichtung der Juden aufrufen und von der Welt heute genauso ignoriert werden wie damals bei Hitler, werden überall in den Moscheen von islamischen Religionsführern verkündet. Der satanische Geist, der Hitler zu seinem Holocaust inspirierte, ruft weiterhin nach „Frieden", doch in Wirklichkeit ist dieser „Frieden" ein verführerischer Schritt hin auf die Auslöschung der Juden. Ungeachtet seiner neuen Haltung des „Friedens" hat Jassir Arafat nie sein oft wiederholtes Ziel widerrufen – die Vernichtung der Juden als die heiligste islamische Pflicht der PLO.

Der Antisemitismus ist in ganz Europa einmal mehr auf dem Vormarsch. Der in einem Kibbuz geborene 40jährige Jaron Svoray, ehemaliger Fallschirmjäger und früherer Kommissar bei der Polizei in Tel Aviv, verbrachte mehrere Monate [September 1992 bis Februar 1993] mit der Untersuchung einiger rechtsextremer Organisationen in Europa, darunter auch neonazistische Gruppen in Deutschland. Dabei stieß er auf ein erschreckendes Maß an wiederauflebendem Antisemitismus, über den er in seinem Buch *In der Höhle des Löwen – ein Israeli ermittelt in der Neonazi-Szene* berichtete. Das Simon-Wiesenthal-Zentrum in Los Angeles half bei der Finanzierung seiner Untersuchungen und „brachte die Geschichte in einer Fernseh-Pressekonferenz in New York am 19. April 1993". Dieses Ereignis führte zu Zeugenaussagen vor einem Kongreßkomitee und letztlich zum Zugeständnis der deutschen Regierung, daß „der Terrorismus von rechts ein mindestens genauso großes Problem ist wie der Terrorismus von links".[18]

Von den im Jahr 1940 in Polen lebenden Juden kamen etwa drei Millionen beim Holocaust ums Leben, und nur 369.000 überlebten. Heute bezeichnen sich ca. 4000 Polen als Juden, obwohl Schätzungen von Warschauer Juden eine Zahl von etwa 10.000 angeben, und in ganz Polen ist ein Aufleben der jüdischen Kultur zu verzeichnen. Dort in diesem Land, wo die Polen die Häuser der in die Lager abkommandierten Juden übernahmen und dann die Rückgabe an ihre rechtmäßigen Besitzer verweigerten, nachdem diese von den alliierten Truppen befreit worden waren – und wo Polen die aus Auschwitz befreiten Juden tatsächlich verfluchten und sogar einige von ihnen töteten – wächst und gedeiht der Antisemitismus.

Im polnischen Krakau forderte unlängst ein Graffiti auf einer vielbeachteten Werbefläche: „Juden, haut ab!“ Kurz zuvor hatte jemand mit großen Buchstaben an die jüdische Nationaloper in Warschau gesprüht: „In die Öfen mit den Juden!“ Den reisenden Israelis versucht das polnische Verkehrsbüro das vorzustellen, was es als „das neue Polen“ bezeichnet, aber bis jetzt kommen die Zehntausende von israelischen Touristen nur, um die ehemaligen Todeslager zu besichtigen, wo ihre Verwandten starben, ansonsten halten sie sich nicht lange auf. Die Polen beklagen, daß die Israelis nur zum Weinen nach Polen kommen, aber anschließend nach Deutschland reisen und sich dort vergnügen, obwohl Deutschland doch der hauptsächliche Anstifter zum Holocaust war. Deutschland ist offenbar vergeben worden, Polen hingegen nicht. Diese Ungereimtheit könnte zumindest zum Teil dadurch erklärt werden, daß die sich derzeitig über die Welt ergießende neue Welle des Antisemitismus in Polen auf mehr Offenheit stößt als irgendwo anders.

In Polen werden jüdische Friedhöfe wieder einmal mit Hakenkreuzen geschändet. Diese angespannte Situation wird noch durch antisemitische Rhetorik von höchster Stelle verschärft. Der polnische Präsident Lech Walesa, ein treuer Katholik, erklärte kürzlich im Fernsehen: „Eine Bande Juden hat sich unserer Resourcen bemächtigt und unser Land ausgebeutet, und ihr Ziel ist, uns kaputt zu machen.“ Hitler erhob zur Vorbereitung seiner „Endlösung“ ganz ähnliche Anschuldigungen. Kein Wunder, daß Jacek Kuron, einst Minister in Walesas Regierung, offen bekannte, daß „der Antisemitismus eine polnische Krankheit ist“.[19]

Wachsende Besorgnis

Von den 2.000.000 jüdischen Überlebenden, die sich am Ende des Zweiten Weltkriegs noch in Europa befanden, „gelangten viele zu dem erschreckenden Schluß: Egal unter welchem Regime, ist es in jedem Fall das Beste, überhaupt kein Jude zu sein.“ Heute erwacht diese Angst erneut. Rozsa Berend bemerkt antisemitische Untertöne im letzten ungarischen Wahlkampf und sagt: „Im Moment sieht die Lage gut aus, aber niemand weiß, was passiert, wenn die Wirtschaft weiterhin auf Talfahrt bleibt und die Leute anfangen, nach einem starken Mann zu rufen. Die Juden könnten zuletzt immer noch einen bitteren Preis zahlen.“[20]

Direkt unter der Oberfläche des Optimus beim gegenwärtigen Aufleben der jüdischen Kultur in Europa, auf das wir in einem früheren Kapitel eingegangen sind, verbirgt sich eine bedrückende Angst. Der russische Parlamentarier Alla Gerber gibt zu: „Es ist immer noch möglich, daß wir in Furcht versetzt werden. Wir haben das Gefühl, Gäste zu sein, die beizeiten das Weite suchen sollten." Die Besorgnis wächst. Israel zieht in Erwägung, alle polnischen Holocaust-Überlebenden zu evakuieren [schätzungsweise etwa 7000], weil Polen für Juden unsicher wird.

Das Buch *Der Pfefferminz-Zug: die Reise in eine deutsch-jüdische Kindheit* von Edgar E. Stern berichtet davon, wie der Autor im Alter von neun Jahren aus seiner deutschen Geburtsstadt Speyer nach Amerika flüchtete und vor kurzem nach Speyer zurückkehrte, um dort nach seiner Vergangenheit und seinen Vorfahren zu forschen. Zurück am Ort seiner Kindheit, der sich nun sehr verändert hatte, wird er von einer Wahnvorstellung verfolgt, einem Gespenst, das er hinter den idyllischen Fassaden der Stadt vermutet. Leben einige von denen, die seine jüdischen Nachbarn ausraubten und ermordeten, immer noch? Woran erinnern sie sich? Was haben sie ihren Kindern und Enkeln erzählt?

Die jüdische Kultur hat zwar vor dem Zweiten Weltkrieg einen großen Stellenwert gehabt, doch ist es klar, daß sie nie wieder zu diesen Ausmaßen aufleben wird. „Man kann die jüdische Kultur hier nicht wiederbeleben ... damit ist es zuende", sagt Gerber. Außerdem befürchtet die ältere Generation, daß der bei der Jugend erneuerte Enthusiasmus für ihr Judentum nur wenig Tiefgang hat. „Viele von ihnen wollen jüdisch sein ohne die Religion", erläutert Rabbi Josef Schweitzer, Oberhaupt des Rabbinischen Seminars in Budapest. Er wünscht sich „Synagogen-Juden und keine Club-Juden".[21] Ist das nicht vielleicht eine unvernünftige Forderung, wenn man bedenkt, daß sich 30% der heutigen Juden in Israel als Atheisten bezeichnen?

Zuletzt doch noch Umkehr?

Als ein seltenes Beispiel entschuldigte sich der österreichische Präsident Thomas Klestil am 15. November 1994 für die Rolle seines Landes beim nationalsozialistischen Holocaust und gab zu, daß „viele der schlimmsten Anhänger der Nazidiktatur Österreicher waren". Er hielt diese Rede vor dem israelischen Parlament während seines dreitägigen Besuchs in Israel, dem ersten eines österreichischen Staatsoberhaupts.

„Kein Wort der Entschuldigung kann den Todesschrecken des Holocaust jemals rückgängig machen", sagte Klestil. „Im Namen der Bundesrepublik Österreich beuge ich mein Haupt in großer Achtung und tiefem Mitgefühl vor den Opfern." Heute leben ca. 15.000 Juden in Österreich, 1938 waren es 180.000. Etwa 70.000 österreichische Juden verloren beim Holocaust ihr Leben.[22]

Die römisch-katholische Kirche behauptet heute, sie habe den Antisemitismus niemals gepflegt. Seitens des jetzigen Papstes war zwar die Rede von irgendeiner Art Bekenntnis von Fehlern in der Vergangenheit. Stets gibt er jedoch zu verstehen, daß das Übel von den „Söhnen und Töchtern der Kirche" verübt wurde, und läßt dabei die Kirche an sich und ihre Fürsten unschuldig. Die letzteren sind angeblich unfehlbar und können deshalb keinen Fehler eingestehen, ohne damit auch die Glaubwürdigkeit der katholischen Kirche selbst zunichte zu machen. Das Zweite Vatikanische Konzil trifft über die Juden folgende trügerische Erklärung:

> Gewiß ist die Kirche das neue Volk Gottes, trotzdem darf man die Juden nicht als von Gott verworfen oder verflucht darstellen, als wäre dies aus der Heiligen Schrift zu folgern … Im Bewußtsein des Erbes, das sie mit den Juden gemeinsam hat, beklagt die Kirche, die alle Verfolgungen gegen irgendwelche Menschen verwirft, nicht aus politischen Gründen, sondern aus Antrieb der religiösen Liebe des Evangeliums alle Haßausbrüche, Verfolgungen und Manifestationen des Antisemitismus, die sich zu irgendeiner Zeit und von irgend jemandem gegen die Juden gerichtet haben.[23]

Nichts könnte heuchlerischer sein als diese Aussage. Die Kirche verurteilt „Haßausbrüche, Verfolgungen … Antisemitismus" aufs schärfste, doch nur bei anderen und nicht bei sich selbst. Mit keinem einzigen Wort wird erwähnt, daß während der vielen Jahrhunderte, als die römisch-katholische Kirche die Gesellschaft beherrschte und selbst über Könige und Kaiser bestimmte, *sie* der Anstifter und Wegbereiter einer derart schlimmen antijüdischen Gesinnung war, wie die Welt sie zuvor noch nie erlebt hatte. Die Worte des Zweiten Vatikanischen Konzils klingen so, als sei die Kirche schon immer gegen Antisemitismus gewesen, wo in Wirklichkeit das Gegenteil wahr ist.

Während der Papst den Antisemitismus der Vergangenheit scheinbar verdammt, verurteilen einflußreiche Strömungen innerhalb dieser Kirche gleichzeitig einen solchen Gesinnungswandel gegenüber den

Juden. Werfen wir dazu einen Blick auf die folgende Erklärung, die ihren eigenen antisemitischen Geruch ausbreitet:

> Die römisch-katholische Kirche stöhnt heute unter der Last ihrer Feinde … die Tag und Nacht an ihrer Zerstörung arbeiten … Dieser Feind hat die Verfolgungen, Kriege, Aufstände, Revolutionen, intellektuelle Verirrungen und den allgemeinen Verfall der menschlichen Gesellschaft herbeigeführt. Die Pest in der katholischen Kirche und die Plage der ganzen Menschheit … [ist] der Zionist, der den zukünftigen König Israels erwartet … [er] ist der ewige Feind der ganzen Christenheit. Das sind auch in der heutigen Zeit noch die Christus-Mörder …
>
> Wir müssen unsere völlige Ablehnung der Erklärung des Zweiten Vatikanischen Konzils zum Ausdruck bringen … wir sind verpflichtet, sie als Schmähung der folgenden Päpste zurückzuweisen, die Enzykliken, Stellungnahmen und Warnungen gegen die Juden herausgaben: Honorius III., Gregor IX., Innozenz IV., Klemens IV., Gregor X., Nikolaus III., Johannes XXII., Urban V., Martin V., Eugenius IV., Kalixtus III., Paul III., Julius III., Paul IV., Pius IV., Pius V., Gregor XIII., Sixtus V., Klemens VIII., Paul V., Urban VIII., Alexander VII., Alexander VIII., Innozenz XII., Klemens XI., Innozenz XIII., Benedikt XIII., Benedikt XIV., Klemens XII., Klemens XIII., Pius VIII., Gregor XVI., Pius IX., Leo XIII., Pius X., Pius XI.
>
> … jene einflußreichen wenigen Juden konnten zu ihrem eigenen Nutzen erfolgreich unsere göttliche Institution untergraben … Warum hören sie nicht auf, den Namen Jesu zu lästern? Sie verschweigen, wie sie zur römischen Verfolgung aufgehetzt haben; und den Mord an Millionen und Abermillionen Christen in den kommunistischen Ländern. Sie verschweigen ihre gehässigen Entweihungen der heiligen Stätten in Palästina …
>
> Das jüdische Komplott gegen unsere heilige Mutter Kirche gipfelt in ihrem Eindringen in und ihrem Einfluß auf den höchsten katholischen Klerus und den Vatikan.[24]

Die heimtückischste und überzeugendste Form

Antisemitismus tritt in vielerlei Formen auf. Eine der heimtückischsten ist die Verfälschung der Geschichte in Medien und sogar Lehrbüchern. Eines der an amerikanischen Hochschulen am weitesten verbreitetsten

Lehrbücher über den Nahen Osten, *Politics in the Middle East*, ist dafür ein schockierendes Beispiel. Ein Rezensent schrieb: „Seine Darstellung Israels kommt der dreisten Art der PLO-Propaganda sehr nahe.“[25] Doch dieses Buch wird von Millionen Studenten als maßgebend angenommen.

Die *Anti-Defamation League* [„Anti-Verleumdungs-Liga“] berichtete kürzlich von einer „beträchtlichen Anzahl antisemitischer Zwischenfälle ... ein Sprung um mehr als 10% allein während des Jahres 1994 [2.066, im Vergleich zu 1.867 im Jahr 1993] bezüglich Berichte über Gewalttaten, Drohungen oder Ausschreitungen gegen Juden oder jüdische Einrichtungen in den USA“.[26] Gleichzeitig haben verleumderische Anschuldigungen gegen Juden von einem historischen Standpunkt aus zugenommen. Die Amerikanische Historikervereinigung [AHA] schritt zur Verteidigung der Juden ein und verurteilte die jüngst getroffene Aussage, die Juden hätten im afrikanischen Sklavenhandel eine überproportionale Rolle gespielt, als falsche Behauptung. In ihrer 111jährigen Geschichte hat diese Vereinigung mit Sitz in Washington erst zweimal eine derartige öffentliche Stellungnahme zu einer historischen Fragestellung abgegeben. Beide Male sah sie sich genötigt, zur Verteidigung des jüdischen Volkes eingreifen zu müssen.

Die AHA repräsentiert 18.000 Historiker und Gruppierungen, die mit der Dokumentation geschichtlicher Ereignisse beschäftigt sind. Im Jahr 1991 verurteilte sie die Aussage, der Holocaust habe nie stattgefunden oder Berichte darüber seien stark übertrieben worden, als falsch. Die letzte Resolution erklärte, daß Aussagen, die die Juden mit der Schuld einer umfangreichen Beteiligung am afrikanischen Sklavenhandel belasten, –

> die historischen Aufzeichnungen verdrehen ... wir glauben, sie sind nur Teil einer langen antisemitischen Tradition, welche die Juden als negative Drahtzieher in der Menschheitsgeschichte darstellt ...
>
> Leider haben die Medien den neuesten Anlastungen weite Verbreitung ermöglicht; eine Richtigstellung unterließen sie jedoch. Als professionelle Historiker haben wir die empirischen Belege genauestens untersucht und beurteilt und können als solche nicht weiterhin schweigen, während die historische Darstellung so massiv entstellt wird.[27]

Gottes Lohn für seine Auserwählten?

So besteht der Antisemitismus nicht allein fort, sondern nimmt erstaunlicherweise sogar zu, und das in einer Welt, wo die Gleichheit der Geschlechter und Rassen gefördert wird und jede Diskriminierung aufgrund von Herkunft oder Hautfarbe angeblich ausgelöscht werden soll. Ist die erstaunliche Verfolgung, die die Juden immer noch erfahren, ihr Lohn dafür, Gottes „auserwähltes Volk" zu sein? In gewissem Sinne schon.

Als Gottes besonderes Volk, so nah an seinem Herzen, könnten die Juden sehr wohl erwarten, daß er die Seinen beschützt. Und das tut er auch. Aber er züchtigt auch alle, die er liebt, bis sie umkehren, und das haben die Juden als Ganzes bis jetzt noch nicht gelernt. Seit 2.500 Jahren bekommen sie die Zuchtrute Gottes zu spüren, doch sie rebellieren weiterhin gegen ihn.

Bedeutet das nun, daß die Juden in moralischer Hinsicht sträflicher sind als die Deutschen oder Portugiesen oder Schweden oder Chinesen oder irgendein anderes Volk? Nein. Aber weshalb sollten sie dann wie kein anderes Volk unter Gottes Zuchtmaßnahmen leiden?

Wir müssen wiederholen: Das Leiden des jüdischen Volkes beweist an sich ein weiteres Mal, daß die Aussagen der Bibel über die Einzigartigkeit dieses Volkes wahr sind. Es ist Gottes „auserwähltes Volk", und als solches ist es darin gescheitert, der Welt ein Beispiel an Heiligkeit zu geben, für die Gott es erwählt hat. Es hat darin versagt, Gott zu lieben und ihm, wie gefordert, von ganzem Herzen zu dienen, und sie werden zu ihrem eigenen Nutzen und zur Erleuchtung der Welt gezüchtigt.

Die einzige vernünftige Erklärung

Darüber hinaus gibt es zusätzlich zu Gottes Züchtigung noch eine weitere Erklärung für den Antisemitismus: Die Juden sollen ausgelöscht werden, damit der von den Propheten als Jude angekündigte Messias nicht zur Rettung der Menschheit und zum Sieg über Satan in die Welt kommen kann. Gott läßt Antisemitismus zu, denn bis zu einem gewissen Punkt erfüllt dieser seine Absichten für sein Volk. Satan ist der Anstifter zum Antisemitismus, denn er hofft, daß dieser schließlich zur Vernichtung der Juden führt.

Gott versprach Abraham und Jakob, durch ihren „Samen" werde ein Segen auf „alle Völker der Erde" kommen. Das war eine Bestätigung der wunderbaren Verheißung Gottes an Adam und Eva, daß eines Tages der Messias, geboren von einer Jungfrau [der Same der Frau], auf diese Erde kommen wird, um die Menschheit zurück zu Gott zu führen:

> Ich werde Feindschaft setzen zwischen dir [Satan] und der Frau, zwischen deinem Samen [den Anhängern Satans] und ihrem Samen [dem Messias]; er [der Same der Frau, also der Messias] wird dir den Kopf zermalmen [d.h. eine tödliche Wunde zufügen], und du, du wirst ihm die Ferse zermalmen (1. Mose 3,15).

Und schließlich decken wir die zwingendste Erklärung für den Antisemitismus auf: Satan selbst ist der Urheber dieses unfaßbar leidenschaftlichen Völkermords. Entweder muß er die Juden vernichten, weil durch sie der Messias kommen soll, oder er ist erledigt. Und selbst wenn der Messias gekommen ist, könnte Satan durch eine nachträgliche Vernichtung der Juden Gott jederzeit an der Erfüllung seiner vielfachen Prophezeiungen hindern. Denn diesen Voraussagen zufolge wird der Messias eines Tages auf dem Thron seines Vaters David in Jerusalem über die Nachkommen Abrahams, Isaaks und Jakobs herrschen. Hätte Hitler sein Ziel der „Endlösung des jüdischen Problems" erreicht, oder könnte Satan heute die Juden auslöschen, dann hätte er damit offensichtlich bewiesen, daß Gott mit einer Verheißung wie die folgende gelogen hätte:

> Einen Bund habe ich mit meinem Auserwählten geschlossen, habe David, meinem Knecht, geschworen: Bis in Ewigkeit will ich deiner Nachkommenschaft Bestand geben und für alle Geschlechter bauen deinen Thron … wie könnte ich David täuschen! Seine Nachkommenschaft soll ewig sein und sein Thron wie die Sonne vor mir (Psalm 89,4-5.36-37).

Der Antisemitismus ist sicherlich viel zu umfassend und über die gesamte Geschichte andauernd, als daß er seinen Ursprung in irgendeiner menschlichen Veranlassung haben könnte. Die Bemühungen zur Vernichtung der Nachkommenschaft Isaaks und Jakobs sind Tausende von Jahren beständig verfolgt worden. Diese Zeitperiode übertrifft die Lebensspanne eines jeden Menschen um ein solches Maß, daß kein Sterblicher dahinterstehen könnte. Beschäftigt man sich mit diesem Übel näher, muß man erkennen, daß seine Veranlassung und Stärke gerade dem Wesen entstammt, das sich selbst zum Feind Gottes und alles Guten gemacht hat.

Die Gegner des Landes und Volkes Israels befinden sich auf Satans Seite gegen Gott, ob sie es merken oder nicht. Diese Aussage treffen wir nicht aufgrund einer voreingenommenen Bevorzugung der Juden. Wir haben gezeigt, wie die Bibel verdeutlicht, daß Gott sie nicht aus Gunst erwählt hat.

Jerusalem ist wie ein Wegweiser der Menschheit. Wer sie liebt und für ihren Frieden betet, ist auf Gottes Seite. Wer versucht, Jerusalem aus Israels Hand zu nehmen, ist auf Satans Seite. Und auf denen, die versuchen, die Juden vom Besitz des ganzen ihnen verheißenen Landes abzuhalten, liegt Gottes Fluch. Das sagt die Bibel in einer unmißverständlichen Sprache. Wer also mit dieser Sicht Israels nicht übereinstimmt, hat ein Problem mit Gott und seinem Wort und nicht mit den Juden an sich.

Wie wir noch sehen werden, ist Jerusalem so wichtig, daß sie den Mittelpunkt eines Konflikts zwischen Gott und Satan um die Herrschaft über das ganze Universum einnimmt. Antisemitismus ist weder politisch noch religiös. Er betrifft zwar beides, geht aber über beides weit hinaus. Er ist eine mächtige satanische Waffe in der Schlacht zwischen Gut und Böse. Der Antisemitismus richtet sich zwar direkt gegen die Juden, doch er ist zum Verderben des moralischen Charakters seiner Verfechter bestimmt – und letztendlich zur Beeinflussung des ewigen Schicksals der Menschheit.

Wenn diese Erklärung des Geheimnisses des Antisemitismus vielleicht melodramatisch erscheint, so fordern wir den Leser auf, eine andere Erklärung anzubieten. Bedenken Sie, daß der Antisemitismus nur ein Teil aus einer ganzen Sammlung biblischer Voraussagen ist. Dazu gehört die Zerstreuung der Juden über die ganze Welt ebenso wie ihre Bewahrung als identifizierbares Volk trotz der wiederholten Vernichtungsversuche, ihre Rückkehr ins „Gelobte Land" nach 2.500 Jahren Zerstreuung sowie die Bedeutung Jerusalems für den Weltfrieden, die in keinem Verhältnis zu diesem kleinen Land steht, dessen umstrittene Hauptstadt sie ist. Für diese Phänomene gibt es keine befriedigende Erklärung außer die eine unpopuläre, nämlich die der Bibel.

Die Welt mußte eine Geschichte hören, die sie lieber nicht gehört hätte – die Geschichte, wie ein kultiviertes Volk dem Völkermord zum Opfer fiel, und wie der Rest der Welt, ebenso kultivierte Völker, schweigend zusah … Wir würden dem viel lieber gar keinen Glauben schenken und es vielleicht als Produkt eines kranken Geistes ansehen. Und da gibt es heute tatsächlich jene – die den Antisemitismus weiter schüren und sich selbst als kultiviertes Volk darstellen – und die Welt davon zu überzeugen versuchen, diese Geschichte sei nicht wahr. Dabei nötigen sie uns tatsächlich, sie als Produkt eines krankhaften Geistes anzusehen.

Robert McAfee Brown[1]

Niemals werde ich jene Nacht vergessen, die erste Nacht im Lager, die mein Leben zu einer einzigen langen Nacht gemacht hat … Niemals werde ich die kleinen Gesichter der Kinder vergessen, deren Leiber ich unter einem schweigenden blauen Himmel in Rauchwolken aufgehen sah. Niemals werde ich die Flammen vergessen, die [meine Mutter und meine kleine Schwester und] meinen Glauben für immer aufzehrten. Niemals werde ich diese Augenblicke vergessen, die Gott und meine Seele ermordeten und meine Träume zu Staub machten. Niemals werde ich diese Dinge vergessen … Den Talmudschüler, das Kind, das ich war, haben die Flammen verzehrt. Was zurückblieb, war nur eine Form, die so aussah wie ich. Eine dunkle Flamme war in meine Seele gedrungen und hatte sie verschlungen.

Elie Wiesel[2]

SPIELBALL DER VÖLKER

10

Die „Endlösung"

Die Unermeßlichkeit des Holocausts kann man durch bloße Statistiken nicht darstellen. Die Tatsache, daß von den fast 8 Millionen im Jahr 1941 in Europa lebenden Juden etwa 6 Millionen systematisch ermordet wurden, ist entsetzlich genug. Daß dieser größte Völkermord der Menschheitsgeschichte Resultat der wirksamen Durchführung eines sorgfältig aufgestellten Plans durch die vielleicht gebildetste und kulturell fortgeschrittenste Zivilisation aller Zeiten war, erhebt das Maß des Abscheus über jede Fähigkeit der Gefühle hinaus. Um aber ein klareres Verständnis von dem sogenannten größten Verbrechen der Weltgeschichte zu erlangen, müssen wir einen Blick hinter die abstoßenden Statistiken und die kaltblütige Effizienz werfen, mit der dieses Greuel von relativ wenigen Naziführern geplant und ausgeführt wurde.

Nur innerhalb des Zusammenhangs des weitverbreiteten und jahrhundertelang praktizierten Antisemitismus [worauf wir in vorangegangen Kapiteln kurz eingegangen sind] und der [teils schweigenden, teils begeisterten] Einwilligung einer Unmenge „standhafter" deutscher Bürger begreift man zögerlich die Boshaftigkeit, die in Adolf Hitler zum vollen Ausdruck gelangt ist. Die systematische Vernichtung eines Volkes ist weit abscheulicher, wird sie nicht als Irrwahn eines Verrückten betrachtet, sondern vielmehr als ein Akt einer gebildeten europäischen Gesellschaft. Und das war in der Tat der Fall, obwohl allgemein die Fehleinschätzung vorherrscht und geschürt wird, Hitler und seine Gefolgschaft seien die alleinigen Anstifter und Übeltäter gewesen.

Die vorsichtige Annäherung

Hitler ging tatsächlich sehr behutsam vor, als wollte er testen, ob seine Leidenschaft für Judenverfolgung irgendwelche bedeutenden Repressalien im In- oder Ausland vervorrufen könnte. Auf einer Versammlung von Kreisleitern der Partei am 29. April 1937 legte er dar, in welcher Weise er bei der „Lösung der Judenfrage" vorgehen wollte:

> Das Endziel unserer ganzen Politik ist uns ja allen ganz klar. Es handelt sich bei mir nur immer darum, keinen Schritt zu machen, der uns schadet.

> Wissen Sie, ich gehe immer an die äußerste Grenze des Wagnisses, aber auch nicht darüber hinaus. Da muß man nun die Nase haben, ungefähr zu riechen: „Was kann ich noch machen, was kann ich nicht machen."[3]

Harriett Chamberlain half Lucille Eichengreen [geboren als Cecilia Landau in Hamburg 1925] beim Schreiben ihrer Geschichte *Aus der Asche zum Leben: Meine Erinnerungen an den Holocaust*. Das war eine lebensverändernde Erfahrung. Chamberlain gesteht hernach ein: „Bevor ich die schmerzlichen, aber anregenden Begebenheiten aus Cecilias Leben durchforschte und erarbeitete, konnte ich den Holocaust nur als Sonderfall, als einen unberechenbaren, irrationalen Ausbruch eines abscheulichen Gruppenverhaltens ansehen. Jetzt verstehe ich den Holocaust als das Ergebnis einer national entschiedenen Regierungspolitik, von den einzelnen Durchschnittsbürgern rational befolgt."

Die organisatorische Raffinesse des Nazistaates erstreckte sich bis in jede Facette des Lebens. Da gab es die Nationalsozialistische Studentenschaft, die die Universitätsstudenten in braune Uniformen steckte und sie primitive Parteilieder singen ließ. Dazu gehörten Zeilen wie die folgenden: „Wetzt die langen Messer an dem Bürgersteig, daß sie besser flutschen in der Pfaffen Leib! ... Und kommt die Stunde der Vergeltung, stehn wir zu jedem Massenmord bereit!" Die Lehrer mußten einer nationalsozialistischen Organisation angehören, ebenso wie die Rechtsanwälte und Ärzte und Journalisten ihren entsprechenden Gruppen. Dann gab es natürlich die Massenkundgebungen, die die Gefühle der gesamten Nation in einer geistlosen Hysterie gefangennehmen sollten.

Überall hingen Plakate; sie zeigten die hübschen Eigenschaften eines blonden, blauäugigen arischen Jünglings und priesen den gesunden Lebensstil der neuen Ordnung an. Im Kontrast zu diesen wohlgeformten Gesichtern standen die karikierten Abbilder der verhaßten Juden – mit finsterer Mine, sittlich entartet, hinterlistig, berechnend. Die staatlichen Schulbücher brachten den Kindern von der ersten Klasse an das „angemessene" Verhalten gegenüber Juden bei. Eine typische Seite in einem Grundschulbuch stellte den stolzen, blonden Arier [„der Deutsche ist ein stolzer Mann, der arbeiten und kämpfen kann"] einem garstigen, finsteren Juden gegenüber, der mit den Versen beschrieben wird: „Das ist der Jud', das sieht man gleich, der größte Schuft im ganzen Reich! Er meint, daß er der Schönste sei, und ist so häßlich doch dabei!" Die Anweisung an den kindlichen Geist lautete: „Trau keinem Fuchs und keinem Juden!"

Alte Haßgefühle wiederbelebt

Es muß noch einmal betont werden, daß derartige Vorstellungen keineswegs neu waren. Das Naziregimc gab nur einem traditionellen Antisemitismus auf mehr systematischem und allgemeinem Wege besonderen Auftrieb, der seit Jahrhunderten im europäischen Gedankengut brodelte. Der einzige Unterschied war, daß dieser freiwerdende Haß gegen den „parasitären Juden“ unter einem Führer, der nahezu angebetet wurde, einen unverschämteren Ausdruck erhielt. Hitler, der die „Arier“ zur Befreiung Deutschlands von dem „jüdischen Joch“ führen wollte, wurde auf die Stufe eines Gottes erhoben. Lesen wir dazu die folgende Diktatvorlage aus einer Münchener Grundschule aus dem Jahr 1934:

> Wie Jesus die Menschen von der Sünde und der Hölle befreite, so rettete Hitler das deutsche Volk vor dem Verderben. Jesus und Hitler wurden verfolgt, aber während Jesus gekreuzigt wurde, wurde Hitler zum Kanzler erhoben. Während die Jünger Jesu ihren Meister verleugneten und ihn im Stiche ließen, fielen die 16 Kameraden für ihren Führer. Die Apostel vollendeten das Werk ihres Herrn. Wir hoffen, daß Hitler sein Werk selbst zu Ende führen darf. Jesus baute für den Himmel, Hitler für die deutsche Erde.[4]

Die Deutschen brauchten Hitler nicht als Gott anzunehmen, aber sie taten das, weil ihnen das bei der Befriedigung ihres Bedürfnisses nach Transzendenz half, das nach der Schmach von Versailles aufgekommen war. Die Anbetung Hitlers erhob seine Anhänger zu der ihnen von ihm zugesprochenen arischen Überlegenheit. Diese Überlegenheit sollte in der Demonstration der Minderwertigkeit der Juden vor der ganzen Welt ihren Ausdruck finden. Doch ohne jahrhundertelange Vorbereitung war ein solches Denken wiederum nicht imstande, Deutschland mit solcher Macht aufzuwiegeln. Und ein großer Teil dieser Vorbereitung bestand in der religiösen Erziehung, die einem hohen Prozentsatz der Deutschen gemein war. Gleiches galt für ganz Europa. Fünfzig Jahre vor Hitlers Machtergreifung berichtete *La Croix* stolz, sie sei „die antijüdischste katholische Zeitung in Frankreich“, und verdammte „den jüdischen Feind, der Frankreich verrät“.[5] In dieser unerschütterlichen und beständigen Hetz- und Kampf-Atmosphäre, würden die Franzosen da angesichts der nationalsozialistischen Vernichtung von 80.000 Juden in Frankreich nicht in Dankbarkeit ausbrechen?

Weit davon entfernt, gegen Hitlers Übeltaten zu protestieren, unterstützte die römisch-katholische Kirche, die mächtigste geistliche Kraft im Deutschland jener Zeit, diese sogar noch. Vikar Roth, der spätere Staatsbeamte im Nazi-Ministerium für Kirchliche Angelegenheiten, nannte die Juden eine „moralisch niedrig stehende Rasse, die aus dem öffentlichen Leben ausgeschlossen werden müßte". Dr. Haeser, dessen Buch mit dem Imprimatur der Diözese Regensburg erschien, nannte die Juden „Deutschlands Kreuz, ein von Gott verstoßenes Volk, das unter seinem eigenen Fluch stehe. Die Juden trifft ein großer Teil der Schuld, daß Deutschland den [Ersten Welt-] Krieg verloren habe." Ein bekannter Priester, Pfarrer Senn, bezeichnete Hitler als „das Werkzeug Gottes ... berufen, das Judentum niederzuringen". Der Nationalsozialismus, so sagt er, biete „die letzte große Gelegenheit, das jüdische Joch abzuschütteln".[6] Ein anderer einflußreicher Kleriker, Pater Franjo Kralik, gab 1941 in einer katholischen Zeitung in Zagreb begeistert von sich:

> Die [nationalsozialistische] Bewegung zur Befreiung der Welt von den Juden ist eine Bewegung zur Renaissance der menschlichen Würde. Der allwissende und allmächtige Gott steht hinter dieser Bewegung.[7]

Als Hitler schließlich anfing, gegen die Juden vorzugehen, gab es für den durchschnittlichen Deutschen mit einer derartigen, von seinen religiösen Führern an den Tag gelegten Sichtweise guten Grund, bereitwillig mitzumachen. Bei vielen Deutschen behielt das Gewissen die Oberhand über die rassistische Prägung, doch für die überwiegende Mehrheit war es nur zu einfach, diese innere Stimme zu ignorieren, insbesondere als nicht nur die religiösen, sondern auch die weltlichen Führungspersönlichkeiten dazu ermutigten. Schließlich waren die Juden in ganz Europa jahrhundertelang diskriminiert und mißhandelt worden.

Die Einbeziehung der allgemeinen Öffentlichkeit

So lange man den Holocaust als einzelnes, wahnsinniges Unterfangen Adolf Hitlers und seines inneren Anhängerzirkels ansieht, nimmt man seine Abscheulichkeit nicht vollends wahr. Er kann weder durch die deutsche Vorliebe für das Befolgen von Befehlen erklärt noch durch den Vorwand, in Kriegszeiten müßte man nun einmal so handeln, entschuldigt werden. Man muß sich erst mit dem Ausmaß der bereitwilligen und sogar enthusiastischen Kooperation auseinandersetzen, die bei den durchschnittlichen Einwohnern Deutschlands, Polens und Ungarns und anderer Länder mit beträchtlicher jüdischer Bevölkerung zu finden war. Weit davon entfernt, Europa überraschend heimzusuchen, war der Holocaust in Wirklichkeit vielmehr der Höhepunkt eines Jahrhunderte währenden Antisemitismus, ohne den diese „Endlösung" nicht möglich gewesen wäre.

Man hat Versuche unternommen, die Bürger jener Länder, in denen der Holocaust wütete, dadurch zu entschuldigen, daß sie gar nicht gewußt hätten, was bei ihnen eigentlich vor sich ging. Solange nur von der Art und Weise des Sterbens in den Eisenbahnwaggons, die die Juden in die Lager brachten, oder in den Vernichtungslagern selbst die Rede ist, dann trifft zu, daß tatsächlich viel Unwissenheit bestand. Doch der charakteristische Geruch von verbranntem Fleisch wurde sicherlich vom Wind in die naheliegenden Ortschaften getragen, und die Gerüchte darüber, was sich dort wirklich zutrug, verbreiteten sich schleunigst. Man brauchte gar nicht viel nachzudenken, um den Zusammenhang zwischen diesen rauchenden Schloten und den Juden, die dort zusammengetrieben und „umgesiedelt" wurden, zu erkennen.

Rudolf Höss, der Lagerkommandant von Auschwitz, wußte es. In seiner Autobiographie schrieb er: „Bei starkem Wind wurde der Gestank von verbranntem Fleisch kilometerweit fortgetragen, und dann sprach die ganze Nachbarschaft über die Judenverbrennung."[8] Doch für alle, die nicht in der Nähe eines Lagers wohnten, konnte jede indirekte Information stets als „vagen Gerüchten entstammend" abgetan werden. Wie dem auch sei, für die unbestreitbare direkte Beteiligung der überwiegenden Mehrheit des deutschen Volkes und anderer Zivilisten an entscheidenden Schritten, die schließlich zur Vernichtung von 6 Millionen Juden führen, gibt es keine Entschuldigung.

Wir müssen bedenken, daß Hitler die Juden nicht in einem einzigen, unerwarteten Zug aus ihren Häusern trieb und in die Öfen stieß. Während der Jahre der Vorbereitung, als die neuen antijüdischen Gesetze in Kraft gesetzt wurden, die den Opfern die Schlinge um den Hals allmählich immer enger zogen, war die Mithilfe der gewöhnlichen Bürger unverzichtbar. Diese zivilen Verordnungen, denen die Staatsbürger Folge leisten mußten und die von Polizei und höchsten Gerichtshöfen durchgesetzt wurden, stellten wiederum eine Rechtfertigung dar, der man angeblich nicht widerstehen konnte. Wer wagte, sich dem zu widersetzen, außer den einigen wenigen, die aufgrund eines wachen Gewissens bereit waren, lieber selbst das Schicksal der Juden zu teilen, als an ihrer Vernichtung mitzuwirken? Zu Hitlers Zufriedenheit folgte ihm der größte Teil des „guten“ deutschen Volkes im Gehorsam. Mit dem brutalen antisemitischen Verhalten von Millionen von Deutschen erhielt Hitler alle zur erfolgreichen Durchführung seines Planes benötigte Hilfe.

Vergangene Verfolgungen

Von Rußland bis Spanien und Portugal, von Skandinavien bis Süditalien war der Antisemitismus für Europa nichts Fremdes. Martin Luther hatte gesagt, man solle die jüdischen Synagogen niederbrennen und ihre Häuser verwüsten, und den Juden selbst sollte die niedrigste Arbeit auferlegt, ihnen ihr gesamter Besitz genommen und, falls nötig, sollten sie aus dem Land vertrieben werden.[9] Viele Päpste hatten die Juden in gleicher Weise behandelt: ihren Besitz mitsamt ihren Schriften konfisziert, ihre Synagogen geschlossen, sie ihn Ghettos zusammengepfercht und ihnen das Tragen eines Abzeichens auferlegt.

Wie wir bereits herausgestellt haben, war die römisch-katholische Kirche jahrhundertelang immer wieder in das Geschäft des Völkermords an den Juden verwickelt. Da diese Kirche in Europa 1500 Jahre lang die Oberhand hatte, war die antisemitische Gesinnung unter dem Volk sehr verbreitet. Ein ausgezeichneter Autor, Martin Gilbert, informiert uns in seinem umfangreichen Werk über den Hintergrund, der den Holocaust möglich machte:

> Sogar als den Juden [im 19. Jahrhundert] eine zunehmende Beteiligung am nationalen Leben eingeräumt wurde, verging kein Jahrzehnt, wo nicht in irgendeinem europäischen Staat Juden des Mordes an christlichen Kindern bezichtigt wurden, weil sie deren Blut zur Herstellung ihres Passahbrotes verwenden würden. Die „Blutanklage“, die mit Ausbrüchen öffentlicher Gewalt gegen Juden einherging, spiegelte tiefgehende Vorurteile wider, die anscheinend durch keine noch so liberale Erziehung und keine Modernität überwunden werden konnten. Judenhaß konnte mit seiner 2000jährigen Geschichte sowohl als spontaner Gefühlsausbruch des Volkes als auch als vorsätzlich entfachtes Werkzeug einer Sündenbock-Politik aufkommen …
>
> Auch nach Ende des Ersten Weltkriegs an der Westfront wurden in der ostpolnischen Stadt Lemberg noch 50 Juden von ansässigen

Ukrainern ermordet. In der nun unabhängigen ukrainischen Stadt Proskurow wurden am 15. Februar 1919 1700 Juden von Anhängern des ukrainischen Nationalführers Simon Petlura umgebracht, und gegen Ende des Jahres hatten Petluras Banden mindestens 60.000 Juden getötet.

Diese Juden waren Opfer von lokalen Haßausbrüchen in Erinnerung an die Zeit unter den Zaren, die in ihrem Ausmaß jedoch alle Ausschreitungen des letzten Jahrhunderts in den Schatten stellten. In der Stadt Wilna, dem „litauischen Jerusalem“, wurden im April 1919 80 Juden ermordet; in Galizien kamen 500 ums Leben.

„Aus Polen erreichten uns furchtbare Neuigkeiten“, schrieb der Zionistenführer Chaim Weizmann am 29. November 1918 an einen Freund. „Die seit kurzem befreiten Polen versuchen, die Juden durch die altbekannte Methode loszuwerden, die sie von den Russen gelernt haben [d.h. Mord]. Herzzerreißende Hilferufe kommen bei uns an. Wir tun unser Bestes, aber wir sind so schwach!“[10]

Zahllose Vorfälle von Verfolgung und Mord an Juden in ganz Europa wie die Massaker in der Ukraine von 1918 und 1919 bestätigen, daß Hitler weder der Erfinder des Antisemitismus war, noch der erste, der die Vernichtung von Gottes auserwähltem Volk zu seinem Ziel erklärt hat. Der einzige Unterschied war, daß Hitler durch die Eroberungen der deutschen Armee den größten Teil Europas und sogar weite Teile Rußlands beherrschte. So war er imstande, einen allumfassenden und eingefleischten Antisemitismus aufblühen zu lassen, zu organisieren und somit in großem Maßstab das auszulösen, was so lange auf einzelne Ausbrüche an weit zerstreuten Orten beschränkt gewesen war. Hitler wollte die systematische Ausrottung der Juden endgültig erledigen. Das war eine Aufgabe, der sich nach seiner Überzeugung die Europäer seit Jahrhunderten vereinzelt und ohne hinreichende Entschlossenheit und Organisation gewidmet hatten, und die deshalb bisher nie zum „erfolgreichen“ Abschluß gebracht worden war.

Hitler erwartete für diese gewaltige Aufgabe Europas Dankbarkeit. Zukünftige Generationen würden an ihn als das Genie zurückdenken, der „eine Endlösung für das jüdische Problem“ herbeigeführt hatte. Gilbert stellt heraus:

Die Vorbereitungen für den Massenmord wurden durch die militärischen Erfolge Deutschlands in den Monaten nach der Invasion in Polen von 1939 ermöglicht. Aber mit der Machtergreifung Hitlers im Jahr 1933 hatte der verheerende Prozeß seinen Lauf genommen. Es war ein Prozeß, der von dem Aufflammen des historischen Hasses und den alten Vorurteilen abhing …[11]

Europa war reif für dieses neue Abenteuer, bereit, sich selbst ein für allemal von der jüdischen Last zu befreien. Hitler stellte das sicher, indem er die Durchschnittsbürger Schritt für Schritt in die eskalierende Verfolgung und schließlich in die Auslöschung aller Juden überall in den ihm unterworfenen Ländern einbezog. Es war eine scharfsinnige Ausnutzung des allgemeinen Judenhasses, den er im Herzen fast jedes Menschen wohnen wußte.

Wissen und Mitwirken der Öffentlichkeit

Der erste kleine Schritt geschah bereits 1920 mit der Veröffentlichung des noch nicht ausgereiften, 25 Punkte umfassenden nationalsozialistischen Parteiprogramms. Es enthielt mehrere antisemitische Klauseln, darunter die Forderung, alle seit 1914 nach Deutschland eingewanderten Juden müßten das Land verlassen. Hitlers Reden beleuchteten den Wunsch nach „Ausbruch aus der Macht der Juden" oftmals sehr deutlich. Diese Schmähungen waren mit abgekupferten Parolen versehen wie „Antisemiten der Welt, vereinigt euch!" Derartige Reden stießen auf ein bereitwilliges Publikum.

Hitlers Manifest, sein 1925 veröffentlichtes Buch *Mein Kampf*, war mit antijüdischer Rhetorik angefüllt und sollte bezüglich seiner Pläne für den Fall seiner Machtergreifung niemanden in Zweifel lassen. Weit davon entfernt, seine Absichten zu verbergen, legte er sie offen vor der ganzen Welt dar. Doch seitens der anständigen deutschen Bürger gab es keinen Aufschrei der Entrüstung, daß etwa solcher Haß, solche Demütigung und Mißhandlung irgendeiner Minderheit oder Einzelner für gesittete Völker nicht schicklich sei. Ebensowenig wurden entrüstete Stimmen bei anderen „gesitteten" Völkern laut.

Nach seiner Machtergreifung setzte Hitler seinen Plan vehement in die Tat um und bezog die Deutschen in dessen Verwirklichung mit ein. Am 7. April 1933 wurden alle nichtarischen Beamten zwangsweise „in den Ruhestand versetzt". Einige Deutsche waren schockiert, aber es erhob sich kein allgemeiner Protest. So gut wie niemand setzte sich zur Verteidigung seiner jüdischen Freunde und Nachbarn ein. Die meisten Deutschen schienen froh zu sein, daß sie sich als „Arier" einer höheren

Abstammung erfreuen durften und nun die besseren, zuvor von den Juden besetzten Posten einnehmen konnten. „Die deutschen Städte strebten in eifrigem Wettstreit nach dem neuen ‚arischen‘ Ideal.“

„In Frankfurt wurde am Tag dieses ersten ‚arischen Gesetzes‘ jüdischen Lehrern das Unterrichten an den Universitäten, jüdischen Schauspielern das Auftreten auf einer Bühne und jüdischen Musikern das Spielen auf Konzerten verboten ... Am 13. April tauchten in der Universität Berlin Anzeigen auf ... ‚unser gefährlichster Gegner ist der Jude ...‘ Die Vertreibung der Juden von den Universitäten ging schnell und gründlich vonstatten [einschließlich Nobelpreisgewinnern]. Albert Einstein wurde ins Exil verbannt.“[12] Deutschland hatte auf den ersten Schritt positiv reagiert, und Hitlers teuflischer Plan bestätigte sich in seinen Erfolgsaussichten.

Für all jene, die sich den neuen Ordnungen nicht unterwarfen, wurden Konzentrationslager eingerichtet. Es gab jedoch relativ wenig Deutsche, die gegen den offiziellen Antisemitismus Widerstand leisteten. In ganz Deutschland wurden Juden geschlagen, verstümmelt und umgebracht. „An Tausenden Cafés, Sportstadien, Geschäften und Straßen, die zu Städten und Dörfern führten, waren Anzeigen zu sehen: ‚Juden nicht erwünscht‘.“[13] Kein deutscher Gerichtshof erachtete die Gesetze für unzulässig oder als eine Verletzung des grundlegenden Anstands, zu dem jeder Mensch verpflichtet ist.

Die Schlinge zieht sich enger

Die nächste Stufe war eine noch verbreitetere Demütigung durch öffentliche Gewaltakte und Zerstörungen von Besitz. Überall drang man mit Gewalt in jüdische Häuser, Geschäfte und Synagogen ein und warf Möbelstücke und Wertsachen zur Zerstörung auf die Straße. Auf diese systematische Weise wurden die Juden öffentlich und brutal aus einem Dorf nach dem anderen getrieben, wodurch die sogenannten „judenfreien Städte“ geschaffen wurden. Was die ganze Geschichte hindurch in einzelnen Dörfern geschehen war, wurde nun überall mit berechneter Überlegung betrieben. Einige Deutsche waren schockiert, doch die meisten sahen nur auf ihre eigenen Vorteile und waren vom nationalen Verfolgungsfieber gepackt. Sogar der mittelalterliche Mythos vom „Blut christlicher Kinder saugenden und Ritualmorde verübenden Juden“ fand in ganz Deutschland ein erneutes Aufleben.

Viele Juden flohen nach Palästina, um dort im Land ihrer Vorfahren und inmitten arabischer Nachbarn ein neues Leben zu beginnen. Radiosendungen aus Deutschland verfolgten die Flüchtlinge sogar noch dort. Ausgestrahlt in den Nahen Osten, stachelten die wütenden Stimmen die Araber zum Aufstand gegen die Juden an und forderten sie auf, dem Beispiel Deutschlands zu folgen und Palästina wieder „judenfrei" zu machen.

Am 15. September 1935 unterzeichnete Hitler die „Nürnberger Gesetze". Der Antisemitismus war nun in ganz Deutschland geltendes Recht und offizieller Lebensstil. Juden konnten nicht mehr Bürger sein, und es wurde ihnen untersagt, die deutsche Fahne zu hissen. Eheschließungen zwischen Juden und Ariern wurden verboten. Deutschland wurde von allen Juden und allem jüdischen Einfluß „gesäubert". Ein jüdischer Arzt, der zur Rettung des Lebens eines Patienten sein eigenes Blut übertragen hatte, wurde wegen „Rassenschändung" ins Konzentrationslager gesteckt. Überall in Deutschland machten sich antijüdische Aufstände breit und griffen auch auf benachbarte Länder über. In ihrer Verzweiflung begingen immer mehr Juden Selbstmord, während Zehntausende in andere Länder flüchteten, viele nach Polen und Ungarn. Die dortige Zuflucht sollte sich als vorübergehend erweisen. Jetzt war es nur noch eine Frage der Zeit, bis daß das Ende des europäischen Judentums [bis auf wenige Tausend Überlebende] eine vollendete Tatsache sein würde.

Weltweite Schuld

Die Ereignisse in Deutschland waren vor dem Rest der Welt nicht verborgen. Augenzeugenberichte von der in ganz Deutschland zunehmenden Gewalt gegen Juden sowie von der wachsenden Zahl an Aufständen gegen sie auch in benachbarten Ländern wurden in den Medien der Welt veröffentlicht. Im Juli 1938 wurde im französischen Evian eine internationale Konferenz zu dem Problem der stetig steigenden Zahl von verzweifelt aus Deutschland zu flüchten versuchenden Juden abgehalten. Das Maß des internationalen Mitgefühls sank immer tiefer. Die ganze Welt sollte am Holocaust ihren Teil der Schuld tragen. Die Herzlosigkeit anderer Länder im Anblick der drohenden Vernichtung des europäischen Judentums ist unentschuldbar. Hier die offizielle Erklärung Australiens für die Zurückweisung jüdischer Flüchtlinge:

> Es ist zweifellos einzusehen, daß, wie wir kein Rassenproblem haben, so auch keines einführen wollen.[14]

Mit der wachsenden Zahl der von Deutschland aus einwandernden Juden „wurden auch die Vorbehalte gegen sie größer: England, Palästina und die USA verschärften jeweils ihre Einwanderungsgesetze. Vier südamerikanische Länder, Argentinien, Chile, Uruguay und Mexiko, stellten Gesetze auf, die die Zahl einreisender Juden stark beschränkten, im Fall Mexikos auf 100 pro Jahr."[15] Auch in Australien und Skandinavien wurden die Einreisebeschränkungen gestrafft. Sogar an der Grenze zur Schweiz, dem Hauptsitz des Internationalen Roten Kreuzes, wurden die Flüchtlinge kaltherzig in die sichere Vernichtung zurückgewiesen. Wem es gelang, in solche Länder zu flüchten, wurde von schweizerischer, holländischer oder französischer Polizei eingefangen, verhaftet und über die Grenze zurück nach Deutschland geschickt, wo Hitlers wirkungsvolle Todesmaschinerie auf sie wartete.

Die wenigen glücklichen deutschen Juden, die vor der Straffung der Immigrationsgesetze auswandern konnten, verbrachten ihre ersten bangen Monate und Jahre der Freiheit in den USA, in England, Australien, Mexiko und anderen Ländern und versuchten verzweifelt, für ihre in Deutschland zurückgebliebenen Verwandten die nötigen Visa zu bekommen. Sie sahen sich jedoch einer immer höheren Barriere von unerklärlichen Gesetzen und Beschränkungen ausgeliefert, die vorsätzlich aufgestellt worden waren, damit weiteren Juden eine Einwanderung so gut wie unmöglich wurde. Der Flüchtlingsstrom wurde bis auf ein Rinnsal eingedämmt, wodurch Hunderttausende Zufluchtsuchende in den Osten verschifft und schließlich ausgestoßen wurden.

Die Welt teilte Deutschlands Schuld nicht allein hauptsächlich in Form solch scharfsinniger Mittel wie die heimtückische Regulierung der Einwanderungsquoten. Es gab so viele damals gut dokumentierte Vorfälle vorsätzlichen Zurückschickens von Flüchtlingen in ihre Vernichtung, so daß die Behauptung eigener Unschuld oftmals an sich schon ein Verbrechen ist. Wer könnte den Ozeankreuzer *St. Louis* vergessen? Seine 1128 jüdischen Flüchtlinge aus Deutschland waren in der großen Hoffnung in See gestochen, in irgendeinem Land einen Hafen ansteuern zu können. Anstatt dessen verwies man sie in Nord-, Mittel- und Südamerika aus einem Hafen nach dem anderen aus und zwang sie zur Rückkehr quer über den Atlantik. Ja, die USA und ihr Präsident Franklin D. Roosevelt verweigerten ihre Aufnahme, obwohl 700 von ihnen im Besitz von gültigen Papieren zur Einreise in die USA waren. Abgesehen von den 288, denen England Eingang gewährte, entkamen von den übrigen nur wenige Hitlers Öfen.

Bei vielfachen ähnlichen Vorfällen weinten, hofften, flehten und starben Väter, Mütter, Kinder, Ehemänner und -frauen. Typisch für diese unzähligen Tragödien ist die folgende:

> Am 17. August [1938] erreichten 53 österreichische Juden Helsinki auf dem Meerweg. Dort verweigerte man ihnen die Erlaubnis, an Land zu gehen, und das Boot, mit dem sie gekommen waren, wurde nach Deutschland [zurück-] geschickt. Mehrere Passagiere hatten die zur Einreise in die USA nötigen Papiere und wünschten lediglich ein Transitrecht durch Finnland. Aber von der neuen Politik wurden keine Ausnahmen gemacht.
>
> Einer schwangeren Jüdin, die kurz vor ihrer Niederkunft war, gestattete man, das Schiff zu verlassen und ein Krankenhaus aufzusuchen, aber nach der Geburt mußten Mutter und Kind sich den übrigen Passagieren anschließen. Auf dem Rückweg nach Deutschland ... warfen sich drei der abgewiesenen Flüchtlinge über Bord und ertranken.[16]

Beschleunigte Einbeziehung der Öffentlichkeit

Die Nacht vom 9. zum 10. November 1938, die später unter dem Namen „Kristallnacht" oder „Reichskristallnacht" bekannt wurde, bezeichnete eine erschreckende Intensivierung von Hitlers Pogrom auf seinem Weg zur geplanten Vernichtung aller Juden. In Deutschland, Österreich und dem Sudetenland wurden rund 1300 Synagogen geschändet [von denen etwa 270 niedergebrannt oder verwüstet wurden], und ca. 10.000 Häuser, Geschäfte und Büros von Juden wurden ausgeraubt und demoliert. Über 90 Juden wurden kaltblütig ermordet, etwa 30.000 verhaftet, und zwar aus keinem anderen Grund, als nur deshalb, weil sie Juden waren; Tausende von ihnen kamen später in den Vernichtungslagern um.

Ein Geheimbericht des Vorsitzenden des Obersten Parteigerichts der NSDAP, Walther Buch, erklärte, die Mörder der Juden könnten nicht bestraft werden, weil sie nur Befehle ausführten. Wer jüdische Frauen vergewaltigt hatte, wurde „aus der Partei ausgeschlossen und einem Zivilgericht übergeben" – jedoch nicht wegen Vergewaltigung, sondern wegen „Verletzung der Nürnberger Rassengesetze, die den geschlechtlichen Verkehr zwischen Ariern und Juden untersagten".[17]

Die Schuld des Mordes an Juden und der Plünderung ihres Besitzes konnte nicht mehr länger auf einige wenige rohe „Braunhemden" geschoben werden. Nun hatte die ganze Welt das Grauen eines von Regierungen selbst geleiteten Pogroms erlebt. Das war, wie Hitler geplant hatte und wir es heute wissen, nur der Anfang der systematischen „Endlösung des jüdischen Problems", die schließlich zum Mord an über 6.000.000 Juden führen sollte.

Wer noch ein Gewissen hatte, appellierte an die einzige moralische Autorität, die, so meinte man, noch hätte einschreiten können. In seinem Buch *Min Hameitzar* berichtet Rabbi Weissmandl, wie die Zivilregierung der Slowakei mit der Bitte an den Vatikan herantrat, den Transport von Juden in die Todeslager aufzuhalten. Der Vatikan antwortete, daß zum Christentum [d.h. zum Katholizismus] konvertierte Juden nicht abtransportiert würden, und, was die übrigen betrifft, sollten Familien beim Transport nicht auseinandergerissen werden. Anders ausgedrückt: Transportiert sie ab, solange sie nicht konvertieren, aber transportiert ganze Familien zusammen ab!

Daß die katholische Kirche, vom Vatikan angefangen abwärts, über das Geschehen informiert war, ist bereits an vielen anderen Stellen dokumentiert worden und braucht hier nicht wiederholt zu werden. Als die Juden immer noch dachten, Vertreibung bedeute nichts weiteres als Umsiedlung, berichtete ein slowakischer Erzbischof: „Das ist nicht nur eine Vertreibung ... sie werden euch allesamt umbringen ... und das ist eure verdiente Strafe für den Tod unseres Erlösers. Ihr habt nur eine Hoffnung: Tretet zu unserer Religion über, und dann werde ich dafür sorgen, daß der Entscheid aufgehoben wird." Weissmandl bringt ein weiteres erschreckendes Beispiel für ein Bittgesuch beim päpstlichen Nuntius in der Slowakei, die Vernichtung unschuldigen jüdischen Lebens zu verhindern. Der Nuntius erwiderte daraufhin: „Unschuldiges Blut von jüdischen Kindern – so etwas gibt es nicht! Alles jüdische Blut ist schuldig, und sie müssen sterben. Das ist die Strafe, die sie wegen dieser Sünde erwartet."[18]

Zu grausam, um wahr zu sein

In Ungarn vollzog sich der erste Schritt der Nazis zur Vernichtung der Juden mit ihrer Vertreibung aller ausländischen Juden. Elie Wiesels Kabbala-Lehrer, „Mosche der Büttel", war Ausländer und gehört zu denen, die das Dorf Sighet in Viehwagen gestopft verlassen mußten. Alle wollten nur glauben, die Deportierten würden einfach an einen anderen Ort gebracht, um dort für den Krieg zu arbeiten. Mit dieser tröstenden Annahme waren sie bald vergessen – bis Mosche eines Tages zurückkehrte. Er hatte eine Schußwunde an seinem Bein und erzählte eine wilde Geschichte von den Deportierten, die im Wald von Galizien, in der Nähe von Kolomaje, ihre eigenen Gräber graben mußten, von als Ziele für Maschinengewehre in die Luft geworfenen und abgeknallten Säuglingen und von all den andern, die erschossen und in Massengräbern verscharrt wurden. Wie durch ein Wunder konnte er als einziger Überlebender entkommen. Niemand wollte seinem Bericht glauben. Elie Wiesel schreibt:

> Viele Tage und Nächte lang ging er von einem jüdischen Haus zum andern und erzählte die Geschichte von Malka, dem jungen Mädchen, die über drei Tage zu Tode gequält wurde, und von Tobias, dem Schneider, der darum gebeten hatte, vor seinen Söhnen getötet zu werden …
>
> Mosche hatte sich verändert. In seinen Augen gab es keine Freude mehr. Er sang nicht mehr. Er sprach mit mir nicht mehr über Gott oder die Kabbala, sondern nur über das, was er gesehen hatte. Die Leute weigerten sich nicht nur, seine Geschichten zu glauben, sondern sogar ihm überhaupt zuzuhören.
>
> „Er versucht nur unser Mitleid zu erregen. Was hat er nur für eine Vorstellung!" sagten sie. Oder sogar: „Armer Kerl. Er ist durchgedreht."
>
> Mosche weinte darüber.
>
> „Juden, hört mir zu. Mehr will ich nicht von euch. Ich möchte kein Geld und kein Mitleid. Hört mir nur zu", flehte er zwischen den Morgen- und Abendgebeten.
>
> Ich habe es selber nicht geglaubt …
>
> Das war gegen Ende 1942 … Damals war es noch möglich, Einreiseerlaubnisse nach Palästina zu bekommen. Ich hatte meinen Vater gebeten, alles zu verkaufen, sein Geschäft aufzulösen und wegzugehen.
>
> „Ich bin zu alt, mein Sohn", antwortete er. „Ich bin zu alt, um in einem so fernen Land noch einmal von vorn ein neues Leben anzufangen …"[19]

Vielen fällt es auch heute noch genauso schwer, der Wahrheit ins Angesicht zu blicken. Bücher wie *Die Wahrheit von Auschwitz* versuchen den Holocaust zu leugnen. Sein Autor Thies Christophersen behauptet, während des gesamten Jahres 1944 diensttuender deutscher Soldat in

Auschwitz gewesen zu sein, und schreibt: „Nach dem Krieg hörte ich von den angeblichen Massenmorden an Juden ... Ich weiß, daß solche Greueltaten niemals begangen worden sind."[20] Ein anderes Buch, *Der Auschwitz Mythos: Legende oder Wirklichkeit*, stammt von Wilhelm Stäglich, einem Doktor der Rechtswissenschaft, der nach dem Krieg in Hamburg 20 Jahre lang als Richter tätig war. Er behauptet, Offizier bei der 12. Flugabwehr-Fallschirmjäger-Brigade gewesen zu sein, die 1944 „in der Umgebung von Auschwitz stationiert war, um dort Industrieanlagen zu beschützen, in denen Insassen des Lagers beschäftigt waren". Er hat das Lager mehrmals besucht, und auch er behauptet, er habe keinen Hinweis darauf gesehen, daß die Insassen in Furcht gewesen oder mißhandelt worden wären und bestreitet die Existenz irgendwelcher Gaskammern oder Krematorien.[21]

Faktum oder Fabel?

Die evangelisch-lutherische Zeitung *The Christian News* hat wiederholte Male Berichte veröffentlicht, die den Holocaust als Mythos erweisen sollten. Das Blatt forderte seine Leser auf [zuletzt erst im Januar 1995], derartige Berichte wie die von Christophersen und Stäglich, wenn irgend möglich, zu widerlegen und hat angeblich keine beweiskräftigen Rückmeldungen erhalten.[22] Vielleicht halten es die Besitzer von widerlegendem Beweismaterial für zwecklos, dieses solchen Menschen anzubieten, deren Denken dermaßen beschränkt sein muß, daß sie angesichts von Bergen verfügbaren Beweismaterials noch an einer derartigen Auffassung festhalten. Ein Besuch in Yad Vashem in Jerusalem oder im neueren Holocaustmuseum in Washington D.C. sollte jeden aufrichtigen Faktensucher zufriedenstellen. Dazu gibt es Unmengen von Büchern wie zum Beispiel *Der Holocaust* von Martin Gilbert, auf dessen 828seitiges Zeugnis weitere 66 Seiten mit „Anmerkungen und Quellen" folgen. Eines der neuesten Bücher, das nach der Öffnung Osteuropas und dem damit einhergehenden Verfügbarwerden von geheimen Archiven geschrieben wurde, heißt *Anatomy of the Auschwitz Death Camp* und enthält die Dokumentationen einer ganzen Reihe von Forschern.[23]

Natürlich gibt es Tausende Holocaust-Überlebende, deren Augenzeugenberichte die Geschichte wiedergeben. Leider sterben diese Augenzeugen allmählich aus, und schon bald wird niemand mehr da sein, der uns daran erinnern könnte. Im Juni 1981 kamen über 6000

Holocaust-Überlebende nach Jerusalem, um dort „seit langem verlorene Freunde zu suchen und einen letzten verzweifelten Versuch zu unternehmen, möglicherweise noch lebende Verwandte zu finden".[24] Über 3000 Überlebende von Auschwitz selbst trafen sich am 22. Januar 1995 zu einer Gedächtnisfeier anläßlich des 50. Jahrestags ihrer Befreiung.[25] Die meisten von ihnen waren sich niemals begegnet, doch ihre unabhängigen Zeugnisse belegten alle dieselbe Geschichte.

Sofern es nötig wäre, gäbe es auch zahlreiche nichtjüdische Zeugen des Holocaust. Der Fehler von Christophersen und Stäglich ist anscheinend aufrichtig gemeint und kann einfach erklärt werden. Zu der Zeit, als sie dort waren, gab es in Auschwitz selbst weder Gaskammern noch Krematorien, sondern nur im benachbarten Birkenau. Lesen wir dazu das Zeugnis [Hunderte von anderen könnten angeführt werden] aus dem Tagebuch eines anderen Deutschen, Dr. Johann Kremer, der als Arzt nach Auschwitz gebracht wurde: „War um 15.00 Uhr zum ersten Mal bei einer Sonderaktion. Im Vergleich dazu ist Dantes Inferno fast eine Komödie. Auschwitz wird zurecht Vernichtungslager genannt!" Als er nach dem Krieg gefragt wurde, bezeugte Dr. Kremer:

> Die Massenmorde [von 1942] fanden in kleinen Hütten außerhalb des Lagers Birkenau in einem Wald statt. In der Sprache der SS-Leute wurden die Hütten „Bunker" genannt. Alle im Lager diensthabenden SS-Ärzte waren abwechselnd bei den Vergasungen dabei, die wir *Sonderaktion* nannten. Meine Aufgabe als Arzt bestand darin, mich in Bereitschaft in der Nähe des Bunkers aufzuhalten ... für den Fall, daß einer [der SS-Leute] den giftigen Dämpfen erliegen sollte.
>
> Als der Transport mit den Menschen, die vergast werden sollten, an der Eisenbahnrampe ankam, sortierten die SS-Offiziere die Arbeitsfähigen aus den Neuankömmlingen aus, während die übrigen – Greise, alle Kinder, Frauen mit Kindern auf ihren Armen und andere als arbeitsunfähig beurteilte Menschen – auf Lastwagen verladen und zu den Gaskammern gefahren wurden.
>
> Gewöhnlich folgte ich dem Transport bis zum Bunker. Dort fuhr man die Leute zuerst zu den Hütten, wo sich die Opfer entkleideten und dann nackt in die Gaskammern gingen ... die SS-Leute hielten sie ruhig und gaben vor, sie würden nur gebadet und entlaust.[26]

Heute der Wahrheit ins Angesicht blicken

Vielen fällt jedoch nicht allein die Auseinandersetzung mit der Vergangenheit, sondern ebenso die mit der Gegenwart schwer. Das wird deutlich anhand der zahlreichen Verlautbarungen seitens Führungspersönlichkeiten der katholischen Kirche und Regierungsvertretern aus der ganzen Welt, die in heuchlerischer Weise den Holocaust der Vergangenheit verurteilen und gleichzeitig ihre Augen vor demselben in der Welt grassierenden Antisemitismus verschließen. Zum 50. Jahrestag der Befreiung des Vernichtungslagers Auschwitz-Birkenau, wo zwischen 1,1 und 1,5 Millionen Häftlinge umkamen, gab Papst Johannes Paul II. seine Erklärung ab:

> Nie wieder Antisemitismus. Nie wieder die Arroganz des Nationalismus. Nie wieder Völkermord. [Der Holocaust] war eine der finstersten und tragischsten Stunden unserer Geschichte ... eine Verfinsterung der Vernunft, des Gewissens, der Herzen [insbesondere für] das jüdische Volk, deren systematische Vernichtung vom Naziregime geplant worden war ... [27]

Das sind nette Worte, aber ohne die notwendige Anerkennung und Verurteilung des Antisemitismus in den Reihen der Kirche, ihrer jahrhundertelangen Judenverfolgung und ihrer wichtigen Rolle im Holocaust sind es hohle Worte. Außerdem liegt in diesen Worten eine Leugnung der gegenwärtigen Realität. Derselbe Geist, der Hitler zu seinem Völkermord verleitete, lebt auch heute noch und stellt sich in Dokumenten wie der PLO-Charta dar, die weiterhin zur Vernichtung Israels aufruft. Doch der Papst empfängt Arafat als Staatsmann im Vatikan. Wenn Gadhafi schreit, „die Schlacht gegen Israel muß zur Auslöschung dieser Nation führen!“ kann er nicht als ein einzelner Fanatiker abgetan werden. Solche Drohungen im Stil Hitlers ertönen in jedem arabischen Land ständig über Radio und Lautsprecher und Fernsehen von den Lippen der religiösen und politischen Führer. Sie werden in Moscheen gelehrt und liegen der Religion des Islam zugrunde.

Wenn der Papst wirklich „nie wieder“ meint, weshalb tadelt er dann nicht solch offensichtlichen Antisemitismus, anstatt ihn noch durch die freundschaftlichen Beziehungen des Vatikans mit Arafat zu ermuntern? Der Holocaust ist kein Ereignis aus der fernen Vergangenheit, das uns lediglich an ein mittlerweile überholtes Denken erinnert. Sein boshafter Geist lebt und ist heute noch aktiv, und doch sind, wie zu Hitlers Zeiten, nur allzu wenig Menschen bereit, den Tatsachen ins Auge zu sehen.

Würde Deutschland heute solche Aussagen über die Auslöschung der Juden treffen, wie es bei den Arabern gang und gäbe ist, dann würde die Welt sich in Verurteilung erheben. Doch die ständig gegen Israel gerichtete Gehässigkeit in Form von angedrohter Vernichtung durch die Araber wird allein wegen der verlogenen Behauptung hingenommen, Israel sei in diesem Konflikt mit seinen Nachbarn der Aggressor. Die Juden brauchen heute so wie zu Hitlers Zeiten eine sichere Zuflucht vor dem weltweit zunehmenden Antisemitismus, und so wie damals wird ihnen auch heute diese sichere Zuflucht verwehrt.

Die ganze Welt fordert die Einstellung des Siedlungsbaus der Juden in den sogenannten „besetzten Gebieten". Aber wo sollten die jüdischen Flüchtlinge dann untergebracht werden? Ist es kein Grund zur Betroffenheit, wenn Wladimir Schirinowski, der offen erklärt, „ich werde handeln wie Hitler", 25% der russischen Wählerstimmen erhält?

Die Geschichte wiederholt sich

In der Slowakei schrieb die bekannte Wochenzeitung *Zmena*: „Die Juden manipulierten die Lüge vom Holocaust, um ihren eigenen Staat, Israel, zu erhalten, und der Holocaust-Chronist Elie Wiesel erhielt den Nobelpreis für die ‚größte Lüge des Jahrhunderts'." Eine jüngste Umfrage in der Slowakei zeigte, daß der Antisemitismus am stärksten unter den Katholiken vertreten ist, die 65% der Bevölkerung ausmachen. Die Verehrer des katholischen Priesters Jozef Tizo, Regent des slowakisch-nationalsozialistischen Marionettenregimes von 1939-1945, der die 70.000 Menschen zählende jüdische Bevölkerung dieses kleinen Landes in die Vernichtungslager nach Polen schickte, haben den Prozeß zu seiner Rehabilitierung in Gang gesetzt, womit eine erneute Hetze bevorsteht. Mit der Schändung jüdischer Friedhöfe und dem Wiederaufleben der faschistischen Vergangenheit des Landes ist die Aussicht für die 3000 slowakischen Juden nicht gut.[28] Wird Israel für sie verschlossen werden?

Saddam Husseins Toben gegen Israel steht dem Verhalten Hitlers gegen die Juden in nichts nach. Doch er ist der große Held der muslimischen Massen, weil er die „Vernichtung Israels" und „Befreiung Palästinas" versprochen hat. Sogar noch *nach* der Einnahme Kuwaits sagte Jordaniens König Hussein, Saddam sei „für die Mehrheit der arabischen Welt ein Patriot, der … andere auf der Grundlage gegenseitiger Achtung" behandelt. Böses wird gut, wenn es nur dem „gerechten

Anlaß" der Vernichtung der Juden dient! So war es zu Hitlers Zeit und so ist es auch heute noch, und die Welt bleibt gegenüber den gegenwärtigen Problemen genauso teilnahmslos wie damals. Ein Journalist der *Jerusalem Post* schreibt mit nur allzuguter Einsicht:

> Unnötig zu sagen, daß sich die Sympathie für die Holocaustopfer nach nunmehr 50 Jahren nicht bis auf die bedrohten Juden von heute erstreckt, insbesondere wenn sie Israelis sind.
>
> Das jüngste Massaker war ein Musterbeispiel. Die meisten Leitartikel in den Zeitungen legten für Israel nur wenig Sympathie an den Tag und widmeten sich scheinheiligen Betrachtungen zum Thema „weshalb der Nachdruck auf Frieden aufrechterhalten werden muß und sich nicht verlangsamen darf", wie es zum Beispiel der für die gesellschaftliche Meinung maßgebende *The Guardian* am 23. Januar [1995] ausdrückte ... und somit verdeutlichte, weshalb das Massaker [von Beit Lid] besonders anstößig war: derartige Terrorattacken „erschweren die berechtigten palästinensischen Hoffnungen, ohne die der Prozeß zum Erliegen kommt".
>
> Ein noch offensiverer Leitartikel erschien am gleichen Tag in *The Washington Post*. Hier wurde [die Schuld an der Attacke auf] die israelische Siedlungsaktivität geschoben ...[29]

Wieder einmal wird der Jude zum Sündenbock gemacht; er ist Schuld an den Problemen der Welt. Es ist Israels Unnachgiebigkeit, die den Friedensprozeß in Nahost aufhält. Es ist Israels Wunsch nach mehr Land, als es verdient, der dem Frieden im Weg steht. Vergessen ist die Notwendigkeit dieses Landes, dieselbe Notwendigkeit wie zu Hitlers Zeit, den Juden eine sichere Zuflucht vor dem weltweit eskalierenden Antisemitismus zu bieten. Aber diese verzweifelte Notwendigkeit tut man als unberechtigt ab und, wie bereits in der Vergangenheit, beschränkt man die Zahl der genehmigten Einwanderer nach Israel.

Wie erstaunlich, daß die Welt immer noch einer Endlösung für das jüdische Problem bedarf! Man probiert die verschiedensten Alternativen. Wir bezweifeln nicht, daß ein vorübergehender „Frieden" erlangt werden wird, denn, wie wir sehen werden, sagt genau das die Bibel. Schließlich jedoch wird es unter dem Antichristen anscheinend keinen anderen Weg geben als den auch von Hitler eingeschlagenen. Diese Art der „Endlösung" wird in einem verzweifelten Schritt zur Erlangung eines dauerhaften Weltfriedens zur Ausführung gebracht werden.

Was wir hier schreiben, hat nichts mit Sensationslust zu tun, wir wiederholen nur, was die Bibel sagt. Dieselben Propheten, die mit hundertprozentiger Genauigkeit die Geschichte Israels bis auf den heutigen Tag voraussagten, kündigen uns auch die noch ausstehenden Ereignisse an. Entweder wird die Welt ihren Worten, dem Wort Gottes, Glauben schenken, und sich dementsprechend verhalten, oder sie wird die schrecklichen Konsequenzen erleiden. Und auch Israel muß auf seine Propheten achthaben.

Die Moschee ist oft Ausgangspunkt für Demonstrationen und politische Umstürze, und die Freitagspredigt will nicht nur Glaubenspflege sein, sondern bringt oft massive Aufrufe zum politischen Handeln im Namen Allahs.

Abd-al-Masih, zu Christus bekehrter
islamischer Gelehrter[1]

... erschlaget die Götzendiener, wo ihr sie findet, und packet sie und belagert sie und lauert ihnen in jedem Hinterhalt auf. So sie jedoch bereuen und das Gebet verrichten [d.h. zum Islam konvertieren] und die Armensteuer zahlen, so laßt sie ihres Weges ziehen. Siehe, Allah ist verzeihend und barmherzig [zu Muslimen].

Sure 9,5

Und bekämpft in Allahs Pfad, wer euch bekämpft; doch übertretet nicht; siehe, Allah liebt nicht die Übertreter. Und erschlagt sie, wo immer ihr auf sie stoßt, und vertreibt sie, von wannen sie euch vertrieben ... So sie jedoch ablassen, siehe, so ist Allah verzeihend und barmherzig.

Sure 2,186-188

Kämpfet wider jene von denen, welchen die Schrift gegeben ward, die nicht glauben an Allah und an den Jüngsten Tag ... Ziehet aus, leicht und schwer [bewaffnet], und eifert mit Glut und Blut in Allahs Weg

Sure 9,29.41

Wer da glaubt, kämpft in Allahs Weg, und wer da nicht glaubt, kämpft im Weg des Taghut [des Teufels]. So bekämpfet des Satans Freunde.

Sure 4,78

Spielball der Völker

11

Islam und Terrorismus

Eine der intensivsten weltweiten Fahndungen, die je angeordnet wurden, gipfelte am Freitag, den 7. Februar 1995, als pakistanische und amerikanische Geheimagenten in Zimmer 16 des Su-Casa Gästehauses in Islamabad stürmten, Ramzi Ahmed Yousef in seinem Bett überraschten und ihn in Windeseile übermannten, bevor er überhaupt Widerstand leisten konnte. Der junge Flüchtige, Ende 20, auf den die US-Regierung 2 Millionen Dollar Belohnung ausgesetzt hatte, war fast zwei Jahre lang einer weltweiten Suchaktion entkommen. An Händen und Füßen gefesselt und mit verbundenen Augen wurde er aus Pakistan befördert, und binnen weniger Stunden saß er in einem Sicherheitstrakt des Metropolian Correction Center in New York hinter Schloß und Riegel. Er wurde verdächtigt, das bösartige Genie zu sein, das hinter dem Bombenanschlag auf das World Trade Center vom 26. Februar 1993 steckte, bei dem sechs Menschen getötet und über 1000 verletzt worden waren. Vermutlich hatte er Verbindungen zu mindestens einem Staat, der ihn auch finanziell unterstützte, und seine Verhaftung führte möglicherweise zu weiteren Personen mit hohen Stellungen im weltweiten Terrorismus.[2]

Trotz der zur Herstellung von Bomben benötigten Chemikalien und einem Koffer voll in Spielzeugautos versteckten Sprengstoffs, die in seinem Zimmer im Holiday Inn in Islamabad gefunden wurden, gab sich Yousef am 9. Februar vor dem New Yorker Bundesgerichtshof als unschuldig aus. Die amerikanischen Staatsanwälte sagten jedoch, sie hätten Beweise dafür, daß er nicht nur der Drahtzieher hinter dem Bombenanschlag auf das World Trade Center war, sondern er „plante Anschläge auf weitere Ziele der USA in der ganzen Welt, darunter auf die US-Botschaft in Pakistan, auf Diplomaten und auf Fluglinien zu den Philippinen“. Pakistanischen Beamten zufolge habe Yousef ihnen gegenüber seine Beteiligung am Anschlag auf das World Trade Center eingestanden. Ferner wird berichtet, er habe den Irak als die auftraggebende Macht des Anschlags angegeben. Noch in der Nacht des Anschlags auf das World Trade Center war Yousef aus den USA geflohen.[3]

Die Staatsanwälte beschuldigen ihn:

Bombenanschlag auf das World Trade Center. Niederschießen eines radikalen Rabbiners. Komplott zur Sprengung des UNO-Hauptquar-

> tiers und zur Ermordung des ägyptischen Staatspräsidenten im Park-Avenue-Hotel. All dieses war Teil einer Verschwörung … um gegen die US-Regierung einen *Heiligen Krieg* zu führen – ein Beweis dafür, daß der Nahostterror in Amerika Fuß gefaßt hat. Spätestens seit 1989 … hat eine extremistische *islamische Gruppe* die USA als *ungläubige* Regierung, die andere *Ungläubige* wie Ägypten und Israel unterstützt, zu ihrem Ziel erklärt …[4] [Hervorhebungen durch den Autor].

Die „heilige" Rolle des Islam

Beachten Sie die Wörter, die wir kursiv gedruckt haben: *Heiliger Krieg*, *islamische Gruppe*, *ungläubig* und *Ungläubige*. Der Islam kämpft einen *Heiligen Krieg* um die Beherrschung der Welt! Dieser Krieg wurde im 7. Jahrhundert von Mohammed selbst in Gang gesetzt und wird auch heute noch von seinen treuen Anhängern mittels Terrorismus fortgeführt. Die Terroristen sind nicht *Radikalisten* oder *Extremisten*, wie die Medien sie fortwährend bezeichnen. Sie sind vielmehr islamische *Fundamentalisten*, die ihrer Religion und den Lehren des Koran treu sind und die gläubig den Fußstapfen ihres großen Propheten Mohammed folgen. Ein früherer Muslim und islamischer Gelehrter sagte:

> Wir dürfen niemals die Vorstellung haben, solche Muslime seien grundlos böse. Sie sind nur einfach ihrer Religion treu. Was die Haltung eines guten Muslim gegenüber Christen und Juden betrifft, ist diese Tatsache nie verborgen gehalten worden. Ein großer Teil der Aufforderung zu Gewalt und Krieg im ganzen Koran richtet sich tatsächlich direkt gegen die Juden und Christen, die ablehnten, was ihrem Empfinden nach ein fremder Gott war, den Mohammed verkünden wollte.[5]

Der Prozeß gegen die Verbündeten des Bombenanschlags auf das World Trade Center geht auch über zwei Jahre nach diesem berüchtigten Attentat im selben Gerichtssaal weiter, wo vier Männer bereits wegen ihrer Beteiligung daran zu lebenslanger Haft ohne Bewährung verurteilt worden sind.[6] Die zwölf weiteren Angeklagten werden einer aufrührerischen Verschwörung bezichtigt, die zu einem angeblich größeren Komplott gehört, das zur Sprengung nicht nur des World Trade Centers, sondern auch des UNO-Gebäudes, des Hauptsitzes des New Yorker

FBI, von zwei Tunneln und einer Brücke sowie zu Attentaten auf den ägyptischen Präsidenten Hosni Mubarak und auf eine weitere Zahl von politischen Figuren führen sollte.[7]

Scheich Omar Abdel Rahman, ein blinder muslimischer Kleriker, ist beschuldigt worden, der geistliche Anführer dieser angeblichen Verschwörung zu sein. Der frühere US-Justizminister Ramsey Clark ist Mitglied des Teams legaler Experten, die Rahman verteidigen. Clark sagte von seinem Klienten: „Ich denke, er wird wegen der Ausübung seiner religiösen Ansichten und seines Glaubens verfolgt."[8] Clark merkt offenbar nicht, daß „religiöse Ansichten und Glauben" seines Klienten Körperverletzung und Mord zur Verbreitung des Islam beinhalten. Religion kann nicht den Mord von Andersgläubigen rechtfertigen, doch das ist die ganze blutige Geschichte des Islam hindurch praktiziert worden.

Einige der Verteidiger des terroristischen Verschwörungsversuchs, die man des Gehorsams gegenüber Rahmans religiösen Anordnungen und der Ausführung seiner boshaften Pläne beschuldigt hat, unterliegen bereits seit 1989 der Überwachung durch das FBI. Zu diesem frühen Zeitpunkt hatten Staatsbeamte zwei der gegenwärtig angeklagten Männer bei Schießübungen auf Long Island mit drei Männern, die bereits der Beteiligung am Anschlag auf das World Trade Center überführt sind, fotografiert. Die Regierung wies damit eine seit langem bestehende Beziehung zwischen den Parteien nach, indem sie aufzeigt, daß eine von Abdel Rahman angeführte „Dschihad-Organisation" existiert, die „das Ziel hat, ‚einen [heiligen] Krieg von städtischem Terrorismus gegen die Vereinigten Staaten' zu führen, und sich dazu verschworen hat, Gebäude, Tunnel und Brücken in New York und Umgebung in die Luft zu sprengen".[9]

Einer der Angeklagten, Siddig Ibrahim Siddig Ali, der mutmaßliche Hauptverschwörer, wechselte in einer aufsehenerregenden Entwicklung seine Haltung von nicht schuldig zu schuldig und legte vor Gericht ein detailliertes Geständnis ab. Zu den weiteren „Heiligen-Kriegs"-Plänen der Verschwörung gehörten auch zahlreiche Attentate. Die Ergebnisse des Komplotts sollten so zerstörerisch und erschreckend sein, wie „die Welt es bisher noch nicht gesehen hat".[10] Alis Geständnis umfaßte auch seine Mitangeklagten, einschließlich Scheich Omar Abdel-Rahman. Ali zufolge sollte das Komplott den Amerikanern zeigen, daß „wir euch jederzeit kriegen können"![11]

Eine schizophrene Leugnung

Die Araber sind selber oftmals die Ziele islamischen Terrorismus. Wie wir bemerkt haben, gibt es unter den 21 arabischen Regierungen keine Demokratie. Doch während diese diktatorischen arabischen Regime ihre Verpflichtung gegenüber dem Islam bekennen, fürchten alle eine Übernahme durch die noch tyrannischeren islamischen Fundamentalisten. Anfang Februar 1995 entfernte die algerische Regierung Führer der militanten Islamischen Heilsfront aus dem Hausarrest und steckte sie wieder ins Gefängnis. Gegen diese Regierung wird von der islamischen Opposition ein tödlicher Krieg des Terrors geführt – ein Krieg, in dem seit Januar 1992 rund 30.000 Menschen ihr Leben verloren [die meisten davon Algerier, aber auch viele Ausländer]. Ein Nahostexperte schreibt:

> Heute gibt es in der arabischen Welt keine Regierung, einschließlich der ultrareligiösen Saudi-Arabiens, die nicht den militanten Islam als Hauptgefahr für ihre Stabilität fürchtet.[12]

In dem schizophrenen Versuch, die Wahrheit zu leugnen, bestehen viele Muslime, insbesondere jene in politischen Führungspositionen, darauf, daß der Islam eine friedliche Religion sei. Doch der auf arabische Nationen gerichtete Terrorismus, durch den die Annahme des islamischen Gesetzes erzwungen werden soll, steht in völliger Übereinstimmung mit den Taktiken, die Mohammed selber zur Durchsetzung des Gehorsams gegenüber dem Koran anwandte. Auf dem dreitägigen Weltgipfeltreffen im marokkanischen Casablanca Anfang 1995 riefen führende Muslime einerseits zur „islamischen Einheit“ auf, während sie sich andererseits beteuerten, zum Widerstand gegen den von ihnen so bezeichneten „religiösen Fanatismus“ zusammenzuhalten. Die 52 Mitglieder umfassende Organisation der Islamischen Konferenz verurteilten den Terrorismus gegen ihre Mitglieder und warnten gleichzeitig vor einer „wilden Kampagne zur Besudelung des Islam“.[13]

Besudelung des Islam? Ja, der Islam ist wirklich Auslöser eines großen Teils des weltweiten Terrorismus. Wie wir gesehen haben, waren schon bei Mohammed und seiner Gefolgschaft von Anfang an Gewalt und Terrorismus die Mittel zur Ausbreitung des Islam. Das ist die Lehre des Koran. Die Lehren des Islam inspirieren tatsächlich den weltweiten arabischen Terrorismus, der von islamischen Gruppen wie der Palästinensischen Befreiungsorganisation [PLO], Hamas, Islamischer Heiliger Krieg, Hisbollah und anderen praktiziert und dirigiert wird.

Die Anschläge und Morde entstammen einer aufrichtigen religiösen Motivation: die Vernichtung Israels und der letztendlichen Unterjochung der ganzen Welt unter das islamische Gesetz. Und doch wird die ganze Schuld irgendwie auf Israel geschoben. Es sei Israels eigene Schuld, daß es Ziel terroristischer Angriffe ist und daß auch seine Freunde die gleichen Angriffe erleiden.

Terrorismus und Betrug

Jassir Arafats PLO, dic bis zum Äußersten mit Geld aus der arabischen Ölwirtschaft und mit den Segen islamischer Religionsführer unterstützt wurde, war die bestbekannte arabische Terrororganisation und jahrelang an vorderster Front des weltweiten Terrorismus. Wer könnte die grausigen Gesichter vergessen, durch die die Welt die Palästinenser als Terroristen kennenlernte, „die schwarz vermummten Mörder bei den Olympischen Spielen in München, die Geiselgängster von Entebbe, die Mörder von der *Achille Lauro*"?[14] Der Historiker David Lamb schreibt über Jassir Arafats al-Fatach, die nach dem Krieg von 1967 die PLO übernahm:

> Das Mittel, die sie [Arafat und die al-Fatach] dafür auswählten, ihren Fall vor die Welt zu tragen, war der Terrorismus, und darin wurden sie echte Profis. Ihre Geiselnahmen und Attentate verdienten sich Schlagzeilen auf dem ganzen Globus, und schon bald fragte niemand mehr, wer die Palästinenser eigentlich sind. Jeder wußte das. Sie waren „Terroristen" …
>
> Das Problem war, daß das Programm der PLO … auf der Vernichtung Israels beruhte, einem Land, das im Westen bewundert wurde. Dieses Ziel selbst wurde durch darauf abgezielte Rhetorik und Blutvergießen verdunkelt …
>
> Unter Arafat wurde die PLO zur bekanntesten, bestbewaffnetsten und reichsten Guerilla-Organisation der Welt. Während der Blüte der ölreichen Jahre wuchs ihr Vermögen … auf 1 Milliarde Dollar pro Jahr an … US-Präsident Reagan bezeichnete die ganze Organisation als eine „Bande von Raubmördern".[15]

Und nun, da die PLO aus taktischen Gründen die neue Haltung der friedlichen Koexistenz mit Israel eingenommen hat, sieht sie sich selbst im Widerspruch zu anderen islamistischen Terrorgruppen. Im Westen neigt man dazu, die arabische Welt als eine Einheit anzusehen, doch in Wirklichkeit ist sie durch große Spaltungen, Feindschaften, Verdächtigungen und jahrhundertealte Konflikte geteilt. Sogar die fundamentalistische Bewegung unterteilt sich in 200 oder mehr unabhängige Gruppierungen, die sich in ihrer Art und Weise und ihren Methoden von Revolution und Terror unterscheiden. Dieser Umstand macht den Versuch, den islamischen Terrorismus zu verstehen und ihm entgegenzutreten, noch weit komplizierter. All diese Gruppen vereinigen sich natürlich in ihrem Haß gegen Israel und ihrem gemeinsamen Ziel, überall das islamische Gesetz einzuführen.

Die islamische Welt ist eine Welt voll beständiger Unruhe, Betrügereien, Aufstände und Kriege. Arabische Führungspersönlichkeiten mißtrauen einander und bekämpfen sich gegenseitig. Nur der Islam und das gemeinsame Ziel der Vernichtung Israels vereint sie. Saudi-Arabien verhält sich westlichen Staaten gegenüber zwar freundschaftlich, doch seine Flüche gegen Israel sind nicht minder gewaltig als die Saddam Husseins oder Jassir Arafats. Typisch ist zum Beispiel die folgende Äußerung vom saudischen König Fahd: „Die Medien müssen die Muslime zum Ergreifen des *Dschihad* [Heiligen Krieg] nötigen … vereint im Kampf gegen die Juden und ihre Freunde.“[16]

Der islamische Fundamentalismus befindet sich im ganzen Nahen Osten im Aufwind. Er erstreckt sich sogar bis in den Westen, wo der Islam die am schnellsten wachsende Religion ist. In steigender Zahl werden in ganz Europa und den USA Moscheen gebaut. Das hat für den weltweiten Terrorismus verhängnisvolle Folgen. Ein Nahost-Experte schreibt:

> Während jedem der drei Ramadane, die ich in Nahost verbrachte, fiel mir tatsächlich ein ausgeprägter, fortschreitender Zuwachs der Araber auf, die unnachgiebig an allen durch den Koran für das Einhalten dieses heiligen Monats aufgestellten Einschränkungen festhielten … sogar Diplomaten, Professoren und Geschäftsleute waren diesem Massenwahn zum Opfer gefallen – zumindest dem öffentlichen Anschein nach. Und diese Bewegung hin zu völligem religiösem Gehorsam ist, denke ich, der bedeutendste Trend in der arabischen Welt von heute. Der Nahe Osten wird … dabei weniger tolerant …[17]

Sogar arabische Regierungen, die den islamischen Terrorismus unterstützt haben, können selbst zum Ziel der Aggression werden. Kuwait war während der zerstörungswütigsten Zeit der PLO ihr wichtigster Geldgeber. Die PLO-Terroristen hatten sich zum „Kampf gegen Israel" mittels Mord an Zivilisten, auch aus mit Israel befreundeten Staaten, verschworen. Nach einer Reihe von Attentaten auf Diplomaten, einschließlich eines US-Botschafters, wurde der kuwaitische Emir gefragt, ob er weiterhin die PLO finanzieren wolle. Er antwortete, er wolle das in der Tat, „mit unbegrenzten Geldern".

Wie zahlte die PLO Kuwait und Saudi-Arabien die Milliarden Dollar zurück, die diese Länder ihr zur Unterstützung des jahrelangen Terrorismus gegeben hatten? Indem sie für den Irak geheime Informationen für seinen Überfall auf Kuwait und den geplanten Angriff auf Saudi-Arabien verschaffte. Als Saddam Husseins Truppen an der Grenze nach Saudi-Arabien standen, verkündete Arafat voller Zuversicht, der Irak werde siegreich sein: „Wir sagen dem Bruder und Führer Saddam Hussein: ‚Geh voran mit Allahs Segen'!"

Versprechen auf das Paradies

Welch eine Bruderschaft von Mördern! Welcher „Gott" könnte den Terrorismus und die Ermordung Unschuldiger segnen? Islamische Terroristen glauben, sie befolgten die Anweisungen Allahs unter seinem Segen. Dieser Glaube ist es, der den islamischen Terroristen einen solchen Eifer verleiht und sie sogar zur Selbstopferung für den weltweiten Siegeszug des Islam bereit macht.

Die Ermordung Unschuldiger ist in der Tat eine islamische Praxis. Bei ihrem Krieg gegen den Irak säuberte die islamische Republik Iran unter der Leitung von Religionsführern Minenfelder, indem sie Tausende kleiner Schuljungen vor den Truppen und Panzern hergehen ließ. Allein auf einem Minenfeld wurden im Jahr 1982 etwa 5000 Kinder von explodierenden Minen in Stücke gerissen, damit die Armee sicheren Weges vorrücken konnte.[18] Ein solches fanatisches Opfern von Leben wird im Islam als höchste Errungenschaft angesehen. Der Ayatollah Khomeini erklärte: „Die reinste Freude des Islam ist das Töten und Getötetwerden für Allah." Auf beides steht die Verheißung des Paradieses.

Für das westliche Verständnis ist es undenkbar, daß „Gott" zu einer derartigen Brutalität auffordern sollte. Für den Muslim ist Gewalt und Blutvergießen jedoch der höchste Ausdruck von Religion und der sichere Weg zum ewigen Lohn. Von daher ist es nicht verwunderlich, daß in den USA wesentlich mehr Geld für höhere Sicherheitsmaßnahmen zum Schutz vor Terrorismus ausgegeben werden muß als für alle gewöhnlichen Polizeikräfte.

Daß der Islam den freiwilligen Todesopfern des Dschihad das Paradies zusichert, ermuntert die wirkungsvollsten Terroristen: die Selbstmord-Attentäter. Durch Verstecken von Sprengstoff am eigenen Körper und anschließende Selbstopferung stellen diese islamistischen Eiferer die am schwierigsten zu entdeckende und zu bewältigende Art des Terrorismus dar. David Lamb erinnert uns an ein unglaubliches Beispiel, das die gewaltige Kluft zwischen islamischer und jüdisch-christlicher Moral veranschaulicht:

> Als ein ägyptischer Soldat namens Suleiman Khater im Sinai Amok lief und fünf israelische Touristen tötete, was tat da der Iran? Er erklärte ihn zum Helden, benannte eine Straße nach ihm und setzte zu seiner Ehre einen Gedenktag ein …
>
> In den Augen der Fanatiker in Nahost sind Terroristen wie Matadore in den Augen der Spanier. Sie sind jung, faszinierend, nationalistisch und mutig. Gelassen blicken sie dem Tod ins Auge, ja suchen ihn regelrecht … [wegen der] Anerkennung [die er mit sich bringt]. An den Mauern in Beirut und Teheran starren die Gesichter [dieser Helden], die den Märtyrertod gestorben sind, von tausend Bildern auf dich herab …[19]

Der islamische Dschihad war für die meisten gegen Israel gerichteten Selbstmordattacken verantwortlich. Er wurde seit 1989 von Fathi Shqaqi von Damaskus aus geleitet. In einem Interview nach dem Selbstmord-Bombenanschlag vom 19. Januar 1995 in Beit Lid, bei dem 21 Menschen ums Leben kamen, brachte Shqaqi seine Freude über den erfolgreichen Abschluß zum Ausdruck. Besonders erfreut war er über die fachmännische Durchführung eines sorgfältig geplanten neuen Anschlagtyps durch zwei junge Selbstmord-Attentäter aus dem Gaza-Streifen. Shqaqi erklärte voller Stolz:

> Zum vereinbarten Zeitpunkt machten sie sich auf den Weg von Gaza nach Tel Aviv und von Tel Aviv zum streng bewachten Busbahnhof der Armee. Neben dem Busbahnhof war ein kleines Bistro für Soldaten. Die beiden Männer nahmen ihre Positionen unter den dortigen Soldaten ein: Der erste ging ins Bistro und sprengte sich in die Luft, während der zweite draußen blieb und wartete, bis die Solda-

ten herausliefen; dann stürzte er sich in die Menge und sprengte auch sich.[20]

Eines der aufsehenerregendsten Selbstmordkommandos, sofern es erfolgreich gewesen wäre, begann mit einer Geiselnahme während der Vorbereitungen zum Abflug der Air-France-Linie 8969 von Hourari-Boumedienne in Algerien nach Paris. Die vier muslimischen Geiselgängster der Bewaffneten Islamischen Gruppe, alle Mitte 20 und angeführt von dem 25jährigen Abdul Abdullah Yahia, übernahmen bereits die Kontrolle, als sich das Flugzeug noch auf dem Boden befand. An strategisch geplanten Stellen im Flugzeug plazierten sie Sprengstoff, der während des Flugs über Paris gezündet werden sollte, so daß sie selbst und alle Passagiere und Besatzungsmitglieder getötet und brennende Trümmer und 15 Tonnen entflammter Treibstoff auf die französische Hauptstadt herabregnen würden. Antiterroreinheiten stürmten jedoch das Flugzeug bei einer Zwischenlandung in Marseille. Dabei kamen alle vier Geiselgängster ums Leben und 16 Passagiere und Besatzungsmitglieder wurden verletzt, doch das Selbstmordkommando wurde gestoppt und Hunderte, wenn nicht sogar Tausende Leben blieben verschont. Niemand weiß, wann eine ähnliche Aktion versucht wird; fest steht nur, daß dies nicht der letzte Versuch war.

Arafat vertrauen?

Das jüdische Religionsgesetz verlangt, daß der gesamte Körper eines Verstorbenen in angemessener Weise bestattet werden muß. Im Januar 1995 verfolgten die Zuschauer des israelischen Fernsehens auf dem Bildschirm das Befolgen dieses Gesetzes, als am Schauplatz des Selbstmordattentats von Beit Leid Vertreter des Rabbinats mit Schabeisen einzelne Stücke Menschenfleisch auflasen. Alle bis auf eines der 21 Opfer waren Soldaten zwischen 18 und 24 Jahren. Die Israelis waren nicht allein aufgrund der Toten schockiert, sondern ebenso deshalb, weil die Opfer der Eliteeinheit angehörten, die eigentlich den Rest der Nation gerade vor solchen Aktionen beschützen sollte. Die Reaktion der Israelis war mehr als wütend und schmerzlich; es war klar, daß sie nun die Nase voll hatten.[21]

Israel besteht darauf, daß Arafat bei den islamischen militanten Gruppierungen, die außerhalb der Grenzen Israels operieren, die Zügel enger zieht, und Washington fordert Arafat unter Druck zur Verurteilung von derartigem Terrorismus auf. Doch wie kann er die Methoden verurteilen, von denen er selbst so lange Gebrauch gemacht hat? Die Situation wäre lächerlich, wenn sie nicht so tragisch wäre. Angenommen, Arafat würde den Terrorismus verurteilen, wie könnte irgendein Araber diese Verurteilung ernst nehmen, wo doch Arafat selbst jahrelang einer der weltweit bedeutendsten Nutznießer des Terrorismus war [und ihn insgeheim auch heute noch unterstützt]? Und würde er ernstgenommen, dann würde er die Unterstützung durch die arabische Welt verlieren.

Arafat hat sich nie bei Israel oder der übrigen Welt für die von ihm umgebrachten und verstümmelten Opfer entschuldigt. Außerdem enthält die PLO-Charta weiterhin die Forderung, Israel müsse vernichtet werden. Das ist unglaublich! Wie kann Israel sich überhaupt vorstellen, die PLO strebe ernsthaft einen gerechten und dauerhaften „Frieden" an? Das ist lediglich Teil eines langgeplanten Vorhabens, in Israel Fuß zu fassen, um von dort aus besser seine endgültige Vernichtung herbeiführen zu können.

Als Bestandteil des Abkommens über die Übergabe der Kontrolle des Westjordanlandes und des Gaza-Streifens an die PLO bat Arafat den Palästinenserrat um die Entfernung der zur Vernichtung Israels auffordernden Klausel aus der PLO-Charta. Jetzt, da die PLO diese Kontrolle hat, erfährt Israel jedoch, die Charta könne nicht geändert werden! Der Hauptvermittler der PLO, Nabil Shaat, sagte Anfang Januar 1995, daß „es unter den gegenwärtigen Bedingungen nicht möglich ist, die zur Auslöschung Israels aufrufende palästinensische Charta zu ändern". Sechs Monate zuvor hatte er seine Zuversicht geäußert, daß „der Palästinenserrat bald in Gaza zusammenkommen wird, um die Charta zu ändern".[22] Die israelischen Führer hätten dieser Falle von vornherein zuvorkommen müssen. Ein Zurücktreten von dem Ziel der Auslöschung Israels würde eine Verleugnung des Islam darstellen und eingestehen, daß seine Lehre, die dieses Land als Eigentum der Muslime ausweist, schließlich doch nicht von dem einzig wahren Gott inspiriert ist. Kein Muslim könnte einer derartigen Ketzerei jemals zustimmen.

Ein gewaltiger Unterschied

Israel selbst ist natürlich auch nicht schuldlos. Man kann nicht automatisch alles gutheißen, was die Israelis getan haben. Ein Autor schreibt:

> In meinen Archiven habe ich eine Fotokopie eines Fahndungsplakats, das 1943 von der britischen Kolonialherrschaft herausgegeben worden war. Es zeigt in alphabetischer Reihenfolge die Portraits von zehn als Terroristen gesuchten Männern; das erste ist das eines Polizeisekretärs, dessen „Kennzeichen" wie folgt beschrieben werden: „trägt Brille, hat Plattfüße, schlechte Zähne". Sein Name war Menachem Begin, und er und sein Kollege, Jitzhak Schamir, ebenfalls ein verdächtigter Terrorist, sollten die zukünftigen Ministerpräsidenten Israels werden. Begin sollte ferner zusammen mit Präsident Sadat den Friedensnobelpreis des Jahres 1978 erhalten.[23]

Der israelische Mossad ist, wie fast alle nationalen Geheimdienste der Welt, nicht über Folter und Gewalt erhaben und unterstützt zum eigenen Schutz und zum Erreichen der eigenen Ziele sogar den Terrorismus. Derartige Taktiken sind in der Welt der internationalen Intrigen ganz normal, und jedes Land, das darauf verzichtet, würde sich in einer schwer benachteiligten Lage befinden. Doch genau in diesem Punkt stellt man einen gewaltigen Unterschied zwischen Israel und seinen arabischen Nachbarn fest.

Die Vernichtung Israels wird als offizielle arabische Politik offen eingestanden, ja sogar hinausposaunt. Sie ist Teil ihrer Religion. Den Ruf zum Heiligen Krieg hört man in jeder Moschee und aus dröhnenden Lautsprechern in den Straßen der arabischen Länder. In Israel vernimmt man jedoch nie einen vergleichbaren Aufruf. Israel will lediglich in Frieden gelassen werden und erwartet von seinen Nachbarn, daß sie sein legitimes Existenzrecht innerhalb seiner sicheren Grenzen anerkennen.

Gehorsam gegenüber dem Koran

Daß von Muslimen so viel internationaler Terrorismus verübt wird, ist ebenso kein Zufall, wie daß sie keine Gewissensprobleme mit dem Mord an unschuldigen Frauen und Kindern haben. Schließlich sieht man die Opfer als Ungläubige an. Auch kann nicht abgestritten werden, daß es der Koran ist, der jungen Muslimen den Mut verleiht, sich selbst eine Bombe anzuschnallen und sich zur Tötung von Juden in Israel selbst in Stücke zu sprengen. Eine solche Tat ist zwar nach jedem anderen Maßstab niederträchtig, doch für den Muslim verdient sie den höchsten Lohn im Himmel. Es wird gesagt, als Abu Dharr Mohammed fragte, was zu tun am vorzüglichsten sei, habe der Prophet geantwortet: „An Gott glauben und dem Heiligen Krieg auf seinem Weg folgen".

Sure 9,19 erklärt unmißverständlich, daß der Glaube an Allah und den Jüngsten Tag sowie der Eifer „in Allahs Weg" [die deutsche Übertragung merkt an: „Diese Redensart bedeutet stets den Heiligen Krieg gegen die Ungläubigen"] mehr Lohn mit sich bringen als alles andere im Islam. Der Dschihad ist der Kampf zur Ausbreitung des Islam mit jedem Mittel und ist Pflicht aller Muslime. Darüber hinaus wurde er von Mohammed zum materiellen Gewinn ausgeübt. Sure 61,10-12 verdeutlicht, daß Eifer für Allah nicht nur eine religiöse Pflicht ist, sondern auch Mittel zum Wohlstand, genau wie im Geschäftsleben. Die Hadith [islamische Überlieferung] nennt den Dschihad -

> die beste Methode, sowohl geistliche als auch zeitliche [Segnungen] zu verdienen. Wird der Sieg errungen, bringt das die mächtige Beute eines Landes, die mit keiner anderen Einnahmequelle verglichen werden kann. Wird Niederlage oder Tod erlitten, bringt dies das ewige Paradies.[24]

Die Beispiele von Aufforderungen zur Gewalt gegen Nichtmuslime sind sowohl im Islam als auch in der islamischen Tradition derart zahlreich, daß dieser Punkt außer Frage steht. Mohammed sagt beispielsweise:

> Wer stirbt, ohne gekämpft zu haben, oder es nicht als seine Pflicht verspürt hat, wird in Schuld der Art von Heuchelei sterben … Nach dem Sieg gibt es keine Ruhe, sondern nur den Dschihad … wenn ihr also zum Kampf gerufen seid, schreitet voran … Die letzte Stunde wird nicht kommen, ehe nicht die Muslime die Juden bekämpfen und sie töten.[25]

Wir müssen bedenken, daß es Mohammed ist, der hier spricht. Das ist das Gesetz des Islam. Das ist die Religion derer, die unter dem Vorwand des Wunsches nach Frieden in Israel Land erhalten haben und sich für den letzten Todeshieb in Position bringen. Wie können Israels Führer das so Offensichtliche ignorieren?

Wiedererwachen des religiösen Eifers

Der Aufstieg des islamischen Fundamentalismus kann auf die schreckliche Niederlage zurückgeführt werden, die die Araber durch Israel im Krieg von 1967 erlitten. Nasser hatte bei den Arabern die Zuversicht suggeriert, nach 19jähriger Vorbereitungszeit sei der Sieg gesichert. Die vernichtende Niederlage war deshalb doppelt demütigend. Es war jedoch diese Niederlage, die zum gegenwärtigen Wiedererwachen des Islam geführt hat.

Die islamischen Religionsführer fingen an zu verkündigen, Allah habe die arabischen Staaten für die Verweltlichung der Gesellschaft gestraft. Die einzige Hoffnung auf einen Sieg über Israel sei deshalb die Umkehr zur treuen Ausübung des Islam aus ganzem Herzen und im Gehorsam gegenüber dem Koran. Die Moscheen füllten sich daraufhin wieder mit Betern, die sich ihrer Schuld des früheren Mangels an Glaubenstreue und der mutmaßlich daraus resultierenden Niederlage durch Israel entledigen wollten.

Aus diesem Wiedererwachen des religiösen Eifers ging zu einem beträchtlichen Teil der heutige Terrorismus hervor. Die von den Terrorgruppen später angenommenen Namen sprechen für ihre religiöse Motivation und ihren tiefen Glauben daran, daß sie in Mohammeds Mannschaft spielen und den Willen Allahs ausführen. Denken wir nur an diese Gruppen: Islamischer Heiliger Krieg [Dschihad], al-Dawa [das Rufen] und Hisbollah [Partei Gottes]. Ein Autor stellte in einer Studie der islamischen und arabischen Kultur heraus:

> Vor einigen Sommern ließ der Großmufti von Jerusalem, Scheich Saadedin Alami, eine religiöse Anordnung zur Tötung des syrischen Präsidenten Assad verlautbaren und sagte, seine Ermordung würde dem Täter einen Platz im Paradies sichern. An allen anderen Orten der Welt würde ein solcher Aufruf durch einen Religionsführer als höchst ungewöhnlich betrachtet werden; in Nahost schlug er nicht die geringsten Wellen.[26]

Fehlgerichteter Haß

Diese Terroristen, die für den Tod anderer zur Aufgabe ihres eigenes Leben bereit sind, werden von einem tiefen Gespür der Ungerechtigkeit angetrieben, das vom jahrelangen islamischen Haß gegen die Juden wegen „dem Diebstahl des Gelobten Landes“ geschürt worden ist. Wer Israel einmal unterstützt hat, ist ebenfalls ein berechtigtes Ziel. Diese Opfer der Terroristen sind nur allzu oft Zivilisten, einschließlich Frauen und Kindern, die nicht im entferntesten mit der Schuld an den wirklichen oder eingebildeten Ungerechtigkeiten, gegen die gekämpft wird, belastet werden können.

Welche mögliche Verbindung könnte zwischen Israels angeblicher Übernahme Palästinas und dem Massaker an Touristen in den Flughäfen von Rom, Wien oder anderswo bestehen? Auf dem Körper eines der Attentäter von Roms internationalem Flughafen wurde folgende Mitteilung gefunden, die das verworrene, durch die jahrelange religiöse Propaganda produzierte Denken widerspiegelt:

> Weil ihr unser Land, unsere Ehre, unser Volk zerstört habt, werden wir euch überall schlagen, auch eure Kinder, so daß ihr den Schmerz eurer Kinder fühlen werdet. Die Tränen, die wir geweint haben, werden durch euer Blut abgewaschen werden.[27]

Man ringt nach Verständnis für ein derart verdunkeltes Denken. Wie können zufällig zur Zielscheibe von Gewalt gewordene Fremde aus fernen Ländern, die wahrscheinlich noch nie in Nahost gewesen sind, beschuldigt werden, „unser Land, unsere Ehre, unser Volk zerstört“ zu haben? Das ist der fehlgerichtete, durch den Islam ausgebrütete Haß. Die meisten, die für diese Anlässe rekrutiert werden, sind unter den entsetzlichen gegenwärtigen Verhältnissen in den palästinensischen Flüchtlingslagern aufgewachsen, dessen Bewohnern von klein auf beigebracht wird, die ganze Schuld an ihrer mißlichen Lage trügen Israel und seine Förderer im Westen.

Die Wahrheit ist jedoch, daß Jordanien mehr palästinensisches Land eingenommen hat als Israel. Außerdem sind diese bemitleidenswerten Menschen von arabischen Ländern in solchen Lagern festgehalten worden. Aufgrund ihrer unermeßlichen Ölvorkommen hätten diese Staaten sicherlich über die nötigen Geldmittel verfügt, ihnen ein besseres Leben zu ermöglichen. Statt dessen hat man diese vertriebenen Palästinenser wie Geiseln unter erbärmlichen Umständen festgehalten, um sie als Pfand zur Erlangung weltweiter Sympathie in der Schlacht gegen Israel auszunutzen. Der Autor David Lamb berichtet von seiner Enttäuschung, als der Vorsitzende einer palästinensischen Delegation nicht zum vereinbarten Termin für ein Interview erschien und sein Assistent „der einzigen ihm gestellten Frage auswich: ‚Die arabischen Länder verfügen über soviel Geld; wie ist es da möglich, daß die Palästinenser immer noch in Flüchtlingslagern leben?'"[28] Der Grund dafür liegt auf der Hand.

Weitverbreitete Unterstützung des Terrors

Der arabische Terrorismus wird oftmals als die Schuld einer kleinen Minderheit islamisch-fundamentalistischer Fanatiker entschuldigt, die im Gegensatz zur Hauptströmung des Islam und der gebildeten arabischen Welt aus der Reihe tanzen. Das erklärt jedoch nicht den Umstand, daß soviele arabische Länder diesen Terroristen Zuflucht und finanzielle Hilfe gewähren. Beim Golfkrieg kämpften zwar einige arabische Staaten gegen Saddam Hussein, doch viele andere, wie zum Beispiel Jordanien und Syrien, unterstützen ihn und spendeten seinem schändlichen Gebaren Beifall – einem Gebaren, zu dem auch die gewissenlose Ermordung Tausender Zivilisten gehörte sowie das vorsätzliche Auslösen der größten Umweltkatastrophe aller Zeiten durch das Inbrandsetzen der kuwaitischen Ölquellen.

Die meisten Araber sahen Hussein tatsächlich als Held an, einschließlich der in den USA lebenden. Eine Umfrage der Zeitschrift *USA Today* ergab, daß nur 18% der in den Vereinigten Staaten lebenden Muslime bereit sind, einen Sohn oder eine Tochter zu haben, der oder die an Amerikas Krieg gegen Saddam teilnimmt, wohingegen sich 62% kritisch zu Präsidents Bushs Handhabung der Situation äußerten.[29]

Libyens Muammar Gadhafi spricht für Millionen Muslime, wenn er sagt: „Die Lösung aller menschlichen Probleme ist der Islam." Und wenn Gadhafi die Muslime in Zaire zur Teilnahme am Heiligen Krieg und zum Sturz der Regierung nötigt und dabei sagt, „wer diesen Mann [Mobutu] umbringt, wird ins Paradies eingehen"[30], drückt er damit nicht nur den Fanatismus eines einzelnen Mannes aus, sondern die Lehre des Islam selbst.

Der Islam ist nicht nur Religion, sondern Lebensstil. Die Vorstellung der Trennung von Kirche und Staat, die im Westen als selbstverständlich angenommen wird, ist im Islam tabu. Eine weltliche Regierung stellt für den Muslim einen Skandal dar, und islamische Fundamentalisten versuchen in arabischen Ländern aktiv, solche Regierungen zu stürzen und an deren Stelle die Scharia [islamisches Gottesgesetz] einzusetzen. Der islamische Gelehrte Abd-al-Masih erklärt:

Islam bedeutet nicht allein eine Religion für Kopf, Seele und Herz eines Menschen, sondern stellt eine alles umfassende Kultur dar, eine theozentrische Gesellschaft, in der alle Bereiche des Lebens – Erziehung, Wirtschaft, Familie und Politik – auf Allah ausgerichtet sind. Es gibt keine Trennung zwischen Thron und Altar, zwischen Politik und Religion.[31]

Dem Islam in die Hände gespielt

Die Ignoranz gegenüber dem wahren Wesen des Islam veranlaßt den Westen, dem Islam in die Hände zu spielen. Oftmals verlocken kommerzielle Vorteile und Gewinne, die eine Partnerschaft mit Arabern mit sich bringt, die Westler zur Unterstützung des Terrorismus zugunsten eigennütziger Ziele. Als US-Präsident Reagan 1986 die europäischen Verbündeten aufrief, keine Geschäfte mit Libyens Muammar Gadhafi einzugehen, weil dieser den internationalen Terror unterstützt, „wurden fünf amerikanische Ölgesellschaften mit über 1000 amerikanischen Beschäftigten in Libyen stationiert und förderten 42% des libyschen Öls … Und wo bekam Gadhafi das todbringende Material für die Attentate auf Amerikaner, Europäer und Araber her? Von niemand anderem als den Vereinigten Staaten. Edwin Wilson, ein amerikanischer Unternehmer und früherer CIA-Agent, hatte ihm 21 Tonnen C4-Sprengstoff und Tausende kleiner Sprengsätze verschafft, dazu Experten zur Ausbildung der Libyer in der Kunst des Terrors."[32]

Die von den westlichen Medien an den Tag gelegte Fehlinformation trug ebenfalls zur Verwirrung bei. Ungeachtet des Aufrufs des Korans zur Tötung der „Ungläubigen" und des Beispiels, mit dem Mohammed selber in der Verbreitung des Islam mittels des Schwerts vorangegangen ist, verleugnen wohlwollende Kommentatoren beharrlich die grundsätzliche Gewalttätigkeit des Islam. Lesen wir dazu die folgende Darstellung des bekannten amerikanischen Zeitungsartikelautoren Charley Reese:

> Aus Gründen, die von Ignoranz und Oberflächlichkeit bis zu Bosheit und politischen Intrigen rangieren, versuchen sich verschiedenste Leute daran, die amerikanische Öffentlichkeit einer Gehirnwäsche zu unterziehen, mit dem Ziel, islamischen Fundamentalismus mit Terrorismus gleichzusetzen. Lassen Sie das nicht zu …
>
> In der islamischen Lehre gibt es nichts, was bei irgendeinem Amerikaner Angst auslösen könnte … Im Islam wird derselbe Gott

> angebetet wie im Christentum und Judentum … Der Begriff des Dschihad oder des Heiligen Kriegs, unterscheidet sich nicht vom christlichen Begriff des gerechten Kriegs. Muslime sind nur dann zum Krieg verpflichtet, wenn der Islam selbst angegriffen wird …
>
> Unsere politischen Konflikte in Nahost haben nichts mit Religion zu tun; lassen Sie sich deshalb nicht von einigen Spezialisten für Fehlinformation irreführen.[33]

Reese selbst ist, wie soviele andere in einflußreichen Positionen, selber derjenige, der durch Propaganda irregeführt worden ist. Er könnte gar nicht verkehrter liegen! Sowohl der Koran als auch Mohammed rufen zum Krieg gegen alle Nichtmuslime auf. Sure 5,37 besagt, alle Feinde Allahs [d.h. alle Nichtmuslime bzw. Ungläubigen] müssen „getötet oder gekreuzigt oder an den Händen und Füßen wechselseitig verstümmelt oder aus dem Lande vertrieben werden … und im Jenseits wird ihnen schmerzliche Strafe …“ und Sure 47,4 fordert: „Wenn ihr die Ungläubigen trefft, dann herunter mit dem Haupt, bis ihr ein Gemetzel unter ihnen angerichtet habt.“ Folgende Verse aus dem Koran hatten wir bereits zitiert:

> … erschlaget die Götzendiener [Nichtmuslime], wo ihr sie findet, und packt sie und belagert sie und lauert ihnen in jedem Hinterhalt auf … Kämpfet wider jene von denen, welchen die Schrift gegeben ward, die nicht glauben an Allah und an den Jüngsten Tag … Ziehet aus, leicht und schwer [bewaffnet], und eifert mit Glut und Blut in Allahs Weg (Sure 9,5.29.41).

Wenn auch Sure 2,186 schreibt, „… doch übertretet nicht [indem ihr zuerst den Kampf beginnt]; siehe, Allah liebt nicht die Übertreter“, rechtfertigen andere Abschnitte im Koran die Gewaltausübung zur Ausbreitung des Islam. Mohammed selbst führte seine Anhänger regelmäßig in offene und grundlose Überfälle auf Karawanen, Stämme und Städte. Muslime lösten Kriege in ganz Nordafrika und weiten Teilen Europas aus. Welche Mächte trieben den Islam zur Eroberung Spaniens und Frankreichs, wenn es nicht Angriffslust war? Es war ganz bestimmt keine Selbstverteidigung! Anscheinend stellt die bloße Ablehnung des Islam bereits einen Angriff auf Allah dar und „berechtigt“ somit zum Getötetwerden.

Wie wir bereits bemerkt haben, werden islamische Terroristen gewöhnlich als Radikale oder Extremisten betrachtet, obwohl sie in Wirklichkeit nur den Grundsätzen des Islam gehorchen. Ein Zeitungsbericht schrieb im Januar 1995:

> Über 500 Menschen sind bei diesem dreijährigen Kampf für den Umsturz der weltlichen Regierung von Präsident Hosni Mubarak und die Einsetzung einer islamischen Theokratie getötet worden … Die Attentate vom Montag [2. Januar 1995, bei denen acht Polizisten und drei Zivilisten ums Leben kamen] waren anscheinend systematisch geplant, sagte die Polizei. Es ging damit los, daß die Attentäter einen Kleinbus anhielten und auf die Insassen schossen, wobei fünf Polizeibeamte und zwei Zivilisten getötet wurden. Bei einem zweiten Anschlag ermordeten die Angreifer einen Polizisten und einen Zivilisten in einem Lkw und verwundeten einen zweiten Zivilisten. Zwei weitere Polizisten kamen bei Angriffen auf einen Bus und einen anderen Lkw ums Leben.[34]

Derartige Terroranschläge häufen sich, doch die Medien weichen weiterhin der Tatsache aus, daß es der Islam selbst ist, der zur entschlossenen Vernichtung Israels und seiner Verbündeten anstiftet. Der Terrorismus wird im Gehorsam gegenüber dem Koran fortbestehen, weil dieser die Konvertierung oder gewaltsame Unterjochung aller Nichtmuslime fordert. Durch die Unterdrückung der Wahrheit und die Förderung von Fehlinformation wird die Situation fortlaufend schlimmer gemacht.

Die große Ehrenrettung der Medien

Die Haltung der amerikanischen Medien gegen Israel und für die Araber bestätigt sich fast täglich. Denken wir nur an die Beschönigung der Terrororganisation Hamas, nachdem sich eines ihrer Mitglieder bei einer Selbstmordaktion in einem Bus in Tel Aviv selbst in die Luft gesprengt und dabei 22 Menschen getötet und viele weitere verwundet hatte.[35] Am selbigen Nachmittag interviewte die CNN-Nachrichtensprecherin Hilary Bowker eine „Expertin", Rosemary Hollis, um Licht auf diesen Vorfall zu werfen. Bowker kommentierte, daß die meisten Leute zwar an eine Terrororganisation denken, wenn sie den Namen „Hamas" hören, doch in Wirklichkeit „macht die Gruppe ein ganzes bißchen mehr als nur das …"

Hollis griff diese Anspielung begierig auf und legte los: „Die Hamas-Leute sind Teil der Gesellschaft. Viele Fachleute der Hamas …

werden Aufgaben für die breite Gesellschaft übernehmen ... in den Schulen oder in den Krankenhäusern oder den Moscheen, allgemeine Unterstützung des hilfsbedürftigen armen Volkes." Bowker fuhr fort, die Hamas sei in ihrer ersten Zeit, als sie nur mit gemeinnützigen Dingen beschäftigt war, von Israel unterstützt worden, weil Israel auf diese Weise die arabische Gesellschaft habe entzweien wollen. Folglich trage Israel zumindest genausoviel Schuld wie die Täter des Verbrechens, weil es die finanzielle Hilfe für die Hamas eingestellt und Geschäfte mit der PLO aufgenommen habe.

Andere Sender setzten die Ehrenrettung fort. Zwei Tage später wurde in Amerikas meistgesehenem Nachrichtenprogramm, *ABC's World News Tonight* mit Peter Jennings, eine ähnlich verzerrte Darstellung gesendet. Die *Jerusalem Post* kommentierte: „Mit seinem Kunststück, aus einem Massaker an Israelis propalästinensische Propaganda zu machen, ist Peter Jennings vom ABC-TV der größte Virtuose von allen."[36] Kein einziges Wort wurde bei ABC darüber verloren, daß bei dem Anschlag auf dem Bus irgend jemand ums Leben gekommen war. Jennings erklärte ihn als Racheakt eines früheren Anschlags auf eine Moschee durch einen jüdischen Siedler. Er versäumte natürlich auch, zwischen der Affekthandlung eines verrückten Einzelnen auf eigene Faust und dem sorgfältig geplanten und koordinierten Anschlag einer Organisation zu unterscheiden, die sich Jahr für Jahr dem kaltblütigen Terror mit Unterstützung und Segen durch die arabisch-islamische Welt verschrieben hat.

Jennings hatte ein langes Interview mit Arafat geführt, doch kein einziges mit irgendeinem israelischen Repräsentanten. Ein großer Teil des Programms war der Rechtfertigung der Hamas gewidmet, die, wie Jennings sagte, zum ersten Mal bekannt wurde, „als die israelische Regierung im Herbst 1992 400 ihrer Mitglieder in den Südlibanon vertrieb". Diese „frommen und politisch gebildeten Muslime" wurden als Helden gelobt, die den kalten Winter in Zelten ertrugen und triumphierend zurückkehrten, „als die Israelis sie auf öffentlichen Druck hin wieder heimkehren ließen ..."

Die Hamas wurde in keiner Weise beschuldigt. Ihre Anschläge, Entführungen und Attentate wurden merkwürdigerweise ohne jede Beachtung der israelischen Verluste als „Angriffe auf die israelische Grenzpolizei" hingestellt. Israel wurde sogar der Schuld am Tod eines seiner eigenen Soldaten, Nachschon Wachsman, bezichtigt, der von der Hamas entführt worden war und, so Jennings, „kurze Zeit später ums Leben kam, als die Israelis versuchten, ihn mit Gewalt zu befreien". Die

Selbstverteidigung der Israelis wurde in die gleiche Schublade gesteckt wie die auf Mord angelegten Anschläge von Terroristen; die Moral war, daß Israels unterdrückende Mittel als Gegenreaktion auf diesen Terror nur zur Bestärkung der hingegebenen „Friedenskämpfer" dienten.

Unübertroffen ist jedoch Tom Brokaw. Er flog nach Jerusalem, von wo aus er eine Fernsehsendung mit dem Titel „Die Geschichte der israelischen Väter" in den Äther schickte. Sie zeigte „Interviews mit Nachschon Wachsmans Vater, Jehuda Wachsman, und Tyassir Natsche, einem ‚wohlhabenden arabischen Kaufmann', dem Vater eines der Entführer Nachschons. [Brokaw kommentierte:] ‚Zwei Väter in Nahost, beide in Kummer … religiöse Männer, verbunden – für den Augenblick – nur durch den Tod ihrer Söhne.'"[37]

Man fragt sich, mit welcher vernünftigen Erklärung der Tod des einen Ermordeten mit dem Tod des anderen, der diesen kidnappte und dann umbrachte, auf eine Stufe gestellt werden kann. Versuchen Sie einmal, die Eltern des Opfers eines anderen Mordes zu diesen Wertvorstellungen zu bewegen, dann verstehen Sie, welch meisterhafte Täuschung Brokaw bewerkstelligt hat! Man kann die Hamas auch nicht mit einem Serienmörder aus Deutschland oder den USA vergleichen, der seinen Opfern einem nach dem anderen auflauert, um seine pervertierte Leidenschaft zu befriedigen. In ihrer 1988 veröffentlichten Klausel hat die Hamas unmißverständlich klargemacht, daß die bloße Existenz Israels unberechtigt und jeder Muslim dazu verpflichtet sei, an der Vernichtung dieser Nation beizutragen.

Ein falsches Versprechen von „keinem Zwang"

Der Koran sagt zwar in seinen ersten Teilen, „es sei kein Zwang im Glauben" (Sure 2,257), doch diese Worte wurden geschrieben, als Mohammed noch nicht über die Streitkräfte verfügte, um gegen Christen und Juden Gewalt zu üben. Zu dieser Zeit behauptete der Prophet, an die Bibel zu glauben – tatsächlich verkündete er dieselbe Botschaft und keine neue Religion. Später jedoch, als er genügend militärische Macht erlangt hatte, fing Mohammed an, gegen alle Verweigerer seiner neuen Religion Krieg zu führen. Dasselbe aggressive Verhalten gegenüber Nichtmuslimen wird wiederholte Male in der Hadith [die islamische Überlieferung] gelehrt, und ohne diesen Hintergrund kann man die Motive hinter dem islamischen Terrorismus zum überwiegenden Teil nicht verstehen.

Darüber hinaus gibt es in den arabischen Ländern keine Religionsfreiheit für Nichtmuslime, und auch andere grundlegende Rechte werden ihnen oftmals vorenthalten. Man muß beispielsweise ein Muslim sein, will man die saudiarabische Staatsbürgerschaft besitzen. Christliche Zusammenkünfte, öffentlich wie privat, sind verboten. Kürzlich wurden in Saudi-Arabien fünf Christen von den Philippinen verhaftet, weil sie ein privates Bibeltreffen gehalten hatten.[38] Doch die im Westen lebenden Muslime fordern für sich genau die Freiheit, die den Nichtmuslimen in arabischen Ländern verweigert wird. Gleichzeitig wollen die Muslime selbst in den westlichen Ländern niemanden die geringste Kritik am Islam erlauben. Denken wir nur an Salman Rushdie, der, weil er ein den Islam kritisierendes Buch geschrieben hat, mit einem hohen Kopfgeld auf die internationale Todesliste gesetzt wurde. Von daher ist der Islam eine Religion des Terrors, die sich nicht nur selbst auf seine Opfer stürzt, sondern an denen, die nicht mit ihren Grundsätzen übereinstimmen, furchtbare Rache übt.

So war es von Anfang an. Asma, eine Poetin aus Medina, die Mohammed mit ihren Versen angriff, wurde im Schlaf vom Schwert durchbohrt; der 100jährige Afak, der eine Satire über den Propheten geschrieben hatte, wurde ebenfalls im Schlaf ermordet. Über einen dritten medinesischen Propheten, Kab ibn al-Aschraf, der beleidigende Verse gedichtet hatte, frage Mohammed: „Wer befreit mich von diesem Manne?" „Am gleichen Abend lag das abgehauene Haupt des Dichters zu seinen Füßen."[39]

Das Denken des 7. Jahrhunderts auf heute übertragen

Wo immer der Islam herrscht, gibt es weder Gewissens- noch Presse- oder Rede- oder Religionsfreiheit. In Amerika protestierten Tausende Bürger, einschließlich Muslimen, gegen die Beteiligung am Golfkrieg. Doch in Saudi-Arabien, einem Verbündeten der USA, für dessen Freiheit diese kämpfen, wurde keine Freiheit zum Protest eingeräumt. Die Regierung warnte, daß jedem Kriegsgegner eine Hand und ein Bein abgetrennt oder daß er hingerichtet würde.[40] Ein Autor schrieb:

> Weil es im Stammesleben Arabiens im 7. Jahrhundert keine Vorstellung von persönlicher Freiheit oder zivilen Rechten gab, gewährt das islamische Gesetz keine Redefreiheit, keine Religionsfreiheit, keine Versammlungsfreiheit und keine Pressefreiheit. Aus diesem

> Grund werden Nichtmuslimen wie Christen oder Baha'i gewohnheitsmäßig die grundlegendsten zivilen Rechte verweigert.
>
> Die Gewaltherrscher des osmanischen Reiches und die gegenwärtigen Diktatoren von Libyen, Jordanien, Iran, Irak, Syrien, Sudan, Jemen u.a. sind nur Beispiele für die arabische Tyrannei, die aus dem 7. Jahrhundert stammt und in die heutige Zeit verpflanzt wurde …
>
> Einkerkerung ohne entsprechenden Prozeß, die Anwendung von Folter, politische Meuchelmorde, das Abtrennen von Händen, Füßen, Ohren, Zungen und Köpfen und das Herausdrücken der Augen – all das ist Teil des heutigen islamischen Gesetzes, weil es Teil der arabischen Kultur im 7. Jahrhundert war.
>
> Diese Dinge erscheinen den Menschen im Westen barbarisch und sollten in der Welt von heute keinen Platz haben.
>
> Der Islam ist eine spezifisch arabische Kulturreligion. Solange das nicht vollends verstanden ist, kann auch der Islam unmöglich verstanden werden … [und die Menschen im Westen] werden niemals verstehen, weshalb Muslime auf diese Art und Weise leben und handeln …
>
> Die Verweigerung der zivilen Rechte der Frauen, die ausdrücklich im Text des Korans selbst enthalten ist, spiegelt die arabische Kultur des 7. Jahrhunderts und ihre Geringschätzung der Frau wider.
>
> Auch heute noch kann die muslimische Frau in ihrem eigenen Haus gefangengehalten werden. Wenn ihr Ehemann es so anordnet, kann ihr das Recht verweigert werden, das Haus zu verlassen. In islamischen Ländern wie Kuwait wird ihnen immer noch kein Wahlrecht zugestanden.
>
> In islamischen Ländern wie zum Beispiel dem Iran müssen die Frauen eine schriftliche Genehmigung ihres Mannes bei sich tragen, daß sie das Haus verlassen dürfen! Den Frauen wird sogar in solchen Ländern wie Saudi-Arabien das Recht auf Autofahren verweigert.[41]

Der heutige, von muslimischen Eiferern zum Vorantreiben der Sache Allahs praktizierte Terrorismus spiegelt nur die Tatsache wider, daß Gewaltausübung von Anfang an ein integraler Bestandteil des Islams war. „Während seines zehnjährigen Aufenthalts in Medina entwarf er [Mohammed] den Plan zu 65 Feldzügen und Raubüberfällen, von denen er 27 persönlich anführte.“[42] Der erste Nachfolger des Propheten, Abu Bekr, folgte seinem Beispiel und führte seine Anhänger zur Ausbreitung des neuen Glaubens in viele siegreiche Schlachten. Wer sich weigerte, Muslim zu werden oder Tribut zu zahlen, wurde hingerichtet. Will Durant schreibt:

> Je mehr hungrige oder ehrgeizige neue Krieger zu den triumphierenden arabischen Heeren stießen, desto mehr erhob sich das Problem, ihnen neue Länder zum Erobern zu verschaffen, und sei es auch nur, um sie mit Nahrung und Sold zu versorgen. Der Vormarsch schuf sich seine eigene Triebkraft, jeder Sieg forderte einen neuen Sieg, bis die arabischen Eroberungen – rascher durchgeführt als die römischen, dauerhafter als die mongolischen – in ihrer Gesamtheit die erstaunlichste Großtat der Kriegsgeschichte darstellten …
>
> Im Jahre 635 fiel Damaskus, 636 Antiochia, 638 Jerusalem; bis 640 war ganz Syrien in muselmanischem Besitz, bis 641 waren Persien und Ägypten erobert.[43]

Die arabischen Eroberungen können in keiner Weise als „Selbstverteidigung" erklärt werden! Es war Angriffslust in seiner verwerflichsten Form. Doch mit dem Sieg kamen die Spaltungen, Intrigen und Auseinandersetzungen zwischen einzelnen Stämmen und Städten. Mehr als eine kurze Regierungszeit eines Kalifen wurden durch seine Ermordung jäh beendet: Omar I. [Umar Abn al-Khattab] von einem persischen Sklaven, als er gerade des Gebet in der Moschee leitete; Othman ibn Affan durch die Hände von 500 Anhängern einer rebellischen muslimischen Sekte aus Ägypten, als er in seinem Palast in Medina sitzend den Koran las; Ali, der Schwiegersohn Mohammeds [mit seiner Lieblingstochter Fatima verheiratet], dem ein Charidschit das Gehirn mit einem vergifteten Schwert spaltete. Die Stelle, an der Ali den Tod fand, wurde für die Sekte der Schia eine heilige Stätte, zu der sie bis heute ebenso pilgern wie nach Mekka.

Alis Sohn Hasan, der 100mal heiratete, wurde vergiftet, womöglich von einer eifersüchtigen Frau. Auch er war wieder kein Mann, den man als Vorbild eines moralisch edlen Charakters hochhalten könnte. Aber vielleicht haben wir an dieser Stelle genug Litanei des Bösen aufgezählt.

Jerusalem

In Ewigkeit, HERR, steht dein Wort fest in den Himmeln … Eine Leuchte für den Fuß ist dein Wort, ein Licht für meinen Pfad.

Psalm 119,89.105

Und er [Gott] demütigte dich … um dich erkennen zu lassen, daß der Mensch nicht von Brot allein lebt. Sondern von allem, was aus dem Mund des HERRN hervorgeht, lebt der Mensch.

5. Mose 8,3

Und viele Völker werden hingehen und sagen: Kommt, laßt uns hinaufziehen zum Berg des HERRN, zum Haus des Gottes Jakobs, daß er uns aufgrund seiner Wege belehre und wir auf seinem Pfad gehen! Denn von Zion wird Weisung ausgehen und das Wort des HERRN von Jerusalem.

Jesaja 2,3

Das Gras ist verdorrt, die Blume ist verwelkt. Aber das Wort unseres Gottes besteht in Ewigkeit.

Jesaja 40,8

Das Wort Gottes ist lebendig und wirksam und schärfer als jedes zweischneidige Schwert und durchdringend bis zur Scheidung von Seele und Geist … und ein Richter der Gedanken und Gesinnungen des Herzens.

Hebräer 4,12

Spielball der Völker

12

Bibel oder Koran?

Ob es der israelischen Regierung oder den gegnerischen arabischen Regierungen gefällt oder nicht, der Konflikt, in den sie verwickelt sind, ist zutiefst religiöser Natur und kann nur durch einen religiösen Ausweg gelöst werden. Diese Lösung wird, sofern sie überhaupt erlangt wird, nicht von einer UNO-Abstimmung abhängen. Sie wird davon abhängen, welcher religiösen Autorität das letzte Wort zugestanden wird. Werden es die Imame sein, die Ayatollahs, die Rabbiner, der Papst oder eine der Schriften dieser Religionen? Und im letzteren Fall: Wird es die Bibel oder der Koran sein?

Die führenden Männer im Vatikan sind überzeugt, daß es ihre Kirche ist, die letztendlich die vollmächtige Antwort auf das Weltproblem um Jerusalem geben kann. Das liegt der Grund, weshalb Rom sich seit neuestem mit Israel eingelassen hat. Der römische Pontifex hofft darauf, eines Tages über einen ökumenischen Zusammenschluß von Judentum, Islam und römischem Katholizismus [als das „wahre Christentum"] präsidieren zu können – ein Zusammenschluß, unter dem alle drei Religionen weltweit friedlich koexistieren können. Für diese Religionen ist jeweils ein eigenes Zentrum in Jerusalem unter der Federführung des Vatikan geplant. Die israelischen Führer sind anscheinend für die wahren Absichten des Vatikans blind und spielen leider bei seinem Vorhaben planmäßig mit.

Offene Diskussion ist von Nöten

Wir müssen deshalb einen knappen, aber sorgfältigen Vergleich zwischen Islam, Judentum und Christentum vornehmen, einschließlich des Unterschieds zwischen römischem Katholizismus und biblischem Christentum. Die Fragestellungen, um die es dabei geht, sind in der Tat umstritten und schwer zu fassen, doch wir müssen ohne Vorurteil an sie herangehen.

Es besteht wohl kaum die Gefahr, daß sich in der heutigen Zeit die grausamen Verwüstungen der vergangenen protestantisch/katholischen Religionskriege wiederholen. Die Betonung liegt heute vielmehr, auf Einheit im Sinne der Ökumene. Wenn auch aus trügerischen Gründen,

Muslime hingegen bedrohen weiterhin offen all jene mit dem Tod, die ihre Religion nicht annehmen wollen, und die Gefahr, dem weltweiten Terrorismus der islamischen Fundamentalisten zum Opfer zu fallen, ist heute für jedermann sehr real. Jemand, der sich jahrelang mit dem Islam beschäftigt und immer wieder Diskussionen und Gespräche mit Muslimen geführt hat, sagte treffend:

> Nach vielen Jahren Erfahrung mit Muslimen haben wir eingesehen, daß es unbedingt notwendig ist, von Anfang an klarzustellen, daß wir hier im Westen Religionsfreiheit und somit das Recht haben, die Bibel, den Koran, die Hadith, die Veden, das Buch Mormon und jedes andere „heilige" Buch kritisch unter die Lupe zu nehmen.
>
> Solche Diskussionen sollten nicht als persönlicher Angriff oder Vorwurf verstanden werden. Man sollte sie in objektiver und sachlicher Art und Weise austragen, damit die Wahrheit aufgedeckt wird.
>
> Jede Religion, die den Menschen das Recht verweigert, ihre heiligen Schriften unter Verwendung der üblichen Regeln der Forschung und Logik zu prüfen, hat offensichtlich etwas zu verbergen.[1]

Einige grundlegende Unterschiede

Muslime befolgen den Koran und die Juden das Alte Testament. Christen anerkennen sowohl das Alte als auch das Neue Testament als von Gott inspiriert und unfehlbar, als die endgültige und allgenugsame Autorität in allen Glaubensfragen. Die Muslime haben dem Koran die „Hadith" oder Überlieferung als gleichwertige Autorität hinzugefügt und befolgen sie, auch wenn sie dem Koran widerspricht. Ebenso hat der römische Katholizismus seine eigene Überlieferung als in der Autorität gleichwertig neben die Bibel gestellt und befolgt sie, auch wenn sie Gottes Wort widerspricht. Die römisch-katholische Kirche beansprucht, mit ihrem Papst, den Kardinälen und Bischöfen Christus auf dieser Welt zu repräsentieren; sie besteht darauf, daß allein sie die Bibel auslegen kann und fordert Gehorsam gegenüber ihren eigenen sonderbaren Regeln und Riten.

Ihr Anspruch der Unfehlbarkeit hält die römisch-katholische Kirche ab von einem öffentlichen Bekenntnis und einem Bereuen ihrer durch die gesamte Geschichte bestehenden antisemitischen Haltung, ihrer Unterstützung Hitlers und Mussolinis und ihrer jahrhundertelangen Völkermordpolitik gegen die unabhängigen Christen, die ihre Knie nicht vor der kirchlichen Autorität beugen wollten. In dem Buch *Die Frau und das Tier* haben wir bereits die historischen Tatsachen sowie die Gefahr, die der Vatikan sowohl für Israel als auch für die Welt darstellt, ausführlich dargelegt, deshalb brauchen wir an dieser Stelle nicht in die Einzelheiten gehen.

Der Islam erkennt Jesus Christus als einen von einer Jungfrau geborenen (Sure 3,42; 21,91 u.a.) großen Propheten an, der ein vollkommenes Leben führte, wohingegen die Juden eher dazu neigen, ihn als Scharlatan anzusehen. Bezüglich sowohl des Alten als auch des Neuen Testaments ist der Koran doppelwertig, manchmal scheint er sie zu bestätigen, ein anderes Mal widerspricht er ihnen, was für Wert und Bedeutung des Korans bereits einen Widerspruch in sich darstellt. Sowohl Juden als auch Christen lehnen den Anspruch des Koran ab, von Gott inspiriert zu sein, und sehen ihn vielmehr als von Mohammed selbst erdichtet und von seinen Zuhörern aufgeschrieben an.

Die Doppelwertigkeit des Islam gegenüber der Bibel

In Sure 3,43 [„Und er (Allah) wird ihn ‚Jesus' lehren das Buch und die Weisheit und die Thora und das Evangelium"], in Sure 5,48 [„Siehe, hinabgesandt haben wir die Thora, in der sich eine Leitung und ein Licht befinden"], in Sure 5,50 [„Wir gaben ihm (Jesus) das Evangelium, darinnen eine Leitung und Licht"] und in Sure 5,52 [„Wir sandten hinab zu dir das Buch in Wahrheit, bestätigend, was ihm an Schriften vorausging"] scheint der Koran die jüdischen und christlichen Schriften anzuerkennen. Sure 40,56 sagt eindeutig: „Und wahrlich, wir gaben Moses die Leitung und ließen die Kinder Israel die Schriften erben."

In Wirklichkeit akzeptiert der Islam jedoch allein die Thora [die ersten fünf Bücher der Bibel – Sure 2,81], die Psalmen Davids und die vier Evangelien. Um den offensichtlichen Widerspruch zwischen Bibel und Koran zu umgehen, behauptete der Koran später, die jüdischen und christlichen Schriften seien bei ihrer Überlieferung verfälscht worden und würden nun durch die im Koran aufgezeichnete, neue, göttliche Offenbarung ersetzt.

Doch die archäologischen Befunde bestätigen in überwältigender Weise, daß die Bibel in der uns heute vorliegenden Form, sowohl Neues als auch Altes Testament, mit den ursprünglichen Texten identisch ist und daß *sie* – und nicht der Koran – das zuverlässigste Zeugnis ist. Mit Sicherheit gab es während des Lebens Mohammeds keine Veränderungen in der Bibel, und deshalb hatte er keine Berechtigung, zunächst die Bibel zu bestätigen, sie später dann aber abzulehnen und ihr zu widersprechen.

Veränderungen im Koran

Außerdem ist allgemein bekannt und sogar von islamischen Gelehrten anerkannt, daß im Koran zahlreiche Veränderungen vorgenommen worden sind. Ali Dashti erklärt, daß einer der Anhänger Mohammeds, Abdollah Sarh, dem Propheten viele Vorschläge unterbreitete, den Koran durch Neuformulierung, Ergänzungen oder Weglassungen zu verbessern, und Mohammed befolgte diese Vorschläge. Schließlich fiel Sarh jedoch vom Islam ab, da er zumindest das Offensichtliche eingesehen hatte, daß der Koran, wenn er wirklich von Gott gegeben ist, keiner Verbesserung seiner Ausdrucksweise und seiner Begriffe bedarf und nicht verändert werden kann. Als Mekka erobert wurde, war Abdollah Sarh einer der ersten Ermordeten Mohammeds und erlitt somit das Schicksal, das der Koran allen Islamabtrünnigen auferlegt. In Sarhs Fall gab es jedoch einen überzeugenden Grund für seinen Tod: Er wußte zuviel.

Kalif Othman war es, der den standardisierten Text des Koran, wie er heute allgemein akzeptiert ist, unter großem Aufwand zusammensetzte. Es lag kein „Originalmanuskript" des Korans vor, wie die Muslime gewöhnlich glauben. In Wirklichkeit gab es viele Versionen, die von den Aufzeichnungen auf Papierfetzen, Rindenstücken, Knochen und Steinen abgeschrieben worden waren. Diese Versionen widersprachen einander stellenweise, hatten eine unterschiedliche Länge und enthielten verwirrende Abweichungen in ihrer Ausdrucksweise. Ein Autor stellte treffend heraus:

> Bezüglich des Werkes von Kalif Othman müssen die folgenden historischen Fragen gestellt werden:
>
> 1. Weshalb mußte er einen gemeinsamen Text standardisieren, wenn bereits ein [originaler] Standardtext existierte?
> 2. Weshalb versuchte er, alle „anderen" Manuskripte zu vernichten, wenn es doch keine anderen widersprüchlichen Manuskripte gab?
> 3. Weshalb zwang er die Menschen unter Todesdrohung, seinen Text anzunehmen, wenn doch jedermann denselben Text hatte?

4. Weshalb lehnten viele Muslime diesen Text zugunsten ihres eigenen Textes ab?

Diese vier Fragen offenbaren die völlige Verwirrung und Widersprüchlichkeit, der zur Zeit Othmans bezüglich des Korantextes herrschte.

Daß er alle älteren Abschriften des Korans vernichten ließ, zeigt seine Befürchtung, diese Abschriften könnten die Unzulänglichkeit seines eigenen Textes erweisen, die auf Zusätze oder Auslassungen von Mohammeds ursprünglichen Offenbarungen zurückzuführen ist.

Glücklicherweise sind uns einige dieser älteren Fragmente erhalten geblieben und von Gelehrten wie zum Beispiel Arthur Jeffery entdeckt worden.

Westliche Gelehrte haben bewiesen, daß Othmans Text nicht den ganzen Koran enthielt. Und was er enthielt, war in seiner gesamten Ausdrucksweise falsch.

In Anbetracht der muslimischen Behauptung, der Koran könne nicht übersetzt werden, erstaunt es uns, daß der englische Muslim Mohammed Pickthal in der Einleitung seiner vorzüglichen Übersetzung des Korans sagen konnte: „Der Koran kann nicht übersetzt werden" [Seite VII]!

Die wahre Geschichte der Sammlung und Schöpfung des Korantextes zeigt, daß die muslimischen Ansprüche [der Vollkommenheit] in Wirklichkeit frei erfunden sind und mit den Tatsachen nicht übereinstimmen. Auf jeder Seite kann man die Fingerabdrücke Mohammeds als Zeugen seines menschlichen Ursprungs sehen.[2]

Ein sündiger Offenbarer des Wortes Gottes?

Auch wenn ein Muslim nicht glaubt, daß Mohammed den Koran selber *schrieb*, sondern lediglich davon ausgeht, er sei der inspirierte Prophet gewesen, durch den Allah seine neue Offenbarung verkündete, muß er über die zugegebenen moralischen Schwächen Mohammeds betroffen sein. Weshalb sollte Allah kein heiliges Werkzeug erwählen, durch das er zur Welt spricht? Die Bibel sagt, ihre Seiten wurden nicht „durch den Willen eines Menschen hervorgebracht", „sondern *heilige* Männer Gottes redeten, getrieben vom Heiligen Geist" (2. Petrus 1,21). Beim Koran war das offensichtlich nicht der Fall.

Arabische Historiker geben offen zu, daß, im Gegensatz zu Jesu vollkommenem Leben, Mohammed log, betrog, gelüstete, verführte, raubte und tötete und das oftmals *im Namen Allahs*. Er hatte zahlreiche Ehefrauen [mindestens 16 sind mit Namen bekannt – neben weiteren Konkubinen – das sind viermal soviele, wie der Koran erlaubt]. Eine von Mohammeds Frauen war tatsächlich erst acht Jahre alt und spielte noch mit ihrem Kinderspielzeug [wie die Hadith berichtet], als er sie von ihren Eltern weg in sein Bett nahm. Man kann wohl kaum meinen, Mohammed habe seinen Anhängern ein bewundernswertes Beispiel an Moral hinterlassen! Der Koran macht sogar deutlich, daß Mohammed ein Sünder war und der Vergebung Allahs bedurfte (Sure 40,57 u.a.).

Widersprüche, Widersprüche ...

Bei jedem Vergleich zwischen der Bibel und dem Koran stellt man sofort zahlreiche Widersprüche und ernstliche Probleme bezüglich wichtiger Aussagen fest. Die offensichtliche Tatsache, daß nicht beide richtig sein können, zwingt den Leser, eine Wahl zwischen den beiden zu treffen. Der Koran berichtet zum Teil dieselben Geschichten wie die Bibel, doch oftmals mit einem völlig verschiedenen Ausgang. Die Bibel verdeutlicht beispielsweise sowohl im Alten als auch im Neuen Testament, daß Noahs gesamte Familie gerettet wurde und nach der Sintflut die Erde wiederbevölkerte, wohingegen der Koran behauptet, einer der Söhne Noahs hätte das Betreten der Arche verweigert und sei ertrunken:

> Und Noah rief zu seinem Sohn, der sich abseits hielt: „Mein Söhnchen, steig mit uns ein und sei nicht einer der Ungläubigen." Er sprach: „Ich will mich auf einen Berg begeben, der mich vor dem Wasser schützen wird ... Und eine Woge trennte beide und er ertrank" (Sure 11,44-45).

Die Bibel sagt jedoch: „Noah und seine Söhne und seine Frau und die Frauen seiner Söhne gingen mit ihm vor den Wassern der Flut in die Arche" (1. Mose 7,7). Bibel und Koran können nicht beide zugleich wahr sein. Wie können wir uns zwischen ihnen entscheiden? Die Antwort auf diese Frage ist nicht schwer.

In seinem lückenhaften Bericht, in dem die in der Bibel geschilderten Einzelheiten fehlen, nennt uns der Koran nicht einmal den Namen des angeblich ertrunkenen Sohnes. Im Gegensatz dazu nennt die Bibel nicht nur die Namen aller drei Söhne Noahs, sondern ein vollständiges Geschlechtsregister und eine historisch nachprüfbare Auflistung ihrer

Nachfahren [die die Erde wiederbevölkerten] über viele Generationen nach der Sintflut, einschließlich der Namen, Orte und nationalen Eigenschaften:

> Und dies ist die Geschlechterfolge der Söhne Noahs: Sem, Ham und Jafet – ihnen wurden Söhne geboren nach der Flut ... [es folgt eine detaillierte Aufzählung] ... Das sind die Sippen der Söhne Noahs nach ihrer Geschlechterfolge, und von diesen aus haben sich nach der Flut die Nationen auf der Erde verzweigt (1. Mose 10,1.32).

Die Vorstellung, die Bibel stelle eine vollständige Generationenfolge und Geschichte von einem der Söhne Noahs auf, der in Wirklichkeit in der Flut umkam, ist unsinnig. Wesentlich wahrscheinlicher ist, daß Mohammeds wiederholtes Verdrehen biblischer Geschichten seine Ungelehrtheit (Sure 7,156) widerspiegelt und zeigt, daß er die Bibel selber nie gelesen hat. Man nimmt an, seine lückenhafte Kenntnis entstammt einzelnen, teils wirren Erinnerungen an Gespräche mit Christen und Juden, von denen manche die biblischen Geschichten, die sie Mohammed erzählten, vielleicht selber verdrehten. Die *Encyclopedia Britannica* ist der Meinung, das Verdrehen des biblischen Berichts –

> kann in den meisten Fällen auf die legendenhaften Anekdoten der jüdischen Haggada und der apokryphen Evangelien zurückgeführt werden ... Es gibt keinen Hinweis darauf, daß [Mohammed] lesen konnte, und seine Abhängigkeit von mündlichen Erzählungen könnte einige seiner Mißverständnisse [und] Verwechslungen erklären ...[3]

Zahlreiche weitere Widersprüche zeigen die Fehlerhaftigkeit des Korans. Einige der offensichtlich falschen Aussagen des Korans haben wir bereits behandelt, wie zum Beispiel seine Behauptung, Abraham und Ismael wären an der Errichtung der Kaaba, einem Götzentempel, beteiligt gewesen. Angesichts der Verurteilung des Götzendienstes durch den Gott, den Abraham schließlich kannte und den er anbetete, ist diese Aussage eindeutig falsch. Ferner haben wir bemerkt, daß die Behauptung des Koran, Abraham und seine Nachkommen hätten im Tal von Mekka gelebt (Sure 14,40), zweifellos falsch ist, weil Kanaan das „Gelobte Land" war, was weit entfernt von Saudi-Arabien liegt. Sogar die Muslime erkennen an, daß Abraham, Sara und weitere Angehörige dieser Familie in der Höhle Machpela im Land Israel begraben sind. Alle Indizien deuten darauf hin, daß der Bericht der Bibel der richtige ist.

Diesem zufolge lebte und starb Abraham im „Gelobten Land“ Kanaan, wo er auch neben den Gebeinen Saras bestattet wurde (1. Mose 23,19).

Mohammeds Mißverständnisse

Im Koran gibt es zahlreiche Hinweise auf Mohammeds Mißverständnisse über den christlichen Glauben. Beispielsweise wird Maria, die Mutter Jesu, mit Mirjam, der Schwester Moses und Aarons, verwechselt (Sure 19,29). Außerdem werden die Umstände der Geburt Jesu mit dem traurigen Schicksal Hagars durcheinandergebracht, als diese aus dem Haus Abrahams vertrieben wurde. Über die Geburt Jesu berichtet der Koran, Maria sei allein gewesen, ohne ihren Ehemann, und sie habe ihr Kind hungernd und durstend unter einer Palme zur Welt gebracht (Sure 19,23-29). Dabei gibt er jedoch keine Erklärung, wie oder weshalb die werdende Mutter Opfer solch ungewöhnlicher Umstände wurde.

Dementgegen berichtet uns die Bibel nicht nur, daß bei der Geburt Jesu seine Mutter Maria sich in Begleitung ihres Gatten Josefs und bei einer Futterkrippe in der Nähe Bethlehems befand, sondern erklärt auch, wie es dazu gekommen war. Kaiser Augustus hatte verordnet, die ganze Welt solle steuerlich erfaßt werden. Josef mußte, wie unzählige andere, zur Erfassung und Besteuerung in seine Vaterstadt zurückkehren. Bethlehem konnte aber nicht alle Besucher der Stadt aufnehmen. Das Datum und das tatsächliche Geschehen dieser Erfassung kann aus unabhängigen Quellen historisch nachgewiesen werden, wohingegen der vage und unwahrscheinliche Bericht des Korans solcher Unterstützung entbehrt.

Koran und Bibel können offensichtlich nicht beide zugleich richtig sein. Die vielen eindeutigen Widersprüche zwischen den beiden Berichten zwingen uns zu einer Entscheidung, welchen der beiden wir Glauben schenken. Ein ausschlaggebender Gesichtspunkt, den wir dabei berücksichtigen sollten, ist die Tatsache, daß der Koran etwa 600 Jahre nach Christus mündlich nacherzählt worden ist, wohingegen das Alte Testament über 1000 Jahre [zum Teil 2000 Jahre] früher geschrieben wurde. Es ist nur gesunder Logik entsprechen, davon auszugehen, daß der Bericht, der den betreffenden Ereignissen zeitlich am nächsten verfaßt wurde, auch der genaueste ist.

Gibt es Beweise für die Richtigkeit?

Aber nicht allein sein höheres Alter weist das Alte Testament als den zuverlässigeren Bericht aus. Seine vollkommene Genauigkeit und Authentizität sind auf einzigartige Weise gewährleistet, die in der gesamten Weltliteratur und bei allen anderen heiligen Schriften keine Parallele findet. Das Alte Testament enthält Hunderte spezifischer Prophezeiungen über die Juden, ihr Land und ihren Messias, die [wie wir bereits kurz bemerkt und in anderen Büchern ausführlich behandelt haben], Hunderte und in einigen Fällen Tausende von Jahren nach ihrer ersten Aufzeichnung exakt in Erfüllung gegangen sind.

Die mathematische Unmöglichkeit der rein zufälligen Erfüllung dieser Prophezeiungen ist ein Beweis ihrer Inspiration von Gott. Diese Bestätigung gibt uns die Sicherheit, daß auch die übrigen Teile der Bibel von Gott eingegeben und daher genauso zuverlässig sind.

Der Koran hingegen enthält [wie die hinduistischen Veden oder die Schriften von Konfuzius oder Buddha oder irgendeiner anderen Religion] keine gültigen Prophezeiungen und damit keine Beweise göttlicher Eingebung. Da der Koran im Widerspruch nicht nur zur Bibel, sondern auch zur etablierten Geschichtsschreibung steht, erweist er sich als nicht von Gott stammend. Er kann auch nicht auf andere Weise bestätigt oder beglaubigt werden und entbehrt eines Beweises seiner Glaubwürdigkeit in Form einer unwiderlegbaren Bestätigung, wie es bei der Bibel der Fall ist. Folglich war es für den Islam stets notwendig, sich den „Bekehrten" durch Schwert und Terror aufzuzwingen, und das erstrebt er bis auf den heutigen Tag.

Macht ist nicht gleich Recht. Dennoch sind die islamistischen Fundamentalisten fest entschlossen, unter der Androhung von Gewalt und Mord nicht nur die arabischen Länder, sondern die gesamte Welt dem Koran zu unterwerfen. Mohammed rief zwar die Christen und Juden in großzügiger Weise zur Vereinigung mit den Muslimen zu einer einzigen Religion auf (Sure 3,57), doch dies sollte in Gehorsam gegenüber Allah geschehen und mit der Annahme des Korans als endgültige Offenbarung einhergehen, die die jüdisch-christliche Bibel beiseite stellte.

Ein grundlegendes Problem

Im Gegensatz zum Alten und Neuen Testament der Bibel gab es keine originalen Manuskripte, von denen der Koran abgeschrieben wurde.

Dieser schwerwiegende Mangel führte natürlich zu Verwirrung. Der ungebildete Mohammed schrieb seine erlebten Visionen und Offenbarungen sicherlich nicht auf. Er behauptete, der Koran existiere im Himmel, und der Engel Gabriel würde ihm dieses Buch stückweise offenbaren und ihn das Geoffenbarte auswendig lernen lassen. Dann wiederholte er diese Offenbarungen vor anderen, die das Gehörte schließlich aufschrieben.

Erst nach dem Tod Mohammeds wurde der Koran letztlich zusammengestellt. Das geschah mittels der Erinnerungen seiner Zuhörer sowie durch das Zusammentragen von „Pergament, Leder, Palmblättern oder Knochen", auf denen sie Mohammeds Offenbarungen schriftlich festgehalten hatten.[4] Diese Art der Überlieferung kann zum Teil erklären, weshalb der Koran von biblischen Gestalten und Ereignissen in offensichtlich erdichteten Geschichten berichtet.

Der heute gültige Text des Koran wurde schließlich im Jahr 933 verfaßt, *drei Jahrhunderte nach* Mohammeds Tod. Dabei spielten die Sunniten die wesentliche Rolle. Sie entwickelten und befolgten auch die von den Augenzeugen des Propheten überlieferte Hadith [die islamische Überlieferung, die aus den auswendiggelernten, mündlichen Zeugnissen und Auslegungen des Korantextes zusammengetragen wurde]. Die Sunniten selbst sind heute in zahlreiche Auslegungsschulen gespalten.

Die Schiiten, die nächstgrößere Gruppierung unter den Muslimen, lehnen die sunnitische Überlieferung ab und verehren mit ganzem Eifer den ersten Kalifen Ali, der für sie ein heiliger Märtyrer ist, sündlos und unfehlbar, und den einige für eine Inkarnation Allahs halten. „Der achte Imam war Riza, dessen Grabmal in Maschhad in Nordostpersien als ‚Ruhmesstätte der Schiiten' angesehen wird. Im Jahre 873 verschwand der zwölfte Imam – Muhammad ibn Hasan – in seinem zwölften Lebensjahr; nach dem Glauben der Schiiten ist er nicht gestorben, sondern wartet seine Zeit ab, bis er wiederkommt und die schiitischen Muselmanen zur Vormachtstellung und zu allgemeiner Seligkeit führt."[5]

Innere Widersprüche

Der Schatten des Zweifels, der auf den Koran fällt, wird dadurch vergrößert, daß er über die Widersprüche zur Bibel hinaus sich auch noch vielfach und auf schwerwiegende Weise selbst widerspricht. Diese Diskrepanzen sind von einem solchem Ausmaß, daß sie weder weggeredet noch durch irgendeine vernünftige Erklärung beigelegt werden können.

Sure 54,49-50 sagt zum Beispiel über Allah: „Siehe, alle Dinge erschufen wir nach einem Ratschluß … gleich dem Blinzeln des Auges." Doch Sure 41,8.11 besagt, daß Allah „die Erde in zwei Tagen erschuf" und „sieben Himmel in zwei Tagen". Die Verwirrung wird in Vers 9 vollständig, wo von Allah gesagt wird: „… er segnete sie [die Erde] und verteilte in ihr ihre Nahrung in vier Tagen …"

In weiteren Widersprüchen verkünden Sure 7,52; 10,3 und 32,3: „Siehe, euer Herr ist Allah, welcher die Himmel und die Erde in sechs Tagen erschuf … und was zwischen beiden ist, in sechs Tagen …" Sure 32,4 erklärt, ein Tag sei in Wirklichkeit „tausend Jahre … von denen, die ihr zählt", während Sure 70,4 besagt, das Maß eines Tages sei bei Allah „fünfzigtausend Jahre". In diesen und anderen Fällen bleibt uns die Entscheidung selbst überlassen, was der Koran nun wirklich sagen will.

Im Koran gibt es zuviele Widersprüche, als daß hier auf alle eingegangen werden könnte: Fehler bezüglich der Geschichtsschreibung, in bezug auf Zeit und Ort und in Form von falschen Namen für viele biblische Gestalten. Zum Beispiel sagt der Koran, der Vater Abrahams habe Asar geheißen (Sure 6,74), wohingegen der Bibel zufolge sein Name Terach lautete (1. Mose 11,26.31). Außerdem liegen im Koran zahlreiche wissenschaftliche Fehler vor, wogegen in der Bibel kein einziger nachgewiesen werden kann. Sogar arabische Legenden werden berichtet, als hätten sie sich tatsächlich zugetragen und wären wirklichen Personen widerfahren. Um das Maß voll zu machen, haben die Übersetzer viele Fehler des Korans auf trügerische Weise vertuscht. Robert Morey bemerkte:

> Mohammed erfand fiktive Reden von biblischen Personen, in denen Worte wie „Muslim" und „Islam" vorkommen [Sure 3,45; 61,7 u.a.], die aber nicht zum Wortschatz der Menschen jener Zeit gehörten. Das ist genauso unsinnig, als wenn man Mohammed die Worte zuschreibt, „am liebsten esse ich einen Big-Mac und dazu Pommes mit Majonaise".
>
> Solche Ausdrücke gab es zu Mohammeds Zeit offensichtlich nicht! Und ebensowenig [existierten] die Worte, die Mohammed biblischen Personen in den Mund legt [zu deren Zeit].
>
> Alle diese Abraham, Isaak, Jakob, Noah, Mose, Maria und Jesus zugeschriebenen Reden enthalten Worte und Wendungen, die [diese angeblichen Aussagen] eindeutig als erlogen ausweisen …[6]

Der schwerwiegendste Konflikt

Zwischen Koran und Bibel besteht ein spezieller Widerspruch, der unsere besondere Aufmerksamkeit verdient, weil er von größter Tragweite ist. Er berührt die Frage nach der Identität Jesu Christi sowie nach seiner Kreuzigung und Auferstehung. Der Koran bezeugt die Jungfrauengeburt Christi (Sure 3,42; 19,20; 21,91 u.a.) und die Wirksamkeit des Geistes Gottes bei diesem wunderbaren Ereignis (Sure 19,17.21). Da Jesus keinen menschlichen Vater hat und Gott selbst durch ein Wunder die Schwangerschaft Marias bewirkte, spricht die Bibel von Jesus als dem Sohn Gottes. Die Bibel berichtet uns, daß der Engel Gabriel zu Maria sagte: „Dieser [Jesus] wird groß sein und Sohn des Höchsten genannt werden ..." (Lukas 1,32). Doch der Koran streitet die Gottessohnschaft Jesu ab (Sure 4,169) – eine Leugnung, die Sure 19,17-21 zu widersprechen scheint.

Der Grundstein des christlichen Glaubens ist der stellvertretende Tod Christi am Kreuz für unsere Sünden. Der Koran lehnt diese Schlüssellehre ab. Sure 4,156 besagt, Jesus sei nicht gekreuzigt worden: „... doch ermordeten sie ihn nicht und kreuzigten sie ihn nicht, sondern einen ihm Ähnlichen ... und nicht töteten sie ihn in Wirklichkeit." Am Ende dieses Verses wird anscheinend erklärt, Jesus sei überhaupt nicht gestorben, sondern von Gott lebendig in den Himmel entrückt worden: „... sondern es erhöhte ihn Allah zu sich." Doch laut Sure 19,34 sprach Jesus [erstaunlicherweise als Säugling in einer Wiege, siehe Verse 30-34] vom Tag seines *Todes* und seiner *Auferstehung*: „Frieden auf den Tag meiner Geburt und den Tag, da ich sterbe, und den Tag, da ich erweckt werde zum Leben!" Und wiederum läßt uns der Koran im Unklaren bezüglich der wichtigen Frage nach der Auferstehung, über die die Bibel und die Geschichtsschreibung ein eindeutiges und bestätigendes Zeugnis ablegen.

Welche Bedeutung hatten die alttestamentlichen Opfer? Das Blut von Tieren konnte offensichtlich niemals Sühnung für Sünde erwirken (Hebräer 10,4). Diese Opfer mußten deshalb Vorausschattierungen eines wahren, zukünftigen Opfers sein, das die vom gerechten Gott eingeforderte Sündenschuld bezahlen würde. Was könnte das für ein Opfer sein? Wie wir gesehen haben, sagten die biblischen Propheten das Kommen des Messias und sein Leiden und Sterben um unseretwillen voraus (Jesaja 53,2-6). Er war das Lamm, von dem Abraham gesagt hatte, Gott werde es sich zum Opfer ausersehen (1. Mose 22,8).

Starb Jesus am Kreuz oder nicht? Sogar in seiner Leugnung des

Kreuzes widerspricht der Islam sich selbst. Wenn Christus im Himmel weiterlebt, wie kann Mohammed dann seine Inkarnation sein? Einige muslimische Gelehrte meinen, Sure 3,48 und 19,34 würden darauf hinweisen, daß Christus auf diese Erde zurückkommen und vor dem Tag der Auferstehung eines natürlichen Todes sterben muß. Selbst wenn das wahr wäre, so ist das offensichtlich bis jetzt nicht eingetreten, was wiederum die Frage aufwirft, wie Mohammed [der selber zweifellos tot ist] die Inkarnation Christi sein kann, der bis jetzt noch nicht gestorben ist. Im Gegensatz zu Jesu leerem Grab vor den Toren Jerusalems enthält das Grab Mohammeds in Medina, zu dem die frommen Muslime hinpilgern, die sterblichen Überreste des Propheten.

Wie steht's mit Wundern?

Einen weiteren interessanten Vergleich stellen die Wunder dar. Die Bibel steckt voller Berichte über zahlreiche Wunder, deren Geschehen auch der Koran zugesteht. Doch der Koran selbst berichtet von keinem einzigen Wunder. Obwohl Mohammed der ursprüngliche Prophet des Islam ist, hat er weder seinen Tod vorausgesehen noch eine Vorkehrung zur Bestimmung eines etwaigen Nachfolgers getroffen. Darüber hinaus verdeutlicht der Koran selbst, daß Mohammed nicht imstande war, Wunder zu wirken (Sure 17,92-98; 29,49-51 u.a.).

Ja, die später entstandene Überlieferung schreibt Mohammed einige Wunder zu, doch selbst islamische Gelehrte wie zum Beispiel Ali Dashti geben zu, daß sie nachträgliche Erfindungen ohne jegliche Begründbarkeit durch historische Fakten sind. Dashti nennt diese Wunderberichte „erdichtete Mythen und erfundene Geschichten von Muslimen“.[7] Dessenungeachtet beansprucht der Islam eine Überlegenheit gegenüber dem Christentum und ist diesem ebenso unabänderlich feindlich gesinnt wie dem Judentum. Ein arabischer Autor erklärt:

> Muslime behaupten, sie würden Jesus anerkennen. Doch viele von uns wissen aus Erfahrung, daß der Islam die antichristlichste Religion der Welt ist. Er ist dem christlichen Glauben mehr entgegengesetzt, als es der Kommunismus jemals war … Bei all den Verfolgungen, die die Christen in der früheren Sowjetunion erlitten, konnte dort die Gemeinde Christi dennoch weiterexistieren, wenn auch im Untergrund. Im heutigen kommunistischen China ist das Christentum immer noch im Wachstum begriffen. Doch das Bekenntnis zu

Christus seitens eines Angehörigen eines islamischen Staates wird als Hochverrat angesehen [auf den die Todesstrafe steht]. Keine Gemeinde ist erlaubt – in einem islamischen Land wird nicht einmal einer offiziellen Kirche, wie eine kommunistische Regierung sie erlauben würde, irgendein Existenzrecht eingeräumt![8]

Wir müssen uns entscheiden

Die Bibel oder der Koran – welches der beiden Bücher ist die zuverlässige und maßgebliche Offenbarung des wahren Gottes, der das Universum und die Menschheit geschaffen hat und dem gegenüber wir uns alle verantworten müssen? Diese Frage ist offensichtlich der Schlüssel für den Frieden sowohl in Nahost als auch in der gesamten Welt. Seien es Konflikte welcher Art auch immer – ob innerhalb einer Familie, einer Stadt, eines Landes, oder Kriege zwischen verschiedenen Religionen, Volks- oder Staatsangehörigen – sie alle entstehen durch das Streben nach eigennützigen Zielen.

Für ein Ehepaar wäre es keine Lösung zur Beilegung einer Streitigkeit, zwischen Mann und Frau in Form einer 50/50-Abmachung übereinzukommen, wenn der angeborene Egoismus einen Streit darüber heraufbeschwört, was nun genau 50/50 ist. Nur wenn einer den anderen genug liebt, um den Vorteil des andern den eigenen Wünschen vorzuziehen, wird es in der Ehe wirkliche Harmonie geben. Und so ist das auch bei Brüdern und Schwestern, Eltern und Kindern, Nachbarn und Freunden.

Der Bibel zufolge ist Liebe nicht nur ein Gefühl, sondern ein Gebot Gottes. So entscheidet man sich, im Gehorsam gegenüber Gott alle Menschen und sogar den eigenen Feind zu lieben wie sich selbst, wie die Bibel es gebietet. Ohne die Anerkennung einer höchsten Autorität seitens der Menschheit und der Bereitschaft, den Geboten dieser Autorität Folge zu leisten, sind offensichtlich alle diplomatischen Friedensbemühungen zum Scheitern verurteilt.

Vor welcher Autorität wird sich diese Welt beugen? Vor Allah oder vor dem Gott der Bibel? Diese beiden sind genausowenig ein und derselbe „Gott", wie der Koran, durch den Allah spricht, und die Bibel, durch die Jahwe spricht, ein und dasselbe Buch sind. Sollen wir dem Koran gehorchen oder der Bibel – oder keinem von beiden?

Wenn wir uns keiner der beiden konkurrierenden Autoritäten unterwerfen, dann folgen wir unserem eigenen Weg, und die Welt ist verloren. Unterwerfen wir uns dem Koran, fehlt der entscheidende und notwendige Bestandteil der Liebe, denn diese ist, wie wir sehen werden, dem Koran gänzlich fremd. Sollte die gesamte Menschheit jedoch den beiden Geboten der Bibel Folge leisten – Gott aus ganzem Herzen und mit ganzem Verstand zu lieben und den Nächsten zu lieben wie sich selbst – dann wäre mit Sicherheit Frieden, und zwar nur dann.

Jerusalem

Allah! es gibt keinen Gott außer ihm, dem Lebendigen, dem Ewigen! ... Sein ist, was in den Himmeln und was auf Erden.

Sure 2,256

Sprich: O Allah ... siehe, du hast Macht über alle Dinge.

Sure 3,25

Er [Allah] straft, wen er will, und verzeiht, wem er will.

Sure 5,44

Allah ist das Licht der Himmel und der Erde ... Allah leitet zu seinem Licht, wen er will.

Sure 24,35

So erkenne denn heute und nimm dir zu Herzen, daß der HERR [Jahwe] der alleinige Gott ist im Himmel oben und auf der Erde unten, keiner sonst!

5. Mose 4,39

Als das ganze Volk das sah [das Feuer vom Himmel, das das Opfer Elias auf dem Altar verzehrte], da fielen sie auf ihr Angesicht und sagten: Der HERR [Jahwe], er ist Gott! Der HERR [Jahwe], er ist Gott!

1. Könige 18,39

Aber der HERR [Jahwe] ist in Wahrheit Gott. Er ist der lebendige Gott und ein ewiger König. Vor seinem Grimm erbebt die Erde, und seinen Zorn können die Nationen nicht ertragen.

Jeremia 10,10

Spielball der Völker

13

Allah oder Jahwe?

Muslime, Christen und Juden nehmen alle für sich in Anspruch, an den einen, wahren Gott zu glauben. Der Koran sagt: „Und euer Gott ist ein einiger Gott; es gibt keinen Gott außer ihm, dem Erbarmer, dem Barmherzigen“ (Sure 2,158). In gleicher Weise erklärt auch der Gott Abrahams, Isaaks und Jakobs, der Gott der Bibel, wiederholte Male: „Wendet euch zu mir … denn ich bin Gott und keiner sonst“ (Jesaja 45,22 u.a.). Allah beansprucht für sich, der einzige zu sein, der die Menschheit retten kann; doch dasselbe sagt der Gott der Bibel: „Ich, ich bin der HERR, und außer mir gibt es keinen Retter“ (Jesaja 43,11 u.a.).

Ist Allah derselbe wie der Jahwe des Alten Testamentes, den die Muslime angeblich ebenfalls als Gott akzeptieren? Ist der jüdische Begriff des Gottes Abrahams, Isaaks und Jakobs derselbe wie der christliche Begriff von Vater, Sohn und Heiligen Geist? In einem offensichtlich auf Muslime abgezielten Verführungsversuch lehrt die römisch-katholische Kirche, Allah sei der Gott der Bibel:

> Der Heilswille umfaßt aber auch die, welche den Schöpfer anerkennen, unter ihnen besonders die Muslime, die sich zum Glauben Abrahams bekennen und mit uns den einen Gott anbeten, den barmherzigen, der die Menschen am Jüngsten Tag richten wird.[1]

Daß Muslime, Christen und Juden jeweils eine andere Sicht von Gott haben, liegt jedoch auf der Hand, auch wenn die Ökumeniker versuchen, anderes zu behaupten. Sowohl Muslime als auch Juden würden abstreiten, daß sie den Gott der römischen Katholiken anbeten, der dreifaltig ist. Wie wir sehen werden, bestehen zwischen den jeweiligen Auffassungen von Muslimen, Juden und Christen schwerwiegende Unterschiede über den „Gott“, an den sie glauben. Offensichtlich kann nur einer dieser drei der eine wahre Gott sein. Welcher ist es? Das ist wohl die wichtigste Frage, die es gibt.

Jede Religion erhebt den Anspruch, die Offenbarung des wahren Gottes oder der wahren Götter anzubieten. Doch selbst bezüglich der grundlegendsten Eigenschaften Gottes bestehen zwischen den Weltreligionen immense Widersprüche, was bedeutet, daß nicht alle zugleich

Recht haben können. Der Hinduismus glaubt beispielsweise an eine Vielzahl von Göttern und verehrt auch Götzenbilder, die diese Götter angeblich darstellen sollen, da im Hinduismus alles Gott ist. Im Gegensatz dazu verbietet der Islam die Verehrung von Gottesdarstellungen sowie den Pantheismus/Polytheismus und behauptet, Allah sei der einzige wahre Gott. Der Buddhismus, der einander widersprüchliche Philosophien umfaßt, von „alles existiert“ bis „weder das Selbst noch das Dharma [sanskrit: die Lehre Buddhas] existiert“, kennt keinen Gott und konzentriert sich auf die „Erleuchtung“.

Einige Unterschiede

Daß Allah und der Gott Abrahams, Isaaks und Jakobs, der Gott der Bibel und des Apostels Paulus, nicht ein und derselbe sind, ist höchst offensichtlich. Der Gott der Christen ist ein dreifaltiger Gott: Vater, Sohn und Heiliger Geist, wohingegen Allah ein einzelnes und einfaltiges Wesen ist, der Sünder eher vernichtet, als sie, wie der Gott der Bibel, rettet. Allah hat nur an den Gerechten Gefallen, handelt nicht in Gnade, sondern belohnt nur gute Werke und bietet, anders als der Gott der Bibel, den Verlorenen keine Erlösung an. Allah ist eindeutig nicht der Gott der Bibel.

Der Gott der Bibel verurteilt Götzendienst. Doch Allah war die Hauptgottheit der Kaaba, des heidnischen Tempels, den Mohammed „säuberte“, indem er die über 300 dort enthaltenen Götzen zerstörte. Weshalb benannte Mohammed dann den Gott seiner neuen Religion mit demselben Namen Allah? Aller Wahrscheinlichkeit nach behielt er den Namen dieses antiken heidnischen Mondgottes bei, weil die Götzendiener sich dadurch einfacher zu seiner neuen Religion bekehrten, da ihnen etwas Vertrautes geboten wurde. Doch die heutigen Muslime sehen in dieser Strategie keinen Widerspruch.

Den Gott der Bibel kann man kennenlernen (1. Chronik 28,9; Jesaja 19,21; 43,10; Jeremia 24,7; 31,34; Johannes 17,3 u.a.); Allah ist unerkennbar. Von daher ist Allah kein persönlicher Gott im eigentlichen Sinn, denn dadurch würde er auf die Stufe der Bekanntschaft mit anderen persönlichen Wesen wie Menschen herabgesetzt. Folglich schreibt der Koran einerseits Hingabe und Liebe zu Allah vor, doch andererseits entbehren diese Gefühle jeglicher vernünftigen Erklärung. Allah kann vergeben und verdammen, wie es ihm gefällt und ohne vernünftigen Grund.

Der Gott der Bibel ist dagegen ein Gott der Gerechtigkeit, dessen

Vergebung eine gerechte Grundlage haben muß. Die von seiner Gerechtigkeit eingeforderte Schuld muß bezahlt werden, bevor Gott vergeben kann, und – da kein Mensch diese Schuld bezahlen könnte – ist Gott selbst als Mensch in diese Welt gekommen, geboren von einer Jungfrau, und hat die volle verschuldete Strafe erlitten, die eine Welt von Sündern verdiente. Sein Beweggrund ist stets die reinste Liebe.

Es gibt viele weitere Unterschiede zwischen Allah und dem Gott der Bibel, doch die hier angeführten zeigen zur Genüge, daß diese beiden nicht ein und derselbe sind, wie man so oft irrigerweise annimmt. Wie unehrlich und beleidigend für den biblischen Gott ist doch die Behauptung, daß „Juden, Christen und Muslime alle denselben Gott anbeten"!

Liebe, die mich nicht losläßt

Eine der augenscheinlichsten Eigenschaften, die dem Islam fehlt, ist die Liebe. Im Stichwortverzeichnis der bekannten Marmaduke-Pickthall-Übersetzung des Korans findet sich nicht ein einziger Eintrag zum Begriff „Liebe". Die Liebe spielt im Islam offenbar keine große Rolle, wenn der Koran auch sagt, „Allah liebt diejenigen, welche in seinem Weg in Schlachtordnung kämpfen …" (Sure 61,4).

Der Koran sagt auch, Allah liebt „die Gutes Tuenden" (Sure 2,191); „die sich Bekehrenden und … die sich Reinigenden" (Sure 2,222), „die Standhaften" (Sure 3,140) usw., aber er sagt nirgends, daß er die ganze Menschheit liebt, noch viel weniger die Sünder. Im Gegensatz dazu ist die Liebe die krönende Eigenschaft des Gottes der Bibel, der die ganze Welt der Sünder liebt und von dem geschrieben steht, daß er Liebe *ist* (1. Johannes 4,8.16). Und diese Liebe hat er erwiesen, indem er *persönlich* in die Geschichte eingetreten ist, um unser Leiden zu teilen. Allah hingegen handelt nur durch Engel und Propheten.

Liebe ist das wesentlichste Element des wahren Christentums. Das Wort Liebe kommt 310mal in 280 Versen der Bibel vor, und das Verb „lieben" und die davon abgeleiteten Formen weitere 179mal. Liebe ist der eigentliche Kern des Wesens des biblischen Gottes: „Gott ist Liebe" (1. Johannes 4,8). Gottes Liebe zur Menschheit ist ein Hauptthema der Bibel, die mit vielfachen Bekundungen dieser Liebe angefüllt ist, zum Beispiel:

Denn so hat Gott die Welt geliebt, daß er seinen eingeborenen Sohn gab, damit jeder, der an ihn glaubt, nicht verloren gehe, sondern ewiges Leben habe (Johannes 3,16).

Hierin ist die Liebe Gottes zu uns geoffenbart worden, daß Gott seinen eingeborenen Sohn in die Welt gesandt hat, damit wir durch ihn leben möchten.

Hierin ist die Liebe: nicht daß wir Gott geliebt haben, sondern daß er uns geliebt und seinen Sohn gesandt hat als eine Sühnung für unsere Sünden (1. Johannes 4,9-10).

Der Bibel zufolge lautete das allererste an Israel und die ganze Menschheit gerichtete Gebot: „Du sollst den HERRN, deinen Gott, lieben mit deinem ganzem Herzen und mit deiner ganzen Seele und mit deiner ganzen Kraft“ (5. Mose 6,5). Jesus nannte dieses das „das größte und erste Gebot“ (Matthäus 22,38) und erklärte, alle weiteren Gebote könnten zusammengefaßt werden mit dem „du sollst deinen Nächsten lieben wie dich selbst“ (Vers 39). Dann sagte er: „An diesen zwei Geboten hängt das ganze Gesetz und die Propheten“ (Vers 40). Und das sagt auch das Alte Testament: „Du … sollst deinen Nächsten lieben wie dich selbst“ (3. Mose 19,18).

Es kann kein Zweifel darüber bestehen, daß, so wie Liebe der Kern des Wesens Gottes ist, die Liebe ebenso der Kern aller Lehren und Gebote der Bibel ist. Das 13. Kapitel des ersten Korintherbriefes ist als das „Hohelied der Liebe“ bekannt, und in der ganzen Weltliteratur findet sich nichts, das ihm an Schönheit gleich käme, wie der folgenden Auszug zeigt:

Wenn ich in den Sprachen der Menschen und der Engel rede, aber keine Liebe habe, so bin ich ein tönendes Erz geworden oder eine schallende Zimbel.

Und wenn ich Weissagung habe und alle Geheimnisse und alle Erkenntnis weiß und wenn ich allen Glauben habe, so daß ich Berge versetze, aber keine Liebe habe, so bin ich nichts.

Und wenn ich alle meine Habe zur Speisung der Armen gebe und wenn ich meinen Leib hingebe, damit ich verbrannt werde, aber keine Liebe habe, so nützt es mir nichts.

Die Liebe ist langmütig, die Liebe ist gütig; sie neidet nicht; die Liebe tut nicht groß, sie bläht sich nicht auf, sie benimmt sich nicht unanständig, sie sucht nicht das Ihre, sie läßt sich nicht erbittern, sie rechnet Böses nicht zu … sie erträgt alles, sie glaubt alles, sie hofft alles, sie erduldet alles. Die Liebe vergeht niemals …

> Nun aber bleibt Glaube, Hoffnung, Liebe, diese drei; die größte aber von diesen ist die Liebe.

Christentum ist wesentlich mehr als nur das Ausüben bestimmter religiöser Lehren. Es ist vor allem die liebende persönliche Beziehung zu Gott durch Jesus Christus, der durch seinen Heiligen Geist buchstäblich in denen wohnt, die ihm ihre Herzen öffnen. Folglich sollte die in Christus geoffenbarte Liebe Gottes in allem zum Ausdruck kommen, was ein Christ denkt, sagt und tut. Weil Gott uns liebte, als wir seine Feinde waren, erwartet Christus von einem Christen – ja, er befiehlt es ihm sogar – daß er seinen Nächsten ebenso liebt:

> Ihr habt gehört, daß gesagt ist: Du sollst deinen Nächsten lieben und deinen Feind hassen. Ich aber sage euch: Liebt eure Feinde, segnet, die euch fluchen, tut Gutes denen, die euch hassen und betet für die, die euch beleidigen und verfolgen (Matthäus 5,43-44).

Die Bibel erklärt eindeutig: „Wer nicht liebt, hat Gott nicht erkannt, denn Gott ist Liebe" (1. Johannes 4,8). Das ist der Gott der Bibel [im völligen Gegensatz zu Allah], und so sollte sich jeder Christ verhalten. Im Gegensatz zum Muslim, der die Botschaft des Islam mit dem Schwert verbreiten soll, soll der Christ sein eigenes Leben für die Botschaft von Gottes Liebe gegebenenfalls opfern – eine Botschaft, die die Menschheit frei annehmen oder ablehnen kann, denn Liebe zwingt sich dem Geliebten nicht auf:

> Geliebte, wenn Gott uns so geliebt hat, sind auch wir schuldig, einander zu lieben … Wenn wir einander lieben, bleibt Gott in uns … [weil] er uns von seinem Geist gegeben hat …
>
> Und wir haben erkannt und geglaubt die Liebe, die Gott zu uns hat. Gott ist Liebe, und wer in der Liebe bleibt, bleibt in Gott und Gott bleibt in ihm …
>
> Wir lieben, weil er uns zuerst geliebt hat.
>
> Wenn jemand sagt: Ich liebe Gott, und haßt seinen Bruder, ist er ein Lügner …
>
> Und dieses Gebot haben wir von ihm, daß, wer Gott liebt, auch seinen Bruder lieben soll (1. Johannes 4,11-21).

Diese liebende Beziehung eines Christen zu Gott ist im Islam wie auch in jeder anderen Religion unbekannt. Die folgenden Verse aus einem

Lied sind ein typischer Ausdruck dieser wunderbaren Vertrautheit mit Gott, derer ein Christ sich durch Christus erfreuen kann:

Vater! Du, der Liebe Fülle,
bleibest immer treu und gut.
Selig ist das Herz und stille,
wenn's in deiner Liebe ruht.
Du gabst hin für uns're Schuld
Deinen Sohn – o welche Huld.
Solltest Du den Sohn uns schenken
und nicht liebend an uns denken?

Ja, Du sorgest ohn' Ermüden
für uns alle Tag und Nacht.
Nie sind wir verwaist hienieden,
Vatertreu' uns stets bewacht.
Deiner Liebe ist allein
nichts zu groß und nichts zu klein.
Wo wir gehen, wo wir stehen,
läßt Du Deine Lieb' uns sehen.

Die heidnische Verbindung

Nichtmuslime sind im allgemeinen der Auffassung, Allah sei einfach das arabische Wort für Gott, wie *God* im Englischen oder *Dieu* im Französischen. So ist es jedoch nicht. Allah ist eine Kurzform von *al-Ilah*, und das ist der persönliche Name des Mondgottes, dem Hauptgott der alten Kaaba. Diese Tatsache spiegelt sich auch heute noch durch den Halbmond auf den Minaretten, Heiligtümern, Moscheen und Nationalflaggen islamischer Länder wider. Wäre Allah lediglich das arabische Wort für Gott, dann würden die Muslime ohne zögerndes Bedenken in anderen Sprachen ebenfalls das jeweilige Wort für Gott benutzen. Doch bei jeder Sprache wird darauf bestanden, daß der Name Allah beibehalten werden muß; es wäre Lästerung, den Gott der Muslime anders zu nennen als Allah.

Nach einer Reihe von Visionen begann Mohammed, sich öffentlich als Prophet Allahs auszugeben und gegen die Anbetung der anderen Götter in der Kaaba zu predigen. Diese radikale Botschaft brachte Mohammed in große Schwierigkeiten mit seinen eigenen Stammesgenossen, die davon profitierten, daß die Kaaba die Lieblingsgötter aller umliegenden Stämme beherbergte, so daß die mit den Handelskarawanen durch Mekka Durchreisenden hier anbeten konnten.

Heute ist die Ablehnung von Götzendienst ein Eckpfeiler des Islam. Wie merkwürdig ist es dann, daß sein Gott Allah ist, der einst der Lieblingsgott der Quraischiten war, lange bevor es den Islam überhaupt gab. Darüber hinaus ist das Küssen des heiligen Schwarzen Steins, das jahrhundertelange Zentrum des Götzendienstes in der Kaaba, immer noch ein wesentlicher Bestandteil des Islam und der Pilgerfahrt nach Mekka, die für jeden Muslim einmal im Leben obligatorisch ist.

Die Kaaba beherbergte ebenfalls genug andere Gottheiten für die religiösen Triebe der vielen Reisenden, die mit den Handelskarawanen durch Mekka zogen. Mohammed zerschmetterte alle diese Götzen. Doch den Schwarzen Stein, der heute immer noch von Muslimen geküßt wird, behielt er bei. Und ebenso behielt er den *Namen* Allah für den Gott des Islam [dessen Symbol der Halbmond ist] bei, um seinem eigenen Stamm dadurch zu gefallen.

Der Gott der Bibel sagt eindeutig: „Vor mir wurde kein Gott gebildet, und nach mir wird keiner sein. Ich, ich bin der HERR, und außer mir gibt es keinen Retter“ (Jesaja 43,10-11). Es ist auch nicht so, daß Jahwe lediglich die Götter anderer Religionen ignorieren würde. Er klagt sie alle – auch die durch die Götzenbilder in der Kaaba dargestellten [einschließlich Allah] – als Schwindel an, hinter denen sich in Wirklichkeit Satan oder einer seiner Dämonen verbirgt: „Sie opferten den Dämonen, die nicht Gott sind“ (5. Mose 32,17). Das Neue Testament stimmt damit überein: „... daß das, was sie [die Heiden] opfern, sie den Dämonen opfern und nicht Gott“ (1. Korinther 10,20).

Man fragt sich, was der langpraktizierte heidnische Brauch des Küssens des Schwarzen Steins möglicherweise damit zu tun haben könnte, was Mohammed als völlig neue Religion ausgab, die an die Stelle der alten treten sollte. In vorislamischer Zeit hatte jeder Stamm zu seinem Schutz einen heiligen Stein, dem man magische Kräfte zuschrieb. Der Schwarze Stein der heutigen Kaaba ist derselbe Stein, den sich Mohammeds Stamm der Quraischiten lange Zeit vor seiner Geburt angeeignet hatte. Seine Beibehaltung beweist, daß vieles vom Islam, entgegen dem Glauben der Muslime, keine neue Offenbarung vom Himmel war, wie Mohammed behauptete, sondern lediglich eine Übertragung althergebrachter heidnischer Bräuche.

Lange Zeit vor Mohammed

Gleiches gilt für andere Gebiete des Islam. Beispielsweise stammt ein großer Teil der Fasten- und Kleidungsvorschriften, die heute 1300 Jahre nach den Anfängen des Islam den Muslimen immer noch auferlegt sind, nicht aus der neuen Religion oder aus neuen Offenbarungen von Allah, sondern waren bei den Arabern bereits damals seit Jahrhunderten Brauch. Doch fundamentalistische Muslime schreiben diesen Vorschriften heute eine strenge religiöse Bedeutung zu. Das gilt auch für den Status der Frau im Islam: Er spiegelt die Geringschätzung wider, die ihnen in der vorislamischen Gesellschaft entgegengebracht worden war. Diese Sicht war lange vor Mohammeds Geburt gang und gäbe. Die islamische Behandlung der Frau wird von Nichtmuslimen nicht nur als herabwürdigend, sondern als grausam und nach heutigem Standard barbarisch angesehen.

Daß Allah eine heidnische Gottheit war, die bereits Mohammeds Vorfahren jahrhundertelang angebetet hatten, und daß dieser Gottheit auch Menschenopfer dargebracht wurden, gibt sogar Ibn Ishaq zu, der erste Biograph Mohammeds. In seinem Werk aus dem Jahr 768, *Surahtu'l*, berichtet Ishaq, wie Mohammeds Großvater Abdul Muttalib nach dem Gebet zu Allah im Begriff stand, Abdullah, einen seiner Söhne zu opfern. Eine Zauberin aus Hijaz sagte ihm dann, es sei nicht Allahs Wille für den Knaben, daß er ihm geopfert würde, sondern an seiner Stelle sollten mehrere Kamele geopfert werden.[2] Abdullah, der auf diese Weise am Leben blieb, wurde später Mohammeds Vater.

Der Name des Vaters des Propheten, Abdullah [eigentlich Abd ul allah], heißt soviel wie „Diener Allahs". Dies ist ein weiteres Indiz, daß Allah bereits von Mohammeds Vorfahren als heidnische Gottheit verehrt wurde, bevor Mohammed selbst geboren wurde. Doch der Gott der Bibel und Israels, dessen Name Jahwe ist, hatte die Anbetung jeglicher anderer Götter Tausende von Jahren zuvor strengstens untersagt. Allah und Jahwe sind nie und nimmer ein und derselbe!

Ein unvereinbarer Widerspruch

Die Meinung, alle Religionen würden den gleichen Gott anbeten, ist, weit entfernt von einem Segen oder Wert, vielmehr reiner Zynismus und eine Verleugnung der Bedeutung von Sprache. Beispielsweise ist die Vorstellung, Allah sei dasselbe wie die vielfachen Götter des Hinduismus, für Muslime eine Beleidigung. Genauso ist es für einen Christen eine Lästerung wenn jemand sagt, sein Gott, der seinen Sohn für unsere Sünden in den Tod gab, sei derselbe wie Allah, von dem ausdrücklich geschrieben steht, daß er keinen Sohn hat:

> So glaubet an Allah und an seinen Gesandten und sprechet nicht: „Drei". Steht ab davon, gut ist's euch. Allah ist nur ein einiger Gott; Preis Ihm, [und fern,] daß ihm sein sollte ein Sohn! (Sure 4,169).

Man kann auch nicht den Widerspruch leugnen zwischen dem Glauben, daß Christus für unsere Sünden gestorben und auferstanden ist [das Zentrum des christlichen Glaubens] und der muslimischen Behauptung, ein anderer sei an Christi Statt gestorben. Derartige Differenzen unter einem Deckmantel der Ökumene zu verbergen [wie es der protestantische Ökumenismus und der römische Katholizismus versuchen], ist nicht annehmbar. Ebensowenig ist es möglich, die Behauptung aller nichtchristlichen Religionen, Sünde könne durch eigene gute Werke aufgewogen werden [diesen Glauben teilt auch der Katholizismus], mit den klaren Aussagen der Bibel in Einklang zu bringen: „... er errettete uns, nicht aus Werken, die, in Gerechtigkeit vollbracht, wir getan hätten, sondern nach seiner Barmherzigkeit" (Titus 3,5). „Denn aus Gnade seid ihr errettet ... nicht aus Werken, damit niemand sich rühme" (Epheser 2,8-9).

Das biblische Christentum [nicht zu verwechseln mit den Traditionen des römischen Katholizismus] steht tatsächlich auf der einen Seite einer theologischen Kluft, während alle anderen Religionen auf der anderen Seite stehen. Diese Kluft macht in der Tat jede „ökumenische Einheit" unmöglich, weil dadurch das Christentum an sich zerstört würde. Das Zentrum des christlichen Glaubens ist der Anspruch, daß Jesus Christus absolut und unangefochten einzigartig ist, und das aufgrund sowohl seines vollkommenen, sündlosen Lebens als auch seines stellvertretenden Todes für unsere Sünden, seiner Auferstehung und seiner Wiederkunft.

Die Verheißung der Wiederkunft Christi stellt einen weiteren einzigartigen Aspekt des Christentums dar, der es von allen anderen Weltreligionen durch eine weite Kluft unterscheidet, die durch keinen ökumenischen Kunstgriff überbrückt werden kann. Mohammed hat niemals verheißen, wiederzukommen, ebensowenig wie Buddha oder irgendein anderer Religionsstifter. Nur Christus wagte diese Verheißung. Niemand anderem als allein Christus würde auch auf eine solche Behauptung hin überhaupt Glauben geschenkt, denn die sterblichen Überreste von allen Religionsgründern der Welt befinden sich nach wie vor in ihren Gräbern. Und dort werden sie bis zum Tag ihres Gerichts bleiben.

Allein Christus hat ein leeres Grab hinterlassen. Diese unbestreitbare Tatsache ist Grund genug, seinen Anspruch der Gottessohnschaft zu akzeptieren und die Ankündigung seiner Wiederkunft in Macht und Herrlichkeit und zum Gericht seiner Feinde ernstzunehmen. Jesu Christi einzigartiger Anspruch „Ich bin der Weg und die Wahrheit und das Leben; niemand kommt zum Vater als nur durch mich" (Johannes 14,6), ist die stärkstmögliche Ablehnung aller Religionen, die somit nichts als Täuschungen sind.

Was bedeutet ein Name?

Einige Bibelübersetzungen [zum Beispiel in die Sprache der Hausa in Nordnigeria] haben ein Durcheinander angerichtet, weil sie den Namen Allah als Bezeichnung für den Gott der Bibel verwenden. Die Übersetzer dachten zweifellos, sie wären den muslimisch geprägten Menschen im Norden Nigerias behilflich, wenn sie eine ihnen vertraute Bezeichnung verwenden. Statt dessen haben sie durch den Gebrauch von „Allah" für den Gott der Bibel nur weitere Verwirrung gestiftet.

Allah ist keine das Geschlecht betreffende, sprachwissenschaftliche Bezeichnung für Gott. Allah ist der *Name* des Gottes im Islam – ein Name, der, wie wir gesehen haben, einst den Hauptgott unter den zahlreichen Götzen in der Kaaba in Mekka bezeichnete.

Der Gott Israels hat ebenfalls einen *Namen*: JHWH, wahrscheinlich nicht, wie früher angenommen, Jehova ausgesprochen, sondern treffender Jahwe. Viele Christen wissen gar nichts von Gottes *Namen*, weil die meisten Übersetzungen des Alten Testaments für JHWH HERR schreiben. In 2. Mose 6,3 sagt Gott: „... mit meinem Namen JHWH habe ich mich ihnen nicht zu erkennen gegeben"; und als Mose ihn beim brennenden Dornbusch nach seinem *Namen* fragte, erklärte Gott die Bedeutung seines Namens und sagte: „ICH BIN, DER ICH BIN." Somit bedeutet JHWH nicht nur jemand, der *ist*, sondern der selbstexistierende Eine, der *in und von sich selbst ist* (2. Mose 3,13-14).

Einheit und Verschiedenheit

Es gibt zwei grundsätzliche Auffassungen von Gott: 1. Pantheismus/Naturalismus, die Vorstellung, das Universum an sich ist Gott, und 2. Supranaturalismus, der Schöpfer ist ein von seiner Schöpfung unterscheidbares Wesen. Diese zweite Auffassung unterteilt sich in zwei weitere Gottesbegriffe: 1. Polytheismus, der Glaube, es gäbe viele Götter, und 2. Monotheismus, es gibt nur einen wahren Gott. Der Monotheismus ist wiederum in zwei verschiedene Auffassungen gespalten: 1. Gott ist eine einzige Person; und 2. Gott existiert von Ewigkeit her als drei Personen [nicht drei verschiedene Götter, sondern drei Personen, die unterscheidbar, aber doch eins sind]. Die Christen sind offenbar die einzigen, die an dieser letzteren Sicht festhalten [wenn sich auch manche, die diese Auffassung ablehnen, dennoch Christen nennen]. Trotzdem ist dies das einzig mögliche logisch und philosophisch schlüssige Verständnis von Gott.

Jede andere, von der christlichen Sicht abweichende Auffassung von Gott bringt offensichtliche und unüberwindbare Probleme mit sich. Der Pantheismus weist fatale Fehler auf. Wenn alles Gott ist, dann ist Gott sowohl gut als böse, Krankheit wie Gesundheit, Tod wie Leben. Ein solcher „Gott“ vollbringt genausoviel oder mehr Böses als Gutes und ist nichts mehr als die Natur selbst, die man nicht um Hilfe anflehen kann. Zum Gott des Pantheismus zu beten, hieße, zu einem Baum oder einem Vulkan oder zum Wind oder zu sich selbst zu beten – was offensichtlich die größte Torheit ist.

Die Schwierigkeiten des Polytheismus liegen gleicherweise auf der Hand. Dort gibt es keinen wahren Gott mit souveräner Autorität, und so fechten diese vielen Götter untereinander Kriege aus, berauben sich ihrer Frauen und streiten sich endlos miteinander. Da gibt es im Himmel keinen Frieden und somit auch keine Grundlage für Frieden auf Erden. Das grundlegende Problem des Polytheismus ist die *Verschiedenheit ohne Einheit*.

Am anderen Ende der Skala befindet sich der Glaube an einen einzigen Gott und daß er eine einzige Person ist. Diese Auffassung vertreten nicht nur die Muslime, sondern ebenso, wegen eines grundlegendenen Mißverständnisses ihrer eigenen Schrift, die Juden. So werden Allah und Jahwe, die in anderer Hinsicht grundverschieden sind, von Muslimen und Juden jeweils als einzelne Personen angesehen. Eine ähnliche Sicht vertreten ferner einige pseudochristliche Sekten, wie zum Beispiel die Zeugen Jehovas und die Mormonen, die die Lehre der Dreieinigkeit ablehnen und verschiedene abgeirrte „christliche“ Gruppierungen, die nicht an die Gottheit Jesu Christi glauben. Der Glaube, Gott sei nichts mehr als eine einzelne Person, bringt ein dem Polytheismus entgegengesetztes Problem mit sich: *Einheit ohne Verschiedenheit*. Auch das ist ein fataler Fehler.

Daß Gott *beides, Einheit und Verschiedenheit*, umfassen muß, ist leicht einzusehen. Allah ist beispielsweise als einzelne Person per Definition ein unvollständiges Wesen. Als einzelne Person wäre Allah nicht imstande, Liebe und Gemeinschaft zu erfahren, bevor er nicht andere Wesen geschaffen hat, mit denen er diese Erfahrungen teilen könnte. Das gleiche gilt für das falsche jüdische Verständnis von Jahwe wie auch für den Gottesbegriff der Zeugen Jehovas und der Anhänger der United Pentecostal Church.

Die Bibel macht sehr deutlich, daß Gott in sich und von sich selbst Liebe ist (1. Johannes 4,8.16). Der Gott des Islam und des Judaismus kann nicht in und von sich selbst Liebe sein. Er müßte weitere Wesen erschaffen, um mit ihnen die Erfahrung des Liebens und Geliebtwerdens teilen zu können. Doch von 1. Mose bis zur Offenbarung stellt die Bibel durchweg einen Gott vor, der es nicht nötig hat, irgendwelche Wesen zu erschaffen, um Liebe und Gemeinschaft zu erfahren. *Dieser Gott ist in sich selbst absolut vollkommen*, in seinen drei Personen – Vater, Sohn und Heiliger Geist – die unterscheidbar und doch gleichzeitig der ewig eine Gott sind. Sie liebten sich und hatten miteinander Gemeinschaft und hielten zusammen Ratschluß, bevor das Universum, die Engel oder die Menschen erschaffen wurden. Das bezeugt sogar das von den Juden anerkannte Alte Testament.

Pluralität und Einheit

Mose offenbarte er die geheimnisvolle, letztlich nicht verständliche und doch reale Einheit von Vater, Sohn und Geist, als er schrieb, „Gott sprach: Laßt *uns* Menschen machen in unserm Bild, *uns* ähnlich ...“ (1. Mose 1,26), und noch einmal, „wohlan, laßt *uns* herabfahren und dort ihre Sprache verwirren“ (1. Mose 11,7). Wer sind diese *uns* und zu wem spricht Gott, wenn Gott doch eine einzelne Person ist? Weshalb sagt Gott, „siehe, der Mensch ist geworden wie einer von *uns*“ (1. Mose 3,22)?

Wenn Gott nur eine einzelne Person ist, weshalb wird dann außerdem das hebräische Wort *Elohim* für Gott verwendet? *Elohim* ist eine Pluralform und heißt wortwörtlich „Götter“. Und eine weitere Frage stellt sich uns: Weshalb glauben sowohl Juden als auch Christen an einen Gott und nicht an Götter, wo doch Elohim ein grammatischer Plural ist? Und weshalb wird in der Bibel in jeder Sprache der hebräische Plural „Elohim" mit „Gott" und nicht mit „Götter" übersetzt? Der Unitarianismus hat natürlich keine Antwort auf diese Fragen; er wagt sogar nicht einmal, sie überhaupt zu stellen.

Die Antwort findet sich in der alten hebräischen Sprache. Im gesamten hebräischen Alten Testament finden wir fast immer das sonderbare Phänomen eines Verbs und eines Pronomen im Singular, die in Verbindung stehen mit *Elohim*, einem Plural. Beim brennenden Dornbusch war es zum Beispiel *Elohim* [„Götter"], der zu Mose sprach und dabei nicht sagte *„wir sind, die wir sind*", sondern „ICH BIN, DER ICH BIN" (2. Mose 3,14). Niemand kann um die Tatsache herumkommen, daß Gott durchgängig durch die ganze Bibel, und im Alten Testament ebenso klar und deutlich wie im Neuen, als eine Pluralität und doch als Einer dargestellt wird, der sowohl Verschiedenheit als auch Einheit umfaßt. Dieser Gottesbegriff ist unter allen Religionen der Welt einzigartig!

Dasselbe Phänomen findet sich im jüdischen *Schma* [d.h. „höre!"]. Israels bekanntes Bekenntnis von der *Einheit* Gottes ist gleichzeitig eine klare und unbestreitbare Erklärung seiner *Pluralität*: „Höre, Israel: Der HERR [Jahwe] unser Gott [*Elohim*] ist ein einiger [*echad*] HERR [Jahwe]" (5. Mose 6,4; vergl. Markus 12,29). Da steht dieser Plural *Elohim/Götter* direkt im Zentrum der Erklärung von Gottes Einheit! Wie kann das sein?

Wir müssen verstehen, daß das hebräische Wort für „einig" [*echad*] nicht etwas einzelnes bezeichnet, sondern eine *Einheit, die durch das Zusammenfassen von mehreren zu einem entsteht*. Beispielsweise wird *echad* in 1. Mose 2,24 gebraucht, wo Mann und Frau *ein* Fleisch werden, ferner in 2. Mose 36,13, wo verschiedene Bauteile „ein Ganzes", nämlich das Heiligtum, wurden, in 2. Samuel 2,25, wo mehrere Soldaten „einen geschlossenen Haufen bildeten", und in Hesekiel 37,17, wo zwei Holzstöcke „zu einem Holz" wurden.

Unitarianismus oder Trinitarianismus?

Der Unitarianismus bietet für diese durchgängige Darstellung von Gottes Pluralität in der Einheit, die nicht allein im Neuen, sondern bereits im Alten Testament zu finden ist, keine Antworten. Allein der Trinitarianismus kann das erklären. Das Wort „Dreieinigkeit" oder „Trinität" kommt als solches in der Bibel nicht vor, doch dieses Konzept wird dort eindeutig gelehrt und kann nicht wegdiskutiert werden. Dieser Begriff eines dreieinen Gottes ist tatsächlich die einzig mögliche Erklärung für die Einheit und Verschiedenheit, die die Liebe und Gemeinschaft innerhalb von Gott ermöglicht.

Die Irrlehre, Gott sei ein einzelnes Wesen und nicht drei ewige Personen in einem Gott, wurde um das Jahr 220 n.Chr. von einem libyschen Theologen namens Sabellius erstmalig in die junge Kirche eingeschleust. Natürlich hatte er ein Problem, die biblische Sprache über Vater, Sohn und Heiligen Geist zu verwenden, ohne dabei das dreieine Wesen Gottes anzuerkennen. Sabellius behauptete, Gott existiere als einzelne Person, die auf dreierlei Weisen oder unter drei Masken in Erscheinung tritt: als Vater in der Schöpfung, als Sohn in der Erlösung und als Heiliger Geist in Prophetie und Heiligung. Diese Sicht wurde von der überwiegenden Mehrheit der Christen als Irrlehre verurteilt und seit dem stets als solche angesehen, außer von solch abgeirrten Gruppierungen wie der United Pentecostal Church oder der Unitarier.

Jesus sagte: „Der Vater liebt den Sohn und hat alles in seine Hand gegeben" (Johannes 3,35), und noch einmal in Johannes 5,20: „Der Vater hat den Sohn lieb ..." Der Gott der Bibel *ist* wahrhaft Liebe, nicht nur in bezug auf die Menschheit, sondern vor allem unter den drei Personen Gottes. Und das müssen drei *eigenständige Personen* sein. Die Auffassung, Vater, Sohn und Heiliger Geist seien lediglich Funktionen, Titel oder Erscheinungsweisen, unter denen Gott sich manifestiert, ist bedeutungslos. Funktionen, Titel und Erscheiungsweisen können nicht einander lieben, beratschlagen und miteinander Gemeinschaft üben. Nicht allein Jesus Christus, der Sohn, wird als Person dargestellt, sondern der Vater und der Heilige Geist sind im Neuen Testament in gleicher Weise personal beschrieben.

Das Alte Testament stimmt damit überein. Lesen wir dazu beispielsweise die folgenden Verse: „Höre auf mich, Jakob, und Israel, mein Berufener! Ich bin, der da ist, ich der Erste, ich auch der Letzte: Ja, meine Hand hat die Grundmauern der Erde gelegt und meine Rechte die Himmel ausgespannt ... Ich, ich selbst habe geredet ... Tretet her zu mir, hört dies! Ich habe von Anfang an nicht im Verborgenen geredet; von der Zeit an, da es geschah, bin ich da. – Und nun hat der Herr, HERR, und sein Geist mich gesandt" (Jesaja 48,12-16).

Wir stellen fest, daß der Eine, der hier durch den Propheten Jesaja spricht, von sich selbst spricht als „der Erste" und „der Letzte" und der Eine, der alle Dinge geschaffen hat (Vers 13), also Gott sein muß. Aber im selben Abschnitt spricht er von zwei anderen, die gleichfalls Gott sein müssen: „der Herr, HERR, und sein Geist“ (Vers 16). Diese beiden, die Gott sein müssen haben „mich gesandt“, sagt der Sprechende, der ebenfalls Gott sein muß. Das Neue Testament erklärt diesen Abschnitt, für den das Judentum keine Erklärung bietet: „... daß der Vater den Sohn gesandt hat als Heiland der Welt“ (1. Johannes 4,14).

In Matthäus 22,41-46 konfrontiert Jesus die Pharisäer mit einer ähnlichen Bibelstelle: „Der HERR sprach zu meinem Herrn: Setze dich zu meiner Rechten, bis ich deine Feinde gemacht habe zum Schemel deiner Füße!“ [zitiert aus Psalm 110,1]. In Bezugnahme auf diesen Vers und als Antwort auf ihre Aussage, der Messias sei der Sohn Davids, fragte Jesus die Rabbis: „Wenn nun David ihn Herr nennt, wie ist er sein Sohn?“ Die Pharisäer waren sprachlos. Wie konnte der Messias Davids Herr sein, wenn er nicht Gott ist?

Eine aufschlußreiche Übereinstimmung

Ja, es ist ein Geheimnis, wie Gott in drei Personen existieren kann und doch ein einziger Gott ist, aber es ist ebenso ein Geheimnis, daß Gott keinen Anfang hat und daß er alles aus nichts geschaffen hat. Es ist wahr, daß kein Sterblicher die Dreieinigkeit erklären kann, doch genausowenig kann jemand die menschliche Seele oder den Geist oder die Liebe oder die Schönheit oder die Gerechtigkeit erklären. Der Umstand, daß Gottes Person und seine Macht die menschliche Vorstellungskraft übersteigen, ist kein ausreichender Grund, um Atheist zu sein. Und auch die Tatsache, daß wir nicht verstehen können, wie der eine wahre Gott drei verschiedene Personen umfassen kann, ist kein zulässiger Grund für eine Ablehnung dessen, was die Bibel angefangen bei 1. Mose bis hin zur Offenbarung uns so eindeutig vorstellt.

Die Bibel sagt, das Universum offenbare die Herrlichkeit Gottes. Es spiegelt in der Tat sein dreieines Wesen wider. Das sehen wir als erstes darin, daß der Kosmos dreigeteilt ist: in Raum, Materie und Zeit. Diese drei unterteilen sich ferner wiederum jeweils dreifach. Der Raum umfaßt zum Beispiel drei Dimensionen, Länge, Breite und Höhe, die jeweils voneinander unterscheidbar sind, doch zusammen den einen vereinten Raum aufspannen. Länge, Breite und Höhe sind weder drei Räume noch drei Erscheinungsweisen oder Masken von Raum, sondern eine Einheit von drei Dimensionen, die zusammen den einen Raum darstellen. Jede Dimension ist unterscheidbar und nicht mit den anderen identisch, doch die drei sind eins – genau wie Vater, Sohn und Heiliger Geist ein Gott sind.

Auch die Zeit ist eine Dreiheit. Sie besteht aus Vergangenheit, Gegenwart und Zukunft. Und wiederum ist jedes dieser Elemente von den anderen unterscheidbar, doch jedes ist ein Ganzes, und zusammen bilden sie eine einzige Einheit. Vergangenheit, Gegenwart und Zukunft sind nicht drei Zeiten. Jedes ist die Zeit an sich. Und so wie der Vater und der Heilige Geist unsichtbar und nur der Sohn sichtbar sind, so sind Zukunft und Vergangenheit unsichtbar und nur die Gegenwart sichtbar. Wir könnten diesen Vergleich weiter fortführen, aber das sollte nicht mehr nötig sein. Es gibt jedoch keinen vollkommenen Vergleich, insbesondere keinen in bezug auf Gott.

Der „Gott", der versagt hat

Der bekannte jüdische Schriftsteller und Holocaust-Überlebende Elie Wiesel berichtet davon, wie er seine Jugend mit der eifrigen Suche nach Gott verbrachte, sowie mit Fasten, „um das Kommen des Messias zu beschleunigen ..."[3] Als junges Kind hatte Wiesel an die Existenz Gottes geglaubt und danach gesucht, ihn kennenzulernen. Leider ist er nicht in Gottes Wort auf die Suche nach dieser Kenntnis gegangen, sondern in Tradition und Überlieferung mittels Studium des jüdischen Mystizismus, insbesondere der Kabbala.

Als Antwort auf die eifrigen und dauernden Fragen des jungen Schülers hatte Wiesels Lehrer zu ihm gesagt: „Die wahren Antworten wirst du, Elieser, nur in dir selbst finden!"

„Und weshalb beten Sie dann, Mosche?" fragte Elie ihn. Angesichts der Aussage, alle Antworten lägen bereits im Innern des Menschen, war das eine sehr vernünftige Frage.

„Ich bete zu dem Gott in mir ..." lautete die geheimnisvolle Antwort.[4]

Die Vorstellung, Gott sei in jedem Menschen, wirft dasselbe Problem auf wie der pantheistische Glaube, alles sei Gott. Wenn alles Gott ist – Gift genauso wie Nahrung, Böses wie Gutes, der Tod wie das Leben, unbelebte Gegenstände wie auch Lebewesen – dann hat der eigentliche Gottesbegriff seine Bedeutung verloren und nichts ist Gott. Dieselbe Widersinnigkeit herrscht, wenn Gott in jedem Menschen ist – in Mördern wie in Lebensrettern, in Dieben und Verbrechern wie in großzügigen Helfern, in denen, die lieben, wie in denen, die hassen, in hilflosen Invaliden wie in Gesunden und Starken, in Schwachsinnigen wie in Genies. Wenn das der Fall ist, dann kann niemand sagen, was es eigentlich bedeutet, daß Gott im Menschen ist. Somit hat der Gottesbegriff an sich seine Bedeutung verloren und letztendlich ist nichts Gott. Wenn Gott in jedem Menschen ist, dann müssen wir diesem „Gott" die Schuld für alles fehlerhafte Verhalten und somit für alles Böse in der Welt geben. Wer braucht einen solchen Gott?

Dieser „Gott", der Elie Wiesel in seiner Jugend vorgestellt wurde, der angeblich von Natur aus in jedem Menschen wohnt, konnte den Holocaust nicht überleben. Wiesel bezeugt, daß sein Glaube beim ersten Betreten des Aufnahmelagers für Auschwitz/Birkenau starb, als er sah, wie Frauen und Kinder bei lebendigem Leib in eine brennende Grube geworfen wurden. Es ist verständlich, daß Wiesels Gott diese Flammen nicht überleben konnte.

Der fürsorgliche Gott

Im Vorwort von Elie Wiesels mächtigem Buch *Night* schreibt Francois Mauriac über die Zeit, als er Wiesel zum ersten Mal traf. Der junge Mann erzählte Mauriac davon, wie der Gott, an den er einst geglaubt hatte, in seiner Seele gestorben war, genauso wie die Menschen in Birkenau den Flammen zum Opfer gefallen sind.

Wiesel hat im Holocaust Vater, Mutter, Schwester, Verwandte und Freunde verloren. Daraufhin konnte er nicht mehr länger an den Gott glauben, der angeblich die Juden als sein besonderes Volk auserwählt, sie aber einem solch grausamen Schicksal übergeben hat. Mauriacs Reaktion ist wert, darüber nachzudenken:

> Und ich, der ich glaubte, daß Gott Liebe ist, was konnte ich dem jungen Fragesteller antworten, dessen dunkle Augen immer noch die engelhafte Traurigkeit widerspiegelten, die eines Tages auf dem Gesicht des gehenkten Kindes erschienen war [wobei die Insassen zuschauen mußten]? Was sollte ich ihm sagen? Sollte ich ihm von diesem anderen Juden erzählen, seinem Bruder, der ihm vielleicht geähnelt hat – dem Gekreuzigten, dessen Kreuz die Welt überwunden hat?
>
> Sollte ich bekräftigen, daß das Hindernis für seinen Glauben die Grundlage meines Glaubens ist, und daß die Gleichförmigkeit von Kreuz und dem Leiden der Menschen in meinen Augen der Schlüs-

sel zu dem unergründlichen Geheimnis ist, aufgrund dessen der Glaube seiner Kindheit erloschen war …? Wir kennen nicht den Wert eines einzigen Tropfen Blutes, keiner einzigen Träne.

Alles ist Gnade. Wenn der Ewige der Ewige ist, hat er das Recht zum letzten Wort über einen jeden von uns. Das hätte ich diesem jüdischen Kind sagen sollen. Aber ich konnte es nur weinend umarmen.[5]

Hier begegnen wir dem großen Unterschied zwischen allen Göttern und dem Gott der Bibel. Er steht nicht fernab unserer Leiden, sondern hat vielmehr daran teilgenommen, ist selber Mensch geworden und hat die Kreuzigung durch die Hände seiner eigenen Geschöpfe erfahren. Und er starb an ihrer Stelle, damit sie vor der Strafe gerettet werden, die seine eigene Gerechtigkeit für die Sünde einforderte.

Jerusalem

Und sie kamen an den Ort, den Gott ihm genannt hatte. Und Abraham baute dort den Altar und schichtete das Holz auf. Dann band er seinen Sohn Isaak und legte ihn auf den Altar …

1. Mose 22,9

Auch sollst du täglich einen Jungstier zur Sühnung als Sündopfer darbringen …

2. Mose 29,36

Siehe, so gedenke ich [Salomo], dem Namen des HERRN, meines Gottes, ein Haus zu bauen, so wie der HERR zu meinem Vater David geredet hat, als er sprach: Dein Sohn, den ich an deiner Stelle auf deinen Thron setzen werde, er soll meinem Namen das Haus [den Tempel in Jerusalem] bauen.

1. Könige 5,19

Und als wir das Haus [die Kaaba] zu einem Versammlungsort für die Menschen und einem Asyl machten und sprachen: „Nehmt Abrahams Stätte als Bethaus an", und wir Abraham und Ismael verpflichteten: „Reinigt mein Haus für die es Umwandelnden und darin Verweilenden und die sich [in Anbetung] Beugenden und Niederwerfenden."

Sure 2,119

Der Christus, der König Israels, steige jetzt herab vom Kreuz, damit wir sehen und glauben!

Markus 15,32

Und der Gestalt nach wie ein Mensch befunden, erniedrigte er [Christus] sich selbst und wurde gehorsam bis zum Tod, ja, zum Tod am Kreuz.

Philipper 2,8

Spielball der Völker

14

Altäre, Tempel und ein Kreuz

Weder Christen, Muslime, Juden noch Atheisten können leugnen, daß zahlreiche alttestamentliche Schriftstellen [von denen wir einige bereits angeführt haben] sehr deutlich erklären, daß Gott das Land Israel [und viel mehr Land, als Israel heute umfaßt] den Nachkommen Abrahams, Isaaks und Jakobs verheißen hat. Die Nahostkrise, die derzeitig die Welt erschüttert, ist daraus entstanden, daß sowohl Juden [die zweifellos Nachkommen Isaaks und Jakobs sind] als auch Araber [die die Bedingung der Nachkommenschaft über Isaak und Jakob ignorieren] Abraham als ihren Vater beanspruchen. Dieser gemeinsame Anspruch ist es, der den Friedensprozeß um Jerusalem und das Land Israel ins Stocken geraten läßt und die Welt somit bis auf den heutigen Tag mit einem mörderischen Krieg bedroht.

Geschichtsschreibung und Bibel berichten, daß Abraham während der Lebenszeit seiner Frau Sara zwei Söhne hatte: Ismael und Isaak. Den zweiten Sohn hatte Gott verheißen, den ersten hingegen nicht. Gottes feierliches Versprechen schien hoffnungslos zu sein, weil Sara, Abrahams Frau, unfruchtbar war. Um der Erfüllung der Verheißung nachzuhelfen, nahmen Abraham und Sara deshalb die Sache in ihre eigenen Hände. Sara schlug Abraham vor, er solle ein Kind mit seiner ägyptischen Magd Hagar zeugen, damit sie gemäß Gottes Verheißung einen Erben hätten. Das Ergebnis dieser Handlung im Unglauben – eine der wenigen, derer Abraham, „der Vater aller, die … glauben“ (Römer 4,11), sich schuldig machte – war die Geburt Ismaels. Von diesem behaupten die Araber abzustammen, obwohl die Indizien dagegen sprechen.

Isaak, der verheißene Sohn, kam durch ein Wunder an Sara und Abraham 14 Jahre nach der Geburt Ismaels zur Welt. Abgesehen von ihrer lebenslangen Unfruchtbarkeit erging es Sara zu dieser Zeit „nicht mehr nach der Frauen Weise“ (1. Mose 18,11). Erst dann, als es natürlicherweise zu spät für eine Schwangerschaft war und die Verheißung Gottes somit anscheinend nicht mehr erfüllt werden konnte, wurde Isaak geboren. Das war ein weiterer Hinweis darauf, daß die Geburt des Messias, der ein Nachkomme Abrahams sein sollte, auf dem Wege eines Wunders geschehen würde, wenngleich auf eine noch bemerkenswertere und bedeutsamere Weise als Isaaks Geburt. Wie die Propheten ankündigten, sollte der Messias von einer Jungfrau geboren werden.

Ein seltsamer Altar

Auf die Geburt Isaaks folgt eine der merkwürdigsten Geschichten der ganzen Bibel. Um Abrahams Glauben auf die Probe zu stellen, befahl Gott ihm, Isaak als blutige Opfergabe auf einem Altar an einem besonderen Ort im „Gelobten Land" zu opfern. Das war wiederum ein Hinweis darauf, daß der Messias, der der Sohn Gottes sein würde, wie Isaak der Sohn Abrahams war, von seinem Vater um der Menschheit willen als lebendiges Opfer in den Tod gegeben würde.

> Und es geschah ... da prüfte Gott den Abraham. Und er sprach zu ihm: ... Nimm deinen Sohn, deinen einzigen, den du liebhast, und opfere ihn dort als Brandopfer auf einem der Berge, den ich dir nennen werde!
>
> Da machte sich Abraham früh am Morgen auf, sattelte seinen Esel und nahm ... seinen Sohn Isaak ... [und] Holz zum Brandopfer und ... ging an den Ort, den Gott ihm genannt hatte ... (1. Mose 22,1-3).

Es liegt klar auf der Hand, daß Abraham wußte, daß Gott sowohl seinen Gehorsam als auch seinen Glauben prüfte. Die ganze Verheißung Gottes für die Zukunft lag auf Isaak, dem wunderbaren Sohn der Verheißung. Sollte Isaak sterben, bevor er Kinder gezeugt hatte, würde Gottes Verheißung hinfällig. Deshalb war Abraham zuversichtlich, daß Isaak irgendwie durch Gottes Gnade zurück ins Leben geholt werden könnte: „... indem er dachte, daß Gott auch aus den Toten auferwecken könne" (Hebräer 11,19). Das war ein weiteres Bild für den Messias, der, nachdem der Vater ihn als Opfer hingegeben hat, von den Toten auferstehen würde:

> Da sprach Isaak ... Mein Vater! ... Siehe das Feuer und das Holz! Wo aber ist das Schaf zum Brandopfer? Da sagte Abraham: Gott wird sich das Schaf zum Brandopfer ersehen, mein Sohn ...
>
> Und sie kamen an den Ort ... Und Abraham baute dort den Altar und schichtete das Holz auf. Dann band er seinen Sohn Isaak und legte ihn auf den Altar oben auf das Holz. Und Abraham streckte seine Hand aus und nahm das Messer, um seinen Sohn zu schlachten. Da rief ihm der Engel des HERRN vom Himmel her zu ... Strecke deine Hand nicht aus nach dem Jungen, und tu ihm nichts! Denn nun habe ich erkannt, daß du Gott fürchtest, da du deinen Sohn, deinen einzigen, mir nicht vorenthalten hast.

> Und Abraham … sah, und siehe, da war ein Widder hinten im Gestrüpp an seinen Hörnern festgehalten [ein Bild für das wahre Lamm Gottes, das alleine unbegrenzte Macht zur Bezahlung der Sündenschuld hatte]. Da ging Abraham hin, nahm den Widder und opferte ihn anstelle seines Sohnes als Brandopfer (1. Mose 22,7-13).

Die einzigartige Tempelstätte

Später ordnete Gott an, der Tempel mit seinen Tieropfern, die allesamt eine Vorausschattierung des Opfers des Messias für die Sünde der Welt waren, solle an genau derselben Stelle errichtet werden, wo auch Abraham seinen Sohn Isaak opfern sollte. Diese Stätte befand sich jedoch nicht im Besitz Abrahams und blieb jahrhundertelang in den Händen der Jebusiter, welche die Festung auf dem Berg Zion besetzt hielten. Auch nach ihrem Einzug ins „Gelobte Land" waren die Israeliten nicht in der Lage, dieses Bollwerk einzunehmen. Etwa 400 Jahre später war die Eroberung des Berges Zion dem König David vorbehalten, der Jerusalem somit zur Stadt Davids machte. Wie daraufhin die Tempelstätte auf dem Gipfel des Berges Zion David gezeigt und von ihm erworben wurde, ist eine andere lehrreiche Geschichte.

Weil David [und mit ihm das Volk Israel] gegen Ende seiner Königsherrschaft sein Vertrauen mehr und mehr auf die zahlenmäßige Stärke und die Fähigkeit der israelitischen Streitkräfte setzte anstatt auf Gott allein, kam ein Engel, um über David und Israel wegen ihres Stolzes Gericht zu üben. David sah den Engel mit seinem gezückten Schwert in seiner Hand genau über der Stelle stehen, wo einst Isaak auf einem Altar gelegen hatte. Dieser Platz wurde von Ornan, einem Überlebenden der von David bei der Einnahme Zions geschlagenen Jebusiter, als Tenne zum Dreschen benutzt.

David fiel vor dem Engel auf sein Angesicht, bekannte seine Sünde und flehte für sein Volk um Verschonung. Der Engel befahl ihm, „dem HERRN einen Altar zu errichten auf der Tenne Ornans" und dort ein Opfer darzubringen. Um das zu tun, mußte David diese Stätte erwerben, was uns lehrt, daß wahre Anbetung ihren Preis fordert:

> Und David sagte zu Ornan: Gib mir den Platz der Tenne, daß ich dem HERRN einen Altar darauf baue! … Und David gab Ornan für den Platz Gold im Gewicht von sechshundert Schekel. Und David baute dort dem HERRN einen Altar und opferte Brandopfer und

Heilsopfer. Und er rief zu dem HERRN, und der antwortete ihm mit Feuer, das vom Himmel auf den Altar des Brandopfers fiel … (1. Chronik 21,22.25-26).

Später offenbarte Gott David, daß er, ohne es zu wissen, die Stätte erworben hatte, wo sein Sohn Salomo den Tempel bauen würde. Danach sollten im Tempel bis zum Jahr 70 n.Chr. fortwährend Tieropfer dargebracht werden, abgesehen von kurzen Unterbrechungen während der Zeit, als der Tempel durch einfallende Streitkräfte unbrauchbar gemacht worden war.

Ein schwerer Vorhang verhinderte den alltäglichen Zugang in das innerste Heiligtum des Tempels, das als „das Heilige" oder „Allerheiligste" (Hebräer 9,3) bekannt war. Allein der Hohepriester durfte hinter diese Verhüllung treten, und das nur einmal im Jahr (2. Mose 30,10; Hebräer 9,25). Als Christus am Kreuz starb, riß diese trennende Decke auf wunderbare Weise durch die Hand Gottes „von oben bis unten" (Markus 15,38) entzwei. Dieses Wunder war ein deutliches Zeichen Gottes, daß Christi Opfer den Weg in Gottes Gegenwart ein für allemal geöffnet hat. Die nun in Christus erfüllten Tieropfer waren nicht mehr nötig, obwohl die Priester sie bis zur Zerstörung des Tempels weiterhin darbrachten.

Ein konkurrierender Tempel in Mekka

Wie wir bereits gesehen haben, lehrt der Islam, der Tempel Gottes sei nicht von Salomo in Jerusalem erbaut worden, sondern sei vielmehr die Kaaba in Mekka. Dieses Gebäude wurde angeblich auf Gottes Befehl hin gebaut und von Abraham und Ismael Jahrhunderte vor Salomos Geburt wiedererrichtet und gereinigt: „Und als Abraham und Ismael die Fundamente des Hauses legten, sprachen sie: O unser Herr, nimm es an von uns" (Sure 2,121). Historische Tatsache ist jedoch, daß die Kaaba schon immer ein heidnischer Tempel voller Götzenbilder war, deren Verehrung eine Beleidigung Gottes darstellte und Abraham und seinen Nachkommen verboten war. Außerdem hat Abraham sich niemals auch nur im Umkreis von Mekka aufgehalten.

Der Koran behauptet, er biete dieselbe Offenbarung wie die Bibel: „Siehe, wir haben dir Offenbarung gegeben, wie wir … Offenbarung gaben Abraham und Ismael und Isaak und Jakob, und den Stämmen [Israel] und Jesus … und Salomo; und wir gaben David den Psalter" (Sure 4,161). „Siehe, hinabgesandt haben wir die Tora, in der sich eine

Leitung und ein Licht befinden" (Sure 5,44). „[Wir leiteten] David und Salomo … und Moses und Aaron … und den Zacharias und Johannes und Jesus und Elias" (Sure 6,84-85). Doch der Islam hat sich selbst sowohl den Juden als auch den Christen, die der Koran als „Volk der Schrift [Bibel]" bezeichnet (Sure 2,103.141; 3,17.62ff.106ff.183; 4,122 u.v.a.), zum Feind gemacht.

Außerdem steht der Islam mit seiner Behauptung, ein Götzentempel in Mekka sei der Tempel Gottes, vorsätzlich dem Wiederaufbau des Tempels in Jerusalem im Weg – ein Tempel, den Salomo baute, für den David den größten Teil des Baumaterials beschaffte, für dessen Gottesdienst Mose in der Thora die Anweisungen gab, die Aaron als erster Hoherpriester ausübte, und in dem Zacharias diente und Jesus lehrte. Alle diese Männer, so der Koran, habe Allah inspiriert, doch gleichzeitig widersetzt der Koran sich dieser Inspiration. Der Widerspruch könnte nicht größer sein!

An früherer Stelle haben wir einige der vielen Bibelverse zitiert, die verdeutlichen, daß Gott in Jerusalem und insbesondere im dortigen Tempel seinen Namen für ewig niedergelegt hat: „In Jerusalem, das ich … erwählt habe, will ich meinen Namen für ewig niederlegen" (2. Könige 21,7; 23,27; 2. Chronik 6,34; 7,12.16; 33,7 u.a.). Das ist der Tempel, der wiederaufgebaut werden wird, obwohl jeder Muslim bestrebt ist, das zu verhindern. Zum Unglück der Juden und der Welt wird der Antichrist den Tempel mit seinem Bildnis entweihen und die Welt dazu bringen, ihn als Gott anzubeten (Daniel 9,27; 12,11; Markus 13,14; 2. Thessalonicher 2,4; Offenbarung 13,6.14-15).

Geheimnis Babylon

Die alttestamentlichen Opfer mußten im Tempel gemäß Gottes präziser Anweisung dargebracht werden. Sie deuteten bildhaft im voraus die Erlösung an, die Gott im Opfertod des Messias am Kreuz selber bewirken würde. Der Gott der Bibel handelt, im Gegensatz zu Allah, nicht unberechenbar, sondern in völliger Harmonie mit seinem göttlichen Wesen und seiner vollkommenen Gerechtigkeit aufgrund seines vollkommenen Gesetzes. In 2. Mose 20,24-26 wird gefordert, daß kein zum Bau des Altars verwendeter Stein behauen sein und der Altar nicht auf Stufen erhöht stehen darf. Anders ausgedrückt, darf keine menschliche Leistung an der Erlösung des Menschen beteiligt sein, sie muß allein von Gottes Macht und Gnade ausgehen.

Der Turmbau zu Babel war die völlige Verwerfung dieser Forderung: „Wohlan, wir wollen uns eine Stadt und einen Turm bauen, und seine Spitze bis an den Himmel!“ (1. Mose 11,4). Der Mensch wollte durch seine eigenen Werke versuchen, bis in den Himmel vorzustoßen. Babel wurde später zu Babylon und steht stellvertretend für die menschliche Religion der Werke. „GEHEIMNIS BABYLON“ prangt auch auf der Stirn der Frau auf dem Tier aus Offenbarung 17, was das Fortbestehen dieser Religion der Erlösung aus eigener Anstrengung bis in die letzten Tage verdeutlicht.

Der römische Katholizismus lehrt in einem von Papst Paul VI. unterzeichneten Dokument aus der Zeit nach dem Zweiten Vatikanischen Konzil, die „Heiligen“ hätten durch ihre guten Werke „ihr eigenes Heil gewirkt und dadurch auch zum Heil ihrer Brüder … beigetragen“, und identifiziert sich damit selbst mit diesem Babylon. Im weiteren Verlauf verkündet dieses Dokument die offizielle römisch-katholische Lehre, der Himmel könne durch menschliche Leistungen erlangt werden:

> Desgleichen wurden in der Kirche schon zu alten Zeiten gute Werke, besonders solche, die der menschlichen Schwachheit schwerfallen, für das Heil der Sünder Gott aufgeopfert … Die Gebete und die guten Werke der Gerechten schätzte man so hoch ein, daß man behauptete, der Bußfertige werde durch die Hilfe des ganzen christlichen Volkes gewaschen, gereinigt und erlöst.[1]

Diese Kirche, die von sich behauptet, das wahre Christentum zu repräsentieren, könnte gar nicht deutlicher aussagen, daß sie die Religion der eigenen Werke des „GEHEIMNIS BABYLON“ fortführt! Auch das Judentum, das über 1900 Jahre lang ohne die Opfer im Tempel auskommen mußte und auch deren Erfüllung in Christi Kreuzesopfer verworfen hat, ist in eine Religion der eigenen guten Werke zurückgefallen. Und das gleiche galt schon immer für den Islam, denn der Koran legt dem Muslim Gesetze und Pflichten auf, angefangen beim täglichen Gebet und dem Fasten im Ramadan bis hin zur Pilgerfahrt nach Mekka, deren Befolgen Allahs Wohlwollen verdienen soll. Das höchste Werk ist natürlich der Dschihad, der Heilige Krieg. Im Dienste Allahs „zu töten oder getötet zu werden“ ist der sicherste Weg ins Paradies, was, wie wir gesehen haben, zu einer fanatischen Motivation führt, die hinter weiten Teilen des Terrorismus steckt, der die heutige Welt heimsucht.

Islamisches Gesetz und Vergebung

Nicht viele Muslime sterben im Dschihad und keiner von ihnen führt ein perfektes Leben. So lehrt der Koran, daß Allah stets barmherzig und verzeihend ist. Im Gegensatz zum Gott der Bibel vergibt Allah jedoch nicht auf der Grundlage einer erfüllten Gerechtigkeit, sondern einfach durch seinen Beschluß, dies zu tun. Daß Sündenschuld bezahlt werden muß, damit dem Sünder vergeben wird, ist im Islam eine unbekannte Vorstellung. Da kein objektiver Anlaß besteht, weshalb er vergeben sollte oder nicht, löst Allahs im Koran dargestellte Vergebensbereitschaft Unsicherheit und Verwirrung aus:

> Vergebung ist nur bei Allah für diejenigen, welche in Unwissenheit Übles taten [wie wird das definiert?] und in Bälde [wie bald?] bereuten; diesen vergibt Allah …
>
> Und bitte Allah um Verzeihung; siehe, Allah ist verzeihend und barmherzig [auch gegenüber denen, die nicht in Unwissenheit sündigten?]. Und verwende dich nicht für die, welche einander betrügen; siehe, Allah liebt nicht einen Betrüger und Sünder …
>
> Und wer eine Missetat tut oder wider sich sündigt und dann Allah um Verzeihung bittet, wird Allah verzeihend und barmherzig finden [auch jene, die nicht in Unwissenheit sündigten, einander betrügen und Betrüger sind?]. Und wer eine Sünde begeht, begeht sie nur gegen sich selber [nicht gegen Allah?] …
>
> Siehe, Allah vergibt … alles außer diesem, wem er will [weshalb diesem nicht?] (Sure 4,21.106-107.110-111.116).

> Und der Dieb und die Diebin, schneidet ihnen ihre Hände ab als Lohn für ihre Taten. Dies ist ein Exempel von Allah … Wer aber nach seiner Sünde umkehrt und sich bessert, siehe, zu dem kehrt sich auch Allah; siehe, Allah ist verzeihend und barmherzig [aber keine Hand wird nachwachsen!] … Er straft, wen er will, und verzeiht, wem er will [auf welcher Grundlage?] (Sure 5,42-44).

Der Islam ignoriert vollständig, daß Sündenschuld bezahlt werden muß, damit dem Sünder vergeben werden kann. Allah vergibt einfach oder verweigert die Vergebung, je nach seiner Neigung. Der Koran erklärt zwar wiederholte Male, daß Allah stets großzügig und barmherzig ist, doch es besteht weder eine vernünftige noch eine gerechte Grundlage, auf welcher seine Barmherzigkeit gewährt wird. An keiner einzigen

Stelle wird jemals ein Grund angegeben, weshalb Allah vergibt oder nicht vergibt.

Außerdem ist der Koran in sich widersprüchlich. Uns wird gesagt, Allah vergebe nur denen, die in Unwissenheit sündigen – und nur dann, wenn sie „in Bälde" bereuen. Doch weder „Unwissenheit" noch „Bälde" werden definiert, und später wird uns gesagt, daß Allah jedem vergeben kann, zu dessen Vergebung er sich entscheidet. Das bedeutet vermutlich *jedem*, unabhängig von der Art der Sünde und ihren Umständen – einfach gemäß Allahs willkürlicher Entscheidung.

Im wirklichen Leben kommt Allahs Vergebung jedoch niemals rechtzeitig, um einen Beschuldigten vor dem Abschneiden einer Hand, eines Fußes oder eines Ohres zu bewahren. Die Praxis der Scharia [islamisches Gesetz] ist besonders grausam im Irak, wo UNO-Sanktionen die Irakis zu Verbrechen genötigt haben, damit sie sich mit dem Lebensnotwendigsten versorgen können. Ende Januar 1995 zeigte das Bagdader Fernsehen seinen Zuschauern als anschauliche Details der Scharia „die Großaufnahme einer abgetrennten menschlichen Hand, dann einen Mann mit dem blutenden Stumpf seines Unterarms, auf seiner Stirn ein schwarzes Kreuz eingebrannt. Der Sprecher sagte, der Mann sei für Diebstahl bestraft worden ... Quellen der UNO und des Auswärtigen Amts der USA zufolge sind Hunderten, möglicherweise sogar Tausenden von Irakis Hände, Füße oder Ohren amputiert worden, ohne Betäubung ... [und sie] zeigen sich regelmäßig in den Lagern entlang der Grenze zum Iran."[2]

Eine Religion der Angst

Die Muslime rechtfertigen die von der Scharia geforderten Verstümmelungen als Mittel zur Senkung der Kriminalitätsrate. Nach westlichem Verständnis wird das Abtrennen der Hand eines Diebes und das Brandmarken auf seiner Stirn jedoch als „grausame und ungebräuchliche Bestrafung" betrachtet, eine gefühllose und böswillige Verletzung der Menschenrechte. Jemanden für sein Leben zu brandmarken, der andernfalls vielleicht wiederhergestellt werden könnte, übersteigt jede Vernunft. Eine derartige Behandlung ist bei der Wiederherstellung des Kriminellen zu einem nützlichen Glied der Gesellschaft sicherlich nicht hilfreich.

Der Muslim wird der Unsicherheit und Angst überlassen und weiß nicht, ob Allah ihm jemals vergeben wird und er somit ins Paradies gelangen kann. Wie Allah überhaupt ohne eine durch Zahlung der Sündenschuld erfüllte Gerechtigkeit vergeben kann, bleibt für den Muslim eine unbeantwortete und unbeantwortbare Frage. Anstatt eine Quelle der Sicherheit und Hoffnung zu sein, bringt das islamische Verständnis von Gnade vielmehr nur Unsicherheit und Schrecken mit sich. Wie kann man dem Gewähren seiner Gnade sicher sein? Und wenn es wirklich Gnade ist, kann man sie nicht verdienen. Doch Allah bietet seine Gnade nur denen an, die sie verdienen.

Der Islam ist eindeutig eine Religion der Angst: die Angst, Allah zu erzürnen, ein Gebot zu übertreten, die Angst, wegen einer Lebensweise, die nicht seiner Forderung entspricht, verdammt zu werden und die Angst, verstümmelt oder umgebracht zu werden, wenn man es wagt, seinem Gewissen zu folgen und das Evangelium von Jesus Christus anzunehmen, den der Koran angeblich verehrt. Der Islam ist eine Religion ohne sichere Hoffnung. Jeder vernünftig denkende Mensch weiß, daß auch noch so viele gute Werke niemals die früheren Vergehen aufwiegen können. Ist das Gesetz einmal übertreten worden, kann dies nicht durch zukünftiges Einhalten, nicht einmal vollkommenes Leben, wiedergutgemacht werden. Wer morgen an einer Bank vorbeigeht, ohne sie auszurauben, kann damit nicht wiedergutmachen, daß er sie heute überfallen hat. Ebenso kann eine Sünde nicht annulliert werden, indem der Sünder sich vollkommen bessert – vorausgesetzt, das wäre überhaupt möglich.

Vergebung und Gerechtigkeit

Die Bibel lehrt deutlich, worüber der Koran völlig hinwegsieht: „Aus Gesetzeswerken wird kein Fleisch vor ihm [Gott] gerechtfertigt werden" (Römer 3,20). Aus diesem Grund mußte Christus sterben: Die Schuld mußte vollständig bezahlt werden. Doch nicht das, was die Menschen Christus angetan haben, verschafft uns die Erlösung. Das Verspotten und Anspeien und der Haß, die Geißelung und das Einhämmern der Nägel in seine Hände und Füße, das Schwert, das in seine Seite gestoßen wurde – all das zeigt nur, wie gewaltig die Bosheit des menschlichen Herzens ist. Weit davon entfernt, die Menschheit retten zu können, zeigten diese Verbrechen gegen den Sohn Gottes nur, daß der Mensch Gottes ewige Strafe verdient.

Erstaunlicherweise veranschaulicht das Kreuz Christi jedoch nicht allein die Schrecklichkeit der Sünde des menschlichen Herzens, sondern offenbart gleichzeitig die Größe von Gottes Liebe und Gnade. Wie wunderbar haben gerade diese Nägel und gerade dieses Schwert, die den Messias in Zorn, Verachtung und Haß durchbohrten, das Blut hervorfließen lassen, welches uns errettete! Zur selben Zeit, da der Mensch seiner Feindschaft gegen seinen Schöpfer freien Lauf ließ, legte Gott, der Vater, dem Messias die ganze Strafe für unsere Sünde auf, wie die hebräischen Propheten vorausgesagt hatten:

> Doch er war durchbohrt um unserer Vergehen willen, zerschlagen um unserer Sünden willen. Die Strafe lag auf ihm zu unserem Frieden, und durch seine Striemen ist uns Heilung geworden.
>
> Wir alle irrten umher wie Schafe, wir wandten uns jeder auf seinen eigenen Weg; aber der HERR ließ ihn treffen unser aller Schuld …
>
> Doch dem HERRN gefiel es, ihn zu zerschlagen. Er hat ihn leiden lassen. Wenn er sein Leben als Schuldopfer eingesetzt hat … (Jesaja 53,5-6.10).

Was für das Judentum gilt, gilt auch für den Islam: Christi Kreuzigung ist mit den Moralvorstellungen beider Religionen nicht zu vereinbaren. Deshalb ist es kein Wunder, daß die muslimischen Autoren über Christi Tod und Auferstehung in großer Verwirrung sind. Einige glauben, Allah hätte Christus auf wunderbare Weise vom Kreuz in den Himmel genommen und hätte jemand anderen so aussehen lassen wie er [möglicherweise Judas], der dann augenblicklich dort hing und an seiner Stelle starb. Andere sagen, Jesus sei am Kreuz nur ohnmächtig geworden, habe im Grab das Bewußtsein wiedererlangt und sei nach Indien geflüchtet, wo er im hohen Alter starb.

Wie die Juden, so haben auch die Muslime kein Verständnis von den vielen alttestamentlichen Prophezeiungen, die voraussagen, daß der Messias für die Sünden der Welt sterben sollte und daß sein Tod die Erfüllung der Tieropfer sein würde. Somit gibt es weder im Islam noch im Judentum einen Platz für Christi Bezahlung der Sündenschuld am Kreuz. Und das ist der Grund, weshalb sich so viele Juden gegen den Gott wandten, den sie, als sie den Holocaust erlebten, nicht mehr verstanden.

Im Gegensatz zum Koran, der lehrt, daß Sünde sich nur gegen den jeweiligen Sünder richtet, sagt die Bibel, daß Sünde in erster Linie eine Rebellion gegen Gott ist (1. Mose 39,9; 5. Mose 20,18; 1. Samuel 12,23; Psalm 51,6 u.a.). Das muß so sein, denn es ist *Gottes* Gesetz, das gebrochen wird, und es ist *sein* vollkommenes Wesen und *seine* sündlose Heiligkeit, die durch Sünde verletzt wird. So kann *allein Gott* der

Retter der Menschen sein, wie die Bibel sowohl im Alten als auch im Neuen Testament immer wieder lehrt. Nur er selbst kann die von seinem Gesetz geforderte Schuld bezahlen.

Gottes heiliger Charakter fordert, daß zur Vergebung einer Sünde die ganze durch sie verursachte Schuld oder Strafe bezahlt werden muß. Diese Strafe ist der ewige Tod von Seele und Geist sowie des Körpers: „Die Seele, die sündigt, sie soll sterben" (Hesekiel 18,4). Der Brief an die Römer ist wie der Brief eines Richters, der die ganze Welt vor Gott schuldig spricht und dann Vergebung anbietet, aber allein auf der Grundlage, daß Christus den gerechten Forderungen des Gesetzes Genüge getan hat:

> Alle haben gesündigt und werden umsonst gerechtfertigt durch seine [Gottes] Gnade, durch die Erlösung, die in Christus Jesus ist … zum Erweis seiner Gerechtigkeit in der jetzigen Zeit, daß er [Gott] gerecht sei und den rechtfertige, der des Glaubens an Jesus ist (Römer 3,24.26).

Eine unendliche Schuld wird bezahlt

Daß eine andere Person von vollkommener Heiligkeit und unbegrenzter Macht an Stelle des Menschen sterben mußte, damit seine Sündenschuld bezahlt wird, war die offensichtliche Botschaft der alttestamentlichen Tieropfer: „Denn das Leben des Fleisches ist im Blut, und ich selbst habe es euch auf den Altar gegeben, Sühnung für eure Seelen zu erwirken. Denn es ist das Blut, das Sühnung tut durch die Seele [oder das Leben] in ihm" (3. Mose 17,11). Das Neue Testament stimmt dem zu: „Ohne Blutvergießen gibt es keine [Sünden-]Vergebung" (Hebräer 9,22). Daß das Blut von Tieren niemals die Schuld menschlicher Sünde bezahlen kann, lag jedoch auf der Hand, andernfalls hätten diese Opfer nicht Tag für Tag wiederholt werden müssen:

> Denn da das Gesetz einen Schatten der zukünftigen Güter, nicht der Dinge Ebenbild selbst hat, so kann es niemals mit denselben Schlachtopfern, die sie alljährlich darbringen, die Hinzunahenden für immer vollkommen machen.
>
> Denn würde sonst nicht ihre Darbringung aufgehört haben, weil die den Gottesdienst Übenden, einmal gereinigt, kein Sündenbewußtsein mehr gehabt hätten? …

> Dieser [Christus] aber hat *ein* Schlachtopfer für Sünden dargebracht und sich für immer gesetzt zur Rechten Gottes ... Denn mit *einem* Opfer hat er die, die geheiligt werden, für immer vollkommen gemacht ...
>
> Wo aber Vergebung dieser Sünden ist, gibt es kein Opfer für Sünde mehr (Hebräer 10,1-2.12.14.18).

In einer Offenbarung von Gott stellte Johannes der Täufer Jesus den Juden mit den erstaunlichen Worten vor: „Siehe, das Lamm Gottes, das die Sünde der Welt wegnimmt" (Johannes 1,29). Hier war Gottes verheißenes Lamm. Wie die Propheten vorausgesagt hatten, war Gott schließlich durch Geburt aus einer Jungfrau im menschlichen Fleisch auf diese Welt gekommen, um die Schuld der Sünde zu bezahlen. Die Kreuzigung Christi war jenes große Ereignis im Mittelpunkt der Geschichte des Universums, auf das alle alttestamentlichen Altäre und Tempelopfer hingedeutet hatten. Es war zu ein und derselben Zeit sowohl das größte Verbrechen der Menschheitsgeschichte als auch die vollständige Erlösung des Sünders, ganz gleich, wie böse er auch ist. Daß seine Geschöpfe den Schöpfer an ein Kreuz schlagen würden, war eine Gewalttat unermeßlichen Ausmaßes. Doch Christus rief vom Kreuz: „Vater, vergib ihnen! Denn sie wissen nicht, was sie tun" (Lukas 23,34) – und das Darbringen seiner selbst als sündloses Opfer machte diese Vergebung möglich.

Bei Adam und Eva war es ihre Sünde des Ungehorsams gegenüber Gottes Gebot, nicht vom Baum der Erkenntnis von Gut und Böse zu essen, die Gott zur Vertreibung der beiden aus dem Garten Eden veranlaßte, in den er sie in so liebender Weise gestellt hatte. Diese eine Sünde war ebenfalls Auslöser für den Prozeß des physischen Todes: „Darum, wie durch einen Menschen die Sünde in die Welt gekommen ist und durch die Sünde der Tod, und so der Tod zu allen Menschen durchgedrungen ist, weil alle gesündigt haben ..." (Römer 5,12).

Die schreckliche Konsequenz der Sünde – die Trennung von Seele und Geist vom Körper und von Gott – konnte selbst durch Gottes Gebot nicht aufgehoben werden. Das zu tun, wäre ein Widerspruch des von Gott beschlossenen Urteils und würde somit sowohl seinen Charakter als auch seine Gerechtigkeit verletzen. Die Schuld muß voll und ganz bezahlt werden. Der sündige Mensch, der mit seiner Begrenztheit unfähig ist, eine unbegrenzte Schuld zu bezahlen, würde im ewigen Tod für immer von Gott getrennt sein.

Nur Gott allein kann retten

Daß allein Gott der Retter der Menschheit werden konnte, wurde im Alten Testament in Versen wie den folgenden immer wieder klar und deutlich dargelegt:

> Denn ich bin der HERR, dein Gott, der Heilige Israels, dein Retter (Jesaja 43,3).

> Ich, ich bin der HERR, und außer mir gibt es keinen Retter … (Jesaja 43,11).

> … Und sonst gibt es keinen Gott außer mir. Einen gerechten und rettenden Gott gibt es außer mir nicht! Wendet euch zu mir und laßt euch retten, all ihr Enden der Erde! Denn ich bin Gott und keiner sonst! (Jesaja 45,21-22).

> Und alles Fleisch wird erkennen, daß ich, der HERR, dein Retter bin, und der Mächtige Jakobs, dein Erlöser (Jesaja 49,26).

Weil allein Gott unendlich ist, ist er auch der einzige, der die unendliche, von seiner eigenen Gerechtigkeit eingeforderte Schuld bezahlen konnte. Für Gott wäre es jedoch nicht gerecht, wenn *er* diese Schuld bezahlen würde, denn er ist nicht einer von uns Menschen. Um uns zu retten, mußte Gott selber Mensch werden. Und das ist genau das, was die alttestamentlichen Propheten voraussagten. Der verheißene Messias sollte Gott selbst sein, der als Mitglied des Menschengeschlechts auf die Erde kommt, um dort das Gericht zu tragen, das wir alle wegen der Sünde verdient haben. Der Prophet Jesaja verkündete über den Messias beispielsweise:

> Darum wird der Herr selbst euch ein Zeichen geben: Siehe, die Jungfrau wird schwanger werden und einen Sohn gebären und wird seinen Namen Immanuel nennen (Jesaja 7,14).

> Denn ein Kind ist uns geboren, ein Sohn uns gegeben, und die Herrschaft ruht auf seiner Schulter; und man nennt seinen Namen: Wunderbarer Ratgeber, starker Gott, Vater der Ewigkeit, Fürst des Friedens.
>
> Groß ist die Herrschaft, und der Friede wird kein Ende haben auf dem Thron Davids und über seinem Königreich, es zu festigen und

> zu stützen durch Recht und Gerechtigkeit von nun an bis in Ewigkeit (Jesaja 9,5-6).

„Immanuel“ ist ein hebräisches Wort, was wörtlich soviel bedeutet wie „Gott ist mit uns“. Daß das „Kind“, das „uns geboren“ ist, ebenso der „starke Gott, Vater der Ewigkeit“ ist, wird von Jesaja klar und deutlich gesagt. Und daß dieser verheißene Eine der Messias ist, kann nicht in Frage gestellt werden, insofern er auf dem Thron Davids sitzen wird und „sein Königreich“ und „der Friede“ „kein Ende haben“ werden. Daß der Messias, der Retter, Gott sein muß, wird in diesen Versen genauso klar ausgesagt wie auch in anderen. Außerdem ist aus den folgenden alttestamentlichen Schriften ersichtlich, daß Gott einen Sohn hat:

> Laßt mich die Anordnung des HERRN bekanntgeben! Er hat zu mir gesprochen: „Mein Sohn bist du … Küßt den Sohn, daß er nicht zürne und ihr umkommt auf dem Weg, denn leicht entbrennt sein Zorn. Glücklich alle, die sich bei ihm bergen! (Psalm 2,7.12).

> Wer ist hinaufgestiegen zum Himmel und herabgefahren? Wer hat den Wind in seine Fäuste gesammelt? Wer hat die Wasser in ein Tuch eingebunden? Wer hat aufgerichtet alle Enden der Erde? [Offensichtlich hat allein Gott diese Macht.] Was ist sein Name und was der Name seines Sohnes, wenn du es weißt? (Sprüche 30,4).

Ein weiteres verwirrendes Problem

In gewisser Hinsicht geht der Koran in der Verherrlichung Christi sogar über das Neue Testament hinaus. Während letzteres Christus keine Wunder in der Zeit vor seiner Taufe zuschreibt [„diesen Anfang der Zeichen machte Jesus zu Kana in Galiläa“ – Johannes 2,11], läßt der Koran ihn bereits in der Krippe als Säugling sprechen (Sure 3,45; 19,31ff) und schon als Kleinkind Wunder vollbringen.

Der Koran gibt Christus als einen großen Propheten Gottes aus, der ein besseres Leben führte als Mohammed. Letzterer wird als gewöhnlicher Mensch dargestellt (Sure 18,110 u.a.), der von seinen Sünden umkehren mußte (Sure 40,54; 48,2-3 u.a.). Doch mit seiner Leugnung des Kreuzestodes Christi unser Sünden wegen, verwirft der Koran die einzige Hoffnung der Menschheit – die einzige, aber vollkommene von Gott angebotene Errettung.

In der Errettung des Menschen bestand ein weiteres offensichtliches Problem: Selbst wenn Gott dem Menschen vergibt, würde dieser dann nicht schließlich wieder sündigen und somit Gottes Gericht verdienen ... wieder und wieder? Auch darauf hat Gott eine Antwort. Christi Tod sollte nicht nur *stellvertretend* sein, sondern auch das Mittel, um die an ihn Gläubigen im Glauben auch mit seinem Tod zu verbinden und mit ihm zu neuem Leben aufzuwecken. Ist das geschehen, dann ist Christus ihr neues Leben geworden. Glaube an Christus bedeutet, seinen Tod als den eigenen Tod anzunehmen und fortan, jetzt und für immer, in völliger Abhängigkeit von ihm zu leben. Paulus drückt das so aus:

> ... daß einer für alle gestorben ist und somit alle gestorben sind. Und für alle ist er gestorben, damit die, welche leben, nicht mehr sich selbst leben, sondern dem, der für sie gestorben und auferweckt worden ist ...
>
> Daher, wenn jemand in Christus ist, so ist er eine neue Schöpfung; das Alte ist vergangen, siehe, Neues ist geworden. Alles aber von Gott, der uns mit sich selbst versöhnt hat durch Christus ... (2. Korinther 5,14-18).

> Ich bin mit Christus gekreuzigt, und nicht mehr lebe ich, sondern Christus lebt in mir; was ich aber jetzt im Fleisch lebe, lebe ich im Glauben an den Sohn Gottes, der mich geliebt und sich selbst für mich hingegeben hat (Galater 2,20).

Erfüllte messianische Prophetie

Die vier Evangelien und das erste Kapitel der Apostelgeschichte stellen den detaillierten Bericht dar über das Kommen des verheißenen Messias in diese Welt zum exakt von den Propheten vorausgesagten Zeitpunkt. Paulus, ein ehemaliger Rabbiner, der nach seiner Begegnung mit dem auferstandenen Heiland auf dem Weg nach Damaskus zum Apostel Jesu Christi wurde, verkündete, was er „das Evangelium Gottes, das er durch seine Propheten in heiligen Schriften vorher verheißen hat" (Römer 1,1-2), nannte. Und er verkündete dieses Evangelium in den Synagogen der Juden, indem er ihnen ihre eigenen Schriften öffnete, aufzeigte, was die Propheten über den Messias gesagt hatten, und zeigte, daß sich dies alles bis ins kleinste Detail im Leben, Sterben und Auferstehen Jesu von Nazareth erfüllt hat. Hier war der vollständige Beweis, daß Jesus der von den Propheten vorausgesagte Messias ist.

Um das einzusehen, wollen wir noch einmal einige Jahrhunderte in der Geschichte zurückgehen. 70 Jahre nach der Zerstörung der Stadt Jerusalem und ihres Tempels durch Nebukadnezar im Jahr 587 v.Chr. fingen die jüdischen Gefangenen an, nach Israel zurückzukehren; der Tempel wurde wieder aufgebaut und die Stadt neu errichtet, so wie Gott es in seiner Barmherzigkeit verheißen hatte. Zur gleichen Zeit jedoch, als er diese Verheißung gab, warnte Gott sein Volk, daß der Tempel und die Stadt wiederum zerstört würden. Diesmal würde das durch ihr Verwerfen und Ermorden des Messias ausgelöst werden. Obwohl so lange verheißen und so lange erwartet, würde sein eigenes Volk den Messias kreuzigen, und aufgrund dieses Verwerfens würde Gott ein weiteres Mal Gericht üben. Daniels Prophezeiung war deutlich:

> So wisse denn und verstehe: Vom Ausgehen des Wortes, Jerusalem wiederherzustellen und zu bauen, bis auf den Messias, den Fürsten, sind es sieben Wochen und zweiundsechzig Wochen [d.h. Jahrwochen, also insgesamt 69 Jahrwochen oder 483 Jahre] …
>
> Und nach den zweiundsechzig Wochen [d.h. nach den 62 Wochen, die den sieben folgen] wird der Messias ausgerottet werden und nichts haben (Daniel 9,25-26).

Diese Prophezeiung haben wir in anderen Büchern ausführlich behandelt; deshalb sei sie hier nur kurz erläutert: Der Befehl zum Wiederaufbau Jerusalems wurde Nehemia am 1. Nisan 445 v.Chr. erteilt [das 20. Regierungsjahr von Artaxerxes Longimanus, der von 465 – 425 v.Chr. regierte – siehe Nehemia 2,1-8]. Von diesem Tag bis zum 6. April 32 n.Chr. – der Tag, an dem Jesus auf dem Rücken eines Eselfohlens in Jerusalem einzog und, wie von Sacharja (Kap. 9,9) prophezeit, als der Messias begrüßt wurde [und der jetzt als Palmsonntag gefeiert wird] waren es exakt 69 Jahrwochen oder 483 Jahre! Vier Tage später, am selben Tag, als in ganz Israel das Passahlamm geschlachtet wurde, hing „das Lamm Gottes, das die Sünde der Welt wegnimmt" (Johannes 1,29) am Kreuz, von den Juden verworfen und verachtet, wie prophezeit war: „Die ganze Versammlung der Gemeinde Israel soll es [das besondere Lamm] schlachten zwischen den zwei Abenden" (2. Mose 12,6).

Dort starb er für die Sünden von Juden, Arabern und der ganzen Welt – nicht nur durch die Hände derer, die ihn kreuzigten, sondern durch die Hand Gottes selbst:

> Er war verachtet und von den Menschen verlassen, ein Mann der Schmerzen und mit Leiden vertraut, … und wir haben ihn nicht geachtet. Jedoch unsere Leiden – er hat sie getragen … er war durchbohrt um unserer Vergehen willen, zerschlagen um unserer Sünde willen … und durch seine Striemen ist uns Heilung geworden.
>
> Wir alle irrten umher wie Schafe, wir wandten uns jeder auf seinem eigenen Weg; aber der HERR ließ ihn treffen unser aller Schuld … Doch dem HERRN gefiel es, ihn leiden zu lassen … er [hat] sein Leben als Schuldopfer eingesetzt … (Jesaja 53,3-10).

Die vielen speziellen Prophezeiungen, die sich in Leben, Sterben, Begräbnis und Auferstehung von Jesus erfüllten, haben wir bereits an anderer Stelle dokumentiert, so werden wir hier nicht wiederum ins Detail gehen. Es genügt zu sagen, daß zu den vielen alttestamentlichen Prophezeiungen, die in Jesus Christus erfüllt sind, auch die folgenden gehören: daß der Messias für 30 Silberlinge verraten werden sollte und daß dieses Bestechungsgeld in den Tempel und zum Kauf eines Töpferackers zum Begräbnis Fremder verwendet werden sollte (Sacharja 11,12-13; Matthäus 27,3-10), daß die Soldaten untereinander die Kleider teilen und das Los um sein nahtloses Untergewand warfen (Psalm 22,19; Johannes 19,23-24), daß ihm seine Peiniger in seinem Durst mit Galle gemischten Wein zu trinken gaben (Psalm 69,21; Matthäus 27,34), daß ihm nicht, wie sonst bei Kreuzigungsopfern üblich, die Beine gebrochen wurden, sondern stattdessen seine Seite mit einem Speer durchbohrt wurde (2. Mose 12,26; 4. Mose 9,12; Psalm 34,20; Sacharja 12,10; Johannes 19,31-37).

Unwiderlegbarer Beweis

Man kann nicht abstreiten, daß diese Indizien Jesus als den Messias erweisen, den die Propheten für Israel verheißen hatten. Der genaue Ort und Zeitpunkt des Kommens des Messias war vorausgesagt. Es würde in Bethlehem sein (Micha 5,2) und geschehen, bevor das Zepter von Juda weicht (1. Mose 49,10), solange der Tempel noch stand [„Und plötzlich kommt zu seinem Tempel der Herr, den ihr sucht“, Maleachi 3,1], solange die Geschlechtsregister vorlagen, und somit seine Abstammungslinie nachweisbar ist (2. Samuel 7,12; Psalm 89 u.a.) und kurz bevor der Tempel und Jerusalem zerstört werden würde: „[Dann] wird der Messias weggetan werden und nichts haben. Und das Volk des kommenden Fürsten [der Antichrist] wird die Stadt und das Heiligtum zerstören" (Daniel 9,26).

Daß Jesus Christus in Bethlehem geboren wurde und während dieses schmalen Zeitfensters lebte, ist eine historische Tatsache. Das Zepter wich von Juda etwa im Jahr 7 n.Chr., als die Rabbiner das Recht zur Vollstreckung der Todesstrafe verloren (Johannes 18,31) – ein Recht, das zur Ausübung des Judentums unabdingbar war. Der Tempel war zu Jesu Lebzeit noch in Gebrauch, doch noch in derselben Generation, im Jahr 70 n.Chr., wurden Jerusalem und der Tempel zerstört und mit ihnen die aufgezeichneten Geschlechtsregister. Für einen möglichen Messias wäre es jetzt spät, um sich als Nachkomme Davids auszuweisen, als welchen das Neue Testament Jesus Christus erweist.

Das schmale Zeitfenster, durch das der Messias kommen mußte, ist lange vorbei. Kein Wunder, daß Paulus schrieb: „Als aber die Fülle der Zeit [der treffende Zeitpunkt] kam, sandte Gott seinen Sohn …" (Galater 4,4)! Doch sein Volk, Israel, hat ihn tragischerweise verworfen und lehnt ihn bis auf den heutigen Tag ab. Einige wenige Juden erwarten immer noch den Messias und ignorieren dabei die Schriftstellen, aus denen eindeutig hervorgeht, daß er bereits gekommen sein muß, doch die meisten Juden haben diese Erwartung längst aufgegeben.

Niemand, der dies aufrichtig prüft, weder Atheisten noch Buddhisten, noch Muslime, noch Juden können abstreiten, daß Leben, Sterben, Begräbnis und Auferstehung Jesu von Nazareth die alttestamentlichen Voraussagen über das erste Kommen des Messias bis in alle Einzelheiten erfüllt haben. Rein mathematisch können sich all diese speziellen Prophezeiungen unmöglich in einer bestimmten Person erfüllen. Doch sie haben sich erfüllt. Deshalb kann weder jemand ehrlicher Atheist sein noch kann jemand bestreiten, daß Jesus der Sohn Gottes ist, der Erretter der Sünder, und daß allein durch ihn Vergebung der Sünden und ewiges Leben in Gottes Gegenwart all jenen kostenfrei angeboten werden, die an ihn glauben wollen.

Gut und Böse

So mancher Jude hat wegen des Leidens und Sterbens von Verwandten im Holocaust seinen Glauben an den Gott Abrahams verloren und ist Atheist geworden. Wie könnte ein liebender Gott zulassen, daß 6 Millionen Menschen seines auserwählten Volkes von Hitler ermordet wurden? Ohne das Kreuz Christi könnte man angesichts des Holocausts nicht mehr länger an Gott glauben. Wie könnte ein Gott, dem man sein Vertrauen schenkt, schweigend und untätig bleiben, während sein auserwähltes Volk gefoltert und ermordet wird? Es würde tatsächlich so aussehen, als stünde Gott daneben und tue nichts, als die ganze von ihm geschaffene Welt mit Haß und Gewalttat erfüllt wurde. Ein solcher Gott würde, selbst wenn es ihn gäbe, sicherlich nicht unseren Glauben und unser Vertrauen verdienen.

Doch der Gott der Bibel steht, im Gegensatz zu Allah oder irgendeinem anderen Gott einer Religion, nicht fernab vom menschlichen Leid. Er kam vielmehr selber auf diese Erde, geboren von einer Jungfrau, um für unsere Sünden zu sterben. Obwohl seine Geschöpfe ihn mißhandelten und verwarfen, bezahlte er den unendlichen Preis, den seine eigene Gerechtigkeit für die Sünde einforderte. Dieser Gott, der als einziger Licht und Liebe ist, ist auch der einzige, der Glauben, Vertrauen und Liebe der Menschen verdient. Doch die meisten Muslime [und ebenso viele Juden] begegnen dieser Liebe mit dem bösartigsten Haß, den man sich nur vorstellen kann.

Verfolgung und Märtyrertum heute

Es gehört zur Allgemeinbildung, zu wissen, daß es in muslimischen Ländern einem Todesurteil gleichkommt, wenn man Christ wird. Oftmals sind es sogar die eigenen Familienangehörigen, die dieses Urteil vollstrecken, um die Schande vom Familiennamen abzuwischen. Eine Annahme des jüdischen Bekenntnisses ist in gleicher Weise undenkbar. Ein solcher Glaubenswechsel ist in völlig islamischen Ländern rein rechtlich unmöglich, und dort, wo der Islam zwar noch nicht die totale Kontrolle ausübt, aber zunehmend an Macht gewinnt, waren die Folgen stets tragisch. Betrachten wir dazu allein den folgenden Vorfall aus Nigeria:

> [Da war] der islamische Aufstand der Maitatsin in Kano im Jahr 1980, bei dem offiziellen Berichten zufolge 4177 Menschen ermordet und Besitztümer im Wert von mehreren Millionen Dollar zerstört wurden. Zwei Jahre später, am 30. Oktober 1982, wurden in Kano acht Gemeindehäuser in Brand gesteckt. Im selben Jahr schlugen die Muslime in Kaduna zu, und offiziellen Berichten zufolge wurden 400 Menschen umgebracht … 1984 töten Muslime in Yola und Jimeta … 700 Personen, darunter auch Polizisten, und 5913

> Menschen wurden obdachlos. Außerdem belagerten sie Gombe, wo ihnen 100 Menschen zum Opfer fielen …
>
> Am 6. März 1987 wüteten die Muslime ein weiteres Mal … Allein von den 150 Kirchen in Zaria blieb in den drei Tagen des Dschihad in dieser Stadt nur eine einzige vor den Flammen verschont. Viele Christen wurden kaltblütig ermordet, andere wurden bei lebendigem Leib verbrannt … Der unmittelbare Anlaß des Aufruhrs: Eine muslimische Studentin beschuldigte … einen ehemaligen Muslim, bei seiner Predigt „den Koran falsch auszulegen". Kein Nichtmuslim darf aus dem Koran zitieren, obwohl ein Muslim aus der Bibel zitieren darf …
>
> In den Jahren 1991 und 1992 gab es drei weitere Aufstände von Muslimen in Katsina, Bauchi und Kano, bei denen Tausende ums Leben kamen. [Wir können hier nicht mehr von den vielen weiteren Greueltaten berichten, die im Namen Allahs gegen Nichtmuslime verübt worden sind!][3]

Im Sudan werden Christen von Muslimen buchstäblich gekreuzigt. Als diese Zeilen geschrieben wurden, traf gerade die Nachricht von fünf weiteren Kreuzigungen ein. In den ersten paar Monaten von 1995 sind über 100.000 christliche Flüchtlinge von der islamischen Regierung zum Verlassen Khartums gezwungen und in Notbehelfslager vertrieben worden.[4]

Fanatismus? Nein, das ist das Gebot Allahs aus dem Koran: „Und so sie [dem Islam] den Rücken kehren, so ergreifet sie und schlagt sie tot, wo immer ihr sie findet …" (Sure 4,89). Kein Wunder, daß die Muslime sich fürchten, den Islam zu verlassen, auch wenn sie nicht mehr daran glauben können! Ein ehemaliger Muslim schreibt:

> Einfach ausgedrückt sagen Mohammed oder Allah [oder wer immer im Koran spricht] deshalb: „O ihr, die ihr glaubt, nehmt euch nicht die Juden und Christen zu Freunden; sie sind untereinander Freunde, und wer von euch sie zu Freunden nimmt, siehe, er ist einer von ihnen" (Sure 5,51, Al Hil-ali. Vers 54, Jusuf Ali).[5]

Und Israel erwartet, mit den Muslimen einen gerechten und dauerhaften Frieden eingehen zu können? Das ist eine Verblendung, die nur zu größerem Blutvergießen führen kann! Frieden mit dem Islam erfordert völlige Unterwerfung unter Allah. Eine Achtung der Rechte anderer existiert im Islam nicht. Es gibt keine Rechte – nur die Unterwerfung unter Allah.

Momentan fordert die PLO selbstverständlich nicht eine solche Unterwerfung, sondern bittet nur um „vernünftige Rechte". Doch in den frühen Stadien islamischer Eroberung war das immer so. Selbst Mohammed zeigte dieses sein letztendliches Programm nicht offen, bis er schließlich die Macht zur vollständigen Unterwerfung besaß. Diejenigen, die den gutgemeinten, aber naiven Slogan „gib dem Frieden eine Chance" nachreden, übersehen traurigerweise, und womöglich sogar absichtlich, die wahre Lehre des Islam.

Der südafrikanische muslimische „heilige Krieger" Ahmed Deedat nötigt die heutigen Muslime, ergeben zu Mohammeds ursprünglichen islamischen Prinzipien zurückzukehren, wie sie im Koran zu finden sind: „Rüstung, Schwert und Schild für unsere Schlacht des Glaubens liegen im Koran, den wir jahrhundertelang angepriesen haben ... jetzt müssen wir sie ins Schlachtfeld tragen."[6] Ein ehemaliger muslimischer Autor, den wir bereits einige Male zitiert haben, ist gezwungen, zu seinem eigenen Schutz unter einem Pseudonym zu schreiben. Er erinnert die Westler an das, was sie wissen sollten, aber munter ignorieren:

> Auf den Seiten des Korans gibt es so viel Hetze gegen Christen und Nichtmuslime, daß es kaum zu glauben ist, daß überhaupt jemand ein wirklich praktizierender Muslim sein kann ... ohne dabei Christen [und Juden] zu hassen. Und doch ist es möglich. Jeder Muslim, der nicht [gegen Nichtmuslime] gewalttätig ist [heimlich oder öffentlich], ist kaum ein echter Muslim, zumindest nicht im Sinne des Korans ...
>
> Wenn Worte eine Bedeutung haben, dann können wir mit Sicherheit sagen ... daß Unterwerfung unter Allah [unter den Islam] sich nicht auf Gebet beschränkt, wie uns einige einreden wollen, sondern ebenso Gehorsam gegenüber dem Gebot einschließt, zur Ausbreitung des Islam zu töten. Das ist der Islam Mohammeds. Sowohl aus dem Koran als auch aus der Hadith liegt uns eine überwältigende Fülle von Belegen vor, um unsere Behauptungen hier zu beweisen.[7]

Islam in der täglichen Praxis

Es ist äußerst lehrreich, den praktizierten Islam in einem Land wie Saudi-Arabien zu beobachten, wo diese Religion derart wichtig ist, daß etwa 10.000 religiöse Älteste die Schlüsselrolle in der Verwaltung des Landes spielen. Dieses Land, das geographisch zwölftgrößte der Erde, wurde durch die Vereinigung zuvor sich gegenseitig bekriegender Stämme unter der Führung von Ibn Saud geschaffen. Im Jahr 1932 erklärte er diese Koalition zum Königreich Saudi-Arabien und sich selbst zum König. Als frommer Muslim bekannte Saud, daß seine „drei größten Freuden im Leben Frauen, Parfüm und Gebete sind ...“[8] Die ersten beiden Punkte bewies er, indem er über 120 Frauen heiratete, doch hielt er sich an die Beschränkung des Korans von höchstens vier Frauen gleichzeitig, indem er sich von jeder neuen Mutter scheiden ließ und sie in ihr Dorf zurückschickte, sobald sie ihm einen Sohn geboren hatte.

Ein Mann darf „vier Frauen haben und sich dazu weitere Konkubinen halten; auch heute sind es die Frauen, die keusch bleiben müssen, nicht die Männer“.[9] Und eine Frau, die diese Norm nicht erfüllt [vielleicht wird sie nur beim Händchenhalten erwischt oder gar vergewaltigt], wird wahrscheinlich von Vater oder Brüdern zur „Rettung der Familienehre“ getötet.[10]

Das ist die Praxis des Islam in einem Land, wo keine andere Religion erlaubt ist. In Saudi-Arabien steht es unter Todesstrafe, vom Islam zu einem anderen Glauben zu konvertieren. Man braucht jedoch nur wenig gesunden Menschenverstand, um einzusehen, daß Glaube freiwillig sein und aus dem Herzen kommen muß. Wer in der Angst vor Rache oder Tod zum Bekenntnis des Glaubens an Allah gezwungen wird, ist nicht wirklich gläubig. Doch von Anfang an wurde der Islam durch das Schwert verbreitet, und Millionen Menschen bleiben allein aus Angst um ihr Leben Namensmuslime. Für den Glauben an Jesus Christus ist im Gegensatz dazu durch die anziehende Macht seiner Liebe, die er am Kreuz gezeigt hat, eine große Zahl von Menschen gewonnen worden.

Denken wir nur an die Unmengen der „Feinde des Islam“, die vom Ayatollah Khomeini im Namen Allahs umgebracht worden sind. Der Ayatollah sagte über diese Massaker: „Bisher sind in Persien [Iran] noch keine Menschen getötet worden – nur Tiere!“ Anwar al-Sadat ist ebenfalls von militanten Muslimen umgebracht worden, weil er die Verhaftung der Muslime anordnete, die 50 koptische Christen umgebracht hatten. Dieselben islamisch-fundamentalistischen Gruppen ermorden westliche Touristen in Ägypten: Mitte Oktober 1992 wurde ein britischer Tourist mit einem Maschinengewehr niedergestreckt, ein Kreuzfahrtschiff auf dem Nil mit 140 deutschen Touristen an Bord wurde beschossen, drei russische Touristen wurden erdolcht, und so geht es endlos weiter. Das sind nicht die Aktionen durchgedrehter Einzelpersonen, sondern das gemeinsame, sorgfältig geplante und ausgeführte Programm von Muslimen, die ergeben die Anweisungen des Korans und das Vorbild ihres großen Propheten Mohammed befolgen.

Ein offenbarender Gegensatz

Welch einen Gegensatz stellt der Islam zur Liebe Christi dar und zu seinem Gebot für die Christen: „Liebt eure Feinde, segnet, die euch fluchen, tut wohl denen, die euch hassen, und betet für die, die euch beleidigen und verfolgen" (Matthäus 5,44)! Der Apostel Paulus schrieb: „Denn das ganze Gesetz ist in einem Gebot erfüllt, in dem: Du sollst deinen Nächsten lieben wie dich selbst" (Galater 5,14). Von diesem Wesen ist im Koran nichts zu finden! Welch einen Widerspruch stellen die Lehren und das Vorbild Mohammeds zur Thora dar, die er zu ehren behauptet und die uns allen aufträgt:

> Du sollst dich nicht rächen und den Kindern deines Volkes nichts nachtragen und sollst deinen Nächsten lieben wie dich selbst. Ich bin der HERR …
>
> Und wenn ein Fremder bei dir – in eurem Land – als Fremder wohnt, sollt ihr ihn nicht unterdrücken. Wie ein Einheimischer unter euch soll euch der Fremde sein, der bei euch als Fremder wohnt; du sollst ihn lieben wie dich selbst (3. Mose 19,18.33-34).

Wie anders ist das Verhalten Mohammeds und seiner Anhänger gegenüber denen, die sich nicht ihrer Tyrannei unterwerfen! Wir haben bereits bemerkt, daß Mohammed mehrere Schriftsteller und Dichter seiner Zeit getötet hat, weil sie nicht mit seiner Religion übereinstimmten. Dasselbe Vorbild der Drohungen und Gewalt erstreckt sich bis auf den heutigen Tag. Wir haben ebenfalls Salman Rushdie erwähnt, der sich seit Jahren unter Todesdrohungen versteckt halten muß, weil er in einem seiner Bücher den Islam in einem unvorteilhaften Licht dargestellt hat. Anfang 1992 wurde Farag Fouda, ein ägyptischer Schriftsteller, für seine Kritik am islamischen Kriegsgeist von Muslimen ermordet. Zwei Jahre zuvor war der Sprecher des ägyptischen Parlaments in einem Attentat umgebracht worden, weil er eine antiislamische Haltung eingenommen hatte.[11] Daß der Islam mit solchen Maßnahmen fortschreiten muß, liegt wohl an der Befürchtung, er könnte viele seiner Anhänger verlieren, wenn jeder die freie Wahl hätte.

In anderen Ländern fordern die Muslime Freiheit zur Ausübung ihrer Religion, während sie Nichtmuslimen in arabischen Ländern dasselbe Recht verweigern. Durch sein Ausnutzen des Vorteils der Religionsfreiheit in nichtmuslimischen Ländern ist der Islam zur schnellstwachsenden Religion der Welt geworden. In Chicago gibt es mittlerweile mehr Muslime als Methodisten. Einer neuen Studie zufolge, die genaueste der Geschichte [vom Islamic Resources Institute durchgeführt], gibt es zur Zeit über 1000 islamische Zentren in den USA und Kanada. In diesen Zentren sind nahezu eine halbe Million Jünger Mohammeds aktiv, und ihre Zahl wächst rapide. Die Gesamtzahl von Muslimen in Nordamerika wird auf knapp 5 Millionen geschätzt und soll Anfang nächsten Jahrhunderts die geschätzte Zahl von 6 Millionen Juden übersteigen.[12] [Europa: 16,8 Millionen Muslime, das sind 3,3% der Bevölkerung, Wachstum: 4,2%; Deutschland: ca. 2 Millionen, 2,5% der Einwohner, darunter 50.000 Deutsche, von denen 80% mit Muslimen verheiratete Frauen sind;[13] Anm. d. Übers.]

Altäre, Tempel und ein Kreuz. Nur das Kreuz kann Gott und Mensch versöhnen. Und nur durch das Kreuz Jesu Christi können sich Christen, Juden und Muslime in Brüderlichkeit und Frieden begegnen.

Jerusalem

Erbittet Frieden für Jerusalem! Ruhe sollen sie haben, die dich lieben!

Psalm 122,6

Und den Bruch der Tochter meines Volkes heilen sie oberflächlich, indem sie sagen: Friede, Friede! – und da ist doch kein Friede.

Jeremia 8,11

... im Frieden wird er [der Antichrist] viele vernichten.

Daniel 8,25

Wenn sie sagen: Friede und Sicherheit! dann kommt ein plötzliches Verderben über sie, wie die Geburtswehen über die Schwangere; und sie werden nicht entfliehen.

1. Thessalonicher 5,3

Der wirkliche Grund für die niemals endende Unruhe in Nahost ist der unablässige Wunsch der meisten arabisch-muslimischen Staaten, Israel zu vernichten – ihre Unfähigkeit, sich mit seiner Existenz abzufinden. Dieser Haß und diese Intoleranz werden durch arabisch-muslimischen Fanatismus, Unnachgiebigkeit und Widerwillen gegen die Annahme der Verschiedenheit in der Region genährt. Nur wenn das überwunden wird, kann in Nahost Frieden und Ruhe herrschen.

FLAME [Fakten und Logik über Nahost][1]

Spielball der Völker

15

Friede, Friede ...

Frieden in Nahost? Wird der scheinbar unmögliche Traum zu guter Letzt doch wahr? Ja, trotz schwieriger Hindernisse auf dem Weg wird in nicht allzu ferner Zukunft ein alle Parteien umfassendes Friedensabkommen in Nahost verabschiedet werden. Außerdem wird sich dieses Abkommen als ein wichtiger Schritt auf den Weltfrieden hin erweisen, der ebenfalls erreicht werden wird! Sowohl das Alte als auch das Neue Testament bezeugen, daß diese Ziele erreicht werden.

Leider stimmen beide Teile der Bibel auch darin überein, daß die Welt, anstatt den Messias Israels zu erwarten, unter dessen Herrschaft allein wahrer Frieden aufgerichtet werden kann, einen falschen, selbstgemachten Frieden schmieden wird, einen trügerischen Frieden, der vom Antichristen gewährleistet und schließlich in Harmagedon explodieren wird, im zerstörerischsten Krieg der Menschheitsgeschichte. Doch von den Führungspersönlichkeiten der Welt im gegenwärtigen Friedensprozeß glaubt so gut wie keiner an die biblischen Prophezeiungen, und so treiben sie im stolzen, aber gutgemeinten Unglauben auf die Katastrophe zu.

Einer Ende März 1995 vom *Center for Palestinian Research and Studies* in Nablus durchgeführten Umfrage zufolge „hat die Unterstützung des Friedensprozesses unter den Palästinensern seinen höchsten Stand seit der Unterzeichnung des Oslo-Abkommens erreicht ... Die Umfrage ... zeigte, daß 67% eine Weiterführung der Verhandlungen befürworten, weit mehr als die 50% oder weniger der vergangenen Monate.“[2] Bedeutet das, daß 67% der Palästinenser jetzt einen aufrichtigen Wunsch nach wirklichem Frieden mit Israel haben? Oder heißt das, daß letztlich mehr Palästinenser erkennen, was viele Israelis vermuten – daß PLO-Chef Arafat die Muslime in ihrem Anliegen, Israel zu vernichten, doch nicht verraten hat?

Eine tödliche Täuschung

Wie wir bereits gezeigt haben, ist der gegenwärtige israelisch-palästinensische Friedensprozeß ein Vorwand, den Arafat als einen Weg zur letztendlichen Vernichtung Israels benutzt. Auch nach Oslo ist Arafats eigene al-Fatach in weitere Terrorattacken verwickelt gewesen.[3] Dieser einstige Terrorist und jetzige Friedensmacher hat nicht nur die israelischen Staatsmänner von seinen „guten Absichten" überzeugt, sondern hat es sogar geschafft, die meisten Araber zu täuschen. Der Islam erlaubt das Lügen zugunsten seiner Ziele, und das ist genau das, was Arafat tut. Er hat die Welt in einem solchen Ausmaß getäuscht, daß ihm 1994 der Friedensnobelpreis verliehen wurde.

Kaare Kristiansen, früherer Vorsitzender der norwegischen Christlichen Volkspartei und lange treuer Unterstützer Israels, legte seine Mitgliedschaft im Friedensnobelpreis-Komitee nieder, nachdem er nur drei von den vorgesehen sechs Jahren dieses Amt bekleidet hatte. Diesen Schritt vollzog er unmittelbar nach der Bekanntgabe, daß PLO-Vorsitzender Arafat die Auszeichnung zusammen mit dem israelischen Premier Jitzchak Rabin und Außenminister Schimon Peres erhalten würde. Kristiansen sagte: „[Mein Rücktritt] war das einzige Argument, das mir übrigblieb. Arafats Vergangenheit ist zu sehr von Gewalt, Terror und Blutvergießen gekennzeichnet und seine Zukunft ist zu unabsehbar, als daß man ihm den Friedensnobelpreis verleihen könnte. Jemanden damit auszuzeichnen, der dafür untauglich ist, stellt eine Herabwürdigung [dieses Preises] dar."[4]

Die amerikanische Zeitung *US News & World Report* kommentierte: „Jitzchak Rabin, Schimon Peres und Jassir Arafat erstanden ihren Nobelpreis gerade rechtzeitig, denn ihr ‚Prozeß' des Friedens wird schnell brüchig. Arafat hat versäumt, dem wichtigsten Teil seines Vertrages mit den Israelis nachzukommen: den Terrorismus zu unterbinden und das Bewußtsein für die israelische Sicherheit zu steigern. Seine Grenzüberwachung ist so lasch, daß am 4. Dezember [1994] ein sprengstoffumhüllter palästinensischer Selbstmordattentäter an mehreren palästinensischen Checkpoints durchgelassen und erst von den Israelis am wichtigsten Grenzpunkt Israels nach Gaza erwischt wurde. Und, was noch schlimmer ist, Arafat hat der radikalen Hamas gestattet, direkt vor seiner Nase in Gaza zu operieren. Er spricht von Israel immer noch als ‚der Feind' und redet immer noch vom 1974er Phasenplan der Araber, für jedes Stückchen Land ‚Frieden' zu machen, das Ausgangspunkt zur Vernichtung Israels sein könnte."[5] Andererseits ist Arafat über alle anderen Terrororganisationen nebst seiner eigenen al-Fatach verärgert, weil deren Operationen seine Autorität untergraben.

Während aus der Geschichte klar ersichtlich ist, daß die PLO für ihre Beteiligung am sogenannten „Friedensprozeß" nur den einen

Grund hat, die Kontrolle über Gebiete innerhalb Israels zu erlangen, von denen aus weiterer Terror und schließlich Israels Vernichtung gestartet werden kann, befürchten andere Muslime dennoch, daß ein echter Frieden erreicht und somit ihr feierlich geschworener Vernichtungskrieg gegen Israel geschwächt werden könnte. Der iranische Religionsführer Ayatollah Sayed Alit Khamenei warnte in einer Rede im Oktober 1994 davor, jeder Araberführer, der mit Israel Frieden eingehe, würde umgebracht. Er rief das Volk auf, sich gegen seine Führer zu erheben und mit ihnen so zu verfahren, wie die Ägypter mit Anwar al-Sadat im Oktober 1981. In Folgsamkeit gegenüber dem Ayatollah schrieb die englischsprachige *Teheran Times*: „Kein Zweifel, der Verräter Sadat erwartet seine Nachahmer in der Hölle. Jeder arabische Regent, der den Zionisten die Hände reicht, sollte sich über das Schicksal Sadats im klaren sein.“[6]

Eine Partnerschaft des Betrugs

Arafats trügerische öffentliche Aussagen waren seinen arabischen und muslimischen Anhängern tatsächlich Anlaß zu glauben, er habe Verrat an ihrem Anliegen geübt. Bei der Unterzeichnung des Oslo-Abkommens und seitdem bei mehreren anderen Gelegenheiten versprach Arafat, die seit langem bestehenden Artikel in der PLO-Charta, die zur Vernichtung des Staates Israel aufrufen, aufzuheben. Diese Änderung ist selbstverständlich noch nicht durchgeführt worden. Seine jüngste Entschuldigung für dieses Versäumnis, seinem feierlichen Versprechen nachzukommen, brachte er Ende März 1995 vor, als er sagte, die Änderungen könnten nicht durchgeführt werden, bis „in Judäa, Samaria und Gaza der Palästinensische Autonomierat gewählt ist“.

Arafat kann in Wirklichkeit gar kein solches Versprechen abgeben, und das weiß er auch. Jede Änderung muß von einer Mehrheitsentscheidung des über 500 Mitglieder umfassenden Palästinensischen Nationalrats [PNC] gebilligt werden. Die Mitglieder müßten den Islam verleugnen, um den Juden die Souveränität über irgendeinen Teil Israels zuzugestehen. Immerhin lehrt der Islam im unmittelbaren Widerspruch zur Thora, daß das ganze Land Israel von Allah an die Araber gegeben wurde.

Die mit der PLO zu Beginn der Verhandlungen Ende 1993 unterzeichnete Prinzipienerklärung formulierte zwei Ziele für den Friedensprozeß: 1. Die Palästinenser sollten letztlich Autonomie und somit Befreiung von der israelischen Herrschaft erlangen, und 2. im Gegenzug sollten die Israelis Sicherheit erhalten und nicht mehr länger dem Terrorismus ausgeliefert sein. Schon sehr bald sah sich Arafat nicht mehr dazu veranlaßt, gewissenhaft auf das Erreichen des zweiten Punktes hinzuarbeiten.

Die israelische Regierung hat bei Arafats Betrug mitgemacht und einen eigenen Kurs des Kompromisses und der Unehrlichkeit eingeschlagen, wobei sie der Öffentlichkeit bestimmte vorliegende Informationen vorenthalten hat, die zeigten, daß alles nicht so war, wie Arafat es dargestellt hat. Der frühere Verteidigungsminister Ariel Scharon beklagte sich kürzlich: „Über ein Jahr lang zeigten die Nachrichtenberichte, daß Jassir Arafat nicht den Terror bekämpft und daß die Angriffe auf die Israelis weitergehen. Doch was sagte die Regierung gegenüber der Öffentlichkeit? Arafat würde den Terror bekämpfen ... Doch der Terror hat zugenommen und einen hohen Tribut gefordert." Scharon fuhr fort:

> Die Nachrichtenberichte zeigten, daß Arafat die zur Vernichtung Israels aufrufende palästinensische Klausel nicht aufheben wollte oder nicht aufheben konnte. Doch was sagten der Premier und der Außenminister den Leuten? Arafat hätte versprochen, er würde diese Klausel schon sehr bald abschaffen. Sie ignorierten nicht nur die Informationen der Nachrichendienste, sondern vermittelten der Öffentlichkeit zusätzlich ein unehrliches Bild.
>
> Anstatt die Tatsachen zu präsentieren, wie sie sind, müssen einige Nachrichtenfunktionäre offenbar Fakten auslassen oder sie einfach nicht weitergeben, aus Angst davor, die parteipolitischen Belange unserer Führungsleute zu schädigen. Oder ... sie gleichen die Bewertungen den Situationen an, ohne auf die Tatsachen zurückzugreifen, um die Stimmung der Politiker auszugleichen.[7]

Die harten Fakten

Eine zunehmende Zahl von Israelis ist über die harten Fakten entsetzt, was seit dem Oslo-Abkommen tatsächlich geschehen ist. Eli Landau, ein Bürgermeister, der den Friedensprozeß unterstützt hat, erklärte: „Wenn der Weg des Friedensprozesses über die Leichen von Juden beschritten wird, dann nehme ich das zurück." Das Magazin *Time* berichtete im Februar 1995:

> Als Premier Jitzchak Rabin vor 16 Monaten den mutigen Schritt in ein Autonomieabkommen mit Jassir Arafat und der PLO wagte, versprach er seinen Landsleuten Frieden mit Sicherheit. Doch seitdem haben die Israelis nur wenig Frieden und noch weniger Sicherheit genossen. Rabins politische Atmosphäre ist bleihaltig geworden, und viele Bürger fragen, ob das Experiment des Friedenmachens fortgeführt werden sollte … Da die Terroristen die psychologische Initiative ergriffen haben, wird der Handlungsspielraum für Rabin und Arafat immer enger …
>
> Seitdem Rabin und Arafat im September 1993 die erste Vereinbarung unterzeichnet haben, sind 112 Israelis von palästinensischen Extremisten ermordet worden, die den Friedensprozeß zunichte machen wollen. Im selben Zeitraum sind 195 Palästinenser durch die Hände von Israelis umgekommen. Auch von diesen waren viele unschuldige Zivilisten, wie zum Beispiel der 14jährige Mohamed Abed Ghani, der vergangene Woche in der Westbank in der Nähe von Nablus ums Leben kam, als israelische Soldaten in eine Horde Studenten feuerten, die sie verspotteten …
>
> Wie stets nach jedem Anschlag, verriegelte Rabin zeitweise Israels Grenzen für die palästinensischen Arbeiter und hinderte so 40.000 an ihrem täglichen Pendeln zwischen dem Westjordanland und dem Gaza-Streifen – eine Form kollektiver Bestrafung, die nur dazu dient, die Wut der Palästinenser weiterhin zu schüren.[8]

Der verstärkte Terror zeigt, daß das terroristische Element keinerlei Absicht hat, die Vernichtung Israels zu unterbinden. Außerdem zeigt er, daß es unter den Arabern keine Einigkeit gibt, und daß die vielen Gruppierungen, die auf die Vernichtung Israels hinarbeiten, auch jeweils für ihre eigene Herrschaft arbeiten. Solange die Araber unter sich selbst gespalten sind, kann es keinen wirklichen Frieden mit Israel geben. In der Tat haben die Araber sich stets gegenseitig bekämpft. Der Golfkrieg war da nur ein Beispiel. Der Streit zwischen den arabischen Staaten besteht seit langem und geht auch heute noch weiter.

Unter den Arabern gibt es auch Gemäßigte, doch die Fundamentalisten scheinen die größere Macht zu besitzen. Das liegt an der dem Volk auferlegten muslimischen Religion – und diese Religion macht die Muslime nicht allein zu Gegnern Israels, sondern zu Gegnern der ganzen Menschheit. Der Islam ruft zur Unterwerfung aller Menschen unter Allah und unter die Scharia [das heilige Gesetz des Islam] auf. Das ist ein Ziel, dem nachgeeifert werden muß, bis der Islam schließlich weltweit triumphiert. So wird jeder „Frieden“ mit Israel nur als ein Schritt in Richtung auf die letztendliche Vernichtung geschlossen.

Schlomo Gazit, ehemaliger Chef des Geheimdienstes IDF und jetziger Forschungschef am *Jaffee Center for Strategic Studies* der Universität von Tel Aviv, stellte unlängst heraus:

> Viele Israelis sind, wie ich weiß, nicht zu einem Kompromiß bereit. Sie wollen den ganzen Kuchen ... Auch in den palästinensischen Lagern befinden sich viele Extremisten ... sie wollen nichts von einem Kompromiß wissen. Auch sie wollen den ganzen Kuchen ... das ganze Mandatsgebiet Palästina, vom Jordan bis ans Mittelmeer ...
>
> Was sie verstehen müssen, sind die Konsequenzen. Der Friedensprozeß kann nicht fortschreiten, wenn er bedeutet, daß nur die arabische Seite ihre Ziele erreicht. In diesem Fall wäre kein politischer Kompromiß möglich. Es gäbe dann keine Alternative zum totalen Krieg, zum Kampf, der einer Seite den gesamten Kuchen überlassen wird.[9]

Der fundamentale Widerspruch

Seit dem Unterzeichnen des Osloer und später des Kairoer Abkommens hat die Palästinensische Autonomiebehörde [PA], die die Gebiete überwacht, die schließlich Autonomie und Unabhängigkeit von Israel zu erlangen anstrebt, „versäumt, ihr Verhalten in der Gesetzesregelung zu verankern“. Das ist die Schlußfolgerung von *Human Rights Watch*, einer Organisation zur Überwachung von Menschenrechtsverletzungen mit Sitz in New York. Dem jüngsten Bericht von Human Rights Watch zufolge hat die PA „oftmals auf willkürliche und unterdrückende Weise gehandelt ... [und] der gefährliche Zustand der Menschenrechte in den autonomen palästinensischen Gebieten stellt für die Aussicht auf einen dauerhaften Frieden in dieser Region eine große Bedrohung dar“. Der Bericht sagte, daß „die palästinensischen Machthaber Häftlinge bei Vernehmungen schlagen und mißhandeln, insbesondere wenn sie der Zusammenarbeit mit Israel bezichtigt werden“.[10]

Die Palästinensische Autonomiebehörde wurde zur Durchsetzung des Oslo-Abkommens eingerichtet. Doch anstatt ihrer Aufgabe nachzukommen, hat sie fortwährend zahlreiche darin enthaltene Verfügungen verletzt. Wenn sie schon das Abkommen so oft gebrochen hat, weshalb sollte dann jemand meinen, das Versprechen auf Entfernung des Aufrufs zur Vernichtung Israels aus der PLO-Charta würde gehalten? Die Vernichtung Israels ist im palästinensischen Unterbewußtsein und Denken so tief verwurzelt, daß ein Wunder nötig wäre, um diese Haltung aufzuheben. Lesen wir dazu einmal diese wenigen Auszüge aus der originalen palästinensischen Charta des Jahres 1968:

> Die Teilung Palästinas im Jahr 1947 und die Gründung des Staates Israel sind vollkommen illegal, ungeachtet des Verlaufs der Zeit, weil sie im Widerspruch zum Willen des palästinensischen Volkes und ihrem natürlichen Recht auf ihr Heimatland stehen und unvereinbar sind mit den in der UN-Charta verkörperten Prinzipien, besonders dem Recht auf Selbstbestimmung.
>
> Die Balfour-Erklärung, das Mandat über Palästina und alles darauf Beruhende wird für null und nichtig geachtet ...
>
> Ansprüche auf historische oder religiöse Verbindungen der Juden mit Palästina sind unvereinbar mit den Tatsachen der Geschichte und der wahren Auffassung, was einen souveränen Staat ausmacht. Das Judentum ist eine Religion und keine unabhängige Nationalität. Die Juden bilden auch keine einzelne Nation mit einer eigenen Identität; sie sind Bürger des jeweiligen Staates, dem sie angehören.[11]

Ganz gleich wieviele Friedensverträge unterzeichnet werden, dieser fundamentale Widerspruch zwischen Juden und Arabern über die grundlegenden Tatsachen bleibt bestehen – ein Widerspruch, der zu fast einem halben Jahrhundert Blutvergießen geführt hat. Die PLO wiederholt nur islamische Lehre, wenn sie den Juden abspricht, unter Josua und David jemals im Besitz des „Gelobten Landes" gewesen zu sein, und behauptet, es habe stets den Arabern gehört. Kein Wunder, daß der Islam es für notwendig hält, zu behaupten, das Alte Testament sei umgeändert worden. Schließlich ist es ja mit den Einzelheiten über Israels Eroberung des „Gelobten Landes" und 15 Jahrhunderte des dortigen Lebens bis zur Zerstreuung im Jahr 70 n.Chr. angefüllt!

Doch diese Leugnung der unumkehrbaren geschichtlichen Tatsachen ist so tief in das arabische Denken eingepflanzt, daß nur ein Wunder sie durch die Wahrheit ersetzen könnte. Es wird sogar geleugnet, daß die Juden jemals als eine Nation existiert haben! Sie werden noch nicht einmal als nationale, ethnische Völkergruppe anerkannt, sondern lediglich als Anhänger einer Religion. Deshalb hätten sie niemals Anspruch auf einen eigenen Staat, sondern könnten nur Bürger des jeweiligen Landes sein, in dem sie gerade wohnten. Dieser Widerspruch ist derart fundamental, daß er für einen echten Frieden im Nahen Osten letztlich ein unüberwindbares Hindernis darstellt.

Rückkehr zum Dilemma wie nach dem Holocaust?

Die Araber beabsichtigen wirklich, die Juden dorthin zurückzubringen, wo sie direkt nach dem Holocaust standen, ohne nationale Heimat. In den vergangenen Monaten hat es „in südamerikanischen Ländern eine Welle von Angriffen gegen Juden" seitens islamischer Terroristen gegeben.[12] Sollen diese und andere Juden, die vergleichbaren Situationen ausgesetzt sind, eine nationale Heimat auf dieser Erde haben? Wenn es keine nationale Identität ist, Jude zu sein, sondern nur eine natürliche Religionszugehörigkeit, was ist dann der Status der 30% Israelis, die sich als Atheisten bezeichnen? Sie können dann überhaupt keine Juden sein. Diese Vorstellung ist absurd, doch dieser Schwindel wird von Millionen Arabern ernstgenommen. Lesen wir den folgenden Auszug aus Artikel 4 der 1968er Charta:

> Die palästinensische Identität ist eine echte, wesentliche und angeborene Eigenschaft; sie wird von den Eltern an die Kinder weitergegeben. Die zionistische Besatzung und die Vertreibung des palästinensisch-arabischen Volkes durch die ihnen angetanen Katastrophen veranlassen nicht den Verlust ihrer palästinensischen Identität und ihrer Mitgliedschaft in der palästinensischen Gemeinschaft, noch heben sie diese auf.[13]

So wird jeder jüdische Anspruch abgelehnt, daß die Vorfahren der heutigen Israelis Bürger des Landes Israel waren – eines Landes, daß 1500 Jahre lang unter einer Abfolge von Königen in dem ihnen von Gott zugeteilten Land lebte – als wäre das alles nie geschehen. Die Araber jedoch, die danach neben den verbliebenen Juden das Land besetzten, aber niemals die Souveränität ausübten, sondern beide nur Gäste fremder Mächte waren, werden zu den wahren Eigentümern des Landes erklärt. Und heute beanspruchen sie die Souveränität darüber – eine Souveränität, die sie niemals wirklich besaßen. Wir erinnern uns, daß es *niemals* einen palästinensischen Staat gegeben hat. Die Israelis geben den Palästinensern etwas „zurück", das niemals ihr eigen war.

Bezüglich der Golan-Höhen ist die Situation ähnlich. Dieses Gebiet liegt innerhalb der Grenzen des von Gott an die Nachkommen Abrahams, Isaaks und Jakobs gegebenen „Gelobten Landes“ und war historischer Teil Israels. Israels Anspruch auf die Golan-Höhen reicht somit mehr als 3000 Jahre zurück, während Syriens Anspruch sehr jungen Ursprungs und bestenfalls spärlich ist. In Wirklichkeit existierte Syrien bis nach dem Ersten Weltkrieg nicht einmal als politisches Gebilde. FLAME [Fakten und Logik über Nahost] zeigt auf:

> Bis dahin war es nur eine von vielen Provinzen des osmanischen Reichs, mit unzureichend festgelegten Grenzen. Im Jahr 1923 wurde im Zuge eines britisch-französischen Machtspiels die Grenze zwischen Syrien und Israel aufgerichtet. Die Golan-Höhen fielen an Syrien ...
>
> Der Golan hat die Größe New Yorks abzüglich Queens, etwa 16 km breit, mit einem Plateau auf jeder Seite der Kammlinie. Wäre er Teil Syriens, dann würde er weniger als 1% seiner Fläche ausmachen. Doch für Israel ist er von höchster strategischer Wichtigkeit.[14]

Schlüssel zum Frieden, Schlüssel zum Krieg

Die strategische Bedeutung ist der einzige Grund, weshalb Israel den Golan eingenommen hat. Das geschah nicht aus Gier nach Land, sondern Israel wurde angegriffen und mußte seine Abwehrlinien stärken. Noch vor der Staatsgründung Israels im Jahr 1948 bombardierten die Syrer fast täglich vom stark befestigten Golan aus die tiefer gelegenen jüdischen Dörfer und machten somit ein normales Leben unmöglich. Sowohl im 1967er Sechstagekrieg als auch im 1973er Jom-Kippur-Krieg drangen Hunderte syrischer Panzer über den Golan nach Israel ein, wurden jedoch unter einem hohen Preis an israelischen und syrischen Leben zurückgeschlagen. Israel besetzte das eroberte Gebiet und annektierte es 1981, um die Syrer von der strategischen Höhenlage zurückzuhalten, von der aus Israel zu überblicken ist, und ebenfalls um die syrischen Streitkräfte auf größeren Abstand zu halten, damit im Fall eines erneuten Angriffs mehr Zeit zur Gegenwehr bleibt. FLAME kommentiert weiter:

> Mit der Rückgabe des Golans wird sich Israel somit selbst in eine gefährliche verwundbare Position bringen. Die hohe Lage des Golan gestattet frühe Warnungsmöglichkeiten, ohne die Israel – wie 1948, 1967 und 1973 – den Überraschungsangriffen der Syrer aus-

geliefert wäre. Sein Verlust würde Israel zu einer ständigen Alarmbereitschaft verpflichten sowie zur Erhaltung eines Mobilisationszustands, der wirtschaftlich und gesellschaftlich unhaltbar ist.

Der Golan, der sich auf eine Höhe bis zu 700 Meter erhebt, ragt über dem Jordantal empor, dem tiefsten Punkt der Erde, etwa 220 Meter unter dem Meeresspiegel. Auf dem Golan selbst gibt es zwei natürliche Engpässe im Gelände, durch welche Panzer vorrücken können. Diese Engpässe sind zu verteidigen und ermöglichten im 1973er Krieg das Zurücktreiben von 1400 Israel angreifenden syrischen Panzern.

Doch mit dem Golan in syrischen Händen und ohne den Einsatz von Radarsystemen, die Israel jede militärische Bewegung melden, könnten Tausende von Panzern – unterstützt von Raketen und Flugzeugen – Israel innerhalb weniger Stunden vernichten. Es wäre eine strategisch unmögliche Situation, insbesondere für ein so kleines Land wie Israel – kleiner als der Michigansee, weniger als halb so groß wie die Provinz San Bernardino in Kalifornien [und kleiner als Nordrhein-Westfalen; Anm. d. Übers.]. Der Golan gewährleistet keine vollkommene Verteidigung, aber er gönnt Israel eine kleine Atempause zur Mobilisation.

Der Golan ist Frischwasserquelle für über ein Drittel Israels. 1964, als sich der Golan noch in syrischen Händen befand, versuchte Syrien, diese Zuflußgewässer umzuleiten und Israels Wasserversorgung lahmzulegen. Wenn sich Syrien eine weitere Gelegenheit bietet, ist es mehr als wahrscheinlich, daß es wiederum versuchen wird, Israels Wasserversorgung zu zerstören.[15]

Umfragen haben immer wieder gezeigt, daß „über zwei Drittel der israelischen Öffentlichkeit gegen einen Rückzug vom Golan sind ... Mehr als 30 ehemalige IDF-Befehlshaber und pensionierte Offiziere ... sagten bei einer Pressekonferenz im Kibbuz Merom Golan [Anfang Januar 1995], das Behalten der Golan-Höhen sei der beste und einzige Weg zur Gewährleistung der Sicherheit des Landes ... [Jitzchak Hofi] betonte, es sei unmöglich, den Norden vom Fuß des Golans aus zu verteidigen, insbesondere bei einem Überraschungsangriff. Die Syrer hätten über 4000 Panzer und eine große Zahl mobiler Artilleriegeräte, fügte er hinzu."[16]

Eine einflußreiche jüdische Organisation in den USA hat tiefe Betroffenheit über die Möglichkeit zum Ausdruck gebracht, der Golan könne zurückgegeben werden:

Mit ihrem eifrigen Wunsch, dem Volk nach 50 Jahren Krieg und Blutvergießen Frieden zu verschaffen, ist die derzeitige israelische Regierung scheinbar bereit, ihre begrenzte strategische Sicherheit aufzugeben, derer sie sich zur Zeit kraft ihres Besitzes der Höhenlagen erfreut – die Berge von Judäa/Samaria [die ‚Westbank'] und die Golan-Höhen. Aber Israel sollte nicht zu den ‚Todesfallen'-Grenzen von 1967 oder irgend etwas Vergleichbarem zurückkehren.

Um innerhalb solcher Grenzen überleben zu können, müßte Israel sich auf das Wohlwollen der arabischen Staaten verlassen, die sich allesamt – ausgenommen des kalten Krieges mit Ägypten – im erklärten Kriegszustand mit Israel befinden. Ein Aggressor wird nur in der Zuversicht auf einen Sieg angreifen. Mit dem Golan in israelischen Händen könnten die Araber nur auf eine Niederlage rechnen, und so würde der Frieden bewahrt. Den Golan an Syrien auszuhändigen, stellt eine Aufforderung zum Krieg und zur Vernichtung Israels dar ...

Für die israelische Öffentlichkeit ist Syrien der grausamste Gegner der letzten 50 Jahre, und man befürchtet, daß die Entsiedelung des Golans Präsident Assad eine Möglichkeit zum Krieg bietet, die er unter keinen Umständen haben darf. Nachdem man ihr 25 Jahre lang beigebracht hat, wie wichtig der Golan nicht nur als Verteidigungslinie, sondern auch als Abschreckungsmittel gegen syrische Propaganda sei, ist die israelische Öffentlichkeit nicht mehr bereit, weitere Risiken auf sich zu nehmen.[17]

Von daher ist es kein Wunder, daß Israel in seinen Verhandlungen mit Präsident Hafis al-Assad bezüglich der Rückgabe des Golans vorsichtig ist. Und es gibt noch weitere zwingende Gründe. Dieselbe nahosterfahrene jüdische Organisation warnte: „Syrien ist der destabilisierendste Faktor in Nahost. Das US-Außenministerium klassifiziert Syrien als narkotisch handelnden und terroristischen Staat. Seine Wut richtet sich in erster Linie gegen Israel, das als Bollwerk westlicher Einflußnahme und Zivilisation angesehen wird, welche Syrien beide absolut ablehnt."[18]

Vorsicht vor Hafis al-Assad!

Jedem Beobachter des Nahen Ostens der letzten Jahre sollte klar sein, daß „Syriens Präsident Hafis al-Assad ein Tyrann ist, in jeder Hinsicht genauso erbarmungslos und verschlagen wie sein irakisches Konterfei

Saddam Hussein. Unter Assad ist Syrien ein Weltzentrum des Terrorismus. Es beherbergt immer noch bedeutende Nazi-Kriegsverbrecher, die dort nach dem Zweiten Weltkrieg willkommen waren. Es besteht nur wenig Zweifel, daß er [Assad] der führende Geist und wichtigste Drahtzieher hinter dem Selbstmordattentat auf die Marine-Kaserne in Beirut war, bei der 241 Amerikaner ums Leben kamen, sowie hinter der Explosion des Pan-Am Flugs 103, der 270 Menschen zum Opfer vielen."[19]

Der israelische Außenminister Schimon Peres beschuldigte kürzlich „Syrien, zehn Terrororganisationen Unterschlupf zu gewähren, die gegen den Nahost-Friedensprozeß vorgehen. ‚Wie kann Syrien dem Frieden näherkommen, während es terroristische Operationen erlaubt?' fragte Peres in Washington".[20] Ungeachtet der böswilligen Absichten Syriens setzt Israel seine Verhandlungen zum Rückzug vom Golan fort. Rabin hat Israel bereits in einem vierjährigen Stufenplan zum Rückzug „zur internationalen Grenze" auf den Golan-Höhen verpflichtet.[21]

Was die wahren Absichten von Assad, Arafat und anderen arabischen Führern betrifft, sollte angesichts der Lehre des Islam kein Zweifel bestehen. In Übereinstimmung mit dem Islam haben Assad, Arafat und zahlreiche weitere arabische Führer jahrelang wiederholte Male erklärt, daß die Vernichtung Israels ihr unverrückbares Ziel ist. Eine Entschuldigung hat es weder für derartige Aussagen noch für die vergangene Aggression, noch für den zukünftigen Terror [nicht einmal seitens Arafat seit der Unterzeichnung der Abkommen von Oslo und Kairo] gegeben.

Vielmehr fehlt der geringste Hinweis auf eine Änderung des Weges zu diesem letztendlichen Ziel. Was wir im Friedensprozeß sehen, ist lediglich eine strategische Anpassung der Art und Weise, wie Israels Vernichtung erreicht werden soll. Erst im Januar 1995 rief der irakische Präsident Saddam Hussein wieder „die arabischen Länder auf, Raketenangriffe auf Israel zu starten, wie der Irak es während des Golfkriegs getan hat … [Saddam sagte:] ‚Die arabischen Länder sollten sich einmal selbst fragen, wer die vierzigste Rakete auf Israel abfeuern wird!' Während des [Golf-]Kriegs hatte der Irak Israel mit 39 Scud-Raketen beschossen."[22]

Sogar in der Zeit der Verhandlungen mit Israel über die Rückgabe der Golan-Höhen verschärfte Assad seine Unterstützung der Hisbollah-Terroristen. Es ist kein Geheimnis, daß ihre Operationen von Stützpunkten in Beirut und dem Bekaa-Tal aus gesteuert werden, die völlig unter syrischer Kontrolle stehen. Während der Iran der wichtigste Helfer der Hisbollah ist und diese Gruppe mit Geld und militärischer Ausrüstung unterstützt, könnte dies der Hisbollah für ihre Angriffe gegen Israel ohne Syriens volle Zustimmung und Mithilfe nicht ausreichen. Und es ist auch kein Geheimnis, daß die ganze Hingabe der Hisbollah nicht allein der Zersetzung des „Friedensprozesses" gilt, sondern vielmehr der völligen Vernichtung Israels. Assads Doppelzüngigkeit ist offensichtlich, doch Israel setzt die Verhandlungen fort, als handle der syrische Präsident in guter Absicht, obwohl er noch nicht einmal sein oft wiederholtes Vorhaben der Vernichtung Israels widerrufen hat.

Noch erstaunlicher erscheint es, daß die Befehlshaber der israelischen Verteidigungsmächte sich nicht darüber einig werden können, ob Assad „es mit dem Frieden mit Israel wirklich ernst meint, oder ob er die Verhandlungen zur Rückgewinnung des Golans und dem Erlangen strategischer Überlegenheit ausnutzt ... Geheimdienstchef Generalmajor Uri Saguy glaubt, Assad habe sich geändert, aber sein Hauptgehilfe Brigadegeneral Jaacov Amidor glaubt, Assad bereite sich weiterhin auf Krieg vor."[23] Selbst wenn Assad aufrichtig ist, stellt der frühere Mossad-Chef Jitzchak Hofi heraus, ist Assad nicht unsterblich, und wenn sich der unvermeidliche „Wechsel im syrischen Regime" vollzieht, „dann wird dadurch alles auf den Kopf gestellt".

Leugnung und Verhüllung

In ihren Plänen und Verhandlungen bezüglich des Golans war die israelische Führerschaft der Öffentlichkeit gegenüber weniger als aufrichtig. Am Vorabend der 1992er Wahlen zur Knesset erklärte Jitzchak Rabin – zweifellos um Stimmen zu erzielen –, daß, „wer sich vom Golan zurückzieht, Israels Sicherheit preisgibt". Dann verbreiteten sich kurz nach der Wahl Gerüchte über eine geheime Verhandlung zur Aufgabe des Golans. Bei seiner ersten Reise in den Golan nach den Wahlen traf Rabin sich mit Führungspersönlichkeiten im Speisesaal des Kibbuz Ortal. Die Erwartung, der Ministerpräsident würde die Gerüchte zurückweisen, wurden enttäuscht. Ein Anwesender aus Ortal, Uri Heitner, zitierte Rabin so: „Wer sagt, Frieden sei auch mit dem ganzen Golan [in israelischen Händen] möglich, der lügt. Ich sehe euch an und sage, es wird einen schmerzlichen Rückzug geben, aber es wird kein vollständiger Rückzug sein."[24]

Öffentlich hält Rabin immer noch an seiner Ablehnung eines vollständigen Rückzugs fest. Zuverlässige diplomatische Quellen nicht nur aus Syrien, sondern auch aus Ägypten, den USA und sogar Israel selbst stimmen jedoch darin überein, daß Rabin bereits 1992 bei geheimen Gesprächen mit Syrien einem vollständigen Rückzug im Austausch gegen Anerkennung und echten Frieden zustimmte, auch wenn Israel dies offiziell nach wie vor abstreitet. Bei geheimen Treffen in Kairo versicherten israelische Repräsentanten den ägyptischen Gastgebern und syrischen Abgesandten, daß die neue Regierung der Arbeiterpartei, im Gegensatz zur von ihr geschlagenen Likud-Koalition, „Israel als aufgrund der UN-Resolutionen 242 und 338 zu einem Rückzug von den Golan-Höhen verpflichtet ansieht".[25] Was hat die Verhandlungen dann aufgehalten? Trotz Israels Einwilligung in nahezu alle Forderungen Syriens, ist letzteres Land offensichtlich immer noch nicht bereit zu definieren, was es unter „Frieden" versteht.

In Washington haben ehemalige US-Diplomaten und Verteidigungs-Funktionäre eine Organisation mit Namen *Search for Common Ground* [„Suche nach gemeinsamem Grund"] gegründet und in aktiver Führung aufrechterhalten, die einige Jahre lang „versucht hat, führende Araber und Israelis mit engen Verbindungen zu ihren Regierungen für einen Dialog zur Beilegung des Nahost-Konflikts zu gewinnen". Eine der Schlüsselfiguren in diesem Dialog hinter den Kulissen war Tahsin Bashir, ein pensionierter ägyptischer Diplomat, der bei den Verhandlungen zum Camp-David-Abkommen mitgewirkt hat. Ohne auf die Einzelheiten des langen und beschwerlichen, bisher zurückgelegten Weges und die vielen Enttäuschungen auf diesem Weg einzugehen, kann trotz der Leugnungen seitens des syrischen Präsidenten Assad und hochstehender Israelis gesagt werden, daß langsame Fortschritte in Richtung auf einen vollständigen israelischen Rückzug vom Golan sowie auf einen umfassenden Frieden und diplomatische Beziehungen zwischen Syrien und Israel erzielt werden.

Notwendigkeit oder tödliche Verblendung?

Trotz aller Gefahren scheint Israel auf den ersten Blick keine bessere Wahl zu haben, als Frieden mit seinen Nachbarn zu suchen. Der frühere israelische Außenminister Abba Eban argumentiert: „Weit davon entfernt, vor anderen Kriegen zurückzuschrecken, folgten auf unseren Sieg von 1967 [im Sechstagekrieg] drei weitere Kriege, die ohne unser Erreichen von Sicherheit endeten."[26] Doch ist der gegenwärtige sogenannte Friedensprozeß wirklich eine Notwendigkeit oder vielmehr eine tödliche Verblendung?

Ein israelischer Journalist verglich den „Friedensprozeß“ mit einem falschen Messias, der das Denken von Premier Jitzchak Rabin und von Außenminister Schimon Peres erobert und einen großen Teil des weltweiten Judentums hypnotisiert hat. Er schrieb kürzlich:

> Unsere arabischen Pseudopartner wissen, daß die Rabin & Peres GmbH jüdische Geschichte und jüdische Sehnsüchte leugnet; sie leugnet die Geschichte der klassischen islamischen und modernen arabischen Haltungen gegenüber Juden und Judentum allgemein und gegenüber der jüdischen Staatshoheit insbesondere, und sie läßt sich von gelegentlichem arabischen Lächeln selber hypnotisicren.
>
> Die Rabin & Peres GmbH ignoriert ebenfalls die lange Geschichte arabischer Staatsmänner, die geschickte Beherrscher der im islamischen religiösen Denken verwurzelten Kunst waren, den Feind gleichzeitig anzulächeln und zu belügen, um ihn zu überraschen, von seinen Zielen abzulenken, zu schwächen und zu vernichten.
>
> Die Rabin & Peres GmbH führt den jüdischen Staat quer durch die Wüste muslimisch-arabischen Hasses zu einem Fata Morgana-Land, bei deren Bezeichnung als „Neuer Naher Osten“ unser Außenminister anscheinend in Entzückung gerät.
>
> Mit Genuß hegen unsere besagten arabischen Partner den Gedanken, daß, ob diese allgemeine Täuschung nun scheinbar auf festem Grund oder auf Wasser steht, diese Fata Morgana über einem Abgrund schwebt, am Rande der Klippe, und jeder Schritt nach vorn uns dem Ende näher bringt, und, schließlich, Gott behüte, über den Rand und in den Abgrund stürzt.[27]

Mittlerweile sollte klar sein, daß der sogenannte Friedensprozeß ein Schwindel ist, der auf lange Sicht nur zum Krieg führen kann. Während die Israelis in ihrem Wunsch nach friedlicher Koexistenz mit ihren arabischen Nachbarn aufrichtig sind, haben sich die letzteren der Vernichtung des israelischen Staates, gleich welcher Ausmaße, verschworen, weil sie seine Existenz für grundsätzlich unberechtigt halten. Die Abkommen von Oslo und Kairo sind lediglich Schritte hin auf die letztendliche Vernichtung des Staates Israel. In einem Leitartikel der *Jerusalem Post* war kürzlich zu lesen:

> Solange die Gefahr islamischen Kriegsgeistes droht, ist alles Reden über eine positive, bedeutende Veränderung der Haltung von Arabern und Muslimen gegenüber Israel leichtsinnig und gefährlich voreilig.[28]

Auch Israel hat Schuld

Wir können aber nicht die gesamte Schuld den Arabern zuschieben. Israel hat die gegenwärtigen unmöglichen Umstände durch seinen Unglauben und Ungehorsam selbst auf sich herabbeschworen. Die meisten der weltweiten Juden haben zwar einen Sinn für Tradition, doch nur ein kleiner Bruchteil von ihnen glaubt wirklich an die Bibel als Gottes Wort. Und ein noch kleinerer Bruchteil glaubt, daß Jahwe, der Gott Israels und einzig wahre Gott, das Land Israel persönlich seinem „auserwähltem Volk" *auf ewig* gegeben hat – und daß sie dieses Volk sind. Und ein noch kleinerer und nur winziger Bruchteil glaubt buchstäblich, daß die Grenzen des ihnen gegebenen Landes in 1. Mose 15,18-21 beschrieben sind [„vom Strom Ägyptens an bis zum ... Euphratstrom" usw.].

Wir haben bereits den Anspruch der Bibel dargelegt, daß dieses Land von Gott Israel *auf ewig* verheißen wurde. Es sollte niemals verkauft, und schon gar nicht abgeben werden. Gott war der Eine, der das Land durch seine Gnade und Macht an Israel geben würde. Israel würde es durch seine eigene Macht oder Schlauheit weder erlangen noch behalten, doch wenn es seinem Herrn gehorchen würde, dann würde er es beschützen.

Es ist klar, daß das moderne Israel wie seine Vorfahren die Thora nicht nur in moralischer Hinsicht, sondern auch bezüglich des heiligen Landes verletzt hat. In Ungehorsam und Unglauben tauscht Israel, anstatt auf Gottes Verheißung und Bewahrung zu vertrauen, Land gegen „Frieden". Einen Teil des „Gelobten Landes" hat es für einen Friedensvertrag mit diesem Land an Ägypten zurückgegeben; gegenwärtig gibt es gegen Frieden Land an die terroristische Organisation PLO ab; unlängst gab es im Tausch gegen versprochene verbesserte Beziehungen Land an den Nachbarn Jordanien ab, und es ist dabei, einen Handel auszuarbeiten, um die strategisch wichtigen Golan-Höhen im Tausch gegen ein Friedensversprechen an den eingeschworenen Feind Syrien zurückzugeben.

Offensichtlich vertraut Gottes „auserwähltes Volk" nicht auf den Herrn, der gesagt hat, er werde sie in das Land bringen und sie schützen und stärken. Seitens der Führer Israels ist anscheinend absolut kein Glaube an Gottes Verheißungen vorhanden. Sie bräuchten keine Verhandlungen mit jemand zu führen, wenn sie nur Gott und seinem Wort treu blieben. Leider werden sie die Folgen ihres Ungehorsams und Unglaubens zu tragen haben.

„Frieden", Zerstörung und Gebet

Die Welt verlangt nach „Frieden", und sie wird ihn bekommen. Der Grund, weshalb dieser Frieden nicht andauern, sondern schließlich zu weltweiter Zerstörung führen wird, liegt auf der Hand. Die Politik der USA und anderer westlicher Staaten gegenüber Israel ignoriert die Tatsache, daß die Juden Gottes auserwähltes Volk sind und das Land Israel ihr rechtmäßiges Erbe ist. Im Westen bekennen zwar viele Menschen, und sogar einige Staatsmänner, Christen zu sein, doch was die Bibel so deutlich über den Nahen Osten sagt, wird als unausführbar ignoriert.

Wir bewegen uns jedoch genau auf das zu, wovon die Bibel voraussagt, daß es eintreten wird. Es ist der Weg in die Katastrophe, nach Harmagedon, doch dieser Weg führt über zeitweiligen Frieden. „Wenn sie sagen: Frieden und Sicherheit! dann kommt ein plötzliches Verderben über sie", schrieb Paulus. Aus dieser Aussage lernen wir, daß die Welt erst einen Punkt erreichen muß, an dem sie glaubt, nun sei Frieden erlangt – und dieser Frieden muß natürlich den Nahen Osten miteinschließen. Jahrhunderte zuvor hatte Daniel, inspiriert vom Heiligen Geist, geschrieben, daß der Antichrist durch *Frieden* viele vernichten wird. Das wird offenbar kein echter Friede sein, sondern ein Pseudofriede, der Israels Verteidigung und strategischen Schutz schwächt, es so zur Vernichtung verwundbar macht und seine Feinde zum Angriff ermutigt.

Gottes Verheißung an Abraham ist immer noch in Kraft: „Ich will segnen, die dich segnen, und wer dir flucht, den werde ich verfluchen" (1. Mose 12,3). Seit seiner Niederlage im Golfkrieg und den nachfolgenden dem Irak auferlegten Boykott weiß Saddam Hussein, wenn auch noch nicht in dem vollen Maß wie Hitler, was das heißt.

Laßt uns alles in unserer Macht Stehende tun, um im Gehorsam gegenüber Gott Israel zu segnen. Dieses kleine Land braucht unser Gebet. Und es wird in zukünftigen Tagen sicherlich noch weiter schrumpfen, wenn die Araber ihren Palästinenserstaat bekommen und die Israelis untereinander darüber streiten, wie sie auf den weltweiten Druck, gefährliche Zugeständnisse zu machen, reagieren sollen. Und laßt uns weiterhin, wie Gott befohlen hat, bei ihm „Frieden für Jerusalem" erbitten (Psalm 122,6).

Jerusalem

Siehe, ich mache Jerusalem zu einer Taumelschale für alle Völker ringsum. Und auch über Juda: Es wird in Bedrängnis geraten zusammen mit Jerusalem. Und es wird geschehen an jenem Tag, da mache ich Jerusalem zu einem Stemmstein für alle Völker: alle, die ihn hochstemmen wollen, werden sich wund reißen. Und alle Nationen der Erde werden sich gegen es versammeln …

An jenem Tag mache ich [Jahwe] die Fürsten von Juda einem Feuerbecken unter Holzstücken und einer Feuerfackel unter Garben gleich; und sie werden zur Rechten und zur Linken alle Völker ringsum verzehren … An jenem Tag wird der HERR die Bewohner von Jerusalem beschirmen; und der Stürzende unter ihnen wird an jenem Tag wie David sein … an jenem Tag, da trachte ich [Jahwe] danach, alle Nationen zu vernichten, die gegen Jerusalem herankommen.

Sacharja 12,2-3.6.8-9

Denn dann wird große Bedrängnis sein, wie sie von Anfang der Welt bis jetzt nicht gewesen ist und auch nie sein wird. Und wenn jene Tage nicht verkürzt würden, so würde kein Fleisch gerettet werden; aber um der Auserwählten willen werden jene Tage verkürzt werden.

Matthäus 24,21-22

Dann werde ich alle Nationen versammeln und sie ins Tal Joschafat hinabführen. Und ich werde dort mit ihnen ins Gericht gehen wegen meines Volkes und meines Erbteils Israel, das sie unter die Nationen zerstreut haben. Und mein Land haben sie geteilt …

Joel 4,2

Spielball der Völker

16

Eine Taumelschale

Nachdem das jüdische Volk 2500 Jahre lang unter alle Völker der Welt zerstreut war, gehaßt, gejagt, verfolgt und ständig Gegenstand systematischster Völkermordversuche, hat es Gottes Verheißung zufolge als identifizierbare ethnische und nationale Volksgruppe überlebt und ist in sein altes Land zurückgekehrt. Allein das ist Wunder genug, doch die Propheten hatten noch mehr zu sagen: daß in den letzten Tagen unmittelbar vor der Wiederkunft des Messias die Stadt Jerusalem eine „Taumelschale" und ein „Stemmstein" für alle Völker der Erde sein würde. Wir haben bereits eine Reihe in unserer Zeit schon erfüllter Prophezeiungen dargelegt, doch diese ist zweifellos die erstaunlichste von allen.

In der Erfüllung der weiter oben dargelegten Prophezeiungen sehen wir Wunder, die niemand abstreiten kann. Die täglichen Nachrichten geben uns zu denken, daß die Prophezeiungen über Israel als „Taumelschale" und „Stemmstein für alle Völker" derzeit im Begriff stehen, verwirklicht zu werden. Man neigt zu hoffen, daß die übrigen Prophezeiungen einer großen Bedrängnis und einer Versammlung aller Nationen der Erde zur gemeinsamen Zerstörung Jerusalems nicht in Erfüllung gehen. Doch die hundertprozentige Genauigkeit biblischer Prophetie hinsichtlich der bereits eingetroffenen Vergangenheit warnt uns, daß die noch zukünftigen Ereignisse ebenso sicher stattfinden müssen. Man müßte wirklich blind sein, um nicht zu erkennen, daß wir Kurs in diese Richtung halten.

Es stimmt, daß seit über 20 Jahren kein richtiger Krieg mehr Jerusalem heimgesucht hat. In der übrigen Welt von Bosnien über Afrika bis Südostasien gibt es genug andere Brennpunkte, als daß gerade Jerusalem im Blickpunkt stehen müßte. Auch andernorts werden die Kriege „Völkergruppe [griech. *ethnos*] gegen Völkergruppe" (Matthäus 24,7; Markus 13,8; Lukas 21,10) geführt und stellen eine große Gefahr für die Welt dar. Dennoch ist Jerusalem zweifellos der schwerste Mühlstein um den Hals der UNO. Was soll man mit dieser Stadt und dem Staat Israel tun? Dieses drängende Problem muß gelöst werden, will man den Ausbruch des zerstörerischsten Krieges der Weltgeschichte verhindern.

Eine schockierende Einsicht

Während die PLO über Frieden mit Israel *redet*, sprechen ihre Taten lauter als Worte. Im vorigen Kapitel haben wir einige Verfügungen der 1968er PLO-Charta angeführt, die zur Vernichtung des Staates Israel aufrufen und deren Aufhebung Jassir Arafat versprochen hat. Statt dessen hat „die PLO eine neue Version ihrer Charta vorbereitet, und diese ist nicht minder verwerflich als das Original".[1] Diese neue, offizielle Version wurde im März 1995 vom Ministerium für Information der Palästinensischen Autonomiebehörde in Englisch und Arabisch veröffentlicht. Doch anstelle einer Bewegung in die von Arafat versprochene Richtung bestätigt und bekräftigt sie nur in noch deutlicheren und härteren Worten alles, was die 1968er Charta erklärte. Hier einige Auszüge aus dieser neuen Version:

> Die Resolution über die Teilung Palästinas von 1947 diente nur zur Ergänzung der von der britischen Mandatsregierung erlassenen ungerechten Gesetze und Militärverordnungen. Das palästinensische Volk hat die Balfour-Erklärung zu keiner Zeit akzeptiert. Mit dieser Erklärung versprach Großbritannien, den Juden Land zu geben, welches ihm [England] nicht gehörte, damit ein jüdischer Staat gegründet würde, was ein illegales und moralisch unannehmbares Unterfangen war.
>
> Die Teilung Palästinas war ebenso unbegründet und illegal, weil dazu nicht die Mehrheit der Palästinenser zu Rate gezogen worden war, die damals Schätzungen zufolge 90% der Gesamtbevölkerung ausmachten …
>
> Ziel der Zionistischen Bewegung war bei diesen Schritten die Gründung ihres eigenen Staates auf Kosten der ursprünglichen Bewohner Palästinas. Die Juden verwarfen alle arabischen Appelle zu friedlichem Zusammenleben und zu einer autonomen Regierung in Palästina und Jordanien. Alle arabischen und internationalen Versuche, mit denen man die Juden davon überzeugen wollte, eine autonome Regierung in Palästina zu akzeptieren, waren zum Scheitern verurteilt.[2]

Die Araber sind die „*ursprünglichen* Bewohner Palästinas"? Die Juden „verwarfen alle arabischen Appelle zu friedlichem Zusammenleben" und zu palästinensischer Autonomie? Den Palästinensern wurde 82% des Landes zugeteilt. Sie hatten ihren palästinensischen Staat. Es waren nicht die Juden, die die Araber angriffen, sondern die Araber griffen die Juden an. Wie ist es möglich, eine vernünftige Diskussion mit denen zu führen, die in so dreister Weise die Wahrheit mißachten?

Eine der derzeitigen Täuschungen ist die vermittelte falsche Vorstellung, die Klage der Palästinenser gegen die Juden beschränke sich auf die sogenannten „besetzten" Gebiete, das Westjordanland und den Gaza-Streifen. Wahrheit ist, daß die Araber tatsächlich das gesamte Land Israel wiedergewinnen wollen. Das wird in der neuen Version genau wie in der alten immer wieder deutlich gemacht. Lesen wir den folgenden Kommentar zu den oben angeführten Zeilen:

> Angesichts der obigen Fakten und Zahlen ist es nunmehr offensichtlich, daß der palästinensische Flüchtling zutiefst mit seinem Land verwurzelt ist – ein Land, daß er gezwungenerweise verlassen und gegen ein Leben in Lagern eintauschen mußte.
>
> Der palästinensische Flüchtling hat in über *vier Jahrzehnten israelischer Besatzung* seine unerschütterliche Überzeugung gezeigt, daß er zu seinen legitimen Rechten kommen wird [Hervorhebungen zugefügt].[3]

Die Aussage könnte nicht deutlicher sein. Die neue PLO-Charta nimmt nicht von den zur Vernichtung des Staates Israel aufrufenden Artikeln der 1968er Version Abstand, sondern argumentiert nur noch ausdrücklicher auf dasselbe Ziel hin. Zeev Begin, ein Mitglied der Likud-Partei in der israelischen Knesset, erklärte in einem Kommentar zu dieser neuen Charta: „Judäa, Samaria und Gaza stehen seit weniger als drei Jahrzehnten unter israelischer Kontrolle. Doch für die PLO ist es der Staat Israel mit seinen Grenzen von 1949, der ‚in über vier Jahrzehnten israelischer Besatzung' Unrecht verübt hat. Was die PLO betrifft, muß ein derartiges Unrecht abgeschafft werden, und das Oslo-Abkommen ist nur eine Stufe im Kampf für dieses Ziel."[4]

Die Tatsache, daß seit Beginn des sogenannten „Friedensprozesses" 5000 bis 10.000 Palästinenser aus PLO und Hamas geflüchtet und nach Israel gezogen sind, verschafft uns einen Einblick in die Verlogenheit des PLO-Friedensabkommens. Die meisten dieser Palästinenser sind israelische Bürger geworden und finden in ganz Israel Unterschlupf. Diese sogenannten „Kollaborateure" haben Jahre vor dem Oslo-Abkommen einen wirklichen Friedenspakt mit Israel geschlossen und werden nun von ihren arabischen Volksgenossen gejagt, obwohl in diesem Abkommen eine Verfügung enthalten ist, die diese

„Kollaborateure" freispricht. Die Wirklichkeit hat man wie folgt zusammengefaßt:

> Seit dem Oslo-Abkommen vor 18 Monaten sind mindestens 73 angebliche Kollaborateure umgebracht worden [einige von ihren eigenen Familien] … Seit dem Beginn der Intifada vor sieben Jahren sind über 830 Personen als angebliche Kollaborateure ums Leben gekommen.
>
> Einige Israelis sind besorgt, die Nähe der gefährdeten Überläufer aus den Gebieten im Staat gefährde nun auch sie. „Was ist, wenn sich der 18jährige Sohn eines Kollaborateurs entschließt, seinen Namen durch Mord an einem Juden zu reinigen?" fragte ein Jerusalemer Bürger, bei dem eine solche Familie anonym im selben Haus wohnt. „Was ist, wenn die Hamas einen Anschlag auf den Kindergarten verübt, den das Kind eines verdächtigten Kollaborateurs besucht?" fragte ein Elternrat in Afula …
>
> „Wenn ich auf einer Baustelle arbeite und einer der arabischen Arbeiter erkennt mich, dann bin ich erledigt", [sagt ein „Kollaborateur", der von Jericho nach Jerusalem gezogen ist].[5]

Teilung des „Gelobten Landes"

Die Welt glaubt natürlich, das Ziel der PLO sei ein wirklicher Frieden und die Vereinten Nationen täten, was sie könnten, um die Parteien dahin zu bringen. Leider gehen die Nationen der Welt an die Aufrichtung des Friedens in falscher Weise heran und machen es wieder einmal gerade so, wie die Bibel sagt, daß es geschehen wird. Gott hat Israel ein „Gelobtes Land" gegeben, doch die Araber und die übrigen Nationen der Welt werden dem nicht zustimmen. Anstatt Israel Besitzrecht über das ihm von Gott zugeteilte Land anzuerkennen, teilen die Nationen der Welt, Gott zum Trotz, das Land Israel auf – das Land, von dem Gott sagte, daß es nicht geteilt werden soll.

Sacharja sagte voraus, daß Jerusalem ein Stemmstein für alle Nationen der Erde werden wird (Kap. 12,3). Bedenken wir: Wer hätte sich zu der Zeit, als das Alte Testament geschrieben wurde, vorstellen können, daß alle Nationen der Welt an der Entscheidung über das Schicksal Jerusalems beteiligt sind? Das wäre bis zur Gründung des Völkerbundes nach dem Ersten Weltkrieg und dessen Nachfolgerin, der UNO, nach dem Zweiten Weltkrieg undenkbar gewesen. Und diese Beteiligung aller Nationen bei der Aufteilung Israels ist genau wie vorhergesagt eingetreten und steht immer noch im Begriff, sich zu bewahrheiten. Das letzte Wort dabei, „das Land zum Lohn auszuteilen" (Daniel 11,39), wird der Antichrist selbst haben.

Wir erinnern uns, daß es die Vereinten Nationen waren, die im November 1947 die Teilung des „Landes Palästina" beschlossen, wie sie es nannten [nicht das „Land Israel", wie die Bibel es nennt], und Israel nur ein kleines Stückchen davon gaben, anstatt des Teils, den Gott dem Volk verheißen hatte. Die neue und kleine Nation Israel wurde sofort von übermächtigen arabischen Streitkräften in kriegerischer Absicht angegriffen. Wie bereits dargelegt, verteidigte Israel sich damals gegen die drohende Auslöschung, und in einer Reihe späterer Kriege, die zur Erhaltung seiner nackten Existenz gefochten wurden, nahm Israel zusätzliche Gebiete wegen ihrer strategischen Bedeutung für die Selbstverteidigung ein. Wegen der beständigen Angst vor Überraschungsangriffen durch die arabischen Nachbarn, die ihm weiterhin mit Vernichtung drohten, brauchte es dieses Land unbedingt.

Die Vereinten Nationen forderten jedesmal unverzüglich die Rückgabe des von Israel eingenommenen Landes. Nach dem Sechstagekrieg verabschiedete der UN-Sicherheitsrat einstimmig die Resolution 242. Darin wurde Israel zu Rückgabe der eroberten Gebiete im Tausch gegen Anerkennung des Rechts Israels auf ein Leben in Frieden seitens der Araber aufgefordert, doch die Araber verweigerten diese Anerkennung. Nach dem 1973er Jom-Kippur-Krieg wurde die Resolution 338 erlassen, die wiederum die Araber zur Anerkennung des Existenzrechts Israels aufrief sowie Israel zur Anerkennung des Rechts der Palästinenser auf eine Form von Selbstbestimmung in zumindest einem Teil ihres Heimatlandes.

Verständlicherweise war Israel nicht bereit, den UN-Forderungen nachzukommen, solange seine Nachbarn sein Recht verweigerten, in Frieden unter ihnen zu leben, und ihm weiterhin mit Auslöschung drohten. Als Teil des Friedensabkommens mit Ägypten gab Israel Land an diesen Staat zurück, händigte Anfang 1995 Land an Jordanien aus und steht nun im Begriff, den Palästinensern weiteres Land zu geben. Artikel I der „Prinzipienerklärung zur Interim-Autonomie-Vereinbarung" zwischen Israel und der PLO besagt:

> Es versteht sich, daß die Interim-Vereinbarungen integraler Bestandteil des ganzen Friedensprozesses sind, und daß die Verhand-

lungen über den dauerhaften Status zur Durchsetzung der Sicherheitsrat-Resolutionen 242 und 338 führen werden.[6]

Die Prophezeiungen über Israel stehen seit Jahrtausenden in der Bibel. Die Bibel wird täglich von Tausenden Christen gelesen und jeden Sonntag in Tausenden Kirchen rund um die Welt vorgelesen. Viele Mitglieder des US-Kongresses, militärische Führungspersönlichkeiten und sogar einige Köpfe der UNO und NATO behaupten, an die Bibel zu glauben. Dennoch fahren die Nationen der Welt, wie von den Propheten vorausgesagt und Gott und seinem Wort zum Trotz, mit der Teilung des Landes Israel fort. Es ist, als gingen sie das Wagnis ein, von Gott gerichtet zu werden – und das wird er mit Sicherheit tun, und zwar exakt in der Weise, wie seine Propheten es ankündigten.

Alle an dieser unbiblischen Landaufteilung beteiligten Parteien, einschließlich Israels selbst wegen seiner Zustimmung, werden ernstliche Strafe erleiden. Das sagen die Propheten. Wir wollen damit nicht sagen, die Araber oder Palästinenser sollten das Land verlassen; das muß nicht die Absicht Israels sein. Was die Bibel sagt, ist lediglich, daß das von Gott an Israel gegebene Land unter der *Herrschaft* Israels stehen und offen für jüdische Einwanderer aus aller Welt sein soll, die sich dem zunehmenden Antisemitismus ausgeliefert sehen und einer Zufluchtsstätte bedürfen.

Keine rein rationale Erklärung

Um zu verstehen, wie erstaunlich diese Prophezeiungen sind, muß man zunächst bedenken, daß vor 2500 Jahren, als Sacharja unter der Inspiration Gottes Jerusalem als „Taumelschale" und „Stemmstein" bezeichnete, diese alte Hauptstadt Israels, umgeben von einer wüsten Einöde, in Schutt und Asche lag. Jahrhundertelang blieb sie verwüstet, und für die Juden erlangte sie, selbst als sie wiederaufgebaut war, niemals den früheren Glanz zurück. Nur ein Prophet, der vom wahren, die Zukunft kennenden Gott inspiriert wurde konnte eine solche Voraussage über Jerusalems zentrale Rolle für die heutige Suche nach Frieden treffen! Das wäre selbst vor 50 Jahren noch eine höchst erstaunliche Prophezeiung gewesen. Für diese Voraussage kann man noch nicht einmal auf der Grundlage heute verfügbarer Information eine rationale Erklärung finden.

Jerusalem hat nur wenig wirtschaftliche oder wissenschaftliche Bedeutung. Sie weist weder eine strategische Lage noch Bodenschätze, noch ungewöhnliche Schönheit [im Vergleich zu anderen Städten] auf, um Touristen anzuziehen. Die beiden Disneylands in Kalifornien und Florida ziehen jährlich jeweils weit mehr Touristen an [wie auch mehrere römisch-katholische Marienwallfahrtsorte], als das ganze Land Israel. Dennoch richtet die ganze heutige Welt mit ihren 5,6 Milliarden Menschen, genau wie von Sacharja vorausgesagt, ihre Augen in Furcht und Zittern auf Jerusalem, weil sie weiß, daß der Grund des nächsten Weltkriegs, sollte er ausbrechen, diese scheinbar unbedeutende Hauptstadt eines der kleinsten Länder der Erde sein wird. Eine schier unglaubliche Prophezeiung geht vor unseren Augen in Erfüllung!

Ein verzehrendes Feuer

Noch bemerkenswerter war Sacharjas Erklärung, *weshalb* Jerusalem zu einer Taumelschale werden sollte: „An jenem Tag mache ich die Fürsten von Juda einem Feuerbecken unter Holzstücken und einer Feuerfackel unter Garben gleich; und sie werden zur Rechten und zur Linken alle Völker ringsum verzehren … An jenem Tag wird der Herr die Bewohner von Jerusalem beschirmen; und der Stürzende unter ihnen wird an jenem Tag wie David sein …“ (Sacharja 12,6.8).

Wäre Israel eine leichte Beute, dann wäre Jerusalem keine „Taumelschale“. Aber dieses kleine Land hat die zahlenmäßig weit überlegenen und von der Sowjetmacht unterstützten arabischen Streitkräfte wiederholt und entschieden geschlagen und den Arabern somit – wie auch dem Rest der Welt – keine andere Möglichkeit gegeben, als Verhandlungen zu führen.

Man kann nicht abstreiten, daß dieses kleine Israel für die umliegenden Nationen, wie von Sacharja vorausgesagt, wie ein verzehrendes Feuer war und ist, und das trotz anscheinend unüberwindlicher Schwierigkeiten. Im Gegensatz zu den USA, der mächtigsten Nation der Welt [deren Rettungsversuch ihrer Geiseln im Iran zu einem peinlichen Debakel wurde], brachte Israel seine Geiseln unter Verlust von nur einem Menschenleben erfolgreich und entschlossen mitten aus Afrika zurück. Als der Irak an einer Atomwaffe baute, schickte Israel zum Selbstschutz Kampfflugzeuge dorthin und zerbombte die atomaren Hoffnungen des Iraks zu Asche. Georg Will sagte dazu: „Der Westen sollte dankbar an den in der Geschichte einzigartigen, sehr wirksamen und wohltätigen Einsatz zur Waffenkontrolle zurückdenken, nämlich das Zerbomben des in Entwicklung befindlichen Atomwaffenprogramms des Iraks im Jahr 1981."

Bei einer Luftschlacht wurden etwa 200 syrische MIG-Kampfflugzeuge abgeschossen, während Israel nur eine Handvoll verlor. In den Kriegen mit seinen Nachbarn hätten Israels Luftwaffe ohne Zweifel Kairo und Damaskus bombardieren und Israels Armee diese Städte einnehmen können, hätten sie das gewollt. Die Araber mußten auf schmerzliche Weise erfahren, daß Sacharjas unglaubliche Ankündigung von vor 2500 Jahren wahr geworden ist und sie nun verfolgt. Sie haben tatsächlich ein „verzehrendes Feuer" in ihrer Mitte, das weder Allah noch die vereinten arabischen Streitkräfte unter Kontrolle haben.

Da sie die Aussagen der alttestamentlichen Propheten verworfen haben, bleiben den Arabern als einzige Strategie Ausflüchte und falsche Friedensversprechungen. Damit bereiten sie den einen letzten Angriff zur Vernichtung Israels vor, der beginnen soll, sobald die Zeit reif ist. Und zu dieser Zeit wird, wie wir noch sehen werden, die ganze Welt sich unter der Führerschaft des Antichristen mit den Arabern zu der endgültigen Durchführung der „Endlösung" der Judenfrage verbünden.

Das militärische Ungleichgewicht

Wenn man sich die Statistiken über das militärische Ungleichgewicht im Nahen Osten ansieht, erscheint es wiederum unsinnig, daß Israel jemals siegreich gewesen sein soll, geschweige denn, daß es heute den Nationen der Welt eine „Taumelschale" und seinen arabischen Nachbarn ein „verzehrendes Feuer" sein sollte. Gegenwärtig wird die zahlenmäßige Stärke der regulären Streitkräfte und Reservisten Israels, insgesamt etwa 500.000, von den arabischen Streitkräften mit deren nahezu 2.500.000 Mann im Verhältnis 5:1 übertroffen. Israels 3850 Panzern stehen 15.000 arabische Panzer gegenüber, ein Verhältnis von 4:1. In der Gegenüberstellung von Raketen und ferngesteuerten Geschossen wird Israel im Verhältnis 20:1 übertroffen, und die Zahl der arabischen Kampfflugzeuge übertrifft die israelische um mehr als 3:1 [2.350 gegenüber 750].[7]

Auf der Grundlage dieser Zahlen sollte es für die Araber mit den Tausenden sowjetischer Militärexperten, die sie trainieren und beraten, ein Leichtes gewesen sein, Israel zu bezwingen. Aber sie vermochten es nicht. Dieses winzige Land verfügt über die drittmächtigste Streitkraft der Welt und zweifellos über die schlagkräftigste und leistungsfähigste.

Die frühere Sowjetunion machte sich bestimmt nichts aus Israel, ebenso wie die USA Israel sicherlich nicht auf eigene Faust an sich binden wollten. Israel ist wirklich ein „Feuerbecken unter Holzstücken" und imstande, alle benachbarten Nationen zu verschlingen, wie es die biblischen Propheten voraussagten.

Es ist die Schlagkraft der Israelischen Verteidigungskräfte [IDF], die die Region stabilisiert und die Araber an den Verhandlungstisch gezwungen hat. Israel wird des Sechstagekrieges von 1967 bezichtigt; Tatsache ist jedoch, daß es einen vorausgreifenden Schlag ausgeführt hat, weil ihm unmittelbar ein Angriff von allen Seiten bevorstand. „In den vier dem Sechstagekrieg vorausgehenden Monaten griff Gamal Nasser Israel 37 mal an, während die Syrer von ihren perfekten militärischen Standorten auf den Golan-Höhen aus israelische Traktoren am Ufer des Sees Genezareth beschossen. Durch seinen Erfolg ermutigt legte Nasser die israelische Schiffahrt durch die internationale Straße von Tiran lahm ..."[8] Israel hatte keine andere Wahl, als die Araber zu überraschen, bevor sie ihren durchgeplanten Schlag ausführen konnten.

Der atomare Faktor

Ein weiterer Grund dafür, daß Jerusalem der gesamten heutigen Welt zu einer „Taumelschale" wird, ist Israels atomares Potential. Was genau dieses Potential ist, bleibt ein Geheimnis, doch niemand bezweifelt, daß es zum Einsatz im Bedarfsfall bereitsteht. Dieser Umstand verschafft uns weitere Einsicht in Sacharjas Prophezeiung über Israel als verzehrendes Feuer! Infolge seines atomaren Potentials steht Israel unter Druck, mit den anderen Ländern dieser Region einen Atomwaffensperrvertrag zu unterzeichnen. Syrien hat gedroht, keinen Friedensvertrag mit Israel zu unterzeichnen, solange Israel nicht zuerst den Atompakt unterzeichnet. Auch Ägypten hat Israel dahingehend unter Druck gesetzt. Der ägyptische Präsident Hosni Mubarak sagte Anfang 1995: „Wenn wir ein Abkommen [Atomwaffensperrvertrag] unterzeichnen sollen, dann müssen wir alle [einschließlich Israel] unterzeichnen."[9]

Diese Aussage entspricht Präsident Mubaraks jüngster Hardliner-Position in der Zusammenarbeit mit Syriens Präsident Assad. Mubarak und Assad hatten im November 1993 in Damaskus ein geheimes Treffen, welches westliche Geheimdienste „jetzt als die wichtigste Begegnung zwischen diesen beiden Ländern seit dem Jom-Kippur-Krieg ansehen", der 20 Jahre zurücklag. Ägypten und Syrien sind bestrebt, der arabischen Welt eine neue Führerschaft zu bringen, und schmieden „neue Allianzen mit Europa, Japan, China und Rußland". Das Ergebnis war eine Verhärtung der syrischen Position in den Verhandlungen mit Israel.[10]

Aus offensichtlichen Gründen verweigert Israel die Aufgabe seines atomaren Potentials, solange die arabischen Nachbarn nicht sein Existenzrecht anerkannt haben und geloben, mit ihm in Frieden zu leben. Als Rabin Ende März 1995 bei einer Pressekonferenz anläßlich des Israelbesuchs des amerikanischen Vizepräsidenten Al Gore neben diesem stand, erklärte der israelische Premier, daß Israel „sich nur dann auf Verhandlungen über eine atomwaffenfreie Zone im Nahen Osten einläßt, wenn es mit allen arabischen Nachbarn und dem Iran Friedensverträge unterzeichnet hat". Gore bezeichnete diese Entscheidung als berechtigt.[11]

Für Israels Widerstreben, seine Verteidigungskräfte zu schwächen, liegen noch weitere Gründe vor. Die arabischen Länder sind bisher nicht gerade für Aufrichtigkeit bekannt. Der Islam erlaubt Lüge und Betrug um Allahs Willen, und es gibt kein größeres islamisches Anliegen als die Vernichtung Israels. Außerdem ist es nicht einfach zu überwachen, ob ein Land ein Atomwaffenverbot einhält. Trotz eines ganzen Teams aus den Siegermächten des Golfkriegs, das zahlreiche Vor-Ort-Inspektionen im Irak vorgenommen hat, ist immer noch niemand sicher, ob der Irak nicht doch ein geheimes Atomwaffenprogramm verfolgt, das bisher der Aufspürung entgangen ist.

Die Bedrohung vom Iran

Der Iran stellt im Nahen und Mittleren Osten eine noch größere Bedrohung dar als der Irak, insbesondere für Israel. Das genaue Ausmaß dieser Bedrohung ist äußerst schwierig zu bestimmen. Israel und die USA hatten kürzlich eine Debatte über dieses Problem. Aufgrund seiner Einschätzung der Bedrohung durch den Iran hat Israel um Hilfe in einer bestimmten Form gebeten, während die USA eher zur Ablehnung dieser Anfragen neigen, weil sie das Potential des Irans anders einschätzen. „CIA-Chef James Woolsey schätzte, urkundlich bezeugt vor einem Komitee des US-Senats, daß der Iran jährlich über 1 Milliarde Dollar für sein Atomwaffenprogramm ausgibt."[12] Die Israelis sind davon überzeugt, daß diese Zahl beständig steigen wird.

Die wohl beste amerikanische, auf CIA-Informationen basierende

Schätzung aus dem Jahr 1989 besagt, der Iran sei 7 bis 15 Jahre von der Entwicklung einsetzbarer eigener Atomwaffen entfernt. Tatsächlich erhält er in seinen Bemühungen noch zusätzliche Unterstützung von China, Nordkorea und Rußland sowie für militärische Zwecke verwendbare zivile Technologie aus Deutschland. Israel nimmt an, diese Hilfe werde das tödliche Datum auf Mitte 1996 vorrücken. Dann wird der Iran wahrscheinlich über einsetzbare Atombomben des Hiroschima-Typs verfügen.

Sogar US-Staatsbeamte haben zumindest zugegeben, daß „Teheran von Nordkorea die Mittelstreckenrakete Nodong erhalten hat, die Israel vom Iran aus einen Schlag versetzen kann ... [und daß] das Schmuggeln von atomarem Material aus der früheren Sowjetunion in den Iran und in andere Länder, die atomare Ambitionen haben, einfacher als erwartet ist ... [und daß] sogar ihre [der Amerikaner] Bemühungen gescheitert sind, einen Verbündeten wie Deutschland davon abzuhalten, den Iran mit dualer [sowohl zivil als auch militärisch verwendbarer] Technologie zu beliefern".[13] Weitere Informationen von Geheimdiensten deuten darauf hin, daß der Iran unter dem Schutz Nordkoreas mittlerweile selber Langstrecken-Boden-Boden-Raketen vom Typ Nodong 1 mit einer geschätzten Reichweite von über 1000 km produziert.[14]

Scud-Raketen sind in der Region seit zehn Jahren im Einsatz, und das nicht nur im Irak. Bereits im März 1985 feuerte der Iran Scud-Raketen auf den Irak, und 1988 regneten ungefähr 325 Raketen auf ein Dutzend irakische Städte, darunter 61 Scuds, die Bagdad trafen. Verhängnisvollerweise sind diese Raketen wieder in Gebrauch. Südjemen verwendete sie im Bürgerkrieg Anfang 1994, und der Iran feuerte mehrere „auf die *Mudschaheddin*, die im Norden des Iraks gegen die fundamentalistische iranische Regierung operierten". Diese jüngsten Ereignisse zeigen, daß diktatorische Regimes nicht nur fähig, sondern zunehmend bereit sind, zur Durchsetzung ihrer Politik Raketen einzusetzen.[15]

Die neue republikanische Mehrheit im Weißen Haus und im Senat hat versprochen, Schritte gegen diese Bedrohung zu unternehmen. Punkt 6 des israelischen „Pakts mit Amerika" sieht „ein Raketenabwehrsystem gegen bösartige Diktatorregimes" vor. Seit Mitte der 80er Jahre entwickelt Israel sein Arrow-Raketen-Abfangsystem, und Verpflichtungen seitens der USA sorgen für eine langfristige Finanzierung. Voraussichtlich wird das System irgendwann um 1997 einsatzfähig sein.[16]

Es erübrigt sich beinahe zu sagen, daß der Ausblick für den Nahen Osten nicht gerade ermutigend ist. Während Israels unmittelbare Nachbarn zumindest so tun, als ob sie das Existenzrecht der Juden anerkennen und sich am „Friedensprozeß" beteiligen würden, verharrt der Iran unerschütterlich in seiner Entschlossenheit, die Beleidigung Allahs und des Islam auszuradieren, die Israels bloße Existenz darstellt.

Die Israelis haben beschlossen, daß sie sehr bald, und wiederum auf eigene Faust, dem Iran einen Schlag versetzen müssen, ähnlich dem Schlag von 1981 gegen den Atomreaktor Osirak im Irak. Andernfalls wird der Iran über Waffen verfügen, mit denen er die gesamte Region bedroht. Der Preis ist hoch und das Spiel äußerst verworren.

Iran und Terrorismus

Darüber hinaus schützt und unterstützt der Iran die mit dem Segen Syriens vom Libanon aus operierenden Terrororganisationen. Israelische Befehlshaber bezeichnen die Situation bezüglich des Libanon als „einen konstanten, unablässigen Krieg. Angriffe aus dem Hinterhalt, mit Mörsern und Artillerie, Raketenbeschüsse, Anschläge auf Armeestützpunkte und Bombenexplosionen auf der Straße sind fast alltägliche Vorfälle". *Peace Watch* zufolge „forderte der Terror während der 18 Monate seit dem Unterzeichnen des Oslo-Abkommens das Leben von 123 Israelis – das sind 85% mehr als während der 18 Monate vor dem Abkommen ..."[17]

Normalerweise würde Israel den Terrorstandorten im Libanon permanent nachgehen, doch zeitweise kann es das nicht, aus Angst, daß „ein wirksamer Angriff gegen die Hisbollah die Aussichten auf ein Abkommen mit Syrien verschlechtern könnte".[18] Israel weiß sicherlich Besseres, als sich selbst eine solche Position zuzugestehen, denn Syrien würde diese Position zu seinem eigenen Vorteil ausnutzen. Wozu überhaupt Verhandlungen mit Hafis al-Assad, wenn seine wahren Motive doch bekannt sind? Man kann nur die Schlußfolgerung ziehen, daß Israel keine andere Wahl hat, auf den Druck seitens UNO, USA und Europas zu reagieren.

Der Iran stellt der Hisbollah jährlich etwa 80 Millionen Dollar und der Hamas und dem Islamischen Heiligen Krieg ungefähr jeweils 30 Millionen Dollar zur Verfügung. „Algerische und sudanesische Fundamentalisten erhalten sogar noch mehr und erfüllen die Ziele des Irans in Form von Unterminierung der Regimes [dieser Länder]", berichtet eine Quelle des israelischen Außenministeriums. Anfang Dezember 1994 besuchte US-Generalstabschef John Shalikashvili in Begleitung eines nicht namentlich genannten hohen CIA-Funktionärs Israel, um mit Ministerpräsident Rabin und Topleuten des IDF zu besprechen, wie in der scheiternden Politik weiter vorzugehen sei. Die Israelis legten den USA in deutlichen Worten dar, daß der Iran um jeden Preis aufgehalten werden muß, bevor er den gesamten Nahen Osten vollends destabilisiert.

Die jüngste Aktion des Irans war der Einsatz 6000 Mann starker mit Anti-Schiff-Raketen bewaffneter Truppen auf den Inseln in der Straße von Hormus, durch die ein großer Teil der Ölversorgung der Welt passieren muß. Diese Truppen wurden zusätzlich mit chemischen Waffen ausgerüstet, was ein weiteres verdächtiges Zeichen ist. Ein kürzlich erschienener Leitartikel in der *Jerusalem Post* hatte über die Rolle des Irans folgendes zu sagen:

> Wie einst die junge UdSSR, die durch Übernahme von Protektion der „Unterdrückten" der Welt Revolution exportierte, so exportiert Teheran islamischen Kriegsgeist durch vorgetäuschtes Aufrechterhalten der Integrität des Islam und Eintreten für die Anliegen der muslimischen Massen. Die Hingabe und Leidenschaft, die er seinen Anhängern eingeflößt hat, ähnelt sehr dem Eifer, den der frühe Kommunismus bei seinen Anhängern erweckte.
>
> Und, genau wie die Kommunisten, glauben auch die Iran-geführten islamischen Kämpfer, ihr Ziel heilige alle Mittel. Sogar Libyens Muammar Gadhafi und Jassir Arafat von der PLO sind nicht für soviel Blutvergießen verantwortlich, wie die [iranischen] Ayatollahs. Allein Saddam Hussein und Hafis al-Assad sind darin würdige Mitstreiter …
>
> Und wenngleich derart grandiose Träume globalen Einflusses an diesem Punkt lächerlich erscheinen mögen, ist es doch eine Tatsache, daß Algerien in den Wehen eines Bürgerkrieges liegt, dessen Ergebnis sehr wohl der Triumph der militanten Fundamentalisten sein könnte. Auch andere nordafrikanische Länder, von Marokko bis Ägypten, sind gegen Entwicklungen in dieselbe Richtung nicht immun.
>
> Ebenso als Hauptsitz des internationalen Terrorismus hat der Iran den Mantel der Sowjetunion geerbt. Durch Hisbollah und Hamas [die beide von Teheran finanziert werden] und mit Hilfe von Fanatikern in großen muslimischen Zentren [weltweit], erstreckt sich der lange Arm des islamischen Kampfgeistes im Grunde genommen bereits bis in alle westlichen Städte. Die verschiedenen Anschläge im Westen in den vergangenen zwei Jahren – auf die israelische Botschaft und das jüdische Zentrum in Buenos Aires, auf das World-

Trade-Center in New York sowie auf die israelische Botschaft und das jüdische Zentrum in London – waren allesamt Operationen von Iran-gesponsertem Terrorismus.[19]

Der Iran verfolgt zwei grundsätzliche Ziele: den Aufbau seines Militärs zur dominierenden Macht der Region und damit das Ausfüllen des Vakuums, das durch die Golfkrieg-Niederlage des Iraks entstanden ist, sowie „die Kontrolle der Ölpolitik am Golf, aus welchem Grund der Iran von den Golfstaaten, insbesondere von Saudi-Arabien, als Bedrohung empfunden wird".[20] Die wichtigsten Waffenlieferanten des Irans sind Rußland, die frühere Tschechoslowakei und Polen, die alle dringend harte Währung benötigen und diese aus solchen Verkäufen erlangen.

In der Februar-94-Ausgabe von *Foreign Affairs* rief Anthony Lake, US-Präsident Clintons nationaler Sicherheitsberater, zur Einführung einer „dualen Enthaltungspolitik" auf, um sowohl Irak als auch Iran gleichzeitig zu zügeln. An den früheren Präsidenten Reagan und Bush übte er Kritik, weil sie versucht hatten, durch „Gemäßigte" im Iran Einfluß zu nehmen, wo ein Leben für solche unmöglich war. „Dieselben ‚Gemäßigten' sind für gerade die Politik [der Aggression und des Terrors] verantwortlich, die wir so anstößig finden", schrieb Lake. Lake schlug eine Zusammenarbeit zwischen den USA und ihren Verbündeten vor, „um Material für chemische und atomare Waffen aus dem Iran herauszuhalten … [und um] den Iran von der Belieferung mit Boden-Luft-Raketen von Lieferanten wie Nordkorea abzuhalten". Israel reagierte auf diese Bemerkungen mit Begeisterung, doch später „sah es dabei zu, wie der Iran seinen militärischen Aufbau ohne Unterbrechung fortsetzte und seine Politik mittels Subversion durch Vertreter wie die Hisbollah, Hamas und Islamischer Heiliger Krieg ausführte".[21]

Eine hoffnungsvolle Alternative

Eine Hoffnung auf Frieden besteht in der Entwicklung einer Handelsbeziehung zwischen Israel, das landwirtschaftlich und industriell wesentlich fortgeschrittener ist, und seinen arabischen Nachbarn zum Nutzen aller Seiten. Das könnte einen freundschaftlichen Kontakt zwischen früheren Feinden fördern und eine Motivation für dauerhafte Stabilität in dieser Region darstellen. Ende Oktober 1994 kamen 1200 Teilnehmer aus 80 Ländern zum Mittleren Nordostafrikanischen Wirtschaftsgipfel im marokkanischen Casablanca zusammen. Dieses Treffen war bei weitem „die größte bisherige Bemühung seitens Israelis und Arabern, die regionale Stabilität durch Investition und Entwicklung zu stärken".[22]

Die Palästinenser sind von Israels Wirtschaft derart abhängig, daß sie ohne sie nicht überleben könnten. Terroristische Aktionen veranlassen Israel zur Schließung seiner Grenzen für Tausende innerhalb Israels arbeitende Palästinenser, und diese Schließungen sind für die magere palästinensische Wirtschaft äußerst kostspielig. Deshalb „haben sich Palästinenser im Gebiet von Hebron von ihren Frauen scheiden lassen und israelisch-arabische Frauen geheiratet, um eine Arbeitserlaubnis für Israel zu bekommen. Scheich Taysir Tamimi, Oberaufseher des islamischen Gerichtshofs, sagte gegenüber Journalisten aus Hebron, ‚eine Gruppe Männer habe sich von ihren Frauen scheiden lassen, um Mädchen innerhalb der Grünen Linie zu heiraten und so an eine Arbeitserlaubnis zu kommen'. Er sagt, die Männer täten das ‚nur auf dem Papier', da das islamische Gesetz die Polygamie zwar erlaubt, doch die ‚Scheidung' war für eine Eheschließung nach israelischem Recht nötig, da dieses Polygamie nicht gestattet."[23]

Die Abhängigkeit der Palästinenser von der israelischen Wirtschaft stellt ein Problem dar, das in einer friedlichen Beilegung bewältigt werden muß. Israel unternimmt tatsächlich Schritte zur Ersetzung der Palästinenser durch nichtarabische ausländische Arbeiter. Israel meint, daß die Palästinenser, wenn sie einen unabhängigen Staat haben wollen, diese Unabhängigkeit auch durch die Schaffung von Arbeitsplätzen für ihre eigenen Leute zeigen sollten. Israelis diskutieren bereits darüber, daß es für die Palästinenser kein „Recht zur Rückkehr" nach Israel geben sollte. „Wenn die Palästinenser ihren eigenen Staat haben, dann müssen sie auch ihre Brüder darin aufnehmen. Sie können nicht einerseits Autonomie verlangen, während andererseits Palästinenser in Israel im Exil leben."[24]

Aufgrund einer Terrorwelle in Form von Anschlägen muslimischer Fundamentalisten gegen Israel, die ihren Ursprung in Gaza hatten, und wegen Israels vergeltendem Abriegeln des Gaza-Streifens geriet Anfang Februar 1995 der Friedensprozeß ins Stocken. Durch Bestrebungen seitens der USA fanden die Parteien zueinander zurück. Außenminister Schimon Peres und PLO-Chef Jassir Arafats Berater Nabil Shaatth verpflichteten sich noch einmal zur Fortführung des Friedensprozesses und der palästinensischen Autonomie über das Westjordanland. US-Außenminister Warren Christopher, der das Treffen arrangiert hatte, sagte, beide Parteien „verdeutlichten, daß es keine Umkehr von der Suche nach Frieden geben wird", wenngleich jeder die Schwierigkeit dieses Prozeß anerkannte. Das dreistündige Treffen, dem ebenfalls Amre Mousa aus Ägypten und Karim al-Kabariti aus Jordanien beiwohnten, „führte zu einem Abkommen, eine neue industrielle Freihandelszone in dieser Region einzurichten".[25]

Prophezeiungen über die „Vielen"

Israel exportiert viele seiner Produkte außerhalb des Nahen Ostens – etwa für 15 Milliarden Dollar jährlich – nach Westeuropa. Es verkauft sogar Blumen nach Holland und Elektronik nach Japan! Eine hauptsächliche Quelle für den Druck auf Israel, Land gegen „Frieden" einzutauschen, ist offensichtlich darin zu finden, daß es zum wirtschaftlichen Überleben von diesen Exporten abhängig ist. Wenn die Länder, in die es seine Produkte verkauft, Israel hinter den Kulissen dahingehend unter Druck setzen, mit den Palästinensern „Frieden" zu schließen, dann hat es kaum eine andere Wahl. Israel kann nicht allein in der Welt stehen.

Und wiederum sehen wir die Genauigkeit biblischer Prophetie. Zu Beginn seiner Machtergreifung wird der Antichrist Israel „Frieden" garantieren und sogar den Wiederaufbau des Tempels und die Wiederaufnahme der Opfer im Tempel ermöglichen. In einem späteren Kapitel werden wir auf diese bemerkenswerten Ereignisse zurückkommen. An dieser Stelle ist der Umstand von besonderem Interesse, daß die Prophezeiung über diese Vorgänge besagt: „Und stark machen wird er einen Bund für die Vielen … „ (Daniel 9,27). Weshalb für oder mit *Vielen*? Weshalb sagten die Propheten nicht, der Antichrist werde einen Bund mit Israel stark machen, wenn Israel doch der hauptsächliche Bündnispartner ist?

Erst kürzlich haben sich die Umstände derart entwickelt, daß nunmehr Licht auf diese Prophezeiung fällt, nachdem sie die Bibelausleger jahrhundertelang vor ein Rätsel gestellt hatte. Jetzt ist sehr deutlich, daß jeder sich auf Jerusalem und den Tempel auswirkende Handel neben Israel selbst *viele* Parteien umfassen muß. Natürlich würden Israels arabische Nachbarn beteiligt sein, sowie die NATO und die UNO. Ja, aufgrund seiner strategischen Bedeutung für den Weltfrieden kann jedes wichtige Bündnis mit Israel, wie die derzeitigen Abkommen im Rahmen des Nahost-Friedensprozesses wie auch jene Verträge, die die regionale Stabilität durch Handel fördern sollen, nur mit *vielen* geschlossen werden – exakt wie die Bibel es voraussagt.

Der 47jährige Krieg

Wie verblüffend ist es doch, daß der Streit um dieses „Heilige Land“, um dieses „Gelobte Land“, heute mit unverdrossener Grausamkeit fortdauert. Die Araber nennen es Krieg, und dieser hat seit seinem Anfang im Jahr 1948 ohne Waffenstillstand angedauert. Wie an früherer Stelle berichtet, wurden wir, als unsere Familie im Mai 1967 kurz vor Ausbruch des Sechstagekrieges durch Ägypten reiste, durch die Konfrontation mit einem oft wiederholten Ausdruck in Verlegenheit gebracht: „der 19jährige Krieg“. Schließlich kamen wir darauf, daß im Jahr 1967 genau 19 Jahre seit dem Ausbruch der Anfeindungen im Jahr 1948 vergangen waren. Für die arabische Welt war dieser Krieg nie beendet worden und 19 Jahre später immer noch im Gange. Heute ist das der 48jährige Krieg, und nächstes Jahr wird es der 49jährige Krieg sein. Wie kann er jemals ohne die Vernichtung Israels geschlichtet werden? Diese Vernichtung ist tatsächlich genau das, was der Antichrist letztendlich versuchen wird.

Die meisten Todesopfer dieses bis heute fortdauernden Krieges ohne Waffenstillstand sind unschuldige Zivilisten, einschließlich Frauen und Kindern, die die Araber als legitime, wenngleich zufällige Ziele ansehen. Denken wir beispielsweise an Alisa Flatow, eine 20jährige amerikanische Studentin am Jerusalemer Seminar und eines der Opfer in einem Bus in Gaza, der Anfang April 1995 von einem mit Sprengstoff beladenen und durch einen islamischen Selbsmordattentäter gesteuerten Lieferwagen gerammt wurde. Ironischerweise rettete ihr Tod das Leben mehrerer Israelis, denen ihre Familie ihr Herz, ihre Lunge, Leber und Nieren spendete.[26] Ofra Felix, eine ebenfalls 20jährige Studentin, war ein weiteres Opfer. Ihr Wagen, offensichtlich ein zufälliges Ziel, wurde von den Geschossen von Terroristen durchsiebt. Dabei kam sie ums Leben und ihr Schwager Amichai Remer wurde schwer verletzt; Remers zwei kleine Kinder verfehlten die Kugeln jedoch wie durch ein Wunder. Diese erschütternde Liste geht weiter und weiter.

George Habaschs „Volksfront für die Befreiung Palästinas“ rechnete sich den gewissenlosen und barbarischen Mord an Ofra zum „Verdienst“ an. Der Grund? Er geschah „aus Rache für den Mord an vier ihrer Mitglieder durch den IDF eine Woche zuvor“.[27] Diese vier waren natürlich nicht wie Ofra Felix kaltblütig erschossen, sondern bei einem Terroranschlag verhaftet worden, wobei sie sich mit Waffengewalt gewehrt hatten. Hätten sie sich ergeben, als man sie dazu aufrief, dann wären sie nicht ums Leben gekommen.

Antiisraelische Propaganda in westlichen Medien

In der arabischen Welt gelten Terroristen, die Israelis angreifen, als Helden. Sogar die westlichen Medien machen bei diesem Denken mit. Das Magazin *Time* vom 5. Dezember 1994 listete die Namen von Personen auf, die es als „die globalen 100 … Führungspersönlichkeiten von Morgen" bezeichnete, mit jeweils einem kurzen biographischen Abriß. Unter den dort aufgeführten waren u.a. auch Ali Belhhadj, Sohn des syrischen Diktators Hafis al-Assad und Anführer der islamisch-fundamentalistischen Bewegung in Algerien, die für Entführungen und Morde an Tausenden Unschuldigen verantwortlich ist; Mohammed Dahlan, führender Geist hinter verschiedenen Terroranschlägen, und weitere Verschwörer des Bösen. Die *Jerusalem Post* brachte ihren Kommentar zu dieser skandalösen Liste, zur sanften Behandlung und sogar Verehrung dieser Personen auf den Punkt:

> Doch in all den 15.000 Wörtern, die *Time* diesen 100 zukünftigen Führern widmet, kommt das Wort „Terrorist" nur ein einziges mal vor – bei der Beschreibung der Eltern [des israelischen Likudführers Tzahi] Hanegbis … [als ehemalige] Mitglieder der terroristischen Stern-Gruppe …
>
> Andererseits wird Dahlan … als ein vorbildlicher ehemaliger Pfadfinder beschrieben: „Angesehene nette Kerle sind bei den meisten internationalen Geheimdiensten eine Seltenheit. Dahlan ist einer davon – ein freundlicher, sogar gütiger ehemaliger Guerilla-Kämpfer … vertrauenswürdig und fair."
>
> Die Beschreibung der Intifada ist fast genauso lieblich. Sie ist „die Steine werfende Jugendbewegung, die letztendlich Israel zu überzeugen geholfen hat, mit dem Rückzug aus den besetzten Gebieten anzufangen". Erstaunlich, wie diese „Jugendbewegung" es geschafft hat, mit nichts als nur mit Steinen über 1000 Araber und 300 Juden umzubringen. Es muß wohl daran liegen, daß so nette Kerle wie Dahlan sie so gütig angeführt haben.[28]

Propaganda spielt bei jedem Krieg eine entscheidende Rolle. Im derzeitigen Krieg der Worte, wem nun das Recht auf das Heilige Land zusteht, scheinen die Weltmedien für Israel taub zu sein, übermäßig mitfühlend hingegen bei allem, worüber sich die Palästinenser beschweren. Israel ist der Menschenfresser, der ihr Land gestohlen hat und sie in Armut niederdrückt. Tatsache ist jedoch, wie wir bereits festgestellt haben, daß es trotz der Milliarden Dollar Öleinnahmen die arabischen Staaten waren, die die Palästinenser in schmutzigen Lagern festhielten und sie nicht in ihre Gesellschaft integrierten. Ebenfalls vergessen sind die Vorteile, die Israel diesem Land gebracht hat.

In der internationalen Presse wird ständig falsche Information verbreitet, damit die Welt gegen Israels Anspruch auf Jerusalem voreingenommen wird. *The Guardian* berichtete kürzlich, Israel habe seinen neuen Obersten Gerichtshof „in Ostjerusalem gebaut, wo doch die Palästinenser ihre Hauptstadt errichten wollen". Angeblich sollte das entgegen dem 1993er Oslo-Abkommen geschehen sein. Tatsache ist, daß der neue Oberste Gerichtshof *vor* dem Oslo-Abkommen gebaut worden ist – und zwar im Westteil Jerusalems. Wenn es um Jerusalem geht, liegen Fiktionen näher als Fakten – und sind sicherlich für das Aufrechterhalten und In-Umlauf-Bringen von Vorurteilen nützlicher.

Man würde nicht erwarten, in solchen Quellen wie *Worldview*, einer vierteljährlichen Veröffentlichung der *National Peace Corps Association*, Beispiele für die von den Medien verbreiteten Lügen zu finden. Doch gerade diese Vereinigung erwies sich als eine fruchtbare Quelle von Fehlinformation wie kaum eine andere. Wie David Bar-Illan unlängst herausstellte, enthielt allein eine einzige Ausgabe von *Worldview* zahlreiche Fehler: Die israelische Gesetzgebung habe in heimtückischer Weise ein Verbot der Aufzucht des palästinensischen Nationalgewächses *Zaatar* verhängt [in Wirklichkeit hatten die Araber *Zaatar* praktisch ausgerottet, so daß das israelische Recht das Pflücken wildwachsender Exemplare verbietet und seine Aufzucht fördert]; Ausgrabungen von „Stätten palästinensischen Erbes" seien per Gesetz verboten [in Wirklichkeit ist die peinlich genaue Sorgfalt, mit welcher Israel archäologische Stätten bewahrt und deren fachgemäße Ausgrabung fördert, niemandem unbekannt]; und Palästina sei ein ursprüngliches Paradies gewesen, bevor die israelische „Besatzung" die Umwelt und insbesondere die Landwirtschaft zerstörte. Auf die letzte Anschuldigung geht Bar-Illan detailliert ein:

> [In Wirklichkeit] war Palästinas Landwirtschaft vor der Zionistischen Ära derart primitiv, daß das Land niemals mehr als 200.000 Menschen ernähren konnte. Die Lebenserwartung betrug weniger als 50 Jahre. Unter den Jordaniern verließ ein Drittel der judäisch-samaritischen Bevölkerung und die Hälfte der Jerusalemer Araber das Land. Es gab keine höheren Schulen und keine Industrie.
>
> Israel hat eine von Armut gezeichnete, von Krankheit heimge-

suchte, rückständige Bevölkerung in eine blühende, industrielle, gebildete, computerisierte, landwirtschaftliche, kultivierte, einwanderungsstarke, fernseherbesitzende Gesellschaft umgeformt. Das ist ein Verbrechen, das man Israel niemals vergeben wird.[29]

UNO-„Friedenstruppen"?

Es ist erstaunlich, daß Ministerpräsident Rabin versucht hat, die Befürchtungen der Israelis bezüglich des Rückzugs von den Golan-Höhen zu beschwichtigen, indem er ihnen versicherte, das würde nicht ohne eine Garantie seitens der UNO geschehen, daß sie ihre Friedenstruppen dort zum Schutz Israels stationieren werde. Daß solche „Friedensbewahrer" ein armes Zeugnis vorweisen, scheint Rabin nicht betroffen zu haben. Es ist der Propagandawert ihrer Anwesenheit, auf den er erpicht ist.

In einem Brief an die *Jerusalem Post* erinnert ein in Amerika lebender jüdischer Arzt Rabin daran, daß unmittelbar vor dem Sechstagekrieg von 1967 Nasser „die im Sinai stationierten UN-Sicherheitskräfte aufforderte, sich von ihren Beobachtungsposten entlang der israelisch-ägyptischen Grenze zurückzuziehen. Ohne diese Angelegenheit vor die Generalversammlung zu tragen, willigte UN-Generalsekretär U Thant auf die Forderung ein, und binnen 48 Stunden zogen sich die UN-Kräfte zurück. Israel stand alleine da." Der Brief fährt fort:

> Was für Mr. Rabin von Interesse sein könnte, ist die Aktion der Serben [im Krieg in Bosnien-Herzegowina-Sarajewo] gegenüber den großen Mächten der NATO und UNO. Sie haben sie mit völliger Verachtung behandelt. Trotz aller ernsten Warnungen seitens dieser erhabenen und allmächtigen Körperschaften, beharrten die Serben auf ihren todbringenden Operationszielen. Innerhalb der letzten paar Tage haben sie weiteres Salz in die Wunden gestreut und über 400 UN-Blauhelmsoldaten als politische Geiseln genommen. Die Rolle der USA war natürlich weniger rühmenswert.
>
> Sind das die Weltmächte, von denen Mr. Rabin den Schutz Israels vor Syrien, palästinensischen Arabern, Irak, Iran und Saudi-Arabien erwartet, wenn Mr. Rabin erst einmal Israels unverzichtbare Verteidigungsposition auf den Golan-Höhen und in den Bergen von Judäa und Samaria aufgegeben hat?[30]

Die Augen auf Jerusalem gerichtet

Jerusalem ist der Preis in einem unversöhnlichem Streit zwischen Juden und Arabern um das „Gelobte Land". Wie der Islamexperte Professor Gideon Kressel von der Ben-Gurion-Universität in Beerscheba sagte, ist ein Muslim durch seine Religion überzeugt, daß „Land, das einmal vom Islam beherrscht worden ist, an den Islam zurückgegeben werden muß". Diese religiöse Überzeugung verlangt unumschränktes islamisches Eigentumsrecht und kann deshalb nicht durch eine Teilung des Landes befriedigt werden.

Ein echter Frieden wird nicht erlangt werden, ganz gleich wieviel Gebiet Israels unter arabische Kontrolle gestellt wird, solange der Staat Israel überhaupt existiert. FLAME [Fakten und Logik über Nahost] erklärt:

> Die Wahnvorstellungen der muslimischen Araber über Israel sind gänzlich irrational. Mit Israel einen fortschrittlichen, hochzivilisierten Vorposten des Westens als unabhängiges Land inmitten der arabisch-muslimischen Welt zu haben, ist für sie absolut inakzeptabel. Das ist der Grund, weshalb sich, abgesehen von dem äußerst kalten Frieden mit Ägypten und dem kürzlich geschlossenen Frieden mit Jordanien, die 21 arabischen Staaten, darunter die reichsten Länder der Welt, mit einer Gesamtbevölkerung von mehr als 200 Millionen und mit einem Gebiet größer als das der USA, seit Anfang des Jahrhunderts durch militärische, wirtschaftliche, ideologische, politische, diplomatische und alle anderen Mittel mit wahnsinniger Grausamkeit auf die Vernichtung der kleinen jüdischen Gesellschaft Palästinas und ihres Nachfolgers, des jüdischen Staates Israel, konzentriert haben …
>
> Der unaufrichtige Brennpunkt der palästinensischen Plage ist darauf angelegt, die Aufmerksamkeit von den vielen internen Problemen und innerarabischen Konflikten abzulenken und die muslimisch-arabische Frustration gegen Israel zu richten, den „ungläubigen westlichen Außenseiter". [Für] Israel würde es … einen strategischen Selbstmord darstellen, wenn es sich selbst seines historischen Kernlandes, des etwa 6000 qkm großen Westjordanlandes, und der Golan-Höhen beraubt.[31]

Viele der biblischen Prophezeiungen erschienen zu der Zeit, als sie zuerst ausgesprochen wurden, lächerlich. Die Prophezeiungen über Jerusalems letztendliche hohe Bedeutung schien beinahe wie Irrsinn, da Jerusalem wiederholte Male zerstört worden, in Schutt und Asche lag und fast jahrhundertelang verlassen war. Doch heute ist Jerusalem in fortschreitender Erfüllung weiterer Prophezeiungen tatsächlich zu einer „Taumelschale" und einem „Stemmstein" um den Hals aller Nationen geworden. Die Augen der Welt sind auf Jerusalem gerichtet, weil die Welt weiß, daß diese kleine Stadt, ganz gleich, wie unsinnig es erscheinen mag, mit ihrer so tiefen Verwurzelung in der Vergangenheit den Schlüssel für den zukünftigen Weltfrieden hält. Wer außer Gott allein hätte diese bemerkenswerte Entwicklung 2500 Jahre vorher voraussehen können?

Jerusalem

Und wer ist wie dein Volk, wie Israel, die einzige Nation auf Erden, für die Gott hingegangen ist, sie sich zum Volk zu erlösen und um sich einen Namen zu machen und an ihnen Großes zu erweisen und furchtgebietende Taten an deinem Land, indem du vor deinem Volk, das du dir aus Ägypten erlöst hast, Nationen und ihre Götter vertriebst. Und du hast dir dein Volk Israel fest gegründet, daß es dir ewig zum Volk sei; und du, HERR, bist ihnen zum Gott geworden.

2. Samuel 7,23-24

So spricht der HERR, der die Sonne gesetzt hat zum Licht für den Tag, die Ordnungen des Mondes und der Sterne zum Licht für die Nacht, der das Meer erregt, daß seine Wogen brausen, HERR der Heerscharen ist sein Name: Wenn diese Ordnungen [der Natur] vor meinem Angesicht weichen, spricht der HERR, dann soll auch die Nachkommenschaft Israels aufhören, eine Nation zu sein vor meinem Angesicht alle Tage.

So spricht der HERR: Wenn die Himmel oben gemessen und die Grundfesten der Erde unten erforscht werden können, dann will ich auch die ganze Nachkommenschaft Israels verwerfen wegen all dessen, was sie getan haben, spricht der HERR.

Siehe, Tage kommen, spricht der HERR, da diese Stadt [Jerusalem] für den HERRN wieder gebaut werden wird … Die Stadt soll nicht mehr niedergerissen noch zerstört werden in Ewigkeit.

Jeremia 31,35-40

Andere hat er gerettet, sich selbst kann er nicht retten. Er ist Israels König, so steige er jetzt vom Kreuz herab, und wir werden an ihn glauben.

Matthäus 27,42

Welches Israel? Das Israel – die Kirche … Das ist das Israel Gottes, nicht dieses stinkende auf der anderen Seite des Mittelmeeres!

Rick Godwin, bekannter führender Charismatiker[1]

Spielball der Völker

17

Christen für – und gegen – Israel

Jesus von Nazareth wurde als Jude aus dem Stamm Juda und aus dem Haus Davids geboren, was aus dem Stammbaum seiner Mutter hervorgeht [der über Josefs Schwiegervater, also Marias Mutter, in Lukas 3,23-31 angegeben wird]. Der bis auf David zurückgehende Stammbaum Josefs, der zwar nicht Christi Vater, aber Oberhaupt des Hauses war, wird in Matthäus 1,6-16 angegeben. Wie Jesus selbst waren auch alle 12 ursprünglichen Jünger echte Juden, wie auch die gesamte erste Gemeinde.

Die ersten Heiden bekehrten sich erst einige Jahre nach dem Pfingstereignis (Apostelgeschichte 10). Und erst noch später kam eine nennenswerte Anzahl Heiden zur Gemeinde, als in der Stadt Antiochia „eine große Zahl, die gläubig wurde, sich zum Herrn bekehrte". Es waren diese Gläubigen aus den Heiden, die zuerst „Christen" genannt wurden (Apostelgeschichte 11,19-26). Aber auch dann blieb die Führung der Gemeinde noch viele Jahre in jüdischen Händen, und ihr Zentrum befand sich in Jerusalem. Angesichts dieser Tatsachen erscheint es sonderbar, daß Juden im allgemeinen das Christentum als antijüdisch ansehen und an Jesus gläubige Juden für Verräter ihres Volkes halten.

Eine Bitte um jüdische Toleranz

Ein Jude, der sich auf der Grundlage der Aussagen der hebräischen Propheten und aufgrund des Zeugnisses derer, die Jesus am besten kennen, dafür entscheidet, daß Jesus tatsächlich der Messias ist, wird fast immer aus der Familie ausgeschlossen und von seinem Freundeskreis verstoßen. Weshalb kann ein Jude nicht eine solche Wahl treffen, ohne diese Ablehnung zu erleiden? In Israel, einem Land, das stolz auf seine Toleranz ist, sind an Jesus gläubige Juden von ihrer Arbeitsstelle entlassen, ja, sogar gesteinigt und ihre Versammlungshäuser niedergebrannt worden. Zeitweilig haben sie Diskriminierung und Verfolgung erlebt, die mit dem Leiden der Juden im Nazi-Deutschland vor dem Holocaust vergleichbar sind. Wenn heute ein Jude in einem anderen Land, auch wenn dort der Antisemitismus wütet, seinen Glauben an Jesus bekennt, wird ihm das Recht auf Einwanderung nach Israel verweigert. Wie kommt es in einem Land, wo Juden akzeptiert werden, die von Atheismus über New Age bis Zen-Buddhismus fast jede Form von Glauben praktizieren, zu einem solchen Vorurteil?

„Jesus war nicht der Messias", lautet die angebotene Rechtfertigung. „Er hat keinen Frieden gebracht." Wie, wann und auf welche Art der Messias Frieden bringen soll, muß jedoch auf Grundlage der Aussagen der hebräischen Propheten entschieden werden. Außerdem sagten die Propheten in bezug auf das Kommen des Messias wesentlich mehr voraus als einen allgemeinen Frieden, und Jesus hat, wie wir gesehen haben, *alle* messianischen Prophezeiungen erfüllt. Doch sogar wenn Jesus nicht der Messias wäre, würde das den von den Israelis an den Tag gelegten Haß gegen ihre an ihn glaubenden Brüder und Schwestern rechtfertigen?

Es gab eine ganze Reihe von Juden, angefangen mit Judas Makkabäus über Judas von Galiläa und Theudas bis Bar Kochba, deren Anhänger sie jeweils für den Messias hielten. Doch an keinen dieser offensichtlich falschen Messiase wird mit der Feindseligkeit zurückgedacht, die die Juden gegenüber Jesus zum Ausdruck bringen. An viele davon erinnert man sich sogar ganz unkritisch. Weshalb ist Jesus Christus dann unter den heutigen Juden so verhaßt? Ist es deshalb, weil die Zahl der an ihn Gläubigen immer weiter wächst? Wird er für seinen Erfolg verurteilt?

Auf der Grundlage der Aussagen der hebräischen Propheten über das Kommen des Messias gibt es sicherlich hinreichende Begründungen, um den Anspruch Christi zumindest in Erwägung zu ziehen und diejenigen zu respektieren, die aufrichtig glauben, daß er diese Prophezeiungen in seinem Leben, Sterben und Auferstehen erfüllt hat. Darüber hinaus reicht allein die Aussage Daniels als Argument aus, daß der Messias 69 Jahrwochen [483 Jahre] nach dem Befehl zum Wiederaufbau Jerusalems [was im Jahr 445 v.Chr. geschah] kommen wird, um zu zeigen, daß heute die Zeit für den Messias seit über 1900 Jahren vorüber ist und es keinen Zweck hat, noch länger auf ihn zu warten. Wenn Jesus, der genau zur treffenden Zeit kam und alle Prophezeiungen erfüllt hat, nicht der Messias war, dann haben die Propheten gelogen und die ganze Vorstellung vom Messias, der eines Tages Israel vor seinen Feinden rettet, muß aufgegeben werden. Und zuallermindest sollten Juden ihren an Jesus gläubigen Mitjuden für ihre Aufrichtigkeit Anerkennung zollen und die Feindseligkeit ihnen gegenüber fallen lassen.

Verbreitete jüdische Mißverständnisse

Zu Jesu Zeit „hörte die Volksmenge ihn gern" (Markus 12,37). Unzählige folgten ihm und wurden den Augenzeugenberichten seiner Jünger zufolge von ihm auf wunderbare Weise geheilt und gespeist. Wie kam es dann, daß er gekreuzigt wurde? Die Rabbiner waren voller Neid gegen ihn, weil er beliebter war als sie, und so wiegelten sie das Volk zur Forderung seiner Kreuzigung auf. Dabei hatten sie eine zweifache theologische Begründung: 1. Er habe das Gesetz gebrochen, weil er am Sabbat heilte (Lukas 13,14 u.a.), und 2. er habe gelästert, indem er beanspruchte, Gott zu sein (Johannes 8,58; 10,33 u.a.). Wie wir jedoch gesehen haben, hatten die hebräischen Propheten angekündigt, daß der Messias Gott sein würde (Psalm 110,1; Jesaja 7,14; 9,6; Maleachi 3,1 u.a.). Die Rabbiner konnten das einfach nicht glauben. Sie verstanden auch die anderen messianischen Prophezeiungen nicht, andernfalls hätten sie erkannt, daß sie selber einige davon erfüllten, indem sie Jesus verwarfen und kreuzigten.

Seitdem hat das jüdische Volk die von den Rabbinern seiner Zeit vertretenen Mißverständnisse und Vorurteile bezüglich Jesus stets beibehalten. Diese Mißverständnisse führen zu solchen Büchern wie *The Myth-Maker* [„Der Mythen-Macher"] von dem Talmud-Gelehrten Hyam Maccoby[2]. Der Autor versucht einen Beweis seiner Vorurteile aufzustellen, doch diese Vorurteile verblenden ihn derart, daß man durch die gähnenden Löcher seiner jämmerlichen Argumentation eine ganze Lkw-Kolonne fahren lassen könnte. Seine zentrale These besagt, Paulus habe das Christentum gegründet. Doch Paulus selbst sagt, daß er das „Evangelium Gottes" predigt, das Gott selbst „durch seine Propheten in heiligen Schriften vorher verheißen hat" (Römer 1,1-4). Paulus' gesamte Herangehensweise besteht darin, in den Synagogen die Schriften der hebräischen Propheten zu öffnen, aufzuzeigen, was sie über den Messias geweissagt haben, und dann zu beweisen, daß Jesus die messianischen Prophezeiungen erfüllt hat. Maccoby versäumt es, Paulus auf dieser Grundlage zu beurteilen, und zeigt seine Ignoranz gegenüber dem Christentum, indem er Vorstellungen aufwirft und Argumente bietet, die zu lächerlich sind, als daß wir unsere Zeit mit ihrer Widerlegung verschwenden sollten.

Angetrieben von ihren religiösen Führungspersönlichkeiten, verfolgten die Juden die ersten Christen in gleicher Weise wie die römischen Kaiser. Wir müssen bedenken, daß mindestens die ersten hundert Jahre über nicht die Christen die Juden verfolgt haben, sondern die

Juden die Christen. Erst vier Jahrhunderte später fingen die selbsternannten „Christen" mit der Verfolgung und Ermordung von Juden an. Diese Mißhandlung nahm erst dann ihren Lauf, als der römische Katholizismus zum einzigen offiziell erlaubten „Christentum" geworden war, wie wir an früherer Stelle aufgezeigt haben.

Erst zu diesem Zeitpunkt, als die römisch-katholische Kirche das Reich mehr und mehr beherrschte und das päpstliche System eingeführt wurde, begann die Judenverfolgung durch die Hände derer, die für sich beanspruchten – und von denen die Juden dachten – daß sie Christen seien. Wir können den Juden wohl kaum die Schuld daran geben, daß infolge der Jahrhunderte solcher Verfolgung eine große Angst und fast unüberwindliches Mißtrauen gegenüber „Christen" Teil der jüdischen Seele wurde, wie es auch heute noch der Fall ist. Für diese Tragödie muß der römische Katholizismus die Schuld tragen – doch er hat dieses große Übel, für das er verantwortlich zeichnet, nie eingestanden oder sich dafür entschuldigt. Der heutige Papst deutet an, daß eine Entschuldigung angebracht sei, aber nur für die Handlungen einiger übereifriger und fehlgeleiteter „Söhne und Töchter" der Kirche. Schließlich soll die Kirche an sich, da unfehlbar, ohne Schuld bleiben. „Während der Angelus-Botschaft vom Sonntag, den 12. Februar [1995], bezeichnete Johannes Paul II. die mittelalterlichen Kreuzzüge gegen die Muslime im Heiligen Land als ‚ein unangemessenes Mittel zur Verteidigung der heiligen Stätten'"[3], doch führte er weder den Schrecken der Kreuzzüge näher aus, noch erwähnte er die Verbrechen gegen die Juden.

Wie wir nachgewiesen haben, waren es die Päpste selbst, die sich die „christliche" Judenverfolgung ausgedacht und durchgesetzt haben. Sie waren es, die die Juden in Ghettos zusammenpferchten, zum Tragen eines identifizierenden Abzeichens zwangen, ihre Synagogen verwüsteten, sie in den Verhören der Inquisition folterten und sie vor die Wahl stellten, entweder zum Katholizismus überzutreten oder verbannt oder hingerichtet zu werden. Jeder Jude weiß von der Inquisition, unter der seine Vorfahren zu leiden hatten. Ein katholischer Historiker schreibt:

> Von achtzig Päpsten in einer Reihe vom 13. Jahrhundert an hat nicht einer die Theologie und den Apparat der Inquisition mißbilligt. Im Gegenteil, einer nach dem anderen setzte dieser tödlichen Maschinerie noch seine eigenen Grausamkeiten hinzu.[4]

Hitler war römischer Katholik und wurde von dieser Kirche niemals exkommuniziert, und so wird der Holocaust als ein weiteres Indiz gegen das „Christentum" gesehen. Die kroatisch-katholischen von Ante Pavelic angeführten Ustaschi tragen die Verantwortung am Tod von Tausenden Juden, die Anfang der 40er Jahre dieses Jahrhunderts umkamen, aber ebenso an den sadistischen Morden an Hunderttausenden serbisch-orthodoxer Anhänger, die wie die Katholiken behaupteten, Christen zu sein.

Eine gestörte Wahrnehmung des Christentums

Die meisten Juden sind sich nicht darüber im klaren, daß durch die Inquisition schätzungsweise 100mal soviel Christen wie Juden umgekommen sind. 15 Jahrhunderte lang [davon 1200 Jahre zeitlich *vor* der Reformation] hat die Kirche – gleichzeitig mit ihrem tausendfachen Mord an Juden – Christen zu Hunderttausenden gefoltert und getötet. Einer der anerkanntesten katholischen Historiker des 19. Jahrhunderts schrieb:

> Durch … die Gesetzgebung und unermüdliche Thätigkeit der Päpste und ihrer Legaten … wurde die Ansicht der alten Kirche … verdrängt und das Prinzip herrschend gemacht, daß jede Abweichung von der Lehre der Kirche und jede prinzipielle Auflehnung gegen eine kirchliche Satzung mit dem Tode, und zwar in geschärfter Weise, durch das Feuer, zu bestrafen sei …
>
> Jetzt waren es die Päpste, welche Bischöfe und Priester drängten und nöthigten, die Andersgläubigen zur Folter, zur Confiscation ihres Vermögens, zu Kerker und Tod zu verurtheilen und die weltlichen Behörden mit dem Banne zur Vollstreckung ihrer Urtheile zu zwingen … Jeder folgende Papst bestätigt und erklärt die Anordnungen seiner Vorgänger … [mitsamt dem] Gesetzescodex der Inquisition … welcher den einfachsten Regeln christlicher Gerechtigkeit und Nächstenliebe widersprach und in der alten Kirche mit allgemeinem Abscheu aufgenommen worden wäre.[5]

Viele dieser Opfer waren treue Jünger Christi, die in allen Jahrhunderten dem Papst oder seiner Kirche die Untertänigkeit verweigerten und stattdessen die Bibel als Richtschnur in allen Fragen des Glaubens und des Lebens befolgen wollten. Infolgedessen wurden sie von der römisch-katholische Kirche *im Namen Christi* und im Widerspruch zu allen Lehren Jesu Christi gehaßt, gejagt, verfolgt, gefoltert und hingerichtet. Dieses falsche „Christentum“ mit seinem Sitz in Rom war so blutrünstig geworden wie der Islam, und in vielerlei Hinsicht sogar noch schlimmer. Man muß in aller Fairness anerkennen, daß die maurischen Besatzer Israels in vielen Fällen ehrenhafter und barmherziger waren als die einfallenden „christlichen“ Kreuzfahrer.

Obwohl die Juden von der Reformation gehört haben, die ausgelöst durch Martin Luther im 16. Jahrhundert stattfand, ist ihre Bedeutung den meisten unbekannt. Unzählige Menschen lasen die Bibel erstmalig selber und wurden dadurch von der Verblendung befreit, allein die römisch-katholische Kirche habe die Schlüssel zum Himmel. Die einstigen Jünger des Papstes wurden nun zu Jüngern Jesu Christi.

Liebhaber Israels und der Juden

Als Ergebnis der Reformation gibt es heute Millionen als evangelisch oder evangelikal bezeichnete Christen, die den römischen Katholizismus als falsches religiöses [mehr heidnisches als christliches] System der Werke, Rituale, des Fegefeuers, der Ablässe und des in der Messe fortdauernden Opfers Christi ablehnen. Seit der Reformation sind diese Jünger Jesu zu Hunderttausenden von römischen Katholiken verfolgt und auf dem Scheiterhaufen verbrannt worden. Die Verfolgung von Protestanten geht in den Ländern, in denen der Katholizismus die Oberherrschaft hat, in beliebigem Ausmaß auch in der heutigen Welt noch weiter.

Diese nichtkatholischen Jünger Christi lieben Israel und beten für den Frieden Jerusalems. Weit davon entfernt, sich an Antisemitismus oder Judenverfolgung zu beteiligen, würden sie ihr Leben für die natürlichen Brüder Jesu Christi geben. Denken wir beispielsweise an Kaara Kristiansen, den früheren Vorsitzenden der norwegischen Christlichen Volkspartei. Als er über seine seit langer Zeit bestehende Liebe und Hilfe für Israel befragt wurde, antwortete er: „Das habe ich schon mit der Muttermilch bekommen.“ Er wurde „in eine tiefreligiöse evangelisch-lutherische Familie hineingeboren [und] hörte in seiner Kindheit seinen Vater aus der Bibel lesen“.[6] Diese Liebe zu Israel und zu den weltweit verstreuten Juden wird nicht nur im Alten, sondern auch im Neuen Testament gelehrt und ist für alle wahren Christen kennzeichnend.

Jüdische Vorurteile gegen Jesus Christus und die Christen resultieren zu einem großen Teil aus der falschen Wahrnehmung, der römische Katholizismus sei das Christentum, sowie aus der fehlenden Kenntnis der Millionen von Christen, die ein Unterwerfen unter Rom ablehnen.

Die Mißhandlung der Juden seitens der Kirche war ein Ergebnis der Irrlehre, die Juden müßten getötet werden, weil sie Christus getötet haben. [Eine solche Lehre gibt es im Neuen Testament nicht und wurde auch in der frühen Kirche nicht praktiziert.] Vergessen war die Tatsache, daß die Römer – und nicht die Juden – die Macht hatten und Jesus hätten freilassen können, anstatt ihn hinzurichten. Es wurde gelehrt, die Juden seien nicht mehr länger das auserwählte Volk, sondern stünden unter dem Zorn Gottes.

Das „neue" und das „alte" Israel

Allmählich entwickelte sich der Glaube, die römisch-katholische Kirche sei das neue Israel und Rom das neue Jerusalem. Rom beanspruchte für sich, das geistliche Zentrum der Welt zu sein und nahm Jerusalems Platz ein als „die Stadt, wo Gott seinen Namen niedergelegt hat". Das katholische Rom nahm für sich jeden Titel in Anspruch, der einst Jerusalem gehört hatte: die „Heilige Stadt", die „Ewige Stadt", die „Stadt Gottes". Das Land Israel wurde als Eigentum der Kirche angesehen, und die Päpste riefen Kreuzzüge aus, um das Heilige Land nicht nur von den Türken, sondern von den Juden selbst zurückzugewinnen. Gegen die Juden sollte ein „Heiliger Krieg" geführt werden, bis das „Christentum" schließlich triumphierte.

Um mit dem islamischen Versprechen mithalten zu können, alle im Kampf gegen Ungläubige sterbenden Muslime würden direkt ins Paradies eingehen, versprach Papst Urban II., der zum ersten Kreuzzug aufrief, den Kreuzrittern einen vollständigen Ablaß [d.h. sofortigen Eingang in den Himmel ohne jeden Aufenthalt im Fegefeuer], sofern sie für diese große Sache ihr Leben ließen. Die Ritter und Krieger, die auf dieses trügerische Versprechen mit Begeisterung antworteten, hinterließen auf ihrem Weg nach Jerusalem eine Spur von Blut, Plünderei und Mord, ergriffen jeden Juden, den sie finden konnten und stellten ihn vor die Wahl zwischen römisch-katholischer Taufe oder Tod. Eine der ersten Aktionen der Kreuzritter bei der „Befreiung" Jerusalems war, die Juden in die dortige Synagoge zusammenzutreiben und diese dann in Brand zu setzen.

Papst Gregor XIII. verkündete, die Schuld der Juden an der Kreuzigung Christi würde „mit den nachfolgenden Generationen immer tiefer wachsen und dauerhafte Sklaverei mit sich bringen". Eine Reihe von Päpsten setzte die Verfolgung bis Pius IX. (1846-1878) fort. Im Jahr

1862 gab *La Civilta*, die halboffizielle Stimme des Vatikan, einen jahrhundertelang vertretenen Glauben wieder, der bis auf den heutigen Tag offizielle römisch-katholische Lehre ist: „So wie die Juden ehemals das Volk Gottes waren, so sind es nun die Römer [Katholiken] unter dem Neuen Bund."[7] Das italienische Volk, der despotischen Tyrannei der Päpste müde, erhob sich schließlich in einem Aufstand gegen den Pontifex. Die Streitkräfte des neuen vereinigten Italiens erkämpften ihren Weg in die Unabhängigkeit und befreiten das letzte päpstliche Staatsterritorium, indem sie Rom selbst einnahmen und den Papst zur Flucht hinter die Mauern des Vatikans zwangen. Ein ehemaliger Priester und jetziger Historiker schreibt:

> Elf Tage nach dem Fall Roms bekamen die Juden am 2. Oktober 1870 durch königlichen Beschluß die Freiheit, die das Papsttum ihnen über fünfzehnhundert Jahre lang verweigert hatte. Das [damals] letzte Ghetto Europas wurde aufgelöst.[8]

Als die Juden endlich ein nationales Heimatland hatten, das sie ihr eigen nennen konnten, ließ sich der Vatikan mit der Anerkennung des Existenzrechts Israels 46 Jahre lang Zeit. Diplomatische Beziehungen wurden erst dann eingeführt, als Israel sich offensichtlich auf dem Weg zu einer Art „Frieden" mit den Palästinensern und ihren arabischen Nachbarn befand und das Schicksal Jerusalems unausweichlich Bestandteil dieser Verhandlungen sein würde. Rom benötigte nun ein kleines Maß an offiziellen Beziehungen, damit man bei diesem Prozeß ein Wörtchen mitreden kann. Jetzt ist Rom für seine angemaßte Aufgabe vorbereitet, der geistliche Wächter Jerusalems zu sein. Israels derzeitige Staatsmänner betören sich in einem solchen Maß an der Aussicht auf Frieden, daß sie vor der langen Geschichte des katholischen Antisemitismus und vor islamischen Einschwörungen zur Vernichtung Israels ihre Augen verschließen. Ihrem Wunschdenken zufolge haben sich angeblich sowohl Rom als auch Mekka entschlossen, Israel in Frieden leben zu lassen.

Ersetzungstheologie

Heute, über 400 Jahre nach der Reformation und in Mißachtung der Märtyrer, die für die Befreiung vom römischen Joch ihr Leben gaben, sehen wir die Protestanten genau der Kirche die Hände reichen, die diese Märtyrer einst dem Feuer überliefert hat. Als Teil dieser ökumenischen Gemeinsamkeit nehmen immer mehr Protestanten gerade die römisch-katholischen Lehren an, deren Ablehnung ihre Vorfahren auf die Scheiterhaufen gebracht hat. Weite Teile des Protestantismus haben sogar die als Identitäts- oder Wiederherstellungsbewegung bekannte Irrlehre angenommen, die Kirche sei Israel. Ein Brief, den der Autor von Mitgliedern einer konservativen evangelikalen Gemeinde erhalten hat, erklärt:

> Die Eschatologie der Lutherischen Kirche mit ihren Synoden in Missouri und Wisconsin ist von ihrem Wesen her katholisch: keine Entrückung, kein Tausendjähriges Reich. Die Kirche ist Israel und die Schriften werden vergeistlicht, um die Verheißungen an Israel auf die Kirche anzuwenden. Als Nation hat Israel jegliche Bedeutung verloren.[9]

Earl Paulk, ein einflußreicher führender Charismatiker, meinte sogar, durch die Aussage „wenn du Israel segnest, wird Gott dich segnen", würde „der Geist des Antichristen" verbreitet,[10] womit er eine Aussage Gottes [„Ich will segnen, die dich segnen" – 1. Mose 12,3] Satan zuschreibt! Paulk behauptet, „was immer bezüglich des Gesetzes geschrieben wurde sowie die Prophezeiungen über Israel als Nation werden jetzt auf das geistliche Israel übertragen, welches das Volk Gottes [d.h. die Kirche] ist ..."[11] David Chilton, ein bekannter reformatorischer Theologe und rekonstruktionistischer Autor, schreibt: „[Mit] Israels endgültiger Verbannung nach der Zerstörung Jerusalems im Jahre 70 n.Chr. ... ist das Königreich seinem [Gottes] neuen Volk, der Kirche, übertragen worden ... Das nationale Israel wird dieses Königreich nie wieder besitzen."[12] Eine weitere einflußreiche christliche Führungspersönlichkeit, James McKeever, schreibt in seinem Rundbrief:

> Wir lieben die Hebräer, die ... im Land Israel leben ... Der Herr hat uns jedoch deutlich gezeigt, daß sie in keiner Weise Israel sind. Israel besteht aus allen an Jesus Christus Gläubigen ...
>
> Für die Glieder am Leibe Christi ist es von unabdingbarer Wichtigkeit, zu erkennen, daß sie Israel *sind* und daß die noch nicht erfüllten Prophezeiungen bezüglich Israel ihnen gelten. Die Kirche soll die noch nicht erfüllten Verheißungen Israels empfangen.[13]

Er könnte der Bibel gar nicht deutlicher widersprechen. Die Kirche kann sich die von Gott an Israel gegebenen Verheißungen in keiner Weise aneignen. Diese Männer, die es auf die von Gott an Israel gegebenen *Verheißungen* abgesehen haben, kommen natürlich niemals auf die Idee, daß die Kirche womöglich auch die von den Propheten über Israel ausgesprochenen *Verfluchungen* geerbt haben könnte. Nichtsdestoweniger schreibt ein weiterer hochkarätiger evangelikaler Autor: „Alle Verheißungen für die Zukunft, welche Herrlichkeit und Segen für Israel und Zion voraussagen, müssen dem wahren Israel [der Kirche] und dem himmlischen Zion gehören.“[14] Er schließt seine Studie *The Hope of Israel* [„Die Hoffnung Israels“] mit der festen Leugnung, daß es in der Schrift auch nur „den kleinsten Hinweis auf die Lehre von der Wiederherstellung der jüdischen Nation in einem zukünftigen Zeitalter und seiner Erhöhung zur Herrschaft über die Nationen der Welt“[15] gibt. Ein weiteres Zitat sollte ausreichen, um diesen dreisten und um sich greifenden Mißbrauch der Bibel zu dokumentieren:

> Viele Menschen bezeichnen in aufrichtiger, aber falscher Weise … die Nation Israel des 20. Jahrhunderts als „Gottes auserwähltes Volk“. Das sollte jedoch von den neutestamentlich Gläubigen nicht geglaubt werden. Die King-James-Version der Bibel benutzt das Wort „auserwählt“ 30mal im Neuen Testament – *aber kein einziges Mal als Bezeichnung für die Nation Israel …*
>
> Die Lehre des Neuen Testaments hat sich während der vergangenen 1900 Jahre nicht geändert, und wir ignorieren seine Wahrheit auf unsere eigene Gefahr. Die Kirche war im 1. Jahrhundert das Israel von Gottes Wahl und ist auch heute noch das Israel seiner Wahl …
>
> Es ist allein das geistliche Israel, das er auserwählt hat, „um sein Eigentumsvolk zu sein“ (2. Mo 19,5; 5. Mo 26,18; Tit 2,14; 1. Pt 2,9).[16]

Der Unterschied zwischen Kirche und Israel

Im Gegensatz dazu ist die wahre Kirche himmlisch und nicht irdisch, und niemals ist ihr ein Land auf dieser Erde verheißen worden. Christi Verheißung war eindeutig: „Im Hause meines Vaters [im Himmel] sind viele Wohnungen … so komme ich wieder und werde euch zu mir nehmen, damit auch ihr seid, wo ich bin [beim Vater]“ (Johannes 14,2-3). Die Überzeugung des Apostels Paulus, die er durch Offenbarung von Christus erhalten hatte, war ebenso eindeutig: „Der Herr selbst wird …

herabkommen vom Himmel, und die Toten in Christus werden zuerst auferstehen; danach werden wir, die Lebenden, die übrigbleiben, zugleich mit ihnen entrückt werden in Wolken dem Herrn entgegen in die Luft; und so werden wir allezeit beim Herrn sein“ (1. Thessalonicher 4,16-17).

Die wichtigsten Verheißungen an Israel für die letzten Tage sind, daß es aus allen Nationen, in die Gott es zerstreut hat, versammelt werden wird, um wiederum im „Gelobten Land“ zu wohnen, und daß Christus von Jerusalem aus über Israel herrschen wird – eine Verheißung, die für die Kirche bedeutungslos wäre. Die Kirche ist niemals aus irgendeinem Land vertrieben worden, und ihr wurde niemals verheißen, sie würde in ein Land zurückkehren, aus dem sie vertrieben worden ist, wie Gott für Israel verheißen hat.

Aufgrund des von Gott an Israel gegebenen Landes unterscheidet sich das jüdische Volk für alle Zeiten von der Kirche. Diese wiederholten Prophezeiungen eines besonderen Landes sind der Grund, der Israel davon abhalten sollte, dieses Land im Tausch gegen einen falschen „Frieden“ an diejenigen abzugeben, die sich zu ewiger Feindschaft gegen diese Nation verschworen haben. Leider glauben die Staatsmänner Israels wie auch die weite Mehrheit der Israelis nicht an Gottes biblische Verheißungen, und sie achten auch nicht auf seine Warnungen.

Das „Vergeistlichungs“-Syndrom

Will man die von Gott an Israel gegebenen Verheißungen auf die Kirche übertragen, darf man dazu das Alte Testament nicht wörtlich verstehen, sondern muß es „vergeistlichen“. So wird es zur Allegorie, anstatt tatsächliche Geschichte des realen Volkes Israel zu sein. Denken wir beispielsweise an eine große Charismatiker-Konferenz in Phoenix im US-Bundesstaat Arizona, die vor einigen Jahren unter dem Titel stattfand: „Nimm es mit Gewalt.“ Der Titelvers war Gottes Befehl an Josua, „hineinzugehen, das Land einzunehmen“ (Josua 1,11).

Monat für Monat verkündeten die fünfseitigen Artikel in der Zeitschrift *Charisma*, Gott ziehe eine „Josua-Generation“ auf, die „hingehen“ werde, um „das Land einzunehmen“, womit die USA gemeint sind. Die Anwendung war, Christen müßten auf der Grundlage der Verheißungen Gottes stehen und die USA in ein christliches Land verwandeln, indem sie die Medien, die Schulbehörden sowie lokale, staatliche und föderative Regierungspositionen übernehmen – und all das aufgrund von Verheißungen und Befehlen, die vor 3500 Jahren Josua und dem Volk Israel erteilt wurden. In seiner Fernsehshow „Praise the Lord" erklärte Paul Crouch den Millionen rund um die Welt zuschauenden Christen, die Kirche werde die Medien und die Sender übernehmen – und das, wenn nötig, „mit Gewalt".

Wenn die Israeliten jedoch ein wirkliches Volk waren, das in Gefangenschaft in Ägypten war und befreit wurde und unter Mose durch die Wüste und unter Josua an einen realen, als Land Israel bekannten Ort geführt wurde, dann müssen wir diese Verse auch in diesem Zusammenhang verstehen. Das Land, das Josua in Besitz nehmen sollte, hatte Grenzen, und diese sind in 1. Mose 15,18-21 aufgeführt. Es war dieses spezifische Land und kein anderes, welches Josua und das Volk Israel besitzen sollten. Kein an Josua gerichteter Befehl fordert zur Übernahme Amerikas oder irgendeines anderen Landes auf – nur das an Abraham, Isaak und Jakob verheißene Land sollte eingenommen werden. Welche Verdrehung der Schrift ist es doch, eine an Josua und Israel über das Land Israel gegebene Verheißung zu nehmen und sie auf die Kirche und ihr Mandat zur Einnahme der Welt anzuwenden, und das auch noch „mit Gewalt"! Wer immer diese Ideen verbreitet, ob Katholik oder Protestant, stellt das Christentum auf eine Stufe mit dem militanten Islam, der ebenfalls zur Einnahme der Welt entschlossen ist und das mit Gewalt ausführt.

Betrachten wir eine weitere beliebte Schriftstelle: „Wenn … mein Volk, über dem mein Name ausgerufen ist, sich demütigt, und sie beten und suchen mein Angesicht und kehren um von ihren bösen Wegen, dann werde ich vom Himmel her hören und ihre Sünden vergeben und ihr Land heilen" (2. Chronik 7,14). Auch hier ist es unter Christen immer verbreiteter, diesen Vers als Formel der Kirche zur Christanisierung eines Landes heranzuziehen, seien es die USA, Kanada, England, Deutschland oder irgendein anderes Land. Ein solcher Vers kann Christen zu Gebet und Umkehr verhelfen, doch seine Anwendung bezieht sich in erster Linie auf Israel und nicht auf die Kirche. Dennoch bestehen heute sowohl die römisch-katholische als auch viele protestantische Kirchen aller Logik und vernünftigen Auslegung zum Trotz darauf:

> Die alttestamentlichen Verheißungen und Prophezeiungen über Wiederbesiedlung und Wiederaufbau der alten Stadt Jerusalem haben sich vor Tausenden von Jahren erfüllt … Alle noch ausstehenden Erfüllungen von Prophezeiungen über die Stadt Jerusalem beziehen sich auf das geistliche Jerusalem, die Kirche.[17]

Ein solches Denken bestimmt natürlich die Haltung der Christen gegenüber Israel und insbesondere bezüglich Jerusalem. Katholiken und Protestanten verbünden sich in Opposition gegen Israel. Lesen wir dazu die folgende beunruhigende Meldung vom Dezember 1994:

> In einer beispiellosen Bündniserklärung riefen Führungspersönlichkeiten aus allen größeren christlichen Gruppierungen in Jerusalem zu einem besonderen „rechtlichen und politischen" Status für Jerusalem auf. Die Stadt ist für die Welt „zu kostbar", als daß sie allein von kommunalen oder politischen Autoritäten abhängig sein könnte, „wer immer diese seien", sagten sie.
>
> [Israel besteht darauf, daß Jerusalem in jedem arabisch-israelischen Friedensabkommen unter israelischer Souveränität bleibt. Es erteilte Jordanien eine Zusage für die Überwachung religiöser Denkmäler. Die Palästinenser forderten, daß Jerusalem unter ihre Regierung gestellt wird.]
>
> Unter den Unterzeichnern des Dokuments waren katholische, orthodoxe, anglikanische und lutherische Führungspersönlichkeiten, die besorgt sind, in einem ihre Interessen berührenden Abkommen übergangen zu werden.[18]

Die Wiederherstellung Israels

Die Kirche hatte niemals die Aufgabe, ein irdisches Reich aufzurichten. Nachdem die Jünger 40 Tage mit ihrem auferstandenen Herrn verbracht hatten, während derer er zu ihnen „über die Dinge redete, die das Reich Gottes betreffen" (Apostelgeschichte 1,3), wußten sie die richtige Frage zu stellen: „Herr, *stellst du* in dieser *Zeit* für *Israel* das Reich *wieder her*?" (Vers 6). Die kursiv gesetzten Wörter vermitteln uns vier schlichte Wahrheiten: 1. Es ist *Christus [du]*, der dieses Werk tut, und nicht die Kirche; 2. es wird zu einer *zukünftigen*, vom Vater vorherbestimmten Zeit geschehen (Vers 7); 3. ein Reich, das einmal bestanden hat, wird *wiederhergestellt* werden, und 4. die Wiederherstellung bezieht sich auf *Israel* [nicht auf die Kirche] als einstiges Königreich. Die Kirche hat mit alledem nichts zu tun.

Einige Tage später nennt Petrus in seiner zweiten Predigt wieder diese vier Punkte (Apostelgeschichte 3,19-26): 1. Es gibt eine zukünftige und besondere *Zeit* 2. für die „*Wiederherstellung* aller Dinge", 3. und erst, wenn die Zeit für diese Wiederherstellung gekommen ist, wird

Christus, der allein die Wiederherstellung durchführen kann, vom Himmel wiederkehren, 4. um den „Söhnen der Propheten“ [d.h. die Juden – Vers 25] das, was „alle Propheten ... geredet haben“ [das Davidische Königreich und das Besetzen des Davidischen Throns – Vers 24], *wiederherzustellen*.

Die sogenannte Wiederherstellungsbewegung will in diese Verse die Lehre hineindeuten, daß in den letzten Tagen die Reinheit und die Kraft der Kirche des 1. Jahrhunderts wiederhergestellt würde. Das ist wiederum ein offensichtlicher Mißbrauch. In der Predigt von Petrus ist von der Kirche keine Rede. Er spricht zu *Juden* und verdeutlicht, daß seine Predigt allein sie als „Söhne der Propheten“ betrifft. Diese Bezeichnung schließt Nichtjuden aus. Der Gegenstand ist weder die Kirche noch ihre Wiederherstellung in ihren ursprünglichen Zustand irgendwann in der Zukunft, sondern die Wiederherstellung des Reiches Israel.

Wir wollen hier ausdrücklich zu verstehen geben, daß wahre Evangelikale, wenn wir auch ihre Fehler und ihr Versagen nicht übersehen wollen, Israel befürworten, weil sie wissen, daß die Juden Gottes auserwähltes Volk bleiben, auch wenn sie verstreut und unter seinem Gericht sind. Diese Christen haben die Neuerstehung Israels als Nation stets freudig erwartet. Ich erinnere mich, wie ich in den 30er Jahren als kleiner Junge einen Prediger über die Wiedergeburt Israels reden hörte. Sogar im 19. Jahrhundert wurden in der Vorausschau auf den Tag, da Gott die Juden in ihr Land zurückbringen und wieder ein Staat Israel entstehen würde, Predigten gehalten und Bücher geschrieben. Mit völliger Zuversicht erwartete man dieses Ereignis, ganz gleich, wie unwahrscheinlich es zu jener Zeit erschien, weil die Propheten vorausgesagt hatten, daß der Messias zu seinem Volk und in ihr Land wiederkommen werde. Und tatsächlich wird er Israel bei Harmagedon vor den Heerscharen dieser Welt, die es vernichten wollen, retten. Folglich müssen die Juden, damit die Wiederkunft des Messias [eine zentrale christliche Lehre] stattfinden kann, in ihr eigenes Land zurückgekehrt sein.

Ein wichtiger Unterschied

Einige Muslime versuchen ihre Gewalttätigkeit und sogar ihren Terrorismus mit dem Vorwand zu rechtfertigen, die Christen hätten die Muslime bei den Kreuzzügen angegriffen und katholische Missionare hätten nach der Entdeckung Amerikas die dortigen Eingeborenen unter Androhung des Todes „bekehrt". Karl der Große und andere Kaiser des Heiligen Römischen Reiches haben den Katholizismus durch das Schwert verbreitet, genau wie die Muslime den Islam mit denselben Mitteln verbreiteten. Doch jedes „Christentum", das mit dem Schwert verbreitet wurde, ist ein falsches Christentum. Wer behauptet, Christ zu sein, und Gewalt gegen andere Menschen ausübt, und sei es zur Verteidigung oder zur Ausbreitung des christlichen Glaubens, handelt in krassem Gegensatz zur Lehre der Bibel und zur Lehre Christi und seinem Vorbild. So etwas ist überhaupt kein Christentum!

Zwischen Islam und Christentum besteht ein deutlicher Unterschied, den man unbedingt verstehen muß. Wenn ein Muslim sich mit Sprengstoff beläd und sich zur Tötung anderer selbst in die Luft sprengt, oder wenn ein Muslim ein Flugzeug entführt oder einen ehemaligen, zum Christentum bekehrten Muslim umbringt, dann ist er ein wahrer Muslim. Er befolgt sowohl die Lehren des Koran als auch das Beispiel Mohammeds und seiner Nachfolger bis auf den heutigen Tag. Er ist der offiziellen Lehre des Islam nach dem Koran treu, so wie sie in allen Moscheen weltweit gelehrt wird.

Es ist die wahre Lehre des Islam, die Selbstmordattentäter wie zum Beispiel den 27jährigen Saleh Abdel Rahim al-Souwi motiviert. Am 26. Oktober 1994 zündete Souwi zur Ehre Allahs einen Koffer mit über 20 kg TNT, den er bei sich trug, und sprengte damit sowohl sich selbst als auch die übrigen Passagiere eines Busses in Tel Aviv in die Luft. 22 Personen kamen dabei ums Leben, 47 wurden schwer verletzt. Am nächsten Tag zeigte ein in Nablus von der Hamas abgeschicktes Videoband Souwis Lebewohl an seine Familie sowie eine Ankündigung weiterer Hamas-Selbstmordanschläge.[19] Die palästinensische Polizei, die solche Vorfälle verhindern soll, kann diese Aufgabe nicht erfüllen, ohne dabei ihre eigene Religion zu verraten. Als erstmalig palästinensische Polizisten Jericho betraten, ertönte ihr Gesang über die Lautsprecher: „Mit Gewalt und Blutvergießen werden wir ganz Palästina befreien!" Mit dem Hissen der palästinensischen Flagge erhob sich zum ersten Mal ein großes Geschrei: „Heute Gaza und Jericho – morgen Jerusalem!"[20] Das muß stets der Traum eines wahren Muslim sein. Und damit ist der gegenwärtige „Friedensprozeß" als Betrug entlarvt.

Ein „Christ" andererseits, der sich an den Kreuzzügen beteiligte und Juden umbrachte, um das Heilige Land für die Kirche einzunehmen, oder der bei einem gleichfalls grausamen Kreuzzug gegen die Albigenser, Waldenser oder Hugenotten mitmachte und diese und andere Christen niedermetzelte, weil sie sich nicht der römisch-katholischen Kirche unterwarfen, war überhaupt kein Christ. Ein solcher Mensch handelt in direktem Gegensatz sowohl zur Lehre als auch zum Beispiel Jesu Christi. Erinnern wir uns an die oben zitierte Anklage eines katholischen Historikers aus dem 19. Jahrhundert gegen seine eigene Kirche wegen Folterung und Ermordung ihrer Gegner: „[... daß die Inquisition] den einfachsten Regeln christlicher Gerechtigkeit und Nächstenliebe widersprach und in der alten Kirche mit allgemeinem Abscheu aufgenommen worden wäre."[21]

Ein Christ wird von Jesu Liebe für Israel und für die ganze Menschheit motiviert. Diese Liebe wünscht notwendigerweise allen ihren Empfängern nur das Beste. Wir sind am Tod Christi schuldig, weil es unsere Sünden waren, die zu unserer Rettung seinen Tod erforderten. Paulus, der ehemalige Rabbiner, dem Christus nach seiner Auferstehung erschien, liebte seine „Verwandten nach dem Fleisch" so sehr, daß er bereit war, für ihre Errettung sein eigenes Heil preiszugeben (Römer 9,1-5). Er schrieb: „Brüder! Das Wohlgefallen meines Herzens und mein Flehen für sie zu Gott ist, daß sie errettet werden" (Römer 10,1).

Von dieser Art ist die Liebe eines jeden wahren Christen sowohl zu Juden als auch zu Muslimen als auch zu allen Menschen. Dann wird weder Jude noch Muslim, weder ein Atheist noch ein Anhänger irgendeiner anderen Religion an Christen Anstoß nehmen, die sie vom Glauben an Jesus Christus als ihren Herrn und Heiland überzeugen wollen. Sogar jene, die ihnen nicht zustimmen, können den Evangelikalen zumindest für ihr aufrichtiges Anliegen dankbar sein.

Wer könnte die folgenden Worte Christi lesen, die er sprach, als er kurz vor seiner Kreuzigung über Jerusalem weinte, ohne dabei von Jesu Liebe zu seinem Volk bewegt zu sein? Er wußte von den schrecklichen Folgen der Ablehnung, die sie ihm entgegenbringen würden, die alle Propheten vorausgesagt hatten und die er so oft wiederholte – Folgen, die zum Teil bei der Zerstörung der Stadt im Jahr 70 n.Chr. wahr geworden sind, und weit schlimmere Folgen, die für Jerusalem und das Volk Israel noch in der Zukunft liegen:

> Und als er sich näherte und die Stadt sah, weinte er über sie und sprach: Wenn auch du an diesem Tag erkannt hättest, was zum Frieden dient! Jetzt aber ist es vor deinen Augen verborgen.
>
> Denn Tage werden kommen, da werden deine Feinde einen Wall um dich aufschütten und dich umzingeln und dich von allen Seiten einengen; und sie werden dich und deine Kinder in dir zu Boden werfen und werden in dir nicht einen Stein auf dem anderen lassen,

dafür daß du die Zeit deiner Heimsuchung nicht erkannt hast (Lukas 19,41-44).

Jerusalem, Jerusalem, die da tötet die Propheten und steinigt, die zu ihr gesandt sind! Wie oft habe ich deine Kinder versammeln wollen, wie eine Henne ihre Küken versammelt unter ihre Flügel, und ihr habt nicht gewollt!

Siehe, euer Haus wird euch öde gelassen; denn ich sage euch: Ihr werdet mich von jetzt an nicht sehen, bis ihr sprecht: „Gepriesen sei, der da kommt im Namen des Herrn!“ (Matthäus 23,37-39).

Und stark machen wird er [der Antichrist] einen Bund für die Vielen, eine Woche [d.h. Jahrwoche, also sieben Jahre] lang; und zur Hälfte der Woche wird er Schlachtopfer und Speisopfer aufhören lassen …

Daniel 9,27

Daß niemand euch auf irgendeine Weise verführe! Denn dieser Tag [des Herrn] kommt nicht, es sei denn, daß zuerst der Abfall gekommen und der Mensch der Gesetzlosigkeit geoffenbart worden ist, der Sohn des Verderbens [der Antichrist]; der sich widersetzt und sich überhebt über alles, was Gott heißt und Gegenstand der Verehrung ist, so daß er sich in den Tempel Gottes setzt und sich ausweist, daß er Gott sei …

Ihn, dessen Ankunft gemäß der Wirksamkeit des Satans erfolgt mit jeder Machttat und mit Zeichen und Wundern der Lüge und mit jedem Betrug der Ungerechtigkeit für die, welche verloren gehen, dafür, daß sie die Liebe der Wahrheit zu ihrer Errettung nicht angenommen haben.

Und deshalb sendet ihnen Gott eine wirksame Kraft des Irrwahns, daß sie der Lüge glauben, damit alle gerichtet werden, die der Wahrheit nicht geglaubt, sondern Wohlgefallen gefunden haben an der Ungerechtigkeit.

2. Thessalonicher 2,3-4.9-12

Und sie [die Menschen] beteten den Drachen [Satan] an, weil er dem Tier die Macht gab, und sie beteten das Tier an [den Antichrist] … Und alle, die auf der Erde wohnen, werden ihn anbeten, jeder, dessen Name nicht geschrieben ist im Buch des Lebens des geschlachteten Lammes von Grundlegung der Welt an …

Und es wurde ihm gegeben, dem Bild des Tieres Odem zu geben, so daß das Bild des Tieres sogar redete und bewirkte, daß alle getötet wurden, die das Bild des Tieres nicht anbeteten.

Offenbarung 13,4.8.15

18

Der Antichrist und der neue Tempel

Der jüdische Tempel wird auf dem Tempelberg in Jerusalem wiedererrichtet und die täglichen Opfer wieder eingeführt werden! Wie können wir das wissen? Weil sowohl Altes als auch Neues Testament das bezeugen. Und auf der Grundlage der hundertprozentigen Genauigkeit, die wir für frühere Prophezeiungen bereits aufgezeigt haben, sind wir absolut zuversichtlich, daß auch die noch ausstehenden Prophezeiungen genauso in Erfüllung gehen werden. Wir wissen nicht, *wann* diese unglaubliche Umwandlung auf dem Tempelberg stattfinden wird, doch allen Anzeichen nach wird es sehr bald sein. Der Tempel muß nämlich wiedererrichtet werden, damit bestimmte andere prophezeite Ereignisse eintreten können.

Paulus sagt uns, daß sich der Antichrist „in den Tempel Gottes setzen" und der Welt verkünden wird, er sei Gott. Zu diesem unbestimmten zukünftigen Zeitpunkt muß der Tempel offensichtlich wieder existieren. Johannes sagt uns, daß „alle Welt ihn anbeten wird", und unter Androhung der Todesstrafe wird von allen Menschen verlangt werden, vor seinem Bildnis niederzufallen. Dieses Bildnis wird zweifellos in dem wiederaufgebauten Tempel in Jerusalem stehen. Ein Bildnis des Weltdiktators, das die ganze Welt anbeten muß, würde sicherlich am heiligsten Platz der Welt aufgestellt, nämlich im Tempel Salomos, wiederaufgebaut nach über 1900 Jahren seit seiner Zerstörung.

Die absolute Widersetzung gegen den Gott Israels, die durch dieses Bildnis eines als Gott verehrten Mannes beabsichtigt ist, kann nur dadurch erreicht werden, daß es in den Tempel dieses Gottes Israels gestellt wird. Daniels Prophezeiung über den „verwüstenden Greuel" könnte auf keine andere Weise in Erfüllung gehen. Man kann sich kein größeres Greuel vorstellen, als daß der Tempel Gottes mit dem Bild eines Mannes besudelt wird, der von Satan bevollmächtigt ist und sich zugleich selbst als Gott ausgibt. Hier lesen wir Daniels Ankündigung dieses Ereignisses der letzten Tage:

> … und sie werden das Heiligtum [den Tempel] … entweihen … und werden das regelmäßige Opfer abschaffen und den verwüstenden Greuel aufstellen … Und der König … wird sich erheben und sich

> groß machen gegen jeden Gott, und gegen den Gott der Götter wird er unerhörte Reden führen …
>
> Geh hin, Daniel! Denn die Worte sollen geheimgehalten und versiegelt sein bis zur Zeit des Endes. Viele werden geprüft und gereinigt und geläutert werden. Aber die Gottlosen werden weiter gottlos handeln. Und die Gottlosen werden es alle nicht verstehen, die Verständigen aber werden es verstehen. Und von der Zeit an, in der das regelmäßige Opfer abgeschafft wird, um den verwüstenden Greuel einzusetzen, sind es 1290 Tage [bis zum Ende] (Daniel 11,31.36; 12,9-11).

Wir brauchen nicht nach einer geheimnisvollen oder komplizierten Auslegung dieser Verse zu suchen. Daniels Sprache [„er wird sich erheben und sich groß machen gegen jeden Gott"] ähnelt der Sprache von Paulus so sehr [„der sich widersetzt und sich überhebt über alles, was Gott heißt und Gegenstand der Verehrung ist"], daß sie sich beide auf den gleichen Menschen beziehen müssen. Und es kann kein Zweifel bestehen, daß damit der Antichrist gemeint ist.

Ein „Engel des Lichts"

Wahrscheinlich ist kein Begriff jemals irreführender dargestellt worden als der des Antichristen. Obwohl er die völlige Verkörperung Satans sein wird, so wird dieser zukünftige Weltherrscher doch nicht der einfach erkennbare und offensichtlich böse Menschenfresser sein, als der er gewöhnlich geschildert wird. Vielmehr wird er als schillernde Figur auf der Weltbühne auftreten und als „Engels des Lichts" (2. Korinther 11,14) das Bild Satans abgeben – jemand, den die Welt nicht nur bewundern, sondern sogar anbeten wird. Israel wird ihn als seinen Messias annehmen, die Muslime als den langersehnten Imam oder Maitreya und die Namenschristen als Christus [alle wiedergeborenen Christen sind dann in der Entrückung von der Erde weggenommen]. Alle Religionen [und Regierungen] der Welt werden in diesem unglaublich charismatischen Verführer vereint sein.

Kann die Welt so vollständig verführt werden, daß sie einen so bösartigen Menschen buchstäblich anbetet? Der Fall Hitler vermittelt uns von dieser Möglichkeit eine Vorausschau. Rückblickend kann seine Bösartigkeit leicht erkannt werden, ausgenommen einiger weniger Neonazis. Doch zu seiner Zeit war fast jeder verführt. William Shirer schrieb im Jahr 1934 von Deutschland aus: „Ein neu angekommener Beobachter wäre wohl überrascht zu sehen, daß die Menschen in diesem Land anscheinend nicht merken, daß sie von einer skrupellosen und brutalen Diktatur eingeschüchtert und unterdrückt werden. Ganz im Gegenteil, sie unterstützen sie mit echter Begeisterung. Irgendwie hat sie das mit neuer Hoffnung erfüllt." Für diese Hoffnung gab es anscheinend gute Gründe.

Sicherlich fand Hitlers Aufstieg zur Macht vor über 60 Jahren statt, und heute lassen sich die Menschen nicht mehr so einfach verführen. Wirklich? Was ist mit der fanatischen Verehrung des Ayatollah Khomeini im Iran und der ununterbrochenen Treue, die ihm auch noch nach der Verschlimmerung der Verhältnisse entgegengebracht wird? Und schauen wir auf die rasende Meute, nicht allein im Irak, sondern in der ganzen arabischen Welt, die ihre Treue zum „arabischen Hitler" Saddam Hussein immer noch singend in den Straßen verkündet.

Nicolae Ceausescu, bis Ende 1989 immerhin 24 Jahre lang Diktator Rumäniens, war ebenso böse wie Hitler; er hatte lediglich keine Möglichkeit, in großem Umfang zu agieren. Doch er wurde als die „höchste Verkörperung Gottes" gepriesen, als „Held der Helden", „Arbeiter der Arbeiter" und als „Erste Persönlichkeit der Welt". Seine gleichfalls böse Gattin Elena nannte man „ein Vorbild, dem alle Frauen in unserem Land folgen sollten", „die sagenhafte Mutter" und „die gerechteste Frau der Welt" – wo wir gerade von Verblendung sprechen!

Aber nicht allein die Massen wurden verführt. Selbst als dem rumänischen Volk die Augen aufgegangen waren und sie Ceausescu sehr treffend „Antichrist" nannten, betrog er die Weltpolitiker noch viele weitere Jahre. Die Staatschefs im Westen rühmten ihn auf großzügige Weise. Wie die Medien berichteten, „schlug Königin Elisabeth ihn zum Ritter, und die USA verliehen seinem Land den Status einer beliebten Handelsnation ... Der frühere israelische Ministerpräsident Menachem Begin betraute den rumänischen Staatschef 1977 mit der Vermittlung der historischen Friedensmission des ägyptischen Präsidenten Anwar al-Sadat nach Jerusalem."[1]

Der kosmische Christus

Selbst in dem Wort „Antichrist" besteht eine Täuschung. Allgemein versteht man darunter, dieser Mensch werde die absolute Feindschaft gegen Christus verkörpern. Die griechische Vorsilbe *anti* bedeutet jedoch nicht nur „entgegen oder gegen", sondern auch „anstelle von" oder „als Ersatz für". Es ist klar, daß der Antichrist beide Bedeutungen verkörpern wird. Er wird tatsächlich gegen Christus gerichtet sein, aber in der teuflischsten und raffiniertesten Weise, die nur möglich ist [etwas Geringeres würde Satans Möglichkeiten unterbieten]: durch die Behauptung, tatsächlich Christus zu *sein*.

Deshalb bezeichnet Daniel, der den Messias „Fürst" nennt (Kap. 9,25), den Antichrist als den „kommenden Fürsten" (Vers 26), d.h. der vermeintliche Fürst. Weil er nicht die erwartete Art von Frieden brachte, verwarf Israel seinen Messias, obwohl er genau zur vorhergesagten Zeit kam und Dutzende von spezifischen messianischen Prophezeiungen erfüllte. Heute lehnen Juden Jesus Christus noch aus demselben Grund ab. Tragischerweise wird Israel den vermeintlichen Messias, den Antichristen, annehmen, der ohne jede biblische Beglaubigung kommt, der aber scheinbar Frieden bringen und den Wiederaufbau des Tempels ermöglichen wird. „Wer das zustandebringen kann, *muß* der Messias sein" – so oder ähnlich wird Israel fälschlicherweise voller Begeisterung über die von ihm gebrachte „Rettung" glauben.

Die römischen Kaiser waren die Oberhäupter der heidnischen Priesterschaft sowie der heidnischen Feste und wurden unter dem Titel *Pontifex maximus* als Götter angebetet. Als Kaiser Konstantin etwa im Jahr 313 n.Chr. aus taktischen Gründen entschied, sich selbst „Christ" zu nennen [aber kein wahrer Christ wurde, wie aus verschiedenen Hinweisen deutlich wird] und der Christenheit einen bevorzugten Status verlieh, wurde er automatisch als Oberhaupt der christlichen Kirche anerkannt. Als solcher legte er sich den neuen Titel *Vicarius Christi*, oder zu deutsch Stellvertreter Christi, zu. *Vicarius* entspricht dem griechischen Wort *anti* – anstelle von. Übersetzt ins Griechische heißt Stellvertreter Christi wortwörtlich Antichrist.

Konstantin meinte natürlich nicht, gegen Christus zu sein. Er meinte, er *sei* Christus, und zwar in dem Sinn, daß er Christi Platz auf dieser Erde einnimmt. Die Päpste haben sich seit nunmehr 1500 Jahren beide Titel angeeignet: den eindeutig heidnischen Titel *Pontifex maximus* und die gotteslästerliche Amtsbezeichnung *Vicarius Christi* – Titel, die sie als das Vermächtnis Konstantins beanspruchen. Dieser Umstand hat einige Kritiker zu der Aussage veranlaßt, der Antichrist werde ein Papst sein. Der zukünftige Antichrist wird tatsächlich ein neuer Konstantin sein, der Herrscher über das wiedererstandene Römische Reich, das die ganze Welt umfassen wird. Der zu jener Zeit amtierende Papst wird die rechte Hand des neuen Kaisers sein und hinter den Kulissen eine enorme Macht ausüben. Eine derartige Beziehung zu den Kaisern haben die Päpste über Jahrhunderte gepflegt.

Bund für eine „Woche“

Nimmt man die Prophezeiungen Daniels als Ganzes [zu welcher ausführlichen Darlegung hier leider nicht genügend Platz ist], wird deutlich, daß hier eine zweifache Bedeutung des „Antichristen“ vorliegt: die erste ist Antiochus Epiphanes, der viele dieser Prophezeiungen erfüllte, aber nicht der letzte wahre Antichrist, sondern nur eine Vorausschattierung oder ein Typus desselben war, und die zweite ist der Antichrist selbst, der alle diese Prophezeiungen erfüllen wird. Antiochus veranlaßte die Einstellung der Opfer im Tempel und ließ stattdessen auf einem im Tempel errichteten griechischen Altar Schweinefleisch opfern. Er weihte den Tempel Gottes dem Zeus und stellte darin ein Bildnis dieser Hauptgottheit des griechischen Pantheons auf. Das war tatsächlich ein „verwüstendes Greuel“, wie Daniel es vorausgesehen hatte – jedoch nicht *der* Greuel.

Welchen Teil der Prophetie hat Antiochus nicht erfüllt? Er machte nicht „einen Bund für die Vielen, eine Woche lang“ und ließ nicht „zur Hälfte der Woche“ „Schlachtopfer und Speisopfer aufhören“ (Daniel 9,27). [Das hat auch noch niemand sonst getan, einschließlich Nero, Hitler oder irgendeines Tyranns der Vergangenheit, den verschiedene Gruppierungen als Antichrist zu identifizieren meinten.]

Die „eine Woche“, für die der Antichrist einen Bund machen wird, kann nur die letzte der 70 Wochen sein, von denen der Engel Gabriel zu Daniel sagte, daß sie „über dein Volk [Israel] und über deine heilige Stadt [Jerusalem] bestimmt [sind], um das Verbrechen zum Abschluß zu bringen und den Sünden ein Ende zu machen und die Schuld zu sühnen und eine ewige Gerechtigkeit einzuführen und Gesicht und Propheten zu versiegeln und ein Allerheiligstes zu salben“ (Daniel 9,24). Anders ausgedrückt, diese Zeitperiode wird die Erfüllung jeder noch ausstehenden Prophezeiung über Israel sehen.

Jahrwochen

Wir verstehen die „70 Wochen“ als Jahrwochen und somit nicht als 490 *Tage*, sondern 490 *Jahre*. Für diese Auslegung bestehen mehrere Gründe. Bereits an früherer Stelle hatten wir bemerkt, daß Israel das „Gelobte Land" vor der babylonischen Gefangenschaft für einen Zeitraum von 490 Jahren [70 Jahrwochen] besaß. Während dieser Zeit versäumte Israel, jedes siebte Jahr als ein besonderes Sabbatjahr zu halten, wie ursprünglich im Gesetz von Gott angeordnet. [Schon hier liegt eindeutig das Konzept von Jahrwochen vor.] Aufgrund dieses Ungehorsams schuldete Israel dem Land 70 Jahre Ruhe, und diese Schuld wurde mit der Zeit bezahlt, die das Volk in Gefangenschaft in Babylon schmachtete. Unmittelbar nachdem Daniel den Zusammenhang zwischen der babylonischen Gefangenschaft und den vorangegangenen 70 Jahrwochen begriffen hatte, offenbarte der Engel ihm, daß Gottes Absichten mit der Zukunft Israels innerhalb weiterer 70 Wochen erfüllt würden. Es wäre sonderbar, wenn diese letztere Periode nicht ebenfalls als Wochen von Jahren zu verstehen wäre. Es sind tatsächlich Jahrwochen.

In Offenbarung 11,3 weist Johannes darauf hin, daß der Antichrist nach den ersten 1260 Tagen [3 1/2 Jahren] der Großen Trübsalszeit imstande ist, die „zwei Zeugen" hinzurichten, die in Jerusalem weissagten. Von diesem Zeitpunkt an haben die Nichtjuden die Kontrolle über Jerusalem und werden „die heilige Stadt zertreten 42 Monate" (Vers 2), d.h. weitere 3 1/2 Jahre, womit die gesamte Trübsalszeit sieben Jahre umfaßt. Wir können annehmen, daß diese Übernahme Jerusalems durch die Heiden mit dem Bündnisbruch des Antichristen zur Mitte der 70. Jahrwoche Daniels einhergeht, womit diese Woche sieben Jahren entspricht.

In Offenbarung 11,2-3 und 12,6 scheint Johannes die Mitte von Daniels 70. Woche anders zu definieren. Die Frau in Kapitel 12 stellt offensichtlich das Volk Israel dar, das den Messias zur Welt bringt. Israel muß für 1260 Tage [3 1/2 Jahre] vor Satan fliehen. Es ist wieder vernünftig, den Beginn dieses auf Israel gerichteten Zornes Satans mit dem Bündnisbruch des Antichristen „zur Hälfte der Woche" zu verbinden. So haben wir wiederum 1260 Tage [3 1/2 Jahre], die sich von der Mitte der Jahrwoche bis zum Ende der Herrschaft des Antichristen erstrecken, womit sich die Dauer dieser „Woche" einmal mehr als ein Zeitraum von sieben Jahren erweist.

Daniels Zeitrechnung weicht davon nur geringfügig ab. In Daniel 12,11 sagt er, das Ende komme nach „1290 Tagen", nachdem der Antichrist die levitischen Tempelopfer unterbunden und „den verwüstenden Greuel" im Tempel aufgestellt hat. Wenn wir nach Harmagedon zusätzliche 30 Tage für einen besonderen Zweck ansetzen, womöglich zur Reinigung der Erde, haben wir wiederum 1260 Tage oder 3 1/2 Jahre von der Mitte der Woche bis zur ihrem Ende. Im nächsten Vers verwirrt Daniel uns jedoch noch mehr: „Glücklich, wer ausharrt und 1335 Tage erreicht." Wer die Prophetie eingehender studiert, ist sowohl mit den zusätzlichen 30 Tagen in Vers 12 als auch mit diesen weiteren 45 Tagen in Vers 13 vor ein Rätsel gestellt. Diese beiden Zusätze widersprechen der Schlußfolgerung jedoch nicht, sondern bestätigen vielmehr, daß die 70. Woche eher ein Zeitraum von sieben Jahren als von sieben Tagen ist. Diese Periode liegt noch in der Zukunft, und die meiste Zeit dieser Periode über wird die Welt der Herrschaft des Antichristen unterliegen.

Messias verworfen, Segen verschoben

Außerdem zog der Messias nicht nach Ablauf von 69 buchstäblichen Wochen [483 *Tage*] nach dem Befehl zum Wiederaufbau Jerusalems unter dem Jubel der Menge in die Heilige Stadt ein. Zu dieser Zeit gab es den historischen Berichten zufolge noch nicht einmal einen potentiellen Messias. Doch exakt 69 Jahrwochen [483 *Jahre*] nach dem in Nehemia 2 genannten Tag zog Jesus auf einem Eselsfohlen in Jerusalem ein und wurde von der Volksmenge als Messias gefeiert. Wiederum sind es „Jahrwochen" und nicht buchstäbliche Wochen, die die Prophezeiung erfüllen.

Offensichtlich haben sich bis jetzt noch nicht alle Absichten Gottes für Israel erfüllt. Der Messias regiert noch nicht auf dem Thron Davids in Jerusalem. Von daher wissen wir, daß die 70 Jahrwochen noch nicht vollendet sind. Alles jedoch, was Gott mit dem Ende der 69. Jahrwoche geschehen lassen wollte, ist in Jesus Christus erfüllt. Es kann keine Erfüllung geben, es sei denn in ihm, weil die dafür vorgesehene Zeit verstrichen ist. Jesus Christus ist buchstäblich der einzige Messias-Kandidat, der für Israel in Frage kommt – der *einzige*.

Entweder lügt das Buch Daniel – und somit wäre das gesamte Alte Testament nicht vertrauenswürdig – oder der Messias kam pünktlich, wie angekündigt. Man muß sich für die eine oder für die andere Möglichkeit entscheiden. Es gibt keine dritte Alternative.

Ohne Frage sind die prophezeiten Segnungen, die mit dem Abschluß der 70. Jahrwoche einhergehen sollen, noch nicht eingetreten. Darin besteht ein weiterer Grund zu der Schlußfolgerung, daß die aufgrund der Verwerfung des Messias durch Israel verschobene 70. Jahrwoche gleichzeitig mit der siebenjährigen Trübsalszeit ablaufen wird, die noch in der Zukunft liegt.

Christus wurde gekreuzigt, und das Heil erging [aufgrund seiner Bezahlung der Sündenschuld] an die ganze Welt. Infolgedessen entstand die Gemeinde, ein neues Gebilde, das sowohl aus Juden als auch aus Heiden zusammengesetzt ist (Epheser 2). In den vergangenen 1900 Jahren war Israel beiseite gesetzt und die Gemeinde in den Mittelpunkt göttlichen Handelns getreten. Da nunmehr Israel wieder in sein Land zurückgekehrt ist, befindet sich die Gemeinde oder Kirche im Niedergang, erfährt einen zunehmenden Abfall und muß vor Daniels 70. Woche [die sich nur auf Israel bezieht] weggetan werden, damit diese Periode ihren Lauf nehmen kann.

Wozu das Bündnis?

Zwischendurch sollten wir etwas mehr vom Antichristen und vom Wesen seines „Bundes" verstehen, den er mit „den Vielen" schließen wird. Der von ihm geschlossene Bund wird zweifellos den Wiederaufbau des Tempels und die Wiedereinführung der Tempelopfer ermöglichen. Das könnte gar nicht deutlicher sein, da ja der Bruch des Bündnisses „Schlachtopfer und Speisopfer aufhören lassen" wird. Man fragt sich sofort, weshalb der Antichrist an dem Wiederaufbau des jüdischen Tempels interessiert sein sollte. Das scheint doch irrsinnig zu sein.

Der Antichrist trifft diese Entscheidung offensichtlich nicht zur Förderung des weltweiten Friedens, und viel weniger, um sich Freunde bei den Millionen Arabern zu machen, denen die Kontrolle über den größten Teil des Erdöls der Welt obliegt. Eine solche Entscheidung würde sie sicherlich zur Raserei bringen. Ein Nahost-Experte nennt die Herrscher der arabischen Golfstaaten „die Wächter über die beiden Hauptmächte der arabischen Welt – den Islam und die Öldollars ..."[2] Selbst gemäßigt muslimische Araber können in ihrer Haltung zu Jerusalem keine Kompromisse eingehen. Der folgende aktuelle Nachrichtenbericht verdeutlicht die Atmosphäre, der sich der Antichrist ausgesetzt sehen wird, wenn nicht zuvor irgendein unglaubliches Ereignis das arabische Denken umgestaltet:

> König Hassan von Marokko hat seine Haltung zu Jerusalem verhärtet und hat sich mit dem ägyptischen Präsidenten Hosni Mubarak und dem jordanischen König Hussein zusammengetan, um die USA mit vereinten Kräften davon abzuhalten, ihre Botschaft in die [israelische] Hauptstadt [d.h. Jerusalem] zu verlegen. Hassan sagte, ein

> solcher Zug würde in der arabischen und islamischen Welt eine „ernste Wirkung" erzielen und als wesentliche Veränderung der amerikanischen Politik gedeutet werden.[3]

Der Antichrist wird auch nicht versuchen, sich bei Israel einzuschmeicheln, dazu ist ihm dieses Land nicht wichtig genug. Man kann nur schließen, daß dieser plötzlich an seine Machtposition katapultierte Abgesandte Satans den Tempel zu seinen eigenen selbstsüchtigen Zwecken wiedererrichten will. Er hat von Anfang an vor, den Tempel für seine Selbstdarstellung als Gott zu benutzen und um die Welt zu seiner Anbetung zu bewegen. Und auch hier kommen wir wieder zu der Schlußfolgerung, daß irgend etwas Verheerendes geschehen sein muß, damit der Antichrist diese Machtposition erlangt und damit die Araber zu diesem überraschenden Erlaß zur Umwandlung des Tempelberges bereit werden. Sonst würde ein solcher Erlaß auf den heftigsten Widerstand der gesamten muslimischen Welt stoßen.

Heute würde sicherlich jeder Versuch zum Wiederaufbau des Tempels einen sofortigen Krieg mit den Arabern auslösen – einen Krieg, der wahrscheinlich die ganze Welt verschlänge. Der Islam, die schnellstwachsende Religion der Welt, erfährt zur Zeit ein enormes Wiederaufleben. Sogar unter den Beduinen findet man Hinweise darauf. Sie waren vom ersten Augenblick an israelische Staatsbürger und dienten ihre Zeit in der Armee, einige brachten es sogar bis zum Offiziersrang. In Widerspiegelung des Aufstiegs des Islam hat jedoch eine beängstigende Veränderung in ihrer Haltung gegenüber Israel stattgefunden:

> In den letzten fünf Jahren sind die Beduinen, von denen 50% unter 18 Jahre alt sind, in einem islamischen Wiederaufleben aufgegangen. Denken wir beispielsweise an Rahat, die größte Beduinenstadt im nördlichen Negev. 1988 hatte die Stadt eine Moschee, wo kaum 50 Menschen die Freitagsgebete besuchten. Heute hat Rahat fünf Moscheen, die mit Betern überfüllt sind.[4]
>
> Und nun waren Beduinen zum ersten Mal in den Terrorismus verwickelt, und zwar in den Versuch, am 21. März 1995 im Zentrum von Beerscheba einen mit 200 kg Sprengstoff beladenen Lkw zu sprengen.[5]

Und wieder scheint es klar zu sein, daß irgend etwas Unvorhergesehenes die militante Haltung des Islam aufweichen muß, wenn der Tempel wieder aufgebaut werden soll. Weil der Antichrist seinen Bund für „eine

Woche“ schließen wird, müssen wir annehmen, daß er zu Beginn der 70. Jahrwoche Daniels von der ganzen Welt dazu bevollmächtigt ist. Es liegen mehrere Gründe vor, weshalb wir glauben können, daß er genauso plötzlich zur Macht aufsteigt, wie die 70. Woche über die Welt hereinbricht, und das aus demselben geheimnisvollen Grund.

Einige Übersetzungen sagen zwar, der Antichrist „bestätige“ den Bund, doch das hebräische Wort bedeutet, daß er der Welt den Bund aufzwingt. Das gesamte Wesen des Bundes, dem sich die Araber mit Gewalt widersetzen würden, weist darauf hin, daß irgendein ungeheuerliches Ereignis geschehen sein muß, irgend etwas derart Außergewöhnliches und Unheimliches, daß sogar die fanatischsten Muslime, die den Wiederaufbau des jüdischen Tempels bis auf den Tod bekämpfen würden, in der Hand des Antichristen wie Lehm sind. Am Ende dieses Kapitels werden wir noch darauf eingehen, was das für ein Ereignis sein könnte.

Eine verblüffende ökumenische Bewegung

Zur selben Zeit, da sich der Islam im Aufwind befindet, werden wir Zeuge der erstaunlichsten ökumenischen Bewegung, die die Welt je gesehen hat. Ein Zeitungsbericht schrieb kürzlich: „Die Religionen haben nun Kurs genommen auf die Bildung einer ‚Vereinte Religionen Organisation‘ [URO], die in vieler Hinsicht wie die UNO aufgebaut ist und mit dieser dieselben Ziele teilt … einen Kanal der göttlichen Macht zu schaffen, um der Erde Heilung und Erleuchtung zu bringen.“ Ein Leitartikel in der Zeitschrift *The Futurist* legte dar, daß „die Weltreligionen zunehmend die theoretische Grundlage für eine Welttheologie ausarbeiten … Das Verschmelzen von zwei oder mehr religiösen Impulsen, wie zum Beispiel Hinduismus und Christentum, erzeugt immer mehr Mischungen, wie beispielsweise christliches Yoga.“ Der Artikel fährt fort:

> Die Weltreligionen fangen an, in der Bekämpfung globaler Probleme wie zum Beispiel Umweltzerstörung zusammenzuarbeiten. Einige Weltreligionen setzen vermehrt Computer zur Vernetzung und Entwicklung der Missionen ein … Die Japaner haben die Lehre von der Göttlichkeit des Kaisers wieder aufgegriffen. Im 21. Jahrhundert werden wir wahrscheinlich einen bedeutenden Beitrag des Ostens an der globalen Lehre über Gott oder am weltweiten Begriff des Theismus sehen …

> Die Grüne Bewegung und die Weltreligionen nähern sich einander an … Das Weibliche steht im religiösen Denken immer mehr gleichberechtigt neben dem Männlichen, was zu einer vollintegrierten männlich/weiblichen Welttheologie führen wird.[6]

Im Geist der neuen und wachsenden Ökumene vereinigen sich Katholiken und Protestanten in aller Welt unter dem Banner der drängenden Herausforderung der „A.D. 2000 Evangelisation", alle Christen sollten ihre Unterschiede vergessen und bis zum Jahr 2000 mit vereinten Kräften die Welt evangelisieren. Das Anliegen für lehrmäßige Reinheit ist zugunsten eines „positiven Evangeliums" beiseite gesetzt worden, das zum Appell an eine in großem Umfang über Ökologie und Frieden besorgte Welt bestimmt ist. Biblische Warnungen vor einem falschen Evangelium und dem kommenden Abfall in den „letzten Tagen" werden als negative Hindernisse auf dem Weg zu einem neuen und attraktiveren „Christentum" betrachtet.

Die 90er Jahre unseres Jahrhunderts, die als „das Jahrzehnt der Evangelisation" bejubelt werden, sollen erwartungsgemäß in der Übergabe einer „größtenteils christlichen Welt", wie christliche Führungspersönlichkeiten es stolz voraussagen, „an Jesus Christus zu seinem 2000. Geburtstag" gipfeln.[7] Daß dieses Ziel durch die unterschwellige Annahme einer neuen Definition von „Christentum" erreicht werden soll, die eine abtrünnige Braut für den Antichristen schaffen wird, scheint bei der Begeisterung über die neue „Einheit" nur wenig Beachtung zu finden. Robert Runcie, einst Erzbischof von Canterbury, meinte, Christen müßten „die Unvollständigkeit unseres Glaubens" erkennen und in ein New Age [„Neues Zeitalter"] des gegenseitigen Verständnisses eintreten, in dem wir die Wahrheiten in allen Religionen anerkennen. Das ist das neue „Christentum" des Antichristen, das für alle Religionen annehmbar ist.

Wie wir an anderer Stelle ausführlich dargelegt haben, ist Papst Johannes Paul II. der Anführer dieser Bewegung zur Vereinigung der Weltreligionen. Er sagte: „Es ist mein tiefster Wunsch, daß die Führer der Weltreligionen sich auf eine Pilgerfahrt nach Jerusalem begeben, um gemeinsam zum barmherzigen Gott zu bitten für die Gabe des Friedens, für Verständigung und Zusammenarbeit unter allen Religionen der Welt."[8] Als der faszinierendste Ökumeniker, den die Welt je gesehen hat, bereiste der Papst in seinem Streben nach Ökumene über 100 Länder.[9] Seine Bemühungen tragen Frucht, wie der folgende Bericht bezeugt:

Am 3. November 1994 eröffnete Papst Johannes Paul II. ... in der Synodenaula des Vatikans in Rom die 6. Vollversammlung der „Weltkonferenz der Religion für den Frieden" [WCRP] ... 900 Religionsführer und Delegierte trafen sich zu einem interreligiösen Dialog zur Verhinderung von Krieg und zur Beendigung von Ungerechtigkeit ...

In safranfarbene Gewänder gehüllte buddhistische Mönche, Sikhs mit weißen Turbanen, muslimische Mullahs in wallenden Gewändern und sogar amerikanische Indianer in ihrer traditionellen Kleidung hörten drei Stunden lang zu, als der Papst alle zusammen willkommen hieß und sagte: *„Der Vatikan steht euch offen. Ich hoffe, ihr werdet bald alle zurückkehren."* Es herrschte allgemeine Übereinstimmung – sowohl innerhalb als auch außerhalb des Vatikans – daß dieses ein historisches Ereignis war; zum ersten Mal war eine offizielle interreligiöse Organisation im Heiligen Stuhl zusammengekommen ...

Rechts und links neben dem Heiligen Vater am Podium der Peterskirche standen Kardinal Francis Arinze, Präsident des Päpstlichen Rates für den interreligiösen Dialog, Ahmed Muhammed Ali, Generalsekretär der Weltmuslimliga, Rabbi David Rosen aus Jerusalem, der hinduistische Parlamentarier Dr. M. Aram und Nikkyo Niwano, ein japanischer Buddhist und Mitbegründer des WCPR. Gemeinsam lauschten sie zunächst Versen aus dem Koran, dann jüdischen, schintoistischen, buddhistischen und hinduistischen Friedensaufrufen.

Bei der Konferenz wurde eine neue Friedensinitiative mit dem Namen „Dienst für Religion und Friedensschaffung" vorgestellt. Sie soll von der Rockefeller-Stiftung gegründet werden und „örtlichen interkonfessionellen Gemeinschaften ihren Dienst anbieten: juristische Schulung in Konfliktbewältigung, Forschung und Publikationsmöglichkeiten sowie Strukturen für den interreligiösen Dialog".[10]

Dialog mit Muslimen?

Solche Bemühungen mögen beeindruckend aussehen, doch sie können die Araber niemals dazu bewegen, den Wiederaufbau des Tempels zu erlauben, selbst wenn der Felsendom und die Al-Aqsa-Moschee bleiben könnten. Seit 30 Jahren bittet das Zweite Vatikanische Konzil die Muslime, die Streitigkeiten der Vergangenheit zu vergessen und hält alle

Religionen dazu an, „sich aufrichtig um gegenseitiges Verstehen zu bemühen".[11] Das ist eine edle Gesinnung, doch eine vergebliche. Der Islam ist, wie wir gesehen haben, eine Religion, die sich auf keinen Kompromiß einlassen kann. Er muß herrschen, und das, wenn nötig, mit Gewalt.

Wenn Katholiken und Juden einen hoffnungsvollen Dialog mit den Muslimen aufnehmen, täuschen sie sich selbst. Und alle Muslime, die sich auf einen solchen Dialog für „gegenseitiges Verstehen" einlassen, sind entweder keine wirklichen Muslime, oder, was wahrscheinlicher ist, sie lassen sich auf die naiven ökumenischen Bestrebungen der arglosen nichtmuslimischen Welt ein, bis der Islam schließlich die Oberhand gewinnt. Dann wird jeder „Dialog" und jede „Gewissens- und Religionsfreiheit" ein jähes Ende finden. Wir haben bereits aus dem Koran zitiert, der einem Muslim sogar verbietet, mit Christen oder Juden auch nur Freundschaft zu schließen.

Der bloße Umstand, daß Muslime im Westen Freiheit zur Ausübung des Islam fordern, während sie in ihren Ländern jedem anderen vom Islam abweichenden Glauben die gleiche Freiheit verwehren, sollte ihre wahren Motive bei einem solchen Dialog hinreichend aufdecken. Aus den Lehren des Islam ist klar ersichtlich, daß es niemals eine friedliche Koexistenz der Religionen in Jerusalem [Islam, Judentum und Christentum] geben kann. Noch viel weniger könnten der Tempel und eine Moschee Seite an Seite an derselben heiligen Stätte stehen. Eine solche Ökumene erweist sich schon durch die ausdrücklichen Verbote, die der Koran den frommen Muslimen auferlegt, als unmöglich. Ein arabischer Beobachter, der den Koran und das Weltgeschehen sehr gut kennt, schreibt:

> Alle islamischen Religionsführer, die sich wegen ökumenischer Zusammenarbeit an britische oder amerikanische Kirchenhäupter wenden, widersetzen sich deshalb entweder den Forderungen Allahs oder aber sie haben geheime Pläne ... Es ist dieselbe Taktik des „kein Zwang in Sachen Religion", die Mohammed zuerst auf Christen und Juden anwandte, die die Muslime heute in der westlichen Welt benutzen.
>
> Zieht in christliche Gegenden, denn dort herrscht Toleranz. Gebt vor, friedliebend, freundlich und gastfrei zu sein; fangt an, für religiöse, politische und soziale Rechte und Privilegien aufzurufen, die ihr den Christen in einem islamischen Land nicht einräumen würdet; vermehrt euch dort schnell und werdet ansässig; in eurer Ge-

meinschaft sollte es keine christlichen Aktivitäten geben, ihr könnt durch Reden oder Schreiben ihre Religion geringschätzen, aber sie dürfen nicht über den Islam reden; dann dehnt eure Gemeinschaft allmählich aus; christliche Aktivitäten werden überall dort unterbunden, wohin ihr euch ausdehnt; wenn ihr genügend Kampfkraft gegen diese „Ungläubigen", diese trinitarischen Kaffer habt, legt los und vertreibt sie oder unterdrückt sie, so gut ihr könnt, und herrscht über sie.[12]

Eine beständige Frage

Wie dem auch sei, unter dem Antichristen werden alle Weltreligionen, einschließlich des militanten Islam, vereinigt sein. Außerdem wird der Antichrist etwas tun, das aus heutiger Perspektive schier unmöglich erscheint: Er wird den Tempel wiedererbauen lassen und gleichzeitig weltweiten Frieden garantieren. Kein Wunder, daß die Juden ihn als ihren Messias annehmen werden! Wenn es sich auch als ein falscher Frieden erweisen wird, der viele vernichtet (Daniel 8,25), ist es dennoch „Frieden" und wird zumindest eine Zeitlang andauern, wahrscheinlich die meiste Zeit der ersten 3½ Jahre nach der Machtergreifung des Antichristen.

Was könnte 1 Milliarde Muslime dazu veranlassen, der Errichtung des jüdischen Tempels an der Stelle zuzustimmen, wo jetzt der Felsendom steht, oder sogar neben diesem? Aus der Bibel wissen wir, daß es so geschehen wird, und so kommen wir wieder zu der Schlußfolgerung, daß auf diesem Planeten ein verheerendes Ereignis stattfinden muß – ein Ereignis solch unvorstellbaren Ausmaßes und mit solch erschreckenden Folgen, daß es die Welt in sich vereinen und die gesamte Menschheit in ihrem Denken umformen wird. Angesichts der anders nicht möglichen Verwirklichung der Ziele des Antichristen können wir keine andere Schlußfolgerung ziehen.

Nicht allein die Araber würden die Wiedererrichtung des jüdischen Tempels auf dem Tempelberg sofort bis auf den Tod bekämpfen, sondern auch eine große Zahl von Juden, sogar religiöse, würde ein solches Unterfangen nicht befürworten, weil sie in dem Wiederaufbau des alten Tempels und der Wiedereinführung seiner Rituale keinen Sinn sehen. Sowohl konservative als auch reformierte Juden wollen ein fortschrittliches Judentum und keinen Rückfall in die vergangene Tradition. Darüber hinaus leugnen 30% der Israelis jeden Glauben an Gott oder an die

Bibel und würden sich einer Rückkehr zum Tempeldienst widersetzen. Sogar die orthodoxen Rabbiner sind gezwungen worden, die Bedeutung der Tempelopfer in Anbetracht ihres nunmehr 1900 Jahre dauernden Fehlens herabzusetzen. Der Wiederaufbau des Tempels ist für das Judentum, wie derzeitig ausgeübt, nicht notwendig.

Eine unausweichliche Intuition

Wenn wir auch all dies festgestellt haben, geht vom Tempel dennoch eine starke emotionale Anziehungskraft aus, die bisweilen fast jeden Juden überkommt, sogar die Atheisten unter ihnen. Professor Gerschon Salomon von der Hebräischen Universität in Jerusalem schildert jedesmal etwas von diesen Gefühlen, wenn er aus seinen Erinnerungen an den Tag erzählt, als die Juden den alten Tempelbezirk von den Arabern zurückeroberten:

> Ich war in der ersten israelischen Fallschirmjäger-Einheit, die am vierten Tag des [Sechstage-] Krieges [im Jahr 1967] zum Tempelberg vorstieß. Meine Gefühle und die Gefühle von allen Soldaten waren bei diesem ersten Betreten dieser Stätte alle dieselben ... alle Soldaten fingen an zu weinen. Wir konnten uns nicht mehr beherrschen.
>
> Viele Stunden lang blieben wir auf dem Tempelberg – wir konnten gar nicht mehr weggehen. Sie können sich nicht vorstellen, wie diese Augenblicke für uns waren! Dieser Ort war der Tempelplatz, das Herz und die Seele des jüdischen Volkes.
>
> Ich fühlte, daß ich Abraham, Isaak und Jakob, König David und den Propheten sehr nahe war! Das war der allerwichtigste Tag meines Lebens, und er verfolgt mich in jedem Augenblick ... Ich fühlte, daß wir einen besonderen Auftrag vollführt hatten, einen Auftrag, den alle Generationen seit der Zerstörung des Tempels im Jahr 70 n.Chr. uns zu vollführen gebeten hatten.[13]

Infolge dieser Erfahrung gründete Salomon die Bewegung der „Getreuen des Tempelberges und des Landes Israel“, die sich dem Wiederaufbau des Tempels widmet. Die Pläne sind bereits fertig, Leviten werden ausgebildet und priesterliche Gewänder sowie die speziellen Musikinstrumente für den Tempeldienst angefertigt. Die Zeitung *US News & World Report* brachte kürzlich einen Artikel über das Vorhaben des Tempelwiederaufbaus:

Der Wiederaufbau des Tempels in der Jerusalemer Altstadt ist den Juden derart wichtig gewesen, daß sie jahrhundertelang dafür gebetet haben. Sie beenden jede Hochzeitsfeier mit dem Zerbrechen eines Glases als Erinnerung der Gäste an die Tempelzerstörung – zuerst durch die Babylonier vor mehr als 2500 Jahren und dann, nachdem er wiederaufgebaut worden war, 656 Jahre später durch die Römer. Seine Wiedererrichtung ist [jedoch] undenkbar, weil er genau an der Stelle stand, wo sich heute der Felsendom befindet – der Ort, von dem die Muslime glauben, daß dort Anfang des 7. Jahrhunderts Mohammed in den Himmel gefahren sei.

Während sie einerseits betonen, es bestünden keine Pläne zur Beseitigung des Felsendoms, glaubt eine kleine Gruppe andererseits, daß bei ordnungsgemäßer Vorbereitung ein Wunder geschehen werde, welches den Wiederaufbau des Tempels möglich mache. Der erste Schritt, sagt Chaim Richman vom Tempelinstitut, ist die präzise und detaillierte Nachbildung der Tempelgegenstände, von denen bisher die Hälfte angefertigt worden ist. Zusätzlich hat ein Viehzüchter aus Mississippi eingewilligt, spezielle reinrassige rote Kälber bereitzustellen, deren Asche für ein Reinigungsritual benötigt wird.

Auch andere bereiten das Wunder vor. Rabbi Nehman Kahane aus der Altstadt hat eine Datenbank aller Juden erstellt, die von Aaron, dem priesterlichen Bruder Moses, abstammen. Wenn der Tempel steht, werden sie in den Dienst berufen.

Richman sagt, er sei nicht messianisch: „[Wir hoffen,] der Tempel wird wieder das geistliche Zentrum der Menschheit sein.“[14]

Was ist das doch für eine innovative Idee – der Tempel als ökumenisches Zentrum für alle Religionen! Gottes Absicht mit dem Tempel scheint vergessen zu sein. Selbst wenn ein Wiederaufbau des Tempels möglich wäre, stünden zahlreiche Schwierigkeiten im Weg.

Eine überraschende Lösung

Unter den führenden Rabbinern besteht Uneinigkeit bezüglich der Frage, wo genau der alte Tempel gestanden hat. Einige sind überzeugt, daß der Felsendom sich exakt an dieser Stelle befindet und beseitigt werden müßte. Andere meinen, der Standort des Tempels befände sich unmittelbar neben dem Felsendom und könne an dessen Seite errichtet werden. Diese Vorstellung würde jedoch weder Juden noch Muslime zufriedenstellen.

Wir wollen diese Spekulationen beenden: Sowohl der Felsendom als auch die Al-Aqsa-Moschee werden beseitigt werden, und das mit Erlaubnis seitens der Araber. Anders kann es nicht sein. Die Juden können nicht dulden, daß sich eine heilige Stätte des Islam wie der Felsendom oder die Al-Aqsa-Moschee im Tempelbezirk befindet, und auch die Muslime können keinen jüdischen Tempel neben ihren heiligen Stätten gestatten.

Wir erinnern uns, daß der Felsendom ursprünglich nicht aus dem heute angegebenen Grund errichtet wurde. Dieser besagt, hier sei Al-Aqsa, der „weit entfernte Ort", an den Mohammed in einer Vision angeblich „bei Nacht auf einem himmlischen Roß getragen … [und] durch die sieben Himmel in die Gegenwart Gottes geführt wurde".[15] Daß dieses Denkmal des Islam in erster Linie gebaut wurde, um die christlichen und jüdischen Denkmäler in Jerusalem zu übertreffen und Judentum und Christentum in die Schranken zu weisen, wird aus den Koranversen deutlich, die im Innern des Domes angeführt sind. Dort findet man solche Anklagen gegen den Gott der Bibel wie diese:

> Nicht steht es Allah an [d.h. es gebührt nicht seiner Majestät], einen Sohn zu zeugen. Preis ihm! (Sure 19,36).

> O Volk der Schrift [Christen und Juden], überschreitet nicht euren Glauben und sprechet von Allah nur die Wahrheit. Der Messias Jesus, der Sohn der Maria, ist der Gesandte Allahs … So glaubet an Allah und an seinen Gesandten und sprechet nicht: „Drei". Steht ab davon, gut ist's euch. Allah ist nur ein einiger Gott; Preis ihm, [und fern,] daß ihm sein sollte ein Sohn! (Sure 4,169).

Sure 17,1, in der wir die einzige Erwähnung von Al-Aqsa finden, dem „weit entfernten Ort", glänzt hingegen unter den vielen Koranzitaten im Innern des heutigen Felsendoms durch Abwesenheit. Dieser Vers, den wir bereits zitiert haben, ist alles andere als überzeugend: „Preis dem, der seinen Diener des Nachts entführte von der heiligen Moschee zur fernsten Moschee [oder ‚zum weit entfernten Ort'], deren Umgebung wir gesegnet haben, um ihm unsere Zeichen zu zeigen. Siehe, er ist der Hörende, der Schauende." Der Antichrist könnte sehr wohl einen anderen Ort als das wahre im Koran bezeichnete Al-Aqsa aufzeigen, was die Araber veranlassen würde, ihr dortiges Denkmal zu verlegen und die Jerusalemer Stätte zum Wiederaufbau des Tempels freizugeben.

Vielleicht zeichnet sich am Horizont auch eine bedeutende Verhärtung im Islam ab, die dem Antichrist weiter den Weg bereiten könnte. In der Welt des Islam besteht bereits ein schwerwiegender Konflikt. Die überwiegende Mehrheit der Araber bekennt sich zwar zur Treue gegenüber dem Islam, doch die meisten von ihnen lehnen den sogenannten „islamischen Fundamentalismus“ oder „islamischen Radikalismus/Extremismus“ ab. Der Iran wird beispielsweise des Exports dessen beschuldigt, was der Rest der Welt „islamische Revolution“ nennt. Diese Revolution ist in den arabischen, sich zum Islam bekennenden Ländern genauso gefürchtet wie im Westen. Wenn erst einmal genügend denkende Araber erkennen, daß der von ihnen gefürchtete Fundamentalismus oder Radikalismus genau das ist, was der Koran lehrt und Mohammed vorlebte, beschließen sie womöglich, daß der Islam an sich reformbedürftig ist.

Außer den zahlreichen kleineren Sekten gibt es im Islam zwei Hauptströmungen: die Schiiten und die Sunniten. Die ersteren sind im Iran [etwa 95% der 60 Millionen Einwohner] und im Irak [etwa 55%] vorherrschend, während die letzteren überall sonst die Mehrheit bilden [99% in Algerien, 94% in Ägypten, 98,7% in Marokko, 92,1% in Saudi-Arabien usw.]. Die Schiiten sind die hauptsächlichen Verfechter der islamischen Revolution, die lediglich in grundsätzlichem Gehorsam gegenüber dem Koran besteht. Auch hier gibt es Hoffnung auf eine Veränderung im Hinblick auf die Überzahl der Sunniten.

Begünstigende Faktoren

Wenn die Welt ihr Bedürfnis auf Einheit, Frieden und Abrüstung erkennt, so stellt das für den Antichristen eine Begünstigung dar. Einige konkrete, wenn auch kleine Schritte sowie viele aufrichtige Gesten sind bereits in diese Richtung unternommen worden. US-Präsident Clinton richtete im September 1993 das Angebot an die UNO, die Atomwaffen der USA „unter internationale Überwachung“ zu stellen.[16] Die Idee der „internationalen Überwachung“ erfaßt und bezieht sich auch auf Jerusalem. Am 19. November 1994 empfing Johannes Paul II. „Jordaniens ersten Botschafter am Heiligen Stuhl, Mutasim Bilbeisi, [und] wiederholte ausdrücklich das Bestehen des Vatikans auf den internationalen Garantien für die heiligen Stätten in Jerusalem. Als Teil des Strebens nach einer Stimme im Nahost-Prozeß knüpfte der Vatikan im März [1994] mit Jordanien formelle diplomatische Beziehungen, kurz nachdem er solche mit Israel eingegangen war.“[17]

Die Weltgemeinschaft würde mit einiger Sicherheit einen jüdischen

Tempel auf dem Tempelberg im Tausch gegen die Internationalisierung Jerusalems begrüßen, auch wenn oder gerade weil Jerusalem dadurch der jüdischen Kontrolle entzogen würde. Wenn ihr Tempel wiederaufgebaut wird, wären die Juden womöglich zu einem solchen Tausch bereit. Seit einiger Zeit kursieren Gerüchte, hinter den Kulissen seien die ersten Schritte dazu bereits unternommen worden, und die Hinweise auf eine solche Übereinkunft häufen sich. Ein Leitartikel in einer jüdischen Publikation deckte kürzlich den Inhalt eines geheimen Briefes [auf den wir uns an früherer Stelle bereits bezogen haben] des israelischen Außenministers Schimon Peres auf:

> Mark Halter zufolge, einem engen Freund von Peres, der … den Brief dem Papst überbrachte, „bot Peres an, die Souveränität über Jerusalems Altstadt dem Vatikan zu übergeben. Jerusalem soll Hauptstadt Israels bleiben, doch die Altstadt wird vom Vatikan verwaltet werden … Die Stadt würde dann einen israelischen und einen palästinensischen Bürgermeister haben, die beide der Autorität des Vatikans unterstünden …"
>
> Kurz vor dem Unterzeichnen der Prinzipienerklärung wurde der Vatikanisierungs-Plan auch der PLO gezeigt. Zu dieser Zeit willigte Arafat ein, sich dem Plan nicht zu widersetzen. Arafat hatte sich ferner mit einer Reihe einflußreicher Palästinenser beratschlagt, die über das Vorhaben erfreut waren …
>
> Jerusalem soll der zweite Vatikan der Welt werden, wobei dort unter der Vollmacht des Vatikans die drei großen Religionen repräsentiert werden. Mittels eines Bündnisses mit Jordanien wird es einen Palästinenserstaat geben, dessen religiöse Hauptstadt Jerusalem, administrative Hauptstadt jedoch eine andere Stadt wäre, möglicherweise Nablus.
>
> Ein Mitglied des Außenministeriums meinte, der Plan sei gut, weil Israels Verbindungen zur katholischen Welt zu Handel, Tourismus und Wohlstand führen würden. Außerdem glaubt Peres, mit einer starken Regierungsmacht ließen sich zukünftige Zwistigkeiten zwischen Arabern und Israelis einfacher beilegen.
>
> Obwohl all diese Informationen an die Öffentlichkeit gelangt sind, leugnet die israelische Regierung weiterhin die Existenz von Verhandlungen über die Zukunft Jerusalems.[18]

Ein Bild des Antichristen im Tempel würde die Juden zwar erzürnen, doch dieser Greuel wird nicht vor Mitte der siebenjährigen Trübsalszeit aufgestellt werden. Andererseits sind Bildnisse für römische Katholiken wie auch für östlich-Orthodoxe durchaus annehmbar, womit für mindestens diesen großen Teil der Bevölkerung an einem Bild des Antichristen im Tempel nichts Anstößiges wäre. Die Anbetung eines Menschen als Gott, die im Westen einst als offenkundigster Aberglaube angesehen wurde, schockiert inzwischen kaum noch jemanden.

Die eindringlichste Lüge

Niemand bringt den Massen die Vorstellung von zu Göttern werdenden Menschen eindringlicher nahe als „Seine Heiligkeit der Dalai Lama", der vor einigen Jahren mit dem Friedensnobelpreis ausgezeichnet wurde. Und niemand [außer vielleicht Papst Johannes Paul II.] wird mehr als „geistliche Führungspersönlichkeit" geachtet und geehrt, die sich zudem noch um den Frieden in der heutigen Welt bemüht. Die wichtigste Mission des Dalai Lamas, die er in aller Welt eifrig verfolgt, besteht in der Verbreitung der Lehre, wie jedermann zu einem Gott werden kann. Dies praktiziert er durch die Aufnahme von Aspiranten in die sogenannte „tibetanisch-tantrisch-buddhistische Gottheit Yoga". In Los Angeles führte er beispielsweise im Sommer 1989 im Bürgersaal von Santa Monica ein Publikum von 3000 Zuhörern, von denen viele aus weit entfernten Gegenden der Welt angereist waren, in ein „dreitägiges Kalachakra-Ritual für den Frieden der Welt". Zeitungsberichte über diese Konferenz schrieben in vollem Ernst:

> Der Dalai Lama lehrte in Santa Monica, es sei allen Menschen möglich, letztendlich ein Buddha zu werden, ein Wesen von höchster Weisheit und Empfindung und Macht. Tibetanischer Buddhismus … stellt eine Reihe von Wegen bereit, wie man schnell ein Buddha werden kann … [wozu] dem Dalai Lama zufolge im allgemeinen eine Methode namens Gottheit Yoga zählt …
>
> Gottheit Yoga ist ein besonderer bewußter Akt, bei dem die Illusion geschaffen, visualisiert wird, daß wir bereits vollkommene, gottähnliche Wesen sind. Wenn wir … *völlig* eine anscheinend beständige Illusion *sein* können, dann kennen wir den Weg zur Schaffung unserer eigenen Wirklichkeit. Wesen, die hochentwickelt genug sind, um sich ihre eigene Realität zu schaffen, sind Buddhas.[19]

Hier liegt eine verblüffende Verblendung vor, die rund um die Welt massenweise angenommen wird – eine Verblendung, die Herzstück der meisten Kurse über Selbstverwirklichung und Positives Denken in der heutigen Geschäftswelt ist [wo gelehrt wird, durch die eigene geistige Kraft könne man sich mittels Visualisierung und Positivem Denken seine eigene Welt schaffen]. Paulus sagt uns, daß der Antichrist anscheinend imstande sein wird, der Welt durch die Macht Satans derartige Fähigkeiten vorzuführen, und daß Gott selber jenen verblendeten Menschen an diese Lüge zu glauben helfen wird, an die sie glauben wollen und zugunsten derer sie Gott und ihre moralische Verantwortlichkeit ihm gegenüber verworfen haben:

> … ihn, dessen Ankunft gemäß der Wirksamkeit des Satans erfolgt mit jeder Machttat und mit Zeichen und Wundern der Lüge und mit jedem Betrug der Ungerechtigkeit für die, welche verloren gehen, dafür, daß sie die Liebe der Wahrheit zu ihrer Errettung nicht angenommen haben. Und deshalb sendet ihnen Gott eine wirksame Kraft des Irrwahns, daß sie der Lüge glauben … (2. Thessalonicher 2,9-11).

Die geistige Welt ist sehr real und steckt voller Gefahren. Die Wissenschaft weiß eigentlich nichts darüber und verfügt über keine Instrumente oder Formeln, um Geist zu berechnen. Die Welt von heute verlangt und sucht nach „Spiritualität", während sie alle Richtlinien zum Umgang damit von sich weist. Geistliche „Macht" wird aus eigennützigen Gründen gesucht, während schon allein die Vorstellung, sich unter die Autorität Gottes zu stellen, abgelehnt wird.

Der Glaube an eine „höhere Macht" wird angenommen, doch nur wie sie jeweils nach eigenem Gutdünken definiert wird [der ökumenische „Gott, wie du ihn dir vorstellst", beispielsweise der Anonymen Alkoholiker und der Freimaurerei]. Gleichzeitig wird der Gott der Bibel abgelehnt, weil er moralische Forderungen stellt, die die Machtsucher nicht anerkennen und noch weniger befolgen wollen. Der einzige „Gott", den diese Menschen wollen, ist einer, dessen Macht sie für ihre eigenen Ziele nutzen können, und somit machen sie sich selbst zu Göttern. Diese moderne Offenheit gegenüber dem Reich der „Spiritualität" aufgrund der Aussicht, auf diese Weise Macht zu erlangen, wird sicherlich einen Beitrag an der Wegbereitung zur Anbetung des Antichristen leisten, wenn er schließlich seine unvorstellbaren satanischen Kräfte zeigt.

Ein notwendiger Katalysator

Trotz aller derzeitigen Trends von Ökumene bis zur naiven Annahme einer „Spiritualität“ [die zweifellos eine wichtige Grundlage für die zukünftige Weltreligion und Weltregierung legen], ist jedoch noch etwas anderes vonnöten. Es ist unbegreiflich, daß eine derart zersplitterte Welt plötzlich [oder auch allmählich] von einem einzigen Mann vereinigt wird, ganz gleich, wie talentiert er auch sein mag oder wieviel „Charisma“ oder satanische Macht er hat. Damit stimmt die Bibel überein. Sie sagt, der Antichrist kann nicht offenbar werden [d.h. die Welt wird ihn nicht annehmen], bis ein bestimmtes Ereignis stattgefunden hat: „Ihr wißt, was zurückhält, damit er zu seiner Zeit geoffenbart wird“ (2. Thessalonicher 2,6). Dieses Ereignis ist die sogenannte Entrückung.

Kurz vor seiner Kreuzigung sagte Jesus zu seinen Jüngern, er verlasse sie, um zu seinem Vater in den Himmel zurückzukehren [„Im Hause meines Vaters sind viele Wohnungen … Ich gehe hin, euch eine Stätte zu bereiten“ – Johannes 14,2]. Doch er versicherte ihnen, daß er wiederkommt: „… so komme ich wieder und werde euch zu mir nehmen, damit auch ihr seid, wo ich bin“ (Johannes 14,3). Allein Jesus konnte ein solches Versprechen geben. Weder Buddha noch Mohammed, noch Konfuzius, noch irgendein anderer Religionsstifter hat jemals verheißen, nach seinem Tod wiederzukommen, um seine Jünger leibhaftig ohne Sterben in den Himmel zu nehmen. Diese Facette des Christentums unterscheidet es schon von allen anderen Religionen, die die Welt je gesehen hat.

Aus dieser Welt herausgenommen und in den Himmel entrückt zu werden, war die „glückselige Hoffnung“ (Titus 2,13) der Urkirche. Paulus berichtet uns, daß eine große Zahl der heidnischen Götzendiener in Thessalonich gläubig wurde, als sie das Evangelium hörten. Die Folge war, daß sie sich „von den Götzen zu Gott bekehrten, dem lebendigen und wahren Gott zu dienen und seinen Sohn aus dem Himmeln zu erwarten“ (1. Thessalonicher 1,9-10). Die Gläubigen aus Philippi sollten sich selbst bereits als Bürger des Himmels betrachten, „von woher wir auch“, so schrieb Paulus, „den Herrn Jesus Christus als Retter erwarten“ (Philipper 3,20). Der Schreiber des Hebräerbriefes versicherte seinen Lesern, Christus werde „zum zweiten Male ohne Beziehung zur Sünde denen zum Heil erscheinen, die ihn erwarten“ (Hebräer 9,28). Paulus beschreibt dieses unvorstellbare Ereignis, das für Gläubige so wunderbar, doch für die Zurückbleibenden so schrecklich ist, folgenderweise:

> Denn der Herr selbst wird beim Befehlsruf … herabkommen vom Himmel, und die Toten in Christus werden zuerst auferstehen; danach werden wir, die Lebenden, die übrigbleiben, zugleich mit ihnen entrückt werden in Wolken dem Herrn entgegen in die Luft; und so werden wir allezeit beim Herrn sein. So ermuntert nun einander mit diesen Worten! (1. Thessalonicher 4,16-18).

Schon bald werden Millionen und Abermillionen von auf dieser Erde lebenden Menschen auf mysteriöse Weise von diesem Planeten weggerissen und in den Himmel genommen werden! Erst dann kann der Antichrist offenbar werden. Dieses Ereignis wird tatsächlich der Katalysator sein, der ihn zu Beginn der 70. Jahrwoche Daniels in die Machtposition bringt. Nichts anderes wäre imstande, das zu vollbringen.

Schrecken und Einheit

Ein solches Ereignis, bei dem eine Zahl von vielleicht 200 Millionen Menschen plötzlich und auf mysteriöse Weise verschwindet, übersteigt unser Vorstellungsvermögen. Die Reaktion der Welt auf diesen Vorfall ist jedoch keineswegs schwer vorstellbar. Die Welt wird gänzlich von Schrecken heimgesucht werden! In den USA wird Kabinett und Kongreß und in Deutschland Bundestag und Bundesrat zusammenkommen, weltweit werden verschiedene Sicherheitsgremien, die Vereinten Nationen und jede verantwortliche Regierung und geschäftliche und bildende Körperschaft eine Notstandssitzung einberufen – niedergeschmettert, erschüttert, händeringend nach Einsicht, was mit den fehlenden Millionen geschehen ist. „Wo sind sie geblieben? Wer hat sie weggenommen? Wer wird der nächste sein?" – so werden weltweit die Fragen auf zitternden Lippen lauten.

Nichts anderes als nur eine solche Katastrophe könnte die Welt vereinen. Selbst jetzt ist es ja so, daß sich die wenigen Überlebenden eines Flugzeugabsturzes irgendwo in der einsamen Wildnis plötzlich einig sind, auch wenn sie zuvor Feinde waren, und mit vereinten Kräften ums Überleben kämpfen. Nach der Entrückung wird das „Überleben" dieses Vorfalls die Zurückgeblieben vereinen, wie es sonst nicht anders möglich wäre. Islamische Bestrebungen zur Welteroberung, der gegenseitige Haß von serbischen Orthodoxen und kroatischen Katholiken, die Feindseligkeit und der Argwohn zwischen Nord- und Südkoreanern – diese und alle anderen Feindschaften werden im allgemeinen Schrekken und angesichts der Notwendigkeit der Zusammenarbeit vergessen sein.

Wenn dann alle Christen von der Bildfläche verschwunden sind, ist Satans große Gelegenheit zur Übernahme der Welt gekommen. In Schrecken und Verwirrung versetzt werden die Zurückgebliebenen jeden anbeten, der aus diesem Chaos heraus zu Sinn und Ordnung führen kann. Am Höhepunkt dieses Schreckens wird unverzüglich Satans Mann, der Antichrist, auftreten. Er weiß eine Antwort, wo all die Menschen geblieben sind. Eine bösartige Zivilisation vom Rande der Milchstraße hat sie als Sklaven entführt. Doch er versichert der Welt, er stünde mit einem intergalaktischen Konzil über die Rückgabe aller Entführten in Verhandlung. Und zum Beweis, daß sein Reden nicht leeres Geschwätz ist, vollbringt er mit der Macht Satans scheinbare Wunder.

Wir wollen uns nicht täuschen lassen – die Welt wird dem Antichristen zu Füßen fallen. Und in ihrer Verzweiflung wird die Welt bereit sein, zu ihrem Überleben die tyrannischsten Mittel zu akzeptieren. Der Antichrist erklärt, wer etwas kaufen oder verkaufen will, muß sich sein Zeichen auf Hand oder Stirn aufprägen lassen (Offenbarung 13,16-18). Das wird für angebliche Gäste aus dem All das Zeichen sein, von solchen Menschen die Hände zu lassen. Außerdem macht das Massenverschwinden, welches das Versicherungs- und Bankwesen zum Zusammenbruch geführt und ein finanzielles Chaos verursacht hat, den Beginn einer völlig neuen Wirtschaftsordnung notwendig.

Die Entrückung aller wahren Christen ist seit fast 2000 Jahren die großartige Verheißung Gottes, und sie wird stattfinden. Sie kann jeden Augenblick geschehen. Es gibt wahrscheinlich keinen anderen denkbaren Weg, wie der Antichrist an die Position eines Weltherrschers gelangen könnte, keinen anderen Weg, wie alle Religionen der Welt, einschließlich 1 Milliarde Muslime, deren heilige Schrift eine solche Einheit verbietet, vereint werden könnten.

Am Ende der Jahre sollst du in ein Land kommen, das vom Schwert wiederhergestellt, das aus vielen Völkern gesammelt ist, auf die Berge Israels, die für lange Zeit zur Trümmerstätte geworden waren; das ist aus den Völkern heraufgeführt worden … Und du wirst hinaufziehen, wie ein Sturm herankommen, wirst sein, wie eine Wolke, das Land zu bedecken, du und alle deine Scharen und viele Völker mit dir … um Raub zu rauben und Beute zu erbeuten, um deine Hand zu kehren gegen die wieder bewohnten Trümmerstätten und gegen ein Volk, das aus den Nationen gesammelt ist … Wirst du [Gog] gegen mein Volk Israel heraufziehen wie eine Wolke, um das Land zu bedecken? Am Ende der Tage wird es geschehen, daß ich dich über mein Land kommen lasse, damit die Nationen mich erkennen … Und vor mir werden beben … alle Menschen, die auf der Fläche des Erdbodens sind … Und sie werden erkennen, daß ich der HERR bin.

Hesekiel 38,8-23

Und ich versammle alle Nationen nach Jerusalem zum Krieg; und die Stadt wird eingenommen … Dann wird der HERR ausziehen und gegen jene Nationen kämpfen, wie er schon immer gekämpft hat am Tag der Schlacht. Und seine Füße werden an jenem Tag auf dem Ölberg stehen, der vor Jerusalem im Osten liegt.

Sacharja 14,2-4

Und ich sah das Tier [den Antichristen] und die Könige der Erde und ihre Heere versammelt, um mit dem, der auf dem Pferd saß [Christus, der in Macht und Herrlichkeit zu Errettung Israels zurückkehrt], und mit seinem Heer Krieg zu führen. Und es wurde ergriffen das Tier und der falsche Prophet – der mit ihm war und die Zeichen vor ihm tat, durch die er die verführte, die das Malzeichen des Tieres annahmen und sein Bild anbeteten – lebendig wurden die zwei in den Feuersee geworfen …

Offenbarung 19,19-20

19

Betrug und Harmagedon!

Die Prophezeiungen über die größte Schlacht der Welt sind zu spezifisch, als daß ihre praktische Realität abgestritten werden könnte. Die von den Propheten vor etwa 2500 Jahren geschilderte Situation am „Ende der Jahre“ [auch „letzte Tage“ genannt – 1. Mose 49,1; Jesaja 2,2; Apostelgeschichte 2,17 u.a.] trifft exakt auf unsere Zeit zu: Das Land Israel wird, nachdem es jahrhundertelang verwüstet war, wieder von einem Volk bewohnt, „das aus vielen Völkern gesammelt ist“. Das ist eine Beschreibung der gegenwärtigen Situation. Die unbestreitbare und erstaunliche Detailbeschreibung der Prophetie bezüglich dieses Punktes hält uns dazu an, auch alle anderen Prophezeiungen über zukünftige Ereignisse äußerst ernst zu nehmen.

Wenn wir weitergehen und einen Blick darauf werfen, was als nächstes auf Israel zukommt, sehen wir, daß Israel laut biblischer Prophetie zunächst einen behaglichen Zustand erlangen und sich sicher und unbedroht fühlen wird [als jene, „die sich ruhig verhalten, in Sicherheit wohnen“ – Hesekiel 38,11]. Das siebenjährige Bündnis des Antichristen, das den Wiederaufbau des Tempels ermöglichen und Israel somit unerwartete Zugeständnisse einräumen wird, wird von einer durch eine Katastrophe geeinte Welt akzeptiert werden. Sobald sie diesen Schrekken überwunden hat, jedoch noch darauf hofft, daß der Antichrist die verschwundenen Millionen von Menschen zurückbringen kann, wird es für die Welt eine Zeit des internationalen Wohlstands geben, wie es sie bis dahin noch niemals zuvor gegeben hat. Nach dieser Zeit wird das Gericht Gottes in einer Folge kosmischer Katastrophen über die Rebellen hereinbrechen, beschrieben im Buch der Offenbarung. Israel wird dann jedoch wie eine Insel der Sicherheit sein, unangetastet von den die übrigen Teile des Planeten verheerenden Naturkatastrophen.

Ironischerweise wird sich Israel unwissentlich in die Zeit seiner ernstesten Gefahr hineinbegeben, in die „Zeit der Bedrängnis für Jakob“ (Jeremia 30,7). Eingelullt in ein falsches Gefühl von Frieden und Sicherheit unter den Verträgen mit seinen Nachbarn [die vom Antichristen als Teil seines Bündnisses mit Israel entsprechend der 70. Jahrwoche Daniels garantiert werden] wird Israel schlecht auf den überwältigenden Angriff vorbereitet sein. Zu dieser Zeit werden sich alle Nationen der Welt mit Israels arabischen Nachbarn verbünden, um einen konzentrierten Versuch zur „Endlösung des jüdischen Problems" zu starten.

Die Bibel nennt diesen Krieg Harmagedon. Er resultiert aus einem Betrug seitens des Antichristen, der seinen Bund bricht und sich gegen Israel wendet. Um sein Volk zu retten, schreitet Christus vom Himmel aus ein, vernichtet den Antichristen und seine Armeen und hält sie somit von der Zerstörung Israels ab. Paulus schrieb über den Antichristen: „... den der Herr Jesus beseitigen wird durch den Hauch seines Mundes und vernichten durch die Erscheinung seiner Ankunft" (2. Thessalonicher 2,8). Im nächsten Kapitel werden wir ausführlicher auf Christi Rettung Israels eingehen.

Zuerst kommt die Entrückung

Christi Eingreifen in die Schlacht von Harmagedon ist als „das zweite Kommen Christi" bekannt, das viele Christen irrtümlicherweise für das gleiche Ereignis wie die Entrückung halten. Bei der Entrückung kommt Christus jedoch *für* seine Heiligen [seine wahren Jünger], während er beim zweiten Kommen *mit* seinen Heiligen und *für Israel* kommt, um dieses Volk in der Schlacht von Harmagedon zu retten. Die Bibel sagt uns eindeutig, Christi „Füße werden an jenem Tag auf dem Ölberg stehen" [wenn er in die Schlacht von Harmagedon eingreift], und dabei werden vom Himmel her „alle Heiligen mit ihm" kommen (Sacharja 14,4-5; Judas 14-15). Von daher kann man nur folgern, daß er die Gemeinde, seine Braut, zuvor in den Himmel geholt haben muß. Somit sind die zuerst eintretende Entrückung und das zweite Kommen zwei verschiedene Ereignisse.

Voneinander getrennt durch einen Zeitraum von etwa sieben Jahren geschieht die Entrückung *vor* dem Beginn der 70. Jahrwoche Daniels, das zweite Kommen hingegen an deren Ende. Wir wissen, daß Christus am Ende der Großen Trübsalszeit und mitten in der Schlacht von Harmagedon zur Rettung Israels kommen wird, wenn sein Volk unmittelbar vor der Vernichtung steht. Wir wissen auch, daß er in einer Zeit des Friedens und Wohlstands kommen wird, um seine Heiligen in den Himmel zu entrücken. Die Bibel sagt klar, daß die Welt, bevor „ein plötzliches Verderben über sie kommt", zuversichtlich über das Erlangen von „Frieden und Sicherheit" sein muß (1. Thessalonicher 5,3). Zu diesem Zeitpunkt wird die Entrückung geschehen – in einem weltweiten Klima stolzer Selbstzufriedenheit und ständiger Rebellion gegen Gott und ohne jede Angst vor seinem Gericht. Das ist genau die Haltung der Menschheit, wie sie auch in den Tagen Noahs unmittelbar vor der Sintflut gang und gäbe war.

Die Entrückung wird auch Christen überraschen, sofern sie nicht in enger Beziehung zu Christus leben. Er hat uns die aufrichtige Warnung hinterlassen: „Deshalb seid auch ihr bereit! Denn in der Stunde, *in der ihr es nicht meint* [d.h. wenn Welt und Kirche unbesorgt sind und Christus nicht erwarten, weil alles so gut läuft], kommt der Sohn des Menschen“ (Matthäus 24,44). Das beschreibt sicherlich nicht das zweite Kommen, denn am Höhepunkt der Schlacht von Harmagedon wird jeder wissen, daß Christi Kommen nahe bevorsteht. Sogar der Antichrist weiß das, und ist gezwungen, von seinem Angriff gegen Israel umzukehren und gegen Christus Krieg zu führen (Offenbarung 19,19).

Wie in den Tagen Noahs und Lots

Im Gegensatz zu dem Chaos und der Verwüstung bei Harmagedon beschreibt Christus den Zustand der Welt zur Zeit seines Kommens, wenn er die Erlösten von der Erde zu sich in den Himmel holt, in anschaulicher Weise. Das wird nicht mitten in Krieg und Verwüstung geschehen, sondern zu einer Zeit des scheinbaren, doch falschen Zustands von „Frieden und Sicherheit“:

> Und wie es in den Tagen Noahs geschah, so wird es auch sein in den Tagen des Sohnes des Menschen: sie aßen, sie tranken, sie heirateten, sie wurden verheiratet bis zu dem Tag, da Noah in die Arche ging und die Flut kam und alle umbrachte.
>
> Ebenso auch, wie es geschah in den Tagen Lots: sie aßen, sie tranken, sie kauften, sie verkauften, sie pflanzten, sie bauten; an dem Tag aber, da Lot von Sodom hinausging, regnete es Feuer und Schwefel vom Himmel und brachte alle um.
>
> Ebenso wird es an dem Tag sein, da der Sohn des Menschen geoffenbart wird (Lukas 17,26-30).

Die in diesen Versen beschriebene Sorglosigkeit und Sicherheit, der Wohlstand, der alltägliche Lebensablauf und die Geschäftigkeit können am Ende der großen Trübsalszeit bei der Schlacht von Harmagedon unmöglich vorherrschen. Im Gegensatz zu dem oben geschilderten rosaroten Bild steht bereits im 6. Kapitel der Offenbarung, daß ein Viertel der Erdenbewohner umgebracht worden ist (Vers 8) und sich verheerende kosmische Katastrophen [womöglich Meteoriteneinschläge] und Erdbeben ereignet haben (Verse 12-14). Sogar Berge und Inseln sind dadurch von ihren Stellen verrückt worden. Die Erdenbewohner haben bei diesen Katastrophen dann ein so überwältigendes Gespür für Gottes Gericht, daß sie „zu den Bergen und den Felsen" schreien:

> Fallt auf uns und verbergt uns vor dem Angesicht dessen, der auf dem Thron sitzt, und vor dem Zorn des Lammes! Denn gekommen ist der große Tag ihres Zorns. Und wer vermag zu bestehen? (Verse 16-17).

Die friedliche, vergnügungsgeprägte, wohlhabende Welt „wie in den Tagen Noahs ... [und] Lots" kann in keiner Weise mit den Zuständen am Ende der Trübsalszeit vereinbart werden, wenn die Welt bereits verwüstet ist und sich mitten im zerstörerischsten Krieg aller Zeiten befindet. Eine Entrückung nach der Trübsal – die sogenannte posttribulationistische Sicht – paßt absolut nicht zu diesem Bild. Dieses Wegnehmen von der Erde muß am Anfang der 70. Jahrwoche Daniels bereits geschehen sein.

Wie wir gesehen haben, ist die aus der Entrückung resultierende Erschütterung der Welt der einzige mögliche Katalysator, der den Antichristen plötzlich in seine Machtposition als Diktator einer geeinten Welt bringen kann. So kommt der Tag des Herrn, wenn die Welt es am wenigsten erwartet [„wie ein Dieb in der Nacht" – 1. Thessalonicher 5,2; 2. Petrus 3,10] und wird durch das massenweise Verschwinden von Abermillionen Menschen von dem Planeten Erde eingeleitet. Zu dieser Zeit freut sich die Welt über „Frieden und Sicherheit", die sie durch ihre eigenen Bemühungen, ohne den wahren „Friedefürst", erlangt hat.

Der Preis der Unmoral

Die Herrschaft des Antichristen wird willkürlich und despotisch sein, und eine völlige Unmoral [im bewußten Tausch gegen „Frieden"] wird der Welt die Rechtfertigung der „Endlösung" von Harmagedon erleichtern, sobald diese Zeit gekommen ist. Man müßte wirklich blind sein, wenn man nicht merkt, daß wir uns in Vorbereitung auf diesen Tag zu einer immer unmoralischer werdenden Gesellschaft hin bewegen. Natan Scharanski blickt auf seine Zeit als *Refusenik* in der UdSSR mit einem gewissen Sinn für Nostalgie zurück als „eine Zeit, da es eine klare Entscheidung zwischen Gut und Böse gab".

Die heutige Welt ist für Scharanski bezüglich Moralfragen „orientierungslos“, und er glaubt, daß Israel bei seinen Friedensbestrebungen mit seinen arabischen Nachbarn und insbesondere mit der PLO die vom US-Senator Henry Jackson bei der Verfassung des Jackson-Antrags aufgestellten Prinzipien befolgen sollte. „Wäre Jackson heute dabei“, meint Scharansky, „würde er sagen, Syrien sollte zuerst seine Grenzen öffnen und dann über seine neuen Grenzen verhandeln ... Auch mit den Palästinensern sollten wir keine Einzelheiten diskutieren, solange sie sich nicht um ihre inneren Angelegenheiten kümmern ... man geht ja nicht zum nächsten Schritt eines Abkommens über, solange nicht die Einwilligung in den vorherigen Schritt sichergestellt ist.“[1] Israel hat diesen Rat nicht befolgt, sondern sich für eine äußerst gefährliche eigene Unmoral entschieden. Infolgedessen hat der Friedensprozeß nur wachsende Probleme und zunehmende Verluste hervorgebracht. Unter palästinensischer Kontrolle haben die Terroranschläge zugenommen, wie zum Beispiel die Selbstmord-Mission islamischer Kämpfer gegen eine Menge israelischer Soldaten an einem Imbißstand am 22. Januar 1995 [der 50. Jahrestag der Befreiung des KZ Auschwitz], bei der 19 Israelis ums Leben kamen und 60 weitere verletzt wurden. Zum ersten Mal wendeten die Terroristen eine neue Taktik an: Zuerst wurde ein kleiner Sprengsatz gezündet, und als dann die Rettungsaktion im vollem Gange war, folgte eine größere Explosion.

Als Reaktion darauf schlug der israelische Staatspräsident Eser Weizman vor, „daß Israel die Friedensgespräche für einen ausgedehnten Rückblick stoppt, bevor die palästinensische Autonomie im Westjordanland ausgebaut wird“. Sein Rat ist offensichtlich nicht befolgt worden. Wie bei allen anderen Anschlägen beschloß das Kabinett in seiner Notstandssitzung die Abriegelung der besetzten Gebiete, wodurch „allen Palästinensern die Einreise nach Israel untersagt wurde und somit Zehntausende von Palästinensern ihren Arbeitsstellen in Israel fernbleiben mußten“.[2] So wurde, wieder einmal, das Stalltor erst geschlossen, als das Pferd bereits fort war.

Die Reaktion von Ministerpräsident Jitzchak Rabin auf Weizmans Vorschlag war eine starrsinnige Ignoranz der Realität: „Ich bezweifle nicht im geringsten, daß diese Aktion ein weiterer Versuch der extremistischen islamischen Terrorgruppen war, ihr zweifaches Ziel zu erreichen: Israelis zu töten und den Friedensprozeß lahmzulegen.“[3] Es ist erstaunlich, wie sehr der „Friedensprozeß“ die israelischen Staatsmänner und weite Teile der Bevölkerung so hypnotisiert hat, daß sie den arabischen Tricks und Lügen Glauben schenken. Die „militanten Extremisten" wollen so die Schritte hin auf eine angebliche Normalisierung der Beziehung zu Israel verhindern. Doch diese „Normalisierung" wird den verschworenen Feinden Israels – die die Vernichtung dieses Landes gelobt haben – letzten Endes den Besitz von Gebieten innerhalb der Grenzen Israels einbringen, von wo aus sie ihren endgültigen Schlag starten können!

Ein merkwürdiger Weg zum „Frieden"

In seinen verzweifelten Friedensbemühungen mit seinen arabischen Nachbarn hat Israel nicht nur eingeschworene Feinde innerhalb seiner Grenzen zugelassen, sondern sogar Kämpfer ausgebildet, die seit langem zu seiner Vernichtung bereitstehen. Anfang 1995 wurde beispielsweise ein Abkommen zwischen Israel und der PLO erzielt, das „1500 Arafat-treuen Kämpfern aus den Flüchtlingslagern im Libanon einräumte, der palästinensischen Polizei in den Gebieten beizutreten", wie die Beiruter Tageszeitung *Ad-Diyar* meldete. Die „erste Gruppe von 900 Kämpfern [stand im Februar 1995] in Sidon zur Abfahrt bereit".[4]

Eine der offensichtlichsten Gefahren im Friedensprozeß besteht darin, daß Israel derart viele Zugeständnisse macht, und den Palästinensern und Syrern schließlich so viele Gebiete und Macht überläßt, daß sie der Versuchung nicht widerstehen können und Israel ein weiteres Mal zur beabsichtigten Vernichtung angreifen. Somit wird der Friedensprozeß letztlich nur zum Krieg führen. Der Weg, auf dem Israel sich gegenwärtig befindet, hat keine Wendemöglichkeit. Es ist ein Weg, der Israel dorthin führt, wohin es nicht will, und über den es keine Kontrolle mehr hat. Die *Jerusalem Post* drückte es kürzlich in einem Leitartikel so aus:

> Als das Oslo-Abkommen bekannt wurde, befürworteten es viele Offiziere von ganzem Herzen. Weil sie es leid waren, Terroristen und steinewerfende Jugendliche in Gaza zu jagen, sagten sie, in der Entmilitarisierung des [Gaza-] Streifens bestünde nur ein sehr geringes Risiko. Einer von ihnen meinte: „Wenn sie auch dann noch den falschen Weg geringschätzen, dann werden wir dorthin zurückkommen und ihnen eine Lektion erteilen, die sie nie vergessen werden."
>
> Solches Prahlen ist nun verstummt. Man hat schließlich gemerkt, daß eine militärische Rückkehr nach Gaza eigentlich eine politische

Unmöglichkeit ist, ganz gleich, wie schamlos die Palästinensische Autonomiebehörde das Abkommen verletzt.[5]

Als Arafat sagte, er werde die PLO-Charta ändern und die zur Vernichtung Israels aufrufenden Passagen aufheben, hat er schlicht und einfach gelogen. Paragraph 33 der palästinensischen Verfassung [PLO-Charta] besagt: „Diese Charta darf nicht geändert werden außer durch [die Abstimmung] eine[r] Zweidrittelmehrheit aller Mitglieder des Palästinensischen Nationalrates [PNC] bei einer besonderen, zu diesem Zweck einberufenen Sitzung." Am 10. August 1994 zitierte Radio Monte Carlo einen Brief Jassir Arafats an der Repräsentanten der al-Fatach: „Niemals werde ich meine Hand auch nur einen Paragraphen der palästinensischen Verfassung ändern lassen." Weshalb lassen sich Israels Staatschefs dann auf diese Lüge ein?

Erneuter Terrorismus und Antisemitismus

Selbst wenn der Antichrist „zur Hälfte der Woche" durch offensichtlichen Betrug und Bruch des siebenjährigen Bündnisses sein Bildnis im Tempel aufstellt und von der ganzen Welt dessen Anbetung verlangt, werden Israels Staatschefs die Gefahr immer noch nicht wittern – oder sie zumindest ignorieren. Die orthodoxen Juden werden sich heftig dagegen wehren und viele werden „auf die Berge fliehen", wie einige damals bei der Belagerung Jerusalems im Jahr 70 n.Chr., diesmal womöglich nach Petra in Jordanien (Sacharja 14,5; Markus 13,14; Lukas 21,21). Infolgedessen wird Israel wiederum als zu widerspenstig und eigenwillig angesehen werden, als daß es in die neue Weltreligion hineinpassen würde.

Nach einer kurzen Ruhepause von vielleicht sogar mehreren Jahren wird der gegen Israel gerichtete und wahrscheinlich weltweite Terrorismus erneut entflammen. Eine der größten Gefahren für Israel in der heutigen Zeit und der absehbaren Zukunft stellen die mobilen bodenbasierten Raketengeschosse dar. Diese Waffen werden in einer großen Zahl von Ländern[6] entwickelt und produziert und stehen zu einem bestimmten Preis den Terrororganisationen zum Angriff auf Israel von Nachbarstaaten aus zur Verfügung. Es stimmt, daß Israels hochentwickelte Luftwaffe ihre Fähigkeiten vor Augen führte, als sie im 1982er Libanonkrieg fast jede syrische Luftabwehrraketen-Batterie im Bekaa-Tal zerstörte, ohne dabei auch nur ein Kampfflugzeug zu verlieren.[7]

Mobile Raketenrampen aufzuspüren, ist jedoch eine ganz andere Sache.

Im Fall von Angriffen durch Boden-Boden Raketen ist Israels hochentwickelte Überlegenheit in der Luft von geringem Wert, abgesehen von Vergeltungsschlägen gegen stationäre Abschußrampen. Der Golfkrieg zeigte, wie schwierig es ist, mobile Rampen zu lokalisieren und zu vernichten. Und wenn die Raketen von einem Nachbarn aus abgeschossen werden, der einen Friedensvertrag unterzeichnet hat und anscheinend aufrichtiges Bedauern ausdrückt, während er gleichzeitig seine Unfähigkeit entschuldigt, solche terroristischen Aktivitäten zu unterbinden, wird es äußerst schwierig sein, Rache zu üben. Und wenn schließlich noch nicht einmal die USA Terroristen von einem Anschlag auf ein öffentliches Gebäude abhalten können, wie es in Oklahoma City geschah, wie könnten dann Syrien, Jordanien oder der Libanon dafür verantwortlich erklärt werden, daß sie ebenfalls unfähig sind, Israel angreifende Terroristen zu kontrollieren?

Durch die Friedensverträge und das Bündnis des Antichristen, das den Wiederaufbau des Tempels ermöglicht, wird der Antisemitismus zeitweilig verdrängt sein. Die satanische Absicht hinter allem Antisemitismus wird sich jedoch nicht geändert haben, und dieses Übel wird in den Herzen von Millionen aufs neue entbrennen. Wir müssen bedenken, daß Satan Israel vernichten *muß*, um den Messias daran zu hindern, wiederzukommen und von Davids Thron aus in Jerusalem die Welt zu regieren. Mit der Vernichtung Israels [und *allein* damit] hätte Satan die Erfüllung biblischer Prophezeiungen unterbunden, hätte Gott als Lügner erwiesen und wäre somit seiner eigenen Niederlage entkommen.

Für Satan ist der Einsatz sehr hoch – nicht nur was sein eigenes Überleben, sondern auch was die Herrschaft über das Universum betrifft – und für seine beabsichtigte Vernichtung Israels wird er seine ganze Arglist und Macht aufwenden. Dieses Land steht im Zentrum des tobenden Kampfes zwischen Gott und Satan um das Schicksal dieses Planeten Erde und des Universums. Das Bündnis des Antichristen mit Israel und der falsche Frieden, der schließlich „viele vernichten" wird (Daniel 8,25), sind lediglich strategische Schritte hin auf die beabsichtigte Vernichtung Israels.

Gott hat durch seine Propheten gesagt, in den letzten Tagen werde Jerusalem eine „Taumelschale" für die gesamte Welt sein. Keine Verträge können diese Tatsache aufheben. Die Mächtigen dieser Welt werden in geheimen Treffen allmählich übereinkommen, daß der einzig gangbare Weg zur Entfernung dieser „Taumelschale" die Vernichtung Israels sein wird. Dann werden sie sorgfältig ihre Pläne schmieden.

Der Vatikan, der Islam und die PLO

Der Vatikan wird natürlich an dem Komplott beteiligt sein. Für ihn ist das Einbringen seiner hohen Einsätze im Nahostkonflikt eine simple und eigennützige Angelegenheit. Ungeachtet der Aussage des Zweiten Vatikanischen Konzils, Allah sei der Gott der Bibel, haben sich die katholischen Beziehungen zum Islam nicht so entwickelt, wie der Vatikan es erhofft hatte. Kardinal Achille Silvestri, einer der besten Diplomaten des Vatikans, sagte, der „brennendste Wunsch“ von Johannes Paul II. sei nach der „Ökumene zwischen den Christen“ und „einem vertieften Dialog zwischen Christen und Juden“ der „Dialog mit dem Islam“. Er gesteht jedoch, daß nach vielen Jahren versuchten Dialogs in der Glättung der Beziehungen nur sehr wenige Fortschritte erzielt worden sind.[8] So beurteilt auch Pater Maurice Borrmans, „einer der anerkanntesten Islam-Spezialisten des Vatikans“, den „christlich-islamischen Dialog“ als „äußerst heikel und schwierig“.[9]

Nach der Entrückung, wenn der Antichrist seine Machtposition gefestigt hat, wird der Vatikan schließlich seine jahrelang eifrig verfolgten Beziehungen zum Islam erreichen. Unter der neuen Weltreligion wird alles anders sein. Johannes Paul II. ist seit fast zwei Jahrzehnten dabei, die ökumenischen Grundlagen für diese Vermischung aller Religionen unter der Federführung des Vatikans zu legen. Der Islam und der Vatikan werden miteinander und mit allen Religionen der Welt in enger Zusammenarbeit stehen. Nur Israel wird das Haar in der Suppe dieser weltweiten „spirituellen Einheit“ sein.

Bereits im Jahr 1982 empfing Papst Johannes Paul II. Jassir Arafat im Vatikan. Ihr Treffen war sehr herzlich, obwohl Arafat damals keine Anstalten machte, zu verbergen, daß er hinter internationalem Terrorismus der brutalsten Art stand. Nachdem der Vatikan die Freundschaft mit Arafat 12 Jahre lang gepflegt hatte, richtete er am 25. Oktober 1994 offizielle Verbindungen zur PLO ein.[10] Die Tatsache, daß der Antisemitismus nicht aussterben wird, wie wir es oben erwähnt haben, selbst unter dem neuen „Friedensprozeß“, ist an Arafat und seinen Militärs ersichtlich, wie zum Beispiel seiner rechten Hand Dschibril Radschub. Der einst wegen mehrfachen Mordes an Israelis inhaftierte Radschub wurde von Israel als gutgläubige Geste entlassen, um den neuen „Friedensprozeß“ mit dem Islam voranzubringen.

Weiter oben haben wir bereits Arafats Rede vom 15. Mai 1994 zitiert, in der er sagte: „Ich rufe jeden Muslim auf, den Heiligen Krieg gegen Jerusalem zu führen.“ Wir müssen bedenken, dies geschah acht

Monate *nach* dem 13. September 1993, als der israelische Ministerpräsident Jitzchak Rabin und der PLO-Chef Jassir Arafat bei der dramatischen Unterzeichnung des Oslo-Abkommens auf dem Rasen des Weißen Hauses sich die Hände geschüttelt hatten. Und wir müssen auch bedenken, daß Arafat trotz derartiger Aussagen zusammen mit Rabin den Friedensnobelpreis erhielt.

Als Erweis seiner Dankbarkeit für seine Freilassung aus der Haft und seiner Hingabe an den „Frieden" [und damit die Welt weiß, daß Arafat meint, was er sagt] erklärte Radschub in herausfordernder Weise: „Die Schlacht um Palästina ist zu Ende; jetzt beginnt die Schlacht um Jerusalem."[11] Bei seinem Aufruf zum Dschihad bezeichnete Arafat Jerusalem als „die Hauptstadt des Islam"! Die Blindheit der israelischen Politiker, die nichtsdestotrotz den „Friedensprozeß" fortführen, ist unfaßbar!

Johannes Paul II. und Michail Gorbatschow

Das schließliche Komplott des Antichristen zur Vernichtung Israels könnte ohne Mitwirkung und volle Unterstützung des Vatikans wohl kaum zu einem erfolgreichen Abschluß führen. Papst Johannes Paul II. ist die einflußreichste Führungspersönlichkeit der Welt, und die weltweiten Agenten des Vatikans arbeiten so leistungsfähig wie die Geheimdienste aller anderen Länder. Das ist bei zahlreichen Gelegenheiten deutlich geworden – zum Beispiel in der Zusammenarbeit von Reagan und dem Papst, die zum Zusammenbruch des Kommunismus führte und die Berliner Mauer zu Fall brachte.

Die Titelseite des *Time*-Magazins vom 24. Februar 1994 zeigte Bilder vom früheren US-Präsidenten Ronald Reagan und von Papst Johannes Paul II. zusammen mit dieser überraschenden Überschrift: „HEILIGE ALLIANZ: Wie Reagan und der Papst sich verbündeten, um Polens Solidaritätsbewegung zu helfen und das Ableben des Kommunismus voranzutreiben." Die Titelstory berichtete, wie Reagan „fest sowohl an den Segen als auch an den praktischen Nutzen der Beziehung Washingtons zum Vatikan geglaubt hat. Eines seiner ersten Ziele als Präsident war es, so Reagan, den Vatikan als Staat anzuerkennen ‚und ihn zu einem Verbündeten zu machen'." Der Antichrist wird die Notwendigkeit und Weisheit einer noch engeren Beziehung zum Papst sehen.

Time erzählte die Geschichte von den Machenschaften und der Kooperation zwischen dem CIA und den offenbar sogar noch schlagkräftigeren Agenten des Vatikans. Im Jahr 1982 wurde eine fünfteilige

Strategie entwickelt, „die die Wirtschaft der Sowjetunion zum Zusammenbruch bringen, die Bindung der UdSSR an die angegliederten Warschauer-Pakt-Staaten zersetzen und eine innere Reform des Sowjetreichs erzwingen sollte". Bezüglich der Ausführung dieses Vorhabens gestand der frühere US-Außenminister Alexander Haig, daß „die Informationen des Vatikans in jeder Hinsicht absolut besser und schneller waren als unsere [vom CIA]. Der Botschafter des Vatikans im Weißen Haus, Erzbischof Pio Laghi, ermahnte die amerikanischen Staatsmänner unaufhörlich: ‚Hört auf den Heiligen Vater. Wir haben damit [mit internationalen Intrigen] 2000 Jahre Erfahrung.'"[12] Diese Erfahrung wird in den Dienst des Antichristen gestellt werden, wie das 17. Kapitel der Offenbarung eindeutig voraussagt.

Der frühere Sowjetpräsident Michail Gorbatschow verfügt in führenden Zeitungen rund um den Globus über eine regelmäßige Rubrik. Sein Artikel vom 3. März 1992 trug die Überschrift: „Papst Johannes Paul machte die Wende möglich." Gorbatschow hatte „dem Papst vor der Veröffentlichung eine Kopie des Artikels geschickt. Darin sagte Gorbatschow: ‚Alles, was in den letzten Jahren in Osteuropa geschehen ist, wäre ohne die Bemühungen des Papstes unmöglich gewesen.'"[13] Als Antwort auf den Artikel sagte der Papst in einem Interview über Gorbatschow: „Er bekennt sich zwar nicht als gläubig, aber ich erinnere mich, wie er von der großen Bedeutung des Gebets und der inneren Seite des menschlichen Lebens sprach. Ich glaube wirklich, daß unser Treffen durch Vorsehung herbeigeführt wurde ..."[14]

Es ist nicht schwierig, sich eine ähnliche Rechtfertigung für die enge Beziehung des Papstes mit dem künftigen Weltregenten vorzustellen. Auch der Antichrist wird für eine allgemeine „Spiritualität" eintreten, die, so wie die Spiritualität Gorbatschows, nichts mit dem Christentum zu tun hat, als dessen irdisches Oberhaupt der Papst sich ausgibt, eines Christentums, das er in Wirklichkeit jedoch durch die Entwicklung einer allseits annehmbaren Religion untergräbt.

Gorbatschow hat auch trotz seines Verlustes der Präsidentschaft über das russische Reich seine Chance auf eine zukünftige Rolle in der Weltherrschaft nicht verspielt. Seine enge Freundschaft mit dem Papst besteht weiterhin. Jetzt ist Gorbatschow der Vorsitzende des Grünen Kreuzes, das „danach strebt, in bezug auf Umweltprobleme die Bedeutung zu erlangen, wie sie das Rote Kreuz und der Rote Halbmond bereits hinsichtlich Katastrophenhilfe innehaben".[15] Ein Drei-Sterne-General der US-Armee überreichte Gorbatschow die Schlüssel zu den neuen Büros der Gorbatschow-Stiftung mit Ausblick über die Golden-

Gate-Brücke in den Hafen von San Francisco. Wo wurden diese Schlüssel überreicht? Im Presidio, einem bedeutenden, mittlerweile stillgelegten US-Militärstützpunkt.[16] Erstaunlicherweise fungierte Gorbatschow durch seine Stiftung bei Schließungen von US-Militärstützpunkten in 36 Bundesstaaten als wichtiger Berater.[17]

In Gottes Namen

Ist es möglich, daß der Vatikan, der für sich in Anspruch nimmt, das Zentrum der einen wahren Kirche zu sein, und der Papst, der für sich den Anspruch des Stellvertreters Christi erhebt, sich an der Vernichtung Israels beteiligen? Das war in der Tat seit eh und je die Haltung des römischen Katholizismus. Da wir diese Tatsache in dem Buch *Die Frau und das Tier* ausführlich dargelegt haben, wollen wir an dieser Stelle auf eine weitergehende Dokumentation verzichten.

An früherer Stelle haben wir bereits bemerkt, daß Hitler, der von den Päpsten Pius XI. und Pius XII. und weiteren hochstehenden römisch-katholischen Würdenträgern angepriesen und gefördert wurde, einige interessante Parallelen zum Antichristen aufweist, aus denen wir wertvolle Lektionen lernen können. Hitler gab vor, für Gott zu handeln, und erflehte immer wieder den Segen Gottes. Die folgenden Zitate sind nur einige wenige Auszüge aus seinen Reden, doch sie verdeutlichen bereits sowohl die Perversität Hitlers als auch die Blindheit seiner Anhänger:

> 1940: Wir beten zu unserm Herrn, daß er uns in unserm Kampf für die Freiheit weiter segnen möge.
>
> 1941: Wir glauben, wir werden den Segen des höchsten Führers verdienen. Gott, der Herr, hat unsern Krieg gutgeheißen. Er wird in unserm Kampf mit uns sein. Er wird in der Zukunft mit uns sein.
>
> 1942: Und wir werden zu Gott, unserm Herrn, für das Heil des Volkes beten …
>
> 1943: Wir werden dieses Jahr damit fortfahren, unsere ganze Kraft unserm Volk zu geben. Nur dann können wir wagen, wie gewohnt zu Gott, unserm Herrn, zu beten, daß er uns helfen wird, wie er es stets getan hat …

Unter dem Antichristen wird Religion eine große Rolle spielen. Wie wir uns erinnern, waren die führenden Nazis überzeugt, der Nationalsozialismus sei eine neue Religion, die zur Weltbeherrschung bestimmt ist und somit ein goldenes, mit dem biblischen Tausendjährigen Reich vergleichbares Zeitalter aufrichten würde. Es gab zwar viele Widersprüche, doch die übersah man anscheinend. Hitler brachte Juden um und behauptete dennoch, ein Jünger Jesu Christi zu sein, dessen Zugehörigkeit zum Judentum er leugnete. Gleichzeitig haßte er auch das Christentum und erklärte: „Wir werden die christliche Tünche abwaschen und eine unserer Rasse geziemende Religion einführen!“[18] Doch er sagte auch: „Nationalsozialismus ist positives Christentum.“ Das ist ein deutliches Beispiel eines antichristlichen „Christentums“. Der französische Akademiker Louis Bertrand sagte über den Nationalsozialismus begeistert: „Das ist Religion!“[19]

Der Antichrist wird nicht nur der politische, sondern ebenso der religiöse Führer der Welt sein. Wie bereits bemerkt, wird die Welt ihn tatsächlich als „Gott“ anbeten. Zunächst wird er wie das Musterbeispiel eines humanistischen Menschen erscheinen und von allen bewundert werden. Wenn Gott dann jedoch beginnt, sein Gericht über diese Erde zu bringen, wird denen, die sehende Augen haben, deutlich werden, daß der Antichrist regelrecht vom Satan selbst besessen ist! Dieser Mann wird im Buch der Offenbarung nicht ohne Grund immer wieder als „Tier“ bezeichnet (13,1-4.15.18; 14,9; 15,2; 16,2; 17,3; 19,19 u.a.).

In Rußland gewinnt momentan ein neuer Hitler [der jedoch noch nicht die Macht des alten hat] an Ansehen. Er ist eine politische Führerfigur, der ein weiteres Modell des Antichristen darstellt: Wladimir Schirinowski. Auch er verdeutlicht ein weiteres Mal zum einen den Zuspruch, den ein offensichtlich fanatischer Irrer erheben kann, und zum anderen, wie die Verbreitung von Lügen über die Juden und antisemitisches Gerede immer noch eine Anhängerschaft finden. Wie Hitler ist auch Schirinowski ein Musterbeispiel an Widersprüchlichkeit. Er behauptet, amerikanische Zionisten hätten ihm „100 Millionen Dollar für seinen Rückzug aus der Politik geboten“, und allein Rußland wäre imstande „die Welt vor der Ausbreitung des Islam zu retten“.[20] Werfen wir nur einen Blick auf den bösartigen Antisemitismus aus einem 90minütigen Interview mit den Herausgebern des *Time*-Magazins in New York von Mitte November 1994:

> Es ist wohlbekannt, daß das Finanzwesen und die Presse in Amerika – wie auch in Westeuropa und Rußland – von Juden kontrolliert werden. Die äußerst schwierige wirtschaftliche Situation in Rußland war eine Folge von Aktivitäten dieser Machtfaktoren. Nichts ist mit einem armen Juden in Rußland zu vergleichen … die Mehrheit der

> Leute, die die [bolschewistische] Revolution ermöglichten, wie auch die Perestroika, war jüdischen Ursprungs. Die erste Sowjetregierung bestand tatsächlich zu 90% aus Juden. Die ersten Betreiber der Gulag-Gefangenenlager waren weitgehend Juden ...
>
> Die antisemitischen Einstellungen sind sicherlich deshalb entstanden, weil es Leute in führenden Positionen gibt, die unter den gegenwärtigen Verhältnissen in Rußland wesentlich besser leben [als jemals zuvor] ... In den nächsten sechs Monaten gibt es eine gute Gelegenheit auf einen Militärputsch, und die Juden werden dabei wieder einmal ein Wörtchen mitzureden haben.[21]

Wohlbehagen zu solcher Zeit?

Auch hier wird wieder sichtbar, daß der Antisemitismus weder tot ist noch sterben wird. Ungeachtet erneuter Drohungen und terroristischer Aktivität werden jedoch die Friedensgewährleistungen und deren neue Annahme seitens der Familie der Nationen Israel in eine Stimmung des Wohlbehagens einlullen, und das sogar während die Völker den Angriff auf Israel vorbereiten. Könnte das wirklich geschehen? Ja, das ist in der Tat schon einmal passiert, und zwar ohne die Zusicherung des Friedens, den Israel zu jener Zeit unter dem Antichristen genießen wird.

Anfang Januar 1995 geriet der Bericht der Agranat-Kommission aus dem Jahr 1975 an die Öffentlichkeit. Er enthielt schockierende Informationen über die mangelnde Vorbereitung und Kompetenz auf Seiten der Israelis, die im 1973er Jom-Kippur-Krieg beinahe zum Verlust des gesamten Landes Israel geführt hätten. Der legendäre Kriegsheld Mosche Dajan, damals Verteidigungsminister, wurde vom früheren Präsidenten Chaim Herzog während der ersten Kriegstage als „anscheinend lahmgelegt“ beschrieben. Der Bericht zitiert Dajans eigene Worte:

> Was ich in meinem Herzen am meisten befürchte, ist, daß der Staat Israel letzten Endes zu seiner Verteidigung nicht genügend Waffen hat. Dann ist es egal, wo sich die Grenze befindet. Wir würden nicht genug Panzer und Flugzeuge besitzen. Niemand wird diesen Krieg für uns kämpfen.[22]

Doch vor dem Überraschungsangriff waren die israelischen Militärführer im Vertrauen auf ihre Übermacht überzeugt, daß die Araber es nicht wagen würden, den Krieg zu beginnen. Dreimal – im November 1972, Januar 1973 und dann im Mai 1973 – mobilisierte Ägypten seine Truppen entlang des Suezkanals. Jedesmal war Generalmajor Elihu Zeira, der damalige Geheimdienstchef, überzeugt, daß Kairo nur blufft. Daß es bei diesen Gelegenheiten nicht zu einem Angriff kam, schien seine Meinung zu bekräftigen. „Als Syrien Mitte September 1973 zigtausend Mann starke Truppen und Hunderte von Panzern entlang der Golan-Höhen mobilisierte, war Zeira sich wiederum sicher, daß Präsident Assad die Säbel lediglich zur Einschüchterung rasseln ließ.“[23]

Der israelische Geheimdienst IDF meldete massiven Truppenaufmarsch am Suezkanal, begleitet von weiteren überzeugenden Hinweisen auf das Bevorstehen eines gigantischen geordneten Angriffs. Als wäre das nicht Beweis genug, um das israelische Militär zumindest in Bereitschaft zu versetzen, trafen aus Ägypten und Syrien Berichte von der Abreise der Familien Tausender sowjetischer Berater ein. Der Mossad warnte, der Krieg stünde unmittelbar bevor.

Zeira ignorierte dennoch die Warnungen und bezeichnete die russische Evakuierung von Familien als „eine Übung“! Wenn man jetzt zurückblickt, scheint das absolut blinde und inkompetente Wohlbehagen zu jener Zeit schier unvorstellbar:

> Wer im IDF Zeira nicht zustimmte, sah sich Vergeltungsmaßnahmen ausgeliefert. Avieser Jaari – damals Oberstleutnant ... wurde zweimal wegen Warnung des nördlichen Kommandos ... vor einem drohenden syrischen Angriff auf den Golan-Höhen ... ernstlich getadelt.
>
> Der Glaube, die arabischen Staaten seien unfähig zum Krieg, führte zu einem starken Absinken der Bereitschaft des IDF, was Unheil bedeutete, bis schließlich Truppen eintrafen, die die einfallenden Ägypter und Syrer zurückschlugen.[24]

Der Krieg, der allem Leben ein Ende bereitet

Die Propheten verkünden, daß Israel nochmals von einer solchen Sorglosigkeit befallen werden wird. Ob Israel dieses Mal vorbereitet ist oder nicht, wird jedoch für den Ausgang keine besondere Rolle mehr spielen. Diese große Schlacht wird schließlich stattfinden, denn die Propheten haben sie angekündigt: Harmagedon! In Anbetracht der unüberwindbaren Widerstände, die sich gegen Israel richten, gibt es für dieses

Land keine Möglichkeit zum Sieg. Dennoch wird Israel mit seiner Verteidigung seinen Feinden großen Schaden zufügen können.

Einem Bericht in *Jane's Intelligence Review* zufolge verfügt Israel über etwa 200 Atomwaffen. In Harmagedon wird es nicht in Flammen untergehen, ohne zuvor seine atomaren Möglichkeiten auszuspielen. Daß ein atomarer Schlagabtausch stattfinden wird, der die Welt umfassen könnte, scheint aus diesen Worten Christi deutlich zu werden:

> Denn dann wird große Bedrängnis sein, wie sie von Anfang der Welt bis jetzt nicht gewesen ist und auch nie sein wird. Und wenn jene Tage nicht verkürzt würden, so würde kein Fleisch gerettet werden; aber um der Auserwählten [Israels] willen werden jene Tage verkürzt werden (Matthäus 24,21-22).

Diese Prophezeiung hat die Bibelausleger fast 2000 Jahre lang vor ein Rätsel gestellt. Welche Art von Kriegsführung könnte möglicherweise alles Fleisch vernichten? Bis zu unserer Generation waren derart zerstörerische Waffen unbekannt. Und jetzt haben wir nicht nur die Wasserstoff- und Neutronenbombe, sondern eine ganze Reihe unglaublicher Waffen, die die Erde mehrmals völlig zerstören und diesen Planeten durch den Weltraum gleitend zurücklassen könnten, ohne daß auch nur eine Küchenschabe oder eine Mikrobe am Leben bliebe. Wiederum sehen wir die erstaunliche Genauigkeit der biblischen Prophetie und die Tatsache, daß unsere Generation die Beschreibung exakt erfüllt.

Israel wird sich gegen die Militärmacht aller Nationen der Welt erheben müssen, die sich in einem vereinten Angriff gegen dieses Land richten. Die Situation wird von Anfang an hoffnungslos sein. Dennoch wird Israel nicht aufgeben. Es hat geschworen: „Nie wieder!“ Zu seiner Verteidigung wird es seine letzten Waffen einsetzen, und Christus wird zur Verhinderung eines atomaren Holocausts eingreifen.

Wenn die Bibel wahr ist – und die Erfüllung ihrer Prophezeiungen im Lauf der Geschichte beweist das – dann wird, wie die zitierten Verse verkünden, Gott selbst Israel vor seinen Feinden verteidigen. Er wird nicht zulassen, daß Israel vernichtet wird, denn das würde die Bibel widerlegen und Gott selbst unglaubwürdig erscheinen lassen. Nicht nur die Araber, sondern alle Nationen der Welt müssen daran erinnert werden: „Wer euch [Israel] antastet, tastet meinen [Gottes] Augapfel an“ (Sacharja 2,12).

Jerusalem

Tröstet, tröstet mein Volk! spricht euer Gott. Redet zum Herzen Jerusalems, und ruft ihr zu, daß ihr Frondienst vollendet, daß seine Schuld abgetragen ist ... Jerusalem! ... fürchte dich nicht! Sprich zu den Städten Judas: Siehe da, euer Gott! Siehe, der Herr, HERR, kommt mit Kraft ...

Jesaja 40,1-2.9-10

Aber über das Haus David und über die Bewohnerschaft von Jerusalem gieße ich den Geist der Gnade und des Flehens aus, und sie werden auf mich blicken, den sie durchbohrt haben, und sie werden über ihn wehklagen ... Sagt man aber zu ihm: Was sind das für Wunden zwischen deinen Händen, dann wird er sagen: Sie entstanden, als ich im Haus meiner Freunde geschlagen wurde.

Sacharja 12,10; 13,6

Und die Befreiten des HERRN werden zurückkehren und nach Zion kommen mit Jubel, und ewige Freude wird über ihrem Haupt sein. Sie werden Wonne und Freude erlangen, Kummer und Seufzen werden entfliehen.

Jesaja 51,11

... und die Städte werden wieder bewohnt sein und die Trümmerstätten aufgebaut werden ... Und ich werde ... euch Gutes tun mehr als in euren Anfängen. Und ihr werdet erkennen, daß ich der HERR bin.

Hesekiel 36,10-11

Und es wird geschehen: Wer in Zion übriggeblieben und wer in Jerusalem übriggelassen ist, wird heilig heißen, jeder, der zum Leben aufgeschrieben ist in Jerusalem.

Jesaja 4,3

... wer aber ausharrt bis ans Ende, der wird errettet werden.

Matthäus 24,13

... und so wird ganz Israel errettet werden ...

Römer 11,26

Spielball der Völker

20

„So wird ganz Israel errettet werden“

Wie wunderbar hören sich die Worte an: „Siehe da, euer Gott! Siehe, der Herr, HERR, kommt mit Kraft [um Israel zu retten]“ und „so wird ganz Israel errettet werden“. Was für eine herrliche und zugleich verhängnisvolle Verheißung! Gottes wunderbares Eingreifen wird erforderlich sein, um Israel vor der völligen Vernichtung zu bewahren! Die Prophezeiungen über Israels Rettung zeigen uns ein weiteres Mal, daß letztlich alle Friedensverträge und feierlichen Versprechen des Wohlwollens und der Anerkennung Israels, wer immer sie unterzeichnet, nicht das Papier wert sind, auf dem sie geschrieben wurden.

Wir beabsichtigen nicht, eine hilflose pessimistische Stimmung zu erzeugen, sondern wollen vielmehr zum realistischen Denken aufrufen. Wir würden auch nicht versuchen, den Friedensprozeß zu sabotieren, sondern wollen lediglich die Warnung davor aufstellen, daß Gott und sein Wort mißachtet werden. Die Mächtigen dieser Welt [und dazu gehören die Staatsmänner Israels genauso wie die Obersten des Vatikans] haben sich entschlossen, die klaren Aussagen der biblischen Propheten zu ignorieren. Und diese vorsätzliche Wahl haben sie trotz der Tatsache getroffen, daß den Verkündigungen der Propheten eine überwältigende Flut von Bestätigungen folgte.

Auf der Grundlage des Wortes Gottes und einer reichlichen Beweislast dafür, daß nur ein absichtlich Blinder das nicht erkennen kann, müssen wir wiederum bezeugen, daß der sogenannte „Friedensprozeß“, auf den Israel sich eingelassen hat, letztendlich nur in eine Katastrophe münden kann. Zur Bestätigung dieser Aussage kann nicht allein die Prophetie, sondern auch die Geschichte herangezogen werden. Der heutige Friedensprozeß nahm seinen Anfang in Wirklichkeit mit dem historischen, von Anwar al-Sadat und Menachem Begin im Jahr 1977 unterzeichneten Friedensabkommen zwischen Ägypten und Israel. Wie ehrlich war Ägyptens Wunsch nach wahrem Frieden? Das Handeln verrät die Wahrheit, die auf Papier geschriebene Worte verbergen können.

So wie heute die PLO, die ihr Versprechen auf Änderung ihrer zur Vernichtung Israels aufrufenden Charta gebrochen hat, so hat auch Ägypten, als es mit Israel „Frieden“ geschlossen hat, niemals die Unterzeichnung des Bündnisses von Rabat aus dem Jahr 1974 widerrufen.

Und in den Jahren des „Friedens“ seit 1977 hat Ägypten seine Feindseligkeit gegenüber Israels bloßer Existenz kaum zu verheimlichen versucht. Trotz wiederholter und beinahe flehender Einladungen, Israel zu besuchen, hat der ägyptische Präsident Mubarak diese einfache Gefälligkeit 17 Jahre lang ausgeschlagen.

Ein aufschlußreicher Bericht

Ein kürzlich erschienener Leitartikel in *The Jerusalem Post International* erinnerte die Leser an die seit langer Zeit bestehende „muslimisch-arabische Aussage, daß kein jüdischer [und auch kein christlicher] Staat in der ‚arabischen Welt‘ existieren darf“. Dabei wurde folgendes herausgestellt:

> In ägyptischen Augen stellte die Erwerbung des Sinai [durch Ägypten im Rahmen des „Friedensvertrags“] die Vollstreckung einer Phase der Entblößung Israels dar … Anwar al-Sadat [ja, der Friedensmacher] sagte 1971 in einer Moschee in Kairo über die Juden in Medina: „Das Großartigste, das der Prophet Mohammed jemals getan hat, ist die Vertreibung [der Juden] von der gesamten arabischen Halbinsel … Wir dürfen keinen Zoll breit unseres Territoriums aufgeben … Wir dürfen nicht … mit ihnen über ein einziges der Rechte des palästinensischen Volkes verhandeln.“ [Diese Aussagen hat er niemals widerrufen.]
>
> … [Beim] 1975er Symposium der ägyptischen intellektuellen Gesellschaft … sagte Boutros Boutros-Ghali [der jetzige UNO-Generalsekretär], die Juden müßten ihren Status als Nation und den Status Israels als Staat aufgeben und sich als Gemeinschaft in die arabische Welt integrieren … [auch diese Aussage wurde niemals widerrufen.]
>
> Erinnern Sie sich an Sadats unnachgiebige Weigerung [nach dem „Frieden“], auch nur einem einzigen Juden ein Bleiberecht im Sinai einzuräumen? An das Versäumnis, den verschiedenen Vereinbarungen aus dem Friedensvertrag nachzukommen? … An ägyptische Unterstützung für anti-israelische UNO-Resolutionen – die das Camp-David-Abkommen und den Friedensvertrag unsinnig machten? Die fortwährende und ununterbrochene Propaganda im Nazistil gegen Israel und das jüdische Volk in den öffentlichen ägyptischen Medien? …

> Präsident Mubarak … stellte den Mördern von Leon Klinghoffer [an einen Rollstuhl gefesselte jüdische Geisel, die von den Hijackern des Ozeankreuzers Achille Lauro über Bord geworfen wurde[1]] [für die Flucht] ein Flugzeug zur Verfügung … Als ihm von dem kaltblütigen Mord an sieben israelischen Touristen im Sinai berichtet wurde, wies er den Vorfall als bedeutungslos von sich.[2]

Die Palästinenser beklagten sich lange Zeit über die brutalen Reaktionen der israelischen Polizei auf Drohungen hin [die Terroristen sind selbstverständlich nicht brutal]. Jetzt, da die Palästinenser ihre eigene Polizei haben und ihre Angelegenheiten selber regeln, drückt der Schuh auf der anderen Seite. Eine Organisation zur Überwachung der Menschenrechte mit Sitz in New York warnte, daß „das Versäumnis der … Palästinensischen Autonomiebehörde, im Gaza-Streifen die Menschenrechte zu schützen, die Aufrichtung einer palästinensischen Demokratie und die Aussicht auf stabilen Frieden in Nahost ernsthaft bedroht“. Die Gruppe klagte die „Frieden“ haltende Körperschaft wegen „unangemessener politischer Inhaftierungen, Mißhandlung von Häftlingen, Zensur der Presse und der fehlenden Zügelung von Machtmißbrauch in Gaza und Jericho“ an. Eine weitere Anklage lautete, daß „ein Palästinenser, der verdächtigt wurde, während der 27 Jahre dauernden israelischen Besatzung des Gaza-Streifens mit Israel kollaboriert zu haben, im Juli [1994] zu Tode gefoltert worden … und ein zweiter unter anscheinend gleichen Umständen umgekommen ist“.

„Der 50 Seiten umfassende Bericht beschuldigte die palästinensische Polizei ferner des Gebrauchs tödlicher Mittel zur Bezwingung eines Aufruhrs in Gaza am 18. November [1994], wobei 13 Menschen ums Leben kamen. Dem Bericht zufolge ist das augenblicklich größte Problem der zunehmende Gebrauch politischer Masseninhaftierungen durch die Autorität im Gegenzug auf fortdauernde Angriffe islamischer Militaristen auf israelische Soldaten und Zivilisten. Die Verhaftungen führen zu Haftstrafen ohne Verhör und zum Verprügeln der Häftlinge, wie die Gruppe beklagte. Selbstmordattentäter der islamischen Widerstandsbewegung Hamas und des Islamischen Dschihad, die beide das von der PLO zusammen mit Israel im September 1993 unterzeichnete Autonomieabkommen bekämpfen, haben binnen der letzten Jahre über 50 Israelis umgebracht. Eric Goldstein, der Nahost-Beobachter der Menschenrechtsorganisation, meinte, Arafats Anordnung von vergangener Woche [Anfang Februar 1995], hauptsächlich auf israelischen Druck hin ein von Militärpersonal besetztes Staatssicherheitsgericht einzuführen, sei besorgniserregend. Das ist ‚eine Leugnung grundlegender Rechte und angemessener Prozesse, ein Verwerfen der Maßregelung durch das Gesetz‘, sagte er.“[3]

Eine Erklärung für eine derartig dreiste und wiederholte Verletzung ziviler Rechte mag darin liegen, daß die palästinensische Polizei größtenteils aus Männern besteht, die gewohnt sind, in ihrer Rolle als „Friedenskämpfer“ und Terroristen gegen das Gesetz und die Rechte anderer zu verstoßen. Abu Samahdaneh beispielsweise, der „vor laufenden Fernsehkameras im Gaza-Streifen“ kaltblütig einen angeblichen „Kollaborateur“ tötete, wurde „ein hoher Posten im Geheimdienst der palästinensischen Polizei zugeteilt. Hunderte jubelnder Widerstandskämpfer“ empfingen ihn in Rafiah, nachdem er der israelischen Kontrolle entkommen war.[4] Oder denken wir an Sijad Abu Ain, der von einem US-Gericht des Mordes an zwei 16jährigen durch einen Terroranschlag in Israel überführt [und erfolglos vom früheren US-Justizminister Ramsey Clark verteidigt wurde] und nach Israel ausgeliefert wurde. Nachdem er im Zuge des Jibril-Gefangenenaustausches freigelassen worden war, ernannte man ihn zum „Kontrolleur der Palästinensischen Autonomiebehörde“.[5]

Ein Lichtblick für die islamische Welt

Während zwar zuerst die PLO, dann Jordanien und vielleicht noch Syrien an einem „Friedensprozeß“ mit Israel beteiligt sind, wird anhand der Beobachtung der übrigen arabischen und islamischen Welt deutlich, daß sich eigentlich nichts wirklich verändert hat. Irak und Iran haben ihre Haltung gegenüber Israel nicht geändert. Gleiches gilt auch für die haßerfüllte Rhetorik, die von Moscheen in der ganzen islamischen Welt ausgeht und weiterhin zum Dschihad gegen Israel aufruft. Tatsache ist, daß dieser Kampf nicht zwischen Arabern und Juden stattfindet, sondern zwischen dem Islam und der gesamten Welt. Israel ist nur besonders betroffen, weil es geographisch inmitten islamischer Länder liegt.

Will man verstehen, was Islam bedeutet, muß man einen Blick in eine islamische Gesellschaft werfen wie zum Beispiel den Sudan, wo Christen buchstäblich gekreuzigt werden. Der Sudan ist eine geschlossene Gesellschaft, die der absoluten Kontrolle eines islamischen Regimes unterliegt. Vom 23. Januar bis zum 2. Februar 1995 deckte eine amerikanisch-holländische Gruppe zur Untersuchung von Menschenrechten vom *Puebla* Institut und der *Dorkas Aid International*-Organisation Hinweise auf ein schier antichristliches Komplott auf. Kinder nichtmuslimischer Eltern werden gekidnappt und in „Hochsicherheitsverwahrung gebracht, das sind geschlossene Lager in entlegenen Gegenden, wo sie neue arabische Namen bekommen, ihnen der Islam indoktriniert wird und sie zu einem militärischen Training gezwungen werden“.[6]

Von seinen vermeintlichen Freunden und Helfern verraten und verkauft, wurde der internationale Terroristenführer Ramires Sanchez [der berüchtigte „Carlos“] Ende August 1994 in Khartum eingefangen. Der syrische Präsident Hafis al-Assad hatte US-Präsident Bill Clinton im Austausch gegen Druck der USA auf Israel, den Golan zurückzugeben, „Carlos“ Kopf geboten. Da er sich an früheren Freunden, die ihn verraten hatten, rächen wollte, berichtete „Carlos“ den USA von einer „bisher unbekannten [islamischen] Terroreinheit mit der Bezeichnung Allahu Akhbar [Allah ist groß] mit Sitz in einer alten Festung außerhalb Khartums“. Ein Geheimdienstexperte kommentierte in Paris: „Es ist kein Geheimnis, daß der Sudan mit der Unterstützung des Iran heute das bedeutendste Ausbildungszentrum für Terrorgruppen wie Hamas, Hisbollah, Islamischer Dschihad sowie Rekruten ägyptischer und algerischer Fundamentalisten ist. Die intelligentesten, versiertesten, und fanatischsten Kandidaten werden für die Gruppe Allahu Akhbar ausgesondert. Wir mutmaßen, daß sie den ägyptischen Präsidenten Sadat und den libanesischen Christenführer Bashir Jemayel umgebracht haben. Sie waren die Anführer der Gruppe, die George Bush bei einem Kuwaitbesuch nach dem Golfkrieg um ein Haar ermordet hätte.“[7]

Wir könnten viele weitere spezielle Beispiele liefern, obwohl kein weiteres zum Erweis dafür nötig sein sollte, daß die Friedensverträge niemals die tiefverwurzelte Entschlossenheit zur Auslöschung der Juden und der Vernichtung des jüdischen Staates aufheben werden. Solche Abkommen sind nur Schritte auf dem Weg zu diesen unabänderlichen Zielen – Schritte, die von der Stärke der israelischen Militärmacht diktiert werden. Doch eines Tages werden sich die Armeen der ganzen Welt gegen Israel richten und dieses Land zerstören. Von diesem zukünftigen Tag schrieb Jeremia: „Wehe! Denn groß ist jener Tag, keiner ist wie er, und es ist eine Zeit der Bedrängnis für Jakob, *doch wird er aus ihr gerettet werden*“ (Jeremia 30,7). Trotz der schrecklichen Verluste an Menschenleben konnte Paulus schreiben: „*So wird ganz Israel errettet werden*.“ Was meinte er damit?

Auferstehung und Errettung aller?

Einige Bibelausleger bringen diese Prophezeiung mit der Vision der Totengebeine aus Hesekiel 37,1-14 in Verbindung: „... die Gebeine rückten zusammen, ein Gebein an sein anderes Gebein ... es entstanden Sehnen an ihnen, und Fleisch wuchs, und Haut zog sich über sie oben darüber ... und der Odem kam in sie, und sie wurden lebendig und standen auf ihren Füßen ... diese Gebeine, sie sind das ganze Haus Israel ... Siehe, ich öffne eure Gräber und lasse euch aus euren Gräbern heraufkommen als mein Volk und bringe euch ins Land Israel." Heißt das, wie einige glauben, daß jeder jüdische Mensch, der jemals gelebt hat, ganz gleich wie verdorben und rebellisch er gegen Gott war [sogar Korach, den die Erde lebendig in die Hölle verschlang, oder Judas, der Verräter Christi], als Heiliger auferweckt und ewig in der Gegenwart Gottes wohnen wird?

Ganz im Gegenteil dazu machen sowohl Altes als auch Neues Testament deutlich, daß es für die Errettung bestimmte Bedingungen gibt, die während Lebzeiten erfüllt werden müssen und es ansonsten für immer zu spät ist. David schrieb, „mögen zum Scheol [die Hölle] sich wenden die Gottlosen" (Psalm 19,18), und Johannes sagt uns, „der Tod und der Hades [die Hölle]" werden „in den Feuersee geworfen. Dies ist der zweite Tod" (Offenbarung 20,14), aus dem es keine Rückkehr gibt. Jesus warnte immer wieder vor der ewigen Strafe in der Hölle (Matthäus 25,46; Markus 3,29; 9,43-48 u.a.). Die Bibel sagt uns eindeutig, daß es „einem Menschen bestimmt ist, *einmal* zu sterben, danach aber das Gericht" (Hebräer 9,27).

Sicherlich gibt es einen fast mystischen aber leider leeren Trost, den manche im Gesicht des Todes suchen und der in dem Sprichwort zum Ausdruck kommt: „Ein schönes Ding ist ewige Freude." Ja, in einem gewissen Sinn leben die Verstorbenen in den von ihnen hinterlassenen Erinnerungen und Andenken weiter. Doch niemand käme auf die Idee, daß solche Erinnerungen dasselbe sind wie die Person an sich. Der vom Tod verursachte Verlust ist real, wenn manche das auch leugnen, wie zum Beispiel der Rabbiner Byron Sherwin, Direktor am Chicagoer Zentrum für Studien über das Osteuropäische Judentum.

Sherwin tröstet seine Mitjuden mit der Philosophie, daß „es im katholischen Polen jüdische Geister gibt, aus Flocken schwarzer Asche gemacht, im schweigenden Himmel versiegelt mit den Tränen verlorener Erinnerungen. In Polen ist ein Jude niemals allein. Die Seelen unserer Vorfahren umgeben uns, begrüßen uns, umarmen uns". Tun sie das?

Was soll das heißen? Die Vorfahren sind doch tot, genau wie die einst blühende jüdische Kultur in Polen. Wenn man bedenkt, daß solch leere Rhetorik der einzige Trost ist, den ihre religiösen Führungspersönlichkeiten anbieten können, braucht man sich über die folgenden Worte des Rabbis nicht zu wundern, mit denen er gesteht:

> Seit dem Holocaust sind die Juden zunehmend „säkularisiert“ worden, und viele haben den Sinn für ihren besonderen Bund mit Gott und ihren ethischen Auftrag für die Welt verloren. Anstatt dessen identifizieren sich viele nunmehr als Teil einer ethnischen Gruppe und widmen sich nur dem Überleben und der Stärkung dieser Gruppe und ihres nationalen Ausdrucks – dem Staat Israel.[8]

Wer ist ein Jude?

Anfang 1995 stellte das Magazin *Parade* Schülern die wichtige Frage: „Glaubst du an Gott?“ Die irritierte Antwort eines jüdischen Mädchens spiegelte die Oberflächlichkeit des von solchen Rabbis wie Byron Sherwin geboten „Glaubens“ wider:

> Ich bin praktizierende Jüdin. Das heißt, ich gehe oft in die Synagoge, und in den Ferien ist mir die Zeit für die Feste sehr wichtig … Ich bete viel … weil das eine Tradition des jüdischen Volkes ist. Aber ich weiß nicht recht, zu wem ich eigentlich bete.
>
> Momentan glaube ich nicht unbedingt an Gott. Ich widme mich mehr dem Judentum als ganzes … aus dem Judentum bilde ich mir meine eigenen Werte.
>
> Ich bin mir immer noch überhaupt nicht im klaren … ich schätze, ich bete zu Gott. Aber ich weiß nicht, wer oder was Gott eigentlich ist.[9]

Zu einem „Gott beten“, den sie nicht kennt und von dem sie sich nicht einmal sicher ist, daß es ihn gibt? Das Judentum gestattet ihr, sich ihre eigenen Werte zu bilden? Kein Wunder, daß Paulus schrieb: „Nicht alle, die aus Israel sind, die sind Israel“ (Römer 9,6).

Die bloße Tatsache, daß ein Mensch von Geburt aus ein Jude ist, heißt nicht, daß ihm oder ihr damit jede an Israel gerichtete Verheißung gilt. Das Land Israel war den Nachkommen Abrahams, Isaaks und Jakobs verheißen. Doch diese Verheißung wurde wegen ihrer Sünde und ihres Unglaubens der gesamten aus Ägypten herausgeführten Generation verweigert [abgesehen von Kaleb und Josua]. Paulus erklärte: „Nicht der ist ein Jude, der es äußerlich ist, noch ist die äußerliche Beschneidung im Fleisch Beschneidung, sondern der ist ein Jude, der es innerlich ist, und Beschneidung ist die des Herzens, im Geist" (Römer 2,28-29).

Solche Schriftstellen haben, wie wir bereits bemerkt haben, einige heutige Christen zu der Behauptung veranlaßt, die Kirche sei Israel und die Christen seien aufgrund ihrer geistlichen Beziehung durch Christus zu Gott die einzigen wahren Juden. Über diese Frage herrscht vielfach Verwirrung. Wenn wir uns nicht verwirren lassen wollen, müssen wir beachten, daß es *natürlicherweise* Juden gibt, weil sie dies durch *natürliche* Geburt sind. Paulus bezeichnete solche als „meine Verwandten nach dem Fleisch" (Römer 9,3). Diese natürlichen Nachkommen Jakobs sind auf so „auserwähltes Volk", wie Heiden es niemals sein können. Folglich gelten ihnen bestimmte Verheißungen bezüglich des Landes Israel und der Wiederherstellung des Königreichs unter dem Messias, die sich allein auf sie und auf keine anderen Menschen beziehen.

Diese Verheißungen erfordern eine natürliche Beziehung zu Abraham [was für keinen Heiden zutrifft], doch das allein reicht nicht aus. Auch die *geistliche* Beziehung zum Gott Israels, die Abraham hatte, muß vorhanden sein. Das Fehlen dieser *geistlichen* Beziehung zu Gott durch Glauben und Gehorsam gegenüber seinen Geboten hat Generationen *natürlicher* Juden des Lebens unter dem Messias im „Gelobten Land" beraubt.

Wer während der tausendjährigen Herrschaft Christi im Land Israel leben will, muß zwei Bedingungen erfüllen: 1. Man muß *natürlicherweise* ein Jude sein, und 2. muß man wie Abraham diese *geistliche* Beziehung zu Gott haben. Aber was bedeutet es dann, daß *ganz* Israel errettet werden wird? Wann wird das sein? Jesus sagte, „wer aber ausharrt bis ans Ende, der wird errettet werden" (Matthäus 10,22). Das Ende wovon? Errettet wovor?

Harmagedon oder nicht?

Der Prophet Sacharja erklärt, daß mitten in der Schlacht von Harmagedon, wenn Israel von den bewaffneten Streitkräften aller Nationen der Welt umzingelt sein und unmittelbar vor seiner Zerstörung stehen wird, plötzlich der Messias zu seiner Rettung vom Himmel erscheint. In seinen Händen und Füßen sind Wundmale von Nägeln und in seiner Seite die Wunde eines Speers. Wenn das Volk Israel erkennt, daß es 19 Jahrhunderte lang, genau wie die Propheten gewarnt hatten, den Einen, der für seine Sünden gestorben ist, verachtet und verworfen hat, wird das größte Trauer- und Klagegeschrei aller Zeiten ertönen. Doch wegen seiner Liebe zu diesem Volk, für die auch der Haß und das Verwerfen seitens der Juden kein Hindernis ist, kommt Christus zu ihrer Rettung. Das bricht die Herzen und bringt sie zu Reue und Glauben an ihren Retter. *Alle* zu jener Zeit lebenden Juden werden, wenn sie ihn sehen, glauben und errettet werden:

> Über das Haus David und über die Bewohnerschaft von Jerusalem gieße ich den Geist der Gnade und des Flehens aus, und sie werden auf mich blicken, den sie durchbohrt haben, und werden über ihn wehklagen, wie man über den einzigen Sohn wehklagt, und werden bitter über ihn weinen …
>
> An jenem Tag wird die Wehklage in Jerusalem groß sein … Und wehklagen wird das Land, Sippe um Sippe … An jenem Tag wird für das Haus David eine Quelle geöffnet sein gegen Sünde und gegen Befleckung …
>
> Und der HERR wird König sein über die ganze Erde; an jenem Tag wird der HERR einzig sein … (Sacharja 12,10 – 13,1; 14,9).

Die Schlacht von Harmagedon, in die der Herr zur Rettung seines Volkes eingreift, ist in Hesekiel 38 und 39 bis ins Detail beschrieben. Unter den Auslegern der Prophetie besteht in dieser Frage jedoch wiederum Uneinigkeit. Die mehrheitliche Sicht ist, daß Hesekiel 38 und 39 einen verheerenden Krieg beschreiben, der einige Jahre vor Harmagedon und wahrscheinlich sogar vor der Entrückung der Gemeinde Christi stattfindet. Zahllose Bücher und Kassetten von prophetiekundigen Bibellehrern verkündeten jahrelang, daß es jeden Augenblick ein Angriff auf Israel durch Rußland und seine arabischen Verbündeten geben könnte, der zum Dritten Weltkrieg und zu einer vernichtenden Niederlage Rußlands im Land Israel führen würde. Man nimmt an, dieser Krieg sei das nächste Ereignis, das dem Zeitplan der biblischen Prophetie zufolge eintreten werde.

Das fehlende pünktliche Eintreffen einer solchen Auslegung hat zunehmende Zweifel aufkommen lassen, sogar an konservativen evangelikalen Schulen wie dem Dallas Theological Seminary und dem

Moody Bible Institute. In ihrem aktuellen Buch *Doomsday Delusions* [„Täuschungen über den Jüngsten Tag"] argumentieren die Professoren vom Moody Bible Institute C. Marvin Pate und Calvin B. Haines, daß „Abschnitte in Hesekiel, die von Prämillenialisten [Bibelausleger, die an die wirkliche Wiederkunft Jesu vor der Aufrichtung seines Tausendjähriges Reiches glauben] als Voraussage der zukünftigen Schlacht von Harmagedon gedeutet werden, sich wahrscheinlich auf die Invasion skythischer Truppen in Israel in vorchristlicher Zeit beziehen. Phantasiereiche Endzeitprediger übersehen das."[10] Leider übersehen die Professoren vom Moody Bible Institute die Tatsache, daß diese Prophezeiungen Elemente enthalten [wie wir noch sehen werden], die sich unmöglich in der Vergangenheit erfüllt haben können und vielmehr unmißverständlich auf eine zukünftige Erfüllung hinweisen.

Gog und Magog

Es stimmt, daß es bei Deutungsversuchen apokalyptischer Prophezeiungen so manche unberechtigte Spekulationen und sogar Sensationssucht gegeben hat. Das berechtigt uns jedoch nicht, die Prophezeiungen einfach zu übergehen, sondern ermahnt uns vielmehr zu äußerster Sorgfalt bei der Auslegung. Hesekiel 38 und 39 führt bestimmte Führerpersonen, Völker und Nationen an, die an dem zukünftigen Angriff auf Israel beteiligt sein werden. „Paras, Kusch und Put" werden gewöhnlich mit Persien, Äthiopien und Libyen identifiziert. Andere sind nicht so einfach zu bestimmen: „Gog zum Land Magog … Rosch, Meschech und Tubal … Gomer … das Haus Togarma im äußerten Norden …" (Hesekiel 38,5.2.6). Einige Ausleger haben die Namen und Völker angeblich auf Rußland und Nordeuropa zurückführen können. Die Zuverlässigkeit solcher Aussagen zu bestimmen, ist jedoch äußerst schwierig wie auch unnötig.

Wir haben keinen Grund zu der Annahme, Hesekiels Auflistung hätten den Zweck, jede einzelne beim endzeitlichen Angriff auf Israel beteiligte Nation aufzuführen. Außerdem finden wir „Gog und Magog" noch einmal in Offenbarung 20,8 zitiert, wo sie für *alle Nationen der Erde* stehen, die sich am Ende des Tausendjährigen Reichs gegen Jerusalem und Christus wenden. Diese allerletzte Schlacht ist sicherlich nicht diejenige aus Hesekiel 38 und 39. Wenn in der Offenbarung „Gog und Magog" *alle Nationen* repräsentieren, dann können wir gleiches für ihre Nennung in Hesekiel annehmen. Es gibt zwei Schlachten, an denen alle Nationen beteiligt sind: eine, die Harmagedon direkt vorausgeht, und eine am Ende von Christi tausendjähriger Herrschaft. Das ist nur einer von vielen Gründen für die Schlußfolgerung, daß sich Hesekiel 38 und 39 auf Harmagedon und nicht auf einen früheren Dritten Weltkrieg beziehen.

Ein weiterer Grund für diese Schlußfolgerung ist die persönliche Gegenwart Gottes beim Höhepunkt der in Hesekiel beschriebenen Schlacht, genau wie es bei Harmagedon sein wird. Es ist eindeutig Jahwe, der durch seinen Propheten Sacharja zu seinem Volk redende Gott Israels, den wir zu Beginn dieses Kapitels zitiert haben: „Sie [die zu jener Zeit in Israel Lebenden] werden auf mich blicken, den sie durchbohrt haben, und sie werden über ihn wehklagen, wie man über den einzigen Sohn wehklagt“ (Sacharja 12,10). Das ist eine Prophezeiung, der keine Religion der Welt etwas Vergleichbares entgegenhalten kann und die das Judentum niemals befriedigend erklären konnte. Außerdem ist diese prophetische Aussage eindeutig noch nie zuvor in Erfüllung gegangen.

Der Durchbohrte kehrt zurück

Das Wort „durchbohrt“ aus Sacharja stammt von dem hebräischen *dawkar*, was soviel heißt wie mit einem Schwert oder Speer durchstoßen, wohingegen in Psalm 22,17 das hebräische *arih* verwendet ist: „Sie haben meine Hände und Füße durchgraben.“ Auf diese Weise sagt uns die Bibel, daß der Messias auf zweierlei Weise durchbohrt sein wird: das Durchbohren der Hände und Füße bei der Kreuzigung [das Jahrhunderte vor Bekanntwerden der Kreuzigungsmethode vorausgesagt wurde], und das Durchbohren des Toten mit einem Schwert oder Speer, das gewöhnlich zwar nicht zur Kreuzigung gehörte, Jesus aber dennoch erlitt.

Ein hauptsächliches Ziel der Kreuzigung war die Folterung des Verbrechers mit einem langsamen Tod. Das Durchstoßen eines Speeres würde die Qual beenden, und so hat man die beiden Arten des Durchbohrens, wenn überhaupt, nur selten zusammen durchgeführt, wie es bei Jesus aber der Fall war. Wiederum sehen wir, wie speziell die Prophezeiungen über den Messias sind und wie bemerkenswert ihre Erfüllung in Christus ist, was jeden Zweifel aufhebt, daß er der Messias Israels ist. Wundmale in Händen und Füßen könnten nachgemacht sein, und so verdeutlichte der Prophet, daß der Eine, der Israel in Harmagedon retten wird, eine tödliche Speerwunde in seiner Seite trägt und von den Toten auferstanden ist.

Der fromme Jude, der heute den Messias erwartet, muß sich ehrlicherweise selbst fragen, wann sein Messias durchbohrt wurde. Ebenso müssen sich die Zeugen Jehovas, die die Gottheit Jesu leugnen, fragen, wie ihr Jehova, der nur Geist ohne einen Körper ist, mit einem Schwert oder Speer durchbohrt werden konnte. Der Eine, von dem Sacharja sagt, daß er bei Harmagedon zur Rettung Israels erscheinen wird, ist tödlich durchbohrt und lebt dennoch. Der auferstandene Messias erschien offensichtlich *nicht* zur Rettung Israels vor einfallenden „skythischen Truppen in vorchristlicher Zeit" bevor er überhaupt gekreuzigt wurde, wie es die beiden Moody-Professoren meinen!

Daß dieser Eine, der durch Sacharja spricht, Jahwe ist, der Gott Abrahams, Isaaks und Jakobs, ist eindeutig. Doch er kommt zu Israel als Einer, der gekreuzigt wurde, weil er beanspruchte, Jahwe zu sein, und der auferstanden ist. Der „mich", der durchbohrt wurde, und der „ihn", über den Israel wehklagt, sind eindeutig ein und derselbe. Jesus sagte: „Ich und der Vater sind eins" (Johannes 10,30), und das nicht nur in Werk und Absicht, wie die Sekten lehren, sondern im Wesen.

Anstatt Jesu Beine zu brechen, wie es die normale Vorgehensweise bei der Kreuzigung ist, stieß ein Soldat seinen Speer in seine Seite. Woher kam diese plötzliche Anwandlung [die eine diesem Römer unbekannte Prophezeiung erfüllte]? Vielleicht war es im Zorn darüber, daß Jesus lange vor dem erwarteten Zeitpunkt bereits tot war und deshalb scheinbar nicht den vollen körperlichen Schmerz erlitten hat, den diese Todesprozedur ihm zufügen sollte. Pilatus war jedenfalls erstaunt, daß Christus „schon gestorben" (Markus 15,44) war. Unsere Erlösung vollzog sich nicht durch die körperlichen Schmerzen, sondern durch das tiefere Leiden, welches er zur Zahlung der unendlichen, von Gottes unendlicher Gerechtigkeit eingeforderten Sündenschuld erduldete.

Jesus hatte gesagt: „Darum liebt mich der Vater, weil ich mein Leben lasse, um es wiederzunehmen. Niemand nimmt es von mir, sondern ich lasse es von mir selbst" (Johannes 10,17.18). Der Apostel Johannes, der Augenzeuge von alledem war, schrieb:

> Und der es gesehen hat, hat es bezeugt, und sein Zeugnis ist wahr … damit auch ihr glaubt. Denn dies geschah, damit die Schrift erfüllt würde (2. Mose 12,46; 4. Mose 9,12; Psalm 34,21): „Kein Bein von ihm wird zerbrochen werden." Und wieder sagt eine andere Schrift: „Sie werden den anschauen, den sie durchstochen haben" (Johannes 19,35-37).

> Siehe, er kommt mit den Wolken, und jedes Auge wird ihn sehen, auch die, welche ihn durchstochen haben, und wehklagen werden seinetwegen alle Stämme der Erde. Ja, Amen (Offenbarung 1,7).

Der biblische Beweis

Sowohl aus Sacharja 12 als auch aus Offenbarung 1 und 19 geht zweifellos hervor, daß dieses persönliche Kommen Jahwes zur Rettung seines Volkes und zur Vernichtung des Antichristen und seiner Streitkräfte in Harmagedon stattfindet. Von daher ist es bedeutsam, daß in Hesekiel 38 und 39 eine ähnliche Sprache über die persönliche Gegenwart Gottes zu finden ist, wodurch das dort beschriebene Ereignis ebenfalls als Harmagedon identifiziert werden kann:

> Und vor mir werden beben … alle Menschen, die auf der Fläche des Erdbodens sind … und [ich] werde mich kundtun vor den Augen vieler Nationen. Und sie werden erkennen, daß ich der HERR bin (Hesekiel 38,20.23).

> Und ich werde meine Herrlichkeit unter den Nationen erweisen; und alle Nationen werden mein Gericht sehen, das ich gehalten habe, und meine Hand, die ich an sie gelegt habe (Hesekiel 39,21).

Darüber hinaus erkennen wir zwischen diesen Abschnitten aus Hesekiel und Johannes‘ Beschreibung von Harmagedon in Offenbarung 19,17-18 eine auffallende Ähnlichkeit. Johannes schreibt: „Und ich sah einen Engel … und er rief mit lauter Stimme … zu allen Vögeln, die hoch oben am Himmel fliegen: Kommt her, versammelt euch zum großen Mahl Gottes, damit ihr Fleisch von Königen freßt und Fleisch von Obersten und Fleisch von Mächtigen und Fleisch von Pferden und von denen, die darauf sitzen …“ Der alttestamentliche Prophet schrieb offensichtlich in bezug auf dasselbe Ereignis:

> Sage zu den Vögeln aller Art … versammelt euch von allen Seiten her zu meinem Schlachtopfer … auf den Bergen Israels … Fleisch von Helden sollt ihr fressen, und Blut von Fürsten der Erde sollt ihr trinken … Und ihr sollt euch an meinem Tisch sättigen mit Pferden … mit Helden und allerlei Kriegsleuten, spricht der Herr, HERR (Hesekiel 39,17-20).

Zusätzlich zu diesen Übereinstimmungen in der Beschreibung haben wir die entscheidenden Aussagen über die Folgen dieser Schlacht für Israel und die Nationen. Ganz Israel, das nun durch den Glauben an seinen Messias gerettet ist, wird nie wieder von den Nationen mißhandelt werden oder Gott mißfallen oder von ihm verlassen werden oder sein Gericht erleiden, und die Nationen werden letztlich erkannt haben, daß der Gott Abrahams, Isaaks und Jakobs, der Gott der Bibel, der einzige wahre Gott ist.

Diese Umwandlung sowohl Israels als auch der Welt wird, wie wir gesehen haben, erst mitten in der Schlacht von Harmagedon stattfinden, wenn Jahwe vom Himmel her einschreitet. Doch Hesekiel 38 und 39 schildern genau diese Errettung Israels und die Anerkennung des wahren Gottes durch die Nationen. Sowohl Sacharja als auch Hesekiel müssen von daher vom selben Ereignis sprechen – ein Ereignis, das eindeutig noch in der Zukunft liegt, denn nichts derartiges hat sich jemals in der Vergangenheit zugetragen.

Bis Christus erscheint und von seinem Volk anerkannt wird, mißfällt Israel Gott weiterhin, wird weiterhin von den gottlosen Nationen diskriminiert [die es schließlich in Harmagedon angreifen werden] und erleidet weiterhin Gottes Gericht. Deshalb können sich die folgenden Aussagen unmöglich auf einen voraufgehenden Krieg beziehen, sondern können nur die Folgen Harmagedons für Israel beschreiben, die dieses Land samt allen Nationen für die tausendjährige Herrschaft des Messias auf dem Thron seines Vaters Davids vorbereiten. Beachten wir die Endgültigkeit der Folgen, die wiederum beweist, daß die Erfüllung dieser Prophezeiung noch aussteht und sich nur am Ende der Großen Trübsalszeit vollziehen kann, wenn Christus zur Rettung Israels wiederkehrt und sein Tausendjähriges Königreich aufrichtet:

> Und ich werde meinen heiligen Namen kundtun mitten in meinem Volk Israel und werde meinen heiligen Namen nicht mehr entweihen lassen. Und die Nationen werden erkennen, daß ich der HERR bin, der heilig ist in Israel. Siehe, es kommt und wird geschehen, spricht der Herr, HERR. Das ist der Tag, von dem ich geredet habe …
>
> Und das Haus Israel wird erkennen, daß ich der HERR, ihr Gott bin, von jenem Tag an und in alle Zukunft. Und die Nationen werden erkennen, daß das Haus Israel um seiner Schuld willen gefangen weggezogen ist …
>
> Und sie [Israel] werden erkennen, daß ich der HERR, ihr Gott bin, da ich sie zwar zu den Nationen weggeführt habe, sie aber wie-

> der in ihr Land sammle und keinen mehr von ihnen dort zurücklasse.
>
> Und ich werde mein Angesicht nicht mehr vor ihnen verbergen, wenn ich meinen Geist über das Haus Israel ausgegossen habe, spricht der Herr, HERR (Hesekiel 39,7.8.22.23.28.29).

Dieses Ausgießen von Gottes Geist auf Israel findet eindeutig nicht eher statt, als bis Gott sein Volk in Harmagedon gerettet hat, wie Sacharja 12,10 – 13,1 uns mitteilt. Und daß es der Gott Israels selbst ist, der sein Volk rettet, wird uns ein weiteres Mal erklärt: „Dann wird der HERR [d.h. Jahwe] ausziehen und gegen jene Nationen [die Israel angreifen] kämpfen, wie er schon immer gekämpft hat am Tag der Schlacht. Und seine Füße werden an jenem Tag auf dem Ölberg stehen, der vor Jerusalem im Osten liegt“ (Sacharja 14,3-4). Das ist ein weiteres Ereignis, das sicherlich noch nicht eingetreten ist, sondern noch geschehen wird.

Verblendung und Skepsis

Diese Prophezeiung kann nicht eher erfüllt werden, als Israel in sein Land zurückgekehrt ist. Als das Volk Israel nach 1900 Jahren Zerstreuung in sein Land zurückkehrte, gab es unter den Christen natürlich ein großes Aufsehen und hohe Erwartungen. *US News & World Report* richtete seine Aufmerksamkeit kürzlich auf die führenden Evangelisten der Welt, um uns bewußt zu machen, daß diese Aufregung abgeflacht ist:

> Als die Vereinten Nationen Israel ins Leben riefen, frohlockten die Prämillenialisten, nun sei der letzte Countdown im Gange. Im Jahr 1950 sagte ein jugendlicher überschwenglicher Billy Graham vor einem Publikum in Los Angeles: „Noch zwei Jahre, dann ist alles vorbei.“ Seitdem ist Graham bezüglich apokalyptischer Zeitangaben vorsichtiger geworden.[11]

Für die Festlegung auf „zwei Jahre“ gab es keine biblische Berechtigung. Solche unberechtigten Spekulationen führen nur zu Verwirrung und neuen Vorhersagen. Trotz der verstrichenen Jahre seit der Neugeburt Israels ist bei einem hohen Prozentsatz nicht nur der evangelikalen Christen, sondern auch der allgemeinen Bevölkerung eine zunehmende Überzeugung zu verzeichnen, daß das Ende der Welt naht, und möglicherweise sehr schnell. Einer aktuellen Umfrage des amerikanischen Instituts Market Facts zufolge glauben annähernd 60% der US-Amerikaner, die Welt wird irgendwann in Zukunft ein Ende finden, und fast ein Drittel von ihnen meint, das wird innerhalb weniger Jahrzehnte sein. Über 61% sagen, sie glauben an die Wiederkunft Christi, und 49% glauben, daß ein buchstäblicher Antichrist auftreten wird.[12]

Meinungen machen sicherlich noch keine Wahrheit, da zum Beispiel ein Drittel der US-Amerikaner bezweifelt, daß es einen Holocaust gegeben hat.[13] Es besteht auch beträchtliche Skepsis über das mögliche Auftreten eines Antichristen, den die Menschen anbeten. Schließlich sind 50 Jahre vergangen, seitdem Hitler die Welt verführt hat. Der Durchschnittsbürger ist heute sicherlich viel zu kultiviert, als daß er so leicht verblendet werden könnte. Wir könnten jedoch viele Beispiele aus der Gegenwart anführen. Denken wir nur noch einmal an Wladimir Schirinowski, der 25% der russischen Wählerstimmen erzielte. Seine Beliebtheit stieg nur weiter an, als er sagte:

> Ich will es ganz einfach ausdrücken. Wenn ich an die Macht komme, wird es eine Diktatur geben … Vielleicht muß ich 100.000 Leute erschießen lassen, aber die anderen 300 Millionen werden dafür in Frieden leben.[14]

US News & World Report berichtete kürzlich: „In nahezu jeder Generation haben Christen versucht, den Antichristen unter ihren zeitgenössischen Feinden zu identifizieren, vom mordenden römischen Kaiser Nero im 1. Jahrhundert über Napoleon Bonaparte bis hin zu Benito Mussolini und Saddam Hussein. Vor kurzem verdächtigten einige Christen sogar Ronald Wilson Reagan, weil jeder seiner drei Namensteile sechs Buchstaben hat … Professoren an solchen Bastionen des Prämillenialismus wie das Dallas Theological Seminary, Moody Bible Institute in Chicago und das Wheaton College erhoben unlängst starke Einwände gegen die wörtliche Auslegung einiger eschatologischer [d.h. auf die Endzeit bezogenen] Schriftstellen und gegen die eindringliche Suche nach den ‚Zeichen der Zeit' in den gegenwärtigen Geschehnissen."[15] Doch Prophetie handelt immer von zukünftigen Ereignissen!

Gott hat durch seine Propheten gesprochen

Die Professoren Pate und Haines argumentieren, daß „prämillenialistische Endzeitprediger biblische Prophezeiungen oftmals durch Nichtbeachtung ihres historischen Zusammenhangs ‚fehldeuten und falsch anwenden‘ … Der Antichrist der Offenbarung zum Beispiel, so Pate, sollte zweifellos ‚Nero darstellen‘, einen Christenverfolger, der Selbstmord verübte, indem er sich in ein Schwert stürzte“.[16] Doch im Gegensatz dazu bezeichnen die Prophezeiungen über den Antichristen, wie wir gesehen haben, bestimmte Handlungen seinerseits, die weder Nero noch irgendeine andere Gestalt der Vergangenheit erfüllt hat: Er geht mit Israel ein siebenjähriges Bündnis ein, bricht diesen Bund nach der Hälfte der Zeit, stellt ein redendes Bild von sich im Tempel auf, führt ein Zeichen mit der Zahl 666 auf Stirn oder Hand ein, ohne das niemand kaufen oder verkaufen kann usw. Die von Pate und Haines vertretene Vorstellung kommt der Leugnung der Inspiration der Bibel gleich, denn wenn Johannes den römischen Kaiser Nero oder irgendeine andere Gestalt der Geschichte meinte, dann hat er sich arg geirrt.

Offensichtlich blind für die letztlichen Konsequenzen ihrer Skepsis, reihen sich die Professoren an den Bastionen der evangelikalen Christenheit wie das Wheaton College in die Gesellschaft jener ein, die die Prophetie als wörtliche Voraussage der Ereignisse der Endzeit ablehnen. *US News & World Report* berichtet weiter, daß „sogar an Jerry Falwells fundamentalistischer Liberty University in Lynchburg im Bundesstaat Virginia der Professor für Neues Testament D. Brent Sandy die Ansicht in Frage stellt, daß man in der Bibel Einzelheiten zukünftiger Ereignisse erfährt. Die Absicht der Prophetie sei in erster Linie, schreibt Sandy in dem evangelikalen Journal *Christianity Today*, lediglich ‚den Lesern zu versichern, daß Gott seine Pläne auf einzigartige und erstaunliche Weise vollendet‘.“[17]

Wahrhaft erstaunlich ist, daß solche unsinnigen Widersprüche sowohl zur Bibel als auch zum gesunden Menschenverstand ernsthaft von einem Universitätsprofessor aufgestellt und dann in *Christianity Today* wiedergegeben werden können. Wie symbolische Geschichten über fiktive Ereignisse, die vorgeben, die Zukunft vorauszusagen, aber niemals eintreffen, „den Leser versichern“ sollen, „daß Gott seine Pläne auf einzigartige und erstaunliche Weise vollendet“, wird nicht erklärt! Im Gegenteil wird der Glaube dadurch vielmehr zerstört. Außerdem steckt die Bibel voller spezifischer Prophezeiungen über zukünftige Ereignisse, die eintreffen *müssen* [zum Beispiel diejenigen über Israel].

Diese Tatsache zeichnet die Bibel vor allen anderen religiösen Schriften aus. Wie wir gesehen haben, ist erfüllte Prophetie ein wichtiges Thema der Bibel und das mächtigste und wirksamste Mittel, mit welchem Gott den Menschen seine eigene Existenz vor Augen führt.

Die unbestreitbare Tatsache ist, daß die Bibel vor dem Antichristen warnt, und sie liefert spezifische Prophezeiungen über die Endzeit, von denen sich einige zweifellos bereits erfüllt haben, während die Erfüllung anderer noch aussteht. Die Propheten Israels haben die Geschichte ihres Volkes und seine Rückkehr in sein Land in den letzten Tagen genauestens vorausgesagt. Sie warnten vor der bevorstehenden Verwüstung in der Schlacht von Harmagedon. Doch das ganze bei der Wiederkunft Christi noch lebende Volk Israel wird ihn selbst sehen und an diesen durchbohrten und auferstandenen Einen glauben, und „so wird ganz Israel errettet werden“.

Eine vom 2. bis 4. Dezember 1994 durchgeführte Befragung von 1000 amerikanischen Erwachsenen ergab, daß 59% der US-Amerikaner an ein Ende der Welt glauben, 60% glauben, die Bibel sollte wörtlich verstanden werden, wenn sie von einem letzten Gerichtstag spricht, 49% glauben dasselbe in bezug auf den Antichristen, 44%, wenn die Bibel von der Schlacht von Harmagedon und von der Entrückung der Gemeinde spricht, und überraschende 53% glauben, daß „ein Weltereignis noch in diesem Jahrhundert biblische Prophetie erfüllen wird". Doch von der letzten Gruppe sehen nur 6% in der Gründung des Staates Israel eine Erfüllung biblischer Prophetie![1]

So sollst du zu meinem Knecht, zu David, sagen: So spricht der HERR der Heerscharen ... dann werde ich deinen Nachkommen [den Messias] ... nach dir aufstehen lassen ... Und ich werde den Thron seines Königtums festigen für ewig.

2. Samuel 7,8.12-13

Groß ist die Herrschaft, und der Friede wird kein Ende haben auf dem Thron Davids und über seinem [des Messias] Königreich, es zu festigen und zu stützen durch Recht und Gerechtigkeit von nun an bis in Ewigkeit. Der Eifer des HERRN der Heerscharen wird dies tun.

Jesaja 9,6

Siehe, ich nehme aus deiner Hand den Taumelbecher, den Kelch, den Becher meines Zorns; du wirst ihn nicht mehr länger trinken ...

Wach auf, wach auf! Kleide dich, Zion, in deine Kraft! Kleide dich in deine Prachtgewänder, Jerusalem, du heilige Stadt! Denn nicht mehr länger soll dich ein Unbeschnittener oder Unreiner betreten.

Jesaja 51,22; 52,1

Und ich sah einen neuen Himmel und eine neue Erde; denn der erste Himmel und die erste Erde waren vergangen ... Und ich sah die heilige Stadt, das neue Jerusalem, aus dem Himmel von Gott herabkommen, bereitet wie eine für ihren Mann geschmückte Braut.

Offenbarung 21,1-2

21

Das neue Jerusalem

Ein neues Jerusalem, auf einer neuen Erde, bewohnt von neuen Menschen in einem neuen Universum! Das ist Gottes Verheißung! Außerdem hat er durch seine Propheten immer wieder verkündet, daß er selber für das Zustandekommen dieses glorreichen Endes sorgen wird. Ist das denn notwendig? In der Tat ist es das. Daß nichts Geringeres als Gottes direktes Eingreifen die heutige Nahostkrise lösen kann, sollte mittlerweile klar geworden sein. Um sich davon zu überzeugen, erfordert es nur eine oberflächliche Einsicht in die Weltgeschichte. Der arabisch-israelische Konflikt ist nichts als eine Widerspiegelung des ständigen Kampfes, der dem menschlichen Wesen wie eine Krankheit anhaftet und der zu allen Zeiten und in aller Welt vorgeherrscht hat. Wie erstaunlich ist es dann, daß die Mächtigen der Welt weiterhin die vergebliche Hoffnung auf die eigene Aufrichtung von Frieden hegen, die sich alle Jahrtausende der Menschheitsgeschichte über doch nicht erfüllt hat!

Am 23. Februar 1995 sagte Elie Wiesel, der Friedensnobelpreisträger des Jahres 1986, vor einem begeisterten und offensichtlich überzeugten Publikum in einem restlos überfüllten Hörsaal der Universität Houston, daß „nur Bildung die Hoffnung bietet, daß das [der Holocaust] nie wieder geschieht“.[2] Wirklich? War es denn mangelnde Bildung, was die Deutschen veranlaßte, Hitler zu folgen? Deutschland war seit den 30er Jahren das höchstgebildete Land der Welt, und doch nahm von dort aus der Holocaust seinen Lauf. Niemals ist gezeigt worden, daß Bildung irgend jemand liebender und rücksichtsvoller oder weniger selbstsüchtig und von Antisemitismus frei gemacht hätte.

Vielleicht meint Wiesel mit „Bildung“ die Kenntnis und das Verstehen der wahren Tatsachen. Doch wer wußte die Tatsachen besser als gerade die Nazis, die die Juden folterten und ermordeten und den Flammen überlieferten? Sie brauchten kein Yad-Vashem-Denkmal, um ihnen bewußt zu machen, was sie taten. Und auch die islamischen und jüdischen Terroristen brauchen niemanden, der ihnen zeigt, was sie tun. Sie wissen das sehr gut.

Verhinderung von Bösem ist keine Frage der *Bildung* sondern des *Gewissens* und dem intakten moralischen Verlangen, darauf zu hören. Und woher kommt das Gewissen? Durch elterliche Erziehung oder durch Bildung mag es verzerrt oder betäubt oder verdorben werden, doch geschaffen wird es dadurch nicht. In allen Kulturen findet sich eine Übereinstimmung in der Anerkennung des grundlegend Richtigen und Falschen. Das Gewissen wird von Gott in jeden Menschen hineingelegt, genau wie er in jede Tierart bestimmte Instinkte gelegt hat.

Tiere folgen automatisch ihren Instinkten, doch der Mensch hat die Freiheit, entgegen seinem Gewissen zu handeln, und er tut das auch nur zu oft. Sicherlich läßt sich dafür stets ein „guter Grund" finden. Man kann einem anscheinend gerechten *Anlaß* wie zum Beispiel Zionismus oder Antizionismus, „schwarzer Macht" oder „weißer Macht", Ausländerfeindlichkeit oder irgendeiner anderen Leidenschaft erlauben, sich über das Gewissen hinwegzusetzen. In der letzten Analyse ist es jedoch die grundsätzliche Selbstsüchtigkeit des menschlichen Herzens, die allem Elend der Welt zugrunde liegt. Die Schuld auf etwas anderes zu schieben, bedeutet, die Augen vor der Wahrheit zu verschließen.

Der Wahrheit ins Auge blicken

Das Problem ist nicht die Unterdrückung der Schwarzen durch die Weißen, wie uns in den USA so viele weismachen wollen. Sehen wir, was in Afrika Schwarze Schwarzen antun: verächtliches Morden von Hutus durch Tutsis und von Tutsis durch Hutus in Ruanda beispielsweise; oder denken wir daran, was die Zulus und Nelson Mandelas Afrikanischer Nationalkongreß in Südafrika sich gegenseitig angetan haben. Schwarze verkauften Schwarze in die Sklaverei, führten gegen Schwarze Krieg und folterten und mordeten Schwarze lange bevor ein weißer Mensch jemals einen Fuß auf den afrikanischen Kontinent setzte. Im Westen konvertieren Schwarze zu Tausenden zum Islam, darunter viele bekannte Sportler, als wäre der Islam eine Religion der Schwarzen. Dabei haben sie anscheinend vergessen, daß nordafrikanische Araber, gute Muslime, die ersten Sklavenhändler waren, die Sklaven aus Afrika „exportierten".

Schauen wir auf die Weltgeschichte. Lange Zeit, bevor die Weißen überhaupt Kontakt zu Schwarzen hatten, führten die Weißen untereinander Kriege, folterten und mordeten sich gegenseitig. In allen Kulturen und Völkern herrscht innere Spannung und Gewalt. Amerika ist dafür sicherlich schon Beweis genug. Und genauso ist das Problem in Nahost nicht als „Juden gegen Araber" zu erklären. Dazu braucht man nur einen Blick auf den Iran-Irak-Krieg oder den Golfkrieg zu werfen; daran sieht man, was Araber Arabern und Muslime Muslimen antun. Damit zu prahlen, daß es weniger gefoltert und gemordet hat und mehr herausgefordert worden ist als seine arabischen Nachbarn, nützt Israel auch nichts. Auf beiden Seiten gibt es Böses genug. Als diese Zeilen niedergeschrieben wurden, traf gerade eine Nachrichtenmeldung ein:

> Ein islamischer Kämpfer starb heute nach einer Befragung durch israelische Geheimagenten, und Menschenrechtsorganisationen und Verwandte behaupten, er sei zu Tode gefoltert worden. Abdel-Samad Hassan Harisat, 30, wurde am Samstag ins Jerusalemer Hadassah Hospital eingeliefert, einen Tag, nachdem er von Sin-Bet-Geheimagenten ergriffen worden war, wie seine Familie sagte. Er war bewußtlos und in ernstem Zustand. Er starb heute früh auf der Intensivstation, sagte Eilat Tal, der Sprecher des Krankenhauses.[3]

Zwei Tage später bestätigten die israelischen Medien, daß Harisat „von fünf palästinensischen Kollaborateuren, die im Auftrag von Befragern der Sin-Bet-Geheimpolizei handelten, zu Tode gefoltert worden ist".[4] Mensch richtet sich gegen Mensch, weil der Mensch gegen sich selbst ist, und gegen sich selbst ist er, weil er gegen Gott, seinen Schöpfer, rebelliert. Inspiriert von Gott, drückten die hebräischen Propheten es so treffend aus – und etwas Vergleichbares wird man weder im Koran noch in den Sagen Buddhas oder Konfuzius', noch in den heiligen Schriften irgendeiner anderen Religion finden:

> Trügerisch ist das Herz, mehr als alles, und unheilbar ist es. Wer kennt sich mit ihm aus? Ich, der HERR, bin es, der das Herz erforscht und die Nieren [den Sitz des Gewissens] prüft, und zwar um einem jeden zu geben nach seinen Wegen … (Jeremia 17,9-10).

> Siehe, die Hand des HERRN ist nicht zu kurz, um zu retten, und sein Ohr nicht zu schwer, um zu hören; sondern eure Vergehen sind es, die eine Scheidung gemacht haben zwischen euch und eurem Gott, und eure Sünden haben sein Angesicht vor euch verhüllt, daß er nicht hört.
>
> Denn eure Hände sind mit Blut befleckt und eure Finger mit Sündenschuld. Eure Lippen reden Lüge, eure Zunge murmelt Verkehrtheit. Niemand lädt vor in Gerechtigkeit, und niemand tritt vor Gericht in Wahrhaftigkeit. Sondern bei euch gilt dies: Auf Leeres vertrauen, Gehaltloses reden, mit Mühsal schwanger gehen, Unrecht zeugen! …

Ihre Füße laufen zum Bösen und eilen, unschuldiges Blut zu vergießen. Ihre Gedanken sind Gedanken des Unrechts, Verwüstung und Zerbruch ist auf ihren Straßen. Den Weg des Friedens kennen sie nicht, und kein Recht ist in ihren Spuren. Ihre Pfade machen sie sich krumm: jeder, der sie betritt, kennt keinen Frieden.

Brechen mit dem HERRN und ihn verleugnen und zurückweichen von unserem Gott, reden von Unterdrückung und Abfall, mit Lügenworten schwanger werden und sie aus dem Herzen sprechen. So ist das Recht zurückgedrängt, und die Gerechtigkeit steht ferne. Denn die Wahrheit ist gestürzt auf dem Marktplatz, und die Geradheit findet keinen Eingang. So geschieht es, daß die Wahrheit fehlt ... (Jesaja 59,1-15).

Die Gottlosen sind wie das aufgewühlte Meer. Denn es kann nicht ruhig sein, und seine Wasser wühlen Kot und Schlamm auf. Kein Friede den Gottlosen! spricht mein Gott (Jesaja 57,20-21).

So viele Vereinfachungen

Der 12. April 1995 war für Israel ein historischer Tag. Zum ersten Mal wurde ein israelischer Spionagesatellit, Ofek-3, erfolgreich in seine Umlaufbahn befördert. Der Satellit, der imstande ist, Autonummernschilder in Bagdad zu lesen, soll Israel mit lebenswichtiger militärischer Information zu Verteidigungszwecken versorgen.[5] Doch dieses technologische Wettrennen, um den Feind in Schach zu halten, ist bestenfalls eine zeitweilige Vorbeugung gegen Krieg oder eine Verteidigung mitten im Kampf, keinesfalls aber ein sicherer Weg zu dauerhaftem Frieden.

Der gegenwärtige „Friedensprozeß" schlägt noch nicht einmal den Weg in die richtige Richtung ein. Bisher hat er nur den Terrorismus gefördert. Als Antwort auf Kritik an dieser Auswirkung sagte Schimon Peres Anfang April 1995 vor der Knesset, daß „der Friedensprozeß den Krieg verhindern, aber nicht den Terror unterbinden" und den „moralischen Charakter" des jüdischen Volkes bewahren soll. „Wir werden Israel zu einer Insel des Friedens, der Wahrheit, des moralischen Erbes des jüdischen Volkes machen", fügte er hinzu. „Das jüdische Volk hat nie an Macht geglaubt, sondern an Geist. Doch wir haben die Macht, den Geist aufrechtzuerhalten."[6]

Das ist alles nur noch mehr Rhetorik, um die Mauer der Selbsttäuschung weiterzubauen – um vorzugeben, zu hoffen, doch letztlich vergebens. „Macht" richtig angewendet? Das hört sich an wie Hitler. Die israelische „Macht" kann vielleicht ausreichen, um angesichts der Bedrohung durch die arabischen Nachbarn „den Geist aufrechtzuerhalten", doch sie reicht nicht zur Verteidigung gegen die ganze Welt aus, wenn dieser Tag erst einmal gekommen ist. Die hebräischen Propheten haben ihn vorausgesagt, und sie haben noch nie falschgelegen. Wäre es nicht klug, achtzugeben?

Doch es gibt so viele Vereinfachungen. Wenn doch nur dies versucht oder das getan oder unterlassen würde. Die jüngste ist die Vorstellung, wenn nur Arafat ersetzt würde, dann wäre alles gut. Von arabischen Staatschefs, die kürzlich Washington besuchten, wurde berichtet, sie hätten „die Clinton-Regierung aufgefordert, Jassir Arafat zu stürzen und Mahmoud Abbas als neuen PLO-Vorsitzenden zu fördern … [weil] Arafat sich als unfähig erwiesen hat, sich von einem Revolutionsführer zu einem Staatsmann zu wandeln …"[7]

Kommt es wirklich darauf an, wer der PLO vorsteht? Kann der richtige Mann der Schlüssel zum Frieden sein? So böse Arafat sich auch erwiesen hat, spiegelt sein Herz damit doch nur das Wesen eines jeden Juden und Arabers – ja, eines jeden Menschen – wider. Salomo, der ebenfalls kein vollkommenes Herz hatte, sagte unter der Inspiration Gottes so treffend über uns alle:

> Wie im Wasser das Gesicht dem Gesicht entspricht, so das Herz des Menschen dem Menschen (Sprüche 27,19).

Die Welt freute sich, daß Rußland und die USA eine neue Beziehung des gegenseitigen Vertrauens eingegangen sind und infolgedessen die Atomwaffen abgebaut werden. In der Zwischenzeit machen sich atomare Gefahrenpotentiale unter fanatischen islamischen Regimes wie Irak und Iran breit, und somit auch unter den Terroristen, die durch diese Regimes finanziert werden. Zwischen Mai und August 1994 machte die deutsche Polizei vier Beschlagnahmungen von „geschmuggeltem waffentauglichen Plutonium 239 … [und] die Bedrohung durch Atom-Terrorismus ist in eine alarmierende Phase getreten".[8] Das Magazin *Time* berichtete, daß „sich die ersten Symptome der atomaren Plage in Europa breit machen … Der größte Fang [von geschmuggelten waffentauglichen Material] gelang am 10. August [1994], als der Lufthansa-Flug 3369 von Moskau kommend mit 350 Gramm [illegalem] atomaren Brennstoff an Bord in München landete."[9] Was ist mit den Schmugglern, die nicht gestellt werden konnten? [Der deutsche Herausgeber weist darauf hin, daß sich dieser als „Plutonium-Affäre" bekannt gewordene Vorfall inzwischen als vom Bundesnachrichtendienst (BND) provoziert herausgestellt hat.]

Viele setzen ihre Hoffnung für letztlichen Frieden auf eine starke internationale „UNO-Friedenstruppe". Leider haben wir mehr als genug Beispiele für das weltweite Scheitern derartiger Truppen, um die Unzulänglichkeit einer solchen Lösung zu beweisen. Sogar Michail Gorbatschow gibt zu, daß Frieden und soziale Harmonie zwischen Palästinensern und Israelis „auf den Geist Jesu gegründet sein muß".[10] Das klingt ermutigend, solange man nicht an seine Behauptung denkt, der Kommunismus würde „die Sache Christi vertreten".[11] Das hört sich an, als hätte er noch nie die Bibel gelesen. Dabei hat Gorbatschow auf Fragen von Pressevertretern öffentlich eingeräumt, aus baptistischem Elternhaus zu stammen und als junger Mann getauft worden zu sein. Aber was wird sich in seinem Kopf inzwischen alles durcheinandergemischt haben?

Setzen auf ein totes Pferd

Die Bibel bietet die einzige Grundlage für einen Weltfrieden. Ein solcher muß mit Gerechtigkeit im Einklang stehen: „Gerechtigkeit und Frieden haben sich geküßt" (Psalm 85,11); „das Reich Gottes ist … Gerechtigkeit und Friede und Freude im Heiligen Geist" (Römer 14,17). Wahrer weltweiter Friede kann nur vom „Gott des Friedens" (Römer 15,33; 16,20; 1. Thessalonicher 5,23; Hebräer 13,20 u.a.) aufgerichtet werden durch die umgestaltende Macht des „Evangeliums des Friedens" (Römer 10,15). Auf keine andere Weise kann die sündige Menschheit mit Gott versöhnt werden – und ohne diese Versöhnung kann es keinen echten Frieden im Herzen eines Menschen oder in der Welt geben.

Stellen wir uns einen Menschen vor, der jeden Tag zum Pferderennen geht und jedesmal auf denselben alten Gaul setzt, der kaum aus der Startreihe wanken kann und stets als letzter in Ziel kommt. Man könnte logischerweise folgern, daß dieses unbeirrbare Festhalten nicht mit seinem gesunden Menschenverstand zu erklären ist. Was müssen wir dann von denen sagen, die ungeachtet der tausendjährigen Geschichte vom Versagen des Menschen bei der Abschaffung des Krieges weiterhin darauf setzen, daß die Menschheit irgendwie ihre Probleme in den Griff bekommen und auf diesem Planeten Frieden aufrichten wird? Dieses Pferd ist *tot*!

Wir brauchen offensichtlich Hilfe von außerhalb dieses Planeten. Wie Hafis al-Assad, so hoffen auch viele andere Menschen darauf, daß diese Hilfe durch außerirdische intelligente Wesen kommt. In der Zwischenzeit sitzt Assad natürlich nicht tatenlos herum und wartet auf das Eintreffen der ETIs. Er macht sich selbst an das Problem heran. Ein Leitartikel der *Jerusalem Post* erinnerte kürzlich seine Leser:

> [Syrien] hat sich selbst fiebernd mit Waffen versorgt. Seine Armee, seine Luftwaffe und sein Raketenbestand übertreffen den Rüstungsstand Israels. Und es hat ein beeindruckendes Arsenal an chemischen und biologischen Waffen entwickelt.
>
> Die Annahme, Israels angeblich eigene Atommacht könne als Abschreckung gegen syrischen Ambitionen dienen, ist, insbesondere wenn sich Syriens Verbündeter Iran dem Atomklub anschließt, eine Nachlässigkeit durch Wunschdenken, das sich keine verantwortungsbewußte Regierung erlauben kann.[12]

Rabin gewann die Wahl wahrscheinlich durch sein Versprechen vom Juni 1992, er würde niemals die strategisch unabdingbaren Golan-Höhen an Syrien zurückgeben. Jetzt erklärt jedoch Schimon Peres, daß „nicht die geringste Chance besteht, mit Syrien einen Friedensvertrag zu unterzeichnen, ohne den Golan zu verlassen“. Und wieviel ein Friedensvertrag mit Syrien wert ist, wird schon dadurch klar, daß Assad zahlreiche Verträge mit arabischen Staaten und mit der Türkei gebrochen hat, wann immer es ihm gelegen war. Daran hat sich nichts geändert.

Die Geschichte zweier Städte

Die Feindseligkeit der Araber und ihre Behauptung, Israel besetze arabisches Land, ist deutlich genug. Doch es besteht eine weitere schlimmere Rivalität, die weitgehend hinter den Kulissen bleibt, und sie versteckt sich hinter dem Schein von religiösem Eifer. Wir meinen damit natürlich den uralten Konflikt zwischen Rom und Jerusalem – ein Konflikt, der in dem zerstörerischsten Krieg, den die Welt je gesehen hat, eine wichtige Rolle spielen wird.

Roms Anmaßung, an die Stelle Jerusalems zu treten, und die Behauptung der römisch-katholischen Kirche, sie sei das wahre Israel, erklärt die Haltung der Kirche gegenüber Israel, die sie im Lauf der Jahrhunderte beibehalten hat: die Kreuzzüge, die das Heilige Land für die Kirche einnehmen sollten, die in der gesamten Geschichte von Zeit zu Zeit immer wieder durchgeführte Ermordung von Juden, die 46 Jahre lange Weigerung des Vatikans, nach der Geburt Israels im Jahr 1948 dem Land sein Existenzrecht zuzugestehen, die Doppeldeutigkeit der jetzigen Interessen des Vatikans und sein fortwährendes Bestehen darauf, Jerusalem unter nichtjüdische Kontrolle zu stellen.

Das katholische Rom behauptet, die „Ewige Stadt", die „Heilige Stadt" und sogar „Zion" zu sein – Titel, die die Bibel allein Jerusalem verliehen hat. Rom behauptet ferner, das „Neue Jerusalem" zu sein, womit man sich in direkten Widerspruch zu Gottes Verheißungen über die wahre Stadt Davids begibt. Der Vatikan beansprucht, das Zentrum des Königreiches Gottes und von Päpsten geleitet zu sein, die Gottes wahre Repräsentanten auf Erden seien. Eine bekannte illustrierte Geschichte Roms trägt den Titel *Rome Eternal* [„Rom, die Ewige"]. In Wort und Bild schildert sie die „Bedeutung Roms und des Papsttums in der Geschichte der Christenheit und der Zivilisation des Abendlandes", wobei sie dieser Stadt die weltgeschichtliche Schlüsselrolle zumißt,[13] als ob es etwas gäbe, worauf man berechtigterweise stolz sein könnte.

Die Bibel stellt nicht Damaskus oder Kairo, London oder Paris, Washington oder Moskau als Handlungszentren der Endzeit heraus. Sie weist vielmehr auf zwei andere Städte hin: Jerusalem und Rom. Sie sind grundverschieden, sind seit der Zeit der Kaiser erbitterte Feinde und, bemerkenswerterweise, auch heute noch Rivalen um das geistliche Supremat und um religiösen Eifer, Treue und Zuneigung der Welt.

Seit 2000 Jahren bestehen Spannungen und Feindschaft zwischen dem sowohl heidnischen als auch „christlichen" Rom und Jerusalem. Diese Feindseligkeit ist durch die jüngsten Annäherungsversuche, die der Vatikan gegenüber Israel für schicklich befand, nicht aufgehoben worden. Das Vergangene anscheinend vergeben und vergessen, schickte Israel im September 1994 seinen ersten Abgesandten in den Vatikan. Botschafter Schmuel Hadas wurde vom Papst mit einer Zeremonie empfangen, die „die historische Einführung von Verbindungen zwischen dem Heiligen Stuhl und dem jüdischen Staat formell abschloß".[14]

Zuletzt eine neue Beziehung?

Weshalb hat Rom schließlich doch diplomatische Beziehungen zu Israel geknüpft? Es will die Zukunft Jerusalems beeinflussen, denn es hält immer noch daran fest, daß diese Stadt nicht die Hauptstadt Israels sein oder dessen Kontrolle unterstehen darf. Die Entschuldigung des Vatikans für diese unfaßbare Vorenthaltung Jerusalems gegenüber Israel lautet, die „heiligen Stätten" in Jerusalem seien für Muslime und Christen derart wichtig, daß den Anhängern dieser Religionen freier Zugang zu diesen Heiligtümern garantiert sein muß – und das könne vermutlich nur eine internationale Körperschaft leisten.

Die Unaufrichtigkeit dieses Arguments ist einfach nachzuweisen. Von 1948 bis 1967 besetzten jordanische Streitkräfte Jerusalem. Unter deren Kontrolle wurden jüdische Synagogen zerstört, jüdische heilige Stätten entweiht und Juden der Zugang nach Ostjerusalem verweigert. Zu keiner Zeit dieser Periode forderte der Vatikan internationale Kontrolle über Jerusalem. Seitdem Israel im Jahr 1967 die Altstadt von Jerusalem eingenommen hat, ist Christen und Muslimen der freie Zugang zu ihren heiligen Stätten gewährt und üben die Araber die Kontrolle über den Tempelberg aus. Doch merkwürdigerweise ruft der Vatikan jetzt nach internationalen Garantien für den Zugang nach Jerusalem.

Worum es geht, ist sicherlich nicht der freie Zugang zu den heiligen Stätten, sondern die Tatsache, daß Israels Besitz von Jerusalem unmittelbar den 1500 Jahre währenden Anspruch des Vatikans angreift, Rom sei als „Heilige Stadt", „Ewige Stadt", „die Stadt Gottes" und wahres „geistliches Zentrum der Welt" an die Stelle Jerusalems getreten. Kürzlich schien der Vatikan seine Forderungen nach Internationalisierung Jerusalems fallenzulassen und nunmehr die PLO in ihrem Anspruch auf diese Heilige Stadt als Hauptstadt des Palästinenserstaates zu unterstützen. Dadurch würde Israel immer noch die exklusiven Rechte über Jerusalem entbehren und anscheinend den Anspruch Roms legitimieren, das geistliche Zentrum der Welt zu sein.

Zwei unverschämte Huren

Sowohl Jerusalem als auch Rom sind von Gott der geistlichen Hurerei bezichtigt worden. Über Jerusalem sagte Gott: „Wie ist zur Hure geworden die treue Stadt!" (Jesaja 1,21). Israel, das Gott vor allen anderen Völkern der Welt ausgesondert hatte, damit es heilig sei für seine Ratschlüsse, war unheilige, ehebrecherische Verbindungen mit den götzendienerischen Völkern in seiner Umgebung eingangen. „Sie trieb Ehebruch mit [Götzen aus] Stein und mit Holz" (Jeremia 3,9), „und mit ihren Götzen haben sie Ehebruch getrieben" (Hesekiel 23,37).

Das katholische Rom wird ebenfalls der geistlichen Sittenlosigkeit beschuldigt. Diese Stadt ist die auf dem Tier reitende „große Hure" aus Offenbarung 17, die auf „sieben Bergen" sitzt (Vers 9) und „mit der die Könige der Erde Unzucht getrieben haben; und die Bewohner der Erde sind trunken geworden von dem Wein ihrer Unzucht" (Vers 2). Sie behauptet von sich, das Zentrum der wahren Kirche, die Braut Christi, zu sein, dessen Königreich im Himmel ist, doch sie ist, genau wie Jerusalem [die ihre Hurerei bis heute fortsetzt], in ihrem Versuch, ein irdisches Königreich aufzubauen, unheilige Allianzen mit gottlosen Nationen eingegangen.

Sowohl Jerusalem als auch Rom werden gemeinsam Gottes Gericht auf sich ziehen. [Auch Damaskus, Kairo und der ganze Rest der Welt werden einen hohen Preis für ihre Rebellion gegen Gott zahlen.] Es erfordert nur wenig mehr als gelegentliche Aufmerksamkeit für die täglichen Nachrichten, um die Genauigkeit solcher alten Prophezeiungen zu erkennen. Die Falschheit von Roms Anspruch, die „Ewige Stadt" zu sein, wird sich erweisen, wenn sich die in Offenbarung 17 und 18 angekündigte Vernichtung erfüllt.

Alle haben Pläne

So seltsam es auch erscheinen mag, die ultraorthodoxen Juden Jerusalems, heute etwa 130.000 an der Zahl, haben ebenfalls etwas gegen Jerusalem als Hauptstadt Israels. Diese Antizionisten, wie sie manchmal genannt werden, betrachten den gegenwärtigen Staat Israel als eine entgegen Gottes Willen aufgerichtete Fälschung. Sie glauben, nur der Messias könne das wahre Israel gründen und er sei bis jetzt nicht gekommen. Sollten sie sich mit den palästinensischen Bewohnern Jerusalems verbünden, könnten diese beiden Parteien diese geteilte Stadt sehr wohl übernehmen.

Auch die Protestanten wollen Jerusalem den jüdischen Händen entreißen. Der Ökumenische Rat der Kirchen, eine weltweit rund 300 protestantische Gemeinschaften repräsentierende Körperschaft [etwa 80% aller christlichen Kirchen], ist im Kampf um Jerusalem der Verbündete der römisch-katholischen Kirche. Der ÖRK ist gegen Israels Aneignung Jerusalems als Hauptstadt und behauptet, ein solches Handeln würde „alle Bemühungen hin auf die gerechte Lösung des Nahost-Problems untergraben und somit den regionalen wie auch den Weltfrieden aufs Spiel setzen".[15] Diese Auffassung wurde in der „Stellungnahme zu Jerusalem“ bei der ÖRK-Sitzung im August 1980 angenommen. Dort wurden auch die folgenden Aussagen getroffen:

> Der Zentralausschuß wiederholt die Stellungnahme zu Jerusalem, die 1975 von der ÖRK-Versammlung in Nairobi verabschiedet wurde und die betont, daß das … Schicksal Jerusalems aus Sicht … sowohl der Christen als auch der Juden und Muslime gesehen und … [als] Teil des Schicksals des palästinensischen Volkes … innerhalb des allgemeinen Zusammenhangs der Beilegung des Nahost-Konflikts in seiner Gesamtheit betrachtet werden sollte.
>
> Der Zentralausschuß ruft die Mitgliedskirchen auf, durch ihre jeweiligen Regierungen allen Druck auf Israel auszuüben, um es von jedem Handeln bezüglich Jerusalems abzuhalten … [und] drängt den ÖRK, eine aktive Rolle im Ausdruck der vereinten Stimme der Christen auszuüben und allen Kirchen dabei zu helfen, ihre Rolle als Partner in der Entscheidung über den zukünftigen Charakter Jerusalems vollständig anzunehmen.
>
> Ferner fordert der Zentralausschuß das allgemeine Sekretariat auf, unter Beratung mit den Mitgliedskirchen dieses Gebiets und dem Vatikan die Möglichkeiten zu untersuchen, wie die beste Lösung für das Problem Jerusalem mit allen passenden und wirksamen Mitteln und Wegen, wie z.B. Zusammenkünfte … internationale Beratungen … über Jerusalem gefunden werden könnte.[16]

Katholiken, Protestanten und Muslime sind nicht die einzigen, die mit Jerusalem Pläne haben. Die ganze religiöse Welt ist von dieser Heiligen Stadt besessen, aber auch die säkularen politischen Führungen. Wie bemerkenswert ist es doch, daß diese kleine, scheinbar unbedeutende alte Stadt einen zentralen Platz in der heutigen Welt eingenommen hat, genau wie die Propheten vorausgesagt haben! Sogar die UNO erklärte ohne jeden Bezug zur Bibel, daß Jerusalem der Schlüssel zum Frieden ist. Und tatsächlich trägt dieses einstige kleine Dorf, spätere Klein- und schließliche Großstadt seit 4000 Jahren den Namen, der „Stadt des Friedens“ [noch genauer: „Stadt der Friedensschlüsse“] bedeutet. Man könnte diese Tatsache als Zufall übergehen, wenn da nicht so viele erfüllte Prophezeiungen über Jerusalem wären, die bezeugen, daß dieser einzigartige Ort Gottes Pläne für die Welt bestimmt.

Auch Gott hat Pläne

In Gottes Plänen regiert der Messias vom Thron Davids in Jerusalem aus über sein Volk Israel und über die ganze Welt. Wir haben bereits bemerkt, daß die bloße natürliche Abstammung von Abraham, Isaak und Jakob keine ausreichende Qualifikation für einen Platz in diesem Königreich darstellt. In diesem Punkt besteht wiederum Verwirrung darüber, wer während des Tausendjährigen Reichs Christi auf der Erde leben wird.

Vor dem Pfingstereignis teilte sich die Menschheit in zwei Gruppen: Juden und Heiden. Seit Pfingsten gibt es drei Gruppen: Juden, Heiden und die Gemeinde Jesu Christi (1. Korinther 10,32). Gottes Plan für jeden ist jeweils verschieden. Die dritte Gruppe, die Gemeinde, setzt sich sowohl aus Juden als auch aus Heiden zusammen:

> Jetzt aber, in Christus Jesus, seid ihr [die Heiden] die ihr einst fern wart, durch das Blut des Christus nahe geworden. Denn er ist unser Friede. Er hat aus beiden [Juden und Heiden] eins gemacht und die Zwischenwand der Umzäunung, die Feindschaft, in seinem [gekreuzigten] Fleisch abgebrochen. Er hat das Gesetz der Gebote in Satzungen beseitigt, um die zwei – Frieden stiftend – in sich selbst zu einem neuen Menschen zu schaffen und die beiden in einem Leib mit Gott zu versöhnen durch das Kreuz, durch das er die Feindschaft getötet hat. Und er kam und hat Frieden verkündigt euch, den Fernen [den Heiden], und Frieden den Nahen [den Juden]. Denn durch ihn haben wir beide durch einen Geist den Zugang zum Vater (Epheser 2,13-18).

Jeder, der seine Sünden bereut und an Jesus Christus als den Retter glaubt, der die verdiente Schuld stellvertretend bezahlt hat, erhält von Gott die barmherzige Vergebung und ewiges Leben als kostenfreies Geschenk. Wer vor der Schlacht von Harmagedon an Jesus Christus gläubig wird, ganz gleich ob Jude oder Heide, gehört zur Gemeinde und wird während des Tausendjährigen Reichs in einem verherrlichten Auferstehungsleib mit Christus über diese Welt regieren. Wer bis zu seiner sichtbaren Wiederkunft bei Harmagedon nicht an Christus glaubt, aber dann gläubig wird, wird während des Tausendjährigen Reichs in seinem natürlichen Körper auf der Erde leben. Wer Jude ist, wird in Israel leben; wer Heide ist, wird zu den auf dem Rest der Erde lebenden Nationen zählen.

Sacharja 12-14 [„Sie werden auf mich blicken, den sie durchbohrt haben, und sie werden über ihn wehklagen ...“] bezieht sich strikt auf die zu der Zeit lebenden Juden. Andere Schriftstellen weisen jedoch darauf hin, daß auch Heiden auf der ganzen Welt Christi wunderbares Einschreiten bei Harmagedon bezeugen und glauben werden: „Siehe, er kommt mit den Wolken, und jedes Auge [von Juden und Heiden] wird ihn sehen, auch die, welche ihn durchstochen haben, und wehklagen werden seinetwegen alle Stämme der Erde“ (Offenbarung 1,7).

Das Wehklagen geht in Sacharja 12-14 mit Reue und Rettung einher und kennzeichnet das zweifellos auch in der Offenbarung. Daher müssen wir annehmen, daß zu dieser Zeit auch Heiden gerettet werden. Diese werden im ewigen Zustand des neuen Himmels und der neuen Erde als auf der Erde lebend gesehen, mit Zugang zum Neuen Jerusalem:

> Und die Nationen werden in ihrem [des Neuen Jerusalem] Licht wandeln, und die Könige der Erde bringen ihre Herrlichkeit zu ihr (Offenbarung 21,24).

Die Partnerschaft der PLO im „Frieden“

Der Frieden Jerusalems ist der Schlüssel zum Weltfrieden. Wieviel mehr Beweise werden noch gebraucht, bis die Welt eingesteht, daß sie nicht durch nach eigenem Ermessen verfaßte und durch ihre eigene Redlichkeit und Stärke garantierte „Friedensverträge“ Frieden machen kann? Der sogenannte Frieden zwischen Israel und der PLO ist [auf dem Papier] bereits viele Monate in Kraft, doch die Situation ist jetzt schlimmer denn je. Die Terroranschläge auf Israel haben nur zugenommen, und nirgends ist ein Anzeichen eines wirklichen Friedens in Sicht.

Nachdem sie die Autonomie über das Westjordanland erhalten hat, „hat die PLO ihre ungehemmten Energien dahinein investiert ... eine Herrschaft des Terrors, einen Polizeistaat aufzurichten ... al-Fatach-Jäger [Arafats eigene Gruppe in der PLO] haben Dutzende von ‚Kollaborateuren‘ umgebracht ... Arafat verbot zwei Zeitungen, die versäumt hatten, ihn mit hinreichender Begeisterung anzupreisen ... Das Hervortreten dieses Polizeistaats [steigert] die Bedrohung an Israels Grenzen und [macht] die Gefahr der Aggression von einem Palästinenserstaat in Verbindung mit anderen Diktaturen fast unumgänglich.“[17]

Alle Friedensbemühungen haben nur die Hoffnungslosigkeit solcher

Bestrebungen erwiesen. Im folgenden eine Zusammenfassung der Situation Anfang April 1995 durch ein israelisches Mitglied der Knesset, das der Meinung ist, daß „die Verleihung des Friedensnobelpreises an Jitzchak Rabin, Schimon Peres und Jassir Arafat eine Farce“ war:

> Das Oslo-Abkommen wird entsprechend unseren ernstesten Voraussagen und … finstersten Befürchtungen verwirklicht. Die Realität hat alle der Vereinbarung mit der PLO unterliegenden Voraussetzungen auf grausame Weise zerschlagen … Rabin beklagte sich bei [Amerikas] Vizepräsident Gore, daß die Israelis ihn beschuldigten, Frieden zu versprechen, und doch gäbe es immer noch Terror …
>
> Sie erinnerten den Premier ebenfalls an andere Versprechungen: die PLO-Charta würde aufgehoben [die PLO veröffentlichte letzten Monat eine neue Ausgabe], der arabische Boykott gegen Israel würde rückgängig gemacht [letzte Woche entschied die Arabische Liga seine Fortführung], und die Jerusalem-Frage würde zurückgestellt [die PLO baut munter ihre Regierungsgebäude in Jerusalem] …
>
> In den Gebieten von Gaza und Jericho genießt die Hamas Handlungsfreiheit, sowohl im Rekrutieren als auch im Ausbilden von Männern. Die Aktivität der Palästinensischen Autonomiebehörde gegen die Organisation ist minimal … [die palästinensische Polizei will keinen „Bürgerkrieg“ riskieren, indem sie ihre Autorität und ihre Waffen gegen die Hamas einsetzt, sondern will versuchen, sie zum Benehmen zu „überreden“.][18]
>
> Uns wird gesagt, daß die Hamas selber das Gebiet von Gaza ruhig halten will, weil sie daran interessiert ist zu zeigen, daß der Terror nur dort existiert, wo das arabische Gesetz noch nicht eingeführt ist. Es vergeht jedoch kaum ein Tag ohne einen Terroranschlag im Gaza-Streifen …
>
> Sogar Umweltminister Jossi Sarid [der Held des Palästinenserstaats] gab vergangene Woche in einem Interview zu, daß es „nach der Gründung des Palästinenserstaats unmöglich wäre, die Beendigung des Terrors zu gewährleisten“.
>
> Das Debakel des Gaza-Jericho-Experiments beweist, daß seine Ausdehnung auf Judäa und Samaria nur noch mehr Terror mit sich bringen kann. Und der Premier wird nicht behaupten können, er habe das nicht gewußt.[19]

Dieser steinige und gefährliche Weg wird, wie wir anhand der biblischen Prophetie gesehen haben, schließlich zu dem führen, was als „Frieden“

anerkannt wird. Die Welt wird sich über „Frieden und Sicherheit" freuen (1. Thessalonicher 5,3), und unter dem Antichristen wird die Situation eine Zeitlang sicher erscheinen. Dann wird die schlimmste Zerstörung kommen, die die Welt je gesehen hat oder sehen wird. Doch die Welt wird diese stolze Verblendung immer noch weiterverfolgen.

Mißverständnisse unter Christen

Immer mehr Christen scheinen sich eine falsche Vorstellung von dem Frieden anzueignen, den Christus auf diese Erde bringen wird, sowie von der Art und Weise, wie dieser Friede erreicht wird. Trinity Broadcasting Network, mit mehr als 450 Sendern das größte christliche Fernsehnetz der Welt, hat jahrelang erfolglos versucht, die Erlaubnis für einen Fernsehsender im Nahen Osten zu erhalten. Sogar nachdem israelischen Führungspersonen und Anwar al-Sadat versichert worden war, daß man keine „Schafe stehlen" werde [entgegen Jesu Gebot, „geht nun hin und macht alle Nationen zu Jüngern"], wurde die Anfrage abgelehnt.

TBN-Chef Paul Crouch erklärt nun begeistert, er habe die Erlaubnis von PLO-Chef Jassir Arafat erhalten, einen Fernsehsender zu bauen, der „vom als Westbank bekannten palästinensischen Gebiet aus den gesamten Nahen Osten abdeckt"![20] In einem Bericht über dieses Treffen mit Arafat und „einer Zahl weiterer Führungspersönlichkeiten der palästinensischen Bewegung" schreibt Crouch:

> Gott sei Dank wird es in Nahost Frieden geben, wie es die Bibel sagt. Gott liebt die Araber genauso wie die Juden. Er hat einen segensreichen Plan für beide, und wir befinden uns auf dem Weg zum „Gelobten Land"! … Preis den Herrn! Im Heiligen Land wird Friede sein, und vielleicht werden wir ein wenig dabei zuschauen können, wie es herrliche Realität wird![21]

Wie erstaunlich ist es doch, daß eine christliche Führungspersönlichkeit derart aus dem Häuschen geraten kann, und das wegen eines vermeintlichen „Friedens", der zwischen einer muslimischen Terrororganisation und einer ungläubigen israelischen Regierung eingefädelt wurde, die Gott gegenüber ungehorsam ist, weil sie Land eintauscht, das er Israel gegeben hat und das niemals aufgegeben werden sollte! Daß Crouch dieses gottlose Unterfangen mit dem in der Bibel für Israel unter dem Messias verheißenen Frieden gleichstellen konnte, zeigt, wie weit sich viele Christen von dem entfernt haben, was die biblischen Propheten so deutlich verkünden. Am allerschlimmsten ist jedoch, daß diese Verblendung an die weltweiten Millionen weitergegeben wird, die regelmäßig TBN sehen. Eine christliche Zeitung brachte diesen Kommentar:

> Während Saudi-Arabien Crouch aufhängen würde, wenn er jemals wagte, in diesem Land über Christus zu sprechen, und während im fundamentalistisch-muslimischen Sudan … Christen wegen ihres Glaubens ermordet werden und im Iran wie in vielen anderen weniger bekannten, vom Islam kontrollierten Gegenden der Welt kein Christ sicher ist, wird Arafat sein Wort halten und erlauben, daß von seinem Territorium aus das „Evangelium" über Radiowellen gesendet wird?
>
> Wir dürfen vermuten … daß Arafat, weil ein guter Muslim dem Koran zufolge „Ungläubigen" gegenüber sein Wort nicht halten muß, den mit Geld von Christen gebauten Sender zuerst gutheißt, dann aber ein Gesetz aufstellt, das nur religiöse Programme erlaubt … die die Ansichten der PLO verbreiten und Israel für sein Beharren auf Jerusalem verdammen![22]

Im Gegensatz zu allen zum Scheitern verurteilten menschlichen Plänen sagt die Bibel, daß Jesus selbst zu uns zurückkehren muß – diesmal nicht als erniedrigter Knecht, sondern in Macht und Herrlichkeit zur Errichtung seines Königreichs. Und das wird er tatsächlich tun, allerdings mit einer anderen Absicht, als sich die meisten Menschen vorstellen.

Eine Antwort auf einen uralten Vorwurf

Viele Menschen beklagen, es sei nicht gerecht, daß alle Nachkommen Adams und Evas die Konsequenzen der Sünde dieses schuldigen Paares auf sich ziehen sollen. Wer könnte schließlich sagen, so argumentiert man, daß auch alle anderen Menschen, wären sie im Garten Eden gewesen, Gott nicht gehorcht hätten? Diese Frage wird mit dem Tausendjährigen Reich für alle Ewigkeit beantwortet werden.

Während Christi tausendjähriger Herrschaft wird die ganze Erde wieder ein Paradies sein wie einst der Garten Eden. Und noch besser, der Satan wird hinter Schloß und Riegel sein, damit die Erdenbewohner vor seinem bösen Einfluß sicher sind. Christus wird „mit eisernem Stab" herrschen (Psalm 2,9; Offenbarung 2,27; 12,5; 19,15) und so seine Gesetze geltend machen. Keine Versuchungen werden gedeihen können, und das kleinste Verbrechen wird umgehend bestraft. Außerdem werden die Heiligen, die in ihren Auferstehungsleibern mit Christus herrschen, ein Beweis für das von Christus gebotene Heil sein. Jerusalem wird ein Ort der Freude sein und der Mittelpunkt sowohl der Welt als auch des Universums:

> Und es wird geschehen am Ende der Tage, da wird der Berg des Hauses des HERRN feststehen … und alle Nationen werden zu ihm strömen … Denn von Zion wird Weisung ausgehen und das Wort des HERRN von Jerusalem.
>
> Und er wird richten zwischen den Nationen … Dann werden sie ihre Schwerter zu Pflugscharen umschmieden und ihre Speere zu Winzermessern. Nicht mehr wird Nation gegen Nation das Schwert erheben, und sie werden den Krieg nicht mehr lernen (Jesaja 2,2-4).

> Und es wird geschehen: Alle Übriggebliebenen von allen Nationen, die [bei Harmagedon] gegen Jerusalem gekommen sind, die werden Jahr für Jahr hinaufziehen, um den König, den HERRN der Heerscharen, anzubeten … Und der HERR wird König sein über die ganze Erde; an jenem Tag wird der HERR einzig sein und sein Name einzig (Sacharja 14,16.9).

> Und er [ein Engel] nahm gefangen den Drachen, die alte Schlange, die der Teufel und der Satan ist; und er band ihn tausend Jahre … damit er nicht mehr die Nationen verführe, bis die tausend Jahre vollendet sind (Offenbarung 20,2-3).

Doch auch mit all diesen Vorzügen wird sich das Herz des Menschen nicht ändern. Die auf der Erde leben, werden sich selbst als Kinder Adams und Evas erweisen, indem sie genau wie die Urahnen des Menschengeschlechts rebellieren, und das unter Bedingungen, die sie sogar für ihr Handeln noch verantwortlicher machen. Wenn am Ende des Tausendjährigen Reichs der Satan losgelassen wird, wird das irdische Paradies zerstört werden, wenn sich die Nationen der Welt, wie einst Adam und Eva, mit diesem Verführer in offener Rebellion verbünden, um Christus und die Heilige Stadt zu vernichten:

> … die Nationen … die an den vier Ecken der Erde sind … Gog und … Magog … [werden sich] zum Krieg versammeln; deren Zahl ist wie der Sand des Meeres. Und sie zogen herauf … und umzingelten das

> Heerlager der Heiligen und die geliebte Stadt [Jerusalem]; und Feuer kam aus dem Himmel herab und verschlang sie (Offenbarung 20,8-9).

Der endgültige Beweis

Diejenigen, die bei der letzten Schlacht der Erde Christus und Jerusalem angreifen, werden die Nachkommen der Gläubigen sein, die während des idyllischen Tausendjährigen Reichs geboren und erzogen wurden! Das Tausendjährige Reich wird der letzte Beweis sein, daß Bildung, Psychologie, Soziologie, Theologie, Gruppentherapie, Versprechungen und Friedensverträge – sogar eine starke Polizeimacht und eine unverzügliches Gerichtswesen – niemals die Probleme lösen können, die diese Welt plagen. Das Tausendjährige Reich wird nicht nur das letztendliche, von den Propheten angekündigte Reich Gottes sein, sondern vielmehr der endgültige Beweis der unverbesserlichen Natur des menschlichen Herzens! Solange der Mensch nicht für sich selbst mit Gott im Reinen ist, solange kann er auch nicht mit sich selbst oder seinen Mitmenschen klarkommen.

Sogar für Christus selbst ist es nicht genug, auf dieser Erde gegenwärtig zu sein, von Jerusalem aus zu herrschen, eine äußere Gerechtigkeit durchzusetzen und das Gericht unverzüglich und unparteiisch auszuführen. Innerlich bleibt der Mensch unter der Herrschaft des Ich in reuloser Rebellion gegen seinen Schöpfer. Nur wenn der persönliche Glaube auf Christus als Retter gesetzt wurde, der für die persönlichen Sünden gestorben ist, und dieser Retter auch als Herr ins eigene Herz eingeladen wurde, kann letztlich wahrer Friede kommen.

Wie tragisch ist es, daß mit dieser endgültigen, hoffnungslosen, von Satan selbst angeführten Rebellion und Zerstörung die Geschichte der Menschheit und das gegenwärtige Universum ihr Ende finden werden. Kein weiterer Beweis ist mehr nötig, daß die einzige Hoffnung des Menschen darin besteht, in Christus erneuert zu werden. Nur solche neuen Geschöpfe in Christus werden in dem neuen, von ihm erschaffenen Universum leben dürfen. Petrus schrieb:

> Es wird aber der Tag des Herrn kommen wie ein Dieb; an ihm werden die Himmel mit gewaltigem Geräusch vergehen, die Elemente aber werden im Brand aufgelöst und die Erde und die Werke auf ihr im Gericht erfunden werden.

Da dies alles so aufgelöst wird, was für Leute müßt ihr dann sein in heiligem Wandel und Gottseligkeit, indem ihr die Ankunft des Tages Gottes erwartet ... um dessentwillen die Himmel in Feuer geraten und die Elemente im Brand zerschmelzen werden!

Wir erwarten aber nach seiner Verheißung neue Himmel und eine neue Erde, in denen Gerechtigkeit wohnt (2. Petrus 3,10-13).

Leben aus den Toten

Ja, das gesamte Menschengeschlecht auf der Erde muß sterben. Diese Welt und das Universum, dessen Teil sie ist, müssen vollständig vernichtet werden. Gott muß mit einem neuen Geschlecht ganz neu anfangen. Aber es wäre nicht damit getan, lediglich wiederum Adam und Eva zu schaffen und den Kreis aufs neue zu beginnen. Das Übel und Trauerspiel, das jedes denkende Wesen unausweichlich mit der Macht der freien Wahl plagt, ist bereits gänzlich vorgeführt worden. Das ist der Grund, weshalb Gott als Mensch Christus Jesus selber auf diese Erde kam und an unserer Stelle für unsere Sünden starb. Wer seinen Tod als den eigenen annimmt, erfährt dadurch das, worüber sich Paulus freute:

> Ich bin mit Christus gekreuzigt, und nicht mehr lebe ich, sondern Christus lebt in mir; was ich aber jetzt im Fleisch lebe, lebe ich im Glauben an den Sohn Gottes, der mich geliebt und sich selbst für mich hingegeben hat (Galater 2,20).
>
> Daher, wenn jemand in Christus ist, so ist er eine neue Schöpfung; das Alte ist vergangen, siehe, Neues ist geworden (2. Korinther 5,17).
>
> Denn aus Gnade seid ihr errettet durch Glauben ... nicht aus Werken ... Denn wir sind sein Gebilde, in Christus Jesus geschaffen zu guten Werken, die Gott vorher bereitet hat, damit wir in ihnen wandeln sollen (Epheser 2,8-10).

Christus wird der „letzte Adam" genannt (1. Korinther 15,45). Er ist der erste Mensch eines neuen Geschlechts von „wiedergeborenen" Menschen, die in ihm gestorben sind und nun Anteil an seinem Auferstehungsleben haben. Gott bietet Leben an durch den neuen und letzten „Adam". Und das Leben dieses neuen Adams", das er denen gibt, die ihm gehören, ist *Auferstehungsleben*. Die einzigen, die *Auferstehungs-*

leben erhalten können, sind gestorbene Menschen – nämlich die, die mit ihm gestorben sind. Da sie neue Schöpfungen in Christus sind, werden allein sie das neue Universum bewohnen, das Gott schafft, nachdem er das alte vernichtet hat. Diesen glorreichen Tag sah Johannes in einer gottgegebenen Vision:

> Und ich sah einen neuen Himmel und eine neue Erde; denn der erste Himmel und die erste Erde waren vergangen; und das Meer ist nicht mehr. Und ich sah die heilige Stadt, das neue Jerusalem, aus dem Himmel von Gott herabkommen, bereitet wie eine für ihren Mann geschmückte Braut.
>
> Und ich hörte eine laute Stimme vom Thron her sagen: Siehe, das Zelt Gottes bei den Menschen! Und er wird bei ihnen wohnen, und sie werden sein Volk sein, und Gott selbst wird bei ihnen sein, ihr Gott.
>
> Und er wird jede Träne von ihren Augen abwischen, und der Tod wird nicht mehr sein, noch Trauer, noch Geschrei, noch Schmerz wird mehr sein: denn das erste ist vergangen.
>
> Und der, welcher auf dem Thron saß, sprach: Siehe, ich mache alles neu …
>
> Und die Stadt [das neue Jerusalem] bedarf nicht der Sonne noch des Mondes, damit sie ihr scheinen; denn die Herrlichkeit Gottes hat sie erleuchtet, und ihre Lampe ist das Lamm [das gekreuzigt wurde]. Und die Nationen werden in ihrem Licht wandeln …
>
> Und alles Unreine wird nicht in sie hineinkommen, noch derjenige, der Greuel und Lüge tut, sondern nur die, welche geschrieben sind im Buch des Lebens und des Lammes (Offenbarung 21,1-5.23-24.27).

Ein Aufruf an den gesunden Menschenverstand

Wenn die Bibel wahr ist, dann ist es für Juden und Araber und Christen die größte Torheit, nicht darauf zu hören, was sie über Israel und Jerusalem sagt. Wenn sie nicht wahr ist, wie Israels Staatsmänner, die Hierarchie der römisch-katholischen Kirche, der Ökumenische Rat der Kirchen und die muslimischen Führer durch ihr Verhalten zeigen, was soll es dann, daß Katholiken und Protestanten Kirche spielen oder Juden und Muslime in ihren Synagogen und Moscheen Religiösität heucheln?

Wir haben in den spezifischen Prophezeiungen über Israel und ihren Hunderte und sogar Tausende von Jahren später eintretenden detaillierten Erfüllungen mehr als genug Beweis gesehen, daß Gott existiert und sein Wort wahr ist. Deshalb sollten sich die Völker der Welt dem beugen, was die Bibel über Israel und Jerusalem sagt – und über Jesus Christus.

Gott ist als Mensch auf diese Erde gekommen, um sich in Liebe und Barmherzigkeit zu offenbaren, den Haß und die falschen Anschuldigungen seiner Geschöpfe zu tragen und um für ihre Sünden zu sterben. Der Mensch hat dieses Liebesangebot abgelehnt. Noch ist es nicht zu spät, Christus wieder einzuladen. Doch er *wird* kommen, ob die Welt ihn einlädt oder nicht. Soll es im Gericht sein oder in Gnade?

Die Prophezeiungen bieten kein hoffnungsloses Bild. Für den einzelnen Menschen, ob Jude oder Heide, bringt zuallererst „Buße zu Gott und Glaube an unseren Herrn Jesus Christus" (Apostelgeschichte 20,21) persönliche Errettung. Und für die Welt würde Umkehr Frieden bringen. Es gibt keine bestimmtere und eindeutigere Prophezeiung als „noch vierzig Tage und Ninive ist zerstört" (Jona 3,4). Das war das entschlossene Gericht, das Jona gegen diese verdorbene Stadt ausrufen mußte. Doch Ninive wurde nicht 40 Tage später zerstört, und auch nicht 40 Jahre später. Erst 250 Jahre später, im Jahr 612 v.Chr., war Ninive so gänzlich ausradiert, daß seine bloße Existenz, wie sie in der Bibel dargestellt ist, als Mythos betrachtet wurde. So blieb es, bis im 19. Jahrhundert Archäologen die alten Ruinen entdeckten.

Weshalb wurde Ninive in Jonas Tagen verschont? Darüber läßt uns die Bibel nicht im Zweifel: Ninives Einwohner kehrten um – nicht nur mit ihren Lippen, sondern auch in ihrem Tun. Der König von Ninive -

> legte seinen Mantel ab, hüllte sich in Sacktuch und setzte sich in den Staub. Und er ließ in Ninive … ausrufen und sagen: Menschen und Vieh … sollen gar nichts zu essen zu sich nehmen … Menschen und Vieh sollen mit Sacktuch bedeckt sein und sollen mit aller Kraft zu Gott rufen; und sie sollen umkehren, jeder von seinem bösen Weg und von der Gewalttat, die an seinen Händen ist …
>
> Und Gott sah ihre Taten, daß sie von ihren bösen Werken umkehrten. Und Gott ließ sich das Unheil gereuen, das er ihnen zu tun angesagt hatte, und er tat es nicht (Jona 3,6-10).

Was mit Ninive geschah, war kein besonderer Fall, der sich nicht wiederholen könnte. Und es war auch kein Widerspruch zu Gottes Wort, sondern eine Erfüllung desselben. Gott hatte gesagt: „Einmal rede ich über ein Volk und über ein Königreich, es ausreißen, niederbrechen und zugrunde richten zu wollen. Kehrt aber jenes Volk, über das ich geredet habe, von seiner Bosheit um, lasse ich mich des Unheils gereuen, das ich ihm zu tun gedachte" (Jeremia 18,7-8). Wenn das für eine Nation gilt, wieviel mehr würde es für Israel und die ganze Welt gelten!

Israel muß umkehren. Seine über 1 Million bekennenden Atheisten müssen umkehren. Die politischen Führer Israels und die ganze Welt müssen umkehren von der Vorstellung, sie könnten durch ihre eigenen Bemühungen Frieden herbeiführen; sie müssen alle umkehren, weil sie mit Land Handel getrieben haben, von dem Gott gesagt hatte, daß es niemals abgegeben oder verkauft werden soll, doch sie haben es gegen einen falschen Frieden eingetauscht. Das oberste Gericht Israels muß umkehren von seiner Gutheißung homosexueller „Eheschließungen" und von seinen anderen ungerechten Urteilen. Die Einwohner Israels müssen umkehren von ihrer Selbstsüchtigkeit und Verdorbenheit und ihrer Geringschätzung Gottes und seines Wortes. Die Rabbiner müssen umkehren von ihrem Stolz und ihrem Aufheben des Wortes Gottes durch ihre Traditionen.

Die Araber müssen umkehren von ihrem Ablehnen der Tatsache, daß Gott das „Gelobte Land" den Juden gegeben hat. Sie müssen umkehren vom Haß in ihrem Herzen gegen die Juden, davon, daß sie aus ihren Mördern Helden gemacht haben, und von ihrem Entschluß, Gottes auserwähltes Volk aus dem Land zu vertreiben, das Gott ihnen gegeben hat.

Die ganze Welt muß umkehren von all den Boshaftigkeiten, die täglich von den Milliarden Erdenbewohnern begangen werden. Noch ist es nicht zu spät. Wir haben nötig, vor Gott auf unser Angesicht zu fallen, vor dem wahren Gott der Bibel – nicht vor einer imaginären „höheren Macht" oder einem anderen Gott, den wir uns selbst gemacht oder ausgedacht haben, sondern vor dem Gott der Prophetie, der in Beweis gestellt hat, wer er ist, indem er uns lange vor dem Eintreten vorausgesagt hat, was mit seinem Volk Israel geschehen wird.

Auf einer neuen Erde in einem neuen Universum wird es ein Neues Jerusalem geben, das in Ewigkeit Bestand haben wird! Seine Bewohner werden grenzenlose Freude und völlige Erfüllung erleben. Von Gott inspiriert schrieb König David zu unser aller Ermutigung: „Du wirst mir kundtun den Weg des Lebens; Fülle von Freuden ist vor deinem Angesicht, Lieblichkeiten in deiner Rechten immerdar" (Psalm 16,11). Das ist Gottes Verheißung an alle, die sein gütiges Angebot annehmen.

Jerusalem

Man hofft auf Frieden, und da ist nichts Gutes, auf eine Zeit der Heilung, und siehe da: Schrecken.

Jeremia 8,15

Es hat dich zugrunde gerichtet, Israel, daß du gegen mich, gegen deinen Helfer, bist.

Hosea 13,9

Spielball der Völker

Epilog

Der Prophet Hesekiel verurteilt im Namen Gottes die Führer Israels, „weil sie mein Volk irreführen und sagen: Friede! obwohl kein Friede da ist" und weil sie „über Jerusalem weissagen und für es Gesichte des Friedens schauen, obwohl kein Friede da ist" (Kap. 13,10.16). Hesekiels Weissagung beschreibt das heutige Israel sehr treffend. Während Israels Staatsmänner mit Syrien über „Frieden" verhandeln, regnen von Hisbollah-Terroristen abgefeuerte Katjuscha-Raketen auf Galiläa herab, wobei gerade diese Terroristen von Syrien gefördert und geschützt werden. Der syrische Verteidigungsminister Mustafa Tlass bezeichnete Israel kürzlich als „eine Last für die USA und den Rest der Welt".[1] Doch die Führer Israels glauben weiterhin, es könne Frieden mit denen aufgerichtet werden, deren unerbittlicher Haß nichts als die Vernichtung des Judenstaates will, so wie der Islam es fordert.

Der sogenannte Frieden mit der PLO ist reine Verstellungskunst. Arafat versucht nicht einmal, seine wahren Absichten zu verbergen. Am selben Tag, als er zu Beginn dieses vielgerühmten Friedensprozesses die Prinzipienerklärung unterzeichnete, versicherte Arafat den Palästinensern über das jordanische Fernsehen, er führe lediglich den Zehnstufenplan der PLO von 1974 zur Vernichtung Israels durch. Der erste Schritt ruft zur Aneignung von Gebieten innerhalb Israels auf [was jetzt erfolgreich abgeschlossen ist], damit von dort aus der letztendliche Holocaust gestartet werden kann. Im Herbst 1995, kurz vor dem Abflug zum Gipfeltreffen in Washington, bekräftigte Arafat im jordanischen Fernsehen ein weiteres Mal, daß der PLO-Phasenplan auf richtigem Kurs ist. Arafats öffentliche Ansprachen [seit Aufnahme des Friedensprozesses], die zur Vernichtung Israels aufrufen, sind auf einem Videoband zusammengestellt und der Weltpresse angeboten worden. Dieses Angebot stieß auf so gut wie kein Interesse. Der Chef des Außenpolitischen Ausschusses Benjamin Gilman [Republikaner aus New York] ließ verlautbaren, er wolle am 21. September 1995 eine Pressekonferenz veranstalten, um der Welt die Arafat-Videos vorzuführen. Doch nicht allein die amerikanische Presse war desinteressiert [kein Medienvertreter erschien], sondern der israelische Botschafter in den USA, Itamar Rabinowitsch, versuchte Gilman von der Veröffentlichung der Videos abzuraten![2] Hätten israelische Staatsleute derartige Aussagen über die Palästinenser getroffen, wären sie unverzüglich von sämtlichen Medien an die Öffentlichkeit getragen und weltweit verurteilt worden.

Die Wahrheit bedeutet Arafat nichts. Er führt sogar seine eigene Geschichtsschreibung ein. Er behauptet, Jerusalem sei schon immer eine arabische Stadt gewesen. Tatsache ist jedoch, daß sie seit ihrer Gründung durch David vor 3000 Jahren stets eine jüdische Stadt war. Er behauptet, Hebron, die Stadt mit der Höhle Machpela, gehöre den Arabern, wo sie doch vielmehr die Grabstätte der jüdischen Patriarchen und deren Ehefrauen ist. Kein einziger arabischer Ahne ist hier bestattet. Als die Palästinensische Autonomiebehörde kurz vor Weihnachten 1995 Bethlehem in Besitz nahm, ließ Arafat sich mit einem Hubschrauber einfliegen und begrüßte eine wild kreischende Menge von Zehntausenden triumphierend mit den Worten: „Dies ist der Geburtsort unseres Herrn, des Messias, des Palästinensers, des Palästinensers!" In seiner Rede vermittelte er den Eindruck, Jesus sei ein palästinensischer Friedenskämpfer und alles andere als das Haupt der christlichen Kirche gewesen, die sich vom Islam kraß unterscheidet.

Ist das der Weg zum Frieden?

Trotz Arafats offensichtlicher Doppelzüngigkeit gibt Israel weiterhin Gebiete an die PLO ab und inszeniert somit buchstäblich seine eigene Vernichtung, wie die hebräischen Propheten es vorausgesagt haben. Die Art und Weise, wie die Israelischen Verteidigungs-Streitkräfte [IDF] aus den Gebieten abrücken und die Palästinenser diese übernehmen, demaskiert die Friedensverblendung. Nachdem sich die IDF beispielsweise am 3. Januar 1996 aus Ramallah zurückgezogen hatte, verkündete Arafat vom Dach des früheren IDF-Hauptquartiers vor der versammelten Menge begeisterter Palästinenser, Ramallah und Al-Bira seien „für immer befreit worden … Heute beginnen wir unseren Weg hin auf einen unabhängigen Palästinenserstaat mit Jerusalem als seiner Hauptstadt!"[3]

Darin besteht für Arafat der ganze „Friedensprozeß". Werfen wir nur einen Blick auf das Spektakel bei der Übergabe der Stadt Nablus in die Hände von Arafats Palästinensischer Autonomiebehörde:

> Die Fernsehszenen zeigten [abreisende] israelische Soldaten, wie sie in ihren Fahrzeugen kauerten und mit Steinen beworfen, bespuckt und verflucht wurden … Freudig und machtberauscht ver-

> brannte die rasende Meute israelische Fahnen ... Man könnte sich wohl kaum eine noch demütigendere Situation [für die Israelis] vorstellen ...
>
> Die Räumungsszene von Nablus bestätigt den Eindruck, daß es ausschließlich die arabische Macht war [und nicht das israelische Wohlwollen] ... was Israel zum Rückzug genötigt hat.
>
> In Nablus verteilte Flugblätter der al-Fatach [Arafats eigene Terrorgruppe] feierten den palästinensischen Sieg über die „Nazi-Besatzungsmacht" und prahlten, es sei das palästinensische Feuer gewesen, „das den Affen und Schweinen den Boden unter den Füßen brennen ließ". Die offensichtliche Schlußfolgerung ist, daß dasselbe Feuer Israel auch vom übrigen Palästina in die Flucht schlagen kann.[4]

Das ist also der Hintergrund für das „friedliche Zusammenleben"? Arafat hat bisher keine einzige Verfügung des Friedensabkommens befolgt. Seine Übertretungen trägt er vor den Augen israelischer Funktionäre zur Schau, die ihn dann entschuldigen und seinen boshaften Glauben weiterhin rational erklären. Und auch die internationale Völkergemeinschaft verschließt ihre Augen.

Das vor fast zwei Jahren unterzeichnete Abkommen von Kairo verlangt ausdrücklich die Auslieferung gesuchter Verbrecher, doch Arafat ignoriert diese Verfügung. Anstatt Gehorsam zu fordern, nimmt Israel es tatenlos hin [selbst bei zunehmendem Terror], daß die Palästinensische Autonomiebehörde die Terroristen niemals ausliefern wird. Im Februar 1996 gab es mit über 50 die meisten Terroropfer dieser Zeit [und Anfang März folgte mit vier Selbstmordanschlägen und 57 Toten innerhalb von neun Tagen die schwerste Terrorwelle; Anm. d. Übers.]. Arafats eigene al-Fatach ist eine der Terrororganisationen, die ungestraft außerhalb der palästinensischen Gebiete operieren, Israel infiltrieren und dann zurück in palästinensische Unterschlupfe entkommen. Wer könnte da meinen, Arafat sei an wirklichem Frieden interessiert?

Der falsche Friede hat ferner verheerende Folgen für die Wirtschaft mit sich gebracht. Jetzt, da die PLO die Kontrolle hat, versäumen Palästinenser, die Israelis Geld schulden, ihre monatlichen Zahlungen, und dabei können die Israelis nicht darauf hoffen, das Geld jemals zu erhalten. Gleiches gilt für Millionen von geschuldeten Dollars, die den Palästinensern von israelischen Unternehmen als Kredit gewährt wurden. „Der Rechtsanwalt Amnon Zichroni, der die Palästinensische Autonomiebehörde in Israel vertritt, teilte den israelischen Geldgebern unverblümt mit, daß ihre Chancen auf Rückzahlung so gut wie null sind."[5]

Und so steht es mit Dieben und sonstigen Kriminellen, die nun munter Autodiebstahl und Drogenhandel betreiben, einbrechen und rauben können, da sie ja wissen, daß nur wenige Kilometer weiter innerhalb der palästinensisch verwalteten Gebiete sichere Gefilde sind, wo die israelische Polizei sie weder verfolgen noch verhaften kann.[6]

Ein Hohn auf Demokratie und Gerechtigkeit

Jedermann weiß, daß die palästinensischen Wahlen vom 20. Januar 1996 ein skandalöser Schwindel waren. Wahlurnen verschwanden, während es in anderen Gebieten mehr abgegebene Stimmen als registrierte Wahlberechtigte gab. Einschüchterungsaktionen in Form von Entführungen, Drohungen, Bestechungen und Verhaftungen waren an der Tagesordnung. Kandidaten, die nicht nach Arafats Geschmack waren, aber Vorwahlen gewonnen hatten, wurden von den Stimmzetteln gestrichen, und keine glaubwürdigen Gegenkandidaten gegen Arafats Anwärterschaft auf das Präsidentenamt wurden zugelassen.

Plötzlich siegende Kandidaten fanden sich nach einer „Neuzählung“ als Verlierer wieder. Und bei alledem schafften es die internationalen Beobachter, die eigentlich eine ehrliche Wahl gewährleisten sollten, nicht, auch nur die Vorsichtsmaßregeln beim Transport und Zählen der Stimmzettel durchzusetzen. Zudem übten sie an Israel Kritik, weil es an den Wahllokalen eine zu starke Polizeipräsenz aufgeboten habe – damit verliehen sie schließlich dem Hohn auf die Demokratie, der hier offensichtlich im Gange war, das Siegel ihrer Zustimmung.

Seine rechte Hand Dschibril Radschub plazierte Arafat an der Spitze seines Geheimdienstes in der Westbank und dem Gaza-Streifen. Radschub, der den Intifada-Aufstand initiierte und leitete, hat jahrelang Terrorzellen organisiert und Anschläge geplant und machte 20.000 Terroristen Arafats zu „Polizisten“, die jetzt für Recht und Ordnung sorgen sollen.[7] Ein ansässiger Jugendlicher munkelte über die neue Polizei: „Früher konnte man mit einem israelischen Soldaten sprechen. Aber jetzt, bei diesen Kerlen, hältst du lieber deinen Mund. Da läuft nichts. Die schlagen dich und niemanden kümmert's …!“[8]

Der stellvertretende Vorsitzende des israelischen Militärnachrichtendienstes für Forschungszwecke, Brigadegeneral Jaacov Amidror, behauptet, daß „die ganze Sache mit den Verhaftungen und Verhören [durch die Palästinensische Autonomiebehörde] eine einzige große Farce“ sei. Ein von ihm angeführtes Beispiel lautet: „Einer der an der jüngsten Entführung zweier israelischer Grenzpolizisten beteiligten Palästinenser [der angeblich zu neun Jahren Schwerstarbeit verurteilt wurde], ist freigelassen worden und arbeitet als Kundschafter für die palästinensische Polizei … In Gaza [gibt es] Häftlinge, die befreit wurden und weiterhin in terroristische Aktivitäten verwickelt sind …"[9]

Schlimmer als die Gestapo oder der KGB!

Aus den sogenannten „befreiten", nun unter PLO-Kontrolle stehenden Gebieten erreichen uns erschreckende Geschichten, die an Nazideutschland oder Rußland unter Stalin erinnern. Sogar Gideon Levy, „einer der glühendsten Verfechter des israelischen Rückzugs aus Judäa, Samaria und Gaza und der Gründung eines Palästinenserstaates"[10], gesteht nun den Terror, der in den Autonomiegebieten über dem palästinensischen Volk selbst herrscht. Kämpfer der al-Fatach, die für Radschub die Drecksarbeit erledigen, halten die Palästinenser unter Terror, indem sie in der Öffentlichkeit als „Sympathisanten Israels" verdächtige Personen kaltblütig hinrichten.[11] Ist das Frieden?

Levy hat schier unglaubliche Geschichten dokumentiert, die von verängstigten, gänzlich gegen Israel eingestellten palästinensischen Opfern berichtet wurden. Die weitverbreitete Korruption, zu der Bestechung, Ausbeutung, Erpressung, Inhaftierung ohne Verhör, Drogenhandel, Autodiebstähle, Prostitution und alles weitere Vorstellbare gehören, ist nur ein Teil der Geschichte. Typisch ist der Fall eines 27jährigen Ingenieurs, der „für fünf Minuten" von Arafats Geheimagenten mitgenommen wurde und mittlerweile seit neun Monaten hinter Gittern sitzt, ohne daß ihm irgendwelche Beschuldigungen bekannt sind und ohne jede Kontaktmöglichkeit weder zu einem Anwalt noch zu seiner Familie. Sein Vater sagt: „In meinem Leben habe ich die Türken, die Engländer, die Ägypter und die Israelis gesehen. Aber so etwas habe ich noch nie erlebt …"[12] Das ist also die jahrelang erträumte „Befreiung Palästinas", für die die USA, die UNO und Westeuropa eingetreten sind?

Oder denken wir an die Erfahrungen einer anstandslosen palästinensischen Familie, die frohen Mutes eine Wohnung an einen palästinensischen Geheimagenten vermietete. Sie gaben ihm 15.000 Dollar für die Renovierung der Wohnung. Nachdem er dort 14 Monate ohne jede Mietzahlung gewohnt hatte, verhaftete der Agent den Familienvater, dann forderte und erhielt er 30.000 Dollar von der Familie für seinen Auszug. Die Ehefrau, die ein heimliches Zeugnis ablegte, sagte, der immer noch ohne Miete in der Wohnung lebende Agent habe sie und ihre Familie mit dem Tod bedroht, wenn sie irgendeine Klage gegen ihn erheben. Sie jammert: „Wir waren so froh und dachten, wir würden von der Besatzungsmacht befreit. Jetzt sollte Gott uns die Hände dafür abhacken, daß wir die Juden mit Steinen beworfen haben. Diese Katastrophe haben wir selbst über uns gebracht. Jetzt gibt es kein Gesetz und keine Gerechtigkeit mehr.“[13]

Christliche Araber trifft es sogar noch schlimmer; sie werden von den Straßen oder aus ihren Häusern geholt, inhaftiert, gefoltert, manche bis zum Tod. Andere werden unter Androhung des Todes gezwungen, Christus abzuschwören. Ein grundlos verhafteter christlicher Araber wurde mißhandelt und erst dann freigelassen, als er schriftlich geschworen hatte, kein Christ zu sein. Man sagte ihm, er käme aufgrund von Druck seitens einiger Menschenrechtsorganisationen frei, die um seine Situation wüßten, aber zur gegeben Zeit würde man ihn und seine Familie auslöschen.

Wie erstaunlich ist dann doch der Bericht des US-Außenministeriums, daß „sich die Elemente der PA und PLO unter Arafats Kontrolle an die im September 1993 eingegangenen Verpflichtungen gehalten haben ... was zur vertrauensfördernden Durchführung [des Oslo-Abkommens] geführt habe“! Noch weit unglaublicher ist das makellose Zeugnis, welches das israelische Außenministerium kürzlich der Palästinensischen Autonomiebehörde ausgestellt hat! Nicht minder erstaunlich ist die Entschlossenheit der Clinton-Regierung, die PA mit Hunderten Millionen von Dollars zu unterstützen. Und das israelische Fernsehen tut sein Bestes, um keine beunruhigenden Bilder zu zeigen, die womöglich die Wahrheit aufdecken und somit den „Frieden“ stören könnten.

Bereits im Juli 1995 kritisierte die *Jerusalem Post* den halbjährlichen Lagebericht des US-Außenministeriums wegen des Fehlens einer Erwähnung, daß Arafats Polizei „Palästinenser sowohl in den selbstverwalteten Gebieten als auch in Gebieten unter israelischer Rechtsgewalt entführt, foltert und umbringt ... opponierende Zeitungen einstellt und politische Gegner inhaftiert und foltert“. Die Situation verschlimmert sich mit dem Fortschreiten des „Friedensprozesses“. Verhängnisvoll war Anfang 1996 die Verhaftung des Bevollmächtigten der Unabhängigen Palästinensischen Kommission für Bürgerrechte, Dr. Iyad Sarraj. Sein Vergehen? Er wagte es, die entsetzliche Mißachtung der Menschenrechte seitens der Palästinensischen Autonomiebehörde zu verurteilen.[14]

„Frieden" um jeden Preis

Zweifellos hat Jitzchak Rabin die 1992er Wahl zur Knesset deshalb gewonnen, weil er versprochen hatte, niemals irgendwelches Land zurückzugeben. Diese ausschließlich aus strategischen Gründen eingenommenen Pufferzonen waren mit israelischem Blut bezahlt worden, in schweren Schlachten gegen Feinde, die sich zu Israels Vernichtung verschworen hatten. Bei Wahlkampfreden vor Siedlern im Golan sagte Rabin, es käme einem Selbstmord gleich, gäbe man dieses Gebiet an Syrien zurück, und er gelobte, das *niemals* zu tun.

Jahrelang hatte Syrien es sich zur Gewohnheit gemacht, vom Golan aus Granaten auf die israelischen Siedlungen im Tal zu feuern. Dort von den Golan-Höhen drangen auch die Hunderte syrischer Panzer im 1973er Jom-Kippur-Krieg beim Schleichangriff nach Israel ein, der den Syrern beinahe gelungen wäre. Israel schlug die Syrer weit genug zurück, um oben auf dem Golan eine Radaranlage plazieren und eine Pufferzone schaffen zu können, damit bei zukünftigen syrischen Angriffen die notwendigen Vorwarnungen gemeldet werden. Diese strategische Höhenlage an den Feind zurückzugeben, der immer noch entschlossen von der Vernichtung Israels spricht und den anti-israelischen Terroristen Hilfe und Unterschlupf bietet, wäre verrückt!

Als er dann zum Premier gewählt worden war, machte Jitzchak Rabin sich jedoch daran, gerade das zu unternehmen, was er niemals zu tun geschworen hatte. Er nahm mit der PLO Verhandlungen über die Rückgabe der „besetzten Gebiete" auf, um sie palästinensischer Kontrolle zu unterstellen, und verhandelte mit Syrien über die Rückgabe des Golan. Kurz vor seiner Ermordung erklärte Rabin: „Die Bibel ist keine geographische Landkarte ... sie lehrt uns Werte." Doch er sollte sich nicht an diese Werte halten und Israels einzigen Anspruch auf sein Land verwerfen: Gottes Verheißung an Abraham, Isaak und Jakob und ihre Nachkommen. Und die arabische Sicht der biblischen Geographie? *Kein einziger* arabischer Staat gibt eine Landkarte heraus [einschließlich der in Jerusalem verkauften Karten], die einen „Israel" genannten Ort aufweisen! Ihre letztendliche Absicht ist allzu offensichtlich!

Nach seinem Tod ist eine geheime Notiz aufgedeckt worden, mit der Rabin US-Präsident Clinton versprach, er werde den Golan an Syrien im Tausch gegen eine feste „Friedens"-Zusage zurückgeben. Doch Syriens Entschlossenheit zur Vernichtung Israels [wie die Entschlossenheit aller anderen arabischen Länder] basiert auf den Lehren des Islam und ist von daher unabänderlich. „Friedensvereinbarungen" sind lediglich notwendige Schritte hin auf Israels Vernichtung, weil dieses Land von außen nicht besiegt werden kann.

Unerwartete Folgen des Rabin-Attentats

Nur die Stärke und überlegene Leistung des IDF einschließlich des Umstands, daß Israel jetzt im Besitz strategischer Gebiete ist, hat die benachbarten arabischen Länder von einem weiteren Angriff nach dem Krieg von 1973 abgehalten. Diese Gebiete im Tausch gegen unsichere „Friedens"-Versprechungen abzugeben und Israel somit der Barmherzigkeit eines Feindes auszuliefern, der sich zur Vernichtung dieses Staates verschworen hat, ist die größte Torheit. Das hat ganz Israel eingesehen. Doch Rabin, der vor seinem Tod überall mit Buhrufen empfangen wurde, hatte das anscheinend vergessen.

Rabins Ermordung erhob ihn zu einem Märtyrer und kehrte die Gefühlslage in Israel um zugunsten einer Annahme seiner unbeliebten Politik, die ihm sozusagen zum Selbstmord geworden war. Die Witwe des ermordeten Premiers ermahnt in öffentlichen Ansprachen, daß jeder Gegner der Politik ihres Gatten Schmach über sein Andenken bringe. Durch das Attentat ist die israelische Polizei dermaßen übereifrig geworden, daß jetzt gegen verdächtigte „regierungsfeindliche" Partisanen eine regelrechte Terrorherrschaft im Gange ist, wie die Vereinigung für Bürgerrechte in Israel [ACRI] meldete.

Die israelische Regierung könnte für ihre Bereitschaft zur Rückgabe des Golan vielleicht entschuldigt werden, weil Israel im Besitz von schätzungsweise 200 Atomwaffen ist, die es im Notfall einsetzen könnte. Dann meldeten aber plötzlich die Schlagzeilen der letzten Ausgabe der *Jerusalem Post* von 1995: „Peres bereit zur ‚Aufgabe der Atomwaffen' wenn der Friede steht." Die Aufgabe seiner atomaren Abschreckung sowie seiner strategischen Gebiete würde für Israel letztlich eine unwiderstehliche Einladung an seine Feinde zu einem Angriff darstellen. Das würde den Eindruck erwecken, daß Israel sich nun selber in das falsche Gefühl von Sicherheit bringt, das in Hesekiel 38 als das Vorspiel von Harmagedon beschrieben ist.

Irgend etwas läuft absolut verkehrt!

Der Rest der Welt muß seinen Teil der Schuld für den derzeitigen Druck auf Israel tragen, der seine Staatsmänner zu Fortsetzung des gegenwärtigen Wahnsinns veranlaßt hat. Zum Beispiel wurden 321 Resolutionen der UN-Vollversammlung und 49 Resolutionen des UN-Sicherheitsrats verabschiedet, die allesamt Israel verurteilten. Und wie oft sind die arabischen Länder für ihren Vorsatz der Vernichtung Israels und für ihre Terrorschläge gegen seine Zivilbevölkerung verurteilt worden? Nicht ein einziges Mal! Arafat, der einen Revolver an seiner Hüfte trägt, sprach vor der UN-Vollversammlung und rief zur Vernichtung Israels auf. Wurde er dafür gerügt? Nein! Sehen wir uns die Aufstellung noch einmal an: 370 zu 0! Ist das vielleicht ein wenig unausgeglichen? Irgend etwas läuft absolut verkehrt! Gott wird die Nationen für ihre Verstellungskunst sicherlich richten!

Tragischerweise glauben Israels Staatsmänner weder an Gott, noch gehorchen sie ihm, der dieses Land den Nachkommen Jakobs [Israels] verhieß und der sagte: „Das Land soll nicht endgültig verkauft werden, denn mir gehört das Land" (3. Mose 25,23)! Schimon Schetreet, der israelische Religionsminister, versprach Ende 1995 dem katholischen Patriarchen von Jerusalem Michel Sabbah tatsächlich, er werde „die vom Staat bezahlten Rabbiner verpflichten, ihre Namen von einer Erklärung zu entfernen ... in der sie festsetzten, daß es [von Gott] untersagt ist, Teile von Erez Yisrael abzugeben". Als katholische Führungspersönlichkeit lehnt Sabbah eine israelische Verwaltung Jerusalems ab. Wir erinnern uns, daß Sabbah *nach Saddam Husseins Einnahme Kuwaits* bei einem Treffen im Vatikan diesen Massenmörder dafür lobte, daß er „die Sache der Palästinenser wahrhaft in seinem Herzen trägt", und sich weigerte einzugestehen, daß Saddam „gefährlicher" ist als US-Präsident Bush.

Anstatt Hilfe vom Gott Abrahams, Isaaks und Jakobs zu erwarten, suchen Israels Führer diese Hilfe bei ihren Feinden. Sie werden zu Mittätern ihrer eigenen Vernichtung, indem sie ihren eingeschworenen Todfeinden gerade das Land zurückgeben, das Israel zu seiner Verteidigung benötigt und das seine Feinde sich in der seit langem vorausgesagten Schlacht um dieses Land, der Schlacht von Harmagedon, zunutz machen werden. Man vernimmt noch den drohenden Widerhall der vor Jahren von Henry Kissinger ausgesprochenen Warnung, wenn das Anliegen für Frieden allein in der Beendigung des Krieges besteht, dann ist „moralische Abrüstung" die unausweichliche Folge, die letztendlich zum Krieg führen wird. Die Israelis sind vom Frieden um jeden Preis derart besessen, daß sie blind sind für die Realität, die sie nun einholt.

Singen, während Jerusalem brennt ?

Andererseits hat der eingebildete Friede dem gesamten Nahen Osten viele Vorteile und wirkliche Änderungen gebracht. Ein Leitartikel der *Jerusalem Post* schrieb Anfang 1996: „Wer hätte zu träumen gewagt, daß jordanische Soldaten in einem Krankenhaus in Tel Aviv behandelt werden, daß El Al die Flugpreise senkt, weil immer mehr Israelis mit der Royal Jordanian Air fliegen, oder daß das israelische Radio unbekümmert – und in derselben Woche – die Aufnahme diplomatischer Beziehungen mit Tunesien, Oman und Bahrain meldet!"

Gleichzeitig hat der „Frieden" jedoch keine Veränderung gebracht, als nur Israels Feinde in eine bessere Ausgangsposition zur angestrebten Vernichtung des jüdischen Staats zu versetzen. Vermummte Selbstmordkommandos mit Haßparolen auf ihren wehenden Fahnen sammeln in den palästinensisch verwalteten Gebieten begeisterte Anhängerschaften, wenn sie zur Ermordung jüdischer Kinder aufrufen. Anfang 1996 kreischte am Islamischen Kolleg in Gaza eine wilde Meute bei einer Straßentheater-Aufführung eines Hamas-Mitglieds, das einen Israeli umbrachte. Daß Israel in einer Geste des Wohlwollens weite Gebiete innerhalb seiner Grenzen an die Palästinenser abgetreten hat, scheint nur ihren Appetit auf immer mehr angefacht zu haben – einen Appetit, der niemals gestillt werden kann, bis schließlich das islamische Ziel der Vernichtung des Judenstaats erreicht ist.

Jerusalem ist das nächste Ziel Arafats. Die Bewohner der südlichen und nördlichen Stadtteile wurden bereits, wenn auch nicht allzu laut, „zu gesteigerter Wachsamkeit angehalten sowie zur Installation von Alarmanlagen und zum Schutz ihrer Häuser mit Gittern und Hunden aufgefordert". Doch irgend etwas weit Unheilvolleres als vereinzelte Anschläge und Überfälle und Autodiebstähle ist im Anmarsch. Israelinterne Nachrichtendienste haben in Erfahrung gebracht, daß die Palästinensische Autonomiebehörde aus der Intifada stammende Jugendabteilungen organisiert hat, um in einem konzentrierten Angriff gegen die Israelis Ostjerusalem zurückzuerobern, sobald der „Friedensprozeß" einen angemessenen Zustand erreicht hat.

Während Israel durch Rückgabe des zur seiner Verteidigung strategisch unabdingbaren Landes an seine Feinde allmählich Selbstmord verübt – und während Terroranschläge und Verluste sich häufen, die Kriminalität zunimmt und die Besorgnis unter den Weisen steigt – boomt der Bau von Hotels am Meer und ganzen Badeorten sowie der Verkauf luxuriöser Domizile. Ein typischer ganzseitiger Zeitungsartikel trägt die

Überschrift: „Das gute Leben an der See: Israels Neureiche kaufen die Refugien am Meer auf."[15] In den israelischen Zeitungen finden sich seitenweise Anzeigen mit Fotos und Angeboten von neuen herrschaftlichen Wohnsitzen, die den Wohlhabenden elegante Heime feilbieten – allesamt nur Minuten entfernt von bedrückender arabischer Armut und Terrorstützpunkten genau inmitten der Freistätten der palästinensischen Autonomiegebiete. Terroristische Ausbildungslager, Zentren für Rekruten, Waffenlager und Geheimdienste operieren unter dem totalen Schutz der Palästinensischen Autonomiebehörde, deren hingegebenes Personal entschlossener denn je ist, die Israelis zu vernichten, die sich in naiver Weise in der momentanen Friedenseuphorie sonnen. Das erinnert uns an Nero, der fröhlich sang, während Rom in Flammen stand.

[Einfügung des deutschen Herausgebers: Am 24. April 1996 beschlossen die Delegierten des Exilparlaments der PLO mit deutlicher Mehrheit einen von PLO-Chef Arafat favorisierten Antrag, der die Streichung aller Passagen vorsieht, die dem Geist der israelisch-palästinensischen Autonomieabkommen widersprechen. Associated Press: „Der israelische Ministerpräsident Schimon Peres zeigte sich erfreut über die Abstimmung. Er wertete sie als Beweis, daß Israel Arafat vertrauen könne." Wie diese Nachricht zu werten und wo das Ereignis einzuordnen ist, ergibt sich aus dem Gesamtzusammenhang der in diesem Buch aufgezeigten Tatsachen.]

Gott wird das letzte Wort haben. Die schwerste Bestrafung Israels für seine fortdauernde Rebellion steht noch bevor: „Wehe! Denn groß ist jener Tag, keiner ist wie er, und es ist eine Zeit der Bedrängnis für Jakob; *doch wird er [ein Überrest] aus ihr gerettet werden*" (Jeremia 30,7). Und auch die Nationen werden wegen ihrer Mißhandlung des auserwählten Volkes Gottes bestraft werden: „Ich versammle *alle Nationen* nach Jerusalem zum Krieg; und die Stadt wird eingenommen ... Dann wird der HERR ausziehen und gegen jene Nationen kämpfen ... Und seine Füße werden an jenem Tag auf dem Ölberg stehen ... und sie werden auf mich blicken, den sie durchbohrt haben" (Sacharja 14,2-4; 12,10).

Wir werden aufgefordert, um „Heil für Jerusalem" zu beten (Psalm 122,6). Aber wir sollten auch dafür beten, daß Gott die blinden Augen der Israelis öffnen möge, damit sie mit David, Israels mächtigstem König, sagen, „unsere Seele wartet auf den HERRN; unsere Seele und unser Schild ist er" (Psalm 33,20), und ganz und gar zu ihm, ihrem Messias, umkehren.

Anmerkungen

Kapitel 1 – Jerusalem, die Stadt unseres Gottes

1. *The Jerusalem Post International Edition*, Woche bis zum 4. Februar 1995; S. 5.
2. Will Durant, *Kulturgeschichte der Menschheit* (Francke, Bern, 1952), Bd. IV: *Das Zeitalter des Glaubens*, S. 257-258.
3. *The Jerusalem Post International Edition*, Woche bis zum 31. Dezember 1994, S. 6.
4. *Parade*, 3. April 1994, Titelseite.
5. *The Jerusalem Post International Edition*, Woche bis zum 8. Oktober 1994, S. 2.
6. *The Jerusalem Post International Edition*, Woche bis zum 1. Oktober 1994, S. 8B.
7. Ebd.
8. *The Jerusalem Post International Edition*, Woche bis zum 27. Mai 1994.

Kapitel 2 – Das Land der Verheißung

1. Zusammenstellung von Statistiken aus verschiedenen Quellen.
2. *The Jerusalem Post International Edition*, Woche bis zum 31. Dezember 1994, S. 15.
3. *Time*, 6. Februar 1995, S. 36-40.
4. Ebd.
5. Ebd. Siehe auch *The Jerusalem Post International Edition*, Woche bis zum 31. Dezember 1994, S. 12-15.
6. *The Jerusalem Post International Edition*, Woche bis zum 8. Oktober 1994, S. 23.
7. *The Jerusalem Post International Edition*, Woche bis zum 11. Februar 1995.
8. *The Jerusalem Post International Edition*, Woche bis zum 26. November 1994, S. 12A.
9. Elishua Davidson, *Islam, Israel and the Last Days* (Harvest House Publishers, 1991), S. 92-94.

Kapitel 3 – Die Stadt Davids

1. *The Jerusalem Post International Edition*, Woche bis zum 7. Januar 1995, Moshe Kohn, „Which David?", S. 13.
2. Will Durant, *Kulturgeschichte der Menschheit* (Francke, Bern, 1952), Bd. III: *Caesar und Christus*, S. 575-576.
3. Ebd., S. 575.
4. Ebd., S. 577-578.
5. Ebd., S. 578.
6. Ebd.
7. Ebd., S. 548.

Kapitel 4 – Das Heilige Land

1. *The Jerusalem Post International Edition*, Woche bis zum 21. Januar 1995, „Why do we coddle wife killers?", S. 7.

2. *The Jerusalem Post International Edition*, Woche bis zum 18. Februar 1995, S. 5.
3. *Israel My Glory*, Dezember 1994/Januar 1995, S. 19.
4. *The Jerusalem Post International Edition*, Woche bis zum 24. Dezember 1994, S. 6.
5. *The Jerusalem Post International Edition*, Woche bis zum 7. Januar 1995, S. 24.
6. Ebd.
7. *The Jerusalem Post International Edition*, Woche bis zum 24. Dezember 1994, S. 6.
8. *The Jerusalem Post International Edition*, Woche bis zum 7. Januar 1995, S. 24.
9. Herb Keinon, „Deaths from terror up sharply since Oslo accord“, in: *The Jerusalem Post International Edition*, Woche bis zum 24. September 1994, S. 24.
10. *The Jerusalem Post International Edition*, Woche bis zum 18. Februar 1995, S. 4.
11. Karl Rahner, Herbert Vorgrimler, *Kleines Konzilskompendium* (Herder, Freiburg, 1966), S. 132.
12. Ebd., S. 133.
13. Ebd., S. 130.
14. *Inside the Vatican*, April 1994, S. 24.
15. Rahner/Vorgrimler, a.a.O., S. 141.
16. Ebd., S. 357.
17. Rabbi Meir Zlotowitz und Rabbi Nosson Scherman, Hg., *SHOAH, A Jewish Perspective on Tragedy in the Context of the Holocaust* (Mesorah Publications, Ltd, 1990), S. 161.
18. *Washington Post*, 9. August 1994.
19. *The Jerusalem Post International Edition*, Woche bis zum 29. Oktober 1994, S. 6.
20. *Spotlight on Israel* wie zitiert in *UPLOOK*, November 1994, S. 11.

Kapitel 5 – Konflikt und Verbitterung

1. Lance Lambert, „Israel and the Nations“, Vortrag in Jerusalem von 1986.
2. Robert Morey, *The Islamic Invasion* (Harvest House, 1992), S. 24.
3. Siehe 1. Mose 50,24; 2. Mose 2,24; 6,8; 33,1; 3. Mose 26,42; 4. Mose 32,4; 5. Mose 1,8; 6,10; 9,5.27; 30,20; 34,4; 2. Könige 13,23 u.a.
4. Siehe 2. Mose 3,6.15-16; 4,5; 5. Mose 29,13; Matthäus 22,32; Markus 12,26; Lukas 20,37; Apostelgeschichte 3,13; 7,32 u.a.
5. John McClintock und James Strong, *Cyclopedia of Biblical, Theological, and Ecclesiastical Literature* (Baker Book House, 1981). I:339.
6. Jon Immanuel, „Feeding the dogs of war“, *The Jerusalem Post International Edition*, Woche bis zum 25. Februar 1995, S. 9.
7. *Toronto Star*, 8. November 1994.
8. Koran, Sure 2,118-121.
9. Will Durant, a.a.O., Bd. IV: *Das Zeitalter des Glaubens*, S. 184-186.
10. Ebd., S. 194.

Kapitel 6 – Prophetie wird Geschichte

1. Guenter Lewy, *Die katholische Kirche und das dritte Reich* (Piper, München, 1965), S. 300-301.
2. Will Durant, *Kulturgeschichte der Menschheit* (Francke, Bern, 1952), Bd. V: *Die Reformation*, Orig-S. 727.

3. *The Jerusalem Post International Edition*, Woche bis zum 7. Januar 1995, S. 24.
4. *National & International Religion Report*, 26. Dezember 1994, S. 2.
5. *The Jerusalem Post International Edition*, Woche bis zum 14. Januar 1995, S. 12.
6. *Time*, 4. April 1988, S. 46. Vergl. Johannes Glasneck, Angelika Timm, *Israel. Die Geschichte des Staates seit seiner Gründung* (Bouvier, Bonn, 1992, S. 13).

Kapitel 7 – Kampf ums Überleben

1. David Lamb, *The Arabs* (Vintage Books, 1987), S. 212.
2. *Time*, 4. April 1988, S. 47.
3. *London Economist*, 2. Oktober 1948.
4. *Al Difaa*, 6. September 1948.
5. *Time*, 4. April 1988, S. 50.
6. *The Jerusalem Report*, 15. Dezember 1994, S. 8.
7. *Time*, 4. April 1988, S. 40.
8. *Time*, 4. April 1944, S. 46.
9. *The Jerusalem Post International Edition*, Woche bis zum 26. November 1994, S. 7.
10. *Newsweek*, 5. Juni 1967, S. 48.
11. *The Jerusalem Post International Edition*, Woche bis zum 14. Januar 1995.
12. *The Orange County Register*, 4. Januar 1995, NEWS 3.
13. *Newsweek*, 19. Juni 1967, S. 29.

Kapitel 8 – Ein *auserwähltes* Volk?

1. Penny Rosenwasser, *Voices From A „Promised Land“: Palestinian and Israeli Peace Activists Speak to their Hearts* (Curbstone Press, 1992), S. 100.
2. Ebd., S. 73.
3. Ebd., S. 217.
4. Ebd., S. 204.
5. *The Jerusalem Post International Edition*, Woche bis zum 7. Januar 1995, S. 24.
6. *The Jerusalem Post International Edition*, Woche bis zum 5. November 1994, S. 7.
7. Elie Wiesel, *Night* (Bantam Books, 1986), S. 64.

Kapitel 9 – Das Geheimnis des Antisemitismus

1. Will Durant, *Kulturgeschichte der Menschheit* (Francke, Bern, 1952), Bd. III: *Caesar und Christus*, S. 579.
2. *Time*, 6. Februar 1995, S. 40.
3. William Whiston, Übers., *The Life and Works of Flavius Josephus* (The John C. Winston Company, 1957), S. 607.
4. Will Durant, *Kulturgeschichte der Menschheit* (Francke, Bern, 1952), Bd. II: *Das Leben Griechenlands*, S. 565-566.
5. Ebd., S. 566.
6. Ebd., S. 566-567.
7. Ebd., S. 567.

8. Ebd., Bd. III.: *Caesar und Christus*, S. 578.
9. Ebd., S. 581-582.
10. Siehe Dave Hunt, *Die Frau und das Tier* (CLV, Bielefeld, 1995), S. 240-257.
11. Sidney Z. Ehler und John B. Morall, Übers. und Hg. dieser alten Dokumente, *Church and State through the Centuries* (London, 1954), S. 7.
12. R.W. Thompson, *The Papacy and Civil Power* (New York, 1876), S. 553.
13. Durant, a.a.O., Bd. IV, S. 421-425.
14. R. Tudor Jones, *The Great Reformation* (InterVarsity Press), S. 164.
15. Durant, a.a.O., Bd. IV, S. 427.
16. Guenter Lewy, a.a.O., S. 299.
17. Durant, a.a.O., Bd. IV, S. 427-429.
18. *The Jerusalem Post International Edition*, Woche bis zum 10. Dezember 1994, S. 16.
19. *The Jerusalem Post International Edition*, Woche bis zum 26. November 1994, S. 16A.
20. *Time*, 6. Februar 1995, S. 40.
21. Ebd.
22. Von der *Associated Press* wie berichtet in *This Week in Bible Prophecy*, Januar 1995, S. 13.
23. Rahner/Vorgrimler, a.a.O., S. 358-359.
24. *St. Michael's News, A Publication of St. Michael's Legion*, März 1968, S. 1-2.
25. John C. Landau, „Textbook case of propaganda", in: *The Jerusalem Post International Edition*, Woche bis zum 5. November 1994, S. 13.
26. *Religion News Service* wie berichtet in *The Christian News*, 20. Februar 1995, S. 18.
27. Ebd.

Kapitel 10 – Die „Endlösung"

1. Elie Wiesel, *Night* (Bantam Books, 1986), aus dem Vorwort der Ausgabe zum 25. Jahrestag von Robert McAfee Brown.
2. Ebd., S. 32, 34.
3. Frederic V. Grunfeld, *Die Deutsche Tragödie. Adolf Hitler und das Deutsche Reich 1918-1945* (Hoffmann und Campe, 1975), S. 308.
4. Ebd., S. 165.
5. *National Catholic Reporter*, 29. Juli 1994, S. 13.
6. Lewy, a.a.O., S. 298, 306.
7. *Katolicki Tjednik*, 25. Mai 1941.
8. Peter Viereck, *Meta-Politics: The Roots of the Nazi-Mind* (Alfred A. Knopf, Inc., 1941, 1961er Ausgabe), S. 319.
9. Durant, a.a.O., Bd. IV, Orig.-S. 727; siehe auch Martin Luther, *Von den Juden und ihren Lügen*, Wittenberg 1543.
10. Martin Gilbert, *The Holocaust: A History of the Jews of Europe During the Second World War* (Henry Holt and Company, Inc., 1985), S. 19-22.
11. Ebd., S. 18.
12. Ebd., S. 36-37.
13. Ebd., S. 41.
14. Ebd., S. 64.
15. Ebd.
16. Aus den *Yad Vashem*-Archiven, wie zitiert in Gilbert, a.a.O., S. 65.

17. William L. Shirer, *The Rise and Fall of the Third Reich* (Fawcet Publications, Inc., 1959), S., 580-587.
18. Zitiert in Rabbi Joel Schwartz und Rabbi Jitzchak Goldstein, *SHOAH: A Jewish perspective on tragedy in the context of the Holocaust* (Mesorah Publications, Ltd., 1990).
19. Wiesel, a.a.O., S. 4-6.
20. *The Christian News*, 30. Januar 1995, S. 16.
21. Ebd., S. 17.
22. Ebd., S. 16-17; siehe auch in gleicher Publikation vom 6. Februar 1995, S. 9-11.
23. *The Jerusalem Post International Edition*, Woche bis zum 28. Januar 1995, S. 11.
24. Gilbert, a.a.O., S. 821-822.
25. *The Jerusalem Post International Edition*, Woche bis zum 28. Januar 1995, S. 5.
26. Gilbert, a.a.O., S. 437-448.
27. *Bend Bulletin*, Oregon, 30. Januar 1995.
28. *National Catholic Reporter*, 29. Juli 1994, S. 12.
29. *The Jerusalem Post International Edition*, Woche bis zum 18. Februar 1995, S. 13.

Kapitel 11 – Islam und Terrorismus

1. Abd-al-Masih, *Wer ist Allah im Islam* (Licht des Lebens, Villach), S. 32.
2. *Times* [St. Petersburg, Florida], 13. Februar 1995, S. 3A; *Newsweek*, 20. Februar 1995, S. 36-38; *Time*, 20. Februar 1995, S. 24-27.
3. *USA Today*, 10. Februar 1995, S. 2A.
4. *The Orange County Register*, 9. Januar 1995, NEWS 8.
5. G.J.O. Moshay, *Who Is This Allah?* (Dorchester House Pubications, 1994), S. 24.
6. *The Bulletin* (Bend, Oregon), von der *Associated Press*, 6. Februar 1995, Titelseite.
7. *The Orange County Register*, 9. Januar 1995, NEWS 8.
8. Ebd.
9. *The New York Times*, 8. Februar 1995, S. A1, A9.
10. Ebd.
11. *The Bulletin* (Bend, Oregon), von der *Associated Press*, 6. Februar 1995, Titelseite.
12. Lamb, a.a.O., S. 102-104.
13. *National & International Religion Report*, 26. Dezember 1994, S. 7.
14. *Time*, 4. April 1988, S. 47.
15. Lamb, a.a.O., S. 214-217.
16. Ebd., S. 102-104.
17. Ebd.
18. Ebd., S. 288.
19. Ebd., S. 87-88.
20. *Time*, 6. Februar 1995, S. 34.
21. Ebd., S. 32-33.
22. *Sharek al-Awsat* (eine saudiarabische Wochenzeitung mit Sitz in London) wie zitiert in *The Jerusalem Post International Edition*, Woche bis zum 21. Januar 1995, S. 3.
23. Lamb, a.a.O., S. 85.
24. *Mishkat Madabih*, Bd. II, S. 253.
25. Siehe insbesondere *Mishkat al Masabih* Sh. M. Ashsraf (1990), S. 147, 721, 810-811, 1130 u.a.
26. Lamb, a.a.O., S. 87-88.

27. Ebd., S. 92.
28. Ebd., S. x.
29. *USA Today*, 6. Februar 1991.
30. *Nigerian Sunday Punch*, 26. Januar 1986.
31. Abd-al-Masih, a.a.O., S. 32.
32. Lamb, a.a.O., S. 71.
33. Charley Reese, „People aren't that different", in *Brandon News & Shopper*, 4. August 1993, s. 10A, 15A.
34. *The Orange County Register*, 3. Januar 1995, NEWS 6.
35. *The Messianic Times*, Winter 1995, S. 13.
36. *The Jerusalem Post International Edition*, Woche bis zum 26. November 1994, S. 13.
37. Ebd.
38. *The Baptist Challenge*, Dezember 1994, S. 8.
39. Durant, a.a.O., Bd. IV, S. 193.
40. Associated Press, 2. Februar 1991.
41. Robert Morey, *The Islamic Invasion* (Harvest House Publishers, 1992), S. 26, 32.
42. Durant, a.a.O., Bd. IV, S. 195.
43. Ebd., S. 214-216.

Kapitel 12 – Bibel oder Koran?

1. Robert Morey, a.a.O., S. 132.
2. Ebd., S. 125-127.
3. *Encyclopedia Britannica*, Bd. 13, S. 479.
4. Abdullah Mandudi, *The Meaning of the Quran* (Islamic Publications, Ltd, 1967), S. 17; Durant, a.a.O., Bd. IV, S. 189, 200 u.a.
5. Durant, a.a.O., S. 245.
6. Morey, a.a.O., S. 142-143.
7. Als Dashti, *23 years: A Study of the Prophetic Career of Mohammad* (London 1985), S. 3.
8. G.J.O. Moshay, *Who Is This Allah?* (Dorchester House Pubications, 1994), S. 111.

Kapitel 13 – Allah oder Jahwe?

1. Rahner/Vorgrimler, a.a.O., S. 141.
2. A. Guillaume, *The Life of Muhammad* (Oxford University Press, 1955), S. 66-68, wie zitiert in Moshay, a.a.O., S. 139-140.
3. Wiesel, a.a.O., S. 16.
4. Ebd., S. 2-3
5. Ebd., S. x, xi.

Kapitel 14 – Altäre, Tempel und ein Kreuz

1. *Nachkonziliare Dokumentation*, Bd. II, „Apostolische Konstitution zur Neuordnung des Ablaßwesens" (Paulinus-Verlag, Trier, 1967), S. 97.

2. *Time*, 6. Februar 1995, S. 46.
3. Moshay, a.a.O., S. 40-44.
4. *UPLOOK*, November 1994, S. 11.
5. Moshay, a.a.O., S. 24-25.
6. Ahmed Deedat, *What is his Name?* (Islamic Propagation Centre, Durban, 1986), S. 14.
7. Ebd., S. 25-26.
8. Lamb, a.a.O., S. 254.
9. *The Catholic World Report*, Februar 1995, S. 22.
10. Laura Rosen Cohen, „Death in the family: Killing woman who bring ‚shame' to their families remains am Mid-Esatern tradition", *The Jerusalem Post International Edition*, Woche bis zum 10. September 1994, S. 14.
11. Moshay, a.a.O., S. 30-31.
12. *National Catholic Reporter*, 20. Januar 1995, S. 5.
13. Patrick Johnstone: *Gebet für die Welt* (Hänssler, Neuhausen, 1994), S. 73, 208.

Kapitel 15 – Friede, Friede ...

1. Aus einer FLAME-Anzeige in: *The Jerusalem Post International Edition*, Woche bis zum 1. April 1995, S. 23.
2. *The Jerusalem Post International Edition*, Woche bis zum 1. April 1995, S. 3.
3. *The Jerusalem Post International Edition*, Woche bis zum 11. Februar 1995, S. 7.
4. *The Jerusalem Post International Edition*, Woche bis zum 17. Dezember 1994, S. 8B.
5. *US News & World Report*, 19, Dezember 1994, S. 84.
6. *International Herald Tribune*, 28. Oktober 1994.
7. *The Jerusalem Post International Edition*, Woche bis zum 29. April 1995, S. 7.
8. *Time*, 6. Februar 1995, S. 32-33.
9. Shlomo Gazit, „Arafat's end of the bargain" in: *The Jerusalem Post International Edition*, Woche bis zum 5. November 1994, S. 7.
10. *The Jerusalem Post International Edition*, Woche bis zum 25. Februar 1995, S. 2.
11. Aus den Artikeln 19 und 20 der Charta der Palästinensischen Befreiungsorganisation.
12. David Miller, NNI-Korrespondent, „Jewish Community in South America Fears Rising Wave of Persecution" in: *This Week in Bible Prophecy Magazine*, Februar 1995, S. 2.
13. Aus Artikel 4 der PLO-Charta.
14. *The Jerusalem Post International Edition*, Woche bis zum 12. November 1994, S. 23.
15. Ebd., aus einer Anzeige für FLAME, (Facts and Logic about the Middle East, P.O. Box 590359, San Francisco, CA 94159).
16. *The Jerusalem Post International Edition*, Woche bis zum 14. Januar 1995, S. 3.
17. Eine Anzeige „veröffentlicht und bezahlt von FLAME" in: *The Jerusalem Post International Edition*, Woche bis zum 12. November 1994, S. 23.
18. Ebd.
19. Ebd.
20. *The Jerusalem Post International Edition*, Woche bis zum 18. Februar 1995, S. 2.
21. Ebd.
22. *The Jerusalem Post International Edition*, Woche bis zum 14. Januar 1995, S. 3.
23. Ebd., S. 9.
24. *The Jerusalem Post International Edition*, Woche bis zum 10. Dezember 1994, 10.
25. Ebd.

26. *The Jerusalem Post International Edition*, Woche bis zum 26. November 1994, S. 7.
27. *The Jerusalem Post International Edition*, Woche bis zum 14. Januar 1995, S. 13.
28. „The Iranian Threat", in: *The Jerusalem Post International Edition*, Woche bis zum 1. April 1995, S. 8.

Kapitel 16 – Eine Taumelschale

1. *The Jerusalem Post International Edition*, Woche bis zum 1. April 1995, S. 6.
2. *Palestinian Refugees and the Right to Return* (Palestinian National Authority, Ministry of Information Publication Number 6, März 1995), S. 4, 8, wie zitiert in *The Jerusalem Post International Edition*, Woche bis zum 1. April 1995, S. 6.
3. Ebd.
4. *The Jerusalem Post International Edition*, Woche bis zum 1. April, S. 6, „PLO covenant: alive and snarling", von Zeev Begin.
5. *The Jerusalem Post International Edition*, Woche bis zum 25. März 1995, S. 8A.
6. Aus der Erklärung, unterzeichnet in Washington D.C. am 13. September 1993 von Schimon Peres für die Regierung von Israel und von Mahmoud Abbas für die PLO und bezeugt von Warren Christopher von den USA und Andrei Kozyrev für Rußland, wie zitiert in: Shlomo Gazit/Zeev Eytan, herausgegeben von Shlomo Gazit, *The Middle East Military Balance 1993-94* (Universität von Tel Aviv, Jaffee Center vor Strategic Studie, 1994), S. 43
7. Statistiken aus: Gazit/Eytan, a.a.O., S. 482-487.
8. *The Jerusalem Post International Edition*, Woche bis zum 31. Dezember 1994, S. 22.
9. *The Jerusalem Post International Edition*, Woche bis zum 21. Januar 1995, S. 1.
10. Shmuel Segev, „‚New Middle East' is dead", *The Jerusalem Post International Edition*, Woche bis zum 28. Januar 1995, S. 7.
11. *The Jerusalem Post International Edition*, Woche bis zum 1. April 1995, S. 2.
12. *The Jerusalem Post International Edition*, Woche bis zum 17. Dezember 1994, S. 9.
13. Steve Rodan, „Is it time to worry about a nuclear Iran?", in: *The Jerusalem Post International Edition*, Woche bis zum 21. Januar 1995, S. 16A.
14. Ebd.
15. *The Jerusalem Post International Edition*, Woche bis zum 17. Dezember 1994, S. 7.
16. Ebd.
17. *The Jerusalem Post International Edition*, Woche bis zum 25. März 1995, S. 3.
18. Leitartikel, „The Lebanon dead-end", in: *The Jerusalem Post International Edition*, Woche bis zum 24. Dezember 1994, S. 8.
19. „The Iranian Threat", in: *The Jerusalem Post International Edition*, Woche bis zum 1. April 1995, S. 8.
20. Ebd.
21. *The Jerusalem Post International Edition*, Woche bis zum 17. Dezember 1994, S. 9.
22. *The Evansville Courier*, Sonntag, 30. Oktober 1994, S. A10.
23. *The Jerusalem Post International Edition*, Woche bis zum 1. April 1995, S. 4.
24. Ebd., S. 7.
25. Depeche der Associated Press, wie berichtet in: *St. Petersburg Times* 13. Februar 1995, S. 2A.
26. *The Bulletin* (Bend, Oregon), 11. April 1995, S. 1A.
27. *The Jerusalem Post International Edition*, Woche bis zum 14. Januar 1995, S. 3.

28. Ebd., S. 13.
29. David Bar-Illan, „Peace Corps message of hate“, in: *The Jerusalem Post International Edition*, Woche bis zum 11. März 1995, S. 14.
30. Dr. J.S. Kaufman, Bloomfield, Michigan, „The Bosnian Lesson“, in: *The Jerusalem Post International Edition*, Woche bis zum 31. Dezember 1994, S. 20.
31. Aus einer Anzeige von FLAME in: *The Jerusalem Post International Edition*, Woche bis zum 1. April 1995, S. 23.

Kapitel 17 – Christen für – und gegen – Israel

1. Rick Godwin, Sonntagabendpredigt in der Metro-Church, Edmond, Oklahoma, 11. April 1988; Kassette „Rick Godwin No. 2“.
2. Hyam Maccoby, *The Myth-Maker, Paul and the Invention of Christianitiy* (Harper & Row, 1986).
3. *Inside the Vatican*, März 1995, S. 7.
4. Peter de Rosa, *Gottes erste Diener. Die dunkle Seite des Papsttums* (Knaur, München, Taschenbuch-Ausg. 1991), S. 218.
5. J.H. Ignaz von Döllinger, *Der Papst und das Concil* (Steinacker, Leipzig, 1869), S. 254-257.
6. *The Jerusalem Post International Edition*, Woche bis zum 17. Dezember 1994, S. 8B.
7. *La Civilta*, Bd. iii, 1862, S. 11.
8. de Rosa, a.a.O., S. 242-243.
9. Brief im Archiv des Autors, datiert auf den 28. Juli 1991.
10. Earl Paulk, *The Handwriting on the wall* (im Selbstverlag von Paulk's Chapel Hill erschienene Broschüre, Decatur, GA 30034); siehe S. 17, 19-20.
11. Ebd.
12. David Chilton, *Days of Vengeance: An Exposition of the Book of Revelation* (Dominion Press, 1987), S. 410, 443, 575.
13. *End-Times News Digest,* Dezember 1987 (James McKeever Ministries Newsletter), S. 3.
14. Philip Mauro, *The Hope of Israel* (Grace Abounding Ministries, Inc., 1988), S. 17.
15. Mauro, a.a.O., S. 261.
16. R.B. Yerby, *The Once and Future Israel* (Grace Abounding Ministries, Inc, 1988), S. 17.
17. Ebd., S. 117.
18. *National & International Religion Report* 26. Dezember 1994, S. 2.
19. *The Jerusalem Post International Edition*, Woche bis zum 29. Oktober 1994, S. 1, 10.
20. *News from Israel*, April 1995, S. 10.
21. Döllinger, a.a.O., S. 254-257.

Kapitel 18 – Der Antichrist und der neue Tempel

1. *Los Angeles Times*, 26. Dezember 1989, S. A13.
2. Lamb, a.a.O., S. 226.
3. *The Jerusalem Post International Edition*, Woche bis zum 1. April 1995, S. 4.
4. Ebd., S. 11.
5. Ebd., S. 2, 8, 11.

6. Richard Kirby and Earl D.C. Brewer, „Temples of Tomorrow: Toward a United Religions Organization“, in: *The Futurist*, September/Oktober 1994, S. 26-28.
7. *Chalcedon Report*, Juli 1988, S. 1.
8. *Inside the Vatican*, Oktober 1993, S. 18.
9. Ebd., S. 4.
10. *Inside the Vatican*, Dezember 1994, S. 14.
11. Rahner/Vorgrimler, a.a.O., S. 357.
12. Moshay, a.a.O., S. 25.
13. Aus einem Interview mit Gershon Salomon, 24. Juni 1991, wie berichtet in Thomas Ice & Randall Price, *Ready to Rebuild: The Imminent Plan to Rebuild the Last Days Temple* (Harvest House Publishers, 1992), S. 121; vgl. Roger Liebi, *Jerusalem – Hindernis für den Weltfrieden?* (Schwengeler, Berneck, 1994), S. 107-108.
14. *US News & World Report*, 19. Dezember 1994, S. 7C.
15. Marmaduke Pickthall, *The Meaning of The Glorious Koran: A explanatory translation* (Alfred a. Knopf, 1992), einleitende Bemerkungen am Anfang von Sure 17.
16. *Spokesman Review*, 27. September 1993, Rubrik „National Digest“.
17. *Inside the Vatican*, Dezember 1994, S. 19.
18. Leitartikel, *Jewish Press*, 2. September 1994.
19. Art Kunin, *Whole Life Times*, August 1979, „The Dalai Lama in Los Angeles: What Does Kalachakra Have to do with World Peace?“, S. 8.

Kapitel 19 – Betrug und Harmagedon!

1. *The Jerusalem Post International Edition*, Woche bis zum 14. Januar 1995, S. 12.
2. Associated Press, 23. Januar 1995, wie berichtet in: *The Bulletin*, 23. Januar 1995, Titelseite.
3. Ebd.
4. *The Jerusalem Post International Edition*, Woche bis zum 14. Januar 1995, S. 3.
5. *The Jerusalem Post International Edition*, Woche bis zum 1. April 1995, S. 8.
6. Shlomo Gazit – Zeev Eytan, herausgegeben von Shomo Gazit, *The Middle East Military Balance* (Tel Aviv University, 1994), S. 153.
7. Ebd., S. 150-151.
8. *Inside the Vatican*, März 1995, S. 8-10.
9. Ebd., S. 11.
10. *The Washington Post*, 26. Oktober 1994, S. A26.
11. *News From Israel*, April 1995 S. 6, 9.
12. *Time*, 24. Februar 1992, S. 28-35.
13. *The Catholic World Report*, März 1994, S. 23.
14. Ebd.
15. *New York Times*, 15. April 1993.
16. *San Jose Mercury News*, 17. April 1993.
17. *San Jose Mercury News*, 16. April 1993.
18. Gerald Suster, *Hitler: The Occult Messiah* (New York, 1981), S. 100, 107.
19. Jean-Michel Angebert, *The Occult and the Third Reich* (New York, 1974), S. 20.
20. *Time*, 11. Juli 1994, S. 41.
21. *Time*, 21. November 1994, S. 82-83.
22. *The Jerusalem Post International Edition*, Woche bis zum 14. Januar 1995, S. 9.

23. Ebd.
24. Ebd.

Kapitel 20 – „So wird ganz Israel errettet werden“

1. *Newsweek*, 12. Dezember 1994, S. 54.
2. *The Jerusalem Post International Edition*, Woche bis zum 4. März 1995, S. 6, Shmuel Katz, „Answers blowing still in the wind“.
3. *St. Petersburg Times*, 13. Februar 1995, S. 2A.
4. *The Jerusalem Post International Edition*, Woche bis zum 4. März 1995, S. 24.
5. Alon Liel, „Killer today, official tomorrow“, *The Jerusalem Post International Edition*, Woche bis zum 4. März 1995, S. 7.
6. *The Catholic World Report*, April 1995, S. 41-43.
7. *The Jerusalem Post International Edition*, Woche bis zum 3. September 1994, S. 6, Uri Dan und Dennist Eisenberg, „Syria offered Carlos' Head for the Golan“.
8. *Our Sunday Visitor*, 7. September 1993, S. 6-7.
9. *Parade Magazine*, 9. April 1955, S. 8.
10. *US News & World Report*, 19. Dezember 1994, S. 62-71.
11. Ebd., S. 67.
12. Ebd., S. 62; *Bend Bulletin*, 11. Dezember 1994, S. 2.
13. *Los Angeles Times*, 20. April 1993, S. A17.
14. Leitartikel, „Mainstreaming Madman“, in: *Israel My Glory*, Juni/Juli 1994, S. 4.
15. *US News & World Report*, 19. Dezember 1994, S. 62-71.
16. Ebd.
17. Ebd.

Kapitel 21 – Das neue Jerusalem

1. *US News & World Report*, 19. Dezember 1994, S. 64.
2. *Houston Chronicle*, 24. Februar 1995, wie berichtet in: *The Christian News*, 17. April 1995, S. 2.
3. *The Bulletin* (Bend, Oregon), 25. April 1995, S. A-2.
4. Ebd., 28. April 1995, S. A-2.
5. „Ofek-3 in Orbit, ‚Can read license plates in Baghdad‘“, in: *The Jerusalem Post International Edition*, Woche bis zum 15. April 1995, S. 1.
6. *The Jerusalem Post International Edition*, Woche bis zum 15. April 1995, S. 2.
7. Ebd., S. 3.
8. Leitartikel, „Nuclear terrorists“, in: *The Jerusalem Post International Edition*, Woche bis zum 27. August 1994.
9. *Time*, 28. August 1994, S. 47.
10. *The Orange County Register*, 5. September 1992.
11. Ebd.
12. Leitartikel, „The peace of the naive“, in: *The Jerusalem Post International Edition*, Woche bis zum 3. September 1994, S. 8.
13. Paul Horgan, *Rome Eternal* (New York, 1959).
14. *The Orange County Register*, 30. September 1993, S. NEWS 24.

15. Aus dem „Statement on Jerusalem", verabschiedet vom Zentralausschuß des Ökumenischen Rats der Kirchen bei seiner Zusammenkunft vom 14. bis 22. August 1980, Paragraphen 1 und 2.
16. Ebd., Abschnitte 3-6.
17. Leitartikel, The emerging police state", in: *The Jerusalem Post International Edition*, Woche bis zum 3. September 1994, S. 8.
18. „Gaza police chief: We won't shoot at Hamas", in: *The Jerusalem Post International Edition*, Woche bis zum 27. August 1994.
19. Zeev Begin, „A vital reassessment", in: *The Jerusalem Post International Edition*, Woche bis zum 8. April 1995, S. 6.
20. *Praise the Lord*, Trinty Broadcasting Network Newsletter, August 1994.
21. Ebd.
22. *The Good Olive Tree*, September/Oktober 1994, S. 17.

Epilog

1. *The Jerusalem Post International Edition*, Woche bis zum 6. Januar 1996, S. 1.
2. *The Jerusalem Post International Edition*, Woche bis zum 25. November 1995, S. 30.
3. *The Jerusalem Post International Edition*, Woche bis zum 6. Januar 1996, S. 3.
4. *The Jerusalem Post International Edition*, Woche bis zum 23. Dezember 1995, S. 10.
5. *The Jerusalem Post International Edition*, Woche bis zum 6. Januar 1996, S. 10.
6. Ebd.
7. *Maoz*, Juli 1995, S. 1.
8. *Yasha Report Supplement*, Mai 1995, S. 3.
9. *The Jerusalem Post International Edition*, Woche bis zum 16. Dezember 1995, S. 1.
10. Ebd., S. 30.
11. *The Jerusalem Post International Edition*, Woche bis zum 9. Dezember 1995, S. 6.
12. *The Jerusalem Post International Edition*, Woche bis zum 16. Dezember 1995, S. 30.
13. Ebd.
14. *The Jerusalem Post International Edition*, Woche bis zum 16. Dezember 1995.
15. *The Jerusalem Post International Edition*, Woche bis zum 30. Dezember 1995, S. 28

CLV

Dave Hunt

Die Frau und das Tier

Paperback

544 Seiten
DM 24,80
ISBN 3-89397-244-7

Das Buch mit sieben Siegeln – die Offenbarung – enthält viele symbolträchtige Prophezeiungen und Gerichtsbotschaften – unter anderem über das bevorstehende Kommen des Antichristen. Viele davon haben sich schon erfüllt, und eine scheint sich derzeit zu erfüllen – die in Kapitel 17 erwähnte, auf einem Tier reitetende Frau.

Was oder wen symbolisiert diese Frau? Von der Reformationszeit an wurde Sie im Protestantismus als die röm.-kath. Kirche gedeutet. Doch mittlerweile mehren sich die Stimmen, daß diese Sicht überholt sei. Heute reichen sich weltweit Evangelikale (nicht zuletzt auch Billy Graham) und der Vatikan die Hand zur Versöhnung. „Die katholische Kirche hat sich gewandelt", ist der Tenor.

Aber hat Sie das tatsächlich? In diesem Buch porträtiert Dave Hunt die Frau auf dem Tier, ihren Einfluß auf historische und derzeit weltweite Ereignisse und ihren mächtigen Einfluß im Entstehen des zukünftigen antichristlichen Reiches.

clv

Hardcover

W.J. Ouweneel

Das Buch der Offenbarung

544 Seiten, gebunden

DM 39,80
ISBN 3-89397-356-7

Das letzte Buch der Bibel gilt als schwieriges Buch. Und das ist verständlich. Aber es gibt auch die andere Seite: Was der Seher auf Patmos aufschrieb, ist nicht *Ver*hüllung, sondern *Ent*hüllung, keine Geheimsache, sondern eine Offenbarung.

Ohne die Schwierigkeiten der Auslegung dieses Buches zu bagatellisieren, legt W.J. Ouweneel hier einen sehr aufschlußreichen Kommentar vor. Im ersten Teil werden wichtige Vorfragen behandelt. Danach folgt eine leicht lesbare Auslegung des Textes. Ergänzt wird sie durch ausführliche Fußnoten, die auf Detail- und auch schwierige Einzelfragen eingehen.

So ist ein Werk entstanden, das auf verschiedenen Ebenen dem Leser dieses Buch der Bibel erschließen hilft.